Janusz Piekalkiewicz

Die Invasion

Frankreich 1944

320 Abbildungen und Karten

Genehmigte Lizenzausgabe für
Weltbild Verlag GmbH, Augsburg 1998

Kartographie: Hannes Limmer, München
Umschlaggestaltung: Georg Lehmacher, Friedberg
Umschlagmotiv: Omaha-Abschnitt am 6. 6. 1944/
© Bildarchiv preussischer Kulturbesitz
Druck und Bindung: Druckerei Appl, Wemding
Printed in Germany
ISBN 3-8289-0279-0

Janusz Piekalkiewicz

Die Invasion

Frankreich 1944

BECHTERMÜNZ VERLAG

Inhalt

Vorwort

Die Invasion in der Normandie – von Churchill als »die schwierigste und komplizierteste Operation, die je stattgefunden hat«, bezeichnet – war das Ergebnis jahrelanger Vorbereitungen mit einem bisher nie dagewesenen wissenschaftlichen, technischen und militärischen Aufwand. Der strategische Plan, Operation »Overlord«, regelte dabei den Ablauf dieser Vorbereitungen, und der taktische Plan, Operation »Neptune«, koordinierte das Landeunternehmen und die Kämpfe unmittelbar danach.

Die Operation »Overlord« war zugleich das größte Täuschungsmanöver der Geschichte: Alles, von den Brieftauben bis zu den neuesten elektronischen Kriegsmitteln, sollte Hitler davon überzeugen, daß die Landung in der Normandie lediglich der Ablenkung von der eigentlichen Invasion im Pas de Calais diene. Die erfolgreiche Durchführung einer solchen kolossalen Täuschungsoperation setzte Präzision, psychologisches Einschätzungsvermögen, ausgefeilte reibungslose Zusammenarbeit und auch viel Glück voraus.

Trotz dieser perfekten Planung hing letzten Endes alles vom Wetter ab. Dank ihrer vielfältigen Wetteraufklärung waren die alliierten Meteorologen jedoch imstande, zu der Zeit, als über England noch Sturm herrschte, einen kurzfristigen Wetterumschwung zu melden. General Eisenhower unternahm das Wagnis, und die Invasion gelang. Die Deutschen dagegen, bar jeder Möglichkeit, von der entscheidenden Wetterkapriole zu erfahren, wurden völlig überrascht ... So kann man in jeder Publikation zu diesem Thema lesen – bis jetzt.

Janusz Piekalkiewicz hat nun Beute-Akten in einem US-Archiv entdeckt, die dem widersprechen: die deutsche Wetterkarte mit minuziösen Aufzeichnungen vom Vorabend der Invasion, die fast genau mit den britischen Wettervorhersagen übereinstimmen.

Dies beweist, daß man in der Nacht vom 5./6. Juni 1944 doch mit einer Invasion hätte rechnen müssen. Nur, diejenigen, die nach der neuen Wetterlage entsprechende Maßnahmen hätten treffen sollen, waren jedoch abwesend.

»Der Krieg ist verloren, falls es dem Feind gelingt, in Frankreich zu landen« – hat Hitler im Frühjahr 1944 zu seinen engsten Mitarbeitern gesagt. Doch nachdem die Alliierten in Frankreich gelandet waren, zog Hitler keine Konsequenzen daraus.

Zum erstenmal werden hier Tag für Tag aus der Sicht von Beteiligten nicht nur die Invasion, sondern auch die Kämpfe in der Normandie, die Schlacht um Frankreich und der Weg nach Deutschland geschildert. Offizielle Berichte, Presse- und Rundfunkmeldungen sowie Statements beider Gegner vermitteln strategische und taktische Zusammenhänge. Die Vielfalt der Quellen schafft eine Atmosphäre jener Tage und vor allem ein mosaikartiges Bild der Ereignisse, die mit dem Rückzug der britischen Truppen aus Dünkirchen Anfang Juni 1940 beginnen und mit der Eroberung der ersten deutschen Ortschaft am 12. September 1944 enden.

Die chronologische Darstellung mit einer Fülle neuer Fakten, die Piekalkiewicz ans Licht bringt, machen aus dieser Publikation ein Nachschlagewerk zum Thema Invasion und Kämpfe in Frankreich.

Deutsche Pressestimmen im Frühjahr 1944

…ER ZEITUNG

Brüssel, Sonntag, 12. März 1944

…Kampf …hnitt

…RINGENDEN FEIND

…achten auch bei Newel …nischen Terrorbomber …anal bis nach Bengalen

16 Geleitzerstörer versenkt

Die Invasion kann beginnen

Der Oberbefehlshaber West, Generalfeldmarschall von Rundstedt, besichtigte Eingreifverbände im mittleren Abschnitt des Atlantikwalls. (Ausführlicher Bericht auf Seite 3 dieser Ausgabe). Auf dem Bilde: Der Feldmarschall lässt sich von SS.-Obergruppenführer Sepp Dietrich Einzelheiten einer Uebung von Panzern der Waffen-SS. erklären

BRÜSSELER ZE…

…gang Nummer 107 ★

Brüssel, Dienstag, 18. April 1944

…s Datum

Jede Überraschung ist ausgeschlossen

AUFKLÄRUNG KONTROLLIERT NAHENDE INVASION

Es wurden Vorbereitungen für einen nicht mehr fernliegenden Beginn der Grosslandung beobachtet - Alle Momente ruhig und überlegt abgewogen Die Entwicklungsmöglichkeiten im Osten und Italien sind genau berechnet

Fernschreiberbericht unserer Berliner Schriftleitung

hs. Berlin, 17. April.

Auf Grund neuester Unterlagen glauben zuständige militärische wie politische Kreise der Reichshauptstadt zu der Annahme berechtigt zu sein, daß die britisch-amerikanischen Vorbereitungen zur Invasion sich in einem Abschlußstadium befinden, das wahrscheinlich macht, daß der Beginn der Invasion nicht mehr lange auf sich warten läßt. Diese Feststellungen schließen die Gewißheit in sich, daß es den Alliierten in keiner Weise gelingen wird, die dann rung vor allem gewesen sind, die das äusserst akute Interesse an der westeuropäischen Front bedingen. Sie stellt stattdessen einige Fragen, deren Aufwerfen gleichfalls gestattet, an einen baldigen Invasionsbeginn zu denken. Im einzelnen sind dazu angeführt: 1. die rege Lufttätigkeit vor allem der Amerikaner über dem westeuropäischen Raum, 2. die offenbare Schonung der britischen Luftwaffe während der letzten Wochen, die mit den Vorbereitungen zur Invasion zusammenhängen kann, 3. die Möglichkeit, daß die Angriffe der amerikani- die diese gegenüber etwaigen Anfangserfolgen der Westmächte spielen würden.

Was den Zusammenhang der Invasionsfront mit den Fronten in Rußland und in Italien betrifft, so ist man sich an zuständiger Stelle sicher, daß an beiden Fronten weder Ereignisse, geschweige denn Überraschungen erwartet werden, die ausserhalb der deutschen Rechnung und Planung der Entwicklungsmöglichkeiten liegen. Im ganzen durchziehen diese Erklärungen, die alle Aufmerksamkeit verdienen, das fundier-

Morgen rol…

Schauplatz

Aus dem Morgennebel, der die Orne-Mündung in milchige Schleier hüllt, tauchen Landungsboote auf. Die Artillerie auf den weit vor der Küste liegenden Schiffen eröffnet das Feuer, und Flugzeuge donnern vorüber. Die gelandeten Truppen rücken trotz harter Abwehr der Verteidiger gegen Caen vor. Man schreibt Montag, den 13. September 1937; die großen Herbstmanöver der französischen Armee haben begonnen.
In Anwesenheit der Kriegsminister von Frankreich und Großbritannien, dem Chef des französischen Generalstabes, Général Gamelin, hoher Offiziere beider Länder und akkreditierter Militärattachés, landet »der Feind« an der Calvados-Küste, dem – nach Meinung französischer Strategen – am besten dafür geeigneten Abschnitt Nordfrankreichs.

Die großen Herbstmanöver in der Normandie 1937:
der Kessel bei Falaise
(aus: *Le Figaro,* Paris, 14. 9. 1937)

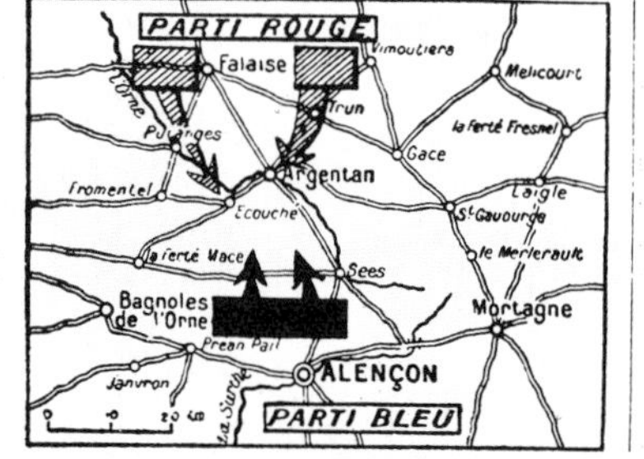

LE FIGARO -- MARDI 14 SEPTEMBRE 1937

LES MANŒUVRES EN NORMANDIE

LE PARTI BLEU se porte ce matin au devant de l'ennemi

M. Edouard Daladier et le Général Gamelin suivront le mouvement des troupes

Nach vier Tagen und der entscheidenden Schlacht im Raum Falaise, wo »der Feind« eingekesselt und zerschlagen wurde, gehen die großen Herbstmanöver zu Ende. Was davon bleibt, sind ein paar Erfahrungsberichte in den Akten des französischen Generalstabes und Reportagen in der Tagespresse.
Überraschenderweise wird diese Episode aus der Vorkriegszeit von der deutschen Führung nicht weiter beachtet, denn als man 1942 – fünf Jahre danach – in Berlin Überlegungen anstellt, wo die alliierte Landung stattfinden könnte, scheint man am wenigsten damit zu rechnen, daß die Calvados-Küste für eine solche Aktion geeignet sein würde.
Und gerade dieser zwischen den Flüssen Orne und Vire liegende Teil der Normandie im westlichen Bereich der Seine-Bucht soll das erste Ziel einer alliierten Landung in Westeuropa, der Operation »Overlord«, sein.
Die Normandie, eine der drei Landschaften im Nordwesten Frankreichs, zieht sich vom Ärmelkanal bis zum Atlantik: Sie grenzt im Südwesten an die Bretagne, im Osten und Süden an die Landschaften der Île de France und Maine, im Nordosten an die Picardie.
Vor der Halbinsel Cotentin liegen zahlreiche Inseln, darunter auch die britischen, nun von Deutschen besetzten Kanalinseln Jersey, Guernsey und Alderney.
Die grau-weißen Kreidefelsen der normannischen Küste ragen bis zu 150 Meter steil aus dem Meer. Diesem Hochplateau sind den ganzen Küstenstreifen entlang die gefährlichen Calvados-Klippen vorgelagert. Während der Unterschied zwischen Ebbe und Flut an der bretonischen Atlantikküste etwa ein viertel bis ein Meter beträgt, staut sich die Flut im Ärmelkanal teilweise bis zu elf Meter hoch, so daß die Strömung oft eine Geschwindigkeit von 35 Kilometer in der Stunde erreicht.
An manchen Stellen findet man auch kilometerlange Sandstrände mit mondänen Seebädern wie Deauville, Trouville und Houlgate. Das ganze Jahr über herrschen hier Westwinde, nicht selten in Orkanstärke.
Die sattgrünen, fetten Weiden, die in vielen Orten der Normandie über 80 Prozent der landwirtschaftlichen

Die Calvados-Küste:
Ihr Name geht zurück auf den mißglückten Invasionsversuch der Spanischen Armada im Jahre 1588

Nutzfläche ausmachen, bilden die Grundlage für eine berühmte Viehzucht und Milchwirtschaft.
Charakteristisch für die Normandie sind die zahllosen Hecken, Bocages genannt. Diese unübersichtlichen, zum Aufbau von Verteidigungslinien und Hinterhalten sich geradezu anbietenden Baumhecken sind für den Einsatz motorisierter Einheiten überaus schlecht geeignet. Selbst die Deutschen meiden dieses Gebiet und versammeln später ihre Panzerverbände eher südlich und östlich von Caen.
Mit Bocages zäunen die Bauern der Normandie seit Jahrhunderten jeden Streifen Ackerland sowie ihre Weiden und Obstgärten ein. Die Bocages bestehen aus heckenbewachsenen Erdwällen, deren Aufschüttung mindestens eineinhalb Meter breit und bis zu dreieinhalb Meter hoch sind. Solch ein Wall ist wie eine dichte Wand aus stacheligen Weißdorn- und Brombeersträuchern, wildem Wein oder Bäumen, mit einem tiefen Graben zu beiden Seiten. Die starken, weitverzweigten Wurzeln festigen das Erdreich zu einem fast mauerartigen Damm. Die ursprünglich als Besitzabgrenzung gedachten Bocages schützen gleichzeitig Ernten und Viehherden vor den Atlantikstürmen und liefern das notwendige Brennholz. Die wie ein Irrgarten wirkenden Hecken umgeben selbst das kleinste Stück Land, das oft nicht größer als 100 mal 150 Meter ist.
Nur eine schmale Öffnung ermöglicht den Bauern und ihrem Vieh, die Felder zu erreichen. Zu den Äckern und Weiden, die nicht unmittelbar an einem Weg liegen, kann man nur über unzählige Pfade gelangen, die sich zwischen den Hecken entlangziehen. Diese Hohlwege, über denen die Kronen der einzelnen Baumhecken zusammengewachsen sind und kaum Licht durchlassen, wirken wie ein höhlenartiges, finsteres und feuchtes Labyrinth. Sie bilden zwar eine gute Fliegerdeckung, engen aber die Sicht stark ein.
Taktisch gesehen ist jede solcher Bocages ein kleiner Geländeabschnitt, und mehrere Felder bilden eine natürliche, in die Tiefe gestaffelte Verteidigungsstellung. Sie erschweren nicht nur den Einsatz von Panzern und Unterstützungswaffen, sondern auch erheblich das Artillerie-Richtfeuer.
Ein weiteres Hindernis für offensive Kampfführung in der westlichen Normandie: die ausgedehnten Sümpfe bei Carentan, Prairies Marécageuses genannt, die zwar teilweise tiefer als der Meeresspiegel liegen, aber die Heckenlandschaft unterbrechen und einigermaßen weite Sicht ermöglichen. Fast die Hälfte der Ebene von Carentan besteht aus fünf großen und mehreren kleinen Sümpfen. Zahlreiche Bäche und Quellen halten hier den Boden feucht, und ein Netz von Gräben macht das Marschland außerhalb der geteerten Dämme für Fahrzeuge unpassierbar. Starke Feuchtigkeit und das milde Golfstromklima fördern das Wachstum derart, daß die üppige Vegetation fast tropisch wirkt. Die Deutschen haben bereits im Frühjahr 1944 diese natürlichen Hindernisse durch Überfluten des Sumpflandes verstärkt. Ungewöhnlich heftige Regenfälle in den darauffolgenden Monaten setzen dieses Marschland noch mehr unter Wasser. So beschränkt sich jedes Vordringen über Flachland und Sümpfe auf jene Geländestreifen, die von riesigen Bocages durchzogen sind.

Die großen Herbstmanöver in der Normandie 1937:
die »Verteidiger« im Kampf mit den »Invasoren«

Die Normandie mit ihren zahllosen Hecken, Bocages genannt, vorzüglich zur Verteidigung geeignet

Der am weitesten nach Westen liegende zukünftige Landeabschnitt, der 15 Kilometer lange Streifen an der Ostküste der Halbinsel Cotentin zwischen St.-Martin-de-Varreville und La Madeleine, ist flach und hat ansteigenden Sandstrand. Oberhalb der Hochwassermarke liegen breite Dünen. Das Weideland hinter den Dünen wird zwar zusätzlich überflutet, ist aber durch höherliegende Dämme von den Dünen aus zu erreichen.
Am östlichen Teil der Vire-Mündung, zwischen Grandcamp-les-Bains und Vierville-sur-Mer bildet die Küste ein 30 Meter hohes Kliff, das fast senkrecht ins Meer abfällt, den Pointe du Hoc. Der unterhalb liegende Strand ist bei Flut bedeckt. Vom höchsten Punkt dieser Steilküste hat man die beste Sicht auf die gesamte Seine-Bucht. Hier haben die Deutschen auch die Batterie »Pointe du Hoc« gebaut.
Weiter östlich öffnen vier tiefe, mit Bäumen und Sträuchern bewachsene Einschnitte den Zugang vom Strand über Feldwege hinauf zu den Dörfern. Abgesehen von einem schmalen Geländestreifen bei Port-en-Bessin bieten die vier Täler die einzige Möglichkeit, über diesen 30 Kilometer langen Küstenabschnitt zwischen der Vire-Mündung und Arromanches landeinwärts vorzudringen.
Von Arromanches bis zur Orne-Mündung ist die Küste wiederum flach mit breitem Sandstrand. Vor Riva Bella erstreckt sich eine große, kilometerlange Sandbank, die bei Ebbe freiliegt. Die Fischerorte und Seebäder werden von den Deutschen nach 1940 in ihr Verteidigungssystem einbezogen: Die Fenster der direkt zum Meer liegenden Villen und Hotels hat man zugemauert und mit Schießscharten versehen, die Keller verstärkt und die Räume im Erdgeschoß in Bunker verwandelt. Alle Straßen, die in die Strandpromenaden münden, sind mit dicken Betonmauern versperrt und bilden mit den Häuserfronten nun eine Linie. Die vorhandenen Deichmauern haben die Deutschen zu Panzersperren umfunktioniert.
Südlich der Straße Caen–Bayeux besteht die Landschaft aus Bocages sowie mit tiefen Gräben durchzogenen Feldern und steil abfallenden, bewaldeten Tälern mit schmalen Feldwegen. Die Ebene zwischen Caen und Falaise ist wiederum offenes und leicht hügeliges Gelände mit Feldern und Weiden, deren trockener, fester Boden sich bestens für großangelegte Panzermanöver eignet. Die westlich von Falaise gelegene malerische Suisse Normande (die normannische Schweiz) ist überwiegend leicht bergig mit Höhenunterschieden von 100 bis 200 Metern. Bäche und Flüsse zwängen sich durch ganz enge, steil ansteigende Täler, die hier beachtliche Hindernisse bilden.
Caen, ehemalige Residenzstadt von Wilhelm dem Eroberer, der im Jahre 1066 in England landete und dessen König wurde, hat durch den breiten, 15 Kilometer langen Canal Maritime bei Ouistreham eine Verbindung zum Meer und zählt dadurch zu den großen Hafenstädten Frankreichs. Das Gelände zwischen Küste und Stadt ist fast völlig eben und steigt bis zum Stadtrand nur wenig an. So hat man selbst von kleinen Höhen aus einen weiten Blick. Dörfer und Waldstücke liegen recht verstreut. Die Häuser in den Ortschaften und auf Einzelgehöften sind massiv gebaut und bieten den Bewohnern einigen Schutz gegen Artilleriefeuer und Bombensplitter.
Hier am östlichen Teil des geplanten Invasionsgebietes befinden sich drei Wasserläufe: der 15 Kilometer lange Caen-Kanal, daneben die Orne, die parallel zum Kanal fließt, und 8 Kilometer weiter östlich die Dives, die zwischen Cabourg und Houlgate ins Meer mündet. Die Dives ist ein kleiner Fluß, der sich durch Wiesen und Weiden schlängelt und den die Deutschen gestaut haben, um so das Gelände in einen etwa drei Kilometer breiten Sumpf zu verwandeln.
Taktisch wichtig sind die sieben Brücken, die zwischen Caen und der Seine-Bucht liegen: eine über den Canal Maritime, eine über die Orne und fünf über die Dives. Zwischen Orne und Dives zieht sich ein breites, flaches, nach Norden abfallendes heckenfreies Gebiet mit einzelnen geschlossenen Ortschaften. Die Straßen haben hier fast keine Bäume und bieten – im Gegensatz zu den Feldwegen – nur wenig Fliegerschutz. Die Orne bildet zugleich eine Trennlinie zwischen der in der Normandie liegenden deutschen 7. Armee und der im Seine-Somme-Abschnitt stehenden deutschen 15. Armee.
Übrigens verdankt die Calvados-Küste, die sich die Alliierten für die Operation »Overlord« ausgesucht haben, ihren Namen keineswegs dem edlen Obstbranntwein, sondern einem mißlungenen Invasionsversuch: 1588 ließ Spaniens König Philipp II. seine legendäre Armada gegen England segeln. Die Karavelle »Santa Maria el Calvador« zerschellte dabei an den normannischen Klippen. Aus Stolz über den Sieg nannte man die Küste, das angrenzende Gebiet und den Apfelbrand kurzerhand »Calvados«.

Personen

Die Deutschen

Johannes Blaskowitz

Johannes Blaskowitz

Friedrich Dollmann

Was diesen Mann, der den Auftrag hat, die Biskaya-Front, die Pyrenäen und die französische Mittelmeerküste zu verteidigen, von den meisten anderen deutschen Oberbefehlshabern unterscheidet, sind nicht militärische Qualitäten, sondern seine Zivilcourage.
Generaloberst Blaskowitz ist am 10. 7. 1883 in Peterswalde (Ostpreußen) als Pfarrerssohn geboren. Mit 16 Jahren wird er Fähnrich im Infanterieregiment 18 (Osterode). 1914 zieht er als Hauptmann und Kompanieführer mit dem 3. Badischen Infanterieregiment (Rastatt) ins Feld. Er kämpft in Frankreich, Norditalien, Ostpolen und im Baltikum. In der Reichswehr wird er zunächst Generalstabsoffizier beim Wehrkreiskommando V (Stuttgart). Am 1. 10. 1932 zum Generalmajor befördert, wird Blaskowitz Inspekteur der Waffenschule in Berlin, am 1. 12. 1933 Generalleutnant und am 1. 4. 1935 Kommandeur der 2. Division sowie Befehlshaber im Wehrkreis II (Stettin), danach am 2. 8. 1936 General der Infanterie und am 10. 11. 1938 Oberbefehlshaber der Heeresgruppe 3 (Dresden). Am 15. 3. 1939 überschreitet Blaskowitz mit seiner 8. Armee die tschechische Grenze und besetzt Prag. Im Polenfeldzug nach der Schlacht an der Bzura belagert seine Armee Warschau und nimmt am 28. 9. 1939 die Kapitulation der polnischen Hauptstadt entgegen. Am 1. 10. 1939 zum Generaloberst befördert, danach Oberbefehlshaber Ost.
Bereits am 18. 11. 1939 protestiert Blaskowitz scharf gegen die in Polen begangenen Verbrechen von »Angehörigen des Reiches und Vertretern der Staatsgewalt«. Er verfaßt auch eine Denkschrift, die er Hitler vorlegt: »Die Einstellung der Truppe zu SS und Polizei schwankt zwischen Abscheu und Haß. Jeder Soldat fühlt sich angewidert und abgestoßen durch diese Verbrechen.« Hitler: »Mit Heilsarmeen führt man keinen Krieg.«
Bei Beginn des Westfeldzuges versetzt man Blaskowitz – statt ihn mit operativen Aufgaben zu betrauen – in die Führerreserve. Erst am 25. 10. 1940 findet Hitler für ihn neue Verwendung und ernennt ihn zum Oberbefehlshaber der 1. Armee, die als Besatzungstruppe in Frankreich liegt. Blaskowitz richtet sein Hauptquartier in Bordeaux ein.

Friedrich Dollmann

Der kultivierte und gutaussehende Oberbefehlshaber der in der Normandie stehenden 7. Armee, gegen die die größte Invasionsstreitmacht der Geschichte zuschlagen wird, paßt kaum in das Schema eines hohen Offiziers von Hitlers Besatzungsarmee. Er besucht neben seinen Truppen nicht weniger oft und gern auch die umliegenden Baudenkmäler und Museen, pflegt ein gutes Verhältnis zur französischen Bevölkerung und sorgt beinahe jeden Sonntag für eine kleine Sensation, wenn er in Uniform zur Messe geht.

Paul Hausser

Hans Günther von Kluge

Generaloberst Dollmann, der einer Beamtenfamilie entstammt, ist am 2. 2. 1882 in Würzburg geboren, tritt – kaum 18 Jahre alt – als Fahnenjunker in das Königlich-Bayerische 7. Feldartillerieregiment »Prinzregent Luitpold« ein. 1914 rückt er als Hauptmann und Adjutant der 1. Bayerischen Feldartilleriebrigade ins Feld und beendet den Krieg als Generalstabsoffizier beim Armeeoberkommando 6. In die Reichswehr übernommen, wird er zunächst als Offizier im Generalstab der 7. Division (München) eingesetzt. Am 1. 2. 1933 wird Dollmann – nun zum Generalmajor befördert – Inspekteur der Artillerie. Bereits einige Monate später ist er Generalleutnant. Am 15. 6. 1935 wird er Kommandierender des IX. Armeekorps und zugleich Befehlshaber im Wehrkreis IX. Beförderung zum General der Artillerie am 1. 4. 1936. Am 25. 10. 1939 zum Oberbefehlshaber der 7. Armee ernannt, nimmt Dollmann im Rahmen der Heeresgruppe C am strategischen Täuschungsmanöver »Fall Gelb« teil, das einen Angriff auf die Maginot-Linie nördlich der schweizerischen Grenze vorspiegeln soll.
Am 14. 6. 1940 tritt die 7. Armee südlich Saarbrücken gegen die Maginot-Linie an.
Am 19. 7. 1940 wird Dollmann Generaloberst und bezieht mit seiner Armee die ihm zugewiesenen Räume in der Normandie.

Paul Hausser

Er hat, als er nach dem Freitod von Generaloberst Dollmann die 7. Armee übernimmt, keine leichte Aufgabe. Doch hält die 7. Armee ohne Bewegungs- und Operationsfreiheit vor allem ohne Reserven und Luftunterstützung im westlichen Abschnitt der Invasionsfront bis zum 27. 7. 1944 der 1. und 3. US-Armee stand.
Oberstgruppenführer (Generaloberst) der Waffen-SS Hausser ist am 7. 10. 1880 in Brandenburg (Havel) als Sohn eines Offiziers geboren. Nach der Ausbildung im Kadettenkorps wird er 1899 Leutnant im Infanterieregiment 155 (Posen). 1913 zum Hauptmann befördert, versetzt man ihn im März 1914 aus der Kriegsakademie in den Generalstab. Im Ersten Weltkrieg nimmt er als Flugzeugbeobachter an der Marne-Schlacht und an weiteren Kämpfen in Frankreich teil.
Im Januar 1915 wird er zum Generalkommando des VI. Armeekorps versetzt und 1918 Chef des Stabes vom Generalkommando des I. Reserve-Korps. Nach Kriegsende in die Reichswehr übernommen, avanciert Hausser 1927 zum Oberst. November 1930 Infanterieführer 4 (Magdeburg). 1931 zum Generalmajor und Ende des Jahres zum Generalleutnant befördert, scheidet er aus dem Dienst. Hausser wird 1934 von Heinrich Himmler zum aktiven Dienst berufen und Kommandeur der Junkerschule Braunschweig, 1936 Inspekteur der neuaufgestellten SS-Verfügungstruppe. Beim Angriff auf Polen im September 1939 ist er im Stab der gemischten Panzerdivision Kempf. Im Herbst 1939 wird Hausser beauftragt, aus den Regimentern »Deutschland«, »Germania« und »Der Führer« die SS-Verfügungs-Division, später »Das Reich« genannt, aufzustellen, mit der er am West- und Balkanfeldzug teilnimmt. An der Ostfront erobert im August 1941 die Division »Das Reich« den wichtigen Straßenknotenpunkt Jelnja. Damit erreicht seine Division die am weitesten nach Südosten vorgeschobene Linie des Mittelabschnitts.
Im Oktober 1941 wird Hausser bei Borodino schwer verwundet. Nach seiner Wiedergenesung bildet er 1942 ein SS-Panzerkorps aus den Panzerdivisionen »Leibstandarte Adolf Hitler«, »Das Reich« und »Totenkopf«, mit dem er zwischen Donez und Dnjepr kämpft. Seine taktischen Fähigkeiten zeigen sich im März 1943, als er Teile der sowjetischen 3. Panzerarmee schlägt und Charkow zurückerobert. Im Herbst 1943 wird sein inzwischen in II. SS-Panzerkorps umbenannter Verband nach Nordfrankreich zur Abwehr der Invasion verlegt mit den neuaufgestellten Divisionen »Hohenstaufen« und »Frundsberg«. Im März 1944, als die Lage an der Ostfront immer kritischer wird, verlegt man das II. SS-Panzerkorps nach Ostpolen, wo es die im Raum Tarnopol eingekesselten deutschen Truppen befreit, hält aber das Versprechen, das Korps im Fall einer Invasion sofort dem OB West zur Verfügung zu stellen.

Hans Günther von Kluge

Durch seine Abwehrerfolge am Mittelabschnitt der Ostfront und seiner Loyalität wegen von Hitler sehr geschätzt, löst er als neuer OB West am 2. 7. 1944 v. Rundstedt ab.
Generalfeldmarschall v. Kluge ist am 30. 10. 1882 in Posen als Sohn eines Generalleutnants geboren, tritt in das preußische Kadettenkorps ein und absolviert die

Rechts: Theodor Krancke

Rechts außen: Walter Model

Kriegsakademie. 1914 rückt er als Hauptmann mit dem XXI. Armeekorps ins Feld, kämpft in Flandern und wird bei Verdun schwer verwundet. 1919 in die Reichswehr übernommen und am 1. 7. 1927 zum Oberstleutnant ernannt, wird er ein Jahr später Chef des Stabes der 1. Kavalleriedivision (Frankfurt/Oder), ab 1. 2. 1933 Generalmajor und Inspekteur der Nachrichtentruppen, am 1. 4. 1934 Generalleutnant. Am 1. 4. 1935 wird er Kommandierender General des VI. Armeekorps sowie Befehlshaber im Wehrkreis VI (Münster) und am 1. 8. 1936 zum General der Artillerie befördert. Im Polenfeldzug führt v. Kluge die von Ostpommern vorstoßende 4. Armee. Seine Truppen nehmen an der Schlacht an der Bzura teil. Am 1. 10. 1939 Ernennung zum Generaloberst. Im Westfeldzug gehört seine 4. Armee zum nördlichen Flügel der Heeresgruppe A (v. Rundstedt), der über Dinant und Arras in Richtung Dünkirchen marschiert. Nach den Kämpfen mit dem britischen Expeditionskorps verfolgt die 4. Armee die Reste des französischen Heeres in raschem Vorstoß beiderseits Paris über die Loire und weiter nach Süden. Am 19. 7. 1940 wird v. Kluge zum Generalfeldmarschall ernannt. Beim Angriff auf die Sowjetunion führt er weiterhin die 4. Armee. Nach den Schlachten bei Wjasma und Brjansk rückt seine Armee in Richtung Moskau vor. Am 19. 12. 1941 übernimmt v. Kluge den Oberbefehl der Heeresgruppe Mitte. Hier führt er mit gut durchdachten Verteidigungsmethoden die Front, die den sowjetischen Angriffen in den darauffolgenden beiden Jahren standhalten. Sein Versuch, am 5. 7. 1943 mit dem Angriff auf den sowjetischen Frontbogen bei Kursk die Initiative wieder an sich zu reißen, mißlingt. Nach einem schweren Autounfall gibt v. Kluge sein Kommando ab.

Theodor Krancke

Oberbefehlshaber des Marinegruppenkommandos West. Admiral Krancke ist am 30. 3. 1893 in Magdeburg geboren und mit 19 Jahren in die »Crew 12« eingetreten. Im Ersten Weltkrieg dient Krancke auf Torpedobooten und wird im Dezember 1917 zum Oberleutnant zur See befördert. Nach dem Kriege Übernahme in die Reichsmarine und im April 1937 Ernennung zum Kapitän zur See. Vom Oktober 1937 bis August 1939 ist er Kommandeur der Marineakademie, danach bis Oktober 1939 Chef des Stabes B. S. N., ab Oktober 1939 Kommandant des Panzerschiffs »Admiral Scheer«. Während die »Admiral Scheer« auf der Werft liegt und zum Schweren Kreuzer umgebaut wird, geht Krancke im Frühjahr 1940 zum Sonderstab des OKM »Weserübung« und wirkt bei den Vorbereitungen zur Invasion Norwegens mit. Von April bis Juni 1940 wird er Chef des Stabes Kommandierender Admiral Norwegen.

Nach der Werftliegezeit der »Admiral Scheer« wieder ihr Kommandant, meldet Kapitän zur See Krancke bereits am 5. 11. 1940 die Zerschlagung des britischen Konvois HX 84 im Nordatlantik und Versenkung des Hilfskreuzers »Jervis Bay« (14 164 BRT) sowie von sechs Handelsschiffen mit insgesamt 38 720 BRT.

Am 18. 12. 1940 kapert Krancke im Südatlantik das britische Kühlschiff »Duquesa« (8651 BRT). Die Kreuzfahrt in den Breiten von Kapstadt und nördlich von Madagaskar dauert über fünf Monate. Auf der Heimfahrt entkommt die »Admiral Scheer« unbemerkt zwei britischen Kreuzern, die in der Dänemark-Straße auf sie lauerten. Am 1. 4. 1941 läuft Kapitän zur See Krancke mit seinem Schweren Kreuzer in den Kieler Hafen ein. Er hat bei diesen Handelskriegsunternehmen 17 Dampfer mit 113 233 BRT versenkt. »Admiral Scheer« ist übrigens das erfolgreichste Schiff seiner Klasse im Zweiten Weltkrieg. Vom Juni 1941 bis September 1942 ist Kapitän zur See Krancke Chef des Quartiermeisteramtes bei der Seekriegsleitung des OKM, daneben ab Januar 1942 bis März 1943 ständiger Vertreter des Oberbefehlshabers der Kriegsmarine im Führerhauptquartier. Am 1. 3. 1943 Beförderung zum Admiral und einen Monat später zum Oberbefehlshaber des Marinegruppenkommandos West mit Sitz in Paris.

Walter Model

Als hervorragender Abwehr-Taktiker, ein »Steher«, wie Hitler ihn bezeichnet, ist Walter Model ein Meister der Improvisation mit eigenwilligem Führungsstil.

Erwin Rommel: während einer der unzähligen Inspektionsreisen am Atlantikwall – Frühjahr 1944

Temperamentvoll, rücksichtslos und mit großem Mut fällt er seine Entscheidungen ohne zu zögern. Der überzeugte Nationalsozialist tritt Hitler in einer Weise entgegen, die kaum ein anderer gewagt hätte, und lehnt es sogar ab, Befehle auszuführen, mit denen er nicht einverstanden ist.
Generalfeldmarschall Model ist am 24. 1. 1891 in Genthin (Mecklenburg) als Sohn eines Königlich-Preußischen Musikdirektors geboren. Während des Ersten Weltkrieges an der Westfront – vorübergehend im Großen Hauptquartier – kämpft er dann bei Verdun, wird verwundet und mehrfach wegen Tapferkeit ausgezeichnet. Nach Kriegsende tritt Model als Hauptmann in die Reichswehr ein, wird dann Kommandeur des Infanterieregiments 2 (Allenstein), ab 1. 10. 1934 Oberst, 1935 Chef der Technischen Abteilung im Generalstab des Heeres und am 1. 3. 1938 zum Generalmajor befördert. Ein Jahr später Chef des Generalstabes des IV. Armeekorps in Dresden. Model ist in dieser Stellung an den Operationen im Polenfeldzug beteiligt.
Am 25. 10. 1939 Chef des Generalstabes der 16. Armee, die während des Frankreichfeldzuges bei Trier die Mosel überquert, die Maginot-Linie durchbricht und Verdun erobert. Am 13. 11. 1940 übernimmt Model als Generalleutnant die 3. Panzerdivision. Beim Angriff auf die Sowjetunion bildet seine Division die Spitze im Wettlauf zum Dnjepr. Am 1. 10. 1941 ernennt ihn Hitler zum General der Panzertruppen und zum Kommandierenden General des nördlich von Moskau eingesetzten XXXXI. Panzerkorps. Ab 16. 1. 1942 befehligt Model vor Moskau die 9. Armee. Nachdem es ihm gelingt, während der sowjetischen Winteroffensive die Gefahr der Einschließung bei Rschew zu beseitigen, gilt er als »krisenfest«. Beim letzten Versuch Hitlers, an der Ostfront offensiv zu werden, bilden Models Verbände den nördlichen Arm des mißlungenen Zangenangriffs bei Kursk. Model kann die anschließende sowjetische Offensive abwehren und wird – nun immer in Abwehraufgaben eingesetzt – am 9. 1. 1944 Oberbefehlshaber der Heeresgruppe Nord. Am 1. 3. 1944 zum Generalfeldmarschall befördert, übernimmt er am 31. 3. 1944 die Heeresgruppe Nord-Ukraine und wehrt den Vorstoß der Roten Armee gegen die Karpaten-Pässe ab.

Nach der sowjetischen Sommeroffensive am 22. 6. 1944, die mit der Zerschlagung der Heeresgruppe Mitte endet, wird Model in das Krisengebiet beordert und übernimmt auch diesen Großverband. Es gelingt ihm durch rücksichtslosen Einsatz der angeschlagenen deutschen Truppen, bis Mitte August die Front an der Weichsel zu stabilisieren. Seine Erklärung, in der er auf das Attentat vom 20. 7. 1944 hin seine Treue zu Hitler versichert, ist die erste, die von einem Offizier der Ostfront in Berlin eintrifft.

Erwin Rommel

Als der deutsche Heerführer mit den meisten Erfahrungen im Kampf gegen die Westalliierten, kennt er allein aus seiner persönlichen Praxis heraus die Fortschritte, die der Gegner in Taktik, Operationen und Ausrüstung von 1940 bis 1943 gemacht hat. Bei Freund und Feind anerkannt, beherrscht er meisterhaft die bewegliche Kampfführung.
Generalfeldmarschall Rommel ist am 5. 11. 1891 in Heidenheim/Brenz (Württemberg) geboren. 1909 tritt er in das 6. Württembergische Infanterieregiment Nr. 126 ein, rückt 1914 als Leutnant ins Feld und kämpft an der Westfront, in Rumänien und den Dolomiten. Er wird schwer verwundet und zum Oberleutnant befördert. Für die Eroberung des Monte Matajur erhält Rommel am 10. 12. 1917 den Pour le Mérite. Bei Kriegsende ist er Hauptmann im Stab des Generalkommandos 64. In der Reichswehr erst Kompaniechef des Infanterieregiments 13, dann – nach achtjähriger Dienstzeit – Taktiklehrer an der Infanterieschule Dresden. In seinem Buch »Infanterie greift an« gibt er Überlegungen zur Infanterie-Ausbildung wieder. 1933 wird Rommel als Major Kommandeur des Jägerbataillons in Goslar. 1935 zum Oberstleutnant befördert und 1938 zum Leiter der Kriegsschule in Wiener Neustadt ernannt. Vorher Verbindungsoffizier der Wehrmacht beim Stab des Reichsjugendführers.
Hitler, durch Rommels Buch auf ihn aufmerksam geworden, bestimmt den Autor zum Kommandeur des

Führerbegleitbataillons. Am 1. 8. 1939 Ernennung zum Generalmajor. Mit Ausbruch des Zweiten Weltkrieges wird Rommel Kommandant des Führerhauptquartiers. Vor dem Westfeldzug übernimmt er auf persönlichen Wunsch hin im Februar 1940 die 7. Panzerdivision (Heeresgruppe v. Rundstedt). Bei der Offensive im Westen an der Einkesselung der belgischen Armee beteiligt, erreicht er am 5. Juni die Somme und am 8. Juni 1940 Rouen. Am 1. 1. 1941 zum Generalleutnant befördert, wird Rommel ab 14. 2. 1941 Kommandierender General des Deutschen Afrika-Korps mit dem Auftrag, Tripolitanien zu halten und die große Syrte zu sichern. Ab 1. 7. 1941 General der Panzertruppen, am 1. 9. 1941 Befehlshaber der Panzergruppe Afrika, ab 30. 1. 1942 Generaloberst. Am 21. 6. 1942 erobert Rommel die Festung Tobruk und wird am nächsten Tag zum Generalfeldmarschall befördert.
Nach der Schlacht bei El Alamein, Ende des Jahres 1942, überschreiten auf ihrem Rückzug die Reste der Panzerarmee Afrika die libysch-tunesische Grenze. Vom 1. 1. 1943 bis 9. 3. 1943 wird er Oberbefehlshaber der Heeresgruppe Afrika. Rommel, schwer erkrankt, wird von Hitler seines Postens enthoben, es folgt ein Sanatorium-Aufenthalt. Nach seiner Genesung ab Mitte August 1943 Oberbefehlshaber der Heeresgruppe B in Norditalien.

Karl Rudolf Gerd von Rundstedt

Er verkörpert den Typ des aristokratischen preußischen Berufsoffiziers und ist ein »operativer Kopf«. Mit seiner Blitzkrieg-Strategie gelingt es dem deutschen Heer zwischen 1939 und 1941, den Gegner zu schlagen. Für v. Rundstedt bleibt die Bewegung in der Kriegführung das entscheidende Merkmal der operativen Kunst.
Rundstedt, Sohn eines Generalmajors, am 12. 12. 1875 in Aschersleben geboren, tritt als 17jähriger in das Kasseler Infanterieregiment 83 ein. Bei Kriegsausbruch 1914 ist er bereits der älteste Hauptmann des Infanterieregiments 71 (Kolmar). Er beendet den Krieg als Chef des Generalstabes des XV. Armeekorps an der Westfront. In der Reichswehr wird er 1920 Chef des Stabes der 3. Kavalleriedivision, 1927 zum Generalmajor befördert, 1931 Befehlshaber im Wehrkreis III (Berlin) und im Juni 1932 Oberbefehlshaber des Gruppenkommandos 1, ebenfalls in Berlin. Am 1. 3. 1938 Generaloberst, am 1. 11. 1938 verabschiedet. Im Polenfeldzug befehligt v. Rundstedt die Heeresgruppe Süd, die Warschau erobert. Am 25. 10. 1939 Oberbefehlshaber der Heeresgruppe A an der Westfront – im Mai 1940 erzwingen seine Truppen den Durchbruch an der Maas und stoßen nach Frankreich hinein –, am 19. 7. 1940 Generalfeldmarschall. Im Feldzug gegen die Sowjetunion führt v. Rundstedt die Heeresgruppe Süd, die von der rumänischen Grenze bis zur Don-Mündung vorstößt. Nach dem Rückzug von Rostow bittet v. Rundstedt Hitler unter Hinweis auf sein Herzleiden,

Karl Rudolf Gerd von Rundstedt

Hugo Sperrle

ihn vom Oberbefehl ablösen zu lassen. Bereits am 15. 3. 1942 holt Hitler v. Rundstedt zurück und ernennt ihn zum OB West.

Hugo Sperrle

Eine Persönlichkeit von ungewöhnlicher Vitalität und grimmigem Sarkasmus, Oberbefehlshaber der Luftflotte 3.
Generalfeldmarschall Sperrle ist am 7. 2. 1885 in Ludwigsburg als Sohn eines Brauereibesitzers geboren. Nach Ausbruch des Ersten Weltkrieges meldet er sich von der Kriegsakademie zur Fliegertruppe und wird Staffelführer bei der Feldfliegerabteilung 50. Bei Kriegsende Kommandeur der Flieger der 7. Armee. In der Reichswehr ist Sperrle Major im Stab der 5. Division (Stuttgart) und wechselt dann zum Reichswehrministerium. 1933 zum Oberst befördert, erhält er ein Kommando im neugebildeten Reichsluftfahrtministerium. Danach Höherer Fliegerführer im Luftkreis 2 (Berlin), später Befehlshaber im Luftkreis 5 (München), im November 1936 zum Kommandeur der Legion Condor im Spanischen Bürgerkrieg ernannt. Am 1. 4. 1937 wird Sperrle Generalleutnant, sieben Monate später, am 1. 11. 1937, General der Flieger, ab 1. 4. 1938 Befehlshaber der Luftflotte 3. Bei Ausbruch des Zweiten Weltkrieges hat die Luftflotte 3 zusammen mit der Luftflotte 2 die Westfront zu sichern und wird im Frankreichfeldzug der Heeresgruppe v. Rundstedt zugeteilt. Am 19. 7. 1940 zum Generalfeldmarschall befördert, eröffnet Sperrle, der Warner vor militärischen Risiken, mit der Luftflotte 3 die Schlacht um England.

Die Alliierten

Links: Omar Nelson Bradley
Rechts: Arthur Coningham

Omar Nelson Bradley

Er hat zusammen mit Eisenhower die Militärakademie in Westpoint beendet und steht nun als Befehlshaber der 1. US-Armee in der Normandie.
Lieutenant General Bradley ist am 12. 2. 1893 in Clark (Missouri) geboren. Nach Abschluß seiner militärischen Ausbildung wird er am 12. 6. 1915 zum Lieutenant befördert. Ab September 1920 lehrt er an der Militärakademie in Westpoint Mathematik. Dann übernimmt er verschiedene Kommandos auf Hawaii. Nach seiner Rückkehr in die USA absolviert er im Juli 1929 die Generalstabsschule. In den darauffolgenden vier Jahren ist er Ausbilder an der Infanterieschule in Fort Benning (Georgia), ab Juli 1939 stellvertretender Sekretär im Generalstab des Kriegsministeriums und ab 1941 Kommandeur der 82. Infanteriedivision (Louisiana), bei der Landung in Nordafrika 1942 und auf Sizilien 1943 Kommandierender General des II. US-Korps.

Arthur Coningham

Seine Luftverbände, die sich aus britischen, kanadischen, belgischen, französischen, holländischen, polnischen, norwegischen und tschechischen Squadrons zusammensetzen, sollen mit ihren berüchtigten Jabos die alliierten Invasionstruppen auf dem Schlachtfeld unterstützen.
Air Marshal Coningham ist am 19. 1. 1895 in Brisbane (Australien) geboren. 1914 dient er als Kavallerist bei den »Canterbury Mounted Rifles« zuerst auf den Samoa-Inseln, später in Ägypten – und nimmt an der mißglückten Landung bei Gallipoli teil. Im August 1916 zum Royal Flying Corps versetzt, kämpft er als Lieutenant in der Squadron No. 82 in Frankreich. 1918 Major und Kommandeur der Squadron No. 92. Nach dem Krieg befehligt er im Irak die Squadron 55, wird Fluglehrer am Air Force College in Cranwell, dann Stabsoffizier im Hauptquartier des Mittleren Ostens in Kairo. Im August 1939 zum Air Commodore befördert, übernimmt Coningham die Fernnachtbomber-Squadron No. 4, mit der er zwei Jahre lang Einsätze gegen Deutschland durchführt. 1941 wird Coningham beauftragt, die Wüsten-Luftflotte zur Unterstützung der britischen 8. Armee aufzustellen. Nach der Besetzung von Tripolis im Januar 1943 organisiert er dort die alliierte 1. Taktische Luftflotte. Seine Verbände unterstützen die britische und US-Armee bei ihren Operationen auf Sizilien und in Süditalien. Im Januar 1944 kehrt Coningham nach England zurück und übernimmt das Kommando über die 2. Taktische Luftflotte, die eine bedeutende Rolle bei der Operation »Overlord« spielen soll.

Dwight David Eisenhower

Der Oberbefehlshaber der alliierten Truppen in Europa, der das größte militärische Unternehmen, das je von einem Amerikaner geleitet wurde, führen soll, war drei Jahre zuvor noch ein unbekannter Lieutenant Colonel.
General Eisenhower ist am 14. 10. 1890 in Dennison (Texas) als einer von sieben Söhnen ehemaliger Schweizer Einwanderer geboren. Sein Vater war Nachtwächter in einer Molkerei, die Mutter gehörte den »Zeugen Jehovas« an und setzte sich für Kriegsdienstverweigerung ein. Seine Jugend ist hart und entbehrungsreich: Er muß sich sein Studiengeld mit Gelegenheitsarbeiten oder als halbprofessioneller Baseballspieler verdienen. 1911 beginnt seine militärische Laufbahn in der Militärakademie von Westpoint, die er im Juni 1915 verläßt. Bei Eintritt der USA in den Krieg ist er Infanterie-Ausbilder in Georgia und Kansas. Im Juni 1926 beendet er als Klassenbester die Ausbildung an der Generalstabsschule. Von 1936–1940 gehört Eisenhower zum Stab von General MacArthur auf den Philippinen. Nach seiner Rückkehr in die USA wird er im November 1940 Stabschef der 3. Division und im März 1941 Stabschef des IX. Armeekorps. Zugleich befördert man ihn nach 16jähriger Dienstzeit als Major nun zum »Temporary Colonel«. Vom 26. 2. 1942 bis zum 25. 6. 1942 ist er Chef der Operationsabteilung des Generalstabes im Range eines Major General, danach sofort Oberbefehlshaber der US-Truppen in Europa (European Theatre of Operation US-Army, ETOUSA). Unter seinem Kommando erfolgen die alliierte Landung in Nordafrika (7. 11. 1942), die Landung auf Sizilien (10. 7. 1943) und die Invasion Italiens (3. 9. 1943). Ab 24. 12. 1943 ist er Oberbefehlshaber der alliierten Expeditionsstreitkräfte.
Eisenhower besitzt die Qualitäten, die ein amerikanischer General haben muß, um auch die britische Armee zu führen: ein militärisches Urteilsvermögen, das jeder respektiert, angeborenes Taktgefühl, Sinn für Humor und unwiderstehlichen Charme.

Von links nach rechts: Dwight David Eisenhower, Bernard Law Montgomery, Frederick Edgworth Morgan, George Smith Patton jr.

Bernard Law Montgomery

Oberbefehlshaber der 21. Heeresgruppe und zugleich Kommandierender der Invasionstruppen, ist er wohl der populärste aller britischen Heerführer.
Field Marshal Montgomery ist am 17. 11. 1887 in Kensington (London) als Sohn eines anglikanischen Geistlichen geboren. 1908 beendet er seine Ausbildung an der Militärakademie in Sandhurst. Danach wird er als Offizier nach Indien versetzt, mit Kriegsausbruch am 23. 8. 1914 nach Frankreich abkommandiert und einen Monat später verwundet. Erst 1916 kehrt er als Captain nach Frankreich zurück und kämpft in seinem Korps an der Somme. Ab 1918 gehört Montgomery zur Besatzungsmacht in Deutschland, anschließend bis 1920 Ausbildung in der Generalstabsschule, dann verschiedene Kommandos, darunter auch in Irland. Zwischen 1931 und 1934 ist er während des arabischen Aufstandes in Palästina, danach drei Jahre als Chefinstrukteur an der Stabsschule in Quetta (Indien). 1937 Rückkehr nach England und Übernahme der 9. Infanteriebrigade, 1938 als Major General und Kommandeur der 8. Division, die zur Sicherung während des jüdisch-arabischen Konfliktes in Palästina eingesetzt wurde. Nach Ausbruch des Zweiten Weltkrieges bis 1940 als Kommandeur der 3. Division in Frankreich und einer der letzten, der Dünkirchen verläßt. Danach wird Montgomery Kommandierender General des V. Korps in England, ab Dezember 1941 Oberbefehlshaber der Südostkommandos in England im Range eines Lieutenant General. Ab 13. 8. 1942 Oberbefehlshaber der 8. Armee in Ägypten. Die Schlacht, die Montgomery am 23. 10. 1942 gegen die Truppen Rommels bei El Alamein führt, ist der erste größere britische Sieg im Zweiten Weltkrieg. Am 17. 7. 1943 nimmt Montgomery mit der 8. Armee an der Landung auf Sizilien teil, am 3. 9. 1943 ist er mit der 8. Armee in Reggio, an der südlichsten Spitze des italienischen Festlandes. In 16 Tagen bewältigt die 8. Armee über 500 Kilometer und vereinigt sich am 9. 9. 1943 in Salerno mit den dort gelandeten US-Truppen von General Clark. Ende Dezember 1943 wird Montgomery nach England zurückberufen, um zusammen mit General Eisenhower die Vorbereitungen für die Operation »Overlord« zu treffen.
Der Individualist und Abstinenzler Montgomery ist ein umsichtiger Planer, der stets darauf achtet, daß er vor Beginn einer Operation über genügend Kräfte verfügt, und ein sehr methodisch führender General. Er besitzt auch die seltene Gabe, überall Zuversicht und Vertrauen zu erwecken.

Frederick Edgworth Morgan

Wohl kaum ein Stratege vor ihm mußte so exakte und detaillierte Pläne für eine Operation von 100 Divisionen entwerfen wie Lieutenant General Sir Morgan. Er arbeitet, ohne sich einen freien Tag zu gönnen, und schläft gleich neben seinem Schreibtisch. Durch seine charmante Art, seine Charakterstärke und überdurchschnittliche Qualifikation für diese Aufgabe ist er hoch geschätzt.
Am 5. 2. 1894 in Paddock Wood (Kent) geboren, besucht Morgan das Clifton College sowie die Royal Military Academy. 1913 zum Offizier der Royal Artillery ernannt, dient er im Ersten Weltkrieg in Frankreich und Belgien und wird zweimal in Kriegsberichten hervorgehoben. Nach dem Kriege absolviert er die Kriegsakademie in Quetta, gehört zum Stab des Hauptquartiers in Indien und anschließend zum Kriegsministerium. 1938 zum Lieutenant Colonel befördert, wird Morgan Generalstabsoffizier der 3. Division. In den Operationen bei Dünkirchen im Mai/Juni 1940 befehligt er Teile der 1. Panzerdivision. Im März 1943 gibt Morgan sein Kommando über das I. Armeekorps ab, wird Stabschef bei COSSAC (Chief of Staff to the Supreme Allied Commander) und widmet sich ganz seiner Aufgabe, einen durchführbaren Plan für die Operation »Overlord« zu erstellen. General Morgan ist auch derjenige, der sich von Anfang an für eine Landung an der Normandie-Küste einsetzt.

George Smith Patton jr.

Er ist der bedeutendste Panzerstratege der Alliierten, passionierter Kavallerist und steht bei den Deutschen im Ruf eines kühnen, brillanten Truppenführers ähnlich

Bertram Home Ramsay

Arthur William Tedder

wie Rommel. Ihrer Ansicht nach sei er immer dort, wo der Schwerpunkt militärischer Aktionen liege, was die Alliierten auf ihre Weise nutzen: Patton wird zunächst Oberbefehlshaber eines Geisterverbandes (First US Army Group, FUSAG), der eine Landung von Ostengland aus im Pas de Calais vortäuschen soll.
General Patton ist am 11. 11. 1885 auf einer Farm in San Gabriel (Kalifornien) geboren. Er besucht die Militärakademie von Virginia, ist zwar ein schlechter Schüler, aber guter Sportsmann. 1912 nimmt er an der Olympiade in Stockholm teil und stellt einen Weltrekord im Scheibenschießen auf. Am 11. 6. 1909 wird er Lieutenant der Kavallerie. 1916 kämpft er als Adjutant von General Pershing in Mexiko. Im Mai 1917 mit dem Stab von General Pershing nach Frankreich abkommandiert, leitet er das Zentrum der US-Panzertruppen in Langres. Dann führt Patton die 304. Panzerbrigade bei der St.-Mihiel-Offensive und ist damit einer der ersten Panzerführer der Welt. Er wird am 26. 9. 1918 in den Argonnen verwundet. Nach verschiedenen Kommando- und Generalstabsstellen in Maryland, Virginia, Kansas, Massachusetts und Hawaii übernimmt Patton 1940 als Major General die 2. Panzerdivision.
Bei der Landung der Alliierten in Nordafrika im November 1942 ist Patton Kommandeur des II. US-Korps an der Westküste Marokkos. Im März 1943 befehligt er den mittleren Frontabschnitt in Tunis. Am 10. 7. 1943 landet er an der Spitze der 7. US-Armee auf Sizilien. Eine folgenschwere Ohrfeige, die General Patton dort dem Soldaten Bennett verabreicht, ruft bei den Müttern der USA einen Sturm der Entrüstung hervor und überschattet später seine Laufbahn.

Bertram Home Ramsay

Dank seiner Improvisationsgabe gelingt es ihm, 1940 das britische Expeditionskorps von Dünkirchen nach England zu retten, genau vier Jahre später soll er die alliierten Landetruppen wieder auf den Kontinent schaffen.
Admiral Ramsay, am 20. 1. 1883 in Hampton Court Palace (England) geboren, geht als 15jähriger Junge zur See. Im Dezember 1904 wird er zum Lieutenant befördert und erhält im August 1915 sein erstes Kommando auf dem kleinen Kanonenboot M. 25. Zwei Jahre lang führt Ramsay mit der M. 25 Aufklärung im Ärmelkanal durch. Ab Oktober 1917 ist er Kapitän des bekannten Zerstörers »Broke«. 1933–1936 Rear Admiral (Konteradmiral) und Chef des Stabes der Home Fleet. Im Januar 1939 zum Vice Admiral befördert. Ab 24. 8. 1939 verantwortlicher Flag Officer (Admiral) in Dover. Im Mai/Juni 1940 leitet Ramsay die Operation »Dynamo«, die Evakuierung der britischen und französischen Truppen aus Dünkirchen. Am 29. April 1942 zum Marine-Kommandeur des alliierten Expeditionskorps ernannt und Befehlshaber der Eastern Task Forces, der unter dem Oberkommando von General Eisenhower die britischen Landeoperationen im Mittelmeerraum befehligt. Im Dezember 1943 kehrt Ramsay nach London zurück und wird Oberbefehlshaber der alliierten Marine für die Operation »Neptune«.

Arthur William Tedder

Stellvertreter von General Eisenhower und zweiter Mann im alliierten Expeditionskorps ab Dezember 1943.
Air Marshal Tedder ist am 11. 7. 1890 in Glenguin (Schottland) als einziger Sohn eines höheren Zollbeamten geboren. Seine militärische Laufbahn beginnt er im Kolonialdienst auf der Insel Fiji. Nach Ausbruch des Ersten Weltkrieges dient er bei der britischen Luftflotte in Frankreich. 1919 Squadron Leader bei der Royal Air Force (RAF), ab 1934 Direktor der Ausbildungsabteilung im Luftfahrtministerium. 1936 ist er Air Vice Marshal, 1938 Direktor der Operations- und Aufklärungsabteilung im Luftfahrtministerium. Danach ab November 1940 stellvertretender Befehlshaber, zuletzt Befehlshaber der RAF im Mittleren Osten, wo er eng mit der 8. Armee (Gen. Montgomery) zusammenwirkt. Tedder wendet dabei seine Taktik des berüchtigten »Tedder carpet« an: Vernichtung der feindlichen Verteidigungslinien durch Bombenteppiche. Zum Air Marshal befördert, wird Tedder im November 1942 stellvertretender Stabschef der RAF. Im April 1943 übernimmt er das alliierte Luftkommando im Mittelmeer und ist verantwortlich für alle Luftoperationen auf diesem Kriegsschauplatz. Zu gleicher Zeit unterstehen ihm auch die alliierten Luftstreitkräfte im Mittleren Osten. Die von ihm aufgestellte Taktische Luftflotte trägt entscheidend zu den Erfolgen der Alliierten auf Sizilien und in Süditalien bei.
Der Pfeifenraucher Tedder, durch seinen spöttischen Humor bekannt, versteht sich vortrefflich mit General Eisenhower und bildet mit ihm zusammen ein gutes Gespann.

Prolog

4. Juni – 31. Dezember 1940

Dienstag, 4. Juni 1940. Über dem lichterloh brennenden Dünkirchen, über Malo-les-Bains und De Panne breitet sich eine riesige ölige Rauchwolke aus. Nebelschwaden ziehen über die glatte, ungewöhnlich ruhige See. Heulend stoßen Stukas auf die Schiffe nieder, und Splitter der Abwehrgeschosse prasseln aufs Wasser.
Hafenbecken und Reede starren von zerfetzten Wracks. In den Dünen an der West- und Ostmole zwischen Bergen von verlassenem Material warten eng gedrängt britische und französische Soldaten auf die Barkassen, die sie zu den weit draußen liegenden größeren Schiffen bringen sollen.
Während der vergangenen 180 Stunden sind 338 226 Soldaten der Alliierten nach England abtransportiert worden. Generalmajor Kurt Brennecke, Generalstabschef der deutschen 4. Armee und Zeuge dieser Ereignisse, empfindet Unbehagen schon bei dem Gedanken: ». . . diese Menschen später wieder neu ausgerüstet vor uns zu haben.«

Zu gleicher Zeit macht in London ein britischer Offizier den Vorschlag zur Gründung einer Truppe, die er »Commandos« nennt und die die Engländer bei ihrer Rückkehr auf den Kontinent unterstützen soll, es ist Brigadier Dudley Clarke. Und diese Truppengattung, die während des Zweiten Weltkrieges zu großem Ruhm gelangt, ist später wichtiger Bestandteil jeder Armee.
Seinen Vorschlag legt Brigadier Clarke in einer Denkschrift nieder und übergibt sie am 6. Juni 1940 General Sir John Dill, dem Chef des Empire-Generalstabes (CIGS). General Dill hat bereits selbst nach Möglichkeiten gesucht, mit den spärlich vorhandenen Mitteln offensiv zu werden, und befürwortet die Idee des Brigadiers bei Churchill. Der Premierminister findet den Vorschlag ebenfalls sehr interessant und beauftragt noch am gleichen Tag General Sir Henry Ismay, den militärischen Staatssekretär des Kriegskabinetts, »Unternehmungen mit besonders ausgebildeten Commandotruppen vorzubereiten . . .«
Brigadier Clarke stellt einen kleinen Stab zusammen, der als Abteilung MO9 dem »Directorate of Military Operations« innerhalb des War Office angegliedert wird. Nun muß Clarke mit immer neuen Schwierigkeiten kämpfen: Die bestehenden Heeresverbände dürfen für die geplanten Raids nicht herangezogen werden, um die Heimatverteidigung nicht zu schwächen. Waffen und Ausrüstungen wiederum haben bei anderen Truppenteilen eine höhere Dringlichkeitsstufe.
Übrigens, die Landungsboote für die erste Commando-Operation sind die von der Royal Air Force geliehenen Rettungsboote, sogenannte Crash-Boats, berüchtigt durch lautstarke Motoren und schwer zu navigieren. In diesen sechs Leihbooten finden 115 Männer der 11. Independent Company (späteres 11. Commando) Platz. Ihre wichtigsten Waffen, 20 Maschinenpistolen, von denen in Großbritannien zur Zeit nur 40 Stück existieren, werden ihnen auf Ehrenwort nur für diese erste Operation im Pas de Calais, Codename »Collar«

Dünkirchen, 4. Juni 1940, Operation »Dynamo«, Rückzug des britischen Expeditionskorps: 24 Kanonen gerettet

Brigadier Dudley Clarke

(Halsband), freigegeben. Von einer Filmgesellschaft reichlich mit schwarzer Schminke versorgt, verläßt die kleine Armada am späten Nachmittag des 24. Juni 1940 den Hafen von Dover und nimmt Kurs auf die andere Seite des Kanals. Brigadier Clarke und Lieutenant Commander J. W. F. Milner-Gibson führen diesen ersten britischen Commando-Raid des Zweiten Weltkrieges.

Sie sind einige Zeit unterwegs, als im Tiefflug drei Maschinen über die Boote hinwegrasen. Die Männer vom Commando denken schon, es seien Deutsche. Obwohl man sie als Spitfires erkennt, bleibt die Situation heikel.

Brigadier Clarke: »Wir winkten ihnen, gaben die vereinbarten Erkennungssignale . . . Doch schon im nächsten Augenblick begannen sie einen bedrohlichen Anflug. Das Ergebnis war, daß wir eine Stunde verloren, und diese Zeit konnten wir nicht mehr einholen. Danach wurde es schnell dunkel, und die Verbindung zu dem anderen Boot riß ab. Wir näherten uns bereits der französischen Küste, als Milner-Gibson mir sagte, daß er Ärger mit seinem Kompaß habe. Er war nicht ganz sicher, wo wir überhaupt sind. Er verringerte deshalb die Geschwindigkeit, wodurch der Motorenlärm gedrosselt wurde. So kamen wir nur allmählich näher an die Küste Frankreichs heran. Das Boot setzte im seichten Wasser auf Grund. Ronny Todd flüsterte seine Befehle, die Männer vom Commando sprangen über den Rand des Bootes und wateten auf den Strand zu.

Mein General hatte mir strikt verboten, an Land zu gehen. Ich mußte also mit Milner-Gibson im Boot bleiben. Während wir uns noch über das mögliche Auftauchen eines deutschen Patrouillenbootes Gedanken machten, brach plötzlich, etwa eine Meile weiter südlich, am Strand Feuer aus und loderte hell auf. Milner-Gibson sagte leise: ›So, da wären wir! Die Jungs sind angekommen.‹ Doch sie waren es nicht . . . Und wie zur Bestätigung kam Todd zum Boot zurück mit der Nachricht: ›Die Männer sind meilenweit über die Sanddünen marschiert, ohne irgend etwas gefunden zu haben.‹

Ich sah auf meine Uhr. Es war beinahe 2 Uhr, und ich befahl Todd, die Leute zurückzuholen, denn die Zeit wurde knapp. Es war eine kurze Sommernacht, und wir wollten bei diesem ersten Abenteuer nicht noch unnötige Risiken eingehen. Todd ging wieder zurück. Kurz darauf flüsterte einer unserer Ausguckposten: ›Da bewegen sich mehrere Gestalten am Strand.‹ Es stellte sich heraus, daß es eine deutsche Radfahrpatrouille war. Die Deutschen sprangen von ihren Fahrrädern und eröffneten im nächsten Moment das Feuer. Ich glaube nicht, daß sie in der Dunkelheit mehr als die Silhouette unseres Bootes sehen konnten. Trotzdem schlugen ihre Geschosse neben uns ein. Eine Kugel streifte mein Ohr und warf mich zu Boden . . .«

Ein Teil des Commandos führt in den Dünen nahe Bologne-sur-Mer ein Scharmützel mit den Deutschen; die anderen gehen zwischen Berck und Le Touquet an Land, greifen ein kasernenähnliches Gebäude an und töten – nach eigenem Bericht – zwei Deutsche.

Britische Verluste: das angeschossene Ohr des Commando-Gründers Brigadier Dudley Clarke. Nachdem eine Commando-Gruppe aus Versehen anstatt in Dover in Folkstone an Land geht, werden die Männer kurzerhand von Militärpolizisten als Deserteure verhaftet.

Zur gleichen Zeit, als die ersten britischen Soldaten nach dem Rückzug aus Dünkirchen ihren Fuß wieder auf den Kontinent setzen, legt Frankreich am Dienstag, dem 25. Juni 1940, um 01.35 Uhr, endgültig die Waffen nieder.

Ein weiterer Schritt zur Rückkehr auf den Kontinent: Man gründet in London eine Geheimorganisation, die Special Operations Executive (SOE). Ihre Aufgabe ist neben Koordination und Unterstützung der Widerstandsbewegungen im besetzten Europa »Führung der überfallartigen Angriffe gegen militärische und wirtschaftliche Rüstungsobjekte des Feindes, um ihn zu verunsichern und strategisch zu schwächen«.

Am Montag, dem 1. Juli 1940, findet im Kabinett des Ministers Halifax vom Foreign Office eine Konferenz mit dem Minister des Economic Warfare, H. Dalton, statt, auf der beschlossen wird, »eine Bewegung im feindlich besetzten Gebiet zu gründen, die der irischen Sinn-Fein-Organisation, dem Kleinkrieg der Chinesen gegen die Japaner oder den Guerillas der Spanier gegen Napoleon ähnelt«.

Die Gründungsurkunde der SOE trägt noch die Unterschrift vom Premier Neville Chamberlain. Es soll die letzte wichtige Amtshandlung seines Lebens gewesen sein. Die Direktive des neuen Premierministers Winston Churchill an Dr. H. Dalton ist knapp und deutlich: »Nun stecken Sie Europa in Brand!«

Als großer Nachteil für die SOE wird sich in Zukunft jedoch erweisen, daß ihr oberster Chef, Minister H. Dalton, nicht dem Kriegskabinett angehört. Die französischen, norwegischen, belgischen, holländischen und polnischen Exiltruppen in England – ohne Hoffnung auf reguläre Kampfhandlungen – bilden ein Reservoir an potentiellen SOE-Agenten.

Am Dienstag, dem 2. Juli 1940, erteilt Hitler eine Weisung zur Ausarbeitung von Plänen für das Unternehmen »Seelöwe«, die unter bestimmten Vorausset-

zungen beabsichtigte Invasion Englands. Diese Weisung entfacht sogleich Rivalitäten unter den einzelnen Wehrmachtteilen. Die Kriegsmarine verwirft den Invasionsplan des Heeres, da sie selbst nicht in der Lage ist, gleichzeitig der Invasionsflotte Schutz zu bieten und die Royal Navy erfolgreich zu bekämpfen. Inzwischen beginnen die Übungen der Truppe. Unter den Kommandeuren sind nur wenige, die amphibische Erfahrung haben, und einige von ihnen beschließen, ihre Soldaten zunächst schwimmen lernen zu lassen. In den Stäben werden alle erreichbaren Unterlagen über das vorgesehene Landungsgebiet zusammengestellt. Selbst die Schilderung der Kanalüberquerung unter Julius Cäsar in der Nacht vom 1. September des Jahres 55 v. Chr. wird zu Rate gezogen. Nach dem Krieg macht Generaloberst Alfred Jodl die Bemerkung, daß die deutschen Vorbereitungen des Jahres 1940 denen Cäsars so ziemlich geglichen hätten.
Für den Fall einer deutschen Landung in Großbritannien ist Vorsorge getroffen: Field Marshal Sir Edmund Ironside, bisher Chef des Generalstabes, wird zum ersten Oberbefehlshaber der »Home Guard«, einer 1 Million Mann starken »Bürgerwehr«, ernannt. Die meisten haben zwar keine Uniformen, und ihre Patrouillen sind in den ersten Tagen nur mit Jagdflinten, alten Säbeln, Beilen und Golfschlägern bewaffnet. In ihren Dienstvorschriften finden sie den Hinweis, daß »diese Waffen wirkungsvoll ergänzt werden können durch ein Päckchen Pfeffer, mit dem jedem ungebetenen Besucher die Sicht genommen wird«.
Während Hitler sich auf die Invasion in England vorbereitet, erteilt Churchill den Auftrag zum beschleunigten Bau von Landungsfahrzeugen für die Commandos. Innerhalb kürzester Frist werden aus allen Teilen des Commonwealth Soldaten und Offiziere zusammengezogen, die bereit sind, sich einem viel strengeren Dienst als dem normalen zu unterwerfen.
In der Nacht vom 14./15. Juli 1940 führen 100 Mann des 3. Commandos und der 11. Independent Company ihren nächsten Raid durch, diesmal gegen die besetzte britische Kanalinsel Guernsey mit dem Ziel der Einbringung von Gefangenen und Sprengung der Kabelstation. Diese Operation – Codename »Ambassador«, geführt von Colonel John Durford Slater – ist jedoch ein Fehlschlag: Wegen des heftigen Feuers der wachsamen deutschen Posten muß die Hauptgruppe vom 11. Commando den Landungsversuch abbrechen. Dem 3. Commando, das von der unzugänglichen Steilküste her angreift, gelingt es zwar, unbemerkt an Land zu kommen; es trifft jedoch auf keinen Deutschen, und die zu sprengende Kabelstation liegt seit Monaten in Trümmern. Beim Rückzug in die Boote müssen drei Mann, die nicht schwimmen können, wegen der schweren See zurückbleiben.
Am Mittwoch, dem 17. Juli 1940, ernennt Churchill, um die Autorität des Commando-Stabes zu verstärken, Admiral Sir Roger Keyes zu dessen Chef. Die Abteilung MO9 wird zum »Directorate of Combined Operations« ausgebaut und den Chiefs of Staff (COS) sowie dem Kriegsministerium direkt unterstellt.
Mit den Commando-Raids will man zunächst die deutschen Besatzungstruppen beunruhigen und durch häufige Aktionen bewegen, die Küste vom Nordkap bis zur spanischen Grenze in ständiger Verteidigungsbereitschaft zu halten. 5000 Freiwillige sollen schnellstens zu schlagkräftigen Landungstrupps ausgebildet werden. Admiral Keyes hält jedoch die Taktik der kleinen Überfälle für verfehlt und plant statt dessen Operationen mit 5000 bis 10 000 Mann. 1940 ist an ein Unternehmen von diesem Ausmaß schon wegen der fehlenden Landungsboote gar nicht zu denken.
Am Donnerstag, dem 1. August 1940, erteilt Hitler seine Weisung Nr. 17 für einen verschärften See- und Luftkrieg gegen England, die Voraussetzung für eine Landung auf der britischen Insel. Am Sonnabend, dem 10. August 1940, stehen drei deutsche Luftflotten einsatzbereit, um den Hauptangriff gegen England zu starten. Das Unternehmen »Adler« beginnt. Nach Meinung Görings seien vier Tage ausreichend, die Verteidigungsanlagen südlich von London zu zerstören. Vier Wochen brauche man, um die gesamte RAF zu vernichten. Da die Kriegsmarine zehn Tage fordert, um Minen auslegen und Vorbereitungen treffen zu können, bevor die eigentliche Invasion beginnt, wird der Zeitpunkt der Landung für Mitte September bestimmt. Am Dienstag, dem 27. August 1940, entscheidet sich Hitler für die »kleine Lösung«, die Landung auf einer Frontbreite von etwa 140 km an der englischen Südostküste zwischen Folkestone und Eastbourne.

Herbst 1940, deutsche Vorbereitungen zur Landung in England: Sie gleichen denen von Julius Cäsar

Ausbildung von britischen Commandos

Am Dienstag, dem 3. September 1940, legt Hitler als endgültigen Termin für das Unternehmen »Seelöwe« den 21. September fest. Die Luftwaffe versucht nun innerhalb der kurzen Frist, die Luftherrschaft zu erringen. Trotz ungünstigen Wetters werden am Nachmittag des 14. September mehrere Angriffe auf die britische Hauptstadt geflogen. Während der Nacht gelingt es allerdings nur noch 50 deutschen Bombern, den Weg nach London zu finden. Als die geschlagen geglaubte RAF die Invasionsflotte der Deutschen immer heftiger angreift, erlaubt Hitler eine begrenzte Auflösung der Schiffsansammlungen.

Am Sonnabend, dem 12. Oktober 1940, wird das Unternehmen »Seelöwe« endgültig auf Frühjahr 1941 verschoben.

In den beinahe friedlichen Herbstmonaten des Jahres 1940 können die Commandos ihre Ausbildung vervollständigen. Man will ihre Angehörigen zu perfekten, selbständig handelnden Einzelkämpfern erziehen. »Sie sollen«, so Brigadier Clarke, »eine Kreuzung zwischen den Piraten von Elisabeth I., einem Chikago-Gangster und einem Wildwest-Trapper sein, selbständig und zugleich diszipliniert wie die besten regulären Soldaten.« Die häufigsten Übungen sind das Landen, Einschiffen an verschiedenartigsten Küsten und Schwimmen mit der gesamten Ausrüstung. Das nächtliche lautlose Erklimmen von Steilküsten, Überwinden von Befestigungen und Zerstören militärischer Anlagen wird immer wieder geprobt. Weil dies alles in Blitzaktionen stattfinden soll, tragen die Männer vom Commando speziell für sie entworfene, den Trainingsanzügen ähnliche khakifarbene Uniformen und statt der Stahlhelme wollene Mützen. Die Commandos sind mit den noch raren leichten automatischen Handfeuerwaffen ausgerüstet und verfügen damit über eine ungewöhnlich starke Feuerkraft. In den letzten Monaten 1940 wird für sie auch ein neuer zweckmäßiger Landungsboottyp entwickelt.

Die »Landing Crafts Assault« (LCA) – ähnlich den in den Louisiana-Sümpfen benutzten Booten – haben einen Flachrumpf und geschützte Schraubenwellen. Diese Sturmboote sind leicht gepanzert, können 30 Mann befördern und erreichen 6 Seemeilen in der Stunde. Mutterschiffe, die »Landing Ships Infantry« (LSI) bringen sie bis in Küstennähe. Bei den Raids sollen alle Mitglieder eines Commandos – mit Ausnahme der Sanitäter –, selbst die Schreibstubenkräfte, eingesetzt werden. Die »Combined Operations«, ein alle Waffengattungen vereinigender Operationsstab, befaßt sich nun mit den Projekten zur Erkundung der deutschen Küstenverteidigungsmaßnahmen und sammelt taktisch-technische Erfahrungen für eine Invasion des besetzten Kontinents.

Die Normandie und ihre Regionen

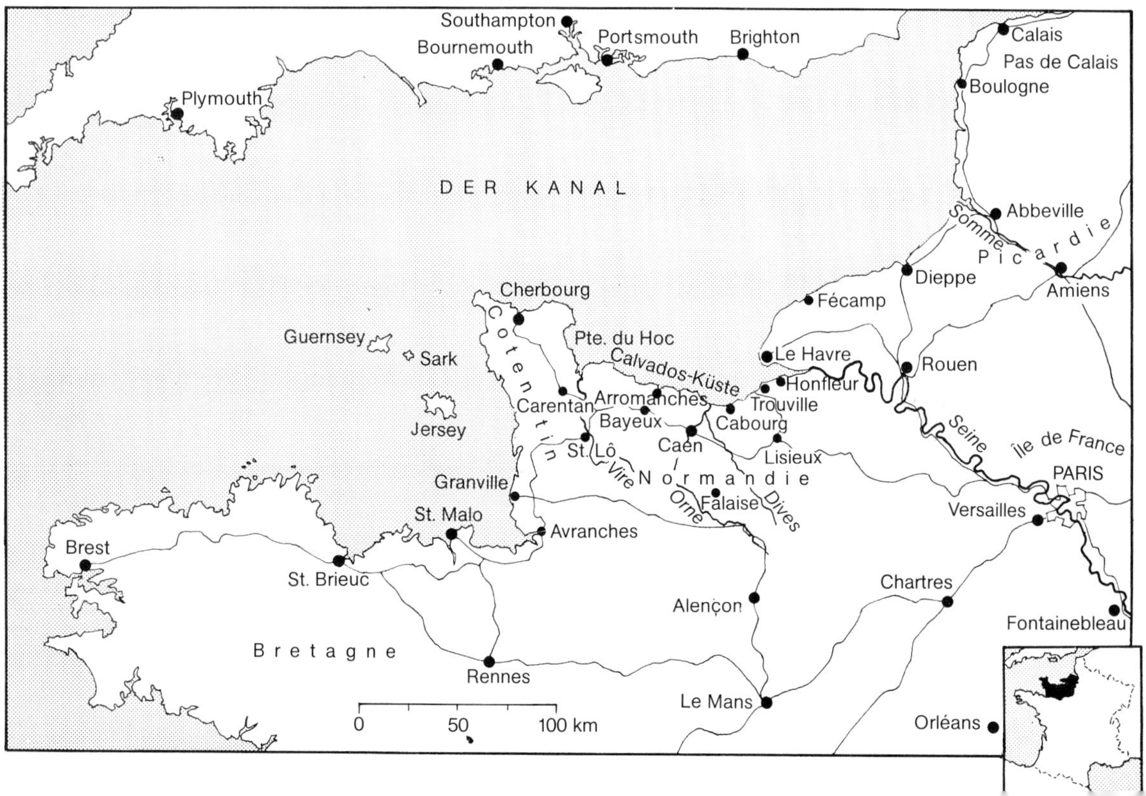

Vorbereitungen 1941

W. Churchill an die Geräteverwaltung der Marine
Sonnabend, 15. März 1941:
Machen Sie mir bitte einen Rapport, wie weit der Bau der Panzerlandungsschiffe gediehen ist. Um wie viele handelt es sich? Welches ist ihre Tonnage? Wie viele Panzer können auf einmal befördert werden? Wann werden die einzelnen Bauten fertig sein? Wo werden sie gebaut? Für welche Panzertypen sind sie geeignet?

W. Churchill an General Ismay
Sonntag, 30. März 1941
Für das Komitee der Stabschefs und den Oberbefehlshaber der Home Forces:
Beim Invasionsmanöver »Victor« wurde angenommen, daß der Feind trotz heftiger Gegenwehr zwei Panzerdivisionen, eine motorisierte und zwei Infanteriedivisionen an der Küste von Norfolk gelandet hat. Sie erzwangen den Weg landeinwärts und befanden sich, wie man annahm, nach 48 Stunden sämtlich im Kampf. Ich würde es sehr begrüßen, wenn die gleichen Offiziere einen Operationsplan für eine Landung genau gleichen Umfanges an der französischen Küste ausarbeiten würden, unter Annahme der äußersten Reichweite unseres Jägerschutzes und deutscher Flottenüberlegenheit im Kanal. Eine solche Unternehmung, in 48 Stunden durchgeführt, würde Geschichte machen.

W. Churchill an General Ismay
Montag, 23. Juni 1941
Für das Komitee der Stabschefs:
1. Der durch die bewundernswerten Luftangriffe der RAF erzielte Erfolg über dem Pas de Calais sollte uns ermutigen, sie – solange sie sich als nützlich erweisen – tagtäglich mit Nachdruck weiterzuführen.
2. Unter der Voraussetzung völliger Luftherrschaft über dem genannten Gebiet sollten die Stabschefs erwägen, ob nicht eine größer angelegte Landungsaktion unter Fliegerschutz angesetzt werden könnte. Mir schweben so etwa 25 000 bis 30 000 Mann vor – die Commandos vielleicht plus eine kanadische Division. Es wäre nötig, ein Korps zusammenzustellen, das genau den taktischen Anforderungen entspricht, ohne am herkömmlichen Divisionsaufbau zu kleben. Solange wir die Luftherrschaft über dem Pas de Calais besitzen, sollte es möglich sein, beachtliche Resultate herbeizuführen.
3. Es bieten sich eine Reihe von Zielen, etwa die Zerstörung von Batteriestellungen und Geschützen, aller vorhandenen Schiffe (auch wenn jetzt nicht viele da sind), der angehäuften Vorräte; Tötung oder die Gefangennahme einer möglichst großen Anzahl Deutscher. Die Häfen von Calais und Boulogne könnten vielleicht bei dieser Gelegenheit blockiert werden.
4. Ich wünsche eine Vorbesprechung darüber heute abend um 9.45 Uhr. Wenn die Idee im Prinzip angenommen wird, müssen die Pläne so schnell wie möglich ausgearbeitet werden, damit sie bereit sind, falls die Luftherrschaft Tatsache geworden sein wird. Jetzt, da der Gegner in Rußland beschäftigt ist, scheint der Zeitpunkt gekommen, »zu heulen, solange die Sonne scheint«.

Telegrammwechsel zwischen Churchill und Stalin

J. W. Stalin an W. Churchill
Freitag, 18. Juli 1941:
Erlauben Sie mir, Ihnen für Ihre beiden persönlichen Botschaften zu danken.
Ihre Botschaften haben den Grundstein für die Übereinstimmung zwischen unseren beiden Regierungen gelegt. Jetzt sind die Sowjetunion und Großbritannien, wie Sie es mit vollem Recht ausgedrückt haben, Bundesgenossen im Kampf gegen Hitlerdeutschland geworden ...
Darüber hinaus scheint mir, daß die militärische Lage der Sowjetunion und gleichzeitig auch die Großbritanniens wesentlich verbessert werden könnte, wenn Fronten gegen Hitler im Westen (Nordfrankreich) und im Norden (Arktis) geschaffen würden.
Eine Front in Nordfrankreich würde nicht nur deutsche Streitkräfte aus dem Osten abziehen, sondern auch eine

Deutsche leichte Flak an der norwegischen Küste: erste Dringlichkeitsstufe

Landung Hitlers in England unmöglich machen. Die Errichtung dieser Front würde von der britischen Armee wie auch von der Bevölkerung Südenglands begrüßt werden. Ich bin mir der Schwierigkeiten bewußt, die der Errichtung einer solchen Front entgegenstehen, aber nach meiner Ansicht sollte sie trotz aller Schwierigkeiten geschaffen werden, nicht nur zum Wohle unserer gemeinsamen Sache, sondern auch in Englands eigenem Interesse. Jetzt ist der beste Zeitpunkt, diese Front zu errichten, da Hitler seine Truppen nach dem Osten geschoben hat und es ihm noch nicht gelungen ist, die von ihm im Osten eroberten Stellungen zu festigen.

W. Churchill an J. W. Stalin
Sonntag, 20. Juli 1941:
1. Ihre Botschaft hat mich sehr befriedigt, auch höre ich mit Freude von vielen Seiten, wie tapfer und mit welch energischen Gegenangriffen die russischen Armeen ihre Heimaterde verteidigen . . .
2. Wir werden Ihnen jede vernünftige und wirksame Hilfe gewähren, die gewährt werden kann. Ich bitte Sie jedoch, die Beschränkungen, die uns durch unsere Hilfsmittel und unsere geographische Lage auferlegt werden, ins Auge zu fassen. Vom ersten Tage des deutschen Überfalls auf Rußland an haben wir die Möglichkeiten von Angriffen gegen das besetzte Frankreich und die Niederlande erwogen. Der Generalstab sieht keinerlei Weg zu einer Unternehmung, die umfangreich genug wäre, um Ihnen den geringsten Nutzen zu bringen. In Frankreich allein verfügen die Deutschen über 40 Divisionen, und zudem wurde die ganze Küstenlinie seit über einem Jahr mit deutscher Gründlichkeit befestigt; sie starrt geradezu von Kanonen, Stacheldraht, Bunkern und Bodenminen. Der einzige Küstenstrich, über dem wir vorübergehende Luftherrschaft ausüben und Jagdfliegerschutz stellen könnten, erstreckt sich von Dünkirchen bis Boulogne. Gerade hier aber liegt eine Befestigung neben der andern, Hunderte schwere Geschütze, deren Reichweite teilweise bis über den Kanal geht, beherrschen die Zufahrt zur See. Die Nachtfinsternis währt nicht einmal ganze fünf Stunden, und auch in dieser Zeit liegt das ganze Gebiet unter den Strahlen von Scheinwerfern. Stärkere Truppenmassen, die zu landen versuchten, würden nur blutig zurückgeschlagen werden, während kleinere Streifzüge von vornherein zum Mißerfolg verurteilt wären, was uns beiden mehr schaden als nützen könnte. Die ganze Angelegenheit wäre vorüber, noch ehe die Deutschen auch nur einen einzigen Verband von Ihrer Front abziehen müßten oder abziehen könnten . . . Bitte tragen Sie keine Bedenken, uns alles vorzuschlagen, was Ihnen dienlich erscheint, so wie auch wir unentwegt nach anderen Mitteln suchen, um den gemeinsamen Feind zu treffen.

J. W. Stalin an W. Churchill
Donnerstag, 4. September 1941:
. . . Es erhebt sich die Frage, wie man aus dieser mehr als ungünstigen Situation herauskommt.
Meiner Meinung nach gibt es nur einen einzigen Ausweg – die Errichtung einer zweiten Front auf dem Balkan oder in Frankreich noch in diesem Jahr, die in der Lage ist, von der Ostfront 30 bis 40 Divisionen abzuziehen . . .

W. Churchill an J. W. Stalin
4. September 1941:
Die von Ihnen eingegangene Botschaft beantworte ich unverzüglich im gleichen Geist. Obwohl wir selbst vor schwersten Anstrengungen nicht zurückschrecken würden, bestehen in Tat und Wahrheit – von Aktionen in der Luft abgesehen – keine Möglichkeiten für irgendeine britische Unternehmung im Westen, die noch vor Beginn des Winters deutsche Streitkräfte aus dem Osten abziehen könnte . . .
Ob die britischen Armeen stark genug sein werden, um 1942 eine Landung auf dem Kontinent zu versuchen, das hängt von nicht vorauszusehenden Ereignissen ab.

W. Churchill an Sir Stafford Cripps, britischer Botschafter in Moskau
Freitag, 5. September 1941:
Wenn die Möglichkeit bestünde, erfolgreiche Angriffe gegen die belgisch-holländische oder französische Küste vorzutragen, die Deutschland zum Truppenabzug aus Rußland zwingen könnten, würden wir sie selbst unter schwersten Opfern anordnen. Doch sind unsere sämtlichen Generäle davon überzeugt, daß wir nur eine blutige Abweisung zu gewärtigen hätten; selbst wenn es

gelänge, kleinere Abteilungen an Land zu setzen, müßten sie nach ein paar Tagen zurückgezogen werden. Die französische Küste starrt von Befestigungen, außerdem haben die Deutschen immer noch mehr Divisionen im Westen als wir in Großbritannien, dazu starke Luftstreitkräfte.

J. W. Stalin an W. Churchill
Montag, 15. September 1941:
In meiner letzten Botschaft habe ich den Standpunkt der Sowjetregierung dargelegt, daß die Errichtung einer zweiten Front die einzige Grundlage zur Verbesserung der Gesamtsituation unserer gemeinsamen Sache wäre. Auf Ihre Botschaft, in der Sie abermals die Unmöglichkeit einer zweiten Front im gegenwärtigen Zeitpunkt betonen, kann ich nur erwidern, daß das Fehlen einer solchen lediglich die Absichten unseres gemeinsamen Feindes fördert.

Deutsche Küstenverteidigung

Oberkommando der Wehrmacht — Führerhauptquartier, den 14. 12. 1941

WFSt/Abt. L (I Op)
Nr. 003022/41 g. Kdos.
Geheime Kommandosache
Chefsache!
Nur durch Offizier!
Betr.: Küstenverteidigung.
Vorg.: OKW/WFSt/Abt. L (I Op) 002452/41 g. K. I. und II. Ang. vom 23. 10. u. 3. 11. 41

Auf Grund der vorgelegten Übersichten über den Stand der Küstenverteidigung hat der Führer befohlen:
1. Die von uns beherrschten Eismeer-, Nordsee- und Atlantik-Küstenbereiche sind im Endziel zu einem »neuen Westwall« auszubauen, um dann bei möglichst geringem Einsatz ständig festgelegter Feldtruppen mit Sicherheit jedes feindliche Landungsunternehmen auch stärkster Kräfte abwehren zu können.
2. Vorläufig zwingt jedoch die starke anderweitige Beanspruchung unserer Kräfte und materiellen Mittel zur Beschränkung des Ausbaues nach folgenden Gesichtspunkten:
a) Fortsetzung des feldmäßigen Ausbaues und stützpunktartige Verstärkung der gefährdetsten Stellen durch ständige Kampfanlagen.
b) Verstärkung der weitreichenden Küstenartillerie an den Stellen, die auf Grund der geographischen Bedingungen dem Feinde Anreiz zur Brückenkopfbildung und weiterem Vordringen bieten, sowie an denjenigen Punkten, deren Unversehrtheit und Sicherheit für uns von besonderem Wert sind, wie z. B. die wichtigeren Häfen, Zufluchts- und Zwischenstützpunkte, besonders in den norwegischen Fjorden, und wichtige militärische und wirtschaftliche Objekte in Küstennähe.
c) Der Forderung auf Ausbau der Küstenverteidigung ist durch Ob. d. L. im Rahmen der gesamten Luftverteidigung des Deutschen Reiches und der besetzten Gebiete durch schwerpunktmäßigen Einsatz von Luftverteidigungskräften in den stark luftgefährdeten Küstengebieten Rechnung zu tragen.
Die für die unmittelbare Abwehr von Landungsunternehmungen durch küstennahen Einsatz geeigneten Luftverteidigungseinheiten sind kalendermäßig in die Verteidigungsmaßnahmen des Heeres bzw. der Kriegsmarine einzugliedern. Hierbei können Flak-Batterien unmittelbar an der Küste in die artilleristische Verteidigung einbezogen und, soweit es die jeweilige Luftlage erlaubt, für die Landungsabwehr nach See nutzbar gemacht werden.
Zur personellen Einsparung ist die Frage der zusätzlichen Ausstattung einzelner Küstenbatterien mit ortsfester Flak zur Abwehr feindlicher Fliegerangriffe und eine dementsprechende zusätzliche Ausbildung durch Ob.d.L. in Verbindung mit den anderen Wehrmachtteilen zu prüfen.
d) Die Durchführung im Gange befindlicher oder geplanter Operationen und die übrigen bereits angeordneten Rüstungsvorhaben dürfen durch diese Maßnahmen nicht wesentlich beeinträchtigt werden.
e) Die z. Z. im Küstenschutz eingesetzten Kräfte müssen im ganzen zur Verteidigung ausreichen. Ihre Zahl ist im Zuge der schrittweisen Verstärkung der Abwehrkraft nach Möglichkeit zu verringern.
3. Für die Reihenfolge des Ausbaues gelten folgende Richtlinien:
a) Unabhängig von den bereits früher getroffenen Anordnungen steht Norwegen in der ersten Dringlichkeit, da hier die geographischen und klimatischen Gegebenheiten sowie die Verkehrsverhältnisse den Einsatz beweglicher Reserven und die Zuführung von Verstärkungen erschweren und auch den Einsatz starker Luftstreitkräfte zur Bekämpfung des Feindes an und vor der Küste nur beschränkt zulassen. Zudem bieten die weit ins Land reichenden Fjorde, die besonders im Norden wichtige Verkehrsverbindungen schneiden, sowie die abseits gelegenen, aber wichtigen küstennahen Objekte ständigen Anreiz zu Unternehmungen.
Neben dieses verstärkte Bedürfnis einer unbedingt sicheren Landungsabwehr tritt das Erfordernis, den Küstenverkehr durch Abschirmung der Schären-Fahrwasser nach See zu und durch immer engere Verdichtung der schützenden Zufluchtshäfen ständig besser zu sichern. Eine längere durch den zur See überlegenen Feind erzwungene Unterbrechung des Seeverkehrs an der Küste würde in Norwegen z. Z. die schwersten Folgen haben.
Aus diesen Gründen ist neben dem reinen Verteidigungsausbau in Norwegen die Verbesserung der Landverbindungen in gleicher Dringlichkeit zu fördern.
b) In nächster Dringlichkeit steht die französisch-belgische Küste einschließlich der vorgelagerten Inseln, besonders die Teile am mittleren Kanal von der Schelde bis westlich der Seine-Mündung und am Atlantik südlich Brest und von Quiberon bis zur Gironde, wo die geographischen Verhältnisse einer Landung günstig sind.
Nächstwichtig ist die Schaffung von Verteidigungsanlagen in den vorspringenden Teilen der Normandie und Bretagne, die zwar seemännisch schwierig sind, jedoch

landoperativ und wegen der dort liegenden wichtigen und großen Häfen zu Brückenkopfbildungen anreizen. Bereits befohlene Maßnahmen für die britischen Kanalinseln werden durch diesen Befehl nicht berührt.
c) An dritter Stelle folgen die offenen holländischen und west- bzw. nordjütischen Küsten, die einer Landung wenig günstig sind. Lediglich die Jammer-Bucht weist günstigere Bedingungen auf.
d) In letzter Dringlichkeit zu berücksichtigen ist die Deutsche Bucht und die hinter den westfriesischen Inseln gelegene nordholländische Küste, wo die äußerst schwierigen Fahrwasserverhältnisse der beste Schutz sind. Die vorgelagerten Inseln, bei denen die navigatorischen Verhältnisse eine feindliche Annäherung möglich erscheinen lassen, sind so zu schützen, daß sie Handstreichunternehmungen gewachsen sind . . .
Daher wird mit der Federführung bei der Planung der Küstenverteidigung der Ob.d.H. unter Beteiligung der anderen Wehrmachtteile sowie der Wehrmachtbefehlshaber beauftragt. Der Ob.d.M. bleibt dabei verantwortlich für die Berücksichtigung der Belange der Seekriegführung, des Seeverkehrs und die artilleristische Verteidigung nach See zu. Mit der Durchführung des Ausbaues wird der Ob.d.H. beauftragt. Er erhält in Durchführung dieses Auftrages Weisungsrecht gegenüber den beteiligten Dienststellen der Wehrmachtteile, den Wehrmachtbefehlshabern und den hierbei eingesetzten Teilen der Organisation Todt. Für die Maßnahmen an der deutschen Nordseeküste bleibt Ob.d.M. allein zuständig.
Die Maßnahmen der Luftverteidigung bleiben in den Händen des Ob.d.L.
5. Für die Arbeitsausführung werden Kräfte durch Reichsminister Dr. Todt eingesetzt . . .
6. Ob.d.H. wird gebeten, die Ausbauplanung an OKW vorzulegen, ohne daß hiervon der praktische Arbeitsbeginn abhängig zu machen ist.

Der Chef des Oberkommandos der Wehrmacht
gez. Keitel

W. Churchill an Präsident F. D. Roosevelt
Donnerstag, 18. Dezember 1941:
. . . Wir müssen uns daher jetzt nicht nur mit dem Problem befassen, wie wir die Japaner in ihr Mutterland zurückwerfen und die unbestrittene Herrschaft im Pazifik wiedererlangen, sondern auch mit der Frage, wie die Befreiung des eroberten Europas durch die Landung amerikanischer und britischer Armeen im Sommer 1943 zu bewerkstelligen sei. Pläne für Landungen an den Küsten aller oben erwähnten Länder müssen gemacht werden. Die Auswahl der drei oder vier, die dann tatsächlich zur Ausführung kommen werden, ist so lange wie möglich hinauszuschieben, damit man vom Gang der Ereignisse profitieren kann und Geheimhaltung gewährleistet ist.
Im Prinzip müssen wir dazu gepanzerte und motorisierte Kräfte einsetzen, die in der Lage sind, nicht nur in Häfen, sondern am offenen Strand entweder von Spezial-Landungsbooten oder von dazu besonders eingerichteten Hochseedampfern aus zu landen. Die potentielle Angriffsfront wird auf diese Weise derart ausgeweitet, daß die deutschen Garnisonen nicht an allen Punkten genügend stark sein können. Es müssen technische Einrichtungen geschaffen werden, die solche Ausschiffungen großen Umfangs schnell und sicher ermöglichen. Vorzusehen ist, daß die Vorhuten der verschiedenen britischen und amerikanischen Expeditionen im Frühjahr 1943 auf Island, den britischen Inseln und wenn möglich in Französisch-Marokko und Ägypten bereitstehen . . .

Und so war es

Am Freitag, dem 10. Januar 1941, erscheint im Sitz des britischen Premierministers in der Downing Street 10 Harry Hopkins, der engste Vertraute des US-Präsidenten Roosevelt. »Unsere erste Unterhaltung dauerte ungefähr drei Stunden«, notiert Churchill, »und bald war ich mir über sein mitreißendes Wesen und das Gewicht seiner Mission im klaren.« Hopkins teilt mit: »Der Präsident ist entschlossen, den Krieg gemeinsam mit Ihnen zu gewinnen . . . Er hat mich hergesandt, um Ihnen sagen zu lassen, daß er Ihnen unter allen Umständen und mit allen seinen Mitteln zur Seite steht, ohne Rücksicht auf sein eigenes Schicksal – daß es nichts gibt, was er nicht tun wird, sofern es in seiner menschlichen Macht liegt.«
Nicht ganz drei Wochen später, am Mittwoch, dem 29. Januar 1941, beginnen in Washington geheime britisch-amerikanische Generalstabsbesprechungen über eine gemeinsame Kriegführung für den Fall eines Kriegseintritts der USA. Auf dieser unter dem Decknamen A.B.C. 1 laufenden Konferenz – in vieler Beziehung eine der bedeutendsten des Krieges – fallen zwei außerordentlich wichtige Entscheidungen: In London und Washington sollen gemeinsame militärische Planungsstäbe entstehen, die, falls die USA sich mit Deutschland und Japan zugleich im Kriegszustand befinden sollten, alle Anstrengungen zunächst auf die Niederwerfung Deutschlands (Germany first) konzentrieren müssen.

In den ersten zwei Monaten des Jahres 1941 erhalten die britischen Commando-Trupps ihre endgültige Form: Jede der 25 Offiziere und 430 Mann starken Einheiten gliedert sich in den Stab und sechs Abteilungen, die von je einem Captain und zwei Lieutenants geführt werden. An der Spitze der einzelnen Commandos steht in der Regel ein Colonel, dem ein Major als Vertreter, ein Adjutant und ein Intelligence Officer (Nachrichtenoffizier) zur Seite stehen. Neben Arzt und Sanitätern haben die Commandos zeitweise auch eigene Feldgeistliche.
Der erste Commando-Raid des Jahres, die »Operation Claymore«, findet am Dienstag, dem 4. März 1941, statt. Das Ziel: einige Häfen auf den Lofoten-Inseln. Man plant, die dortigen Lebertranwerke, die 40 Prozent der Gesamtkapazität Norwegens ausmachen, zu zerstören und die im Hafen liegenden Schiffe zu versenken. Eine von fünf Zerstörern eskortierte Landungsflotte,

darunter zwei Ex-Kanal-Ferrys als Mutterschiffe für die LCA-Boote, gelangt unversehrt in die Häfen, nachdem das sich heftig wehrende deutsche Vorpostenboot »Krebs« versenkt worden ist. 500 Mann des 3. und 4. Commandos, dazu 52 Pioniere und ein Dutzend Exil-Norweger nehmen an der Operation teil. Neben elf Lebertranfabriken werden das Kraftwerk und einige Tanks mit 3,5 Millionen Liter Öl gesprengt. Das Telegraphenamt ist noch intakt, und Lieutenant Richard Wills vom Commando sendet ein Telegramm nach Berlin an Adolf Hitler. Die Luftwaffe auf dem norwegischen Festland wird zwar in Alarm versetzt, aber keiner der Flugplätze ist wegen der Tauperiode startklar.
Die im Hafen ankernden zehn Schiffe von über 20 000 BRT werden versenkt, darunter das Handelsschiff »Hamburg« (5470 BRT). 215 Soldaten der deutschen Besatzungstruppen und zehn »Quislinge«, norwegische Kollaborateure, nimmt man gefangen, 300 norwegische Freiwillige gehen mit nach England. Die Rückfahrt im Schutze entgegenkommender Einheiten der Home Fleet gelingt ungestört.
Diese Operation ist bis jetzt der größte und erfolgreichste Commando-Raid, vor allem durch die Zerstörung erheblicher Mengen Rohstoffs zur Produktion von Nitroglyzerin sowie der Vitamine A und B. Die britischen Verluste: ein Commando-Offizier schießt sich versehentlich in den Fuß.

Im März 1941 besuchen US-Offiziere Großbritannien, um hier geeignete Stützpunkte für ihre Geleitschutzeinheiten und Luftstreitkräfte auszusuchen. Kurz darauf laufen die Vorbereitungsarbeiten an. Die bereits 1940 begonnene Errichtung von US-Stützpunkten auf britischen Besitzungen im Westatlantik hat erhebliche Fortschritte gemacht. Bisher beschränkte sich die Unterstützung der USA für England auf Material, jetzt fängt Roosevelt an, Waffenhilfe zu leisten.
Am Donnerstag, dem 27. März 1941, finden erneut geheime anglo-amerikanische Stabsbesprechungen in Washington statt. Sie legen endgültig die strategische Konzeption für den Fall eines Kriegseintritts der USA, das »ABC-1 Staff Agreement« (Germany first), fest.

Am Sonntag, dem 22. Juni 1941, beginnt das Unternehmen »Barbarossa«, der Angriff Hitlers auf die UdSSR, an der Front zwischen Ostsee und Karpaten.
Auf Churchills Rundfunkrede an die Sowjetunion am Tage des deutschen Angriffs erfolgt seitens der sowjetischen Regierung nur insofern eine Antwort, als Auszüge der Ansprache in der »Prawda« und anderen offiziösen Zeitungen erscheinen und die Engländer gebeten werden, eine Mission der Roten Armee zu empfangen.
Churchill, der sich noch vor kurzem als »unversöhnlicher Gegner des Kommunismus« bezeichnet hat, meint: »Wenn es Herrn Hitler morgen früh gefallen sollte, in die Hölle einzumarschieren, dann werde ich keinen Augenblick zögern, im Namen der Regierung Seiner Majestät vor den Mitgliedern des Unterhauses dem Teufel selbst zu schmeicheln . . .«

Von dem Augenblick an, als Hitler den Krieg gegen die Sowjetunion begonnen hat, sind die deutschen Truppen völlig unzureichend für die Verteidigung der von ihnen kontrollierten fast 5000 km langen Küstenlinie vom Nordkap bis zur spanischen Grenze.

Bereits im Juni 1941 erklären die USA, daß die Azoren, die Ostküste Kanadas, die Bahamas, der Golf von Mexiko sowie die Karibische See zu einer Zone gehören, für deren Verteidigung die USA die Verantwortung übernommen haben. Grönland, das zum besetzten Dänemark gehört, wird praktisch ein US-Protektorat. Am Montag, dem 7. Juli 1941, lösen Einheiten der US-Marineinfanterie die auf Island stationierte britische Garnison ab. Damit wird die Insel in das Aufmarschgebiet der westlichen Hemisphäre einbezogen.

Am gleichen Tage entschließt sich der britische Premierminister – darauf bedacht, eine bessere Verbindung zum Kreml herzustellen – eine Botschaft an Stalin zu richten. Er gibt darin der Bereitschaft Ausdruck, dem russischen Volk beizustehen, soweit das Englands Mittel zulassen. Drei Tage danach, am 10. Juli, unternimmt Churchill einen zweiten Versuch. Kurze Zeit später, am Sonnabend, dem 12. Juli 1941, wird in Moskau das erste britisch-sowjetische Abkommen unterzeichnet, das beide Seiten verpflichtet, keinen Separatfrieden abzuschließen.
Doch erst am 19. Juli 1941 erhält Churchill von Stalin eine direkte Botschaft. Nachdem der Diktator sich für Churchills beide Telegramme bedankt, verlangt er Panzer, Geschütze, Flugzeuge, Munition und Treibstoff. Dringender noch ist Stalins Forderung nach der zweiten Front, einer großangelegten Landung an der französischen, holländischen oder belgischen Küste, um so den deutschen Druck auf die sowjetischen Fronten zu mindern. Stalin glaubt auch zu wissen: ». . . Die Errichtung dieser Front würde von der britischen Armee wie auch von der Bevölkerung Südenglands begrüßt werden.«
Seitdem unterlassen Stalin und die sowjetische Kriegspropaganda keine Gelegenheit, England und später die

Anfang 1941 endgültig formiert:
britische Commando-Trupps bei Landungsübungen

USA mit der Errichtung einer zweiten Front zu bedrängen. Die Sowjets haben durch die kommunistischen Parteien in England und Nordamerika einen gewissen Einfluß auf Presse, Rundfunk und Film. Sie nutzen dies, um ihren Ruf nach einer zweiten Front bis zum Sommer 1944 aufrechtzuerhalten.
Stalin, dem amphibische Operationen großen Stils völlig fremd sind, übersieht dabei, daß Großbritannien derzeitig den kontinentalen Luftraum lediglich über dem Pas de Calais beherrscht, dort, wo auch mit dem stärksten deutschen Widerstand zu rechnen ist. Und mit dem Bau der für eine solche Operation unerläßlichen Landungsboote hat man gerade erst begonnen. Außerdem steht in England keine Armee, die an Zahl, Ausbildung und Ausrüstung derjenigen ebenbürtig ist, die sie auf französischem Boden erwartet. Churchill: »Stalin schlug mir sogar einmal vor, uns drei bis vier russische Armeekorps zu schicken, falls wir vor dieser Aufgabe zurückschreckten. Infolge Schiffsraummangels und anderer natürlicher Gegebenheiten lag es nicht in meiner Macht, ihn beim Wort zu nehmen.«

In der Nacht vom 27./28. Juli 1941 – fast genau nach einem Jahr – landet wiederum ein Commando an der französischen Küste im Pas de Calais, diesmal im 13 km westlich von Boulogne-sur-Mer gelegenen Badeort Ambleteuse. Während der Operation, Codename »Chess«, machen 16 Soldaten des 12. Commandos unter Lieutenant Pinkney mit zwei Landungsbooten (LCA) einen Erkundungsvorstoß in Strandnähe. Einer der LCA-Matrosen wird bei Schießereien auf der Rückfahrt des Landungsbootes tödlich getroffen.

Am Mittwoch, dem 30. Juli 1941, empfängt Stalin den Sonderbeauftragten von Roosevelt, Harry Hopkins, der die Bereitschaft der US-Regierung übermittelt, die UdSSR mit Kriegsmaterial in jeder gewünschten Menge zu beliefern. Und tatsächlich beginnen drei Tage später, am 2. August 1941, die amerikanischen Waffenlieferungen.

August 1941, Spitzbergen, Operation »Gauntlet«: Sprengung der Funkstation von Barentsberg

Am Sonnabend, dem 9. August 1941, sechs Wochen nach Hitlers Überfall auf die Sowjetunion, kommt es in der Argentinia-Bucht (Neufundland) zwischen Churchill und Roosevelt zum ersten Treff während des Krieges. Der britische Premierminister reist mit dem Schlachtschiff »Prince of Wales« an, der US-Präsident mit dem Kreuzer »Augusta«. Das wichtigste Ergebnis der Konferenz: eine von Roosevelt angeregte und von Churchill in den Grundzügen entworfene Erklärung über gemeinsame Kriegsziele, die »Atlantik-Charta«, feierlich verkündet am Dienstag, dem 12. August 1941. Sie wird die einzig verbindliche Richtlinie für alle Gegner der Achsenmächte. Bei diesem Treff verpflichten sich die USA, die Sicherung der Dänemarkstraße und aller schnellen Geleitzüge im Nordatlantik zu übernehmen.

Am Sonntag, dem 17. August 1941, starten die Engländer zur Operation »Gauntlet«, einer Landung auf Spitzbergen, deren Hauptinsel im Jahre 1941 von etwa 1300 Norwegern und 2000 Russen bewohnt wird. Es ist das erste Unternehmen dieser Art, an dem keine Commandos, sondern überwiegend Einheiten des kanadischen Korps, das Edmonton Regiment und die Saskatoon Light Infantry, teilnehmen.
In den Morgenstunden des 25. August 1941 taucht vor Westspitzbergen die britische Force K (Konteradm. Vian) auf, bestehend aus zwei Kreuzern, drei Zerstörern und einem Truppentransporter, dem ehemaligen Luxusdampfer »Empress of Canada«. Da keine Landungsfahrzeuge zur Verfügung stehen, müssen die verwundbaren Rettungsboote herhalten. Wider Erwarten bleibt jedoch am Rande der kleinen Bergarbeitersiedlung Barentsberg alles still, und die erste Soldatengruppe geht an Land, ohne daß ein Schuß fällt. Man trifft keinen einzigen deutschen Posten an, und die Aktion kann programmgemäß ablaufen. Den Inselbewohnern wird bekanntgegeben, daß sie innerhalb von neun Stunden evakuiert werden – die Russen nach Archangelsk, die Norweger nach Schottland. Viele Russen weigern sich, das britische Schiff zu betreten, bevor keine entsprechende Weisung aus Moskau vorliege.
Inzwischen zerstören die Landungstruppen sämtliche Bergwerksanlagen und -maschinen, riesige Kohlehalden werden mit Benzin übergossen und angezündet; keine Feldbahn bleibt intakt, sogar die Telefonmasten werden gesprengt. Auch die Öltanks stehen bald in Flammen, und von den hölzernen Werkhallen treibt der Wind das Feuer auf die verlassene Siedlung der russischen Bergarbeiter hinüber. Obwohl mehrere Dutzend Seemeilen weit sichtbare schwarze Rauchwolken über Spitzbergen hängen, erscheint kein deutscher Aufklärer: Man hat die Funkstation noch intakt gelassen, und, da sie eine tiefe Wolkendecke über der Insel meldet, bleiben die deutschen Maschinen aus.
Unterdessen starten in der Nacht vom 30./31. August 1941 an der Küste des Pas de Calais, etwa 10 km von Berck an der Merlimont Plage, zur Operation »Cartoon-Aciddrop« 30 Soldaten des 5. Commandos. Sie führen an zwei Stellen des Strandes Erkundung durch in

der Hoffnung, Gefangene einbringen zu können, stoßen jedoch auf keinen deutschen Soldaten und ziehen sich nach zwei Stunden wieder zurück.
Auf Spitzbergen werden drei Schiffe, die gerade aus Norwegen eintreffen, um Kohle zu holen, samt ihrer deutschen Besatzung aufgebracht. Die Landungstruppen bleiben so lange in Barentsberg, bis der britische Verband den Eis-Fjord verlassen und die freien Gewässer des Nordatlantiks erreicht hat. Dann sprengen sie auch das E-Werk, die Funkstation sowie das wichtigste, die Wetterstation, und verlassen Spitzbergen an Bord eines Zerstörers. Erst Tage später, am Sonnabend, dem 6. September 1941, erfahren die Deutschen von der Landung britischer Truppen auf Spitzbergen.

In der Nacht vom 27./28. September 1941 führen die Commandos ihr erstes Nadelstich-Unternehmen in der Normandie, am äußersten Flügel des späteren Landungsgebietes, die Operation »Chopper« durch. Anstatt im Osten der Halbinsel, 18 km nördlich von Caen am Pointe-de-Saire, in der Nähe des Fischereistädtchens Courseulles-sur-Mer, landet ein Teil der 90 Männer des 1. Commandos jedoch aus Versehen nahe St.-Aubin-sur-Mer, fast 100 km weiter östlich und gerät dort in das MG-Feuer deutscher Posten. Der andere Teil des 1. Commandos stößt auf eine deutsche Radfahrpatrouille, zieht sich nach einem etwa halbstündigen Feuerwechsel zurück und nimmt einen toten deutschen Soldaten mit.
Zu gleicher Zeit findet etwa 150 km westlich auf der Halbinsel Cotentin, nahe dem Fischerdorf St.-Vaast-la-Hougue, das zweite Unternehmen statt: 22 Soldaten gehen in dem halbleeren Ferienort an Land und schiffen sich nach einstündiger Stranderkundung unter dem Feuer deutscher Patrouillen wieder ein.

Im Herbst 1941 wird in Großbritannien die Vorbereitung der Pläne für die Invasion des Kontinents unermüdlich vorangetrieben. Der Chef der Commandos, Admiral Sir Roger Keyes, ist mittlerweile 70 Jahre alt. Durch seinen Eifer, mit dem er sich dem Bau einer Flotte von Landungsfahrzeugen widmete, hat der Admiral unschätzbare Dienste geleistet, was jedoch Churchill nicht davon abhält, einen Jüngeren zum Chef der amphibischen Aktionen zu ernennen. Die Wahl fällt auf den energischen 41jährigen Kapitän zur See Lord Louis Mountbatten, den Cousin von König Georg V. Die Berufung von Lord Mountbatten zum Chef des Directorate of Combined Operations am Montag, dem 27. Oktober 1941, bringt eine Wende mit sich: Im Gegensatz zu Admiral Keyes, der großangelegte Operationen der Commandos bis zu 10 000 Mann plante – die Großbritannien nicht imstande war durchzuführen –, sieht Lord Mountbatten überwiegend kleinere aber häufigere Raids vor und setzt sich bei Churchill mit seiner Ansicht durch. Der jetzt in Combined Operations Headquarters (COHQ) umbenannte Stab nutzt die Erfahrungen bei Commando-Unternehmen zur Vorbereitung von Großlandungen.
Das Image der Commandos wächst ständig durch enthusiastische Berichte in der britischen Presse, in Rundfunk und Film. Die militärische Bedeutung der Commando-Landungen im Jahre 1941 liegt vor allem in der Entwicklung und Erprobung von Ausbildungsmethoden, Ausrüstungen und in der Zusammenarbeit kombinierter Stäbe von Heer-, Marine- und Luftstreitkräften bei amphibischen Unternehmen, die in Zukunft für alliierte Großlandungen von entscheidender Bedeutung sein werden. Ein Nebeneffekt der Commando-Raids: Der Durchhaltewillen der britischen Bevölkerung wird in dieser kritischen Phase des Krieges erheblich gestärkt.
In der Nacht vom 12./13. November 1941 führen die Commandos eine neue Nadelstich-Operation, Codename »Astrakhan«, durch. 45 Mann werden in drei Landungsbooten bei stürmischer See in der Nähe von Les Hemmes im Pas de Calais, 25 km westlich von Dünkirchen, abgesetzt. Sie überwältigen eine deutsche Patrouille und kehren mit drei Gefangenen zurück.
Schon zehn Tage später, am 22./23. November 1941, landen nachts vier Männer vom 9. Commando in zwei Paddelbooten an der rund 40 km langen, von sandigen Stränden gesäumten und hier und da von Klippen unterteilten Côte Fleurie, der »Blühenden Küste« westlich von Caen, an der mondäne Seebäder liegen. Ihr Ziel ist Houlgate: »Sunstar«, so der Codename der Operation, ist der erste Handstreich gegen die entstehenden Befestigungen am Kanal. Bereits im Sommer 1941 meldete Monsieur Frédéric Nicolet, ein schweigsamer Fotograf, der sein Atelier am Place de l'Église hat, daß auf einem Plateau über dem Strand von Houlgate die Deutschen eine Batterie mit vier schweren französischen 15,5-cm-Beute-Feldkanonen aufgestellt hätten. Da die Kanoniere der nahegelegenen Batterie Monsieur Nicolet ihre Amateurfotos zum Entwickeln anvertrauen, kann er seinen Bericht, der schließlich London erreicht, mit einigen Fotos illustrieren. Nachdem Luftaufklärer die Angaben von Monsieur Nicolet

Ein Teil des Berichtes von Monsieur Nicolet: Entstehung der deutschen Heeresküstenbatterie bei Houlgate

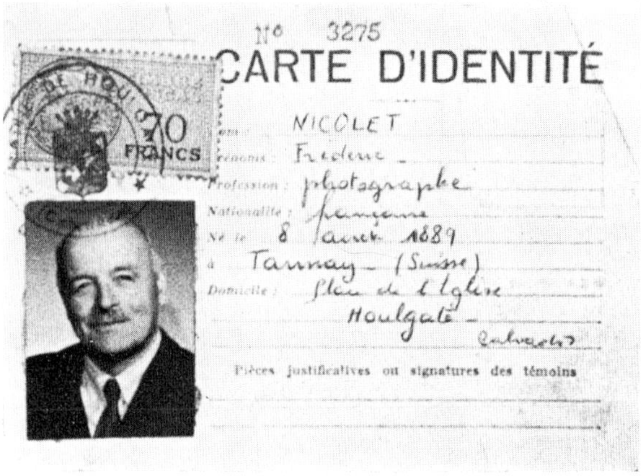

Personalausweis des Fotografen
Monsieur Frédéric Nicolet aus Houlgate

bestätigen, beschließt Lord Mountbatten – nun zum Vizeadmiral avanciert – einen Überfall auf diese Batterie anzuorden – den ersten einer langen Reihe von Stranderkundungen deutscher Befestigungen in der Normandie.
Als die vier Männer vom Commando etwa 500 m von ihrem geplanten Landepunkt entfernt sind, werden zwei Mann von deutschen Strandpatrouillen gefangengenommen, die Besatzung des anderen Paddelbootes kann gerade noch rechtzeitig das wartende Schnellboot (MTB) erreichen.

Am Sonntag, dem 7. Dezember 1941, greifen überraschend japanische Trägerflugzeuge Pearl Harbor, den Hauptstützpunkt der US-Flotte, an. Einen Tag nach der Kriegserklärung Deutschlands und Italiens an die USA geht Churchill am Freitag, dem 12. Dezember 1941, an Bord des Schlachtschiffes »Duke of York« und reist trotz stürmischer See in die USA zur »Arcadia«-Konferenz mit Präsident Roosevelt. Noch an Bord formuliert Churchill sein Memorandum über die Notwendigkeit einer großen Landeoperation im besetzten Europa.
Das Ergebnis der Washingtoner Konferenz ist auf Initiative des Generalstabschefs der US-Army, General George Marshall, die Gründung eines gemeinsamen anglo-amerikanischen Oberkommandos, das sogenannte interalliierte Komitee der Stabschefs (Combined Chiefs of Staff, CCS), mit Sitz in Washington. Dieses Oberkommando trägt von Dezember 1941 bis Ende des Krieges die Verantwortung für alle bedeutenden militärischen Entscheidungen der Alliierten. Die seit Anfang 1941 verfolgte Strategie »Germany first« wird trotz des Krieges mit Japan beibehalten. Neue Vorschläge für den Aufbau der US-Streitkräfte in Großbritannien (Codename »Bolero«) und die Landung in Nordfrankreich (Codename »Super Round-up«) werden diskutiert.

Am Montag, dem 22. Dezember 1941, läuft Konteradmiral L. K. H. Hamilton mit dem Kreuzer »Arethusa« und acht Zerstörern, dazu mehrere Landungs- und Hilfsschiffe, von Scapa Flow zur Operation »Anklet« aus. Am Freitag, dem 26. Dezember 1941, dringt der Verband in den West-Fjord ein, und die 260 Mann vom 12. Commando unter Lieutenant Colonel Harrison gehen um 6 Uhr morgens, als die deutsche Garnison sich noch in Weihnachtsstimmung befindet, an Land. In weißen Tarnanzügen, zum Kämpfen im Schnee trainiert, bemächtigen sich die Commandos blitzschnell der Fischölfabriken an der Westseite der Insel Moskenesöy sowie der Funkstation Tind und zerstören sie. Zwei norwegische Dampfer werden aufgebracht und das deutsche Vorpostenboot »Geier« versenkt. Auch die zweite Funkstation Napp wird in die Luft gejagt. Nachdem deutsche Bomber die »Arethusa« beschädigen, wird die Operation abgebrochen.
Zwei Tage nachdem der Verband von Konteradmiral Hamilton Scapa Flow verlassen hat, läuft am Heiligabend Konteradmiral Burrough mit dem Kreuzer »Kenia«, vier Zerstörern und zwei Landungsschiffen von Scapa Flow zur Operation »Archery« aus, einem Kommando-Raid gegen den südnorwegischen Hafen Vaagsö.
Nach einleitender Beschießung durch Kriegsschiffe, unterstützt von der RAF, gehen das 2. und 3. Commando unter Colonel J. Durnford-Slater, verstärkt durch eine norwegische Kompanie, am 27. Dezember 1941 um 9 Uhr früh in fünf Gruppen (insgesamt 485 Mann) im Raum Vaagsö und Maalöy an Land. In Süd-Vaagsö leisten die deutschen Truppen harten Widerstand, der erst nach verlustreichen Straßenkämpfen gebrochen wird. Die Fischverarbeitungs- und Fernmeldeanlagen werden zerstört, danach gehen die Commandos bei Dunkelheit wieder an Bord. Zwei deutsche Vorpostenboote und fünf Frachter mit 13 778 BRT sinken oder setzen auf Strand, darunter das Handelsschiff »Anhalt« (5870 BRT).
343 junge Norweger schiffen sich mit den Commandos ein. Die wertvollste Beute: Im Funkraum des Vorpostenbootes »V 5108/Föhn« fällt den Engländern das Codebuch der deutschen Kriegsmarine in die Hand.
Dieser erste Raid gegen einen stark befestigten besetzten Hafen ist für Lord Mountbatten ein »Test pilot run«, das »Operations-Experiment« der Landetruppen mit Unterstützung der Marine- und Luftstreitkräfte.
Ein wichtiges Ergebnis der Operationen »Anklet« und »Archery«: der beschleunigte Ausbau von Verteidigungsanlagen entlang der norwegischen Küste, dazu die Verlegung von etwa 30 000 Mann starken deutschen Truppen in diese Region.

1941 hat man keine nennenswerten Operationen gegen die französische Küste geführt. Die Ziele der Commandos unter Lord Mountbatten liegen in diesem Jahr auf dem mit neukonstruierten Landungsbooten erreichbaren norwegischen Gebiet. Die auf diesen Raids gesammelten Erfahrungen sind mitbestimmend für die Planungen der späteren Invasion.

1942

W. Churchill an den Luftfahrtminister Sir Archibald Sinclair
Freitag, 23. Januar 1942:
Die über 4000 Mann starke Vorhut der amerikanischen Truppen wird Sonntag abend oder Montag morgen in Belfast eintreffen. Ich habe den amerikanischen Botschafter eingeladen, sie gemeinschaftlich mit dem Generalgouverneur und dem nordirischen Premier willkommen zu heißen ...

Amerikanische Verstärkungen in Nordirland
Mittwoch, 4. März 1942
United Press berichtet:
In einem nordirischen Hafen sind Tausende von US-Soldaten eingetroffen, um das erste amerikanische Expeditionskorps, das bereits vor einiger Zeit hier angekommen ist, zu verstärken.

Dienstverweigerer aus Gewissensgründen
Donnerstag, 5. März 1942, Philadelphia
United Press meldet:
Auch in den USA gibt es Dienstverweigerer aus Gewissensgründen. In einem Lager in Philadelphia sind gegenwärtig sechs Mann untergebracht, die, wenn sich das State Department damit einverstanden erklärt, nach England abkommandiert werden, um am Wiederaufbau von Häusern und am Bau von Luftschutzräumen mitzuarbeiten.

W. Churchill an den Informationsminister B. Braken
Sonntag, 22. März 1942:
... Einen besonders heiklen Punkt stellt die Kanalüberquerung dar. Eine während der Frühlingsmonate aufrechterhaltene Stimmungsmache in der britischen Presse zugunsten einer Invasion des Kontinents würde bestimmt vielen britischen Soldaten das Leben kosten, falls es zu einer solchen Operation käme, da der Gegner erhöhte Vorbereitungen treffen und stärkere Befestigungen anlegen würde ...
Im Falle geplanter oder im Gang befindlicher Operationen sind Mutmaßungen genauso schlimm wie Indiskretionen. Der Feind weiß nie, ob es sich nicht um solche handelt. Unter Umständen müßte eine aussichtsreiche Aktion wegen der Zeitungsmeldungen sogar aufgegeben werden. Da wir jetzt in die Phase offensiver Operationen eintreten, scheinen mir diese Dinge sehr ernst. Aus der Theorie, daß sich die Fülle des Geschriebenen selbst aufhebt, ziehe ich wenig Trost. Der Feind ist intelligent genug, und unsere Zeitungen erhält er über Lissabon in wenigen Tagen. Sie werden genau durchgegangen und mit anderen Informationen verglichen.

Hitlers Weisung Nr. 40

Der Führer und Oberste Befehlshaber der Wehrmacht — Führerhauptquartier, den 23. 3. 1942
OKW/WFSt/Op. Nr.: 001031/42
g. Kdos.
Geheime Kommandosache
Weisung Nr. 40
Betr.: Befehlsbefugnisse an den Küsten.

I.) Grundlagen:

Die europäischen Küsten sind in der kommenden Zeit der Gefahr feindlicher Landungen in stärkstem Maße ausgesetzt.
Der Feind wird hierbei Zeitpunkt und Ort seiner Landeunternehmungen nicht allein von operativen Gesichtspunkten abhängig machen. Mißerfolge auf anderen Kriegsschauplätzen, Verpflichtungen gegenüber den Verbündeten und politische Erwägungen können ihn zu Entschlüssen verleiten, die nach rein militärischer Beurteilung unwahrscheinlich sind.
Auch feindliche Landeunternehmungen mit begrenzten Zielen stören, sofern sie überhaupt zu einem Festsetzen des Gegners an der Küste führen, in jedem Fall unsere eigenen Absichten empfindlich. Sie unterbrechen den eigenen See-Verkehr unter der Küste und binden starke

Kräfte des Heeres und der Luftwaffe, die damit dem Einsatz an entscheidender Stelle entzogen werden. Besondere Gefahren entstehen, wenn es dem Feind gelingt, auf eigenen Flugplätzen einzufallen oder sich in dem von ihm gewonnenen Gebiet Flugbasen zu schaffen.
Die vielfach an der Küste oder küstennah gelegenen militärisch oder wehrwirtschaftlich wichtigen Anlagen, die z. T. mit besonders wertvollem Gerät ausgestattet sind, bieten außerdem Anreiz zu überfallartigen örtlichen Unternehmungen.
Besonders zu beachten sind die englischen Vorbereitungen für Landeunternehmungen an freier Küste, für die zahlreiche gepanzerte Landungsboote, eingerichtet für Kampfwagen und schwere Waffen, zur Verfügung stehen. Auch mit Fallschirm- und Luftlandeunternehmungen in größerem Ausmaß muß gerechnet werden.

II.) Allgemeine Kampfanweisung für die Küstenverteidigung:

1.) Die Verteidigung der Küsten ist eine Wehrmachtaufgabe, die ein besonders enges, lückenloses Zusammenwirken der Wehrmachtteile erfordert.
2.) Vorbereitungen, Bereitstellung und Anmarsch des Gegners für ein Landungsunternehmen rechtzeitig zu erkennen, muß das Bestreben des Nachrichtendienstes sowie der laufenden Aufklärung von Kriegsmarine und Luftwaffe sein.
Gegen Einschiffung oder Transportflotten sind dann alle geeigneten Kräfte zur See und in der Luft mit dem Ziel zusammenzufassen, den Feind möglichst weit ab von der Küste zu vernichten.
Da aber eine geschickte Verschleierung und die Ausnützung unsichtigen Wetters dem Gegner die Möglichkeit zu völlig überraschenden Angriffen gibt, müssen alle Truppen, die solchen überraschenden Aktionen ausgesetzt sein können, stets im Zustand voller Abwehrbereitschaft sein.
Das erfahrungsgemäß im Laufe der Zeit immer größer werdende Nachlassen der Aufmerksamkeit der Truppe zu verhindern, ist eine der wichtigsten Aufgaben der Führung.
3.) Im Kampf um die Küste – hierzu zählt auch das Küstenvorfeld im Bereich der mittleren Küsten-Artillerie – muß in Auswertung der Kampferfahrungen der jüngsten Zeit die Verantwortung für die Vorbereitung und Durchführung der Verteidigung eindeutig und ohne Einschränkung in einer vereinigt werden.
Der verantwortliche Befehlshaber hat hierzu alle verfügbaren Kampfkräfte und -mittel der Wehrmachtteile, der Gliederungen und Verbände außerhalb der Wehrmacht und der eingesetzten deutschen zivilen Dienststellen zur Vernichtung der Transportmittel des Feindes und seiner Landungstruppen so einzusetzen, daß der Angriff wenn möglich vor, spätestens aber nach dem Erreichen der Küste zusammenbricht.
Gelandeter Feind muß in sofortigem Gegenangriff vernichtet oder in die See geworfen werden. Alle Waffenträger – gleichgültig, welchem Wehrmachtteil oder welchen Verbänden außerhalb der Wehrmacht sie angehören, sind hierzu einheitlich anzusetzen. Dabei müssen die erforderliche Arbeitsfähigkeit der an Land befindlichen Versorgungsbetriebe der Seestreitkräfte sowie die Einsatzbereitschaft der Fliegerbodenorganisation und der Flakschutz der Flugplätze, soweit sie nicht ohnehin durch die Kampfhandlungen auf der Erde in Mitleidenschaft gezogen sind, gewährleistet bleiben.
Keine Befehlsstelle und kein Verband dürfen in einer solchen Lage eine Rückwärtsbewegung antreten. Wo deutsche Männer an oder in der Nähe der Küste eingesetzt sind, müssen sie bewaffnet und für den Kampf ausgebildet sein.
Sofern Inseln in der Hand des Feindes eine Gefahr für das Festland oder für die Küstenschiffahrt bedeuten, muß verhindert werden, daß sich der Feind auf ihnen festsetzt.
4.) Kräftegliederung und Befestigungsausbau sind so vorzunehmen, daß der Schwerpunkt der Verteidigung an den Küstenabschnitten liegt, die in erster Linie als Landeplätze des Feindes in Frage kommen (Befestigte Räume).
Die übrigen Küstenabschnitte, soweit sie durch Handstreich auch kleinerer Abteilungen gefährdet sind, müssen – möglichst in Anlehnung an die Küstenbatterien – stützpunktartig gesichert werden. In diese stützpunktartige Sicherung sind alle militärisch und wehrwirtschaftlich wichtigen Anlagen einzubeziehen.
Die gleichen Grundsätze gelten für die vorgelagerten Inseln. Weniger gefährdete Küstenabschnitte sind zu überwachen.
5.) Die Abschnittseinteilung an der Küste ist für die Wehrmachtteile in Übereinstimmung zu bringen, gegebenenfalls durch bindende Entscheidung des nach III.) 1.) verantwortlichen Befehlshabers.
6.) Die befestigten Räume und Stützpunkte müssen durch Kräftebemessung, Ausbau (Rundumverteidigung) und Bevorratung in der Lage sein, sich längere Zeit auch gegenüber überlegenem Gegner zu halten.
Befestigte Räume oder Stützpunkte sind bis zum äußersten zu verteidigen. Niemals dürfen sie aus Mangel an Munition, Verpflegung oder Wasser zur Übergabe gezwungen werden können.
7.) Der nach III.) 1.) verantwortliche Befehlshaber erläßt die Anordnungen für die Küstenüberwachung und stellt sicher, daß die Aufklärungsergebnisse aller Wehrmachtteile schnell ausgewertet, zusammengefaßt und den berufenen Kommandobehörden und zivilen Dienststellen übermittelt werden.
Sobald Anzeichen für eine bevorstehende feindliche Operation vorliegen, ist er berechtigt, die notwendigen Richtlinien für eine einheitliche und sich ergänzende Aufklärung zur See und in der Luft zu geben.
8.) Für die in Küstennähe eingesetzten Stäbe und Verbände der Wehrmacht, sowie für alle Gliederungen und Verbände außerhalb der Wehrmacht, gelten keine Friedensrücksichten. Ihre Unterkunft, ihre Sicherungsmaßnahmen, ihre Ausrüstung, ihre Alarmbereitschaft und die Ausnützung des Landes werden allein durch die Notwendigkeit bestimmt, jedem feindlichen Überfall so rasch und so stark als möglich entgegentreten zu kön-

Bau der offensiven Fernkampfbatterie »Lindeman«
im Pas de Calais:
schweres Geschütz vom Kaliber 40,6 cm

nen. Wo es die militärische Lage erfordert, ist die Bevölkerung schon jetzt zu evakuieren.
III.) . . .

gez. Adolf Hitler

Operationen in Westeuropa

Mittwoch, 8. April 1942
Exposé des *Vereinigten Generalstabs der USA* zu den Round-up-Operationen:
Westeuropa wird als Schauplatz der ersten gemeinsamen Großoffensive der Vereinigten Staaten und Großbritanniens bevorzugt. Nur dort können die vereinigten Land- und Luftstreitkräfte beider Länder voll entfaltet und Rußland der größte Beistand gewährt werden . . .
Der Beschluß zur Auslösung einer solchen Offensive muß sofort gefaßt werden, erfordert sie doch ungeheure Vorbereitungen jeder Art. Bis zu ihrem Beginn muß der Feind im Westen festgenagelt und mittels Täuschungsmanövern und Handstreichen in Ungewißheit gehalten werden; letztere verschaffen zugleich wertvolle Informationen und fördern gleichzeitig die Truppenausbildung.
Die alliierte Invasionsarmee sollte aus 48 Divisionen, davon neun Panzerdivisionen, bestehen, von denen Großbritannien einschließlich drei Panzerdivisionen 18 zu stellen hätte. An Kampfflugzeugen werden 5800 benötigt, hiervon 2550 britische.
Der Kern des Problems liegt in der Schnelligkeit. Einschränkende Faktoren sind in der Hauptsache die Knappheit an Sturmfahrzeugen und Truppentransportern zur Beförderung der nötigen Kräfte nach dem Vereinigten Königreich. Ohne Beeinträchtigung wesentlicher Aufgaben an anderen Fronten läßt sich der Transport dieser Streitkräfte bis 1. April 1943 durchführen; doch müßten 60 Prozent der Transporte auf nichtamerikanischen Schiffen erfolgen. Falls lediglich amerikanischer Schiffsraum zur Verfügung steht, muß das Invasionsdatum auf den Spätsommer 1943 verschoben werden.
An die 7000 Landungsfahrzeuge sind erforderlich; damit diese Zahl erreicht wird, muß das derzeitige Schiffbauprogramm wesentlich ausgeweitet werden. Gleichzeitig müssen die Vorbereitungen zur Aufnahme und Versorgung der großen amerikanischen Land- und Luftkontingente beschleunigt werden.
Der Sturm auf die Küste muß an ausgesuchten Stellen zwischen Le Havre und Boulogne erfolgen und von einer ersten Welle von mindestens sechs Divisionen nebst etlichen Luftlandetruppen vorgetragen werden. Mindestens 100 000 Mann wöchentlich sind nachzuschieben. Sobald die Landeköpfe gesichert sind, müssen die Panzerkräfte schnellstens zur Linie Oise – St. Quentin vorrücken. Das nächste Ziel wäre Antwerpen. Da eine Invasion solchen Umfangs im besten Fall frühestens am 1. April 1943 startbereit wäre, muß ein – stets zu ergänzender – Plan bereitgehalten werden, der sofortige Aktionen mit den jeweils verfügbaren Kräften vorsieht. Dieser könnte als Notmaßnahme in die Tat umgesetzt werden,
a) falls aus einem plötzlichen deutschen Zusammenbruch Vorteil zu ziehen wäre, oder
b) ein bevorstehender Zusammenbruch Rußlands durch »ein Opfer« verhütet werden muß.

Aide-mémoire Churchills an
den sowjetischen Außenminister Molotow
Sonnabend, 20. Juni 1942, London:
Wir treffen Vorbereitungen zu einer Landung auf dem Kontinent im August oder September 1942. Es wurde bereits erläutert, daß die Stärke des Landungskorps vor

Stalin als Doktor:
ein deutsches Plakat in Holland 1942

allem von den zur Verfügung stehenden Spezial-landungsfahrzeugen bestimmt und begrenzt wird. Doch wird es offenbar weder die Sache Rußlands noch die der Alliierten im ganzen fördern, wenn wir – nur um eine Aktion um jeden Preis durchzuführen – uns auf ein Abenteuer einließen, das mit einer Niederlage endete und dem Gegner Gelegenheit böte, sich auf unsere Kosten zu brüsten. Man kann unmöglich im voraus sagen, ob die Lage so sein wird, daß sich diese Operation zum gegebenen Zeitpunkt einleiten läßt. Wir können deshalb kein Versprechen hierüber geben; wir werden aber nicht zögern, unsere Pläne in die Tat umzusetzen, sofern vernünftige Erfolgsaussichten bestehen.

Churchills Memorandum an Präsident Roosevelt
20. Juni 1942:
... Wir sind verpflichtet, die Vorbereitungen für »Bolero« wenn möglich für 1942, bestimmt aber für 1943 weiterzuführen. Das alles ist im Gang, und die Maßnahmen sind getroffen, um Anfang September sechs bis acht Divisionen an der französischen Nordküste zu landen. Allerdings kann die britische Regierung keine Operation befürworten, die mit Bestimmtheit zur Katastrophe führt, denn der Not der Russen – so groß sie auch wäre – würde dadurch nicht abgeholfen, hingegen würde das französische Volk, soweit es daran beteiligt wäre, bloßgestellt und der Rache der Nazis ausgesetzt; und schließlich erlitte auch die Hauptoperation im Jahre 1943 eine ernstliche Verzögerung. Wir stehen entschieden auf dem Standpunkt, in diesem Jahr von einer bedeutenderen Landung in Frankreich abzusehen, sofern wir nicht zu bleiben entschlossen sind.
... Keine verantwortliche militärische Stelle in Großbritannien hat sich bisher in der Lage gesehen, einen im September 1942 auszuführenden Plan zu entwerfen, der auch nur die geringste Erfolgschance verspricht, es sei denn im Falle einer völligen deutschen Demoralisierung, wofür keinerlei Anzeichen vorliegen. Haben die amerikanischen Stabschefs einen Plan? An welchen Punkten würden sie zuschlagen? Wieviel Schiffsraum und Landungsfahrzeuge sind verfügbar? Welcher Offizier wäre bereit, eine solche Unternehmung zu kommandieren? Was müßte Großbritannien an Streitkräften und Beistand stellen? Falls sich ein Plan mit einer einigermaßen vernünftigen Erfolgswahrscheinlichkeit aufstellen läßt, wird ihn die Regierung Seiner Majestät mit Freude begrüßen und die Wagnisse und Opfer mit ihren amerikanischen Kameraden bis zum letzten teilen. An diesem Kurs, auf den wir uns geeinigt haben, halten wir fest.
... Falls aber kein Plan ausgearbeitet werden kann, zu dem eine verantwortliche Stelle Vertrauen hat, und infolgedessen im September 1942 kein wesentlicher Kräfteeinsatz in Frankreich möglich sein sollte, was wollen wir dann tun? ...

Waffen-SS-Verbände nach Frankreich

Führerbefehl vom 9. Juli 1942 – Fernschreiben
9. 7., 15.00 Uhr

An

Gen.St.d.H./Op.Abt.	Gleichlautend:
Chef H.Rüst. u. B.d.E.	OB West
Ob.d.M./1. Skl.	Ob.d.L./Lw.Fü.St.

1. Die schnellen und großen Erfolge im Osten können England vor die Alternative stellen, entweder sofort eine Großlandung zur Bildung einer zweiten Front zu unternehmen oder Sowjet-Rußland als politischen und militärischen Faktor zu verlieren. Es ist daher mit hoher Wahrscheinlichkeit damit zu rechnen, daß feindliche Landungen im Bereich des OB West in Kürze stattfinden.
Anzeichen sind im besonderen
a) zunehmende Aussagen von Agenten und sonstige Ergebnisse des Nachrichtendienstes,
b) starke Ansammlung von Übersetzmitteln in Südengland,
c) Zurückhaltung der englischen Luftwaffe in den letzten Tagen.
2. Als besonders gefährdet sind anzusehen:
a) In erster Linie die Kanalküste, der Bereich Dieppe – Le Havre und die Normandie, da diese Abschnitte von der feindlichen Luftwaffe mit Jagdschutz erreicht werden können und innerhalb der Reichweiten eines großen Teiles der Übersetzmittel liegen.
b) demnächst der südliche Teil der niederländischen Küste und die Bretagne,
c) ferner sind durch Fallschirm- und Luftlandeverbände sowie durch Sabotage besonders die Hauptver-

kehrswege, Flugplätze und Hauptquartiere der Stäbe gefährdet.
3. Ich befehle hiernach die sofortige Durchführung folgender Maßnahmen:
a) Gen.St.d.H.:
1. SS-Reich ist mit den fertiggewordenen Teilen, ohne jeweils die Beendigung der Aufstellung verstärkter Regimenter und die Erreichung voller Beweglichkeit abzuwarten, dem OB West zuzuführen.
2. Die SS-Leibstandarte »Adolf Hitler« ist sofort nach dem Westen abzutransportieren.
3. SS-Gen.Kdo. (mot.) ist nach beschleunigtem Abschluß der Aufstellung dem OB West zuzuführen. Zusammenfassen aller im Westen befindlichen SS-Verbände, möglichst auch der Brigade »Göring«, unter diesem Gen.-Kdo. ist vorzusehen.
4. Die befohlene Verlegung eines Regiments der 23. I. D. nach Dänemark wird zunächst zurückgestellt.
...

Im Entwurf gez. *Adolf Hitler*

Tagesparole des Reichspressechefs,
Sonnabend, 18. Juli 1942:
Der Minister bittet, auf das Thema der zweiten Front wieder einzugehen, da die Gegenseite sich stärker damit beschäftige. Dabei könne eine englische Meldung aufgegriffen werden, wonach die Deutschen gerne möchten, daß eine zweite Front eröffnet werde. Hierbei soll zum Ausdruck gebracht werden, daß das Gerede von der zweiten Front jedoch nicht von uns ausgehe, sondern die Diskussion der feindlichen Mächte seit Monaten bestimmend beherrsche.

Tagesparole des Reichspressechefs,
Mittwoch, 22. Juli 1942:
Zu der Diskussion über die zweite Front bemerkt der Minister, daß die Mitteilungen einzelner Blätter, die zweite Front sei vertagt, kein Beweis dafür seien, daß sie nun wirklich nicht mehr aktuell sei. Gegen das Gerede von der zweiten Front könnte man als Argument die Vermutung gebrauchen, daß Beaverbrook sozusagen als Zweiter-Front-Minister in das Kabinett Churchill wahrscheinlich eintreten werde. Diesen Plan könne man so kommentieren, daß man sage, Churchill nehme Beaverbrook in die Regierung, um ihn später beim Fehlschlagen der zweiten Front als Sündenbock jederzeit verjagen zu können.

J. W. Stalin an W. Churchill
23. Juli 1942:
Ihre Botschaft vom 18. Juli habe ich erhalten ...
Angesichts der Lage an der sowjetisch-deutschen Front muß ich mit allem Nachdruck erklären, daß die Sowjetregierung sich nicht damit abfinden kann, daß die Errichtung der zweiten Front in Europa auf das Jahr 1943 hinausgeschoben wird.
Ich hoffe, Sie werden es nicht übelnehmen, daß ich es für notwendig halte, offen und ehrlich meine Meinung und die meiner Kollegen zu den in Ihrer Botschaft aufgeworfenen Fragen auszusprechen.

Tagesparole des Reichspressechefs,
Dienstag, 28. Juli 1942:
Der Minister führt aus: Es besteht kein deutsches Interesse daran, daß eine zweite Front zustandekommt. Es wäre daher falsch, durch die deutsche Propaganda die Feindseite zur Bildung einer solchen zweiten Front zu provozieren und in diesem Zusammenhang z. B. die Gründe ins Lächerliche zu ziehen, die von der Feindseite gegen die Bildung einer zweiten Front geltend gemacht wurden. Unser Interesse fordert vielmehr, daß wir den Engländern eher behilflich sind, gegenüber Rußland ein Alibi zu haben, wie es die Luftangriffe auf deutsche Städte darstellen. Es wäre daher falsch, in der deutschen Propaganda diese Angriffe zu bagatellisieren.

Tagesparole des Reichspressechefs,
Sonntag, 2. August 1942:
Der Minister kommt auf die zweite Front zu sprechen und meint, daß der große Flugzeugeinsatz der Engländer zur Bombardierung deutscher Städte ein Beweis dafür sei, daß eine Landung nicht unternommen werden solle. Die englische Luftwaffe könne sich einen so schweren Aderlaß, wie die Angriffe auf Deutschland ihn darstellten, nicht leisten, wenn sie tatsächlich die zweite Front errichten sollte.

J. W. Stalin an W. Churchill
Memorandum vom 13. August 1942:
Als Ergebnis des Meinungsaustausches, der am 12. August in Moskau stattgefunden hat, stelle ich fest, daß Herr Churchill, der Premierminister von Großbritannien, die Errichtung einer zweiten Front in Europa im Jahre 1942 für unmöglich hält.
Man wird sich erinnern, daß der Beschluß, im Jahre 1942 in Europa eine zweite Front zu errichten, während Molotows Besuch in London getroffen und in dem am 12. Juni veröffentlichten gemeinsamen englisch-sowjetischen Kommuniqué niedergelegt wurde.
Man wird sich weiter erinnern, daß die Errichtung der zweiten Front in Europa dazu bestimmt war, deutsche Streitkräfte von der Ostfront nach dem Westen abzuziehen, im Westen ein starkes Widerstandszentrum gegen die faschistischen deutschen Streitkräfte zu errichten und auf diese Weise die Lage der sowjetischen Truppen an der sowjetisch-deutschen Front im Jahre 1942 zu erleichtern.
Es braucht nicht besonders betont zu werden, daß das sowjetische Oberkommando bei der Planung seiner Sommer- und Herbstoperationen mit der Errichtung einer zweiten Front in Europa im Jahre 1942 gerechnet hat. Es ist daher nur zu verständlich, daß die Weigerung der britischen Regierung, im Jahre 1942 eine zweite Front in Europa zu errichten, der sowjetischen Öffentlichkeit, die auf die zweite Front gehofft hatte, einen moralischen Schlag versetzt, die Lage der Roten Armee an der Front erschwert und die Pläne des sowjetischen Oberkommandos beeinträchtigt.
Ich will gar nicht davon sprechen, daß die Schwierigkeiten, die für die Rote Armee durch die Weigerung

entstehen, im Jahre 1942 eine zweite Front zu errichten, notwendigerweise auch die militärische Lage Englands und der anderen Verbündeten verschlechtern werden.
Ich und meine Kollegen glauben, daß das Jahr 1942 die günstigsten Bedingungen für eine zweite Front in Europa bietet, da fast die gesamten deutschen Streitkräfte – darunter auch die Elitetruppen – an der Ostfront gebunden sind, während in Europa nur unbedeutende Streitkräfte, und noch dazu die schlechtesten, zurückgeblieben sind. Es läßt sich schwer sagen, ob sich 1943 ebenso günstige Bedingungen für die Errichtung einer zweiten Front bieten werden wie 1942. Aus diesem Grunde halten wir es für möglich und notwendig, die zweite Front im Jahre 1942 zu errichten. Leider ist es mir nicht gelungen, den britischen Premierminister davon zu überzeugen. Herr Harriman, der Vertreter des amerikanischen Präsidenten bei den Gesprächen in Moskau, hat den Premierminister voll unterstützt.

W. Churchill an J. W. Stalin
Freitag, 14. August 1942:
1. Die beste zweite Front im Jahre 1942 und die einzig mögliche umfangreiche Operation vom Atlantik her ist »Torch«. Falls dieses Unternehmen im Oktober verwirklicht werden kann, wird es Rußland mehr helfen als jeder andere Plan. Es bereitet auch den Weg für das Jahr 1943 vor und hat jene vier Vorteile, die von Premier Stalin in der Unterredung vom 12. August erwähnt wurden. Die Regierungen Großbritanniens und der Vereinigten Staaten sind in dieser Hinsicht fest entschlossen, und alle Vorbereitungen gehen mit äußerster Schnelligkeit voran.
2. . . .
3. Großbritannien oder die Vereinigten Staaten haben kein Versprechen gebrochen. Ich verweise auf Absatz 5 meines am 10. Juni 1942 Herrn Molotow überreichten Aide-mémoires, wo es ausdrücklich heißt: »Wir können daher kein Versprechen geben . . .«
4. Immerhin haben all die Gespräche über eine angloamerikanische Invasion in Frankreich in diesem Jahr den Feind irregeführt und erhebliche Luft- und Landstreitkräfte an der französischen Kanalküste gebunden. Es würde unseren gemeinsamen und vor allem den russischen Interessen schaden, wenn es zu irgendwelchen öffentlichen Kontroversen käme, die es für die britische Regierung erforderlich machten, vor der Nation das vernichtende Argument darzulegen, das sie gegen »Sledgehammer« zu besitzen meint. Bei den russischen Armeen, die durch die Aussicht auf diese Aktion angefeuert wurden, würde eine allgemeine Entmutigung um sich greifen. Gleichzeitig erhielte der Feind die Möglichkeit, weitere Kräfte aus dem Westen abzuziehen. Das Klügste ist es, »Sledgehammer« als Tarnung für »Torch« zu benutzen und »Torch«, wenn es beginnt, als die zweite Front auszugeben. Wir jedenfalls haben die Absicht, so zu verfahren.
5. Wir können es nicht gelten lassen, daß die Unterredungen mit Herrn Molotow über die zweite Front, die durch mündliche und schriftliche Vorbehalte abgesichert waren, irgendeine Veranlassung zu einer Änderung der strategischen Pläne des russischen Oberkommandos gegeben hätten.
6. Wir bekräftigen erneut unsere Entschlossenheit, unseren russischen Verbündeten mit allen uns zur Verfügung stehenden Mitteln zu helfen.

FRANÇAIS!

Ceci est un coup de main et non pas l'invasion.

Nous vous prions instamment de n'y prendre part en aucune façon et de ne faire quoi que ce soit qui puisse entraîner des représailles de la part de l'ennemi.

Nous faisons appel à votre sang-froid et à votre bon sens.

Lorsque l'heure sonnera, nous vous avertirons. C'est alors que nous agirons côte-à-côte pour notre victoire commune et pour votre liberté !

»FRANZOSEN! Das ist ein Handstreich und keine Invasion.«
Britisches Flugblatt, am 19. August 1942 über Dieppe abgeworfen

Die Landung bei Dieppe

Lagebericht, *Oberkommando des Heeres*
Mittwoch, 19. August 1942
Westen/Frankreich:
Am 19. 8. ab 06.05 Uhr feindl. Landungsversuch bei und um Dieppe. Um 10.00 Uhr dauerten Landungen bei Dieppe und Pourville (2 km westl. Dieppe) noch an, bei Quiberville war die Lage ungeklärt, bei St. Aubin war anscheinend ein weiterer Landungsversuch in Vorbereitung. Am Spätnachmittag des 19. 8. waren die feindl. Landungsversuche überall mit Erfolg abgeschlagen. Kein bewaffneter Brite mehr auf dem Festland. Der eigenen Artl. gelang es im letzten Augenblick, noch 3 feindl. Zerst., 2 Torpedoboote, die sich nahe herangewagt hatten, und mehrere Landungsboote zu versenken.
Gefangene 1500, dabei 60 kanadische Offz.e, 28 Panzer, darunter amerik., vernichtet. Genaue Zahl folgt. Hohe blutige Verluste des Feindes. Erste Gefangenenvernehmung erfolgt. Feind hat auf hoher See auf Landungsboote umgeladen. Kanadier, Engländer, Amerikaner und Freifranzosen.

Unternehmen stellt sich wie folgt dar: Landungsgruppe von 300–400 Landungsfahrzeugen, geschützt von 13–15 Kreuzern und Zerstörern und mehreren Grup-

pen Jägern. Dahinter eine schwimmende Reserve von 6 Transportern und 3 Frachtern. Zwischen Festland und England eine operative Reserve von 26 Transportern. An Land sind nach bisherigen Feststellungen etwa 3 Rgt.er und etwa 30 Kampfwagen gewesen. Vor Hafeneinfahrt Dieppe 1 Zerstörer (Typ Hunt) durch Jabo versenkt. Feststellungen aus Gefangenenaussagen.
Nachgewiesen: 9. Commando, Royal Hamilton Light Infantry (2. Kan. Div.), 7 Btl.e.
Einzelaussagen: Gefangene sind in Auffanglager in Südengland gesammelt. 18. 8. nachmittags nach einem nicht genannten Hafen transportiert, dort in Transportschiffe geladen und 19. 8. früh zwischen 04.00 Uhr und 06.30 Uhr in Sturmmotorbooten (12 m lang) je 40 Mann umgeladen worden. Ziel sei unbekannt gewesen.
Ausrüstung: Gewehr, MG, MP und Handgranaten.
Sonderauftrag: 1 Battr. zu nehmen.
An dem Unternehmen waren beteiligt:
2 kan. Brigaden – 330 Mann Pioniere von 2. kan. I. D., 28 kan. Panzer – 2 engl. Commandos in Stärke von je 150–250 Mann, 1 Marine-Commando. Von den insgesamt 4200 beteiligten Soldaten des britischen Heeres waren höchstens 400–500 Engländer. – Einzelne Norweger und Jugoslawen. Truppen des amerik. Heeres waren anscheinend nicht beteiligt. Freie Franzosen nicht bestätigt . . .
Beabsichtigte Operationen: In der Mitte Landung der Kanadier, mit den Panzern und dem Auftrag, Hafen- und Kampfanlagen in Dieppe zu zerstören und den Gefechtsstand der angebl. 110. Inf.Div. in Arque-la-Bataille (6 km südostw. Dieppe) auszuheben. Nach Durchführung dieser Maßnahme war Rückzug vorgesehen. Gleichzeitig sollten beiderseits Dieppe die beiden Commandos die genannten Battr.en vernichten. Mar.-Commando sollte die Schiffe im Hafen von Dieppe in Besitz nehmen und nach England bringen.
Sämtl. Landungsversuche, an der tiefsten Stelle nur 500 m vom Strand entfernt, zusammengebrochen. Infolgedessen erhebl. fdl. Verluste.
Engländer hatten im wesentlichen richtiges Bild der deutschen Küstenverteidigungsanlagen.
Eindruck bei eigener Truppe, daß Kanadier keine besonders gute Truppe sind. Franz. Kanadier sind schlechter Stimmung.

Tagesparole des Reichspressechefs,
Montag, 24. August 1942:
Der Fehlschlag der englischen Landung bei Dieppe soll weiterhin in der deutschen Presse behandelt werden. Dieser Fehlschlag der Engländer sei so schwerwiegend, daß wir laufend uns damit beschäftigen müßten . . .

Geheimer Bericht des Sicherheitsdienstes der SS zur innenpolitischen Lage:
Nr. 311 vom 24. August 1942 (Auszug)
I. Allgemeines. Der mißglückte Landungsversuch der Briten und Amerikaner bei Dieppe hat die gesamte Bevölkerung in einem Maße beeindruckt, wie kein anderes Ereignis zuvor in diesem Jahr . . . Die Nachricht von der Landung britisch-amerikanischer Truppen bei Dieppe kam deshalb den meisten Volksgenossen überraschend und hat durch die gleichzeitig bekanntgegebene erfolgreiche Abwehr dieses Unternehmens unter Aufzählung näherer Einzelheiten allgemein größte Freude ausgelöst, die einzelnen Meldungen zufolge nahezu an Begeisterung grenzte . . .
In anschließenden lebhaften Erörterungen wurde zumeist der Bewunderung über die Stärke der deutschen Abwehr und die Schnelligkeit, mit welcher der feindliche Invasionsversuch zurückgeschlagen werden konnte, Ausdruck gegeben. Erstaunen erregte jedoch vielfach, daß es dem Feinde gelungen ist, eine größere Anzahl Panzer an Land zu bringen. Trotz dieser Einschränkung hat das Vertrauen der Volksgenossen zu den deutschen Abwehrmaßnahmen an der Kanalküste eine so große Festigung erfahren, daß ein Teil der Volksgenossen davon überzeugt ist, daß sich die Briten und Amerikaner wieder »blutige Köpfe« und schließlich die Gewißheit von der Aussichtslosigkeit einer militärischen Auseinandersetzung mit der deutschen Wehrmacht holen werden. Allgemein bedauert wurde, daß es nicht möglich war, mehrere von den in Reserve gehaltenen feindlichen Transportern und Kriegsschiffen zu versenken . . .
Auf Grund der den Alliierten bei Dieppe erteilten Abfuhr nimmt man vielfach an, daß der nächste feindliche Landungsversuch nicht mehr an der von der deutschen Wehrmacht besetzten Atlantikküste, sondern vermutlich über Portugal, Spanien oder Norwegen versucht werde. Die Überzeugung, daß auch diese Unternehmen keine Aussicht auf Erfolg haben, ist nahezu Allgemeingut.

Aussagen englischer Kriegsgefangener
Donnerstag, 27. August 1942, Paris:
Aus Aufzeichnungen über Vernehmung englischer Kriegsgefangener von Dieppe im Durchgangslager Verneuil und Fort Pontoise vom 23.–25. 8. 1942:
Einige der englischen Gefangenen hatten zwar die Hoffnung auf Rußland noch nicht ganz aufgegeben, sie war jedoch allgemein gegenüber den in St. Nazaire gemachten Aussagen erheblich gesunken oder sogar ganz geschwunden. Keiner der Gefangenen glaubte, daß die englischen Luftangriffe auf Deutschland kriegsentscheidend sein könnten. Einige der Gefangenen erweckten den Eindruck, als fürchteten sie die deutsche Vergeltung. Keiner der Gefangenen hatte irgendwelche Vorstellung darüber, wie der Krieg enden würde, außer der bereits erwähnten Möglichkeit eines Verhandlungsfriedens . . .
Die Gefangenen ließen erkennen, daß sie Deutschland als Hauptgegner betrachteten, »ohne dabei das deutsche Volk zu hassen« . . .
Die Gefangenen standen sichtlich unter der Einwirkung der Greuelpropaganda der Gegenseite und äußerten ihre Überraschung über die einwandfreie Haltung der Soldaten ihnen gegenüber. Die Greuelpropaganda über die besetzten Gebiete wurde anscheinend von ihnen allgemein geglaubt. Eine Reihe von Offizieren gab der Erwartung Ausdruck, daß sich im Falle einer Invasion

die französische Bevölkerung wie ein Mann gegen uns erheben würde. Diejenigen Gefangenen, die sich ernsthaft mit der deutschen Propaganda beschäftigt haben, vermißten bei dieser jede konkrete Angabe der deutschen Kriegsziele. Dadurch würde eine Urteilsbildung über die deutsche Haltung unmöglich gemacht. Das Fehlen einer solchen Bekanntgabe erklärten sie damit, daß Deutschland wirklich die Absicht habe, die Welt zu erobern.

Schmidt

Der Kommandobefehl Hitlers

Führerhauptquartier, den 18. 10. 1942

Der Führer
Nr. 003830/42 g. Kdos. OKW/WFSt.
Geheime Kommandosache

1. Schon seit längerer Zeit bedienen sich unsere Gegner in ihrer Kriegführung Methoden, die außerhalb der internationalen Abmachungen von Genf stehen. Besonders brutal und hinterhältig benehmen sich die Angehörigen der sogenannten Kommandos, die sich selbst, wie feststeht, teilweise sogar aus Kreisen von in den Feindländern freigelassenen kriminellen Verbrechern rekrutieren. Aus erbeuteten Befehlen geht hervor, daß sie beauftragt sind, nicht nur Gefangene zu fesseln, sondern auch wehrlose Gefangene kurzerhand zu töten im Moment, in dem sie glauben, daß diese bei der weiteren Verfolgung ihrer Zwecke als Gefangene einen Ballast darstellen oder sonst ein Hindernis sein könnten. Es sind endlich Befehle gefunden worden, in denen grundsätzlich die Tötung der Gefangenen verlangt worden ist.

2. Aus diesem Anlaß wurde in einem Zusatz zum Wehrmachtbericht vom 7. 10. 1942 bereits angekündigt, daß in Zukunft Deutschland gegenüber diesen Sabotagetrupps der Briten und ihren Helfershelfern zum gleichen Verfahren greifen wird, das heißt: daß sie durch die deutschen Truppen, wo immer sie auch auftreten, rücksichtslos im Kampf niedergemacht werden.

3. Ich befehle daher:
Von jetzt ab sind alle bei sogenannten Kommandounternehmungen in Europa oder in Afrika von deutschen Truppen gestellte Gegner, auch wenn es sich äußerlich um Soldaten in Uniform oder Zerstörertrupps mit und ohne Waffen handelt, im Kampf oder auf der Flucht bis auf den letzten Mann niederzumachen. Es ist dabei ganz gleich, ob sie zu ihren Aktionen durch Schiffe und Flugzeuge angelandet werden, oder mittels Fallschirmen abspringen. Selbst wenn diese Subjekte bei ihrer Auffindung scheinbar Anstalten machen sollten, sich gefangen zu geben, ist ihnen grundsätzlich jeder Pardon zu verweigern. Hierüber ist in jedem Einzelfall zur Bekanntgabe im Wehrmachtbereich, eine eingehende Meldung an das O.K.W. zu erstatten.

4. Gelangen einzelne Angehörige derartiger Kommandos als Agenten, Saboteure usw. auf einem anderen Weg, – z. B. durch die Polizei in den von uns besetzten Ländern – der Wehrmacht in die Hände, so sind sie unverzüglich dem SD zu übergeben.
Jede Verwahrung unter militärischer Obhut, z. B. in Kriegsgefangenenlagern usw., ist, wenn auch nur für vorübergehend gedacht, strengstens verboten.

5. Diese Anordnung gilt nicht für die Behandlung derjenigen feindlichen Soldaten, die im Rahmen normaler Kampfhandlungen (Großangriffe, Großlandungsoperationen und Großluftlandeunternehmen) im offenen Kampf gefangengenommen werden oder sich ergeben. Ebensowenig gilt diese Anordnung gegenüber den nach Kämpfen auf See in unsere Hand gefallenen, oder nach Kämpfen in der Luft durch Fallschirmabsprung ihr Leben zu retten versuchenden feindlichen Soldaten.

6. Ich werde für die Nichtdurchführung dieses Befehls alle Kommandeure und Offiziere kriegsgerichtlich verantwortlich machen, die entweder ihre Pflicht der Belehrung der Truppe über diesen Befehl versäumt haben, oder die in der Durchführung entgegen diesem Befehl handeln.

gez. Unterschrift

Tagesparole des Reichspressechefs,
Montag, 7. Dezember 1942:
Das Wort »Festung Europa« darf nicht gebraucht werden. Es sei defensiv und enthalte nur negative Elemente. Eine Festung könne man belagern, und es sei nur eine Frage der Zeit, wann sie falle.

Und so war es

In der Nacht vom 10./11. Januar 1942 landet im Seebad St.-Laurent-sur-Mer, einige Kilometer östlich vom Pointe du Hoc an der Calvados-Küste, ein 15 Mann starker Commando-Trupp (Operation »Curlew«), der den Strand erkunden und auch Gefangene einbringen soll. Die Deutschen sind jedoch trotz mondloser Nacht nicht zu überraschen, so muß sich das Commando nach einem Schußwechsel mit überlegenen deutschen Kräften rasch zurückziehen.

Ein kalter Wind fegt die Schneeflocken über die Straßen von Washington, als am Mittwoch, dem 14. Januar 1942, die »Arcadia«-Konferenz zu Ende geht. Die Engländer haben zur Vorbereitung der alliierten Operationsbasis den Entwurf für eine Landung in Französisch-Nordwestafrika (Operation »Gymnast«) vorgelegt. Es soll so verhindert werden, daß Streitkräfte der Achsenmächte mit den über Südrußland vorstoßenden deutschen Armeen im Mittleren Osten zusammentreffen. Dazu ist eine Luftoffensive gegen Deutschlands Industriezentren und Großstädte geplant. Die Landung in Nordwesteuropa wird erst zu dem Zeitpunkt erfolgen, wenn Deutschland sichtlich geschwächt ist und die Alliierten über ausreichende Spezialausrüstungen verfügen.
Eine weitere Entscheidung der Konferenz: die Operation »Bolero« wird England in einen Exerzierplatz der

Alliierten verwandeln. Neu aufgestellte US-Einheiten sollen nach Großbritannien verschifft werden, dort ihre Ausbildung beenden und sich auf die Invasion Europas vorbereiten. Die Gespräche der britischen und US-Oberbefehlshaber über eine gemeinsame Strategie finden in einer recht gespannten Atmosphäre statt.
Die US-Konferenzteilnehmer sind der Meinung, daß man das Deutsche Reich nur mit einem baldigen Frontalangriff von England aus auf die Küste Nordwestfrankreichs schlagen kann. Ihr Plan (Operation »Sledgehammer«) sieht noch im Jahre 1942 eine Kanalüberquerung zur Errichtung eines Brückenkopfes auf der Halbinsel Cotentin vor, um von hier aus 1943 eine großangelegte Offensive in Richtung Ruhrgebiet (Codename »Round-up«) durchzuführen. Eine ähnliche Operation haben die Engländer wegen der Stärke der deutschen Verbände in Frankreich bereits früher verworfen. Auch jetzt weist Churchill darauf hin, daß jedes Überstürzen auf Kosten Großbritanniens gehen wird.
Am Montag, dem 26. Januar 1942, treffen die ersten amerikanischen Truppen in Nordirland ein. Daraufhin schickt der irische Ministerpräsident de Valera Protestnoten nach Washington und London.

In der Nacht vom 14./15. Februar 1942 führt die Small Scale Raiding Force (SSRF) eine ihrer Mini-Operationen durch: Zwei Männer werden von einem Schnellboot (MTB) bis in Küstennähe der Halbinsel Cotentin gebracht und mit ihrem Paddelboot abgesetzt. Sie sollen die Bucht von Anse-de-St. Martin aufklären (Operation »Token«).
In der Nacht vom 27./28. Februar 1942 landen bei Bruneval, etwa 30 km westlich von Le Havre, 119 Fallschirmjäger des 2. Parachute Bataillon unter Major J. D. Frost. Die Operation »Biting« gilt der deutschen Funkmeß (Radar)-Stellung mit dem Würzburg-Gerät. Es gelingt ihnen, die wichtigsten Teile abzumontieren, zu den inzwischen eingetroffenen Landungsbooten zu schaffen und auch einige deutsche Soldaten von der Bedienungsmannschaft mitzunehmen. Eigene Verluste: ein Toter und sieben Gefangene.
Dies ist der erste Einsatz britischer Fallschirmtruppen bei einem Commando-Unternehmen in Westeuropa, das auf Anregung der Royal Air Force durchgeführt wurde.

Am Sonntag, dem 1. März 1942, trifft der von Hitler (offiziell am 15. 3. 1942) zum OB West ernannte 69jährige Generalfeldmarschall Gerd v. Rundstedt in St.-Germain-en-Laye, einem Pariser Vorort, ein. Er legt sein Hauptquartier in eine Villa, die zu einem Mädchenpensionat gehört.
Die Lage, die v. Rundstedt im Westen vorfindet, ist nicht ermutigend; seit fast einem Jahr dient Frankreich als Auffrischungsraum für die an der Ostfront schwer mitgenommenen Verbände. Die vorhandenen kaum 25 Divisionen haben nur selten volle Sollstärke, und die aus ehemaligen sowjetischen Kriegsgefangenen zusammengestellten Hilfswilligen machen bei vielen Divisionen bis zu 10 Prozent und bei einigen sogar 25 Prozent aus. Jede dieser Divisionen soll etwa 80–100 km Küstenlinie verteidigen. Es ist daher für die deutsche Führung von eminenter Bedeutung, zu erfahren, wo und wann mit einer größeren Landeoperation zu rechnen sei. Rundstedt ist fest davon überzeugt, daß die Alliierten im Pas de Calais angreifen werden, weil von hier aus der kürzeste Weg ins Ruhrgebiet führt.

Am Montag, dem 9. März 1942, kabelt Roosevelt dem britischen Premier: »Mich beschäftigt immer wieder der Gedanke, noch diesen Sommer auf dem europäischen Festland eine neue Front zu eröffnen . . .« Die Verluste wären nach seiner Meinung zweifellos hoch, doch dürften sie mindestens ebenso hoch bei den Deutschen sein und Hitler bewegen, starke Kräfte aller Art von der Ostfront nach Westeuropa zu verlegen. Churchill antwortet zurückhaltend. Aber die Amerikaner konzentrieren sich auf ihre neue Idee.
Etwa zur gleichen Zeit beginnt in Großbritannien ein neuer Stab, genannt »Combined Commanders«, seine

Pas de Calais, die offensive Fernkampfbatterie »Lindeman«: »Das Wort ›Festung Europa‹ darf nicht gebraucht werden . . .«

In einer deutschen Heeresküsten-
batterie:
Französische Zivilarbeiter bringen eine Feldkanone in Stellung

Tätigkeit und übernimmt vom Joint Planning Staff die ersten vorbereiteten Planungen zur Invasion Nordwesteuropas. Bald stellen die Combined Commanders fest, daß besonders die französische Küste an der Normandie die besten Aussichten für eine erfolgreiche Landung und die Bildung eines Brückenkopfes bietet. Von dort können die Operationen gegen Deutschland weiter entwickelt werden.

Am Montag, dem 23. März 1942, gibt Hitler seine Weisung Nr. 40, die die Befehlsbefugnisse an den Küsten im besetzten Europa regelt und die Küste zur Hauptkampflinie bestimmt. Nach Hitlers Meinung ist sie »... in der kommenden Zeit der Gefahr feindlicher Landungen in stärkstem Maße ausgesetzt«. In diesen Tagen notiert General Alan Brooke, Chef der britischen Armee: »Gegen den allgemeinen Ruf nach einer zweiten Front ist fast nicht anzukommen.«
Immer ungeduldiger fordern Presse und Gewerkschaften in Großbritannien eine Unterstützung der Sowjetunion; die Protestversammlungen und Aktionen, auf denen Hilfe für Stalin verlangt wird, reißen nicht ab.

Am Freitag, dem 27. März 1942, legt der Stabschef der US-Armee, General Marshall, einen nach ihm benannten Operationsplan dem »Combined Chiefs of Staff« in Washington vor. Er empfiehlt zwar eine Versuchslandung in Frankreich für den Herbst 1942 in der Hoffnung, die Sowjets damit zu entlasten, und im April 1943 eine Invasion Frankreichs in einer Frontbreite für sechs Divisionen im Pas de Calais zwischen Le Havre und Boulogne mit anschließendem Vorstoß bis zum Ruhrgebiet. Allein dieser Marshall-Plan ist für Churchill unakzeptabel: Der Mangel an Landungsschiffen ist überhaupt nicht in Betracht gezogen worden, und das ausgewählte Landegebiet, das am stärksten befestigte Europas, liegt direkt im Zugriff der deutschen Luftwaffenverbände.

Am Sonnabend, dem 28. März 1942, wird der französische Hafen St. Nazaire Schauplatz eines neuen britischen Raid (Operation »Chariot«). Sein Ziel: das große Trockendock unbrauchbar zu machen. Dem Zerstörer »Campbelltown« gelingt es, das Schleusentor zu rammen. Die gelandeten Commando-Truppen in Stärke von 268 Mann unter Colonel A. C. Newman werden bei sofort einsetzender Abwehr der im Nahkampf ausgebildeten Schiffsbesatzungen aufgerieben. Fast alle Commandos scheitern oder geraten in Gefangenschaft. Nur vier ihrer Boote gelangen nach England zurück. Acht Stunden später fliegt die mit Sprengstoff beladene »Campelltown« in die Luft und zerstört das Schleusentor.

Am Donnerstag, dem 2. April 1942, erhält Churchill einen Brief von Roosevelt, der ihm die Ankunft seiner Abgesandten Harry Hopkins und General Marshall ankündigt: »Sie werden Ihnen einen Plan vorlegen, den die Sowjetunion, wie ich hoffe, mit Begeisterung begrüßen wird ...« Es geht um die Eröffnung einer zweiten Front in Europa. Dwight D. Eisenhower, ein junger, recht unbekannter Oberstleutnant, der inzwischen den ersten Generalstern trägt, hat dieses Projekt ausgearbeitet.

In der Nacht zum 5. April 1942 sollen 35 Mann vom 1. und 6. Commando nahe Bayonne in der Addour-Mündung, nördlich der spanischen Grenze (Operation »Myrmidon«) Stranderkundung durchführen und Gefangene einbringen. Von einer deutschen Patrouille überrascht, müssen sie sich jedoch zurückziehen.

Die erste Begegnung zwischen dem Abgesandten von Präsident Roosevelt und Churchill ist am Mittwoch, dem 8. April 1942, in Downing Street 10. Eisenhowers Plan sieht eine Invasion Frankreichs im Jahre 1943 zwischen Calais und Le Havre vor. 30 US- und 18 britische Divisionen, 5800 Flugzeuge, davon 2250 englische, sollen an der Operation »Round-up« (in der Cowboysprache Zusammentreiben einer Herde) teilnehmen. Der englische General A. Brooke meinte spöttisch: »... der Plan sei geradezu phantastisch.«

Am nächsten Tag meldet sich Radio Berlin zu Wort: »Wir wissen, daß der Bolschewistenfreund Hopkins und General Marshall in London sind, um über eine Invasion Europas zu diskutieren. Wir können ihnen nur den Vorschlag des Führers wiederholen ›Deutschland ist bereit, jenen Teil des Kontinents zu räumen, der den Engländern genehm ist, um dort so viele Truppen zu landen als möglich . . .‹«

Die US-Delegation hat keinen Erfolg, wenn auch die britischen Verhandlungspartner zugeben, daß »der letzte Schlag gegen Deutschland über den Kanal und ostwärts durch die westeuropäischen Ebenen geführt« werden müsse. Eine Invasion halten sie aber erst 1943 für realisierbar.
Unterdessen schickt Roosevelt am Sonnabend, dem 11. April 1942, ein Telegramm an Stalin: Er sei gerade im Begriff, »einen sehr wichtigen, militärischen Plan« zur Entlastung der Sowjetunion zu verwirklichen.
Auf die Frage Churchills, was in der Zwischenzeit geschehen soll, schlägt General Marshall eine neue Variante der Operation »Sledgehammer« vor: im Frühherbst 1942 Brest oder Cherbourg, am besten beide zu besetzen. Die Engländer sollen dabei Marine- und Luftstreitkräfte sowie Landungsfahrzeuge und zwei Drittel Truppen stellen. Nur zwei bis drei kaum ausgebildete US-Divisionen sind verfügbar. Der Sturm auf Cherbourg von See her gegen die stark befestigten Stellungen erweist sich als zu gewagt. Und selbst wenn er gelingt, würden die alliierten Truppen an der Spitze der Halbinsel Cotentin liegenbleiben. Zur Versorgung kann ihnen nur der Hafen Cherbourg zur Verfügung stehen, der den ganzen Winter 1942/43 und das Frühjahr hindurch Luftangriffen ausgesetzt sein wird. Falls sie dies überstehen, müssen sie im Sommer 1943 aus der Halbinsel Cotentin ausbrechen und mehrere Befestigungslinien stürmen. Noch dazu ist nicht ersichtlich, wie diese Operation den Sowjets helfen soll. Die Deutschen haben rund 25 Divisionen in Frankreich, dagegen können die Alliierten bis August 1942 nicht mehr als zwei US- und sieben britische Divisionen für »Sledgehammer« bereitstellen. Daß General Marshall diese Fakten außer acht läßt, wird hart kritisiert. »Seine strategischen Fähigkeiten«, schreibt General Brooke, »machen keinerlei Eindruck auf mich.« Die real denkenden englischen Generalstäbler setzen sich schließlich mit ihrer Auffassung durch: Nur für den Fall des sowjetischen Zusammenbruchs erklären die Engländer ihre Bereitschaft zur Teilnahme an einer Invasion Frankreichs im Jahre 1942. Anstelle der Invasion, um die Sowjetunion zu unterstützen, verspricht Churchill den Amerikanern, eine Reihe von Commando-Operationen durchzuführen, »so groß, wie es die vorhandene Ausrüstung zuläßt«.
Eine andere wichtige Abmachung: Innerhalb eines Jahres, bis zum 1. April 1943, werden unter dem Codenamen Operation »Bolero« 1 Million Mann der US-Land- und Luftstreitkräfte nach Großbritannien verlegt, die Engländer ihrerseits sollen 18 Divisionen aufstellen.

In der Nacht vom 11./12. April 1942 werden im Rahmen der Operation »J.V.«, eine Meile vom Hafen Boulogne-sur-Mer entfernt, aus der Motorbarkasse ML 102 zwei Paddelboot-Besatzungen des 101. Troop der Special Boat Section (SBS) in die inzwischen recht unruhige See herabgelassen. Eine der Besatzungen gerät jedoch in Schwierigkeiten, so daß nur ein Paddelboot unbemerkt in den Hafen eindringen kann. Es gelingt den beiden Männern, die Haftminen (Limpets) unbemerkt an einem Frachter anzubringen und auch unbemerkt die vor dem Hafen wartende Motorbarkasse wieder zu erreichen. Am nächsten Tag meldet die Luftaufklärung die Versenkung des Schiffes. Die Deutschen, in der Überzeugung, es handle sich um einen Sabotageakt der Résistance, erschießen daraufhin 100 Einheimische.

Am Mittwoch, dem 15. April 1942, reisen Harry Hopkins und General Marshall wieder aus London ab und nehmen die grundsätzliche, wenn auch unscharf formulierte Zusage einer Beteiligung der Engländer an der zweiten Front mit. Roosevelt lädt auf dieses halbherzige Versprechen hin überstürzt den sowjetischen Außenminister Molotow nach Washington ein.

In der windstillen, mondlosen Nacht des 21./22. April 1942 starten 100 Mann des 4. Commando und 50 kanadische Pioniere – unter Lieutenant Colonel Lord Lovat – zur Operation »Abercrombie«. In sechs LCA-Landungsbooten erreichen sie unbemerkt die Küste von

Ein Londoner Bahnhof:
Bis zum 1. April 1943 treffen im Rahmen der Operation »Bolero« über eine Million US-Soldaten in England ein

Großbritannien, Erkundung der zukünftigen Invasions-Küste durch Ansichtskarten:
nach einem Appell an die Bevölkerung über neun Millionen Bilder

Hardelot-Plage, etwa 16 km westlich Boulogne-sur-Mer. Das Ziel: gewaltsame Erkundung von Strand und Befestigungen im Pas de Calais. Trotz eines Feuergefechtes mit deutschen Patrouillen können sie sich ohne Verluste zurückziehen, dagegen werden drei Mann von der Besatzung eines Landungsbootes durch MG-Beschuß getötet.

Anfang Mai 1942 beginnen die Alliierten mit den ersten Vorbereitungen für eine Operation auf dem Kontinent: Britische Werften erhalten Aufträge zum Bau von Flakschiffen und Panzer-Landungsschiffen. Die Sache verzögert sich jedoch durch technische Engpässe und Kompetenzstreitigkeiten zwischen Armee und Marine. Auch die Durchführung der Operation »Bolero« stößt auf immer neue Schwierigkeiten: Es gibt zuwenig Schiffsraum, und bis jetzt steht kein kompletter US-Großverband in England zur Verfügung. Die 34. Infanteriedivision sowie die 1. Panzerdivision werden gerade in Nordirland ausgeschifft, und der erste Geleitzug mit einem Vorkommando der 8. US-Luftflotte erreicht erst am Montag, dem 11. Mai 1942, Liverpool. Die notwendigen Neubauten, Kasernen, Lager und Flugplätze stellen das bereits überfüllte England vor schwere Probleme.

Am Dienstag, dem 19. Mai 1942, wendet sich die britische Admiralität über die BBC mit einem Appell an die Bevölkerung, man möge ihr alle verfügbaren Urlaubsfotos und Ansichtskarten, die die französische Küste zeigen, übersenden. Innerhalb weniger Tage häufen sich mehr als neun Millionen Bilder und Postkarten in den Büros der Admiralität. Eine Auswahl von etwa 500 000 Fotos wird für die Spezialkartei kopiert und dabei eine Unmenge wichtiger Details, die auf keiner Landkarte verzeichnet sind, von Fachkräften ausgemacht.

Am Mittwoch, dem 27. Mai 1942, trifft Molotow in Washington ein. Auf seine Frage an Roosevelt, ob er Stalin die Nachricht bringen könne, daß tatsächlich die zweite Front in Vorbereitung sei, bittet der Präsident den Chef des US-Generalstabes, General Marshall, zu sich. Marshall versichert Molotow in unverantwortlicher Weise, daß Truppen, Panzer, Munition und Flugzeuge, die er brauche, in England bereitstünden und »die Transportschwierigkeiten nicht unüberwindlich« seien. Daraus muß Molotow natürlich schließen, daß nur Churchill die zweite Front sabotiert. Er äußert gleichzeitig Zweifel, ob sein Land das Jahr 1942 überstehen könne, wenn nicht wenigstens 40 deutsche Divisionen zum Abzug von der russischen Front gezwungen würden. Entgegen dem Rat einiger Mitarbeiter vereinbart Präsident Roosevelt mit Molotow, daß möglichst noch im August 1942 – in knapp 10 Wochen – eine zweite Front entstehen sollte. Molotow entwirft daraufhin sofort ein Kommuniqué, in dem festgestellt wird: »Bei den Besprechungen wurde vollständige Übereinstimmung hinsichtlich der dringenden Aufgabe erzielt, im Jahre 1942 in Europa eine zweite Front zu eröffnen.« Als man diesen Entwurf General Marshall vorlegt, bereut er zwar seine leichtsinnig gegebene Zusicherung und rät dem Präsidenten, die Worte »im Jahre 1942« auszulassen, aber Molotow läßt sich davon nicht mehr abbringen.

In der Nacht vom 3./4. Juni 1942 starten 250 Mann vom 1. und 6. Commando in mehreren LCA-Landungsbooten zur großangelegten Operation »Bristle«: Sie sollen an der Küste bei St. Cécile, zwischen Boulogne-sur-Mer und Le Touquet, landen und dann eine Würzburg- und Freya-Funkmeß (Radar)-Stellung im Handstreich nehmen. Die Aktion scheitert jedoch an der Wachsamkeit deutscher Posten, die sofort Verstärkung erbitten und angreifen. Die Commando-Truppen entgehen in den Sanddünen nur mit knapper Not der Einkreisung und müssen das Unternehmen ohne Ergebnis abbrechen.

Auf dem Rückweg nach Moskau landet Molotow in der zweiten Juniwoche in England, in der Tasche die

Morgen, 4. Juni 1942: Commando-Truppen kehren von der Operation »Bristle«, einem mißlungenen Handstreich an der Küste bei St. Cécile, zurück

Zustimmung Roosevelts zur Veröffentlichung eines Kommuniqués nach eigenem Entwurf. Das Benehmen Molotows auf britischem Boden hätte seine Gastgeber stutzig machen müssen, da, wie Churchill berichtet: »... gleich bei der Ankunft die Gäste Schlüssel für ihre Schlafzimmertüren verlangten und von da an die Türen verschlossen blieben ... Alle Matratzen wurden nach Höllenmaschinen abgetastet, und die Decken und das Überschlagtuch, die für gewöhnlich an den Bettkanten eingestopft werden, wurden von den Russinnen anders gelegt, damit eine Öffnung blieb, die dem Bettbenutzer gestattete, augenblicklich herauszuspringen. Nachts wurde ein Revolver neben Morgenrock und Aktentasche gelegt ...«

Der sowjetische Außenminister scheint derart von der baldigen Invasion beeindruckt zu sein, daß er sich selbst bereit erklärt, einer Verminderung der Versorgungstransporte für die Sowjetunion zuzustimmen, falls der dadurch freiwerdende Schiffsraum im Rahmen der Invasionsvorbereitungen verwendet wird. Churchill hält dagegen eine solche Aktion frühestens im Jahre 1943 für realisierbar und versucht in Gesprächen, sich auf Zusicherungen zu beschränken, daß zur Entlastung der Sowjets zur Zeit lediglich schwere Bombenangriffe gegen deutsche Städte möglich seien.

Letztlich jedoch fühlt sich der Premier durch das Kommunique, das Molotow in Washington erzwungen hat, verpflichtet und unterzeichnet am Donnerstag, dem 11. Juni 1942, eine ähnliche Erklärung, die den verhängnisvollen Satz enthält: »Im Verlauf der Verhandlungen wurde über die dringende Aufgabe, im Jahre 1942 eine zweite Front in Europa zu errichten, volle Verständigung erzielt.« Einige Stunden zuvor hat die sowjetische Presse den vollen Text des britisch-sowjetischen Vertrages mit der Verlautbarung über die zweite Front veröffentlicht.

Churchill schildert später, daß er diesen Text nur deswegen akzeptiert habe, weil er sich sagte, eine solche Veröffentlichung werde die Deutschen beunruhigen und irreführen. Privat aber versicherte er dem sowjetischen Außenminister, daß die britische Regierung für die Eröffnung einer zweiten Front keine Gewähr übernehmen könne. Um Molotow über die britische Ansicht nicht im Zweifel zu lassen, übergibt Churchill ihm zugleich ein Aide-mémoire, in dem er klarstellt, »daß Großbritannien zwar sein Bestes versuchen werde, sich aber nicht zu einer Aktion verpflichten und kein Versprechen geben könne«. Verständlicherweise betrachtet Molotow dieses Schriftstück einfach als nicht existent.

Am gleichen Tage, dem 11. Juni 1942, beschließt das britische Kabinett erst dann einer alliierten Landung in Nordfrankreich zuzustimmen, wenn genügend Kräfte dafür bereitgestellt werden könnten, was nach Lage der Dinge frühestens in einem Jahr möglich sei.

Die beiden Kommuniqués mit den leichtfertigen Zusagen von Churchill und Roosevelt bringen die westalliierten Staatschefs in den nächsten zwei Jahren noch in arge Verlegenheit: Die nicht eingehaltenen Verpflichtungen schwächen ihre moralische Position bei Verhandlungen mit Stalin und erleichtern dem Diktator, sie in Konzessionen für Osteuropa umzumünzen. Bald nach Molotows Rückkehr verschlechtern sich zusehends die Beziehungen zwischen Stalin und Churchill. Dazu trägt auch die Unterbrechung der britischen Versorgungstransporte nach Murmansk bei, die nach den schweren Verlusten durch deutsche See- und Luftstreitkräfte in der Arktis im Frühjahr 1942 vorübergehend eingestellt werden.

Juni 1942, Schottland:
Molotow vor der Rückkehr nach Moskau

Mitte Juni 1942 reist Churchill zum zweiten Mal zur Konferenz nach Washington, die vom 19. bis 26. Juni mit Roosevelt und den Chefs der Stäbe stattfindet. Das CCS (Interalliiertes Komitee der Stabschefs) beschließt zwar, die Operation »Bolero« fortzusetzen, doch Chur-

chill erklärt: »Wir stehen entschieden auf dem Standpunkt, daß dieses Jahr von einer bedeutenden Landung an der französischen Küste abzusehen sei. Vielmehr sollte irgendeine andere Operation vorbereitet werden, am besten die gemeinsame Besetzung Französisch-Nordafrikas . . .«
Die zähen Verhandlungen ziehen sich tagelang hin. General Brooke betont immer wieder, die Operation »Sledgehammer« werde keinesfalls mehr deutsche Divisionen fesseln als derzeit schon in Frankreich bereitstünden, und nur eine Landung in Nordafrika (Operation »Gymnast«) könne die russische Front wirklich entlasten. Churchill meint, die Invasion Nordafrikas sei das unvermeidliche Vorspiel zur Operation »Round-up«, der Schlacht in Westeuropa, weil damit der Suezkanal geöffnet und 1 Million Tonnen Schiffsraum freigemacht werden könnten, die jetzt zur Versorgung des Nahen Ostens und Indiens auf der Kap-Route um Afrika führen. Die Konferenzatmosphäre spitzt sich zu. Der US-Stabschef General Marshall ist erbost, denn er hat bisher alle Forderungen der Oberbefehlshaber im Pazifik zurückgewiesen und wegen des Kriegsschauplatzes in Europa seine Position ernstlich gefährdet.
Schließlich gelingt es Churchill, die Amerikaner davon zu überzeugen, daß selbst ein begrenztes Landungsunternehmen im Herbst 1942 bei Cherbourg oder Brest (Operation »Sledgehammer«) keinen Erfolg haben könne. Der Premierminister steht jetzt vor der unangenehmen Aufgabe, dies auch Stalin klarzumachen. Nun genehmigen Churchill und das Kriegskabinett die als riskant angesehene Operation »Jubilee«, die gewaltsame Erkundung – eine Art Invasionsprobe – gegen den nordfranzösischen Hafen Dieppe, um dem Drängen der Sowjets nach stärkerer Entlastung mit der Ankündigung eines größeren Unternehmens begegnen zu können.
Auch ein anderes Projekt, die Operation »Imperator«, empfindet Churchill im Ganzen als zu waghalsig: Eine durch Panzereinheiten verstärkte Division soll in einem französischen Kanalhafen landen und von hier aus die Panzerspitzen bis nach Paris vorstoßen lassen, das deutsche Hauptquartier ausheben, die Flamme am Grab des unbekannten Soldaten wieder anzünden und sich dann von einem anderen Hafen aus wieder einschiffen.

Am Donnerstag, dem 9. Juli 1942, ordnet Hitler an, starke und kampferprobte Waffen-SS-Verbände, darunter die SS-Elitedivision »Leibstandarte Adolf Hitler«, von der Ostfront nach Frankreich zu verlegen, um die von ihm erwartete Invasion abzuwehren.

Inzwischen läßt Roosevelt jedoch nicht locker und beordert den US-Generalstabschef mit Harry Hopkins nach London. Sie sollen sich noch einmal energisch für die Operation »Sledgehammer« einsetzen und erst, falls ihre Gespräche scheitern sollten, der Operation »Gymnast« zustimmen.
Am Freitag, dem 17. Juli 1942, erscheinen unerwartet in Großbritannien General Marshall und Harry Hopkins in Begleitung von Admiral King. Die Herren sind schlecht gelaunt, besonders Hopkins, der wegen dieser Reise seine zweite langersehnte Heirat verschieben muß. Nach ihrer Ankunft in Prestwich nimmt die Abordnung den Schnellzug nach London, den Churchill unplanmäßig in seinem Sommersitz Chequers anhalten läßt, aber Hopkins weigert sich, dort auszusteigen, weil er sich erst mit dem US-Generalstab in London beraten will. Während des anschließenden Telefongesprächs gehen Churchill die Nerven durch, so daß er dem persönlichen Vertreter des US-Präsidenten androht, ihn des Landes zu verweisen.

Nach dem Treff mit Churchill versucht General Marshall, den Premier einzuschüchtern: »Falls die Engländer keine Operationen in Europa durchführen werden, ändern die USA ihre Strategie.« In einem Zwischenbericht an Roosevelt schreibt Marshall: »Mein Ziel ist, die Engländer zu zwingen, gegen Deutschland vorzugehen. Gelingt mir das nicht, müssen wir uns sofort dem Pazifik zuwenden und alle Kräfte gegen Japan einsetzen.« Doch Churchill bleibt hart, seine einzige Konzession: Er ändert den Codenamen für die Landung in Nordafrika, den er zu unpassend findet, von »Gymnast« in »Torch«.
Roosevelt entscheidet daraufhin am 25. Juli 1942, die Operation »Torch« sei spätestens bis zum 30. Oktober 1942 durchzuführen. Und General Dwight D. Eisenhower, der sich in London befindet, wird von Marshall vertraulich informiert, daß Roosevelt ihm den Oberbefehl zugedacht habe.
Jetzt muß noch Stalin davon unterrichtet werden, und Churchill übernimmt diese undankbare Aufgabe. Über Kairo, wo er die Kommandoverhältnisse an der Front von El Alamein neu ordnet und General Montgomery den Oberbefehl über die britische 8. Armee übergibt, fliegt Churchill mit den Generälen Brooke, Wavell und Sir Alexander Cadogan nach Moskau weiter.
Am Abend des 12. August 1942 treffen sich Churchill und Stalin zum erstenmal. Churchill hat die Taktik des zu erwartenden Dialogs sorgfältig studiert. Er beginnt das Gespräch, an dem W. A. Harriman als US-Beobachter teilnimmt, recht unverblümt mit der Feststellung, daß von einer zweiten Front in Frankreich noch lange keine Rede sein könne. Stalin hört mit finsterer Mine zu und meint ironisch: »Wann werden Sie endlich zu kämpfen anfangen? Sollen wir die ganze Arbeit allein machen, während Sie zuschauen? Haben Sie Angst vor den Deutschen?« Churchill schlägt mit der Faust auf den Tisch. »Sie waren ihr Verbündeter, während wir allein gegen sie kämpften.« Stalin unterbrach ihn bereits nach den ersten Sätzen lächelnd: »Was Sie sagen, verstehe ich nicht, aber der Tonfall gefällt mir, weiß Gott!« Die Enthüllung des Torch-Planes wirkt jedoch mildernd. Schließlich müssen Marschall Woroschilow und General Schaposchnikow einräumen, daß die Rote Armee auch ohne strategische Hilfe auskomme.

Am Donnerstag, dem 13. August 1942, erklärt Hitler in Besprechungen mit der Marineleitung, dem Reichs-

minister Speer, Generalfeldmarschall Keitel, Generalleutnant Schmundt, General der Pioniere Jakob sowie dem Inspekteur der Landbefestigungen beim OB West, Rudolf Schmetzer, und dem Mitarbeiter von Speer, Xaver Dorsch, daß eine erfolgreiche Invasion die Einnahme eines größeren Hafens voraussetze, denn andererseits – meint der Führer – sei auf Dauer der nötige Nachschub eines an irgendeiner Stelle der Küste gelandeten Gegners zu gering, um deutsche Gegenangriffe abzuwehren.
Eine durchgehende Linie von eng gestaffelten, sich gegenseitig absichernden Bunkern bei der Länge der norwegischen, holländischen, belgischen und französischen Küste zu schaffen, ist von Anfang an unmöglich: Dies übersteigt bei weitem die Kapazität der deutschen Bauindustrie, außerdem gibt es nicht so viele Soldaten, um eine derartige Zahl von Befestigungsanlagen zu besetzen. Es werden daher nur größere Häfen, die Hitler übertrieben als Festungen bezeichnet, mit einem Kranz von Bunkern umgeben, während die dazwischen liegenden Küstenstrecken in großen Abständen weitgehend von Beobachtungsbunkern abgesichert werden sollen.
Reichsminister Speer: »Diese Verteidigungsanlagen wurden von Hitler bis in die Einzelheiten geplant, sogar die einzelnen Bunkertypen entwarf er, meist in den Nachtstunden, selber. Sie waren skizzenhaft, aber präzis ausgeführt. Ohne Scheu vor Selbstlob pflegte er zu bemerken, seine Entwürfe erfüllten alle Bedürfnisse eines Frontsoldaten in idealer Weise. Sie wurden fast ohne Änderung vom General der Pioniere angenommen und zur Ausführung weitergereicht.« 15 000 kleinere Bunker sollen vom Nordkap bis zur spanischen Grenze den etwa 300 000 Soldaten während der Feuervorbereitung eines Angriffs Schutz bieten.

In der Nacht vom 14./15. August 1942 landen beim Pointe-de-Saire, in der Nähe des bekannten Fischerhafens Barfleur an der Halbinsel Cotentin, 35 Mann eines Commando-Trupps. Das Ziel der Operation »Barricade« ist der Überfall auf eine Flakstellung mit Einbringung von Gefangenen. Um 3.40 Uhr hört ein Posten nahe dem Leuchtturm verdächtige Geräusche, und als er die Losung verlangt, werfen die Commando-Männer Handgranaten, eröffnen MP-Feuer und töten drei deutsche Soldaten. Ein Beobachtungsposten meldet Leuchtzeichen eines dicht vor der Küste liegenden britischen Torpedobootes. Auf dem Sandstrand entdeckt man in der Morgendämmerung Schleifspuren von Dingi-Booten und Abdrücke von Stiefeln.
Am Mittwoch, dem 19. August 1942, ist Dieppe, ein Badeort mit kleinem aber gut befestigten Hafen an der Kanalküste, Schauplatz eines britischen Raid. Die 6086 Soldaten der 4. und 6. Brigade der 2. kanadischen Division von Major General Roberts, die hier mit Panzern unter starker Luftsicherung sowie Commando-Truppen landen, sollen erproben, wie und ob überhaupt eine Invasion der von den Deutschen besetzten Küste durchführbar sei. (Sie ist zwar möglich, wenn auch letztlich 4350 Soldaten am Strand zurückbleiben, unter ihnen mehr als 1100 Tote.) Mit der Operation »Jubilee« soll Dieppe am Morgen besetzt, bis zum Abend gehalten und während der Nacht langsam geräumt werden. Die deutsche Garnison hat der britische Geheimdienst auf ein einziges Bataillon älterer Jahrgänge geschätzt. Sogar in der Luft übertraf der Widerstand bei weitem die Erwartungen. Die RAF wollte die Luftwaffe in eine Falle locken, verlor aber 106 Maschinen, die Deutschen dagegen nur weniger als die Hälfte.
Bereits um 9 Uhr bekommen die Truppen den überstürzten Befehl, sich wieder einzuschiffen. Generalfeldmarschall v. Rundstedt meldet, daß sich das Leben in Dieppe seit 16 Uhr völlig normalisiert habe, alle Läden wieder geöffnet seien und die Haltung der Bevölkerung »nicht nur untadelig, sondern völlig loyal« gewesen wäre. Tatsächlich haben nach einem Bericht der Résistance einige Einwohner den Deutschen geholfen, britische Soldaten gefangenzunehmen.
Goebbels stellt das Unternehmen zwar als einen »vergeblichen Invasionsversuch« dar, doch die den Deutschen in die Hände gefallenen Dokumente deuten unmißverständlich darauf hin, daß es sich lediglich um eine »gewaltsame Erkundung« gehandelt hat. Die Operation »Jubilee« bestätigt die Überzeugung Churchills, daß eine Invasion Europas im Herbst 1942 unmöglich ist, und das Projekt »Sledgehammer« wird danach vom US-Generalstab endgültig aufgegeben. Für die Commandos ist Dieppe ein Wendepunkt: Zum erstenmal

Dieppe, 19. August 1942; verwundete britische Soldaten am Strand:
»Die Bevölkerung nicht nur untadelig, sondern auch völlig loyal.«

Leopold Trepper
alias Jean Gilbert,
der Grand Chef
der »Roten Kapelle«

führen sie eine Landeoperation nicht selbständig durch, sondern im Rahmen eines Armeeverbandes als Landungssturmtruppe für Sonderaufgaben.

In der Nacht vom 2./3. September 1942 landet im Rahmen der Operation »Dryad« auf Isle Casquet, einer kleinen Kanalinsel westlich der Halbinsel Cotentin, ein von Major G. March-Phillips aufgestellter Commando-Trupp, der sich auf Raids in Zusammenarbeit mit der Special Operations Executive (SOE) spezialisiert hat. Der Trupp, vier Mann der Small Scale Raidings Force (SSRF), hebt unbehelligt die Besatzung des Leuchtturms aus und kehrt nach England zurück.
In der Nacht vom 7./8. September 1942 macht ein Commando mit zehn Mann einen Handstreich (Operation »Branford«) auf die Isle Brechou, ein felsiges Eiland östlich der Kanalinsel Guernsey. Es gelingt ihnen, mit zwei Gefangenen zu ihrem Stützpunkt nach England zurückzukehren.
Die Operation »Aquatint«, die zwölf Männer der Small Scale Raiding Force (SSRF) in der Nacht vom 12./13. September 1942 zur Stranderkundung durchführen sollen, endet jedoch mit einem Desaster: Nachdem eine Motorbarkasse die Männer bis dicht an die Calvados-Küste gebracht hat, paddeln sie mit »Goatley Boats« – faltbaren Booten aus Holz und Segeltuch für je sechs Mann – in Richtung St. Honore, nahe Port-en-Bessin. Am Strand stoßen sie auf starke Sicherungsposten und werden in erbittertem Feuerwechsel aufgerieben.
Das Ziel der nächsten Commando-Operation, Codename »Muscetoon«, liegt nördlich des Polarkreises im Glom-Fjord. Am 18. September 1942, kurz vor Mitternacht, bringt ein französisches U-Boot 20 speziell ausgebildete Männer des 2. Commando unter Captain Gordon D. Black und einige ortskundige Norweger bis zur Küste. Sie sollen das Kraftwerk Glom-Fjord, das die strategisch wichtigsten Aluminiumwerke mit Strom versorgt, zerstören. In mühseligem Marsch über die Berge erreichen sie an dem darauffolgenden Tag die Anlage; am Abend des 20. September dringt ein Teil des Commando in das Turbinenhaus ein, überwältigt die Bewacher und legt Sprengladungen an die Maschinen. Die zweite Gruppe jagt die Wasserzuführungsanlagen in die Luft. Auf dem Rückmarsch gerät das Commando in einen deutschen Hinterhalt. In dem Gefecht werden Captain Black und sieben andere verwundet und gefangengenommen. Der Rest kann sich durchschlagen und wird von dem U-Boot wieder aufgenommen.

In einer Hinsicht sind die Opfer der Operation »Jubilee« nicht umsonst: Aufgrund falscher Rückschlüsse aus der Landung bei Dieppe gelangt die deutsche Führung zu der Überzeugung, daß jeder Invasionsversuch sofort an der Küste selbst verhindert werden könnte und sollte.
Und als Hitler am Dienstag, dem 29. September 1942, in Berlin vor versammelten Befehlshabern und Baufachleuten der Westfront die Errichtung des Atlantikwalls mit 15 000 Bunkern befiehlt, wird dabei ein entscheidender Fehler gemacht: Es mangelt diesem Verteidigungssystem an Tiefenstaffelung.
Da man beim Bau der Befestigungsanlagen im Pas de Calais und an anderen Küstenabschnitten auf die Hilfe französischer, belgischer und holländischer Firmen angewiesen ist, kennt London meist noch besser als Berlin die Vor- und Nachteile des gerade entstehenden Atlantikwalls.
Eines dieser Unternehmen, welches das Vertrauen der Organisation Todt genießt und zu seinen größten Lieferanten und Auftragnehmern gehört, ist die Firma Simex, 8 Boulevard Haussmann, Paris, die bis Februar 1942 ihren Sitz im Lido-Gebäude an den Champs-Élysées hat.
Simex und die in Brüssel ansässige Simexco sind die vom Chef des sowjetischen Geheimdienstes in Westeuropa, Leopold Trepper alias Jean Gilbert, geleiteten Tarnfirmen, die erst das reibungslose Funktionieren des Spionagenetzes »Rote Kapelle« ermöglichen. Das Geschäft blüht, und trotz der erheblichen Kosten für die Arbeit Dutzender von Agenten und Ausgaben für ein Haus in Le Vésinet, eine Villa in Verviers sowie für das Schloß mit Landgut in Billeron, verzeichnen die beiden Firmen bereits 1941 einen Nettogewinn von 1 616 000 Franc. Nachdem ab Oktober 1942 die Organisation Todt mit Hochdruck an den Ausbau des Atlantikwalls geht, sind Simex und Simexco die Hauptbaufirmen für dieses Projekt. So finanziert das Dritte Reich die Arbeit seines schlimmsten Widersachers, der sowjetischen Spionageorganisation im besetzten Westeuropa und in Deutschland selbst. Trepper: ». . . wie ein Organismus, der den Krebs ernährt, der ihn vernichtet.« Sie liefern Zement, Betonmischmaschinen, Kräne, Holz für Baugerüste, das gesamte Schanzmaterial, Feldbahnen, Baracken und Ausstattungen für die Unterkünfte der Zwangsarbeiter, Straßenbaumaschinen, Einrichtungen für Erdarbeiten zum Errichten von Flugplätzen, leichtes und schweres Pioniergerät, sogar dutzendweise Lkw und Pkw. Die Tätigkeit der beiden Firmen ist so auffallend, daß die Résistance ihre Mitglieder anweist, beide Unternehmen zu überwachen, damit man sie nach dem Kriege wegen Kollaboration zur Rechenschaft ziehen kann. Trepper, im Rang eines Generals der Roten Armee, widmet sich den Geschäften mit der Organisation Todt so erfolgreich, daß die Zentrale in Moskau

Pas de Calais, Batterie »Lindeman«:
Sie soll für ausländische Journalisten die Stärke des Atlantikwalls vortäuschen

sogar erwägt, den Grand Chef zum Bankier aller sowjetischen Geheimdienstnetze in Westeuropa zu ernennen. Ein Teil der Gewinne von Simex und Simexco dient dazu, immer neue deutsche Beamte und Offiziere zu bestechen, die weitere lukrative Aufträge beschaffen. Dadurch entgeht dem Netz schließlich kein größeres deutsches Bauvorhaben im besetzten Westeuropa mehr, und es bleibt ihm keine Truppenbewegung verborgen.
Kurz nach Zurückweisung des Erkundungsvorstoßes von Dieppe, den er als gewaltigen Abwehrerfolg darstellt, beginnt Goebbels die Propaganda für den Atlantikwall. Die mächtige »offensive Batteriegruppe« bei Cap Gris-Nez soll vortäuschen, daß die gesamte Abwehr am Atlantikwall überall so stark ist.
Generalfeldmarschall v. Rundstedt ist sowohl vom Atlantikwall als auch von dem System der »Festungen« nicht gerade begeistert: »Der strategische Wert dieser Festungen war gering, weil sie sich gegen Angriffe von der Landseite nicht verteidigen können.« Jedoch bei ihrer Entstehung kann der OB West nur anweisen und nicht befehlen. Die Organisation Todt arbeitet nämlich selbständig nach Führerbefehlen sowie nach Weisungen des Reichsministers Speer und des OKW.
Doch es scheint ausgeschlossen, den von Hitler auf den 1. Mai 1943 festgesetzten Fertigstellungstermin einzuhalten. Deshalb sollen zunächst die am meisten gefährdeten Punkte der französischen Küste geschützt werden. Nach Hitlers Ansicht zählt vor allem dazu die Kanalküste im Raum Pas de Calais. Der Schutz dieses Gebietes zwischen Seine-Mündung und belgischer Küste ist deshalb besonders wichtig, da hier die Basen für die künftigen V-Waffen entstehen sollen. Mehr als 500 000 Männer aus ganz Europa arbeiten Tag und Nacht an der Errichtung der Befestigungen. Millionen Tonnen von Beton werden gegossen, Kuppeln und Kanonen der Maginot-Linie und des deutschen Westwalls sowie Geschütze französischer Kriegsschiffe finden am Atlantikwall neue Verwendung.

In der Nacht zum 4. Oktober 1942 ist die kleine Kanalinsel Sark Ziel der Commando-Operation »Basalt«. 16 Mann der Small Scale Raiding Force (SSRF) und vom 12. Commando gelingt die Landung auf der von einer schwachen Einheit deutscher Pioniere geschützten Insel. Sie nehmen mehrere Gefangene, von denen zwei beim letzten Scharmützel getötet werden. Die Gefangenen fesselt man dabei mit sogenannten Todesschlingen, die so angelegt sind, daß die Gefesselten sich bei einer falschen Bewegung erdrosseln. Einer der gefangenen Pioniere schafft es, sich von den todbringenden Fesseln zu befreien und entkommt. Seine eidesstattliche Erklärung über diesen Fall veranlaßt Hitler bereits am Sonntag, dem 18. Oktober 1942, den berüchtigten Kommandobefehl zu erteilen. Die alliierten Commandos werden in dem Befehl als »Subjekte« bezeichnet, deren Truppe sich »aus freigelassenen Kriminellen rekrutiert«, und sie sollen bei Gefangennahme entweder an Ort und Stelle erschossen oder der Gestapo zur Sonderbehandlung übergeben werden.

In der Nacht vom 7./8. November 1942 beginnt die Operation »Torch«, die alliierte Landung in Marokko und Algerien unter dem Oberbefehl von General Eisenhower. Die mächtige alliierte Invasionsflotte, die von der deutschen Aufklärung unentdeckt und daher für die deutsche Führung völlig überraschend vor der nordafrikanischen Küste erscheint, ist der erste bedeutende Schlag dieser Art, ein Vorzeichen für das, was den Deutschen im weiteren Kriegsverlauf bevorsteht: die Realisierung großer amphibischer Operationen. Die Reaktion auf das Ereignis ist aufschlußreich: Seit der Invasion der Alliierten in Nordafrika ist Hitler nach den Worten von General der Infanterie Blumentritt »von

8. November 1942, alliierte Landung in Nordafrika:
von den Deutschen unbemerkt

einer ständigen Nervosität« erfaßt. Jetzt, nachdem sie tatsächlich gekommen sind, erwartet er immer und überall Landungen: in Holland, Portugal, Spanien und an der Adria. Nach dem Fall von Tunis hält er Frankreich für unmittelbar bedroht.

In der Nacht vom 11./12. November 1942 führt die Small Scale Raiding Force (SSRF) die Operation »Farenheit« durch: eine Nadelstich-Landung beim Point de Plouezec, nahe Carantec in der Bretagne.
Bereits drei Tage später, in der Nacht vom 15./16. November 1942, landen zehn SSRF-Männer an der zerklüfteten einsamen Felsküste bei Omonville an der Nez de Jobourg, dem äußersten Westzipfel der Halbinsel Cotentin. Ziel dieser Operation (Codename »Batman«) ist die Befreiung von SOE-Agenten aus dem Gefängnis von Omonville.

Der letzte Raid im Jahre 1942, die Commando-Operation »Frankton«, beginnt in der Nacht zum 7. Dezember. Das britische U-Boot »Tuna« bringt sechs Paddelboote des Royal Marine Boom Patrol Detachment (RMBPD) unter Major E. G. Hasler vor die Gironde-Mündung. Ihr Ziel: Die Versenkung der im Hafen von Bordeaux liegenden Blockadebrecher durch Haftladungen (Limpets). Ein Boot wird beim Wassern schwer beschädigt, drei weitere gehen durch starken Seegang verloren. Nur zwei Faltbooten mit vier Mann Besatzung gelingt es, sich in Nachtfahrten flußaufwärts dem Hafen zu nähern und vom 10./11. Dezember den Angriff durchzuführen. Vier größere Frachter, die »Alabama«, »Dresden«, »Portland« und noch ein weiterer werden beschädigt. Lediglich Major Hasler und sein Hintermann W. E. Sparks schaffen es, nach mehreren Monaten über Frankreich und Spanien wieder nach England zu gelangen. Die anderen Männer ertrinken oder werden nach der Gefangennahme auf Hitlers Kommandobefehl hin erschossen.

Im Jahre 1942 arteten die Commando-Raids in immer größere Überfälle aus, in denen deutsche militärstrategische Punkte vom Nordmeer bis zur Biscaya »abgetastet« wurden. Es bestand die Tendenz, wichtigere Unternehmen sowohl gegen militärische als auch kriegswirtschaftliche Ziele zu richten. Bald aber mußten die Combined Operations feststellen, daß man durch diese Raids der deutschen Küstenverteidigung keine bemerkenswerten Schäden zugefügt hatte. Schlimmer jedoch war ihr unbeabsichtigter Nebeneffekt: Die »Nadelstich«-Operationen trugen indirekt zur Verstärkung der deutschen Abwehranlagen bei und lösten damit im britischen Generalstab heftige Kritik an der gesamten Taktik der Commando-Unternehmen aus. Ohne dieses »Küsten-Abtasten« wiederum wäre die Planung einer zweiten Front beinahe unmöglich gewesen. Dabei waren die Deutschen in ihrer Beurteilung einer alliierten Landung an der französischen Küste viel weiter als die Strategen in London und Washington: Während das deutsche OKW in der Weisung vom 14. 12. 1941 bereits an die Abwehr einer Landung im Pas de Calais dachte, hatte man an der anderen Kanalseite selbst jetzt noch eine recht verschwommene Vorstellung von einer solchen Operation. So blieb 1942 die vordringlichste Aufgabe der Commandos, einen »vorläufigen Ersatz für die zweite Front« zu bilden, um wenigstens auf diese Weise die sowjetische Armee zu unterstützen.
Entscheidend war dabei der Druck der öffentlichen Meinung, das Drängen der Sowjetunion und nicht zuletzt des US-Generalstabes, die sich nur durch das Versprechen Churchills, der verstärkte Commando-Operationen zusicherte, von einer Großlandung in Frankreich im Herbst 1942 haben abbringen lassen. So waren 1942 in erster Linie politische Erwägungen für die Commando-Operationen ausschlaggebend und nicht ihre militärische Zweckmäßigkeit. Selbst ihr Chef Lord Mountbatten bestätigte, daß politische Gründe die Raids erforderlich machten.
Allerdings hätte die alliierte Landung in Nordwestafrika (Operation »Torch«) der deutschen Führung zeigen müssen, mit welchem Ausmaß an amphibischen Operationen sie in Zukunft zu rechnen habe.

Dezember 1942, Operation »Frankton«. Britisches U-Boot »Tuna« beim Wassern der Kanus: mit sechs Paddelbooten gegen den Hafen von Bordeaux

1943

F. D. Roosevelt und W. Churchill an J. W. Stalin
Dienstag, 26. Januar 1943:
Wir haben eine Konferenz mit unseren militärischen Beratern abgehalten und die Operationen beschlossen, die von den amerikanischen und britischen Streitkräften in den ersten neun Monaten des Jahres 1943 durchgeführt werden sollen. Wir möchten Sie über unsere Absichten unverzüglich informieren. Wir glauben, daß diese Operationen, zusammen mit ihrer mächtigen Offensive, Deutschland im Jahre 1943 in die Knie zwingen könnten. Jede Anstrengung muß unternommen werden, um dieses Ziel zu erreichen.

Tagesparole des Reichspressechefs,
Mittwoch, 27. Januar 1943:
Zu dem Treffen Roosevelt-Churchill in Casablanca bemerkt der Minister, daß wir in Zukunft bei Meldungen über angebliche Zusammenkünfte zwischen Churchill und Roosevelt in der Veröffentlichung von Einzelheiten vorsichtig sein müßten, um nicht üble Pannen zu erleben ... Während gestern noch in der deutschen Presse von einem Treffen in Washington die Rede war, müsse man heute zugeben, daß sie in Casablanca 10 Tage zusammengewesen sind. Zur Behandlung der Zusammenkunft gibt er folgende Weisung:

1. Wir beteiligen uns auf keinen Fall an der Sensationsmacherei;
2. Es wird dem deutschen Volk offen gesagt, daß Churchill und Roosevelt sich in Casablanca getroffen haben, um die weitere Kriegführung gegen die Achsenmächte zu besprechen. Es wird dem deutschen Volk gesagt, wo sie zusammengekommen sind und wie lange sie verhandelt haben ...

Wir würden dem Volk außerdem nicht verschweigen, daß die Alliierten Offensivaktionen planen. Ebenso müsse das deutsche Volk aber davon unterrichtet werden, daß die Feindmächte die bedingungslose Kapitulation der Achsenmächte als ihr Ziel aufgestellt haben ...

Tagesparole des Reichspressechefs,
Donnerstag, 28. Januar 1943:
Der Minister gibt Anweisung, bei der Behandlung des Treffens zwischen Churchill und Roosevelt Vorsicht walten zu lassen. Er persönlich sei der Überzeugung, daß die beiden irgend etwas ausgekocht hätten. Als sie sich damals in Washington trafen, sei der Plan zur Landung in Nordafrika ausgeheckt worden, und wenn sie sich diesmal zehn Tage getroffen hätten, so bedeute dies schon etwas. In dieser Zeit, da der Krieg an einem dramatischen Punkt angelangt sei, habe man zweifelsohne über neue Pläne gesprochen. Wir sollten auf die gutgespielte Enttäuschung der Engländer über das Schlußkommuniqué nicht hereinfallen.

W. Churchill an J. W. Stalin
Dienstag, 9. Februar 1943:
Zu Ihrer Botschaft vom 30. Januar ...
Wir treiben auch die Vorbereitungen für eine Kanalüberquerung im August, an der britische und amerikanische Streitkräfte teilnehmen sollen, bis zur Grenze unserer materiellen Möglichkeiten voran. Hier werden ebenfalls Schiffsraum und Landungssturmboote den Umfang bestimmen. Falls die Operation wegen des Wetters oder aus anderen Gründen aufgeschoben werden muß, wird sie mit größeren Streitkräften für September vorbereitet. Der genaue Termin für diesen Angriff muß sich natürlich nach dem Zustand der deutschen Abwehrmöglichkeiten jenseits des Kanals richten, der dann gegeben ist.

J. W. Stalin an W. Churchill
Dienstag, 16. Februar 1943:
Am 12. Februar erhielt ich Ihre Botschaft über die bevorstehenden anglo-amerikanischen militärischen Operationen.
Nach Ihrer Mitteilung zu urteilen, ist die Errichtung einer zweiten Front in Europa, insbesondere in Frankreich, erst für August oder September vorgesehen. Nach meinem Dafürhalten erfordert es die jetzige Situation jedoch, diesen Termin soweit wie nur möglich zu verkürzen und die zweite Front im Westen zu einem bedeutend früheren als dem angegebenen Zeitpunkt zu errichten. Um dem Feind keine Erholungspause zu geben, ist es meiner Meinung nach sehr wichtig, daß der Schlag im Westen nicht auf die zweite Jahreshälfte verschoben wird, sondern noch im Frühjahr oder zu Beginn des Sommers erfolgt ....

der Feind von Landungsversuchen an den Westküsten Europas abgehalten werde.

Goebbels-Rede
Sonnabend, 5. Juni 1943, Berlin, Sportpalast
Kundgebung der NSDAP anläßlich der Verleihung von Ritterkreuzen des Kriegsverdienstkreuzes:
Meine deutschen Volksgenossen und Volksgenossinnen!
... Man spricht heute von der Invasion in Europa, als wäre das die selbstverständlichste Sache der Welt ... Der englische und der amerikanische Soldat aber werden eine blutige Zeche bezahlen müssen. Unsere Wehrmacht ist zu ihrem Empfang bereit! (Bravo-Rufe, Beifall.) Dünkirchen und Dieppe stehen hier als warnende Vorzeichen vor einer britisch-amerikanischen Invasionsstreitmacht. Der Kommandeur der Amerikanischen Legion, Roane Warring, erklärte kürzlich nach seiner Rückkehr aus Nordafrika: »Die amerikanischen Streitkräfte haben schreckliche Verluste erlitten. Die Verluste sind das Vielfache dessen, was Eisenhower uns angekündigt hat, und jetzt geht es erst richtig los, – Tunis ist nur ein Geplänkel gegenüber dem, was uns in Europa erwartet!« ...

Links: Casablanca, Januar 1943;
F. D. Roosevelt mit W. Churchill: »... Jede Anstrengung muß unternommen werden.«

Unten: Propaganda für den Atlantikwall: »... die Volksgenossen beruhigt« (aus: *Das Reich*, 2. 5. 1943).

Der Westwall am Atlantik

Von OT.-Kriegsberichterstatter Werner Höfer
Über die Promenade eines ehedem von den Snobs der westlichen Hauptstädte bevölkerten Badeortes an der Atlantikküste schleppt eine bei aller Altertümlichkeit immer noch kokette Kleinbahnlokomotive die ungewohnte Last von Kies und Zement. Wie diese ehemalige Bäderbahn einst direkten Anschluß hatte an das Getriebe der internationalen Lebewelt, so stellt sie heute, zur diensteifrigen Feldbahn geworden, das letzte Glied dar in der langen Kette von Transportmitteln, die die Gruben und Essen des schaffenden Reiches und die Hilfsquellen der besetzten Gebiete mit diesen vorgeschobenen Baustellen am Rande Europas verbinden ...
Wo ein Landungsversuch besonders verlockend erscheinen könnte, wurden auch besonders vielseitige und gründliche Abwehrmaßnahmen vorbereitet ...

Geheimer Bericht des *Sicherheitsdienstes der SS* zur innenpolitischen Lage:
Nr. 377 vom Montag, 19. April 1943 (Auszug)
... Die Artikel und Aufsätze zum Atlantikwall hatten an Überzeugungskraft gewonnen, nachdem die Presse mehr wirkungsvolle Bilder gebracht habe, die die gigantische Verteidigungsanlage von der Biskaya bis Narvik in ihrer militärischen Bedeutung vorgeführt hatten. Bilder und Texte hätten die Volksgenossen beruhigt, daß

DAS REICH
30 PFENNIG
Nr. 18 JAHR 1943 * DEUTSCHE WOCHENZEITUNG * BERLIN 2.

UNSERE OPERATIVE FREIHEI

AUS DEM INHALT
Reichsminister Dr. Goebbels: WO STEHEN WIR?
Philipp Otto Hälner: EINS MIT DEM SCHICKSAL
Werner Wirths: DER KURS OHNE KURS
Felix Lützkendorf: DAS WÄLDCHEN VON KATYN
Alfred Frankenfeld: DER VORSPRUNG
Fritz Richter: DAS WANDELNDE POSTAMT
Albert Hirschberger: LEBEN ALS ENERGIE
Ilse Urbach: ROMANTISCHE WELT

Mamoru Schigemitsu

Wo stehen u
Von Reichsminister Dr. G

DER SCHILD EUROPAS

DIE GEPANZERTE WESTFLANKE

J. W. Stalin an F. D. Roosevelt
Freitag, 11. Juni 1943:
... Aus Ihrer Mitteilung geht hervor, daß diese Entscheidungen im Widerspruch zu den Beschlüssen stehen, die Sie und Herr Churchill zu Beginn dieses Jahres über den Termin für eine zweite Front in Westeuropa gefaßt haben.
Sie werden sich zweifellos erinnern, daß in der gemeinsamen Botschaft von Ihnen und Herrn Churchill vom 26. Januar der zu jener Zeit angenommene Beschluß mitgeteilt wurde, bedeutende deutsche Land- und Luftstreitkräfte von der sowjetischen Front abzulenken und Deutschland im Jahre 1943 in die Knie zu zwingen ...
In dieser Mitteilung hieß es, daß Großbritannien und die Vereinigten Staaten energische Vorbereitungen für die Überquerung des Kanals im August 1943 träfen und daß die Operation, falls die Wetterverhältnisse oder andere Gründe sie verhindern sollten, für den September 1943 weiter vorbereitet würde, um dann mit verstärkter Kraft durchgeführt zu werden.
Jetzt, im Mai 1943, haben Sie und Herr Churchill beschlossen, die anglo-amerikanische Invasion in Westeuropa bis zum Frühjahr 1944 hinauszuschieben. Mit anderen Worten, die Errichtung der zweiten Front in Westeuropa, die bereits vom Jahre 1942 auf das Jahr 1943 verlegt worden war, wird wiederum aufgeschoben auf das Frühjahr 1944.
... Ich muß wohl nicht davon sprechen, welchen entmutigenden und negativen Eindruck dieser erneute Aufschub der zweiten Front und das Ausbleiben der erwarteten ernsthaften Unterstützung durch die angloamerikanischen Armeen für unsere Armee, die so viele Opfer gebracht hat, in der Sowjetunion – im Volk wie in der Armee – hervorrufen wird.

Befestigungsbauten in Norwegen
Montag, 14. Juni 1943, Stockholm
Svenska Dagbladet berichtet:
Oslo ist jetzt auch gegen einen eventuellen Angriff von der Landseite her befestigt worden, nachdem man die bereits an den Fjorden errichteten Befestigungsanlagen verstärkt hat. Zahlreiche Bunker und Hindernisse sind an den Zufahrtstraßen entstanden. In der Stadt selbst wird an unterirdischen Kommandostellen gebaut.

W. Churchill an J. W. Stalin
Sonntag, 27. Juni 1943:
Mit Bedauern habe ich Ihre Botschaft vom 24. erhalten. Die Informationen, die ich Ihnen hinsichtlich unserer künftigen Vorhaben gegeben habe, basierten in jedem Stadium auf schriftlich fixierten Vorschlägen der britischen und amerikanischen Stäbe. Ich bin in meinen Beziehungen zu Ihnen jederzeit aufrichtig gewesen. Obwohl wir Briten bis zum 22. Juni 1941 allein dastanden und dem Schlimmsten ins Auge sahen, was Nazi-Deutschland uns antun konnte, begann ich sofort, soweit das unsere beschränkten Mittel erlaubten, der Sowjetunion von dem Augenblick an zu helfen, da sie selbst von Hitler angegriffen wurde. Ich habe die Genugtuung, alles in menschlicher Macht Stehende getan zu haben, um Ihnen zu helfen. Darum lassen mich die Vorwürfe unberührt, die Sie Ihren westlichen Alliierten jetzt machen ...

Operation »Overlord« (Planung)

Sonnabend, 14. August 1943, Quebec
Bericht vom interalliierten Komitee der Stabschefs (CCS):
Diese Operation bildet die hauptsächlichste englisch-amerikanische Unternehmung zu Land und in der Luft gegen die Achse in Europa (Stichtag 1. Mai 1944). Nach der Sicherung entsprechender Kanalhäfen wird sich die Ausweitung auf die Gewinnung solchen Terrains richten, das weitere Land- und Fliegeroperationen gegen den Gegner erleichtert. Im Anschluß an die Konzentration einer starken alliierten Streitmacht in Frankreich sollen Operationen folgen, die auf das Herz Deutschlands abzielen und seine Militärmacht vernichten ...

Quebec, August 1943;
F. D. Roosevelt, W. Churchill und Frau:
Detaillierte Pläne für den Generalangriff auf die »Festung Europa«

10. September 1943; Landungsübungen alliierter Truppen: »Ohne Störungsversuche durch deutsche Flugzeuge, U-Boote oder andere Marineeinheiten . . .«

Pläne für die zweite Front
19. August 1943, Quebec
United Press meldet:
In ihren gestrigen Konferenzen mit den alliierten Stäben besprachen Churchill und Präsident Roosevelt nach zuverlässigen Informationen die detaillierten Pläne für den Generalangriff auf die »Festung Europa«.

Rundfunkaufruf des alliierten Oberkommandos an die besetzten Länder Europas
Donnerstag, 19. August 1943, London:
Die Völker Europas werden aufgefordert, sich für die Invasion der Alliierten bereitzuhalten. Nach der Einnahme Siziliens ist der Kampf für die Befreiung der besetzten Länder in ein neues Stadium getreten. Wir ersuchen euch, alle Vorbereitungen in kürzester Zeit zu treffen. Die Befreiung des besetzten Europas beginnt. Wir können aus verständlichen Gründen nicht sagen, wo der Schlag erfolgen wird, weisen aber darauf hin, daß wir der Bevölkerung des Landes, dem wir uns nähern, in letzter Minute vom Angriff Kenntnis geben werden.

F. D. Roosevelt und W. Churchill an J. W. Stalin
Mittwoch, 25. August 1943:
Das Folgende ist der Beschluß über die militärischen Operationen, die in den Jahren 1943 und 1944 durchgeführt werden sollen, den wir auf unserer soeben abgeschlossenen Konferenz in Quebec gefaßt haben. Wir werden die Bombenangriffe gegen Deutschland von Stützpunkten im Vereinigten Königreich und von Italien aus in rasch wachsendem Umfang fortsetzen. Ziel dieser Luftangriffe ist es, die Luftstreitkräfte Deutschlands zu vernichten, sein militärisches, wirtschaftliches und industrielles System zu desorganisieren und den Weg für eine Kanalüberquerung frei zu machen. Ein großes Aufgebot amerikanischer Streitkräfte wird jetzt im Vereinigten Königreich zusammengezogen. Damit wird eine Konzentration von amerikanischen und britischen Divisionen für Operationen jenseits des Kanals geschaffen. Wenn auf dem Kontinent erst einmal ein Brückenkopf gesichert ist, wird er beständig durch zusätzliche amerikanische Truppen in einer Höhe von monatlich drei bis fünf Divisionen verstärkt werden. Dieses Unternehmen wird den Hauptbeitrag der amerikanischen und britischen Luft- und Landstreitkräfte im Kampf gegen die Achsenmächte bilden . . .

Britische Manöver im Kanal
Freitag, 10. September 1943, London
Die *Agentur Reuter* teilt mit:
Die in einem kurzen Kommuniqué der Admiralität und des Kriegsministeriums gemeldete amphibische Übung britischer Invasionstruppen vor der englischen Kanalküste war das bisher größte Manöver dieser Art, das in geringer Entfernung von den deutschen Küstenbatterien an der anderen Kanalseite durchgeführt wurde. Eine der wichtigsten Feststellungen: Dieses Manöver konnte ohne Störungsversuche durch deutsche Flugzeuge, U-Boote oder andere Marineeinheiten bei hellem Tag unternommen werden. Ein Geleitzug von rund 300 Schiffen, mit großen Truppenkontingenten und für eine Invasion notwendigem Kriegsmaterial beladen, konnte nur wenige Meilen von der französischen Küste entfernt unbehelligt passieren. Zum ersten Mal seit der Schlacht um England im Jahre 1940 durchfuhr ein großer Konvoi bei Tage den Kanal in östlicher Richtung.

Streik in einem der bedeutendsten Flugzeug- und Motorenwerke Englands
Montag, 4. Oktober 1943, London

Die *Agentur Reuter* meldet:
Die Verhandlungen zur Beilegung des »wilden Streiks« in den Rüstungswerken Vickers Armstrong haben zu einer günstigen Wendung geführt, so daß mit der Wiederaufnahme der Arbeit im Laufe dieser Woche gerechnet werden kann.

Vorbereitungen für die zweite Front

Mittwoch, 6. Oktober 1943, Washington
United Press berichtet:
Der Unterausschuß für die Kriegsmobilisierung des Senats erklärt, daß die Alliierten jetzt über genügend Schiffe verfügen, um noch in diesem Jahr den entscheidenden Schlag in Europa zu führen. Der Plan, eine amerikanische Befreiungsarmee in Stärke von 5 Millionen Mann nach Europa zu transportieren – davon mindestens die Hälfte vor Weihnachten – kann 6 Monate früher als vorgesehen verwirklicht werden, da die zur Verfügung stehende Schiffstonnage die Erwartungen des alliierten Oberkommandos um 3 Millionen Tonnen übertroffen hat. Das bedeutet: der Operationsplan kann vorgeschoben und der Krieg schneller und mit geringeren Menschenverlusten gewonnen werden.

W. Churchill an den Außenminister und an den Minister für Kriegstransporte
Donnerstag, 7. Oktober 1943:
Was ist das für eine Meldung, die heute in so vielen Zeitungen steht, daß der alliierte Schiffsraum groß genug sei, um 2 500 000 Amerikaner vor Weihnachten herüberzuschaffen und die Invasion des Kontinents um mindestens sechs Monate vorzuverlegen? Dieser Unsinn stammt angeblich aus dem Senatsunterausschuß für Kriegsmobilisierung!
Das Unterhaus wird mich bei seinem Zusammentritt bestimmt um Auskunft ersuchen.

Zur Lage im besetzten Frankreich
Der OB West
Ia Nr. 550/43 g. Kdos./Chefs.
Aus der Beurteilung der Lage OB West vom 25. 10. 1943
Folgerungen (für die Kampfführung):
1. Die Küste und ihre Befestigungen müssen bis zum letzten gehalten werden. Zunächst kommt es darauf an, unter einer Verantwortung und einer Leitung mit allen hierzu überhaupt geeigneten Batterien und schweren Waffen den Feind noch auf dem Wasser – also in einem Schwächemoment – durch Feuer zu zerschlagen oder so zu schwächen, daß er entweder umkehrt oder nur mit durcheinandergeworfenen Teilen anlanden kann.
Dann muß der Schwerpunkt aller dazu geeigneten Waffen auf diesen an Land gekommenen Feind gerichtet werden, um ihn zu vernichten, während Teile der Küstenbatterien das Feuer auf die feindlichen Schiffe auf hoher See weiter unterhalten, um Ausbooten weiterer Verstärkungen zu stören.
Trotzdem wird es dem Feind an vielen Stellen eben doch gelingen, mit starken Kräften zu landen, besonders an Fronten, wo nur eine »Sicherung« möglich war.
Jetzt kommt es an Land darauf an, auf alle Fälle die Stützpunkte, Verteidigungsbereiche zu halten. Etwa vorhandene örtliche Reserven sind zum Gegenstoß anzusetzen, der sofort erfolgen muß. Jede Stunde ist kostbar. Wenn der Feind erst Zeit hat, sich festzusetzen, ist das Hinauswerfen meist schwierig.
Durch diese Kämpfe wird die Kraft des Gegners bereits erheblich geschwächt. Die vielen sich haltenden Verteidigungsanlagen zersplittern ihn und saugen an. Er verliert Zeit und wird unsicher.
Wir erhalten in diesen ersten Kämpfen die Möglichkeit, festzustellen, wo Schwerpunkte, wo Fesselung, wo Täuschung.
2. Im zweiten Zeitabschnitt treffen die großen Reserven ein, um im geschlossenen Gegenangriff gegen die schwächste Stelle des gelandeten Feindes ihn zu vernichten.
3. Ob gegen die mit Sicherheit zu erwartenden starken Luftlandetruppen im weiten Hintergelände große Reserven oder die bereitgehaltenen kleinen hierfür vorgesehenen Einheiten eingesetzt werden müssen, hängt allein von der wirklichen Lage ab und kann nicht vorher festgelegt werden.
4. Ergebnis:
Trotz aller Befestigungen ist eine »starre Verteidigung« der langgestreckten Küsten auf die Dauer nicht möglich.
An dieser Tatsache muß festgehalten werden.
Die Verteidigung beruht daher in erster Linie auf den großen Reserven, vor allem den Panzer- und mot. Verbänden. Ohne sie ist ein dauerndes Halten der Küsten nicht möglich. Diese Reserven müssen aber nicht nur in genügender Zahl vorhanden sein, sondern ihrer Güte nach zum Angriff gegen Angloamerikaner, d. h. gegen ihr Material geeignet sein, sonst schlägt der Gegenangriff nicht durch.
Die sich hieraus ergebenden Forderungen sind am Schluß der »Beurteilung der Lage OB. West« niedergelegt.

Hitlers Weisung Nr. 51

Der Führer — Führerhauptquartier, den 3. 11. 1943

OKW/WFSt/Op. Nr. 662656/43 g. K. Chefs.
Chef-Sache/Nur durch Offizier!
Weisung Nr. 51

Der harte und verlustreiche Kampf der letzten zwei einhalb Jahre gegen den Bolschewismus hat die Masse unserer militärischen Kräfte und Anstrengungen aufs Äußerste beansprucht. Dies entsprach der Größe der Gefahr und der Gesamtlage. Diese hat sich inzwischen geändert. Die Gefahr im Osten ist geblieben, aber eine größere im Westen zeichnet sich ab: Die angelsächsische Landung! Im Osten läßt die Größe des Raumes äußersten Falles einen Bodenverlust auch größeren

Ausmaßes zu, ohne den deutschen Lebensnerv tödlich zu treffen.
Anders der Westen! Gelingt dem Feind hier ein Einbruch in unsere Verteidigung in breiter Front, so sind die Folgen in kurzer Zeit unabsehbar. Alle Anzeichen sprechen dafür, daß der Feind spätestens im Frühjahr, vielleicht aber schon früher, zum Angriff gegen die Westfront Europas antreten wird.
Ich kann es daher nicht mehr verantworten, daß der Westen zugunsten anderer Kriegsschauplätze weiter geschwächt wird. Ich habe mich daher entschlossen, seine Abwehrkraft zu verstärken, insbesondere dort, von wo aus wir den Fernkampf gegen England beginnen werden. Denn dort muß und wird der Feind angreifen, dort wird – wenn nicht alles täuscht – die entscheidende Landungsschlacht geschlagen werden . . .
Erzwingt der Feind trotzdem durch Zusammenfassen seiner Kräfte eine Landung, so muß ihn unser mit größter Wucht geführter Gegenangriff treffen. Es kommt darauf an, durch ausreichende und schnelle Zuführung von Kräften und Material und durch intensive Ausbildung die vorhandenen großen Verbände zu hochwertigen, angriffsfähigen und voll beweglichen Eingreifreserven zu machen, die durch Gegenangriffe die Ausweitung einer Landung verhindern und den Feind ins Meer zurückwerfen.
Darüber hinaus muß durch genaue bis ins einzelne vorbereitete Behelfsmaßnahmen aus den nicht angegriffenen Küstenfronten und aus der Heimat alles mit größter Beschleunigung gegen den gelandeten Feind geworfen werden, was irgendwie einsatzfähig ist.
Luftwaffe und Kriegsmarine müssen den zu erwartenden starken Angriffen aus der Luft und über See mit allen nur greifbaren Kräften in rücksichtslosem Einsatz entgegentreten.
(. . .)

Hitler erkennt die Bedrohung der Normandie

Aus dem g. Kdos. *Führerhauptquartier*
Fernschreiben *3. 11. 1943*
OKW/WFSt/Op (H) West
Nr. 663137/43 g. K. Chefs
Betr.: Führerweisung Nr. 51
I.) Der feindliche Aufmarsch in Südengland geht seiner Vollendung entgegen. Es ist damit zu rechnen, daß er Mitte Februar beendet ist, ab Mitte Februar ist jederzeit mit dem Beginn der feindlichen Großlandung zu rechnen. – Der hohe Zeitbedarf für das Heranführen aller Kräfte hinter die besonders gefährdeten Küstenabschnitte in Verbindung mit der hemmenden Einwirkung der feindlichen Luftwaffe auf das eigene Verkehrsnetz macht es notwendig, bereits vor der entscheidungsuchenden feindlichen Großlandung mit dem Aufmarsch zu beginnen.
II.) Der Führer hat daher befohlen:
Da die Front des AOK 15 und der rechte Flügel des AOK 7 (Halbinsel Cotentin) besonders bedroht sind, muß die Masse der verfügbaren Kräfte hinter diesen Fronten versammelt werden.
Die herangeführten Verbände sind in ihrer Verbandsausbildung zu fördern und haben ihre Bereitstellungsräume splittersicher auszubauen.
III.) Beginn des Aufmarsches ab 1. 1. 44.
(. . .)

gez. Keitel

Deutsche Küstenbefestigungen
Sonntag, 7. November 1943, München
Vortrag von General Jodl, Chef des Wehrmachtführungsstabes, vor den Reichs- und Gauleitern:
. . . Westen – Gelände:
Es sind insgesamt 2100 km Küstenfront am Kanal und am Atlantik und 500 km am Mittelmeer – die im Gegensatz zur Küste in Norwegen mit geringen Ausnahmen Landungen mit modernen Mitteln erlauben.
Das Innere des Landes bietet keine Schwierigkeit für den Einsatz aller Verbände einschließlich operativer Panzer-Verbände (Westfeldzug).
Gutes Verkehrsnetz, Bahn und Straße hoch entwickelt, gestattet ein schnelles Verschieben eigener Reserven, kommt aber auch dem Feinde, hat er erst einmal Fuß gefaßt, zugute.
Witterung schließt zu keiner Jahreszeit Landungen mit modernen Mitteln restlos aus. Lediglich im Herbst und Winter erschweren die Stürme eine Großlandung.
2. Eigene Möglichkeiten:
Die geschilderte Lage zwingt dazu, den Gegner möglichst schon vor der Küste abzuwehren und zu zerschlagen. Daher Bau des Atlantikwalles. Ausbau seit langem betrieben, jedoch Unmöglichkeit, 2600 km Küstenfront an allen Stellen mit einem tiefgestaffelten Festungssystem zu befestigen, obgleich Zahl der Anlagen und eingebaute Waffen alles bisher Dagewesene einschließlich Westwall und Maginotlinie übersteigt – z. B. 2692 Geschütze vom Kaliber 7,5 cm bis zu den schwersten Fernkampfbatterien – ohne die Flak und die Artillerie der eingesetzten Divisionen. – Allein 2354 mittlere und schwere panzerbrechende Waffen – ohne die Ausrüstung der eingesetzten Divisionen. – 8500 Anlagen im ständigen Ausbau sind der Truppe übergeben. – Insgesamt wurden hier über 5,3 Millionen cbm Beton verbaut. – Ein derartiger Festungsgürtel bindet aber auch starke eigene Kräfte. Hierfür sind Festungs-Divisionen eingesetzt, von denen jedoch naturgemäß nur jeweils ein kleiner Teil zur Wirkung auf den landenden Gegner kommt. Daher sind zur Bildung von Schwerpunkten starke bewegliche und besonders gut ausgerüstete Reserven im Westen unbedingt notwendig. Eine Schwächung dieser im Westen erforderlichen operativen Reserven bedeutet ein Risiko und eine akute Gefahr für die Gesamtlage.
Stärke im Westen: insgesamt 1 370 000 Mann.
(. . .)

Vorschläge vom interalliierten Komitee der Stabschefs
Sonntag, 5. Dezember 1943, Washington:

Ausbau deutscher Küstenbefestigungen:
». . . der alles bisher Dagewesene, einschließlich Westwall und Maginot-Linie übersteigt.«

1. »Overlord« (Landung der Alliierten in Nordfrankreich) und »Anvil« (Landung der Alliierten in Südfrankreich) sind die Hauptoperationen für 1944. Sie müssen im Mai 1944 ausgeführt werden. In keinem anderen Teil der Welt darf etwas unternommen werden, was den Erfolg dieser beiden Operationen gefährden könnte.
2. »Overlord« hat nach der gegenwärtigen Planung einen zu engen Spielraum. Es sollte alles Ausführbare geschehen, um »Overlord« zu verstärken.
3. Die Prüfung von »Anvil« auf der Grundlage von mindestens zwei Divisionen des ersten Treffens sollte möglichst beschleunigt werden. Wenn die Prüfung (durch die Planer der vereinigten Stabschefs) ergibt, daß »Anvil« verstärkt werden muß, sollten Vorkehrungen beraten werden, die weiteren Mittel bereitzustellen.
4. Operationen in der Ägäis, darunter im besonderen die Wegnahme von Rhodos, sind wünschenswert, vorausgesetzt, daß sie ohne Nachteil für »Overlord« und »Anvil« eingefügt werden können.
5. Es müssen durch beschleunigten Bau und Umbau alle Anstrengungen gemacht werden, für den europäischen Kriegsschauplatz die erforderlichen zusätzlichen Landungsschiffe zu beschaffen.
6. Die von dem Kombinierten Komitee der Stabschefs auf der »Quadrant«-Konferenz (Quebec) gefaßten Beschlüsse über Luftangriffe auf deutsche industrielle Ziele und über die Vernichtung der deutschen Luftwaffe werden wiederholt bekräftigt . . .

Ende des Grubenarbeiterstreiks
Donnerstag, 9. Dezember 1943, Manchester
Die *Agentur Reuter* meldet:
Der »wilde Streik« in den Kohlengruben der Grafschaft Lancashire ging gestern zu Ende. Die Kohlenproduktion ist nun in allen Schichten normal. Seit dem 9. November 1943, am Tage, als der Streik wegen einer Lohnforderung ausbrach, beträgt das Defizit der Kohlenförderung über 120 000 Tonnen.

Rommel prüft die Verteidigungsbereitschaft

Freitag, 10. Dezember 1943, Stockholm
Svenska Dagbladet berichtet:
Nach Meldungen aus Kopenhagen ist Generalfeldmarschall Rommel mit seinem Stab gestern nachmittag dort eingetroffen, nachdem er vorher die neuen deutschen Befestigungsanlagen auf Jütland inspiziert hat. Die Reise steht im Zusammenhang mit den verstärkten

deutschen Vorbereitungen gegen eine Invasion in Dänemark und Norwegen.

Rommel in Norwegen
Montag, 13. Dezember 1943, Stockholm
Svenska Dagbladet teilt mit:
Generalfeldmarschall Rommel hat sich nach seiner 7 Tage dauernden Inspektion der deutschen Vorbereitungen zur Abwehr einer Invasion Dänemarks nach Norwegen begeben, um auch dort die Verteidigungsanlagen zu besichtigen. In seiner Begleitung befinden sich zahlreiche hohe Militärs.

Die Inspektionsreise Rommels
Sonntag, 19. Dezember 1943, Berlin
Das *DNB* meldet:
Generalfeldmarschall Rommel, der vom Oberkommando der Wehrmacht den Auftrag erhielt, die Verteidigungsbereitschaft der »Festung Europa« zu überprüfen, traf nach Abschluß seiner Besichtigungsreise durch Dänemark und Norwegen im Hauptquartier des Generalfeldmarschalls von Rundstedt ein. Im Mittelpunkt des Besuches werden neben Besprechungen ausgedehnte Besichtigungsreisen zur Überprüfung der Abwehrkraft des Atlantikwalls und der Schlagkraft der bereitgestellten deutschen Eingreifreserven stehen.

Kriegsweihnacht in England
Donnerstag, 23. Dezember 1943, Stockholm
Svenska Dagbladet berichtet:
So wenig die breite Masse in Großbritannien auf die deutsche Greuelpropaganda reagiert, so nimmt sie doch die in der Presse veröffentlichten Spekulationen über Raketenbomben, mit denen die Deutschen beabsichtigen, die Luftangriffe ihrer Städte zu beantworten, nicht leicht. Niemand bezweifelt, daß eine wirksame Bekämpfung eventueller neuer Waffen möglich ist, aber man macht sich doch auf Überraschungen gefaßt. Das Weihnachtsfest wird in England unter diesen Umständen in ernsterer Stimmung begangen denn je, obwohl die Bevölkerung allen Grund hat, mit den materiellen Lebensbedingungen zufrieden zu sein: Brot, Kartoffeln, Rüben und Hülsenfrüchte sind noch immer unrationiert und meistens auch zum Vorkriegspreis erhältlich. Schlecht bestellt ist es nur um den traditionellen Truthahn; der Ernährungsminister hat davon für ganz England 1,6 Millionen Stück zugesagt. Das bedeutet, daß 9 von 10 Familien leer ausgehen. In Wirklichkeit sind die Aussichten aber noch schlechter, da der größte Teil dieser Leckerbissen anscheinend auf dem Schwarzmarkt verschwindet. Auch mit der Verteilung alkoholischer Getränke hapert es. Die vielen amerikanischen und kanadischen Gäste Englands tragen nicht wenig zum Verbrauch bei. Nur die Buchhandlungen waren zu Beginn des Weihnachtsgeschäftes gut versorgt, sind aber innerhalb weniger Wochen, zumindest was die populäre Literatur betrifft, völlig ausverkauft. Ganz unverhofft hat für Hunde der zweifelhaftesten Abstammung eine reißende Nachfrage bestanden.
Zum erstenmal seit Kriegsausbruch werden in den Kirchen am Abend auch wieder Weihnachtsgottesdienste im bescheidenen Glanz einiger Kerzen abgehalten und auch die Glocken erklingen wieder.

Weihnachten in Deutschland
Sonntag, 26. Dezember 1943, Berlin
Das *DNB* teilt mit:
Reichsminister Dr. Goebbels übermittelte die Grüße des Führers an das deutsche Volk: »Wie er heute im Geist bei seinem Volk ist, so ist sein Volk bei ihm. Unser Gruß an ihn ist zugleich auch unser Dank und unser Gelöbnis. Unsere Feinde stehen einem Volk gegenüber, das in seinem politischen Erwachen seine stärkste völkische Kraft gefunden hat. Es ist ein Volk, das heute nur noch an den kommenden sicheren Sieg denkt«.

Erklärung von General Eisenhower
Montag, 27. Dezember 1943, Algier
United Press meldet:
General Eisenhower, Oberbefehlshaber der zweiten Front, hat vor seiner Abreise nach England Journalisten empfangen und über seine neue Aufgabe berichtet. Großes Aufsehen erregte sein zuversichtlicher Kommentar über das Kriegsende in Europa. Eisenhower sagte: »Wir werden den europäischen Krieg im Jahre 1944 gewinnen.«

1943: Und so war es

In Casablanca – »einem Mischmasch aus Hollywood und Bibel« (Maj.Gen. G. S. Patton) – wird Anfang Januar 1943 der mondäne Villenvorort Anfa mit dichten Stacheldrahtsperren von der Außenwelt abgeschirmt und von schwerbewaffneten US-Posten bewacht.
Churchill notiert dazu: »Ich und mein Stab trafen zwei Tage vor Roosevelt ein, und mehrmals ging ich mit Pound und den anderen Stabschefs auf den Felsen und

Rechts:
Britischer Commando-Trupp bei letzten Vorbereitungen für den nächtlichen Einsatz

Rechts Mitte: Erste alliierte Vorschläge zur Landung in Europa: Weitere Operationen auf Sardinien, Korsika und dem Balkan

am Strand spazieren. Herrliche Wellen rollten herein, so daß man sich beim Anblick der riesigen Schaumberge unwillkürlich wunderte, wie auch nur ein einziger Mann unserer Expedition hatte an Land kommen können... Am Nachmittag des 14. traf Präsident Roosevelt ein. Die Begrüßung war sehr warm und freundschaftlich; mir bereitete es eine tiefe Genugtuung, meinen großen Kollegen auf erobertem und befreitem Boden zu empfangen, der entgegen den Ratschlägen all seiner Spitzenmilitärs von uns beiden gewonnen worden war.«
In der Zeit vom 14. bis 25. Januar 1943 konferieren in Casablanca Roosevelt, Churchill und die militärischen Führungsstäbe beider Staaten. Stalin hat abgesagt, da es ihm »selbst für einen Tag« – der Kampf um Stalingrad steht vor seinem siegreichen Abschluß – nicht möglich sei, Moskau zu verlassen, und daß die alliierten Oberbefehlshaber ohnehin nichts anderes tun brauchten, als »wie versprochen« eine zweite Front zu errichten.
Die Landung in Nordafrika ist inzwischen geglückt, und die große Zange um das von Hitler beherrschte Europa schließt sich langsam. Es war der letzte Feldzug, an dem sich mehr englische als amerikanische Landstreitkräfte beteiligt haben. Auch für den Transport der Truppen standen hauptsächlich britische Schiffe zur Verfügung. Dies ist einer der Gründe, warum Churchill auf der Konferenz in Casablanca sich zum letztenmal mit seiner Ansicht durchsetzen kann.

In der Nacht vom 23./24. Januar 1943 führt das 12. Commando, unterstützt durch norwegische Lotsen des 10. Commando, einen Raid (Operation »Cartoon«) gegen die etwa 75 km südlich von Bergen liegende Insel Stord durch. Der 50 Mann starke Trupp gehört zur Northforce, einem speziell für Commando-Operationen in Norwegen aufgestellten Verband. Die Männer landen mit vier Schnellbooten (MTB) und erreichen in Gewaltmärschen das Erzbergwerk in Lillebö. Sie sprengen Fördermaschinen, das Stampfwerk und die Umspannstation. Selbst der Rückmarsch gelingt, ohne daß man auf deutsche Sicherungseinheiten stößt.

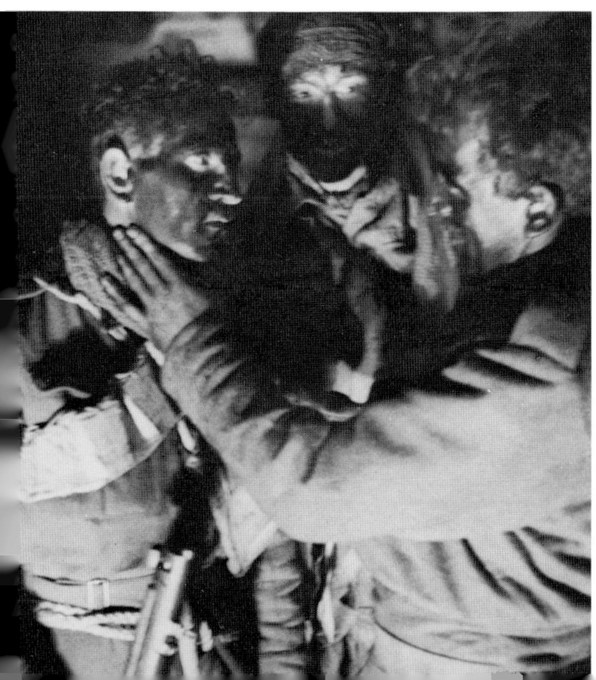

Anfang 1943 beginnt allmählich die Umorganisation der Commandos in eine Landungs-Sturminfanterie, wie Churchill es bereits 1941 gefordert hat. Ihr Einsatz soll grundsätzlich nie länger als 48 Stunden dauern, da sie nur für einen solchen Zeitraum ausreichend Munition und Verpflegung mitnehmen können.
Auch das 10. (interalliierte) Commando, eine besondere Einheit, die aus belgischen, holländischen, französischen und polnischen Freiwilligen besteht, bereitet sich auf seinen Einsatz vor. Der dazugehörende X. Trupp unter Captain B. Hilton-Jones setzt sich überwiegend aus Deutschen, Österreichern, Ungarn und einigen Griechen zusammen. Die Deutschen und Österreicher sind größtenteils Juden, denen es gelungen ist, noch vor Ausbruch des Krieges dem Dritten Reich zu entkommen. Sie erhalten jetzt eine neue Identität und »frisierte« britische Militärpapiere. Dies soll sie in ihrem Glauben bestärken, im Falle einer Gefangennahme als reguläre Soldaten behandelt zu werden. Hitlers berüchtigter Kommandobefehl ist in England nur den obersten Militärs bekannt. Damit die Kampfmoral nicht beeinträchtigt wird, erfahren die Commandos nichts davon.

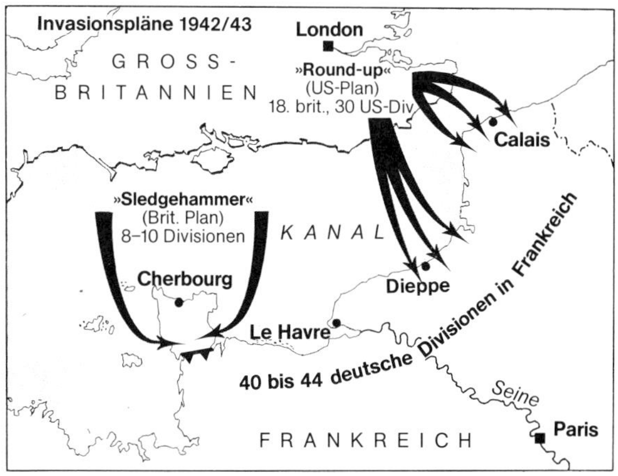

Das Hauptproblem des interalliierten Komitees der Stabschefs sind die Operationen im Jahre 1943 und im darauffolgenden Winter. Dem britischen Vorschlag, nach Abschluß der Kämpfe in Tunesien erst Sizilien als Sprungbrett für den Angriff auf Italien einzunehmen, widersprechen die Amerikaner. Sie sind der Meinung, ein Feldzug in Italien könne womöglich die »Bolero«- und »Round-up«-Operationen verzögern. Dagegen denken die Engländer noch an weitere Operationen auf Sardinien, Korsika und dem Balkan. Trotz heftiger Einwände des US-Oberkommandos wird für eine Landung auf Sizilien nach der Eroberung Tunesiens – als erster Schritt zur Invasion Europas von Süden her – entschieden. Ein weiterer wichtiger Beschluß: Roosevelt verkündet die Formel für eine »Bedingungslose Kapitulation« (Unconditional Surrender) der Achsenmächte. Zudem gelingt es Roosevelt und Churchill, zwischen den rivalisierenden Exponenten des »Freien Frankreich«, den Generalen Giraud und de Gaulle, zu vermitteln.

Ebenfalls wird in Casablanca vereinbart, einen alliierten Stab unter dem Chef des Stabes beim Alliierten Oberbefehlshaber (Chief of Staff to the Supreme Allied Commander – COSSAC) zur Planung einer »Roundup«-ähnlichen Operation zu bilden und den britischen Lieutenant General Frederick E. Morgan zum Stabschef des (noch zu bestimmenden) obersten Befehlshabers der Alliierten zu ernennen. Morgan soll für den künftigen obersten Befehlshaber ein britisch-amerikanisches Hauptquartier errichten und für die Invasion in Nordwesteuropa einen Plan entwerfen. Das Problem ist jetzt die Bestimmung des Invasionsraumes an der 2000 km langen westeuropäischen Küstenfront. Je später nämlich die Deutschen das Hauptlandungsgebiet erkennen, um so schwerer wird es ihnen fallen, dort Abwehrkräfte zu konzentrieren.

Als Morgan seinen Posten übernimmt, macht ihm General Brooke klar: »Der Plan wird nicht funktionieren, aber Sie werden dafür sorgen müssen, daß er funktioniert.« Nach diesem nicht gerade ermutigenden Anfang erhält Morgan im März 1943 die Weisung, außer dem Landungsplan auch einen kriegsentscheidenden Feldzug mit 100 Divisionen auszuarbeiten. Morgan organisiert einen britisch-amerikanischen Stab mit US Brigadier General Ray W. Barker als persönlichem Stellvertreter. COSSAC richtet sein Hauptquartier im Norfolk House am vornehmen St. James Square ein und beginnt seine Arbeit. Der erste Entwurf sieht Commando-Raids im Pas de Calais vor, um die Deutschen zu bewegen, dort weitere Verteidigungsanlagen auszubauen. Der zweite Plan, Codename »Rankin«, soll ein Überraschungsangriff auf den Kontinent sein, falls der zu erwartende Zusammenbruch Deutschlands aufgrund der alliierten Luftoffensive im Sommer 1943 eintritt. Der dritte und letzte Plan für ein Großunternehmen – »so spät wie möglich« gegen das besetzte Westeuropa vorzugehen – bildet die eigentliche Grundlage für die spätere Operation »Overlord«.

Die Wahl des Landegebietes beschränkt sich bald auf Pas de Calais und Normandie. Zwischen Dover und Calais ist zwar die engste Stelle des Kanals, was neben solchem Vorteil jedoch auch Nachteile hat: Die beiden Calais gegenüberliegenden britischen Häfen Dover und Folkestone sind viel zu klein, um die Versorgung zu bewältigen. So hätten die Transportschiffe von der gesamten englischen Südküste, insbesondere aus den großen Häfen zwischen Plymouth und Brighton, einen langen Weg zum Invasionsgebiet. In der Normandie wiederum sind die Verteidigungsanlagen nicht so stark wie im Pas de Calais, und bei Westwind liegt der Landeraum im Windschutz der Halbinsel Cotentin. Das Hinterland ermöglicht hier den Aufmarsch größerer Verbände und befindet sich zugleich von den gegnerischen Hauptkräften weit genug entfernt. Der Hafen Cherbourg kann abgeriegelt und frühzeitig genommen werden. Der Küstenstrich in der Seine-Bucht zwischen Le Havre und Cherbourg ist zwar befestigt, da sich aber in diesem 80 km langen Halbkreis nur Sandstrände und kein größerer Hafen befinden, rechnet man auf alliierter Seite damit, daß die Deutschen unmittelbar hinter der Küste keine größeren Kräfte zusammenziehen werden. Dagegen ist eine längere Kanalüberquerung und erhöhte Flugzeit für die Luftstreitkräfte in Kauf zu nehmen. Auf deutscher Seite erwartet man jedoch die Invasion im Pas de Calais und konzentriert bereits zwischen Schelde und Seine dreimal so viele Truppen wie in Normandie und Bretagne. Im Gegensatz zur Invasion in Nordafrika, bei der Pioniere und Infanterie zuerst an Land gingen, einen Brückenkopf sicherten und so das Heranbringen von Panzern ermöglichten, sollen nun bei der Landung in Westeuropa Amphibien- und Spezialpanzer die ersten Angriffsspitzen bilden, eine Bresche schlagen und dann die deutschen Verteidigungsstellungen niederkämpfen.

In den Abendstunden des 22. Februar 1943 treffen am Eingang des Sogne-Fjords (Operation »Crackers«) zwei Schnellboote (MTB) mit 16 Männern der Northforce ein. Sie sollen den 200 km langen und 5 km schmalen Fjord, etwa 100 km nördlich von Bergen, aufklären und Minen legen. Durch stürmische See an der Rückkehr gehindert, müssen die Männer sich bis zum 3. März 1943 versteckt halten, bevor sie abgeholt werden.

In der Nacht vom 27./28. Februar 1943 landen Commandos der Small Scale Raiding Force (SSRF) auf beiden vor der Kanalinsel Guernsey liegenden Eilanden Herm und Jethou (Operation »Huckaback«). Sie sollen dort deutsche Posten überfallen und Gefangene einbringen. Die Operation scheitert jedoch an der Wachsamkeit deutscher Mannschaften.

Im März 1943 beginnt General Brooke, die geplanten Spezial-Panzereinheiten aufzustellen, wofür ihm nur 14 Monate zur Verfügung stehen. Er sucht einen Mann, der fähig ist, dieses Projekt zu realisieren. Die Wahl fällt auf den 58jährigen Sir Percy Hobart, einen der bedeutendsten Pioniere der Panzerwaffe. Als Kommandeur der ersten 1934 aufgestellten britischen Panzerbrigade hat Hobart bereits Taktik-Lehren für den Panzerkrieg ausgearbeitet. Infolge seiner mutigen, aber sehr unorthodoxen Ideen wird er 1940 – vorzeitig in den Ruhestand versetzt – Unteroffizier bei der Home Guard. Erst durch das persönliche Eingreifen Churchills erhält Hobart nun endlich Gelegenheit, seine außerordentliche Erfindungsgabe zu entfalten: Im März 1943 wird aus der 79. Panzerdivision eine Versuchsformation und Major General Hobart zum Kommandeur ernannt. Hobart und sein Stab gehen von der Voraussetzung aus, daß die von ihnen entwickelten Spezialpanzer mit jeder deutschen Befestigungsanlage fertig werden.

Im März 1943 erreicht die Atlantik-Schlacht ihren Höhepunkt: Deutsche U-Boote, die oft in Rudeln bis zu 15 Booten angreifen, versenken in diesem Monat 530 000 Tonnen Schiffsraum. Diese Tatsache hat einen nicht unbedeutenden Einfluß auf intensivere Vorbereitungen für eine Landung in Westeuropa; stark davon betroffen ist vor allem die Operation »Bolero«. Nun

Cap Gris-Nez: Einweihung der offensiven Fernkampfbatterie

aber kommen die in Casablanca vereinbarten Verbesserungen der U-Boot-Abwehr zur Auswirkung: Die Küstenkommandos der alliierten Luftstreitkräfte werden mit Radargeräten ausgerüstet, die ihnen eine präzise Ortung der U-Boote ermöglichen, um bei jedem Wetter – selbst bei Nacht – unbemerkt an sie heranzukommen.

In der Nacht vom 22./23. März 1943 landen sechs Mann der Northforce mit einem Schnellboot (MTB) am Rovdel-Fjord, etwa 150 km nördlich von Vaagsö (Operation »Roundabout«). Ihr Ziel: Sprengung der Drehbrücke am Fjord-Eingang. Sie müssen sich jedoch wegen starker Bewachung wieder zurückziehen.

Im April 1943 werden die Arbeiten am Atlantikwall erheblich verstärkt und monatlich bis zu 769 000 cbm Erde bewegt. Das von der Organisation Todt geschaffene Befestigungssystem entspricht nur in wenigen Abschnitten den Erfordernissen des Heeres. Im Raum Calais hat man viermal soviel Beton verbaut wie an der ganzen normannisch-bretonischen Küste und im Durchschnitt 63 Arbeiter pro Küstenkilometer eingesetzt, in Normandie und Bretagne dagegen nur 16. Zwischen einzelnen betonierten Anlagen befinden sich in einer Entfernung von 800 bis 1200 m feldmäßig ausgebaute Verteidigungspunkte. Es ist lediglich eine lineare Küstenverteidigung mit Feldbefestigungen in geringer Tiefe.

»Ich bin der größte Festungsbauer aller Zeiten«, verkündet Hitler, »ich habe den Westwall gebaut, ich habe den Atlantikwall gebaut . . .«, aber er kommt nicht einmal, um den Wall selbst zu besichtigen. Den ausländischen Journalisten und Militärattachés werden nur die schwersten Offensiv-Batterien am Cap Gris-Nez vorgeführt. Gerade diese Batterien sind die richtige Kulisse für eindrucksvolle Reportagen über den Atlantikwall. Denn mehr noch als dem Gegner soll dem deutschen Volk vorgetäuscht werden, daß der gesamte Wall diese Stärke hat. Die bedenkenlosen NS-Berichterstatter preisen ihn sogar als »europäisches Gemeinschaftswerk«.

Am Dienstag, dem 27. April 1943, ist der Tofte-Fjord am Haugesund, etwa 50 km nördlich von Stavanger, Schauplatz eines mißglückten Raid des 14. Commando (Operation »Checkmate«). Diese besonders für Aktionen am Polarkreis ausgebildete Einheit rekrutiert sich zum größten Teil aus Indianern und Kanadiern. Sechs ihrer Männer, mit einem Schnellboot (MTB) in die Nähe des Fjords gebracht, sollen Haftminen (Limpets) an deutschen Schiffen anbringen. Ihre Kanus zerschellen jedoch an der felsigen Küste, die Männer bleiben vermißt.

In den Tagen vom 12. bis 25. Mai 1943 findet in Washington die dritte Konferenz (Codename »Trident«) zwischen Roosevelt und Churchill statt. Churchill muß feststellen, daß die amerikanischen Generalstäbler sich inzwischen nicht mit der Landung in Italien befaßt haben, sondern das Gespräch unvermittelt auf einen Termin für die Kanalüberquerung lenken wollen. Da Churchill und General Brooke auf eine Invasion in Süditalien drängen, erwecken sie bei ihren Partnern den Eindruck, gegen einen Angriff über den Ärmelkanal zu sein. Erst nach langen Debatten wird beschlossen, im Frühjahr 1944 von Großbritannien aus in Frankreich zu landen. Eine ähnliche Operation soll auch in Süditalien durchgeführt werden. Und für die

Sizilien, 10. Juli 1943; Landung britischer Truppen (Operation »Husky«):
... zwingt die Achsenmächte zu einer weiteren Kräfteverteilung

verstärkte Bekämpfung deutscher U-Boote plant man, die Azoren zu besetzen.

Am Montag, dem 24. Mai 1943, läßt Großadmiral Dönitz den Einsatz deutscher U-Boote gegen die alliierten Geleitzüge im Nordatlantik wegen schwerer eigener Verluste abbrechen.

Am Sonnabend, dem 29. Mai 1943, gibt General Marshall bei einem Treff im Hauptquartier von General Eisenhower in Algier Churchill bekannt, daß das interalliierte Komitee der Stabschefs den Zeitpunkt für die Landung in Frankreich endgültig festgelegt hat: Es ist der 1. Mai 1944.

Am Montag, dem 31. Mai 1943, hält Großadmiral Dönitz in Berchtesgaden Hitler Vortrag über die bevorstehende Wende im U-Boot-Krieg.

Am Donnerstag, dem 3. Juni 1943, gründet General de Gaulle in London, zusammen mit dem aus deutscher Gefangenschaft entflohenen General Giraud, das Komitee der Nationalen Befreiung.

Am Donnerstag, dem 10. Juni 1943, beginnt die in Casablanca vereinbarte alliierte Bomberoffensive gegen Deutschland. An der Spitze der Prioritätenliste liegen jetzt Produktionsstätten für Jagdflugzeuge und Jägerstützpunkte. Die US-Verbände führen Präzisionsbombardierungen am Tage durch, das britische Bomberkommando greift bei Nacht an.

Largs, eine kleine, stille Hafenstadt an der schottischen Küste im Firth of Clyde, etwa 50 km westlich von Glasgow, wo sich das Combined Training Centre befindet, ist am 28. Juni 1943 Schauplatz der Konferenz (Codename »Rattle«), die für »Overlord« eine ausschlaggebende Rolle spielt: Hier haben sich im Hollywood-Hotel 80 britische und US-Generale, Luftmarschälle und Admirale unter Vorsitz von Admiral Lord Mountbatten versammelt, um definitiv zu entscheiden, wo die Alliierten in Nordfrankreich landen sollen, ob im Pas de Calais oder in der Normandie.
Einer der anwesenden Offiziere meint: »Zum erstenmal begann ich an diese Operation zu glauben!« Und General Morgan notiert, daß die »Rattle«-Konferenz den eigentlichen Anfang der Operation »Overlord« bedeute. Es sei nur noch eine geeignete Stelle zwischen der Halbinsel Cotentin und Seine-Mündung ausfindig zu machen. Man einigt sich ebenfalls auf Durchführung taktischer Tarnungs- und Täuschungsmanöver, Codename »Fortitude«, die eine Geheimhaltung der Operation »Neptune«, des eigentlichen Landeunternehmens im Rahmen der Operation »Overlord«, garantieren sollen.

In der Nacht vom 3./4. Juli 1943 landen in der Nähe des Seebades Onival bei Le Tréport (Normandie) zehn Männer der Forfar Force. Dies ist der erste von sieben Aufklärungs-Raids (Operation »Forfar Easy«), einer aus dem X. »deutschen« Trupp des 10. (interalliierten) Commando und der Special Boat Section (SBS) aufgestellten Sondereinheit unter Major Fynn, dessen Aufgabe vor allem Militärspionage ist. Diese Forfar-Raids an den Küstenstreifen der von der französischen Bevölkerung geräumten Sicherheitszone gelten Erkundungen von Landeräumen, die für eine Invasion in Frage kommen. Die Männer sollen auch die an der französischen Küste stationierten deutschen Verbände identifizieren, Art und Ausmaß der Strandhindernisse feststellen und Bodenproben entnehmen. Die Forfarforces führen ihre Einsätze im Küstenhinterland der Normandie und am

Pas de Calais oft in deutschen Uniformen und mit deutscher Bewaffnung durch. Sie verfügen über einen Bestand der unterschiedlichsten Landungsfahrzeuge vom gewöhnlichen Fischkutter bis zu den neuesten Schnellbooten (MTB).

Am Sonntag, dem 4. Juli 1943, um 15.00 Uhr, eröffnet die deutsche Artillerie das Feuer auf den Südabschnitt der sowjetischen Verteidigungslinien im Kursker Bogen. Die 4. Panzerarmee (GenOberst Hoth) greift an, um die Höhenzüge vor der Front zu erobern und damit eine bessere Ausgangsposition für die in den Morgenstunden des 5. Juli beginnende Offensive, Operation »Zitadelle«, zu sichern.

In der Nacht vom 5./6. Juli 1943 landen bei Biville, einem normannischen Seebad nahe Le Tréport, zehn Männer der Forfar Force zu ihrer zweiten Erkundungsaktion (Operation »Forfar Dog«).

Am Sonnabend, dem 10. Juli 1943, beginnt die Operation »Husky«: In der Morgendämmerung landen vom eroberten Tunis aus unter dem Oberbefehl von General Eisenhower alliierte Verbände, 11 Divisionen, an der Südostküste Siziliens. Die RAF (Air Chief Marshal Tedder) und die US-Luftstreitkräfte (Lt.Gen. Spaatz) setzen 3680 Flugzeuge ein. Einer Luftlande-Operation mit 400 Dakota-C-47-Transportmaschinen und 170 Lastenseglern vom Typ Waco CG-4A geht die Ausschiffung der Landstreitkräfte voraus.
Dieses erste alliierte Luftlandeunternehmen wäre beinahe mißlungen. Nur 12 der britischen Lastensegler setzen im Zielgebiet auf, und 97 der zu früh ausgeklinkten britischen und US-Segler stürzen mit ihren Mannschaften ins Meer, dazu werden 24 als vermißt gemeldet. Starkes Flakfeuer löst bei den Fallschirmjägern der Dakota-Transportmaschinen Verwirrung aus, so daß sie vorzeitig abspringen und über fast 100 Kilometer verstreut werden. Von den Dakotas werden sechs abgeschossen.
Operation »Husky« zwingt die Achsenmächte zu einer weiteren Kräfteverteilung, zum Aufbau einer zusätzlichen Front in Süditalien. Zugleich muß aus diesem Grund Hitlers Angriffsschlacht in Richtung Kursk (Operation »Zitadelle«) eingestellt werden.
Als die Sowjets am Montag, dem 12. Juli 1943, bei Orel zur Gegenoffensive antreten, besitzen sie bereits die Luftherrschaft. Für diesen Großangriff hat die Rote Luftflotte 60 Prozent aller ihrer Fliegerkräfte im Raum Kursk zusammengezogen.
Am folgenden Tag befiehlt Hitler die Einstellung des Unternehmens »Zitadelle« und verlegt einen Teil der Luftwaffenverbände aus dem Osten nach Italien. Damit verliert die deutsche Führung im Osten für den Rest des Krieges endgültig die Initiative und steht an allen Fronten in zunehmendem Maße unter dem Druck des Handelns.

Am Donnerstag, dem 15. Juli 1943, legt Lt.Gen. F. E. Morgan dem interalliierten Komitee der Stabschefs einen Operationsentwurf für die Invasion Nordfrankreichs, Codename »Overlord«, und für eine Landung in Südfrankreich, Codename »Anvil«, vor. Während die Deutschen sich am Pas de Calais auf den Bau gigantischer Verteidigungsanlagen konzentrieren, planen die Alliierten 200 km weiter westlich an der Normandie-Küste zu landen. Der Vorschlag von Morgan, als »Overlord Outline Plan« bezeichnet, sieht vor:
1. einen einleitenden Angriff mit drei Infanteriedivisionen – unterstützt durch Panzer – zwischen den Flüssen Vire und Orne an der Calvados-Küste, um dort einen Brückenkopf zu bilden,
2. die Einnahme von Cherbourg und der bretonischen Häfen von der Landseite aus,
3. eine Luftlandung bei Caen, am östlichen Flügel des Brückenkopfes, um dort deutsche Kräfte zu binden,
4. eine großangelegte Luftoffensive gegen wichtige taktische Ziele, die für die Invasion von Bedeutung sind,
5. einen Vorstoß bis zur Linie Grandcamp – Bayeux – Caen, um für die nachfolgenden Divisionen Tiefe zu gewinnen,
6. eine Drehbewegung am rechten westlichen Flügel über den Fluß Vire in Richtung Halbinsel Cotentin für

Operation »Forfar Beer 1«, August 1943.
Eine der von dem Commando mitgebrachten Ansichtskarten von Onival:
Schokolade für Geheimnisse des Atlantikwalls

eine Offensive zur Einnahme von Cherbourg und einen raschen Vormarsch zur Loire. Die beschränkte Anzahl von Landungsfahrzeugen und die zur Verfügung stehenden Kräfte gestatten zu dieser Zeit noch nicht, den ersten Schlag massiver zu planen. Drei Infanteriedivisionen sind eine recht schwache Streitmacht für einen Angriff auf die befestigte Küste.
Ab Juli 1943 wird die Operation sichtlich gefährdet: die Deutschen bauen an der Kanalküste gegenüber Dover Abschußrampen anscheinend für Raketen oder ferngelenkte Flugzeuge, denen Schiffskonzentrationen in südenglischen Häfen verlockende Ziele bieten und die eine ernsthafte Bedrohung für den Aufmarsch der Invasionstruppen sein können.

In der Nacht vom 3./4. August 1943 dringen in den Hafen von Dünkirchen vier Männer der Forfar Force ein, die zur Special Boat Section gehören und nach der Hafenerkundung Haftminen an den dort liegenden deutschen Schiffen anbringen sollen (Operation »Forfar Love«). Sie befinden sich bereits am Pier, als sie von einem Suchscheinwerfer erfaßt werden und ihren Einsatz abbrechen müssen.

In der gleichen Nacht gehen in Eletot, einem kleinen normannischen Badeort zwischen Le Havre und Fécamp, zehn Männer der Forfar Force an Land (Operation »Forfar Beer 1«). Sie bleiben zwei Tage lang in diesem malerischen Städtchen und lösen ihren Erkundungseinsatz auf ganz besondere Art und Weise: Sie tauschen unter der Hand mit den Einheimischen mitgebrachte Schokoladetafeln gegen alte Ansichtskarten der Küste, auf denen die Fischer deutsche Befestigungsanlagen markiert haben. Ein Franzose vom Commando stammt von hier, und die Männer des Erkundungstrupps hätten gern ihren Aufenthalt in Eletot verlängert, wäre ihnen nicht ein Malheur passiert: Die einzige Brieftaube – mit der Meldung nach London unterwegs, den Abholtermin zu verschieben – fällt gleich nach dem Start einem Falken zum Opfer.

Der erste Entwurf für den Bau künstlicher Häfen:
. . . als schlechten Witz betrachtet

Am Abend des 8. August 1943 reist Churchill mit seiner Frau, Tochter Mary und dem rund 200 Offiziere zählenden Stab an Bord des Luxusdampfers »Queen Mary« nach Quebec. Auf dem gleichen Schiff sind auch 5000 deutsche Kriegsgefangene, die – auf dem Weg nach Kanada – nichts von den prominenten Passagieren ahnen.
In den Tagen vom 14. bis 24. August 1943, setzen sich Roosevelt und Churchill in Quebec wieder an den Konferenztisch. Themen der Konferenz (Codename »Quadrant«) die bevorstehende Kapitulation Italiens und die vom interalliierten Komitee der Stabschefs geplante Operation »Overlord«. Man diskutiert auch den Feldzug in Burma und die personelle Besetzung des Südostasienkommandos. Die Generale Brooke und Marshall treffen ebenfalls zu Besprechungen im Château Frontenac bei Quebec ein. Es ist zwar schon die dritte Konferenz im Jahr 1943, aber die alliierten Stabschefs können sich immer noch nicht auf eine Strategie für die Invasion Europas einigen, und es kommt erneut zu ernsten Meinungsverschiedenheiten. Da man General Eisenhower die Leitung der Operationen im Mittelmeer übertragen hat, wird erwartet, daß ein Engländer die Führung von »Overlord« übernimmt. Und Churchill hat General Brooke bereits informiert, daß er der einzige dafür in Frage kommende Oberbefehlshaber sei. Man billigt schließlich den von General Morgan für »Overlord« ausgearbeiteten Plan und befiehlt, sofort mit detaillierten Vorbereitungen für die Operation zu beginnen. Die britischen Stabschefs stellen jedoch Bedingungen: Die deutsche Jagdwaffe müsse vor der Invasion ausgeschaltet werden, und zu Beginn der Operationen dürften höchstens 12 deutsche motorisierte Divisionen in Nordfrankreich stehen. Außerdem müßten die Deutschen daran gehindert werden, in den darauffolgenden beiden Monaten keinesfalls mehr als 15 Divisionen dort zusammenzuziehen. Um die Befürchtungen von General Brooke wegen der Versorgung gelandeter Invasionstruppen zu zerstreuen, beabsichtigt man, zwei künstliche Häfen (Codename »Mulberry«) mit jeweils der Kapazität des Hafens von Dover vor der normannischen Küste zu verankern.
»Nun, wenn wir keinen Hafen einnehmen können, dann müssen wir uns eben einen mitbringen«, hatte Lord Mountbatten auf einer der Konferenzen gesagt, was man zunächst als schlechten Witz betrachtet. Bereits Mitte August 1943 liegen die Pläne für den Bau der beiden künstlichen Häfen vor, die über den Kanal geschleppt und binnen weniger Tage nach der Landung einsatzbereit sein sollen. Konteradmiral W. G. Tennant wird beauftragt, das »Mulberry«-Programm mit einem Marinestab von 500 Offizieren und 10 000 Mannschaften, Dockarbeiter nicht gezählt, durchzuführen. Man plant auch, ausrangierte Schiffe als Wellenbrecher vor den künstlichen Häfen zu versenken.
Ende August 1943 werden die bisherigen »Overlord«-Pläne korrigiert. Die Angriffstruppen sollen um etwa 25 Prozent verstärkt werden, und man beginnt mit umfangreichen strategischen Täuschungsmanövern, Codename »Cockade«. Es ist die erste Operation von

COSSAC. Ihre Aufgabe: die Schwäche der alliierten Streitkräfte in England zu vertuschen. Man will dies durch Vortäuschen einer Landung in Frankreich im Herbst 1943 erreichen und mit einer Serie von Commando-Operationen im Pas de Calais Hitler dazu bewegen, hier die Verteidigungsanlagen noch stärker auszubauen. Außerdem soll mit der Operation »Cockade« die deutsche Jagdwaffe zum Kampf gestellt werden. Eine andere Operation, Codename »Tindall«, ist eine vorgetäuschte britisch-sowjetische Landung im Norden von Norwegen. Die nächste Täuschungsoperation, Codename »Wadham«, sieht eine angebliche Landung der in Großbritannien stationierten US-Truppen in der Bretagne vor.
Zuerst sendet die BBC eine ganze Reihe persönlicher Botschaften, sogenannter »messages personnels«, für die Widerstandsgruppen in Westeuropa. Mit dem ersten Teil der Botschaft wird das Résistance-Sabotage-Netz alarmiert. Der zweite Teil der »messages personnels«, die »B-Botschaft«, ist der eigentliche Einsatzbefehl. Im Rahmen der Operation »Starkey« wird, um die Deutschen irrezuführen, nur der erste Teil der Botschaft durchgegeben. Zugleich leitet die Special Operations Executive (SOE) über Geheimkuriere fingierte »messages personnels« an oft nicht existierende Widerstandsgruppen im Pas de Calais. Man hofft, daß die Deutschen durch diese an die Résistance gerichteten Botschaften annehmen werden, London habe sie alle mobilisiert, um eine im Pas de Calais geplante Landung zu unterstützen. Hitler wiederum ist überzeugt, daß seine Geheimwaffen, deren Abschußrampen gerade im Pas de Calais entstehen, in Großbritannien eine verheerende Wirkung auslösen und die Alliierten versuchen werden, dieses Gebiet als erstes zu erobern. Das inzwischen von den Engländern gegründete Komitee für die Operation »Crossbow« soll sich mit den Aktionen gegen Hitlers Geheimwaffen befassen.

Am Dienstag, dem 31. August 1943, verzeichnet das Kriegstagebuch des Oberkommandos der Wehrmacht (OKW): ». . . Die Versorgung der französischen Widerstandsbewegungen aus der Luft erreichte mit einer Abwurfmenge von etwa 200 Tonnen in der Nacht zum 24. 8. 1943 einen Höchststand. An der englischen Süd- und Südostküste fanden Truppen- und Materialbewegungen in ungewöhnlichem Umfange statt. Der OB West kommt zu der Feststellung: Die Spannung besteht weiter, die Möglichkeit überraschender umfangreicher Unternehmungen, die mindestens Gewinnung eines Ausgangsbrückenkopfes am Kanal zum Ziel haben, ist durchaus gegeben. Die dauernden, gleich hoch bleibenden Eisenbahnsabotagen mit schon jetzt erheblichen Streckensperrungen . . .«
Die britische Admiralität meldet jedoch enttäuscht, daß die deutsche Kriegsmarine kaum auf die Operation »Starkey« reagiert habe.
Am Donnerstag, dem 2. September 1943, notiert das Kriegstagebuch des OKW: ». . . Die am 1. 9. aus dem Kanalbereich vorliegenden Nachrichten lassen auf einen bevorstehenden feindlichen Angriff schließen;

Marcel Girard (Deckname Moreau), Chef der »Réseau Centurie«

doch ist die Lage nicht klar zu beurteilen . . .« Man hat in London erwartet, daß die deutsche Küstenartillerie am Cap Gris-Nez in Aktion treten wird, aber sie tat es nicht.
Trotzdem springen im Raum Pas de Calais SOE-Agenten mit Fallschirmen ab, um letzte Vorbereitungen für die »Invasion« durchzuführen.

In der Nacht vom 1./2. September 1943 unternehmen zehn Männer der Forfar Force ihren nächsten Küstenerkundungs-Raid an der Normandieküste, diesmal wieder nach Eletot, zwischen Le Havre und Fécamp (Operation »Forfar Beer 2«).
In der darauffolgenden Nacht, vom 2./3. September 1943, erkunden zehn Männer der Forfar Force Strandhindernisse und Befestigungen bei St.-Valery-en-Caux, einem Seebad in der Normandie, 32 km westlich von Dieppe (Operation »Forfar Item«).
Ihren letzten Küstenerkundungs-Raid im Raum Le Havre – Dieppe führt die Forfar Force bereits in der nächsten Nacht zum 4. September 1943 durch, nochmals bei Eletot (Operation »Forfar Beer 3«).

400 km weiter westlich landen in der gleichen Nacht, vom 3./4. September 1943, 18 Männer des 12. Com-

Links: Robert Douin, ehemaliger Direktor der Kunstschule: Er spähte die Batterie Merville aus

Rechts: Robert Thomas, Kartograph der »Centurie«: fertigt 4000 Karten an

Ganz rechts: Léon Cardron: Fotos für den Liegeplatz des künstlichen Hafens

mando mit einem Schnellboot (MTB) an der Küste der Île de Quessant, einer etwa 75 qkm großen felsigen, durch rauhe See und Strömungen gefürchteten Insel, die Brest vorgelagert ist. Ihr Leuchtturm, der die Einfahrt in den Ärmelkanal markiert, zählt zu den stärksten der Welt. Die Operation »Pound« gilt dem Einbringen von Gefangenen, was jedoch mißlingt. Während des Feuerwechsels sind zwei Deutsche einer nicht identifizierten Einheit gefallen.

Inzwischen läuft die Operation »Cockade« weiter: Anfang September 1943 werden an der englischen Südküste die Badeorte für Zivilisten geschlossen und starke Truppenverbände hierher verlegt. Presse und Rundfunk stellen eine Invasion in Aussicht. Der Erzbischof von Canterbury ruft die Bevölkerung auf, für diejenigen zu beten, »die auf dem europäischen Kontinent landen werden«, und der britische Innenminister, H. Morrison, befiehlt, eine große Zahl von Feuerwehren von Mittelengland nach Kent zu verlegen. Die alliierten Luftstreitkräfte führen innerhalb von drei Wochen 3000 Einsätze im Pas de Calais durch, um den Eindruck einer bevorstehenden Großlandung zu erwecken. In einer Rundfunkrede in Quebec versichert Churchill, daß die Invasion Europas stattfinden wird, »bevor die Herbstblätter fallen«. Und das französische Komitee der Nationalen Befreiung in London ruft alle patriotischen Kräfte auf, sich auf eine alliierte Invasion vorzubereiten, »mit der wir täglich rechnen können«.

Eine dieser Résistance-Gruppen heißt »Réseau Centurie«. Sie ist in dem für »Overlord« wichtigsten Landstrich Frankreichs, an der Calvados-Küste tätig. Ihr Chef, Marcel Girard (Deckname Moreau), ehemaliger Offizier der Artillerie, jetzt Vertreter der Firma Ciments Français, befehligt einige hundert zu allem entschlossene Widerstandskämpfer. Ihre bedeutendste Aufgabe: den Atlantikwall im Bereich von Calvados zu erkunden.

Der Kartograph der »Centurie«, Robert Thomas, ist zur Zeit in einer Kartoffel-Verteilungsstelle in Caen beschäftigt: »Ich besaß weder die als Unterlagen notwendigen Stabskarten noch ein Kopiergerät. Selbst die Beschaffung des Zeichenpapiers war ein Problem. Und das Wichtigste: Uns fehlten umfangreiche Informationen für Eintragungen, die in diesem Fall sehr präzis sein mußten . . . Mein Vater besorgte mir für einige Tage das notwendige Kartenmaterial, das ich innerhalb der nächsten Nächte mit der Hand kopierte. Dann verteilte ich die Karten auf Gebiete, in denen unsere Leute ansässig waren, und fertigte für jeden von ihnen eine kleine Karte, die seine nächste Umgebung umfaßte. Die Karten hatten eine Größe von etwa 20 × 25 cm, waren also leicht zu verstecken und dank ihrem Maßstab 1:20 000 sehr übersichtlich. Damit hatte jeder unserer Agenten etwa 20 qkm in seinem Umkreis zu überwachen, was genau dem Raum entsprach, in dem er sich frei bewegen durfte.« Thomas fertigt insgesamt 4000 Karten an, die ein vollständiges Bild von allen Befestigungen in der Normandie bis zum kleinsten MG-Nest wiedergeben und so dem Stab von General Morgan bei seiner Planung unschätzbare Dienste leisten.

Ein anderes Mitglied der »Réseau Centurie«, Robert Douin, vor dem Krieg Direktor der Kunstschule in Caen, verdient jetzt sein Brot als Kirchen-Restaurator, was ihm einen Vorwand zum Bereisen der verbotenen Zone gibt. Am Turm der Kirche Notre-Dame in Ranville hat Douin offiziell die meisten Arbeiten zu erledigen: Von hier aus kann man das Gebiet zwischen Caen und Orne-Mündung gut überblicken. Die Deutschen bauen dort, bei Merville, gerade Bunker für eine Batterie. Und Douin als ehemaliger Artillerieoffizier ist davon überzeugt, daß die Merville-Batterie mit schweren Geschützen von mindestens 15-cm-Kaliber bestückt wird. Als seine dementsprechende Meldung endlich London erreicht, veranlaßt sie die besorgten »Overlord«-Planer, eine Luftlandeoperation vorzubereiten, die größte, die je gegen eine einzige Batterie durchgeführt werden soll.

In Port-en-Bessin, dem bedeutendsten Hafen im Invasionsgebiet, hat »Réseau Centurie« zehn Mitglieder, darunter Leon Cardron, einen früheren Trawler-Kapitän, der ab und zu die Erlaubnis bekommt, mit einem kleinen Boot zum Fischfang auszulaufen. In Longues,

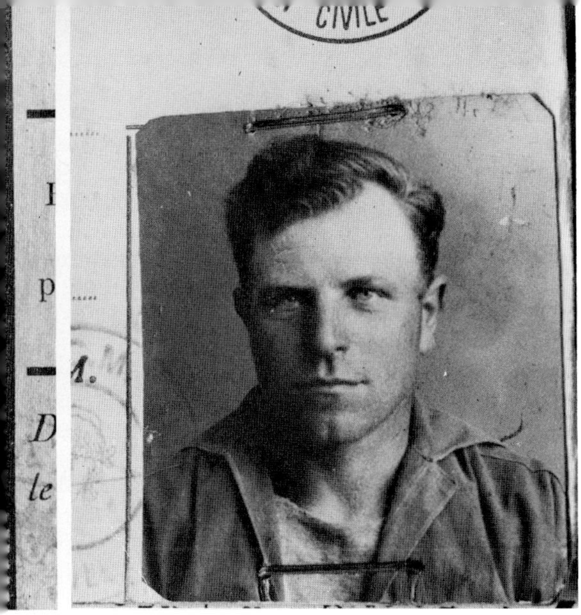

etwa einen halben Kilometer vom Steilufer entfernt, baut die Kriegsmarine gerade eine Küstenbatterie mit vier 15-cm-Kanonen. Einige hundert Meter vom Strand entfernt fischt Cardron und zeichnet die Position der Batterie und die durch Stacheldraht begrenzten Minenfelder auf. Eine Serie von Fotos, die Cardron bei seinen Fischzügen mit einer alten Kodak vom weiter ostwärts liegenden Badeort Arromanches macht, tragen zur Entscheidung bei, hier einen der künstlichen »Mulberry«-Häfen entstehen zu lassen.
Etwa 20 km westlich von Port-en-Bessin, nahe den steilen Klippen von Pointe du Hoc am Rande des Fischerdorfes Grandcamp-les-Bains, sitzt hinter der Theke des Café de l'Étanville Ex-Matrose André Farina, der beste Mann von »Réseau Centurie« in dieser Gegend. In seiner freien Zeit ersteigt er die Anhöhe von La Perrugue und stellt mit Kompaß, Feldstecher und Karte die Koordinaten einzelner schwerer Geschütze der Batterie fest, die drohend über Pointe du Hoc hinausragen. Diese Meßergebnisse sind für General Morgan und seinen Stab äußerst wichtig: Gerade hier am Strand nahe Pointe du Hoc, der auf ihren Karten bereits den Namen Omaha trägt, soll die 1. US-Armee landen.

Ab Herbst 1943 wird die Calvados-Küste zwischen der Halbinsel Cotentin und Orne-Mündung sorgfältig untersucht. Als erstes gehen die Kartographen und Geologen von COSSAC ans Werk. Man stellt nicht ohne Unbehagen fest, daß sämtliche Karten der Landungsstrände auf Vermessungen der Jahre 1895/6 beruhen, und während dieser 40 Jahre kann sich das Strandprofil durch Einwirken der Meereskräfte vielfach verändert haben.
Um exakte Informationen über die geologische Beschaffenheit der Kliffs, den Neigungswinkel der Strände, die Tragfähigkeit des Sandes und ähnliche Details der Calvados-Küste zu gewinnen, was für den Einsatz schwerer Panzerfahrzeuge von Bedeutung ist, werten englische Geologen Hunderte französischer Fachbücher aus. Mosquito-Aufklärer fotografieren jeden Küstenabschnitt aus 10 000 m Höhe, dann werden diese Luftbilder mit Schrägaufnahmen aus dem Tiefflug verglichen. Einige wichtige Hinweise erhalten die COSSAC-Planer aus dem Ansichtskarten- und Urlaubsfotoarchiv, das sich die britische Admiralität nach ihrem Aufruf an die Bevölkerung im Mai 1942 vorsorglich zugelegt hat.
Einer der wissenschaftlichen Berater von General Morgan, der vor dem Krieg seine Ferien an der Seine-Bucht verbracht und dort Tonvorkommen festgestellt hat, macht bei Auswertung des Archivs darauf aufmerksam, daß der Strand bei Luc-sur-Mer unter der Hochwasserlinie von tückischen weichen Tonfladen durchsetzt ist. Diese Stellen werden auf Luftaufnahmen markiert und die Commandos angewiesen, bei einer ihrer nächsten Einsätze Proben mitzubringen. Bei Brancaster (Norfolk) entdecken Geologen ein Strandstück mit ähnlichen Tonvorkommen, in denen Panzer bereits bei ersten Fahrversuchen im Schlamm steckenbleiben. Major General Hobart entwickelt daraufhin einen Panzer, genannt »Bobbin«, der unter den Ketten eine Matte wie einen Teppich aufrollen und so über die Tonstrecken hinwegfahren kann.

Am Nachmittag des 8. September 1943 gibt General Eisenhower den Abschluß des Waffenstillstandes mit Italien bekannt. Schlagartig laufen nun die seit Wochen vorbereiteten deutschen Gegenmaßnahmen (»Fall Achse«) an. In Eiltransporten verlegt man Truppen aus Frankreich und von der Ostfront nach Italien. Die italienischen Streitkräfte werden niedergekämpft, entwaffnet, gefangengenommen oder demobilisiert.

Während dessen hat sich die Operation »Starkey« als Fehlschlag erwiesen: die Luftwaffe zu einer großen Luftschlacht herauszulocken, ist nicht erreicht worden.

RUECKSEITE BEACHTEN!

Ausweis Nr 1910

FARINE

Name: BESNARD

Vorname: JEAN CLAUDE André

geb.: 4 2 1903 in CREULLY CALVADOS Cherbourg

Nationalitaet: FRANCAIS

Wohnung: RYES

Firma: R.A.F GRANCAMP

8 I 1944

Signature:

Der Inhaber dieses Ausweises ist berechtigt, die Baustellen der Org. Todt, Oberbauleitung Cherbourg zu betreten. Dieser Ausweis hat nur Gültigkeit in Verbindung mit einem amtl Personalausweis u. nur für die auf der Rückseite angegebenen Dauer.

Oberbauleitung Cherbourg
SS. - Verbindungsführung

André Farina:
Er stellte die Lage der Batterie vom Pointe du Hoc fest

Und selbst am Tag des »Invasionsbeginns«, dem 9. September 1943, als die 8. US-Luftflotte 1208 Flugzeuge gegen militärische Ziele an der französischen Küste einsetzt, um die Invasion vorzutäuschen, kommt es kaum zu Luftgefechten. Hitler läßt sich nicht beeindrucken. Er ist überzeugt, daß dies alles Täuschungsmanöver sind, und zieht sogar zwei Drittel der im Westen stationierten Streitkräfte ab, um sie an die Ostfront und nach Italien zu verlegen.

Am Donnerstag, dem 9. September 1943, landet die 5. US-Armee (Ltn. Gen. Clark) mit vier Divisionen bei Salerno (Operation »Avalanche«). Zugleich gehen Teile der britischen 8. Armee unter General Montgomery in Tarent an Land.
Am nächsten Tag, dem 10. September 1943, besetzen deutsche Truppen – kaum auf italienischen Widerstand stoßend – Rom.

Nun müssen sich die Alliierten aus der Affäre ziehen, nachdem die deutsche Führung die angekündigte Invasion in Nordfrankreich als Täuschungsmanöver erkannt hat. Vor allem darf die Résistance nicht erfahren, daß gerade sie ein Opfer der alliierten List geworden ist. Man beschließt, die Deutschen dafür verantwortlich zu machen, und gibt über BBC ab Mitte September 1943 bekannt: »Vorsicht vor deutschen Provokationen! Wir haben erfahren, daß die Deutschen Gerüchte in Umlauf setzen, wir ließen Armeen an der Küste aufmarschieren, um auf dem Kontinent zu landen. Beachtet diese Provokationen nicht, denn durch sie soll eine Lage geschaffen werden, in der es dem Gegner leichterfallen würde, euch zu erkennen. Bleibt im Untergrund. Seid vorsichtig. Tut nur das, was die BBC euch sagt.«
Der Mangel an Landungsschiffen – besonders für Transporte von Panzern – scheint zu diesem Zeitpunkt ein fast unüberwindliches Problem für den »Overlord«-Plan zu sein. Schuld daran sind unter anderem die Widerstände bei Einführung einer neuen amerikanischen Schweißtechnik, die sowohl bei britischen Unternehmen als auch bei den Arbeitern auf Ablehnung stößt und die Produktionskapazität dadurch erheblich eingeschränkt. Als sich auch noch die Gewerkschaften in diese Auseinandersetzungen zwischen Nietern und Schweißern auf den Werften einschalten, führt das zu bedrohlichen Produktionsausfällen der für die Invasion unentbehrlichen Landungsschiffe.

Ende September 1943 wird auch die Operation »Quicksilver« eingeleitet, die eine Existenz der 1. US-Armeegruppe (First United States Army Group – FUSAG) in Südengland vortäuschen soll. Das Ziel dieser äußerst wichtigen militärstrategischen Maßnahme: FUSAG soll die Deutschen in der Annahme bestärken, daß die Landung in der Normandie lediglich ein Ablenkungsmanöver für die eigentliche Invasion im Pas de Calais ist. Als erster nimmt der in den USA von der Gegenspionage umgedrehte deutsche Agent, van Loop, Funkverbindung mit seiner Abwehrstelle in Hamburg auf. Er meldet die Verschiffung von US-Truppen nach Großbritannien, die dort die 1. US-Armeegruppe (FUSAG) bilden sollen. Nur ein Teil der Informationen ist richtig; andere Meldungen geben die Verlegung von Verbänden bekannt, die gar nicht existieren. Nach dem die fiktiven »Quicksilver«-Einheiten in Großbritannien an Land gehen, übernimmt der englische Geheimdienst die Weiterführung der Operation durch eigene umgedrehte deutsche Agenten. In der Presse erscheinen mehrere lancierte Indiskretionen; manche sind so übertrieben, daß selbst Churchill, Initiator dieser Täuschungsmanöver, protestiert. In der Grafschaft Kent beginnt nun ein simulierter Funkverkehr einzelner Verbände und Einheiten der FUSAG.

Seitdem die Deutschen damit rechnen, daß die Nordküste Frankreichs in absehbarer Zeit Schauplatz eines alliierten Invasionsversuchs sein wird, gewinnt die ständige Frage, welche Stelle am meisten gefährdet sei,

Nach einer Idee von Major General Hobart: »Bobbin«, britischer Panzer vom Typ A 22 Churchill, als »Teppichleger«

Über Frankreich abgeworfenes britisches Flugblatt. Deutscher Posten: »Warten Sie auf irgend etwas?«

(Daily Express de Londres)

La sentinelle allemande :—VOUS ATTENDEZ QUELQUE CHOSE ? . . .

zunehmend an Gewicht. Rundstedt ist weiterhin überzeugt, daß es der Pas de Calais sein wird.
Hitler legt sich nicht fest und betont, er werde gleich nach Beginn einer alliierten Landung die Operationen von Frankreich aus persönlich leiten. Zu diesem Zweck läßt er mit einem Aufwand von rund 85 Millionen Reichsmark sein altes Hauptquartier aus der Zeit des Frankreichfeldzuges von 1940 ausbauen. Im hügeligen Waldgebiet bei Margival, etwa 15 km nordöstlich von Soissons, entsteht das Führerhauptquartier »Wolfsschlucht 2«. Hitler bestimmt selbst Lage und Größe der Quartiere. Von der Organisation Todt werden große Mengen Beton verbraucht, Hunderte von kilometerlangen Telefonkabeln verlegt und kostspielige Einrichtungen installiert.

Am Dienstag, dem 19. Oktober 1943, beginnt in Moskau die Konferenz der alliierten Außenminister: Cordell Hull (USA), V. M. Molotow (Sowjetunion) und A. Eden (Großbritannien) beschließen feierlich, gemeinsam den Krieg bis zur bedingungslosen Kapitulation Deutschlands zu führen. Beide Minister teilen Molotow die endgültige Errichtung der zweiten Front im Frühjahr 1944 mit. Molotow verlangt den genauen Termin und andere Angaben, die das westalliierte Oberkommando schon aus Sicherheitsgründen nicht machen kann. Die sowjetische Regierung wird auch gewarnt, daß, sollten die Deutschen in der Lage sein, größere Verbände vom Osten aus nach Frankreich zu verlegen, die Landung fehlschlagen wird.

Am 24. Oktober 1943 meldet das OKW Amt Ausland/Abwehr den zuständigen Stellen Einzelheiten einer zweiteiligen Botschaft, der sogenannten »messages personnels«, mit der BBC die Résistance kurz vor einer geplanten Invasion verständigen will: »Der erste Teil dieses Spruches wird vom englischen Rundfunk am 1. oder 15. irgend eines Monats durchgegeben, während die Bekanntgabe des zweiten Teils an jedem Tag erfolgen könne und die Landung innerhalb von 48 Stunden bedeute, gerechnet ab Mitternacht desselben Tages.« Der vorgesehene Spruch soll ein zweiteiliger Vers aus dem Gedicht »Herbstlied« von Paul Verlaine sein, das mit »Die langen Seufzer der Geige« beginnt.

Am Sonnabend, dem 30. Oktober 1943, legt Generaloberst Jodl, Chef des Wehrmachtführungsstabes, Hitler einen Bericht des Generalfeldmarschalls v. Rundstedt vor, der die Schwäche des von der NS-Propaganda gepriesenen Atlantikwalls enthüllt: ». . . Er ist nicht stark genug, eine umfassende Landung des Gegners zu verhindern . . .«
Daraufhin erläßt Hitler am Mittwoch, dem 3. November 1943, die Weisung Nr. 51, in der er dem westlichen Kriegsschauplatz Priorität gibt und verlangt, daß dort »die vorhandenen großen Verbände zu hochwertigen, angriffsfähigen und voll beweglichen Eingreifreserven« auszurüsten seien. Diese Weisung ist für die deutsche Kriegführung im Westen entscheidend. Sie enthält Richtlinien an den Oberbefehlshaber West zur Abwehr einer Invasion.
Schon zwei Tage danach, am 5. November 1943, beauftragt Hitler Generalfeldmarschall Rommel als Oberbefehlshaber des Heeresgruppenstabes z. b. V. mit der Inspektion aller Verteidigungsanlagen von Kap Skagen am nördlichsten Zipfel von Dänemark bis zur Bidassoa-Mündung nahe der spanischen Grenze. Rommel darf allerdings nur berichten und empfehlen, aber keine Anordnungen treffen. Er ist Hitler unmittelbar unterstellt und soll Verteidigungsvorbereitungen prüfen und Vorschläge für Angriffsoperationen gegen eine Invasion unterbreiten. Hitler deutet auch an, daß Rommel bei Beginn der alliierten Landung die operative Führung anvertraut werde. Die Inspektion der Verteidigungsstellungen durch Rommel erschwert die ohnehin schwierigen Befehlsverhältnisse. General d. Inf. G. Blumentritt: »Bald wußten die Armeen nicht mehr, wem sie unterstanden: Rundstedt oder Rommel.«

Am Montag, dem 22. November 1943, treffen sich Roosevelt und Churchill erneut, diesmal in Kairo. Auf der Konferenz, die bis zum 26. November dauert, wird

unter anderem die Befehlsstruktur von »Overlord« vereinbart. Dem interalliierten Komitee der Stabschefs (CCS) unterstellt, wird das alliierte Oberkommando für die Invasion in der Normandie (Supreme Headquarters, Allied Expeditionary Force, SHAEF) gebildet. Auch legt man die endgültige Stellenbesetzung fest: Den Oberbefehl erhält General Dwight D. Eisenhower, Stellvertreter wird der britische Air Chief Marshal Sir Arthur Tedder, und zum Chef des Stabes des Obersten Hauptquartiers ernennt man US-Lieutenant General Walter Bedell-Smith. Das Kommando über landende Heeresverbände übernimmt General Sir Bernard L. Montgomery, Befehlshaber der Seestreitkräfte wird Admiral Sir Bertram Ramsay, und die taktischen Luftstreitkräfte führt der britische Air Chief Marshal Sir Trafford Leigh-Mallory. Als Verbindungsstelle zu diesem Gremium wird das amerikanische Oberkommando eingeschaltet. Air Marshal Leigh-Mallory verfügt über die 2. Taktische Luftflotte (Air Marshal A. Coningham), die 9. US-Luftflotte (Lt. Gen. L. H. Brereton) sowie über die Verbände der Luftverteidigung in Großbritannien (Air Marshal Hill). Bis zum Beginn der Invasion überträgt man ihm auch das RAF-Küstenkommando (Comm. Douglas), die 8. US-Luftflotte (Lt. Gen. Doolittle) und das RAF-Bomberkommando (Air Chief Marshal Harris). Im Rahmen der RAF fliegen neben den Kanadiern und Neuseeländern 15 polnische, 7 französische, 6 holländische, 5 tschechische, 4 norwegische und 3 belgische Squadrons.
General Maitland Wilson wird alliierter Oberbefehlshaber im Mittelmeerraum und General Alexander Oberbefehlshaber der Streitkräfte in Italien.

In der Nacht vom 24./25. November 1943 startet die Layforce II mit Fischerbooten zum ersten ihrer acht »Hardtack«-Raids. Nach Auflösung der Forfar Force hat man aus dem I. und VIII. Trupp des 10. (interalliierten) Commando eine gemischte englisch-französische Sondereinheit Layforce II unter Major Laycock gebildet, die nun an der Steilküste bei Biville, 10 km nördlich von Dieppe, Erkundungen und Sabotageeinsätze an Befestigungsanlagen des Atlantikwalls durchführen soll (Codename »Hardtack Dog«).

Von der Konferenz in Kairo fliegen Roosevelt und Churchill weiter nach Teheran, um Stalin über die für den 1. Mai 1944 vorgesehene Operation »Overlord« zu unterrichten. Auf der dortigen Konferenz, am 28. November 1943, sehen sich Roosevelt und Stalin zum erstenmal. Dem Präsidenten bleibt die Mißstimmung zwischen Engländern und Sowjets nicht verborgen, und er versucht den Vermittler zu spielen. Um Stalins Mißtrauen nicht noch weiter zu schüren, meidet Roosevelt die britische Delegation.
Der Vorschlag Churchills, eine Invasion auf dem Balkan durchzuführen, wird von General Marshall aus militärischen und von den Sowjets aus politischen Erwägungen heraus abgeschlagen. Stalin gelingt es, die Westalliierten von Operationen auf dem Balkan abzuhalten, da er diesen Raum unter eigenen Machteinfluß bringen will. »Der Weg nach Deutschland führe über Frankreich«, betont Stalin.
Stalin verspricht, eine Großoffensive zu starten, sobald den Alliierten die Invasion geglückt sei. Er ist auch damit einverstanden, daß der Vormarsch in Italien nördlich von Rom unterbrochen wird, um alliierte Truppen für die Operation »Anvil« frei zu machen. Der sowjetische Diktator scheut sich nicht, vorsichtig aber unmißverständlich anzudeuten, daß die Sowjetunion einen Sonderfrieden mit Deutschland in Erwägung ziehe, falls die versprochene zweite Front im Frühjahr 1944 nicht zustandekomme.

In den frühen Morgenstunden des 20. Dezember 1943 wird General Montgomery in seinem Wohnwagen, der zum Hauptquartier der britischen 8. Armee (Italien) gehört, aus dem Schlaf gerissen. Ein Funkspruch des Kriegsministeriums aus London mit dem Befehl, nach England zurückzukehren, um sich neuen Aufgaben zur Verfügung zu stellen, ist soeben eingetroffen.

Am gleichen Tage schildert Hitler in seinem Hauptquartier, wie er eine alliierte Invasion abzuwehren gedenke: »Das Entscheidende ist, daß der Gegner im Moment der Landung Bomben auf den Kopf kriegt. Dann zwingen wir ihn, Deckung zu nehmen . . . In einem halben Tag kommt aber das Heranziehen unserer Reserven in Gang . . .«

An keinem der Weihnachtsfeiertage des Krieges herrschte so rege Aktivität der Commandos wie in diesem Jahr: In der Nacht vom 24./25. Dezember 1943 sollen fünf Männer der Layforce II mit ihrem Offizier Wallerand einen Stranderkundungs-Raid bei Gravelines, 19 km westlich von Dünkirchen im Pas de Calais (Operation »Hardtack 1«), durchführen. Das Unternehmen endet mit einem Mißerfolg. Dem vor der Küste gekenterten Ruderboot kann das Schnellboot (MTB) nicht zu Hilfe kommen, weil der Motor streikt. Zwei Männer des Commando fallen den Deutschen in die Hände.
Ein anderer Trupp der Layforce II unter Corporal Crispin landet in der gleichen Nacht nahe St.-Valery-en-Caux (Normandie), um die Stärke der deutschen Befestigungen festzustellen.
Der dritte Trupp der Layforce II unter Lieutenant Pinelli geht 30 km weiter westlich, nahe den pittoresken Kliffs von Etretat, an Land und probt die Ersteigung der normannischen Steilküste.
Bereits in der darauffolgenden Nacht vom 25./26. Dezember 1943 gehen wiederum die Männer der Layforce II im Pas de Calais bei Gravelines an Land (Operation »Hardtack 2«). Als Ausbeute bringen sie einige Minen mit, die sie – von deutschen Posten unbemerkt – aus den Strandhindernissen lösen konnten.
Auch ein anderer Trupp der Layforce II, der in der gleichen Nacht bei Quinéville, einem Seebad an der östlichen Seite der Halbinsel Cotentin, unter Lieutenant F. Vourch an Land geht (Operation »Hardtack 3«) hat Glück: An der Küste, die bei der Invasion US-Lan-

Per Funkspruch nach England zurückbeordert:
General Montgomery steigt in seine Maschine

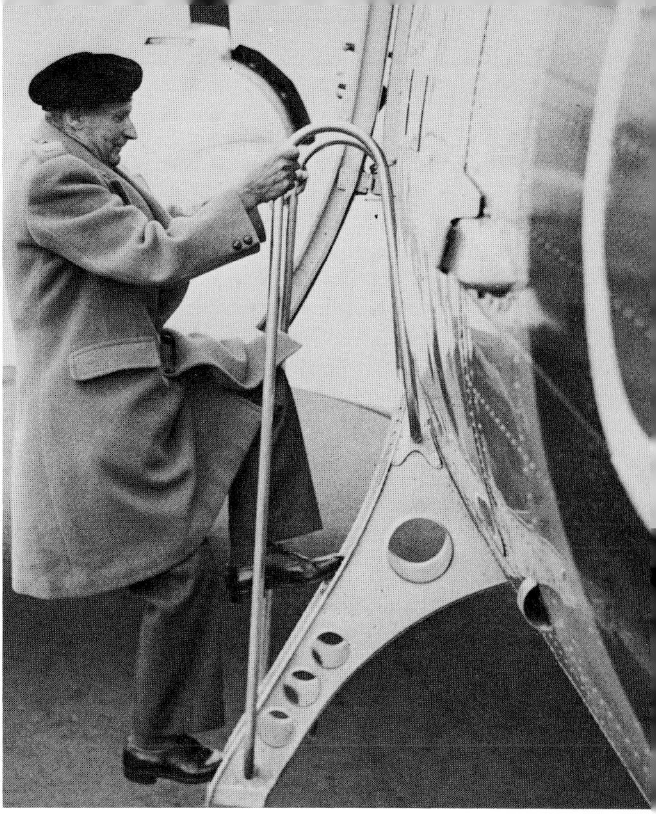

dungsstrand »Utah« heißen wird, entdeckt er ein bis jetzt unbekanntes deutsches Strandhindernis, das »Element-C«. Es werden davon mehrere Aufnahmen mit einer Infrarotkamera gemacht, und Lieutenant Vourch sägt einen Teil als Metallprobe ab.
Am zweiten Weihnachtsfeiertag 1943 startet wiederum Layforce II zu Commando-Raids. Einer der Trupps erkundet nochmals den Strand bei Biville nördlich von Dieppe (Operation »Hardtack 4«), der andere bei Onival nahe Le Tréport (Operation »Hardtack 5«).

Die letzten der acht Hardtack-Raids finden in der Nacht vom 26./27. Dezember 1943 statt: Wieder ist die Kanalinsel Sark das Ziel eines Commando-Unternehmens (Operation »Hardtack 6«). Die Stranderkundung endet mit einem Debakel: Als zwei Franzosen in Eile versuchen, den Einsatz noch vor Sonnenaufgang zu beenden, geraten sie in ein Minenfeld und kommen dabei um.
Zwei weitere Layforce-II-Trupps sind in der gleichen Nacht unterwegs: der eine landet beim Point Terrible auf der Kanalinsel Sark (Operation »Hardtack 7«) zur Stranderkundung und verliert einen Franzosen des Commando kurz vor dem Einschiffen. Als sie zum Schnellboot (MTB) zurückpaddeln, wird er von deutschen Posten erschossen.
Der andere Trupp Layforce II geht auf der Kanalinsel Jersey in der Gifford Bay an Land (Operation »Hardtack 8«), um Gefangene einzubringen, was jedoch nicht gelingt.

Am Montag, dem 27. Dezember 1943, fliegt General Montgomery nach Algier, um sich hier mit General Eisenhower, der auch kurz vor seiner Versetzung nach England steht, zu beraten: »Eisenhower sagte mir, er wünsche, daß ich die volle Verantwortung für die Landschlacht am Anfang übernehme und daß er mir für die Landung und die anschließenden Operationen auch die US-Armeen in England unterstellen werde.«
Am gleichen Nachmittag, etwa 1350 km nördlich von Algier, biegt ein schweres Horch-Kabriolet mit der Feldmarschall-Standarte am Kotflügel im Pariser Vorort St.-Germain-en-Laye in die stille Rue Alexandre Dumas ein. Rommel, der sich mit seinem Chef des Stabes, Generalleutnant Gause, und Oberst i. G. v. Tempelhoff durch die efeuberankte, unauffällige Eisentür zwängt, um in die von einer hohen Mauer umgebene Direktorenvilla des exklusiven Mädchenpensionats zu gelangen, will hier im Hauptquartier des OB West die Ergebnisse der bisherigen Inspektionsreisen an der europäischen Westküste und »seine Gedanken über die Kampfführung im Falle einer feindlichen Großlandung« Generalfeldmarschall v. Rundstedt persönlich vortragen. Bei Tee und Gebäck werden eingehende Gespräche über das kriegsentscheidende Verfahren beim Zurückschlagen einer alliierten Invasion geführt. Nach Rommels Ansicht muß man den Feind noch während der Landung wieder ins Meer zurückwerfen: Wenn die überlegenen Alliierten erst einmal Fuß gefaßt haben, ist im Westen alles verloren. Im Prinzip stimmt v. Rundstedt Rommel zu, weigert sich jedoch, die Panzerdivisionen direkt an die Küste zu verlegen, denn sollte die Invasion an anderer Stelle erfolgen, könne er keine seitliche Verschiebung vornehmen. An beweglichen Reserven sind zunächst nur ein Panzer-Generalkommando und sechs Panzerdivisionen verfügbar. Rundstedt schlägt die Versammlung kleiner Reservegruppen südlich und ostwärts von Paris vor, um nach einer alliierten Landung zum Gegenschlag antreten zu können. Dies wäre richtig, wenn Kriegsmarine und Luftwaffe sich mit ihren Gegnern zur See und in der Luft messen könnten. Jedoch bei dem so ungünstigen Kräfteverhältnis und angesichts der schwachen Abwehrkraft des Atlantikwalls auf der ganzen Breite ist an die Durchführung eines solchen Zusammenwirkens nicht zu denken.

Am Mittwoch, dem 29. Dezember 1943, legt man Hitler Fotokopien von Funksprüchen des britischen Außenministeriums mit Berichten der Teheran-Konferenz vor, in denen britische Operationen auf dem Balkan und in Westeuropa für Frühjahr 1944 sowie die Entscheidung über eine gewisse Operation »Overlord« erwähnt werden. Die Kopien dieser Geheimakten hat Elyasa Bazna (Cicero), der albanische Kammerdiener des britischen Botschafters in Ankara, aus dem Safe im Schlafzimmer des Botschafters geholt und unbemerkt – wie er berichtet – fotografiert. Er verkauft die Negative dem Chef des deutschen Geheimdienstes in der Türkei, Ludwig Moyzisch. Bazna bekommt dafür 300 000 Pfund Sterling, das höchste Honorar, das je ein Spion

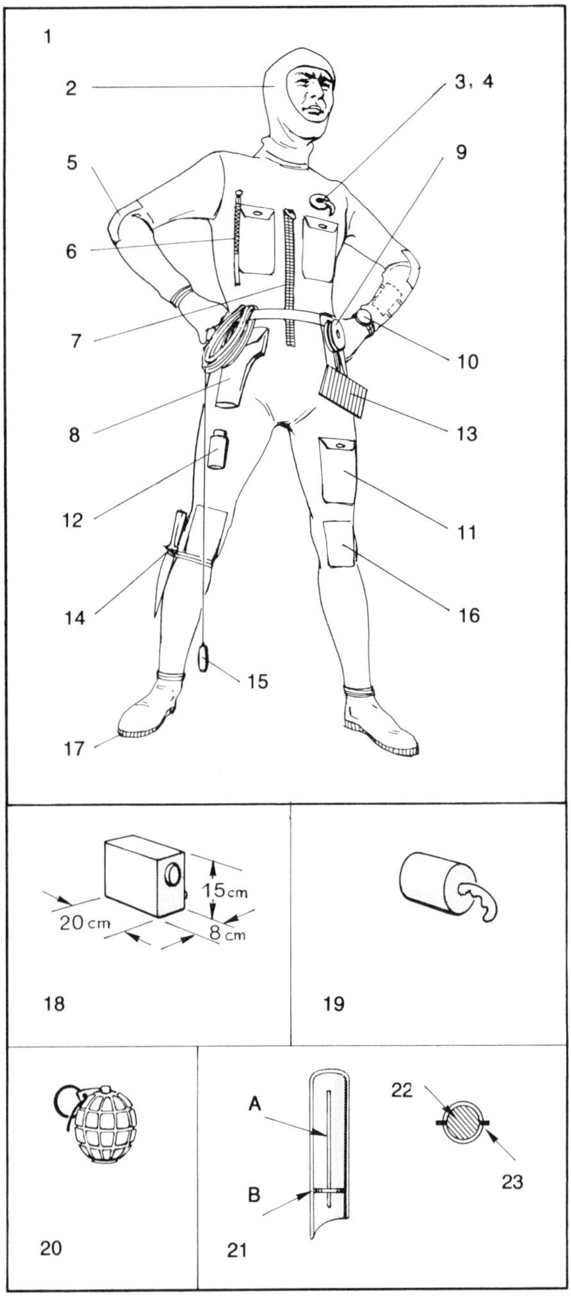

Britischer Kampfschwimmer von der COPP-Einheit

1 Trockentauchanzug aus wasserdichtem, starkem Gummi **2** Kopfhaube **3, 4** Kontroll-Ventil mit Regler-Automatik **5** rutschfeste Ellenbogenpolster **6** Chinagraph, Spezial-Notizstift für Unterwassereintragungen auf Porzellantafel **7** wasserdichter Brustreißverschluß **8** Revolver Enfield, Kaliber 9,65 mm **9** Trommel mit dünner Leine für Strandmessungen **10** wasserdichter Kompaß **11** Taschen für Sandproben **12** wasserdichte Taschenlampe mit Blaulicht **13** Porzellantafel als Unterwasser-Notizblock **14** Kampfdolch **15** Leine mit Gewicht für vertikale Ufermessungen **16** rutschfeste Kniepolster **17** Spezial-Gummischuhe mit Profilsohle **18** Fotoapparat für Infrarotaufnahmen in wasserdichtem Gehäuse **19** Infrarot-Batteriesignallampe **20** Eierhandgranate Nr. 36 M, wird auch als Unterwasser-Signalzeichen für Mutterboote verwendet **21, 22, 23** unkomplizierter Sandbohrer zum Entnehmen von Strandproben. A = Schlitz, B = Kreuzscheibe

erhalten hat. Der einzige Nachteil: die Pfundnoten stammen aus der SD-hauseigenen Druckerei. Durch die Geheimakten von Cicero wird Hitler in der Meinung bestärkt, daß die Alliierten eine Landung auf dem Balkan planen, und ahnt nicht, daß er Opfer eines raffinierten britischen Täuschungsmanövers geworden ist.

Auf der anderen Kanalseite geht die strategische und operative Planung neben der wissenschaftlichen und technischen Entwicklung unverändert weiter. Außer Radargeräten und Radarstörmitteln, die bereits in der Schlacht um England 1940 zur Niederlage der Deutschen beigetragen haben, konstruieren die Engländer speziell für »Overlord« eine Reihe verblüffender technischer Ausrüstungen. Auch das Problem einer Landung motorisierter Verbände über einen stark verminten und zäh verteidigten Küstenabschnitt hinweg ist inzwischen gelöst. Zahlreiche Commando-Raids, die in Westeuropa durchgeführt wurden, dazu neue Typen von Sturmbooten und andere Waffen, die man dabei erprobt hat, ermöglichen es, eine Großlandung an jeder geplanten Stelle vorzunehmen. Während dieser Commando-Operationen sind vor allem die Befahrbarkeit der einzelnen Buchten immer wieder überprüft worden, da die alliierten Streitkräfte mit ihrer schweren Ausrüstung nur an ganz bestimmten Stränden an Land gehen können.

Am Freitag, dem 31. Dezember 1943, wird eine Sondereinheit zur geologischen Stranderkundung an der Calvados-Küste eingesetzt (Operation »Postageable 1«). Ihre Tarnbezeichnung: Lotsengruppe für kombinierte Operationen (Combined Operations Assault Pilotage Partys – COPP). Sie soll genaue Bodenuntersuchungen am Strand zwischen La Rivière und Arromanches, dem späteren Standort des britischen künstlichen Hafens, vornehmen. Der 2. Trupp der COPP startet mit zwei LCN-Landungsbooten, einem Sondermodell mit Spezial-Navigationsgeräten, Radar-Echolot und einer Trommel mit einem etwa 14 000 m langen Kabel aus Klaviersaiten zur Strandprofilmessung. Die beiden LCN werden von zwei Patrouillenbooten bis dicht an die Reichweite des deutschen Radars geschleppt. Es ist der erste Einsatz von Kampfschwimmern, die im Gegensatz zu den anderen Commandos vor der Küste abgesetzt werden und an Land schwimmen müssen. Sie haben außer Tauchmasken und Sauerstoffgeräten bei sich: Pistole, Dolch, ein Neigungsmeßgerät und ein Echolot, große Bohrer, um den Boden zu prüfen und Proben davon aufzunehmen, einen Gürtel, in den die Proben gesteckt werden, dann Säcke für Proben, die eiserne Ration, Unterwasserschreibtafeln, Unterwasserkompaß und eine Flasche Brandy.

Captain Clogstoun-Willmott, Chef dieser Sondereinheit, soll zugleich mit den Kampfschwimmern üben, Strandmarkierungen als Ansteuerungspunkte für die erste Welle der Invasions-Landungsfahrzeuge zu setzen. In der mondlosen Nacht steuert Captain Clogstoun-Willmott sein LCN-Boot in Richtung La Rivière und bleibt etwa 180 m vor der Küste in der starken Dünung liegen. Die Uhr am Kirchturm von Vaux schlägt gerade elfmal, als die beiden Kampfschwimmer, Major Scott-Bowden und Sergeant Ogden-Smith, aus dem Boot gleiten und in der Brandung untertauchen.

1944

Januar – April

W. Churchill an den
Dominienminister Viscount Cranborne
Mittwoch, 2. Februar 1944:
Auf Wunsch könnte ich am Freitag eine Sondersitzung des Kabinetts einberufen, um die Frage der Achsendiplomaten in Dublin zu besprechen. Sonst kann sie am Montag in der Vollsitzung erörtert werden.
Noch viel gefährlicher als die Verratsmeldungen über englisch-amerikanische Konvoibewegungen dürften die Informationen sein, die zweifellos in einem nicht abreißenden Strom über unsere Vorbereitungen für »Overlord« in die Welt hinausgehen werden.
Falls der deutsche und japanische Gesandte in Dublin auf ihren Posten bleiben, mag es aus militärischen Gründen nötig werden, demnächst sämtliche Verbindungen zwischen Irland und dem Kontinent auf mehrere Monate zu unterbrechen. Im Augenblick kann jeder auf einem irischen Schiff nach Spanien fahren und die neuesten Nachrichten aus England über die amerikanischen und britischen Vorbereitungen weitergeben. Aber selbst falls alle Seeverbindungen unterbrochen würden, kann nichts den deutschen Gesandten hindern, eine Funkmeldung über die Landungsstunde abzusenden, wenn es auch die letzte Meldung sein dürfte, die er abzusenden in der Lage wäre . . .

Die Kraft der starken Herzen
Dr. Goebbels
zur kommenden Invasion im Westen:
Der von der britisch-amerikanischen Kriegführung für die Westinvasion gegen den europäischen Kontinent festgesetzte Termin rückt näher . . . Ohne uns unter die Propheten mischen zu wollen, sind auch wir der Meinung, daß eine solche Aktion das allgemeine Bild des Krieges in verhältnismäßig kurzer Zeit total verändern könnte, und zwar deshalb, weil damit zum erstenmal wieder der Westen aktiv in den Kriegsverlauf eintreten würde. Niemand kann voraussagen, mit welchem Erfolg das geschehen wird . . .
Das Reich, Februar 1944

Evakuierung der französischen Küstengebiete
Donnerstag, 24. Februar 1944, Vichy
Inter-France (I-FC) berichtet:
Die Evakuierung der im Küstengebiet am Ärmelkanal gelegenen Ortschaften ist in vollem Gange. Der Präfekt des Norddepartments, Darouh, hat sich nach Dünkirchen begeben, um die Ausführung der Befehle zu überwachen. An der Evakuierung beteiligen sich der Sécours National, das französische Rote Kreuz, Mannschaften des Jugendkommissariats und das Maison du Soldat. Alle Bewohner werden mit Zügen in die Departments Aude und Côte d'Or gebracht.

W. Churchill an Außenminister Anthony Eden
Freitag, 25. Februar 1944
Sprachregelung:
1. In allen Ländern, mit denen wir uns im Kriegszustand befinden, machen wir eine »Invasion«.
2. Besetzte Länder, die wir zu befreien wünschen, »betreten« wir.
3. Hinsichtlich eines Landes wie Italien, mit dessen Regierung wir einen Waffenstillstand abgeschlossen haben, unternahmen wir erst einmal eine »Invasion«, aber in Anbetracht der jetzigen italienischen Mitwirkung müssen wir den weiteren Vormarsch in Italien als einen Akt der »Befreiung« ansehen.

Invasionsmanöver in Anwesenheit von Offizieren
der Roten Armee
Mittwoch, 1. März 1944, London
Die *Agentur Reuter* berichtet:
Hohe sowjetische Offiziere der Flotte und Armee wohnten in den letzten Tagen großen Invasionsmanövern britischer und amerikanischer Truppen an der englischen Küste bei. Diese Übungen stehen im Programm der letzten Vorbereitungen für die zweite Front. Den Sowjets – unter ihnen ein General und zwei Admirale – wurden erstmals die Ducks (Enten) vorgeführt, Amphibienfahrzeuge, die bei den kommenden Landungsoperationen eine große Rolle spielen dürften.

1. März 1944: Landungsübungen britischer Infanterie

Das Ende eines Commando-Raid

GEHEIM

1. 3. 44 OKW/West/Op. (H) West
OKH/Fremde Heere West

Betr.: Tagesmeldung OB West über 29. 2. 44

Genaue Feststellungen über die im Bereich W. B. Ndl. bei Stützpunkt westl. Amsterdam mit Schlauchboot angespülten 3 toten Engländer ergaben:
Am 29. 2., 02.30 Uhr wurden Rufe auf See durch Posten Widerstandsnest 37 H (an Küste westl. Amsterdam) gehört. Widerstandsnest alarmiert. Kurz darauf Schlauchboot kieloben mit 3 Leichen, bei denen der Tod soeben erst eingetreten sein muß. Wiederbelebungsversuche ohne Erfolg. Vierte Leiche später angeschwemmt.
1. Schlauchboot massives Pi-Schlauchboot.
2. Leichen trugen keine Fliegeruniform, Schuhe mit dicken Gummisohlen, kurze Gamaschen, grüne Khakiüberfallhose, dunkelgefütterte Überzugjoppe mit Tarnanstrich ohne Rangabzeichen. Keine Kopfbedeckung, Lederjoppe, Windjacke, 3 Wollpullover, 2 Hemden.
3. Bewaffnung: Mun.-Taschen mit viel MP-Munition, Kal. 9 und 12 mm im Magazin. MP scheinbar ins Wasser gefallen, kurze Stiletts in Lederscheide, mehrere Eierhandgranaten in den Hosentaschen.
4. Jeder 2 verschiedene Fluchtbeutel, Inhalt: Leinenkarten von Frankreich und zum Teil Belgien. Franz. Geld, kleine Sägen, Taschen-Kompaß, 2 Paßbilder in Zivil.
5. In den Taschen des Bootes ein Sende- und Empfangsgerät, 1 Drahtschere, Signallampen, weißes Leinenband, Schutzbrillen mit auffallend dunklen Gläsern, Trillerpfeife, 1 Morphium-Spritze und Leuchtabzeichen.
(. . .) *(gez.) Unterschrift*

Wachsende Unruhe in Frankreich

Freitag, 3. März 1944, Paris
L'Agence Française d'Information de Presse (AFIR) meldet:
Der französische Regierungschef Laval gab vor den Präsidenten der Gewerbekammern Frankreichs folgende Erklärung ab: »Man hat von einem Landungsversuch gesprochen. Wird er kommen? Wann wird er erfolgen? Niemand weiß es. Die deutsche Armee wird jedoch nicht geschlagen werden. Ich gehe noch weiter: Ich sage nicht, daß sie die anderen schlagen wird. Sie wird aber nicht geschlagen werden, weil sie über ganz beträchtliche Reserven verfügt. Das deutsche Volk ist von einer ungeheuren Dynamik erfüllt. Wenn ein Landungsversuch erfolgt, so werden ihm gewaltige Bombardierungen vorausgehen, ihn begleiten und auch danach nicht ausbleiben. Man wird unsere Städte zerstören, Bahnhöfe vernichten, Eisenbahnlinien unterbrechen und Brücken sprengen. Es werden Versorgungsschwierigkeiten eintreten, falls nicht rechtzeitig Vorräte angelegt worden sind. Aber zu dem, was noch schlimmer sein könnte, möchte ich sagen: Die deutsche Armee wird bei uns keine Unordnung dulden, und diejenigen, die glauben, daß weiterhin die Zeit des angenehmen Lebens herrsche und jeder tun und lassen kann, was er will, werden sich gewiß täuschen. Ich warne alle Franzosen, Unvorsichtigkeiten zu begehen, weil ich Gegenmaßnahmen befürchte, die hart und grausam sein werden.

W. Churchill an Sir Alan Lascelles
Sonnabend, 4. März 1944:
Sie sollten sich das Memorandum des Innenministers über einen nationalen Bettag für »Overlord« ansehen. Ich glaube, daß es sich sehr ungünstig auswirken könnte, auf diese Weise die Aufmerksamkeit auf den bevorstehenden Schock zu lenken, um so mehr als niemand wissen kann, wann er erfolgt. Wir müssen sehr

WEDNESDAY, The Daily Mail, APRIL 5, 1944.

DOUBLE-CROSSING —by Illingworth

»Doppel-Kreuzung«:
Selbst die Tatsache, daß die Streiks in der Energieversorgungsindustrie das alliierte Rüstungspotential schwächen und damit Hitlers Position stärken, kann die britischen Bergleute nicht von der Arbeitsniederlegung abhalten

darauf achten, daß die Truppen nicht unnötigerweise entmutigt werden.

Streikwelle in Großbritannien

Mittwoch, 8. März 1944, Cardiff
Die *Agentur Reuter* berichtet:
Zum erstenmal seit Ausbruch des Krieges steht Großbritannien vor der Gefahr eines Generalstreiks. In Südwales haben zahlreiche Bergleute die Arbeit niedergelegt. In der vergangenen Nacht ist die Zahl der stillgelegten Gruben auf 60 angestiegen und die der Streikenden auf 40 000. In Cardiff wird befürchtet, der Streik könnte das gesamte Kohlenrevier von Südwales mit seinen über 100 000 Bergarbeitern erfassen. Man hofft jedoch, daß der Appell der Gewerkschaftsführer bewirkt, daß die Arbeiter erst das Ergebnis der Verhandlungen zwischen dem Minister für Brennstoffe, William Lloyd George, und den bevollmächtigten Vertretern der Grubenarbeiter und Bergwerksbesitzer abwarten.

Donnerstag, 9. März 1944, Glasgow
Die *Agentur Reuter* meldet:
Mehr als die Hälfte der 4500 Hafenarbeiter von Glasgow ist am Dienstag in den Streik getreten.

Grubenarbeiterstreik in Südwales
Sonnabend, 11. März 1944
Die *Agentur Reuter* teilt mit:
Im Kohlenrevier von Südwales, wo sich bis zum heutigen Abend die Zahl der streikenden Bergleute auf rund 96 000 erhöht hat, traten am Sonntag die Delegierten der Gewerkschaft zu einer Konferenz zusammen, in deren Verlauf eine Resolution mit der Forderung nach sofortiger Wiederaufnahme der Arbeit angenommen wurde. In dem Beschluß heißt es: Eine Fortdauer des Streiks würde indirekt eine Verlängerung des Krieges zur Folge haben und vielen britischen Soldaten das Leben kosten. Im Hinblick auf die kommende Invasion dürften die vorhandenen Kohlenreserven nicht für anderweitige Zwecke verwendet, sondern die Produktion müsse erheblich gesteigert werden.

Militärische Sperrzonen in Großbritannien
Dienstag, 21. März 1944
Die *Agentur Reuter* berichtet:
Das angeordnete Besuchsverbot der englischen Küste läßt auf bevorstehende Operationen schließen. Die verbotene Zone reicht bis etwa 25 km vor London und umfaßt die meisten Badeorte im Süden und Südwesten Englands. Im Winter hatte man bereits ein ähnliches Verbot wieder aufgehoben. Zum erstenmal werden auch Devon und Cornwall in die militärische Zone einbezogen. Von diesem Besuchsverbot werden folgende Grafschaften betroffen: Norfolk, Suffolk, Essex, Kent, Sussex, Hamshire, Dorset, Isle of Wight, Devon, Cornwall und Teile von Schottland.

Einschränkungen im Luftpostverkehr
Sonnabend, 25. März 1944, London
Die *Agentur Reuter* meldet:
Die Einschränkungen des Postverkehrs nach Übersee treten mit Rücksicht auf militärische Operationen sofort in Kraft. Die Zivilluftpost zur Schweiz, nach Portugal, den Azoren, Französisch-Marokko, Spanisch-Marokko, Tanger, Algerien, Tunis und Gibraltar wird ab sofort eingestellt, auch die Luftpost für Kriegsgefangene und Internierte – ausgenommen in Schweden. Für die britischen Truppen in Übersee – ausgenommen Gibraltar – wird der Luftverkehr fortgesetzt.

Der Bergarbeiterstreik
Freitag, 31. März 1944, London
Die *Agentur Reuter* berichtet:
Gegenwärtig stehen in 70 Kohlenbergwerken der Grafschaft Yorkshire 90 000 Arbeiter im Streik.

NEWS CHRONICLE, Tuesday, April 18, 1944

RELY ON THE QUALITY .. ballito STOCKINGS

News Chronicle

No. 30.554 TUESDAY, APRIL 18, 1944 ONE PENNY

LATE LONDON EDITION

BOOTH'S DRY GIN

BRITAIN STOPS SECRET DIPLOMATIC MESSAGES

No couriers, no codes on eve of Second Front

U.S. AND U.S.S.R. ENVOYS EXEMPT

By E. P. MONTGOMERY, the Diplomatic Correspondent

THE British Government, in the most drastic and comprehensive security Order ever issued by a nation at war, last night put a complete ban on all forms of secret diplomatic communications between Britain and the outside world.

Invasion will come soon, say Germans

HERE are three views from German sources on the forthcoming Allied invasion of Europe.

3 BALKAN CITIES BOMBED

From Jan Yindrich
News Chronicle War Correspondent

Allied H.Q., Italy, Monday.
BELGRADE was today added to the list of the

Germans penned into Sevastopol fortress

Two Soviet armies are over Dniester and striking for Chisinau

SOME time today, it is expected in Moscow, the guns of the Soviet capital will salute the reduction of Sevastopol and the final liberation of the Crimea.

The battle has now passed its second day. The enemy, penned into the city, is resisting fiercely, but the situation of the garrison is growing steadily worse.

BAN ON SYDNEY PRESS IS LIFTED

From Our Own Correspondent

SYDNEY, Monday.
THE Commonwealth's High Court has now granted an interim injunction against the Government

Der Stop des Nachrichtenverkehrs für Auslandsvertretungen in England:
Einmaliger Fall in der Geschichte der Diplomatie

W. Churchill an General D. D. Eisenhower
Montag, 3. April 1944:
Das Kabinett hat sich heute sehr ernst und im großen ganzen ablehnend über die Absicht geäußert, so zahlreiche Bahnknotenpunkte in Frankreich zu bombardieren, da das Zehntausende von französischen Zivilisten – Männern, Frauen und Kindern – das Leben oder die gesunden Glieder kosten muß. Es ist zu bedenken, daß diese Menschen samt und sonders unsere Freunde sind und daß eine solche Aktion als äußerst hart beurteilt werden würde; auch würde sie den alliierten Fliegerkräften allgemeinen Haß zuziehen . . .
Aus militärischen Gründen spricht freilich sehr viel für die Konzentration des Angriffs auf diese Objekte.

Sperre für den Nachrichtenverkehr der Auslandsvertretungen in England
Dienstag, 18. April 1944, London
Die *Agentur Reuter* berichtet:
Das Foreign Office teilt mit, daß die britische Regierung alle diplomatischen Vertretungen davon verständigt habe, mit Wirkung vom 17. April 1944, 24 Uhr, bis auf weiteres nicht mehr zuzulassen:
1. Versendung oder Empfang von Telegrammen, deren Inhalt nicht im Klartext verfaßt ist.
2. Versand oder Empfang von diplomatischem Gepäck, das nach dem genannten Zeitpunkt nicht zur Kontrolle vorgelegt wurde.
3. Die Ausreise von diplomatischen Kurieren sowie konsularischen Vertretern, Angehörigen ihres Beamtenstabes und ihres Hauspersonals.

Weitere britische Sicherheitsmaßnahmen
Mittwoch, 19. April 1944, London
Die *Agentur Reuter* teilt mit:
Der gesamte Schiffsverkehr zwischen England und dem südirischen Hafen Cork ist mit sofortiger Wirkung eingestellt und eine neue Ausnahmebestimmung erlassen worden. Sie ermächtigt die Polizei, Straßen jederzeit zu sperren, um wichtige Militärtransporte durchzulassen, und gibt jedem Armeeangehörigen das Recht, gleichermaßen zu verfahren. Laut neuer Verfügung werden Angehörige diplomatischer Vertretungen sowie deren Haushaltspersonal in bestimmten Fällen wie »jeder andere Ausländer« behandelt. Sie unterliegen nun allen für Ausländer geltenden Einschränkungen, das heißt, es kann ihnen der Zutritt zu bestimmten Gebieten verwehrt und unter besonderen Umständen sogar Hausarrest auferlegt werden.

Manöver in England
Sonntag, 23. April 1944
Associated Press meldet:
Die Vorbereitungen für die zweite Front haben eine neue Phase erreicht: Zahlreiche Schlösser und Landsitze sind in diesen Tagen requiriert und in Spitäler umgewandelt worden, fahrbare Ambulanzen stehen an der Küste. Man nimmt daher an, daß das Oberkommando in London mit schweren Verlusten rechnet. Es gibt Rollfelder, auf denen ausschließlich Sanitätsflugzeuge bereitstehen. Im Küstengebiet fanden soeben Übungen der Fallschirmtruppen statt, denen General Montgomery und Air Chief Marshal Tedder beiwohnten.

Luftoffensive gegen das deutsche Verkehrssystem
Sonntag, 23. April 1944, London
Das *Hauptquartier der 8. US-Luftflotte* gibt bekannt:
Flying-Fortress- und Liberator-Bomber haben gestern einen schweren Angriff gegen die Bahnanlagen von Hamm durchgeführt. Die Bomber wurden von sehr starken US-Jägerverbänden begleitet. Außer Hamm hat die 8. USAAF gestern Eisenbahnknotenpunkte, Flugplätze und militärische Anlagen hinter dem verwüsteten »Atlantikwall« bombardiert. Mehr als 250 US-Bomber haben in Begleitung von Jägern einen Angriff auf nicht bekanntgegebene Ziele in Nordfrankreich unternommen. Die Flakabwehr war sehr intensiv, es tauchten jedoch keine feindlichen Jäger auf.

Ausreiseverbot

Dienstag, 25. April 1944, London
Das *Innenministerium* gibt bekannt:
Neben den Einschränkungen für Reisen nach Irland müssen aus militärischen Gründen neue Bestimmungen

für sämtliche Auslandsreisen erlassen werden: Das Verlassen Großbritanniens ist mit Ausnahme dringender Dienstreisen verboten. Personen, die bereits im Besitz eines Visums sind, können England bis zum 27. April 1944, 24.00 Uhr, verlassen. Nach diesem Termin verliert jede Ausreisebewilligung ihre Gültigkeit. Diese Bestimmungen gelten bis auf Widerruf.

Angriff auf britischen Geleitzug
Freitag, 28. April 1944, Berlin
Das *DNB* meldet:
Deutsche Schnellboote operierten in der vergangenen Nacht an der englischen Südküste westlich der Insel Wight und griffen dort einen von Zerstörern und zahlreichen kleinen Kampfschiffen gesicherten britischen Geleitzug an. Trotz stärkerer feindlicher Abwehr versenkten sie drei Schiffe mit ca. 6400 BRT und torpedierten ein weiteres von 200 BRT, mit dessen Sinken zu rechnen ist. Im Verlauf der harten Feuergefechte wurde ferner ein feindlicher Zerstörer von Torpedos so schwer getroffen, daß sein Untergang anzunehmen ist. Er konnte jedoch infolge starker feindlicher Abwehrtätigkeit und der dadurch bedingten raschen Verlagerung des Gefechtsfeldes nicht beobachtet werden.

Das Streikgesetz in England
Sonnabend, 29. April 1944, London
Die *Agentur Reuter* berichtet:
Der Antrag des Wortführers der Labourpartei, Bevan, gegen die Verhängung von Strafen bei Anstiftung zum Streik in Rüstungsbetrieben ist gestern im Unterhaus mit 314 gegen 23 Stimmen abgelehnt worden. Vor der Abstimmung erklärte Arbeitsminister Bevin: »Die zweite Front befindet sich ohne jeden Zweifel durch den Kohlenstreik in einer ernsten Gefahr.« Bevin erinnerte daran, daß 1940 die Gewerkschaftsführer einstimmig beschlossen hatten, für die Dauer des Krieges auf alle Streiks zu verzichten. Er glaube nicht, daß der gleichzeitige Ausbruch von Streiks im Bergbau und in den Gaswerken nur ein Zufall gewesen sei.

Und so war es

Es ist stockfinster und eisig kalt, als die beiden Kampfschwimmer Major L. Scott-Bowden und Sergeant Ogden-Smith vorsichtig an den Strand robben. Die auf der Deichmauer unterhalb der hohen Dünen patrouillierenden deutschen Posten sind nur schemenhaft zu erkennen. Sergeant Ogden-Smith steckt einen Spleiß, an dem eine Angelschnur befestigt ist, in den Sand und kriecht weiter auf die Dünen zu. Die durch seine Hand gleitende Schnur weist alle zehn Meter eine Bleikugel als Markierungspunkt auf, und er zieht alle zehn Meter einen Beutel aus der Tasche, um ihn mit Erdproben zu füllen. Ogden-Smith: »Auf einmal hörte ich von weit her eine Turmuhr zwölfmal schlagen, und plötzlich fiel mir wieder ein, daß es ja die Neujahrsnacht ist. Ich drehte um, krabbelte die Strecke zurück bis zu Major Scott-Bowden, der sich unter der Deichmauer versteckt hielt und dort das Gespräch der deutschen Posten belauscht hatte, und flüsterte ihm Prosit Neujahr ins Ohr.«
Drei Stunden muß Lieutenant Commander Clogstoun-Willmott etwa 450 m vor der Küste mit seinem LCN-Boot auf die beiden Kampfschwimmer warten, bis sie mit ihrer Infrarotlampe das Zeichen zum Abholen signalisieren. Er atmet erleichtert auf, endlich aus dem Bereich des nahegelegenen Leuchtturms verschwinden zu können, dessen Lichtkegel das LCN-Boot fast gestreift hätte. Etwa 180 m vom Strand entfernt werden die beiden Männer, schwer beladen mit Sand- und Gesteinsproben, wieder an Bord gezogen. Ihre Untersuchungen dienen SHAEF zur Feststellung, mit welchen geologischen Verhältnissen vor Arromanches man bei der Errichtung des künstlichen Hafens »Mulberry B« rechnen muß.

Am Sonnabend, dem 1. Januar 1944, werden in London die Strategischen US-Luftstreitkräfte (United States Strategic Air Force in Europe, USSTAF) gebildet; Lieutenant General Carl Spaatz wird Kommandierender General. Zum Hauptquartier von USSTAF gehören die 8. und die in Italien aufgestellte 15. Luftflotte. Die 9. USAAF in England wiederum, deren Ziele durchweg taktischer Natur sind, untersteht nicht Lieutenant General Spaatz, sondern Major General Lewis H. Brereton, dessen Hauptquartier sich im Sunnig Hill Park, Ascot, befindet.

Am gleichen Tage übernimmt in Fontainebleau, nahe Paris, Generalfeldmarschall Rommel die Führung der Heeresgruppe B und damit alle deutschen Kräfte nördlich der Loire, darunter die Verbände des Wehrmachtbefehlshabers Niederlande (Gen. d. Fl. F. Christiansen), die 15. (GenOberst H. v. Salmuth) und 7. Armee (GenOberst F. Dollmann). Rommel selbst bleibt jedoch dem Oberbefehlshaber West, Generalfeldmarschall v.

Messen des Uferneigungsgrades

1 Kampfschwimmer **2** Leine mit Markierungszeichen (alle 2 m) **3** Befestigungen im Strand (in einer Höhe von etwa 35 cm) **4** Gummiluftkissen an der Meßleine

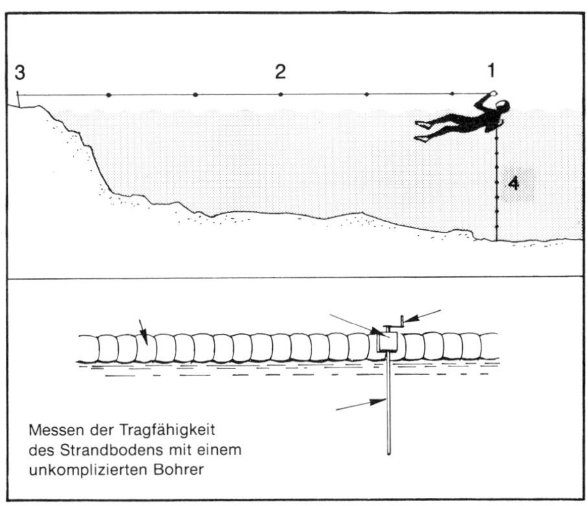

Messen der Tragfähigkeit des Strandbodens mit einem unkomplizierten Bohrer

Rundstedt, unterstellt und muß sich mit dem Befehlsbereich des etwa 20 km tiefen Küstenstreifens von der Zuidersee bis zur Loire-Mündung begnügen. Es gehört auch zu seinen Aufgaben, Vorbereitungen zur Küstenverteidigung der in Südwest- und Südfrankreich stehenden 1. (Gen. d. Pz. Tr. Lemelsen) und 19. Armee (Gen. d. Inf. v. Sodenstern) zu überprüfen. Rommel: »Ich habe Anweisung gegeben, Pfähle vor der Küste als Sperre gegen Landungsboote von der Truppe einrammen zu lassen.«

Am Dienstag, dem 4. Januar 1944, überschreiten in Wolhynien (Ostpolen) die Verbände der 1. Ukrainischen Front (Marschall Konjew) bei ihrem Vormarsch nach Westen im Raum Sarny die ehemalige polnisch-sowjetische Grenze. Die Initiative an der deutschen Ostfront, die sich über 3000 Kilometer von Nordfinnland bis zum Schwarzen Meer erstreckt, liegt seit dem Sommer 1943 bei der Roten Armee.

Ab Freitag, dem 7. Januar 1944, beginnen die alliierten Luftstreitkräfte erneut, die 96 mit Hilfe von Aufklärungsfotos lokalisierten Abschußrampen für fliegende Bomben in Nordfrankreich anzugreifen. Ein Viertel der Rampen wird zwar beschädigt, doch zur gleichen Zeit schafft es die Luftwaffe, mit beinahe 10 000 Arbeitern von den Alliierten unbemerkt 50 vereinfachte vorfabrizierte Katapultstellungen zu montieren. Von den neuen Rampen aus sollen nun die Angriffe der fliegenden Bomben stattfinden.

Kurz vor Mitternacht zum 16. Januar 1944 rollt im dichten Nebel ein Militärzug aufs Nebengleis bei Primrose Hill in London. Oberbefehlshaber der Operation »Overlord«, General Dwight D. Eisenhower, ist soeben eingetroffen, um das Kommando für die ihm unterstellten Truppen zu übernehmen. Seine Ankunft hält man streng geheim, und Eisenhower begibt sich sofort in sein Quartier nach Hayes Lodge, Mayfair. Mit seinem Erscheinen beginnt die eigentliche Arbeit im Hauptquartier des Oberkommandos der alliierten Expeditionsstreitkräfte (SHAEF).

In der Nacht vom 17./18. Januar 1944 startet die Lotsengruppe für kombinierte Operationen (COPP) ihre drei Tage und Nächte dauernden Stranderkundungen. Die Operation »Postageable 2« ist die längste aller dieser Einsätze. Die Aufgabe der beiden Kampfschwimmer Major L. Scott-Bowden und Sergeant Ogden-Smith ist diesmal, den Strand von Les Moulins, etwa 4 km östlich Vierville-sur-Mer, bis zum Pointe du Hoc genau zu erkunden. Neu ist dabei die Art, wie man sie an die Calvados-Küste befördert: mit einem Mini-U-Boot, dem rund 17 m langen X-Boot, gesteuert von Lieutenant Commodore N. Clogstoun-Willmott. Die Operation »Postageable« ist von entscheidender Bedeutung für den Bau des amerikanischen künstlichen Hafens »Mulberry A«, der vor dem nahegelegenen Fischerdorf Vierville-sur-Mer nach geglückter Invasion entstehen soll.
Nigel Clogstoun-Willmott: »Am Abend des 17. Januar

». . . Es war für uns einer der aufregendsten Momente, durch das Periskop die in greifbare Nähe gerückte Küste zu sehen.«

Am Sehrohr des Mini-U-Bootes . . .

erreichten wir die Küste der Normandie durch eine neue Technik: Der Schlepper ›Darthema‹ zog uns bis an den Rand des deutschen Radarbereiches und drehte wieder ab. Wir steuerten nun unter Wasser durch Minenfelder auf die französische Küste zu. Bei Tagesanbruch des 18. Januar 1944 erreichten wir wie geplant die Küste vor Les Moulins – St.Laurent und schoben uns vorsichtig bis Sehrohrtiefe an den Strand. Es war für uns ein aufregender Moment, durch das Periskop die in greifbare Nähe gerückte Küste zu sehen. Die einzelstehenden Häuser wirkten wie ausgestorben, doch am Strand herrschte reger Betrieb: Deutsche Soldaten und Zivilisten bauten gerade Strandhindernisse. Wir konnten fast ihre Gesichter erkennen. Nachdem wir unsere Beobachtungen notiert hatten, suchten wir uns eine tiefere Stelle und setzten auf Grund, um einige Stunden zu schlafen. Gegen Mittag gingen wir wieder auf Sehrohrtiefe und näherten uns der Küste, um Navigationspunkte und Befestigungen auf unserer Karte einzutragen. Erst kurz vor Sonnenuntergang verschwanden wir wieder in der Tiefe. Hier konnten wir ungestört die

Schwimmausrüstungen vorbereiten. Gegen 19 Uhr befanden wir uns erneut in Küstennähe, damit ich die Kampfschwimmer aussetzen konnte. Und während die beiden am Strand ihre Arbeit taten, nahm ich etwa eine halbe Meile entfernt Messungen der Gezeiten und Strömungen vor.«

Die Männer haben eine Menge zu tun, um sich ein genaues Bild von diesem Küstenstreifen machen zu können: Vermessen der Wassertiefen aus verschiedenen Entfernungen zum Strand sowie bei Ebbe und Flut, Beschaffenheit des Meeresbodens, Position der Unterwasserriffs oder Untiefen, dazu Lage und Art deutscher Minen und Unterwassersperren. Bereits eine halbe Stunde später – die beiden Kampfschwimmer haben gerade mit der Stranderkundung begonnen – nähert sich ihnen eine deutsche Patrouille, und sie müssen sich schnell zurückziehen. Die Engländer warten eine Weile, ehe sie wieder in Richtung Strand robben. Sie sind schon beim Einsammeln der Strandproben und bemerken nicht die zweite Patrouille. Major Scott-Bowden: »Einer der deutschen Soldaten stolperte über unsere Meßeinrichtung und fiel der Länge nach hin, sein Kamerad half ihm wieder auf die Beine. Der Mann klopfte sich fluchend die Hose ab und ging weiter, ohne nachzusehen, was da lag. Er muß gedacht haben, er sei über einen Stein gestolpert.« Die Strandpatrouillen haben damit indirekt bestätigt, daß im Abschnitt Les Moulins und Vierville-sur-Mer zur Zeit keine Minenfelder sind. Gegen 22 Uhr waten die beiden Kampfschwimmer wieder ins Meer zurück, geben mit ihren Infrarotlampen Blinksignale und schwimmen dann zu dem in der pechschwarzen Nacht auftauchenden U-Boot.

Erst nach drei Tagen und Nächten kehrt das Mini-U-Boot von der Calvados-Küste zurück. Die Männer des COPP haben rund 30 Abschnitte der Invasionsstrände erkundet, so daß man bei SHAEF nun genau weiß, wo die für Landungsboote gefährlichen Sandbänke liegen und auf welchen Strandabschnitten schwere Panzer ungehindert rollen können.

Am Dienstag, dem 18. Januar 1944, wird Eisenhower bei einer Stabsbesprechung in seinem Hauptquartier im Norfolk House über vorbeugende Täuschungsmanöver für die Operationen »Overlord« und »Neptune« unterrichtet, die Hitler bis zuletzt im Ungewissen über Zeit und Ort der Landung lassen sollen. Der Plan »Bodyguard« – so der Codename für die Gesamtstrategie dieser Täuschungsmanöver – zählt 36 Sonderoperationen und eine nicht mehr feststellbare Anzahl von Einzelunternehmen.

Die Aktionen zur Tarnung der Operation »Neptune« erhalten den Codenamen »Fortitude«. Sie sollen eine alliierte Landung in Norwegen, am Pas de Calais, im Golf von Biskaya und an der französischen Mittelmeerküste vorspiegeln. »Fortitude« teilt sich in »Fortitude North« und »Fortitude South«. Das Ziel der Nordgruppe ist, Hitler zu bewegen, die in Finnland, Norwegen und Dänemark stationierten 27 Divisionen dort zu belassen. Die britische 4. Armee – ein 350 000 Mann starker Geisterverband – soll zusammen mit dem XV. US-Korps von Schottland aus, unterstützt durch sowjetische Kräfte, eine Großlandung in Norwegen vortäuschen. Operation »Fortitude South« bezweckt, die angebliche Existenz der aus 50 Divisionen und 1 Million Soldaten bestehenden First United States Army Group, FUSAG (Maj. Gen. Patton) zu bestätigen.

Mit »Fortitude South« ist eine andere Operation, das strategisch wichtige Täuschungsmanöver »Quicksilver«, eng verbunden. Dieses Unternehmen soll den Anschein erwecken, daß die FUSAG am Pas de Calais die eigentliche Landung beginnt, sobald die dort stationierte deutsche 15. Armee für die Kämpfe in der Normandie abgezogen wird. Eine andere Operation »Ironside« soll eine geplante Landung im Golf von Biskaya vortäuschen, um die dort stationierte deutsche 1. Armee zu binden. Die Operation »Vendetta« verfolgt das gleiche Ziel bei der deutschen 19. Armee im Raum Marseille. Die Operation »Zeppelin« soll denselben Effekt bei den deutschen Truppen auf dem Balkan und den griechischen Inseln bewirken. Und die deutschen Armeen in Italien werden wiederum durch die Operation »Diadem« gebunden. Die Kontrolle über »Fortitude North« wird zwischen SHAEF und dem alliierten Oberkommando in Schottland geteilt, »Fortitude South« übernehmen General Montgomery, Admiral Ramsay und Air Chief Marshal Leigh-Mallory. Inzwischen »sammelt« sich die Geisterarmee FUSAG von Major General Patton in der Grafschaft Kent gegenüber dem Pas de Calais.

Wing-Commander Roman Garby-Czerniawski
alias »Armand« – alias »Brutus«

Auch die streng geheime »Double-Cross«-Operation (XX) wird für »Fortitude South« eingeschaltet: Im Rahmen der Operation »XX« werden deutsche Agenten in Großbritannien aufgespürt und »umgedreht«, um sie für den britischen Nachrichtendienst einzusetzen und als Doppelagenten arbeiten zu lassen, während die deutsche Abwehr in der Annahme ist, mit echten Nachrichten versorgt zu werden. »Double-Cross« ist eines der bestgehüteten Geheimnisse des britischen Nachrichtendienstes im Zweiten Weltkrieg. Die London Controlling Section (LCS), eine für Planung und Koordinierung von strategischen Tarnungs- und Täuschungsoperationen verantwortliche, Churchill unterstellte Dienststelle, arbeitet eng mit dem »Double-Cross«-Komitee zusammen. Ihre Aufgabe: Die von »Fortitude« herausgegebenen falschen Informationen von Doppelagenten an die Deutschen weiterleiten zu lassen. Die endgültige Fassung dieser Nachrichten wird bei Arbeitsbesprechungen zwischen den Offizieren vom Committee of Special Means (CSM), eine für Täuschungsoperationen verantwortliche Sonderabteilung des SHAEF, und von Führungsoffizieren einzelner Agenten gebilligt.

Die »Double-Cross«-Agenten berichten über wirklich existierende alliierte Truppenteile, geben jedoch falsche Standorte an. Gleichzeitig melden sie, daß diese Verbände der FUSAG angehören, obwohl sie in Wirklichkeit an der Operation »Neptune« teilnehmen. Vier dieser Agenten erfreuen sich des besonderen Vertrauens der deutschen Abwehr: Ein Spanier (Deckname »Garbo«), der Jugoslawe Dusko Popow (Deckname »Tricycle«), der Pole Roman Czerniawski (Deckname »Brutus«) und eine junge Französin russischer Abstammung, Lily Sergejew (Deckname »Treasure«).

Der wichtigste von ihnen ist »Brutus«, da er als einziger eine militärische Ausbildung und nachrichtendienstliche Erfahrungen hat. »Brutus«, mit richtigem Namen Captain Roman Czerniawski, ist ehemaliger Absolvent der französischen École Militaire und vor dem Krieg ein bekannter polnischer Kunstflieger. Er gründet im Herbst 1940 als legendärer »Armand« das erste Spionagenetz im besetzten Frankreich: Réseau »Interallié«. Seine rechte Hand und Geliebte ist Mathilde Carré (»La Chatte«), die »Mata Hari des Zweiten Weltkrieges« genannt. Am 17. November 1941 – vom As der deutschen Abwehr, Unteroffizier Hugo Bleicher, in seiner Pariser Wohnung verhaftet – wird Czerniawski von Major O. Reile, Chef der Gegenspionage der Abwehrleitstelle Frankreich, im Gefängnis Frèsnes zur Spionagearbeit in England für die Deutschen angeworben. Auf Veranlassung des Abwehrchefs Admiral Canaris inszeniert man am 14. Juli 1942 seine Flucht. Über eine abenteuerliche Route – Pyrenäen, Spanien, Gibraltar – erreicht Czerniawski England. Hier meldet er sich beim Secret Service und wird vom »Committee XX« übernommen, das ihn als Verbindungsoffizier zwischen den polnischen Luftstreitkräften und der RAF aufbaut. Als Major General Patton das Kommando der FUSAG übernimmt, wird Czerniawski seinem Hauptquartier zugeteilt. Aufgrund der Fragen, die man Czerniawski von deutscher Seite stellt, ist das »Committee XX« der Ansicht, daß ihm die deutsche Abwehr vertraut. Er bekommt einen Funker und wird mit der Übermittlung sämtlicher Nachrichten an seine Leitstelle »Fremde Heere West« in Paris im Rahmen der Operation »Quicksilver« beauftragt.

Unterdessen liegen im Aufmarschgebiet der FUSAG, in den Häfen Dover, Folkestone und der Themse-Mündung fast ein halbes Tausend Landungsschiffe – Attrappen aus Planen und Holz, die auf leeren Ölfässern schwimmen –, und in den Schein-Militärlagern sorgt eine Handvoll Soldaten für rauchende Feldküchen; die Panzer sind aus aufblasbarem Gummi und die Lastensegler aus Pappe. Major General Patton läßt sich zusammen mit seinem weißen Bullterrier Willie ständig in der Nähe seines Truppenlagers sehen, das mit einem Stabskader belegt ist.

Der Funkverkehr der FUSAG, den die Deutschen rund um die Uhr abhören, läuft nach einem etwa 350 Seiten dicken Drehbuch. Und zur Verstärkung des Funkverkehrs werden zusätzliche Telefonleitungen aus Montgomerys Hauptquartier bei Portsmouth nach Dover Castle verlegt. Von dort aus führt man den Funkverkehr.

Bei Dover wird auch eine Attrappe der Ölausgangsstation für die Pipeline nach Calais aufgestellt. Die riesengroße Anlage aus Ölbunkern, Kraftwerken, Molen und einer Arbeitersiedlung erstreckt sich über 8 qkm. Zur feierlichen Eröffnung kommen sogar König Georg V. und Montgomery. Eisenhower hält eine Rede an die Arbeiter der neuen Anlage. RAF-Jagdpatrouillen sichern den Luftraum, und Windmaschinen wirbeln tagsüber Staub auf, um Geschäftigkeit vorzutäuschen. In der Nacht wird der Ölhafen in künstlichen Rauch gehüllt.

Im Vergleich zu Eisenhower, den man als bestinformierten Heerführer der Geschichte bezeichnen kann, wird Rommel die Beurteilung der gegnerischen Absichten und des Potentials erheblich erschwert. Die Unterlagen, die er über Feindaufklärung vom OB West, dem Oberkommando des Heeres und vom Wehrmachtführungsstab bekommt, sind schon »bearbeitet«. Ein direktes Zusammenwirken der Heeresgruppe B mit dem OKW Abteilung Ausland/Abwehr, ist Rommel durch einen »grundsätzlichen« Befehl von Rundstedt

Links: Aus diesem Haus in der Berwyn Road – im Londoner Vorort Richmond – hält »Brutus« Funkverbindung mit seiner Leitstelle . . .,

Rechts: . . . die im Pariser Hotel »Lutetia« untergebracht ist

untersagt. Schlimmer noch: Die Heeresgruppe B erhält keine notwendigen Unterlagen über die Résistance und deren geplante Zusammenarbeit mit den alliierten Streitkräften im Falle der Invasion. Die militärischen sowie politischen Nachrichten müssen inoffiziell durch persönliche Beziehungen über die Stäbe besorgt werden. Sogar über den Verlauf der Operationen an der Ostfront und in Italien wird Rommel offiziell nicht unterrichtet.

Am Freitag, dem 21. Januar 1944, findet im Norfolk House, dem Hauptquartier von SHAEF, eine Lagebesprechung statt, an der zum erstenmal alle Befehlshaber der Operationen »Overlord« und »Neptune« teilnehmen.

Am Sonnabend, dem 22. Januar 1944, landet um 2.00 Uhr morgens im Raum Anzio-Nettuno, südlich von Rom, das VI. Korps (Maj. Gen. Lucas) der 5. US-Armee (Lt. Gen. Clark). Ohne die Überraschung der Deutschen auszunutzen und direkt bis zur Ewigen Stadt vorzustoßen, beginnen die Amerikaner in aller Ruhe, ihr Material an der Küste auszuladen, und ermöglichen so den Deutschen das Zusammenziehen ihrer Kräfte.

Am Sonntag, dem 23. Januar 1944, teilt SHAEF dem interalliierten Komitee der Stabschefs (CCS) mit, daß man beabsichtige, den ersten Angriffsverband zu verstärken, das Landungsgebiet zu erweitern und den Hauptanteil der Luftlandetruppen gegen die Halbinsel Cotentin anstatt im Raum von Caen einzusetzen. Zugleich kommt der Stichtag der Invasion in Nordfrankreich zur Sprache, der bereits auf den 1. Mai 1944 festgelegt worden ist. Auch eine Reihe scheinbar nebensächlicher Details muß geregelt werden, wie z. B. die Einigung auf eine gemeinsame militärische Nomenklatur. Die Engländer und Amerikaner stellen nämlich zu ihrer Verblüffung fest, daß Bezeichnungen selbst für belanglose Dinge oft verschiedene Bedeutung haben. Lieutenant General Bedell-Smith: »Ich entsinne mich, wie General Eisenhower Anforderungen für Eisenbahnmaterial überprüfte und verblüfft auf eine astronomische Zahl von ›Schlafwagen‹ stieß. Dabei handelte es sich um Eisenbahnschwellen, die im Englischen ›sleeper‹ und auf Amerikanisch ›tie‹ heißen.«

Bereits am Montag, dem 24. Januar 1944, legt General Montgomery seinen auf der Grundlage des COSSAC-Entwurfs ausgearbeiteten »Neptune Initial Plan« vor. Sein Konzept enthält taktische Einzelheiten für die Kanalüberquerungen und Einnahme des Brückenkopfes (Operation »Neptune«). Es sieht vor, den Invasionsraum nach beiden Seiten von etwa 40 km auf 100 km zu erweitern und in die Abschnitte »Utah«, »Omaha«, »Gold«, »Juno«, »Sword« einzuteilen, dazu die erste Angriffswelle auf 5 Infanterie- und 3 Luftlandedivisionen zu verstärken.
Jede Anstrengung wird unternommen, um zu verhindern, daß die Deutschen etwas von der geplanten Operation erfahren. Sämtliche Dokumente, aus denen Ort und Zeit der Invasion zu entnehmen sind, unterliegen ganz speziellen Bestimmungen: Die »Bigot Procedure«, eine von »To Gib« (nach Gibraltar) abgeleitete Bezeichnung, unter der man 1942 Unterlagen für die Operation »Torch« nach Gibraltar verschickt hatte, bedeutet jetzt die höchste Geheimstufe. Nur ein paar Dutzend Eingeweihte, »Bigots« genannt, sind berechtigt, derartige Akten einzusehen. Diese strengen Geheimhaltungsvorschriften werden noch durch einen Sonderbefehl von General Eisenhower verstärkt: ». . . Wir müssen die Zunge im Zaum halten und für die Sicherheit des militärischen Schriftverkehrs sorgen. Jeder von uns ist dafür verantwortlich, daß diese Regeln eingehalten werden, bis wir unser Ziel erreicht haben . . . Alle Truppenbefehlshaber sorgen dafür, daß . . . Verstöße gegen die Sicherheitsbestimmungen mit den strengsten disziplinarischen Maßnahmen geahndet werden.«
Als oberster Befehlshaber hat Eisenhower sogar die Macht, das britische Kriegskabinett zu einer Reihe ungewöhnlicher Sicherheitsmaßnahmen zu veranlassen.

Kay Summersby

»Es würde unser Gewissen schwer belasten, wenn wir in späteren Jahren erkennen müßten, daß wir den Erfolg dieser entscheidenden Operationen durch eine Vernachlässigung der Geheimhaltungsbestimmungen gefährdet haben«, schreibt General Eisenhower an Brooke.

Nach seinen Richtlinien sind bei den Stäben, die den maritimen Teil der Landung in Frankreich (Operation »Neptune«) vorbereiten, keine französischen Seeoffiziere zugelassen, obwohl es niemanden gibt, der besser mit der Kanalküste vertraut ist. Sie hätten besonders zur richtigen Auswertung des äußerst umfangreichen, jedoch recht zweifelhaften Informationsmaterials beitragen können, das von rund 40 verschiedenen an der französischen Küste arbeitenden Spionagenetzen eingeht. Und der Einsatz von bewährten normannischen und bretonischen Flottenlotsen, die jetzt in der Freien Französischen Marine dienen und sowohl die Atlantik- wie auch Kanalhäfen seit ihrer Kindheit kennen, könnte manches unnötige Opfer verhindern. Als jedoch General de Lattre de Tassigny ihre unschätzbaren Dienste anbietet, weist der britische Admiral Hewitt diesen Vorschlag schroff zurück: »Amphibische Operationen seien ohnehin schwierig genug, auch ohne Sprachkomplikationen.«

Übrigens dürfen nach Eisenhowers Order, neben den Franzosen auch keine Militärs anderer Exil-Streitkräfte an den Vorbereitungen zur Operation »Neptune« mitwirken oder etwas darüber erfahren. Und nachdem Captain B. H. Liddell Hart, der bekannte britische Militärtheoretiker, im Auftrag von SHAEF feststellt, daß es den Deutschen schon aufgrund von Presseberichten möglich wäre, zutreffende Prognosen über militärische Absichten der Alliierten zu stellen, veranlaßt Churchill strikte Pressezensur. Sogar amtliche Telefongespräche werden abgehört und Postsendungen überprüft.

Eisenhower achtet peinlich auf Einhaltung der »Bigot«-Geheimhaltungsvorschriften und zögert selbst nicht, seinen ehemaligen Klassenkameraden von der Militärakademie Westpoint, einen höheren US-Offizier, zu degradieren und nach Hause zu schicken, als er erfährt, daß dieser auf einem Empfang im Londoner Hotel Claridge eine Bemerkung im Zusammenhang mit »Overlord« hat fallen lassen. Doch das »top secret« der Operation »Overlord« ist keineswegs »Bigot-Procedure«: Das am sorgfältigsten gehütete Geheimnis der Invasion hat kastanienbraune Haare, lange Beine und heißt Mrs. Kay Summersby. Die 33jährige Irin, Ex-Fotomodell und Filmkomparsin, ist General Eisenhowers Privatsekretärin, Fahrerin und Freundin. Sie entstammt einer biederen Familie und ist 1912 auf der Insel Inish Beg (Grafschaft Cork) als Kathleen McCarthy-Morrogh geboren. Nach ihrer Heirat mit einem gewissen Mr. Summersby arbeitete sie kurz vor dem Kriege als Mannequin im exklusiven Londoner Modesalon »Worth's of Paris«. Im Spätherbst 1939 trat sie in das britische Hilfskorps »Motor Transport Corps« (MTC) ein und ließ sich anschließend scheiden. 1942 lernt Mrs. Summersby in London General Eisenhower kennen. Als ihr Verlobter, ein US-Colonel, in Tunis fällt, wird sie nach Algier in das Hauptquartier von General Eisenhower versetzt, sorgt dort für sein leibliches Wohl und chauffiert ihn. Bei offiziellen Empfängen übernimmt sie sogar die Pflichten der Dame des Hauses. Sie wird von General Eisenhower dem Präsidenten Roosevelt, König Georg V., Churchill und anderen führenden Männern vorgestellt.

Nachdem Eisenhower das Oberkommando von »Overlord« übernimmt, kommt auch Mrs. Summersby nach London und avanciert zum Offizier im »American Women's Army Corps«. Sie begleitet den obersten Invasionschef bei wichtigen gesellschaftlichen Treffs und führt sogar eine Zeitlang sein geheimes Tagebuch. Durch ihre Hände gehen auch die »Bigot«-Akten, und die Stabsoffiziere sind in ihrer Gegenwart gezwungen, oft die geheimsten Teile der Operation »Overlord« zu besprechen. Da sie als Irin laut der von General Eisenhower selbst verfaßten Bestimmungen überhaupt keinen Kontakt zu »Bigot«-Personen haben dürfte, bereitet das attraktive Girlfriend des Oberbefehlshabers den für die Geheimhaltung zuständigen SHAEF-Offizieren manche Sorgen. Und Churchill befürchtet sogar das Schlimmste: Dr. Goebbels könnte davon erfahren.

Als Eisenhower den Mut faßt und General Marshall schreibt, ob es möglich sei, sich von »Mammy« scheiden zu lassen, bekommt er als Antwort den Hinweis, daß, falls er darauf Wert legen sollte, es ihn seine militärische Karriere kosten werde. Eisenhower verzichtet zwar auf die Scheidung, aber nicht auf Mrs. Summersby, die ihn später auf dem Weg nach Deutschland begleiten wird.

In den Morgenstunden des 26. Januar 1944 meldet sich bei Eisenhower Major General Patton, der den fiktiven Verband, die 1. US-Armeegruppe (FUSAG), übernehmen soll. Sein Erscheinen bringt das wichtigste Täuschungsmanöver von »Overlord«, die Operation »Quicksilver«, ins Rollen.

Am Dienstag, dem 1. Februar 1944, genehmigt das interalliierte Komitee der Stabschefs die Verlegung des

Stichtages für »Overlord«, den Decisions-Day (D-Day), bis spätestens 31. Mai 1944. Eisenhower: »Wir machten darauf aufmerksam, daß die Festlegung auf ein bestimmtes Datum besser unterbleiben und der Stichtag aufgrund der in der ersten Juni-Woche herrschenden Wetterverhältnisse bestimmt werden sollte.« Die Verlegung des D-Day um vier Wochen bedeutet außerdem eine zusätzliche Monatsproduktion der bisher noch nicht ausreichenden Landungsschiffe.

Am gleichen Tag stimmt das interalliierte Komitee der Stabschefs (CCS) dem Vorschlag zu, daß die Landung in Südfrankreich nicht gleichzeitig mit der Invasion in der Normandie beginnen soll, sondern auf den 30. Juni 1944 verschoben wird, um den freiwerdenden Schiffsraum für die Operation in Nordfrankreich einzusetzen. Den akuten Mangel an Seeleuten will die Admiralität durch Außerdienststellung einer größeren Anzahl älterer Kriegsschiffe lösen, deren Besatzungen dann an der Operation »Neptune« teilnehmen sollen.

Selbst im Frühjahr 1944 hat die deutsche Führung noch kein reales Konzept, um einer zu erwartenden Invasion begegnen zu können. Während im Februar 1944 die Betondecken der Küstenbatterien und Bunker zum Schutz gegen Luftangriffe erheblich verstärkt werden, beginnt man zugleich mit der Errichtung weiterer Befestigungsanlagen. Rommel befiehlt einen zusammenhängenden Gürtel von Unterwasserhindernissen vor alle Küsten Westeuropas zu legen, an denen überhaupt eine Landung erwartet werden kann. Sie sollen den Zweck haben, alliierte Streitkräfte im entscheidenden Moment der Landung, wenn sie am leichtesten anzugreifen sind, aufzuhalten und sie so schutzlos dem Feuer der Artillerie auszusetzen. Die Hindernisse, stählerne »Igel«, Tetraeder, gebogene Schienen und Eisenschwellen, mit Minen oder Sprengladungen versehen, sind sowohl bei Ebbe als auch bei Flut wirksam.

Am Donnerstag, dem 3. Februar 1944, macht ein deutscher Pioniertrupp an der Normandie-Küste eine wichtige Entdeckung. Man hat festgestellt, daß das Einspülen der Pfähle mit einer Feuerspritze viel Zeit und Arbeit spart. Es dauert nur drei Minuten je Pfahl im Gegensatz zur dreiviertel Stunde beim Rammen »dazu ohne Knochenarbeit«. Im Durchschnitt schafft nun eine Arbeitsgruppe 100 Pfähle am Tag, was bedeutet, daß ein Hindernisstreifen von 50 km Länge, also für einen durchschnittlichen Divisionsabschnitt, von 850 Mann in einem Monat hergestellt werden kann. Das Problem ist jedoch die Beschaffung von brauchbaren Feuerwehrschläuchen, da die beschlagnahmten französischen alt und brüchig sind.

Am Dienstag, dem 8. Februar 1944, werden die Pläne für »Overlord« und Operation »Neptune« (taktische Planung für die Kanalüberquerung und den Kampf im Brückenkopf) endgültig fertig. General Eisenhower erhält nun den Oberbefehl über 15 Divisionen, darunter vier britische, als erste offensive Stoßkraft. Die Seestreitkräfte umfassen 8 Schlachtschiffe, 22 Kreuzer, 93 Zerstörer, 229 Geleitfahrzeuge, 200 Minensucher, 360 Motorboote und 4222 Landungsboote. 6518 Bomben-, Jagd- und Aufklärungsflugzeuge stehen für die Luftoperationen zur Verfügung. Und als Eisenhower Churchill den Plan darlegt, meint der Premier: »Wenn Sie im kommenden Winter einen Brückenkopf von der Seine-Mündung bis Cherbourg und 36 Divisionen an Land haben, dann werde ich das als einen Sieg betrach-

Normandie-Küste. Deutsche Pioniere beim Setzen von Hemmböcken: Das Einspülen der Pfähle mit einer Feuerwehrspritze spart Zeit und Arbeit

ten. Und wenn Sie dazu noch Le Havre einnehmen, dann werde ich ihn als entscheidend ansehen.« Eisenhower: »Zu Weihnachten stehen wir am Rhein.«
Am Mittwoch, dem 9. Februar 1944, stellt man den gesamten zivilen Reiseverkehr zwischen England und Irland ein, um zu verhindern, daß die zahlreichen deutschen Agenten in Dublin irgendwelche Informationen erhalten.

Am Donnerstag, dem 10. Februar 1944, wird Generalfeldmarschall Rommel von General der Artillerie W. Warlimont, dem Stellvertreter von Generaloberst Jodl, benachrichtigt, daß der Führer mit seiner Auffassung, der Feind sei an der Küste zu schlagen, übereinstimme.

Am Sonnabend, dem 12. Februar 1944, am Geburtstag von Abraham Lincoln, wird General Eisenhower nun offiziell zum Oberbefehlshaber der alliierten Invasionsstreitkräfte ernannt. Sein Stellvertreter: Air Chief Marshal A. Tedder; Chef des Stabes: Lieutenant General W. Bedell Smith. Die landenden Heeresverbände wird General B. L. Montgomery führen, die Seestreitkräfte Admiral B. Ramsay, die taktischen Luftstreitkräfte Air Marshal T. Leigh-Mallory. Lieutenant General C. A. Spaatz bleibt weiterhin Kommandierender der alliierten strategischen Bomberflotten.

Tag für Tag überfliegen nun alliierte Aufklärungsmaschinen die französische Küste und überwachen deutsche Abwehrvorbereitungen. Bereits Mitte Februar stellt man fest, daß sich das Bild der französischen Küste rasch verändert. Allerdings reicht das vorhandene Material für diese gewaltigen Aufgaben nicht immer aus.

Der von einem britischen Aufklärer bei seiner Arbeit überraschte Pioniertrupp. Ein Schlauch zum Einspülen der Hemmböcke ist links unten gut erkennbar

Am Sonntag, dem 13. Februar 1944, meldet das Armeeoberkommando 7 (Gen.Oberst Dollmann) an die Heeresgruppe B, daß es in seinem Bereich kein Holz mehr für Vorstrandsperren gibt und seine Holzfällerkommandos bereits in den Vogesen arbeiten.
Schon Mitte Februar erklärt Hitler mehrfach, die angloamerikanische Invasion werde an der normannischen, möglicherweise auch an der bretonischen Küste stattfinden. Das strategische Ziel könnte nach seiner Meinung die Einnahme des Hafens von Cherbourg sein.

In der Nacht vom 24./25. Februar 1944 bringt ein Schnellboot (MTB) sieben französische Mitglieder des 10. (I-A) Commando, die jetzt einen Trupp der Layforce II bilden, in die Nähe der holländischen Küste bei Scheveningen. Sie sollen unter dem Befehl von Lieutenant Charles Trepel die Mündung des Aakver-Kanals (Operation »Premium«) erkunden. Nachts um 2 Uhr paddeln sie vom Schnellboot aus mit ihren Dingis auf die Küste zu. Kurze Zeit später sieht die Crew des Schnellbootes am Strand eine Stichflamme und hört herzzerreißende Schreie. Im Geheimbericht steht: »... das Boot wartete eine ganze Weile, jedoch umsonst, es kam keiner vom Commando zurück.«

In der Nacht zum 29. Februar 1944 ereignet sich bei Stranderkundungen eine weitere Tragödie unter den britischen Commandos, die selbst in den Geheimakten der Alliierten nicht verzeichnet ist: Um 2.30 Uhr hört ein deutscher Strandposten westlich von Amsterdam Schreie im Meer, und kurze Zeit später taucht aus dem Nebel ein Schlauchboot kieloben auf, daneben drei bewußtlose Männer, die trotz der deutscherseits sofort unternommenen Wiederbelebungsversuche eines unerklärlichen Todes sterben. Die Leiche des vierten Kampfschwimmers ist einige Minuten danach an den Strand gespült worden (s. Bericht S. 72).

Der Vormarsch alliierter Truppen in Süditalien wird durch hartnäckigen deutschen Widerstand gestoppt. Vor Monte Cassino, am Sangro sowie an den Landeköpfen Anzio und Nettuno müssen sie schwere Verluste hinnehmen. Noch im Herbst 1943 haben die Alliierten gehofft, Rom spätestens im Januar oder Februar 1944 zu besetzen.

Am Sonnabend, dem 4. März 1944, bemerkt Hitler, daß er die bretonische und normannische Küste »als besonders bedroht« ansehe ..., die sich nach seiner Meinung »... zur Bildung von Brückenköpfen gut eigne«. Der OB West wird darüber sofort informiert. Hitler wünscht Meldung über die Stärke der Verteidigungsanlagen in diesen Räumen und warnt seitdem v. Rundstedt des öfteren vor der Möglichkeit einer Landung zwischen Caen und Cherbourg.
Hitler soll zu dieser Schlußfolgerung, die sich übrigens später als richtig erweist, gekommen sein, nachdem die Aufstellung der Truppen in England seine Vermutung bestätigt, daß die Alliierten so früh wie möglich versuchen werden, einen großen Hafen einzunehmen und

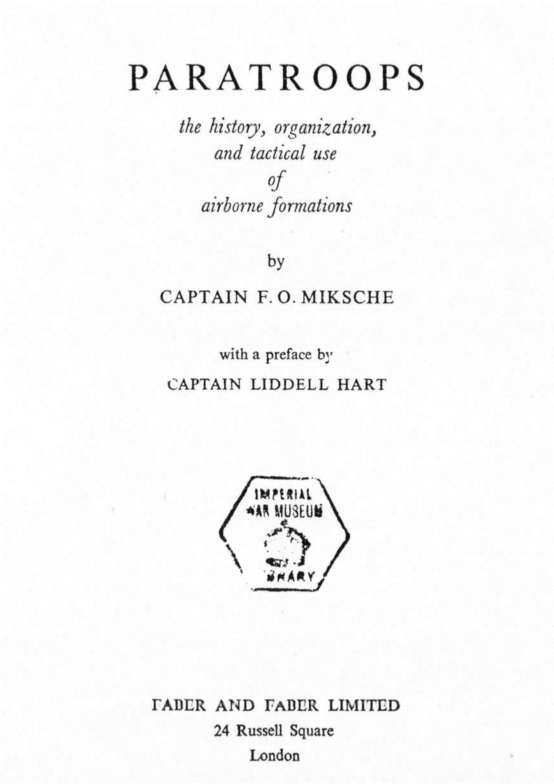

PARATROOPS

the history, organization, and tactical use of airborne formations

by

CAPTAIN F. O. MIKSCHE

with a preface by

CAPTAIN LIDDELL HART

FABER AND FABER LIMITED
24 Russell Square
London

Titelseite des Buches »Paratroops«, 1943 erschienen

Cherbourg – nach Hitlers Meinung – für diese Zwecke der geeigneteste sei. General der Artillerie Warlimont, der stellvertretende Chef des Wehrmachtführungsstabes: »Wir Generäle rechneten nach den Grundsätzen unserer gewohnten militärischen Schulung, während Hitler, wie immer, aufgrund seiner Intuition zu seiner Entscheidung kam.«

Ist es tatsächlich nur seine oft zitierte Intuition, die den Führer auf die bevorstehende Gefahr in der Normandie und Bretagne hindeutet und Cherbourg als erstes Ziel der Invasion sieht? Man wird heute nicht mehr feststellen können, inwieweit Hitlers Vorstellungen von den alliierten Absichten auf seiner bewährten Intuition beruhen oder vielmehr durch andere Faktoren beeinflußt wurden. Eines jedoch steht fest: Im Jahre 1943 ist im Londoner Verlag Faber and Faber ein Buch des bekannten Militärtheoretikers Captain F. O. Miksche mit dem Vorwort von Liddell Hart unter dem Titel »Paratroops« erschienen, das nicht nur eine detaillierte Analyse taktischer Einsätze von Luftlandetruppen beinhaltet, sondern auch eine Karte mit den Landungsräumen für alliierte Luftlandedivisionen. Verblüffenderweise entspricht sie fast genau den tatsächlichen Gebieten und verzeichnet sogar exakt die Anzahl der am 6. Juni 1944 eingesetzten Luftlandedivisionen. Man kann sich kaum vorstellen, daß dieses Werk, das im Winter 1943/44 in jeder größeren Buchhandlung in Dublin zu haben ist, nicht über die dortige deutsche diplomatische Vertretung in Hitlers Hände gelangt sein soll, der – wenn auch des Englischen nicht mächtig – auf jeden Fall Karten richtig deuten kann.

Anfang März 1944 beginnen die Alliierten mit intensiven Truppenübungen, die sich auf das Gebiet von Slapton Sands, an der südenglischen Küste, konzentrieren. Die Strände, ähnlich denen der Normandie, ermöglichen es, sie weitgehend realistisch zu gestalten. Unter den Codenamen »Otter I« und »Otter II« laufen die Übungen der US-Landetruppen, und den Codenamen »Gull« tragen gemeinsame britisch-amerikanische Manöver, bei denen das Einschiffen und Landen von Truppen, Fahrzeugen und Material durchexerziert wird. An diesen Übungen nehmen als Beobachter einige höhere sowjetische Offiziere teil.

In einem rund 100 qkm großen Umkreis von Slapton Sands hat man sämtliche Ortschaften evakuiert, um für die Truppen »lebensnahe Bedingungen für den Straßen- und Häuserkampf zu schaffen«. Historisch wertvolle Gebäude sind weiß getüncht worden als sichtbares Zeichen, daß sie nicht beschädigt werden dürfen. Die Einwohner, denen man zwei Monate nach D-Day die Rückkehr gestattet, finden ihre Häuser arg demoliert und ohne Fensterscheiben vor. Selbst die Kirche in Slapton Sands hat durch Artilleriebeschuß den Turm eingebüßt.

Seit dem Frühjahr 1944 beherrschen Großbritannien und USA den Luftraum über Westeuropa und legen die deutsche Fliegertätigkeit nahezu lahm. So kann eine ausreichende deutsche Luftbildaufklärung der britischen Insel, vor allem der Häfen in Südengland, nicht mehr durchgeführt werden. In London verlangt Eisenhower währenddessen einen verstärkten Einsatz von Luftstreitkräften nicht nur zur Bombardierung deutscher Städte, sondern vor allem für die Zerstörung wichtiger Eisenbahnknotenpunkte in Westeuropa. Veranlaßt durch Air Chief Marshal Leigh-Mallory, Ober-

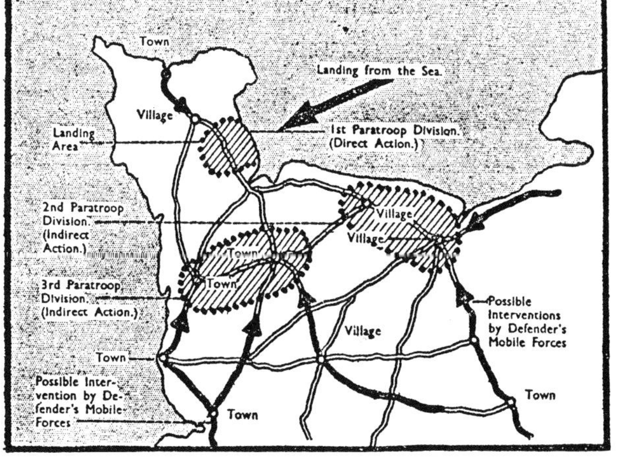

10. The Employment of Airborne Troops in Sea-Landing Operations

Eine der Karten von der Normandie aus dem Buch »Paratroops«

befehlshaber der alliierten Invasions-Luftstreitkräfte (AEAF), fertigt Professor David S. Zuckerman, Spezialist im Verkehrswesen, den Plan für eine drei Monate dauernde Bomberoffensive gegen die 80 wichtigsten Eisenbahnknotenpunkte in Westeuropa an (Codename »Transportation«).

In der Nacht zum 7. März 1944 beginnt diese Bomberoffensive mit einem Angriff der RAF auf Trappes, etwa 35 km nordwestlich von Paris. Die Lokomotivschuppen werden zerstört, die Gleise erhalten 190 Treffer, und die Reparaturarbeiten an diesem wichtigen Verschiebebahnhof dauern fast zwei Monate. Zweck dieses »Eisenbahn-Luftkrieges«: die deutsche Kapazität an Truppenverlegungen zu schwächen und zugleich den Täuschungsoperationen im Pas de Calais mehr Glaubwürdigkeit zu verleihen.
Die Störungen im Eisenbahnverkehr machen sich besonders bemerkbar. Nicht nur Truppenverschiebungen und Nachschub, auch die Kohlen- und Eisenerztransporte sind davon stark betroffen.
Die Luftoffensive gegen das Verkehrsnetz zeigt schwerwiegende Nebenerscheinungen: Rund 18 000 Männer der Organisation Todt müssen von dringenden Arbeiten am Atlantikwall abgezogen werden, um die notwendigsten Reparaturen an Bahnstrecken durchzuführen. Schwere Folgen für die spätere Bekämpfung der Invasionstruppen hat auch die Zerstörung von Küstenbefestigungen, Brücken und Anlagen für Geheimwaffen.

Am Donnerstag, dem 9. März 1944, verlegt Generalfeldmarschall Rommel sein Hauptquartier von Fontainebleau bei Versailles nach La Roche-Guyon. Hier, im Schloß des berühmten Herzogs de la Rochefoucauld, an der malerischen Schleife der Seine gelegen, etwa 60 km westlich von Paris und eine Autostunde von Le Havre entfernt, befindet sich der neue Gefechtsstand der Heeresgruppe B. Die Herzöge hatten in das weiche Kreidegestein im Laufe der Jahrhunderte Gänge und Höhlen treiben lassen, die man jetzt als bombensichere Nachrichtenzentrale, Lagezimmer und Alarmunterkünfte ausgebaut hat. Nur der engste Gefechtsstab kann im Schloß untergebracht werden, da Rommel der herzoglichen Familie gestattet, einen Teil der Räume weiterhin zu bewohnen. Der Feldmarschall begnügt sich mit einem kleinen Appartment, das an eine Rosenterrasse grenzt.

Vom Januar bis März 1944 bringen rund 3360 Handelsschiffe 6,5 Millionen Tonnen Bewaffnung und Versorgung über den Nordatlantik nach Großbritannien. Nur drei Schiffe gehen dabei verloren, dagegen werden von den deutschen U-Booten, die versucht haben anzugreifen, 36 versenkt.
Die Sicherheitsvorkehrungen in England für die Invasionsvorbereitungen werden verschärft: Ein Küsten-

Operation »Transportation«:
Codename für die Bomberoffensive gegen die wichtigsten Eisenbahnknotenpunkte in Westeuropa

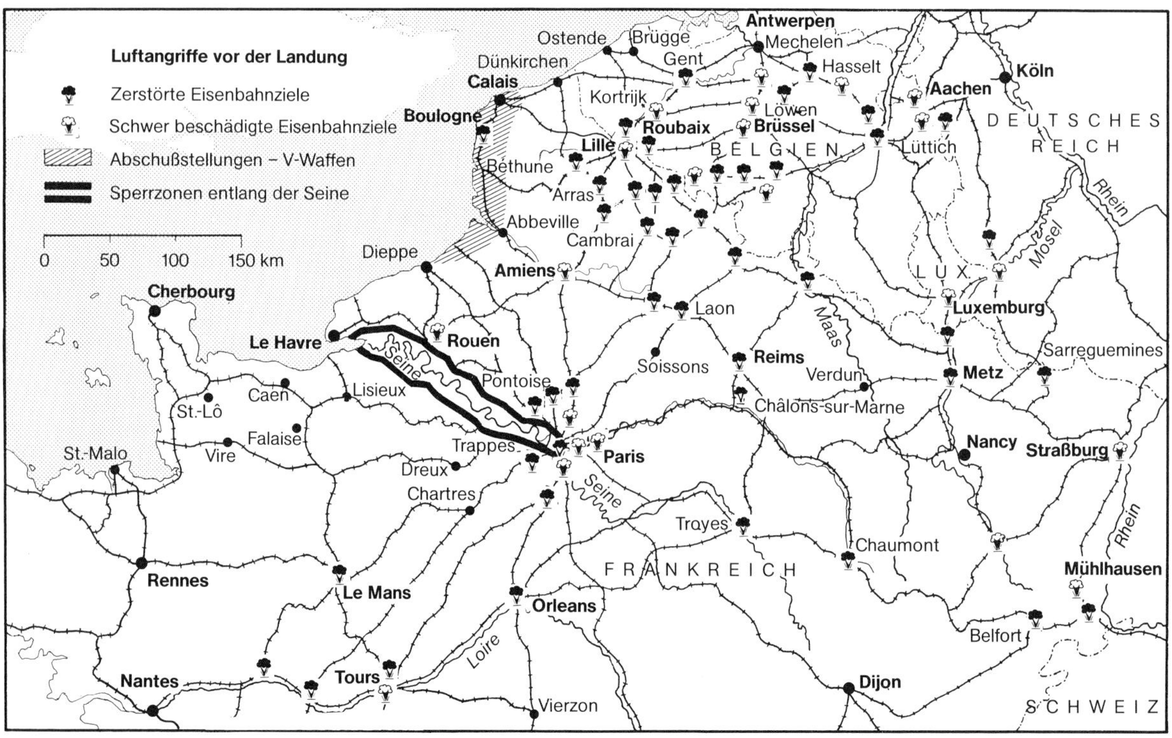

Generalfeldmarschall Rommels neues Hauptquartier:
La Roche-Guyon, das Schloß des Herzogs
de la Rochefoucauld,
dahinter der Bergfried aus dem Jahre 1000

streifen von 16 km Breite in Südengland und einem Teil Schottlands wird nun zum Sperrgebiet erklärt. Munitions- und Truppenlager, ein dichtes Netz von Flugplätzen und Fahrzeugparks engen die Bewegungsfreiheit der Bevölkerung noch mehr ein. Millionen Engländer leben praktisch zwischen Stacheldrahtzäunen und dem Meer.

Ab Freitag, dem 10. März 1944, unterliegen sämtliche Verkehrsmittel sowie das Telefon- und Telegrafennetz einer weiteren verschärften Kontrolle. Daneben blokkieren die endlosen Militärtransporte Straßen und Eisenbahnlinien und machen jede zivile Fortbewegung beinahe unmöglich. Außer Ärzten und Dienstpersonen mit Sonderausweisen können Zivilisten die Straßen nur mit dem Fahrrad oder zu Fuß benutzen.

In den Sperrbezirken müssen alle Einwohner ab 16 Jahre ständig einen Personalausweis bei sich tragen und können von jedem Angehörigen der alliierten Streitkräfte kontrolliert werden. Außerdem wird die Benutzung von Feldstechern und Teleskopen strengstens untersagt. »Die britische Insel ist zum größten Militärstützpunkt aller Zeiten geworden« (Eisenhower). Über 1,5 Millionen junge Amerikaner sind inzwischen im Rahmen der Operation »Bolero« in Großbritannien eingetroffen und bevölkern zusammen mit den französischen, polnischen, tschechischen, belgischen, holländischen, norwegischen Soldaten und den Truppen des Commonwealth die Insel: insgesamt fast 3,5 Millionen.

Am Sonnabend, dem 11. März 1944, verlangen die Regierungen Großbritanniens und der USA von Irland, diplomatische Vertreter der Achsenmächte auszuweisen. Die kleine Republik läßt sich jedoch nicht einschüchtern und lehnt dieses Ansuchen kategorisch ab.

Zwei Tage danach, am 13. März 1944, unterbricht England den Personenverkehr nach Irland, und Churchill verkündet im Unterhaus, daß es das Ziel der britischen Politik sei, »Südirland während der kritischen Periode des Krieges, die jetzt naheliegt, von der Außenwelt zu isolieren«. So können die im neutralen Irland akkreditierten deutschen und japanischen Diplomaten das Land weder verlassen noch die Verbindung zur Außenwelt aufrechterhalten.

März 1944, London, Comedy Theatre: auf der Bühne Lieutenant C. James als Montgomery

Am Dienstag, dem 14. März 1944, veröffentlicht die Londoner »News Chronicle« einen Artikel über den Auftritt von Lieutenant Clifton James bei einer Vorstellung für Soldaten im Comedy Theatre: Der ehemalige Provinzschauspieler nutzt seine große Ähnlichkeit mit General Montgomery und imitiert auf der Bühne den populären Feldherrn. Das inspiriert die für Täuschungsoperationen zuständige Sonderabteilung bei SHAEF (Committee of Special Means, CSM) zu einer der ausgefallensten Aktionen: Lieutenant C. James wird als Double für Montgomery verwendet.

Einen beachtlichen Teil der Luftoperation vor der Invasion bilden die Angriffe gegen deutsche Radarstationen entlang der Kanalküste. Bis Mitte März 1944 hat Professor Dr. R. V. Jones, Chef der Abteilung für wissenschaftliche Gegenspionage, fast das gesamte Küsten-Radarnetz der Deutschen geortet. Um auch die mobilen Funkmeßstellen »Freya« und »Würzburg« zu ermitteln, wird von Dr. Cockburne ein Spezial-Bodenpeilgerät konstruiert, das die Richtung eines Radarsenders ausmachen kann: drei solcher Peiler, Codename »Pingpong«, werden an der englischen Südküste aufgestellt. Sie können mehrere deutsche Funkmeßstellungen lokalisieren, und die 2. Taktische Luftflotte (Air Marshal Coningham) beginnt nun, die wichtigsten davon auszuschalten.

Am Donnerstag, dem 16. März 1944, starten 12 Typhoon-Jagdbomber der 198. Group zum Angriff auf das riesige Frühwarngerät »Wassermann« bei Ostende. Die Formation überquert am frühen Nachmittag die belgische Küste in einer Höhe von 2500 m und greift mit Raketen von der Landseite her die Stellung im Tiefflug an. Die durch Volltreffer beschädigte Anlage fällt für mehrere Monate aus. Der Tarnung wegen bombardiert man die Radarstationen im Pas de Calais schwerer als die in der Normandie. Insgesamt werden dadurch 26 von 42 Radarstellungen zwischen Ostende und den Kanalinseln außer Betrieb gesetzt.

Am Sonntag, dem 19. März 1944, weilen beide Feldmarschälle, v. Rundstedt und Rommel, in Berchtesgaden, um Hitler über den Stand der Verteidigungsvorbereitungen im Westen zu unterrichten.

Am nächsten Tag bespricht Hitler in einem Lagevortrag mit den Spitzen der drei Wehrmachtteile und den Kommandanten der Festungsbereiche in Frankreich die Frage der alliierten Landung. Hitler: »Es ist selbstverständlich, daß eine Landung der Anglo-Amerikaner im Westen kommen wird . . . An keiner Stelle unserer langen Front ist eine Landung möglich, höchstens an dem von Klippen durchschnittenen Küstengelände. Am meisten geeignet und damit am meisten gefährdet sind die beiden Halbinseln des Westens bei Cherbourg und Brest . . .«

Jedoch sind die Verteidigungsanlagen der als »am meisten geeignet und gefährdet« bezeichneten Halbinsel und der daneben liegenden Calvados-Küste äußerst dürftig: Im Raum zwischen dem östlichen Teil von Cotentin und der Orne-Mündung kommt auf etwa 15 km nur eine Küstenbatterie, was nicht einmal ausreicht, um mit der benachbarten Batterie zusammenzuwirken, dazu der Mangel an Kontroll- und Leitgeräten,

der jede Verstärkung unmöglich macht. Ein wirksames Abwehrfeuer ist nur in wenigen Abschnitten möglich.

Da die Kriegsmarine überzeugt ist, daß eine Landung an der Calvados-Küste schon wegen der vorgelagerten Felsenriffe unwahrscheinlich sei, sind die Befestigungsanlagen in diesem Teil der Normandie nur schwach ausgebaut. Und die Kampfkraft der bestehenden Batterien wird noch durch komplizierte Befehlsverhältnisse bei der Feuerleitung gemindert: Die Kriegsmarine beansprucht die Führung des Artilleriekampfes, solange der Gegner auf dem Wasser ist, um die Landungsflotten weit vor den Küsten außer Gefecht zu setzen. Bei zu erkennender Landung soll das Heer die gesamte artilleristische Feuerleitung übernehmen. Das Heer betrachtet den Strand als Hauptkampflinie und baut die Batteriestellungen getarnt für das indirekte Richtverfahren in etwa 5 km Entfernung hinter der Küste, also für die Feuerleitung durch vorgeschobene Beobachter. Die Marine dagegen legt ihre Geschützbunker nur in unmittelbare Küstennähe für direktes Richtverfahren gegen Seeziele. Dies führt zu Unstimmigkeiten zwischen den taktischen Grundsätzen der Marine- und der Heeresartillerie bei der Auswahl von Batteriestellungen, Beobachtungsposten und der Versorgung mit Munition. Rommel bemüht sich mehrfach, diese Anordnung zu widerrufen, was jedoch von Hitler abgelehnt wird.

Man schließt einen Kompromiß: Die Marineküstenbatterien (MKB) unterstehen dem Seekommandanten Normandie und die Heeresküstenbatterien (HKB) der Kontrolle des jeweiligen Divisionskommandeurs. Die gegensätzliche Auffassung ihrer Aufgaben kommt am deutlichsten bei der Konstruktion der Bunker zum Ausdruck: Die Marinebunker haben viel größere Munitionsräume und vor allem eine unterirdische Verankerung durch Betonkragen, was bei Nahtreffern von schwerkalibrigen Bomben vor dem Verkanten schützt. Die an den Seiten abfallenden, grasbewachsenen Erdhänge geben ihnen eine gute Tarnung. Den Geschützbunkern des Heeres wiederum fehlt diese Verankerung, was bewirkt, daß sich bei Nahtreffern die Bunker verschieben können. Außerdem sind die aus dem Erdreich herausragenden eckigen Bunker mit den scharfen Konturen leichter auszumachen. Ihre Munitionsreserven, die in der Regel bis zu 50 m entfernt in Schutzräumen lagern, müssen auch unter feindlichem Beschuß herangeschafft werden. Das Fehlen von Schutzschirmen aus Panzerplatten hinter den nach See gerichteten Geschützscharten – sie wurden wegen Materialknappheit nie geliefert – macht sowohl die Bunker des Heeres als auch die der Marine gegen Flachfeuer von Schiffsgeschützen leicht verletzbar.

Die Geschütze sind deutscher, französischer, sowjetischer und tschechischer Herkunft. Das Durchschnittsalter der Mannschaften der Küstenbatterien beträgt 45 Jahre.

Die HKB in der Seine-Bucht leiden alle unter den gleichen Unzulänglichkeiten: Sie waren ursprünglich für einen anderen Zweck als zur Küstenverteidigung gedacht. Die am meisten vorhandenen Feldkanonen sind die französischen, Modell 1916 (Kal. 15,5 cm) der Firma Schneider. Eine der bedeutendsten Schwächen der HKB ist der Mangel an panzerbrechender Munition, was sie beim Schießen gegen größere Seeziele fast unwirksam macht. Und ein weiterer schwerwiegender Nachteil: Die Küstenartillerie ist nicht mobil. Die Feuerleitgeräte sind nicht standardisiert. Den Fliegerschutz bilden entweder veraltete französische 7,5-cm-Flak oder moderne 2-cm-Kanonen, die hochfliegende Bomber gar nicht erreichen. Von Vorteil für die Küstenbatterien in der Seine-Bucht ist ihr Ausbau zu Infanteriestützpunkten durch Nahverteidigungsstände und verschiedene Sperren.

Rommel entwirft eine Reihe raffinierter Hindernisanlagen, die in der Brandung zwischen Hoch- und Niedrigwassermarke stehen sollen: Minenpfosten mit Bleikappenzündung oder Beutegranaten, Hemmkurven und Minenflöße. Er läßt aus alten tschechischen Beständen »Tschechen-Igel«, aus Belgien belgische Roll-

Links: März 1944, Nordfrankreich: Angriff britischer Typhoon-Jagdbomber auf eine deutsche Radarstation

Rechts: Stellung einer deutschen Radarstation, schwer beschädigt durch Raketenvolltreffer

böcke und Gitter sowie aus dem Westwall Tetraeder heranschaffen. Der Feldmarschall plant, insgesamt 50 Millionen Minen auszulegen (man schafft davon nur 10 Prozent).
Gegen Luftlandungen werden im Hinterland Baumstämme, sogenannte »Rommel-Spargel«, eingerammt. Allerdings ist der Mangel an Arbeitskräften so groß, daß z. B. die Soldaten der 352. Infanteriedivision, die den wichtigsten Küstenabschnitt von Grandcamp bis Arromanches sichert, selbst die Stämme in den 20 km entfernten Wäldern schlagen und dann einrammen müssen. Rommel fordert von der Kriegsmarine auch Seeverminung. Sie legt jedoch die Minen in die Gironde-Mündung anstatt in die Seine-Bucht.
Die den Divisionen zugeteilten Verteidigungsabschnitte übersteigen bei weitem ihre Kräfte. Bei der 15. Armee im Pas de Calais muß eine Division etwa einen Raum von 80 km Länge decken. Dagegen sind es in der Normandie und Bretagne bei der 7. Armee 192 km und an der französischen Atlantikküste sogar 347 km. An diesen Abschnitten kann man nicht mehr von einer Küstenverteidigung, sondern eher von einer Küstensicherung sprechen: Bereits im Ersten Weltkrieg hat der deutsche Generalstab den Divisionen Abschnitte von 4 bis 5 Kilometern zugewiesen, wenn er eine wirksame Abwehr erreichen wollte. Und bei der Roten Armee wird zur Zeit die Breite eines Verteidigungsabschnitts auf 8 bis 12 Kilometer je Division berechnet.
Durch den Bau der Vorstrandhindernisse des sogenannten »Rommelgürtels« entfällt jede Ausbildung, selbst für die einfachsten Übungen sowie Geschützexerzieren ist keine Zeit mehr. Die Mannschaften werden außerdem an drei Tagen in der Woche für sonstige Befestigungsarbeiten herangezogen. Außer dem verstärkten Ausbau der Batteriestellungen müssen sie Minen legen und Strandhindernisse anfertigen. Nebenbei versucht man noch, sie infanteristisch und zu Kampf-Pionieren auszubilden. Die restlichen Tage sind für Sonder-Wachdienste vorgesehen. So beeinträchtigen nicht nur die alliierten Luftangriffe die Gefechtsbereitschaft der Küstenbatterien, sondern auch Rommels Maßnahmen zur Verstärkung der Abwehrkraft.
SHAEF macht sich währenddessen falsche Vorstellungen von den deutschen Küstenbatterien in der Seine-Bucht, nicht zuletzt durch maßlos übertriebene Berichte der französischen Résistance. So ist das alliierte Oberkommando z. B. überzeugt, daß in diesem Gebiet 49 Batterien stehen, die die Invasionsflotte mit ihrem Feuer eindecken können. Selbst wenn man alle Feldbatterien und offenen Stellungen zusammenzählen würde, käme man bei weitem nicht auf diese Zahl.
Von den wirklich vorhandenen, außer den Batterien in Le Havre, sind nur die von Marcouf und Longues imstande, auf weit entfernte Seeziele zu wirken. Die Résistance wertet die »befestigten« Feldbatterien ebenfalls als Küstenbatterien und ist sich auch über die Kaliber der verscharteten Geschütze nicht im klaren. So hat man z. B. bei der Batterie von Merville, wo die Geschützbunker zur Unterbringung von Feldgeschützen auf Radlafetten vorgesehen sind – die Zugänge für Schießscharten gehalten und dementsprechend nach London gemeldet, »die Batterien seien mit weitreichenden Kanonen von mindestens 15 cm Kaliber bestückt«. Im zukünftigen Landegebiet befinden sich tatsächlich folgende Küstenbatterien:

Heeresküstenbatterie (HKB) »Pernelle 2«
Geschütze: 4 deutsche Krupp-Kanonen (Kal. 17 cm)
Wirksamste Reichweite: etwa 15 km
Schußfolge: 30 Sekunden
Geschütze sind nicht verschartet.
Die Batterie liegt im östlichen Teil der Halbinsel Cotentin auf einer mit Ginster bewachsenen Anhöhe, und im benachbarten Quinéville ist der Gefechtsstand des Artillerieführers Oberst Triepel vom Heeresküstenartillerieregiment 1/261, dem »Pernelle 2« artilleristisch untersteht. Der Batterie fehlen jedoch geeignete Feuerleitgeräte, was ihren Einsatz gegen Seeziele ausschließt.

Links: April 1944, Normandie-Küste: Ein deutscher Pionier bringt ein Segment der Panzersperre, das sog. »Belgische Tor« (von den Alliierten »Element C« genannt), in Stellung. Vorher standen diese Sperren entlang der belgisch-deutschen Grenze

Rechts: 1. Mai 1944. An der englischen Küste üben britische Panzereinheiten die Beseitigung des (nachgebauten) »Element C«

»Pernelle 2« kann mit ihrem Feuer einen Teil des westlichen Abschnitts der Seine-Bucht abdecken und ist die einzige HKB im Landungsraum, die den modernen Anforderungen an beweglichen Küstengeschützen mit ausreichender Schußweite entspricht: Die Geschütze werden entweder auf Radlafetten ohne Umsetzen des Lafettenschwanzes bis 16° bei direktem Richten oder – auf einer Plattform – um 360° geschwenkt.

Heeresküstenbatterie (HKB) »Morsalines«
Geschütze: 4 französische, Modell 1916 (Kal. 15,5 cm)
Wirksamste Reichweite: etwa 15 km
Schußfolge: 40 Sekunden
Geschütze sind nicht verschartet.
Die Batterie besteht seit 1941 und ist die erste in diesem Gebiet. Sie liegt etwa 5 km südlich von der HKB »Pernelle 2«. Die Mannschaften haben keine Mühe gescheut, sie geradezu vorbildlich zu tarnen: Die offenen Stellungen sind mit Netzen, die man jeweils nach Jahreszeit der Umgebung anpaßt, abgeschirmt. Die ausgetretenen Verbindungspfade werden umgegraben, mit Gras besät und mit Holzrosten bedeckt, die das Gras dann überwuchert. Rommel glaubt, durch diese Tarnung auf die Verbunkerung verzichten zu können, obwohl die Lage der Batterie durch eine nahegelegene Kirche und Straßenkreuzung leicht erkennbar ist. Die französischen 15,5-cm-Feldkanonen – von deutschen Truppen 1940 in größerer Anzahl erbeutet – stehen auch in vier anderen Batterien im späteren Landungsraum und sind so der meistvertretene Geschütztyp der HKB. Sie werden zum Seezielschießen behelfsmäßig auf einen Betondrehsockel aufgestellt, und der Lafettenschwanz wird in einer kreisförmigen, mit Skaleneinteilung versehenen Führungsschiene der Seite nach von mindestens vier Mann gerichtet. Das Schwenken erfolgt jedoch ruckweise und ist für indirektes Richten ungeeignet. Das von der Kriegsmarine empfohlene direkte Richten behebt die Mängel nicht, da kein Zielfernrohr vorhanden ist.

Heeresküstenbatterie (HKB) »Quinéville«
Geschütze: 2 deutsche, 2 französische Feldkanonen Modell 1913 (Kal. 10,5 cm)
Wirksamste Reichweite: etwa 9 km
Schußfolge: 40 Sekunden
Geschütze sind verschartet.
Die Batterie befindet sich einige Kilometer weiter südlich von der HKB »Morsalines«, etwa vier Kilometer landeinwärts. Der Unterbau aller vier Rohre besteht nach Entfernung der Radlafetten aus dem alten Barbettentyp der leichten deutschen Kreuzer um die Jahrhundertwende. Der Geschütztyp Modell 1913 (Kal. 10,5 cm) befindet sich auch bei drei anderen HKB im Landungsgebiet.

Marineküstenbatterie (MKB) »Marcouf«
Geschütze: 3 tschechische (Kal. 21 cm)
Wirksamste Reichweite: etwa 22 km
Schußfolge: 40 Sekunden
2 Geschütze sind bereits verschartet.
Es ist die größte MKB in der Seine-Bucht, die über drei ballistisch hervorragende Skoda-Kanonen verfügt. Die noch im Ausbau befindliche Batterie liegt inmitten einer Heidelandschaft, etwa 9 km südlich von Morsalines, in der Nähe von Grisbecq – daher von den Alliierten Grisbecq-Batterie genannt. Sie untersteht – wie auch Quinéville – artilleristisch Oberst Triepel. Chef der MKB: der 33jährige Kapitänleutnant Walter Ohmsen. Die Batterie zählt drei Offiziere, sieben Unteroffiziere und 287 Mannschaften. Dieses »Prachtstück des Atlantikwalls« besitzt jedoch weder ein Funkmeß- noch ein modernes Feuerleitgerät, und das Schießen erfolgt wie im Ersten Weltkrieg mit Hilfe eines Scherenfernrohrs mit Gradeinteilung. Die beiden verscharteten Geschütze befinden sich in mächtigen Bunkern mit einer 3,5 m starken Decke, haben aber nur ein Schußfeld von 80°. Die dritte Kanone steht in offener, getarnter Behelfsstellung einsatzbereit. Der Bunker für ein viertes Geschütz ist im Bau. An den

Bunkergeschützen fehlen noch Schartenpanzerblenden, und in dem fertiggestellten Leitstand gibt es immer noch kein Seeziel-Kommandogerät. Als Ersatz dient ein französisches Entfernungsmeßgerät mit Aufschlagmessung (7-m-EM), dazu ein selbstgebautes E-Meßgerät und Scherenfernrohre. Die MKB hat auch ein 15-cm-Langrohrgeschütz. Sechs veraltete französische 7,5-cm-Flak (3000 Schuß pro Rohr) mit fehlerhafter Munition sowie vier 2-cm-Flak sollen die MKB »Marcouf« vor Luftangriffen schützen. Für die Nahverteidigung sind zahlreiche leichte Infanteriewaffen und gut ausgebaute, stützpunktartige Stellungen vorhanden. Zur Verteidigung gehören auch 2 Mörser, Kaliber 8,1 cm, eingebaute ferngesteuerte Flammenwerfer und Kleinsprengpanzer »Goliath«.
In den Geschützbunkern ist lediglich Platz für 50 Geschosse, und für jede Kanone gibt es nur 50 panzerbrechende Geschosse und 200 Schrapnells. Die Batterie liegt auf einer baumlosen Erhöhung mit uneingeschränkter Sicht aufs Meer, zehn Kilometer von dem weiter südlich liegenden Landestrand »Utah« entfernt, aber die Scharten der Bunker (80° Sektor) erlauben nur das Schießen auf weit entfernte Seeziele. Dicht am

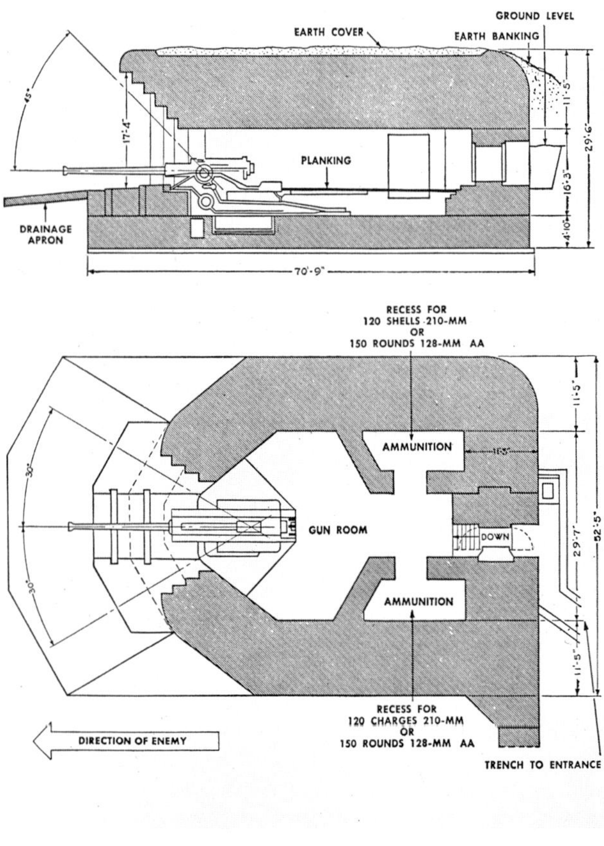

Skizze des US-Nachrichtendienstes von der Stellung (Typ 685) des verscharteten Geschützes einer deutschen Heeresküstenbatterie am Atlantikwall

Strand sind zwei Scheinwerfer installiert. Die ganze Batterie ist zwar sorgfältig mit Schilfrohrmatten und Strauchwerk getarnt, dies bietet jedoch keinen Schutz gegen Aufklärungsmaschinen. Zwei Meter tief eingegrabene Telefonkabel verbinden die Batterie mit dem Gefechtsstand von Oberst Triepel. Die Besatzung setzt sich zum Teil aus Angehörigen von russischen Ostbataillonen zusammen. Zum Seekommandanten besteht außer der Telefon- auch eine Funkverbindung.

Heeresküstenbatterie (HKB) »Azeville«
Geschütze: 2 deutsche, 2 französische Feldkanonen, Modell 1913 (Kal. 10,5 cm)
Wirksamste Reichweite: etwa 9 km
Schußfolge: 40 Sekunden
Geschütze sind verschartet.
Die 2. Batterie des Heeresküstenartillerieregiments 1/261, die HKB »Azeville«, hat man bereits 1941 etwa 3,5 km südlich von Marcouf eingerichtet. Sie besitzt mehrere leichte Infanteriewaffen und gut ausgebaute Nahverteidigungsstellungen, liegt jedoch so weit von der Küste ab, daß die Hälfte der maximalen Reichweite der Geschosse über Land liegt. Da die Batterie keine Sicht zum Meer hat, befindet sich ihr Leitstand in der benachbarten MKB »Marcouf«.

Heeresküstenbatterie (HKB) »Madeleine«
Geschütze: 4 französische Feldkanonen, Modell 1913 (Kal. 10,5 cm)
Wirksamste Reichweite: etwa 9 km
Schußfolge: 40 Sekunden
Geschütze sind nicht verschartet.
Die Batterie befindet sich 6,5 km südöstlich von Azeville und etwa 4 km vom Strand entfernt, die Bunker sind zur Zeit noch im Bau. Die alten Kanonen auf Radlafetten sind zum Schießen auf Seeziele kaum geeignet. Die HKB »Madeleine« ist die 1. Batterie des Heeresküstenartillerieregiments 1/261 (Oberstlt. Erben). Die Alliierten bezeichnen sie als St.-Martin-de-Varreville-Batterie, nach dem Namen des nahegelegenen Ortes. Sie liegt ganz dicht am Nordflügel des »Utah«-Strandes in der Nähe der Vire-Mündung und bereitet SHAEF erheblichen Kummer: nach letzten Meldungen der »Réseau Centurie« soll sie aus sechs verscharteten 15-cm-Langrohrgeschützen bestehen, und die Amerikaner, in deren Landungsgebiet die Batterie liegt, sind dabei, eine kleine Streitmacht zu ihrer Eroberung aufzustellen.

Heeresküstenbatterie (HKB) »Pointe du Hoc«
Geschütze: 6 französische, Modell 1916 (Kal. 15,5 cm)
Wirksamste Reichweite: etwa 15 km
Schußfolge: 40 Sekunden
Geschütze sind nicht verschartet.
Die Organisation Todt arbeitet zur Zeit an der Verschartung dieser östlich der Vire-Mündung auf einem Felsvorsprung des Steilufers liegenden HKB. Die Kanonen stehen – ähnlich wie bei der HKB »Morsalines« – zum Seezielschießen behelfsmäßig auf einem Betondrehsockel. Die Batterie ist durch ihre Lage eine

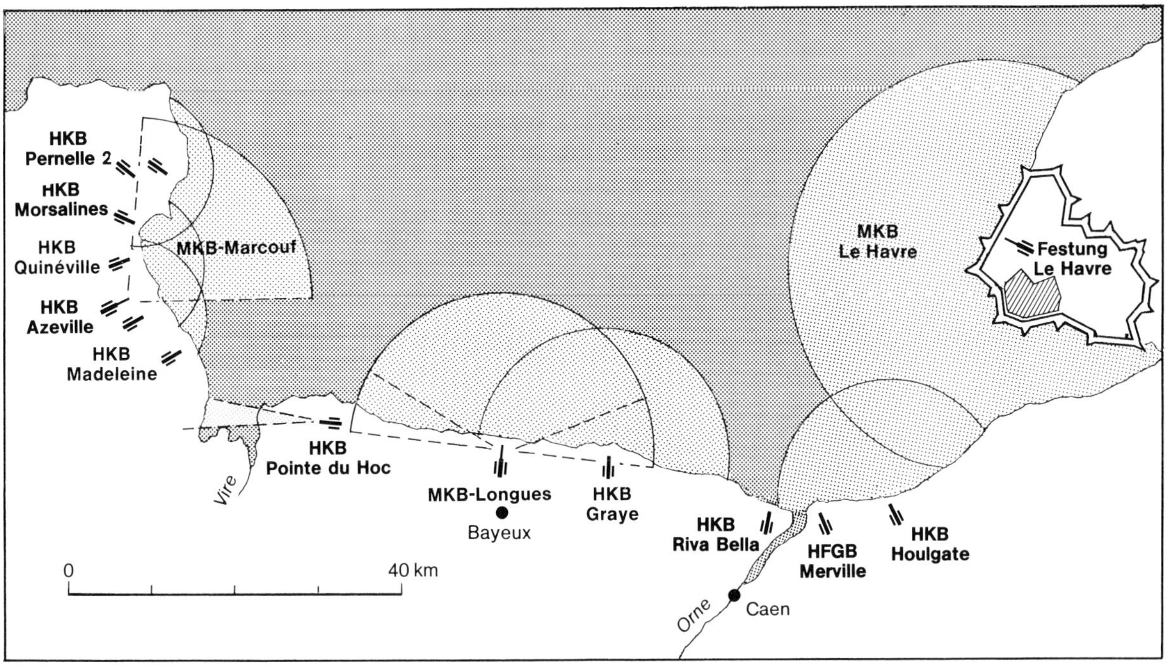

Lage der Heeresküstenbatterien (HKB) und der Marineküstenbatterien (MKB) im Normandie-Abschnitt

der gefährlichsten Verteidigungsstellungen an der Invasionsküste. Der Bunker mit dem Leitstand liegt auf der äußersten Felsnase, die Mannschaftsbunker und andere Einrichtungen sind durch tiefe Laufgänge miteinander verbunden. Beiderseits der Felsnase ist je eine 2-cm-Flak untergebracht, zur Meeresseite hin bilden die hohen, senkrechten Felsen ein natürliches Hindernis. Den oberen Rand der Steilküste sichern MG-Stände und zu Minen umfunktionierte alte Großkalibergeschosse. Von der Landseite her bilden Minenfelder, Stacheldrahtsperren und verbunkerte MG-Stellungen die Nahverteidigung der HKB. Von den 150 Mann sind ungefähr die Hälfte Hilfswillige aus den Ostbataillonen. Im Bericht der »Réseau Centurie« sind als Besatzung 125 SS-Männer und 85 Kanoniere angegeben.

Marineküstenbatterie (MKB) »Longues«
Geschütze: 4 deutsche Marinegeschütze, Modell 1928 (Kal. 15,2 cm)
Wirksamste Reichweite: etwa 17 km
Schußfolge: 10 Sekunden
Geschütze sind verschartet.
Die zur Marine gehörende Batterie steht 6 km nördlich von Bayeux, etwa 400 m von der Steilküste entfernt am Rande des gleichnamigen Dorfes. Dank entsprechender Divergenz der Hauptrichtung der Geschützbunker mit ihren je 120°-Schartensektoren kann die Batterie insgesamt einen Bereich von 180° bestreichen, jedoch nur beschränkt den Strand zu beiden Seiten ihrer Stellung. Der Leitstand und zwei Scheinwerfer befinden sich 300 m vor den Geschützen direkt am Rand der Steilküste. Zusätzlich vorhanden sind mehrere 2-cm-Flak, Nahkampfwaffen sowie ausgebaute Verteidigungsstellungen. Tiefe Laufgräben verbinden die Unterkunftsräume, Geschützbunker und Verteidigungsstellungen. Die Ausrüstung des Leitstandes mit Feuerleitgeräten ist noch nicht vollständig. Für Fernsprechleitungen innerhalb der Batterie und nach auswärts hat man die Kabel tief in die Erde verlegt. Die Lage der auf einem baumlosen Plateau gelegenen Batterie verschafft ihr zwar eine ausgezeichnete Sicht; sie ist aber auch leicht zu entdecken und durch die nur zur See liegenden Schießscharten besonders verwundbar. Die halbautomatische Einrichtung erlaubt zwar eine Schußfolge von 10 pro Minute, jedoch erreicht die unerfahrene und aus älteren Jahrgängen bestehende Bedienung maximal nur sechs Schuß pro Minute. Die Geschütze sind als einzige an der Normandieküste mit Wechselstrom gespeistem Folgezeigersystem ausgestattet, wodurch die im Leitstand übermittelten Schußwerte – um die Batterie-Parallaxe verbessert (Differenz zum Batterie-Richtpunkt) – automatisch übernommen werden. Eine zementierte, für Materialtransporte bis zur Batterie gebaute Straße zweigt direkt von der durch Longues-sur-Mer gehenden Route Nationale N. 814 ab und ist für die alliierten Aufklärer ein weit sichtbarer Orientierungspunkt. Durch die ursprünglich für Kriegsschiffe vorgesehenen Geschütze ist MKB »Longues« die einzige den Erfordernissen entsprechende Seezielküstenbatterie im alliierten Invasionsraum.

Heeresküstenbatterie (HKB) »Graye«
Geschütze: 4 sowjetische, Modell M 31/37 (A–19, Kal. 12,2 cm)
Wirksamste Reichweite: etwa 14 km
Schußfolge: 40 Sekunden
2 Geschütze sind bereits verschartet.
Die Ausbauarbeiten an der 12 km östlich von Longues stehenden Batterie dauern zur Zeit noch an; zwei Geschütze sind verschartet, die beiden anderen stehen

Heeres-Feldgeschützbatterie »Merville« im Bau. Diese Aufnahme machte ein RAF-Aufklärer am 31. März 1944

unter Tarnnetzen. Die Batterie – von den Alliierten nach dem Nachbarort Mont-Fleury genannt – befindet sich kaum 2000 m vom »Gold«-Strand entfernt. Jedoch können diese an sich ausgezeichneten Langrohrgeschütze auf Radlafetten kaum gegen Seeziele verwendet werden.

Heeresküstenbatterie (HKB) »Riva Bella«
Geschütze: 6 französische Feldkanonen, Modell 1916 (Kal. 15,5 cm)
Wirksamste Reichweite: etwa 15 km
Schußfolge: 40 Sekunden
Geschütze sind nicht verschartet.
Die Batterie – direkt an der Orne-Mündung und dem Caen-Kanal gelegen – hat vier gerade im Bau befindliche Geschützbunker. Die Kanonen stehen noch unter Tarnnetzen in offenen Feuerstellungen.

Heeres-Feldgeschützbatterie »Merville«
Geschütze: 4 französische Feldkanonen, Modell 1897 (Kal. 7,5 cm)
Wirksamste Reichweite: 7 km
Schußfolge: ca. 30 Sekunden
Geschütze sind nicht verschartet.
Die stützpunktartig ausgebaute Batterie befindet sich 13 km östlich der Orne-Mündung, etwa 3 km vom Strand entfernt auf großen, mit Obstbäumen abgegrenzten Wiesen. Zwei Bunker sind zur Zeit fertig, zwei befinden sich noch im Bau. Die Geschütze liegen in zwei Meter dicken Stahlbetonbettungen, die Zugänge sind durch Stahltüren gesichert. Sie haben dort nur eine Schießrichtung nach Nordwesten und ein Schußfeld von 60°, können aber auch hinausgefahren werden, um so ihr Schußfeld zu verbessern. Die Batterie ist von einem fünf Meter breiten und 1,5 Meter hohen Stacheldrahthindernis sowie von einem zehn Meter breiten Minenfeld mit weiteren Stacheldrahthindernissen umgeben; davor liegt noch ein 100 m breites eingezäuntes Minenfeld. Die Stacheldrahtumzäunung soll vor allem verhindern, daß weidende Kühe durch das verminte Gelände laufen. Infolge der Wegkreuzungen auf offenem Feld ist die Batterie schwer zu tarnen. Zwar sind die Bunker mit Erde bedeckt und grasbewachsen, dazu die freien pokkennarbigen Betonflächen mit Tarnfarbe bestrichen, dennoch markiert der breite Panzergraben ihre Lage. Die Batteriemannschaft zählt 130 Soldaten, überwiegend aus russischen Ostbataillonen, dagegen hat »Réseau Centurie« die Personalstärke mit 200 Mann und das Kaliber der Geschütze mit 15 cm angegeben.

Heeresküstenbatterie (HKB) »Houlgate«
Geschütze: 6 französische, Modell 1916 (Kal. 15,5 cm)
Wirksamste Reichweite: etwa 15 km
Schußfolge: 40 Sekunden
Geschütze sind verschartet.
Die im Bau befindliche Batterie liegt 13 km östlich der Orne-Mündung, etwa 3 km landeinwärts, auf einem Hochplateau oberhalb des bekannten Badeortes gleichen Namens. Für SHAEF ist »Houlgate« – dank dem zuverlässigen Foto-Service von Monsieur F. Nicolet – die bestbekannte HKB der ganzen Calvados-Küste. Überraschenderweise übersteht diese Batterie die massierten alliierten Bombenangriffe und bedroht bis Mitte August 1944 den britischen »Sword«-Strand sowie die Orne-Mündung.

Am Sonnabend, dem 1. April 1944, verspricht Hitler Generalfeldmarschall Rommel zusätzlich ausreichende operative Reserven unter einheitlicher Führung der Panzergruppe West (Gen. d. Pz. Tr. Freiherr Geyr v. Schweppenburg) im Raum Paris und ostwärts davon bereitzustellen. Sie sollen Kampfgruppen bilden, mit denen man nach einer geglückten alliierten Landung dem Feind gegenübertreten und ihm so das Gesetz des Handelns diktieren kann. Gleichzeitig sagt Hitler der Heeresgruppe B 1000 Turbo-Jäger vom Typ Me 262 als Unterstützung für den Abwehrkampf zu, aber es bleibt nur bei dem Versprechen.

Am gleichen Tage wird der Einsatz von RAF-Bombern voll mit der Operation »Overlord« koordiniert und das Bomberkommando nun vom Obersten Hauptquartier der Alliierten Expeditionsstreitkräfte (SHAEF) befehligt. Für die nächsten fünf Monate wird Sir Arthur Harris General Eisenhower unterstellt: Während dieser Zeit kann der Air Marshal die Offensive gegen deutsche Städte nur dann weiterführen, wenn seine Bomber nicht für Angriffe im Zusammenhang mit »Overlord« gebraucht werden. Nun stoppt man die Groß-Nachteinsätze der RAF über dem Reichsgebiet – abgesehen von den laufenden Mosquito-Störangriffen – für einige Wochen fast völlig. Dagegen steigern sich die USAAF-Tagesangriffe.

Am Sonntag, dem 2. April 1944, nachdem die neuesten Luftaufnahmen von der »Merville«-Batterie ausgewertet sind, gibt Major General Gale, Kommandeur der britischen 6. Luftlandedivision, seiner Eliteeinheit, dem 9. Fallschirmbataillon (Ltn. Col. T. Otway), den Befehl, mit den Vorbereitungen für taktische Übungen zur Einnahme der Batterie zu beginnen.
Die britischen Luftbildauswerter in ihrem Hauptsitz auf Schloß Medmenham sind – beeinflußt durch die Meldung des »Centurie«-Mitgliedes Robert Douin – der Ansicht, man dürfe nicht ausschließen, daß die Geschützbunker der Batterie tatsächlich mit Langrohrkanonen vom Kaliber 15 cm bestückt sind, was wiederum eine ernsthafte Bedrohung für die britische 3. Division bildet, die bei Ouistreham landen soll. Das 9. Fallschirmbataillon wird noch mit einer Kompanie ausgesuchter kanadischer Fallschirmjäger verstärkt und zählt insgesamt 750 Mann. Ein Sturmtrupp, der mit drei Lastenseglern vor der Batterie landet, wird den Handstreich eröffnen, und die deutschsprechenden Unteroffiziere der nachfolgenden beiden Stoßtrupps sollen durch falsche Befehle Verwirrung stiften.
In West-Woodhay bei Newbury (Berkshire) baut man eine Nachbildung der »Merville«-Batterie in Naturgröße. Die Einheit von Lieutenant Colonel Otway beginnt nun mit den mühsamen, zwei Monate dauernden Übungen. Die 750 Männer, zu deren Ausrüstung ein ganzes Arsenal an modernen, panzerbrechenden leichten Infanteriewaffen gehört, bekommen zur Unterstützung des Angriffs in der »Stunde X« 110 schwere Lancaster-Bomber und den Kreuzer »Arethusa«.
Die britische Operation gegen die »Merville«-Batterie ist das aufwendigste und bestvorbereitete Unternehmen des D-Day gegen ein einziges Objekt. Das alles gilt in Wirklichkeit vier archaisch anmutenden, leichten französischen Feldgeschützen Modell 1897, zu deren Bespannung die deutsche 716. Infanteriedivision nicht einmal genügend Pferde hat. Die Batterie ist für die Beschießung von Seezielen überhaupt nicht geeignet, und zur Landseite hin können die Kanonen aus ihren Stellungen gar nicht schießen, es sei denn, man zieht sie aus dem Bunker heraus. Was SHAEF nicht ahnt: Die Batterie ist nur darauf eingerichtet, einen Panzerangriff von der Seeseite her abzuwehren.

Am Montag, dem 3. April 1944, wird die endgültige Fassung des »Overlord«-Planes dem SHAEF vorgelegt. Sie stammt von General Sir Bernard Montgomery, Admiral Sir Bertram Ramsay und Air Chief Marshal Sir Trafford Leigh-Mallory. Fünf Monate lang haben ihre drei Kommandostäbe auf den von Lieutenant General F. Morgan und seinem alliierten Stab (COSSAC) erstellten Vorplanungen aufgebaut. Der genaue Termin des D-Day wird nach Ebbe- und Flutverhältnissen sowie Art der deutschen Verteidigungsmaßnahmen, die ihre Angriffstaktik bestimmen, festgelegt: Landet man nämlich während der Flut, verliert man durch die jetzt unter Wasser liegenden Strandhindernisse einen Großteil der Landungsboote. Landet man wiederum bei Ebbe, müssen die Truppen offene Buchten, die oft bis 400 m breit sind, unter deutschem Feuer durchwaten. So entscheidet SHAEF, direkt nach der Ebbe mit auflaufender Flut die Panzer vor der Infanterie an Land gehen zu lassen und währenddessen die deutschen Verteidigungsanlagen durch schweres Artilleriefeuer der Kriegsschiffe und Luftangriffe niederzuhalten. Die Strandhindernisse sollen als erstes vernichtet werden, so daß man die Landung bei steigender Flut fortsetzen kann.
Außerdem müssen noch die sich widersprechenden Wünsche der drei Waffengattungen berücksichtigt werden: Die Flotte will sich bei Nacht der Küste nähern, braucht aber andererseits – ebenso wie die Luftstreit-

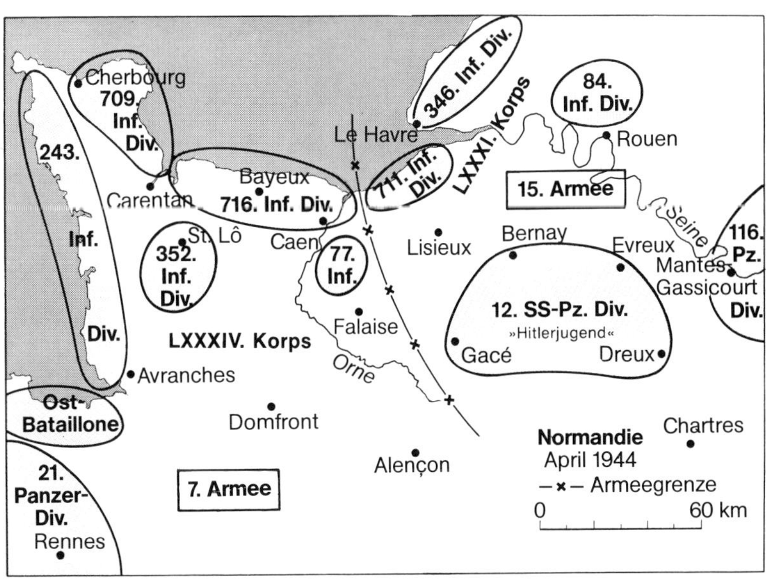

Frühjahr 1944:
Aufstellung der deutschen Kräfte in der Normandie

BRÜSSELER ZEITU

Brüssel, Donnerstag, 13. April 1944

Die Dissidenz

In blasser Angst vor der nahen Invasion

„DAS GROSSTE BLUTBAD DER WELTGESCHICHTE"

Der USA.-Publizist Reynolds zeigt das wahre Gesicht der Zweiten Front
Bei Landung von einer Million Mann rechnet er jeden zweiten als verloren
Die Geschütze der Maginot-Linie sind heute im Atlantikwall eingebaut

Telegramm unseres Korrespondenten

Die Haltung deutscher Gefangener

Von fester Zuversicht

Panzer spucken Ne

Viktor Emanuel kneift

Der Krie

Eines der Beispiele, wie die NS-Propaganda ihren Lesern vor der bevorstehenden Invasion Mut macht (aus: *Brüsseler Zeitung,* 13. 4. 1944)

kräfte – eine Stunde Tageslicht, um die deutschen Verteidigungsanlagen erfolgreich zu bekämpfen. Die Luftlandetruppen bevorzugen wiederum Mondschein für den vorher stattfindenden Einsatz der Fallschirmtruppen und die Landung von Lastenseglern. Zur Bekämpfung der »Merville«-Batterie und Besetzung der drei Brücken über den Unterlauf der Orne sowie Deckung der östlichen Flanke soll einige Stunden zuvor eine britische Luftlandedivision nordöstlich von Caen niedergehen. An der rechten englischen Flanke wird je eine Division der 1. US-Armee (Lt. Gen. O. Bradley) am Strand östlich und nördlich der Vire-Bucht landen. Zu ihrer Unterstützung ist geplant, kurz zuvor zwei Luftlandedivisionen abzusetzen, die sich vor allem der deutschen Küstenbatterien bemächtigen sollen. Jeder Armee wird eine voll ausgerüstete, eingeschiffte Division als unmittelbare Reserve beigegeben. Auch die Möglichkeit einer ungewollten Verlegung des D-Day um zwei Wochen auf den 19. Juni 1944 – so schwerwiegend die Folgen auch sein mögen – wird vorsorglich in allen Einzelheiten miteingeplant.

Am Donnerstag, dem 6. April 1944, wird in Großbritannien die Urlaubssperre für Militärpersonen aller Dienstgrade und Waffengattungen verhängt. Das Kriegskabinett muß trotz schwerer Bedenken diplomatische Privilegien radikal einschränken und Botschaften unter Bewachung stellen. Die Bekanntgabe dieser Anordnung ruft in Berlin beträchtliche Verwirrung hervor. Hitler zu Generaloberst Jodl: »Die ganze Sache, die die Engländer aufführen, kommt mir wie ein Theater vor. Die neuen Nachrichten von Sperrmaßnahmen, die sie treffen, die Abwehrmaßnahmen und so weiter, normal macht man das doch nicht, wenn man so eine Geschichte macht. Ich kann mich des Eindrucks nicht erwehren, daß das Ganze am Ende doch ein unverschämtes Theater ist«.

Am Freitag, dem 7. April 1944, hält General Montgomery im Hauptquartier seiner 21. Heeresgruppe ein zweitägiges Kriegsspiel ab, an dem alle Generale der Feldarmeen teilnehmen. Montgomery: »Meine Absicht war dabei, alle höheren Kommandeure und ihre Stäbe über die gesamte Operation ›Overlord‹ ins Bild zu setzen«.

Am Sonnabend, dem 8. April 1944, befiehlt der Oberbefehlshaber West vorsorglich »die Vorbereitung des Einsatzes von Kräften im Invasionsfall für taktische Sabotage, Kleinkrieg und Zersetzung der Feindtruppen« – ein unmißverständlicher Beweis, daß v. Rundstedt das

Zurückschlagen der alliierten Invasion recht pessimistisch beurteilt.

Erst am Montag, dem 10. April 1944, übergibt Admiral Ramsay den ihm unterstellten Marinestäben den endgültigen Plan für die Operation »Neptune«, einen dicken Band mit rund 1000 Schreibmaschinenseiten. Ramsay bestimmt darin die Aufgaben der Seestreitkräfte für Geleitsicherung, Minenräumen, Artillerieunterstützung der Landungstruppen und andere Pflichten. Die eigentliche Operation »Neptune« soll von zwei großen amphibischen Verbänden, der Eastern Naval Task Force (Konteradm. Sir Philip Vian) und der Western Naval Task Force (US-Konteradm. Kirk) erfolgen.
Der Verband des Konteradmirals Vian wird die drei Divisionen der britischen 2. Armee an den drei Strandabschnitten »Sword«, »Juno« und »Gold« dem etwa 55 km langen Küstenstreifen westlich der Orne, an Land setzen. Und der Verband des Konteradmirals Kirk soll die 1. US-Armee zu den beiden Abschnitten »Omaha« und »Utah« – die etwa 35 km lange Küste westlich des britischen Landegebietes – bringen.
Beide Großverbände sind in Gruppen unterteilt, für jeden Strand eine, und verantwortlich für den Begleitschutz der jeweiligen Sturmtruppen, deren richtige örtliche Einweisungen und deren Feuerschutz bei der Landung. Der Angriff hängt in erster Linie vom Artilleriefeuer der Kriegsschiffe zur Niederkämpfung der deutschen Küstenbatterien und befestigten Stellungen ab. Diese Feuerunterstützung soll so lange gegeben werden, wie die Hauptkampflinie in Reichweite der Schiffsartillerie liegt. Zum Abfangen der zu erwartenden deutschen Bombenangriffe gegen Schiffe auf See und auf den Ankerplätzen vor der Küste werden jedem Großverband außer zahlreichen Flakschiffen spezielle Jägerleitschiffe mit neuesten Radargeräten zugeteilt.

Am Donnerstag, dem 13. April 1944, läuft aufgrund des Rundstedt-Befehls vom 8. April 1944 über »die Führung des Partisanenkrieges im Rücken der Invasionsstreitkräfte« die Auslagerung von Sprengstoffen für spätere Sabotagemaßnahmen an. Zu diesem geheimen Unternehmen, Deckbezeichnung »Verpflegungsaktion«, werden besonders ausgesuchte, französisch sprechende Wehrmachtsangehörige eingeteilt, die sich von feindlichen Truppen überrollen lassen und dann hinter ihrem Rücken einen Kleinkrieg entfachen sollen. Den Männern werden auch sofort Sonderausweise und fingierte französische Personalpapiere ausgehändigt.

Am Freitag, dem 14. April 1944, verlassen nach abgeschlossenem Übungsschießen die französischen Kreuzer »Montcalm« (Capit. J. Laurin) und »Georges Leygues« (Capit. E. Deprez) die Reede von Mers-el-Kebir mit

Generalfeldmarschall Rommel bei einem über Nordfrankreich abgeschossenen US-Bomber »Flying Fortress« Boeing B-17 (»Fliegende Festung«)

Landing Ship Tank (LST), das speziell für den Panzertransport konstruierte alliierte Landungsschiff

unbekanntem Ziel. Beide Kapitäne wissen nur, daß sie unter dem Befehl von Konteradmiral R. Jaujard stehen und beide Schiffe – »Montcalm« mit neuen Schrauben – neue 12,5-cm-Geschütze bekommen haben. Als es von Gibraltar aus nordwärts geht, spürt jeder an Bord, daß etwas Ungewöhnliches bevorsteht. In der Tat, beide Einheiten sind in geheimer Mission auf dem Weg nach England. Sie sollen als einzige Kreuzer der Freien Französischen Marine bei der Operation »Neptune« dabei sein.
Ebenfalls am 14. April 1944 unterstellt man General Eisenhower die alliierten Taktischen Luftstreitkräfte.

Am Sonnabend, dem 15. April 1944, führen US-Bomber erstmals einen größeren Tagesangriff auf die HKB »Pointe du Hoc« durch. Die ersten drei Geschützbunker sind noch im Bau, und die sechs Kanonen stehen getarnt auf Radlafetten unter offenem Himmel. Während des Angriffs wird nur ein einziges Geschütz zerstört. Die beiden 2-cm-Flak sind gegen hochfliegende Bomber machtlos. Nach dem Angriff läßt der Batteriechef die Geschütze gleich nach Sonnenuntergang etwa 2 km weiter landeinwärts verlegen und aus der ursprünglichen Batteriestellung eine Scheinanlage machen. Die Batterie wird in ihrer neuen Stellung so gut getarnt, daß sie erst am 6. Juni 1944 durch einen Stoßtrupp von der Landseite her aufgespürt wird. Das Mitglied der Centurie, André Farina, schickt zwar eine Brieftaube mit der Meldung über die Verlegung der Batterie nach London, sie wird jedoch von einem deutschen Posten abgeschossen. Übrigens ist die verwaiste Stellung der HKB »Pointe du Hoc« neben der MKB »Marcouf« die meistbombardierte Batterie der Invasionsküste.

Am gleichen Tag werden die strategischen Bomberverbände von RAF und USAAF angewiesen, als Vorbereitung der Invasion Transport- und Verkehrsziele in Deutschland zu bombardieren. Daneben kann General Eisenhower über diese Verbände zur direkten Unterstützung der Land- und Seeoperationen nach Bedarf verfügen. Damit können die 8. und 9. Luftflotte sowie das RAF-Bomberkommando operativ und auch für die taktische Unterstützung der Bodentruppen bei der geplanten Operation »Overlord« eingesetzt werden.
Um der Gefahr der deutschen Geheimwaffen zu begegnen, führt das alliierte Oberkommando im Rahmen der Operation »Crossbow« Luftangriffe auf Abschuß- und Versorgungsanlagen, die zum größten Teil im Pas de Calais konzentriert sind, durch. Diese Angriffe werden von den Deutschen als alliierte Vorbereitungen zur Invasion gewertet.
Lt.Gen. F. Morgan hat das gesamte Material über deutsche Geheimwaffen studiert und kann lediglich Eisenhower empfehlen: »Wir warten ab und lassen alles auf uns zukommen.« Eisenhower gibt nun den »Crossbow«-Angriffen vor allen anderen Luftoperationen den Vorrang, und man erwägt sogar, die Landungsschiffe aus den bedrohten Häfen Südenglands nach Hull, Glas-

24. April 1944, nach dem schweren US-Luftangriff auf den Verkehrsknotenpunkt Rouen:
Der mittelalterliche Stadtkern erleidet erhebliche Schäden

Phönix-Senkkästen, 60 m lang und
5000 t schwer, der wichtigste
Teil der »Mulberry«-Häfen im Bau

gow oder Liverpool zu verlegen. Welche Bedeutung ein Geheimwaffen-Angriff auf die Konzentration der Invasionsflotte haben kann, vermag SHAEF »nicht einmal zu ahnen«.
Doch zur Zeit gefährden nicht etwa Hitlers Geheimwaffen die Operation »Neptune«, sondern der Mangel an Landungsschiffen, besonders vom Typ LST, die die Panzer an die Calvados-Strände befördern sollen. Ihre Konstruktion ist zwar der britischen Erfindungsgabe zu verdanken, sie müßten jedoch, um die notwendige Anzahl bereitstellen zu können, mit neuen amerikanischen Schweißmethoden in Massenanfertigung gebaut werden. Aber sowohl die britischen Dockarbeiter als auch die Gewerkschaften und Dockbesitzer haben zu lange am veralteten Nietverfahren festgehalten.
Auch die immer wieder aufflammenden Streiks tun das ihre dazu. Und so entsteht Mitte 1944 ein bedrohlicher Engpaß. Zwar hat sich Churchill inzwischen selbst eingeschaltet und diese Zustände genau untersuchen lassen, aber auch das hilft nicht weiter.

Am Sonntag, dem 16. April 1944, beklagt sich der britische Premier beim Chef des US-Generalstabes, General Marshall, resignierend: »Alle Schwierigkeiten entspringen nur der absurden Knappheit an LST-Schiffen. Die Nachwelt wird es nie begreifen, daß zwei Weltmächte wie die USA und das Britische Empire wegen lächerlicher 100 bis 200 Spezialfahrzeuge in ihrer Planung derart eingeengt werden konnten.«
Interessanterweise läuft im Frühjahr 1944 eigentlich nur der Bau der beiden künstlichen »Mulberry«-Häfen, das aufwendigste und komplizierteste sämtlicher alliierter Invasionsvorhaben, reibungslos. Über den Zweck dieser riesigen Ungetüme, die in der Themse-Mündung liegen, ist man sich in Berlin nicht im klaren. Und die Vermutungen reichen von schwimmenden Getreidesilos – als Spende für das hungernde Westeuropa – bis zu Ersatzpiers für einen eroberten Hafen. Und gerade diese Interpretation bestärkt v. Rundstedt noch mehr in seiner Überzeugung, daß die Alliierten als erstes einen Hafen im Pas de Calais angreifen werden.
Bei dem ausgeklügelten »Mulberry«-System – es entstehen zwei dieser künstlichen Häfen, einer für die englischen (B) der andere für die amerikanischen (A) Streitkräfte – handelt es sich um eine Reihe von Blockschiffen und Wellenbrechern, die einen flachen Landungsstrand in einen durch Molen gesicherten Hafen verwandeln können. Kernstück dieser kühnen Konstruktion sind Phönix-Senkkästen von je 60 m Länge und 1600 bis 5000 Tonnen Gewicht. Jeder der »Mulberries« soll eine Kapazität wie der Hafen von Dover

Generalmajor Kreipe, Kommandierender General der 22. PzGren. Division, deutscher Befehlshaber der Insel Kreta

haben, dessen Bau in Friedenszeiten fast sieben Jahre dauerte. Allein das Studium des Meeresbodens hat damals mehrere Monate erfordert.
Die für die »Mulberries« vorgesehenen Lageplätze sind zur Zeit noch schwer vermint und liegen direkt vor den Mündungen deutscher Küstenbatterien. Der britische »Mulberry« soll vor dem Badeort Arromanches und der amerikanische bei Vierville-sur-Mer liegen. Sämtliche Teile der »Mulberries« müssen über den Kanal geschleppt und an Ort und Stelle zusammengesetzt werden. In ihrem Schutz sollen künstliche Deiche entstehen mit schwimmenden Piers zur Aufnahme von Frachtern, Landungsschiffen und Amphibien-Lkw. Die »Mulberries« sind der Mittelpunkt der Operation »Neptune«, und es kommt darauf an, ihre wahre Aufgabe geheimzuhalten. Der deutschen Luftwaffe entgehen natürlich nicht Dutzende von seltsamen Gebilden, die wie fünfstöckige, auf der Seite liegende Lagerhäuser aussehen. Um die Deutschen irrezuführen, werden einige Elemente des »Mulberry« vor Dungeness versenkt.
Am gleichen Tage (16. 4. 1944) beginnen die strategischen Bomberverbände der Alliierten mit ihren Angriffen: Neben dem Verkehrsnetz in Deutschland bombardieren sie die Küstenbatterien in der Normandie.

Am Mittwoch, dem 19. April 1944, greifen US-Bomber die MKB »Marcouf« an, die nach Meinung der SHAEF eine ernsthafte Gefahr für Truppentransporter und Landungsboote darstellt. Der Angriff richtet kaum Schaden an, nur die unterirdischen Telefonkabel zwischen dem Leitstand und einigen Bunkern werden unterbrochen.

Am Montag, dem 24. April 1944, ordnet das britische Kriegskabinett ein Verbot für chiffrierten diplomatischen Funkverkehr und Reisen diplomatischer Kuriere an. Das betrifft ebenso die in Großbritannien akkreditierten diplomatischen Vertretungen der neutralen und alliierten Länder. Dieses Verbot ist eine eklatante Verletzung der Regeln internationaler Diplomatie.
Am Nachmittag des 24. April 1944 gelingt es einem deutschen Aufklärer, einen der Häfen in Südengland zu überfliegen. Die mitgebrachten Luftaufnahmen zeigen . . . »insbesondere Portland/Weymouth und Poole voller Landungsfahrzeuge und Schiffsraum aller Art. Wiederholt werden 25 vermeintliche Molen und Großlandungsstege (Abmessung 68 × 20 m) festgestellt«.
Am gleichen Tag fliegt die 8. USAAF einen schweren Luftangriff auf den wichtigen nordfranzösischen Verkehrsknotenpunkt Rouen. Es werden 400 Einwohner getötet und 700 verletzt. Ebenfalls am 24. April führt die 8. USAAF konzentrierte Angriffe gegen Anlagen der Deutschen Reichsbahn durch. Besonders betroffen sind die Bahnhöfe Koblenz und Hamm.

Am Abend des 24. April 1944 steht an einer Abzweigung der wenig befahrenen Straße zwischen Knossos-Heraklion und Ano Archanes (Kreta) eine deutsche Feldgendarmeriestreife und kontrolliert die vorbeikommenden Fahrzeuge. Keiner hätte in den deutschen Uniformen zwei britische Offiziere der SOE, den 20jährigen Patrick Leigh-Fermor und den 18jährigen Stanley Moss vermutet, deren Aufgabe es ist, im Rahmen der Täuschungsoperation »Zeppelin« den deutschen Befehlshaber der Insel, Generalmajor Kreipe (22. PzGren. Div.), zu entführen. Dieses Kidnapping soll Hitler eine vermeintliche Invasion auf dem Balkan signalisieren. Churchills Plan einer Großlandung an Europas »weichem Unterleib« verschwindet zwar in den Schubladen der Planungsstäbe, wird jedoch als Täuschungsmanöver verwendet.
Generalmajor Kreipe: »Ich bin morgens bei meiner Truppe gewesen und nachmittags in meinem Divisionsstabsquartier in Ano Archanes. Abends war ich noch um 9 Uhr im Kasino und fuhr dann nach Hause. Plötzlich war in der Dunkelheit vorne, etwa an der Kurve, ein rotes Licht. Mein Fahrer fragte: ›Soll ich halten?‹ Wir hatten Verkehrsstreifen. Ich sagte: ›Halten!‹ Als der Wagen hielt, traten zwei Gefreite in deutschen Uniformen an das Auto heran. Ich tat etwas Falsches. Ich stieg aus dem Auto aus und fragte: ›Welche Einheit sind Sie denn? Kennen Sie denn Ihren General nicht?‹

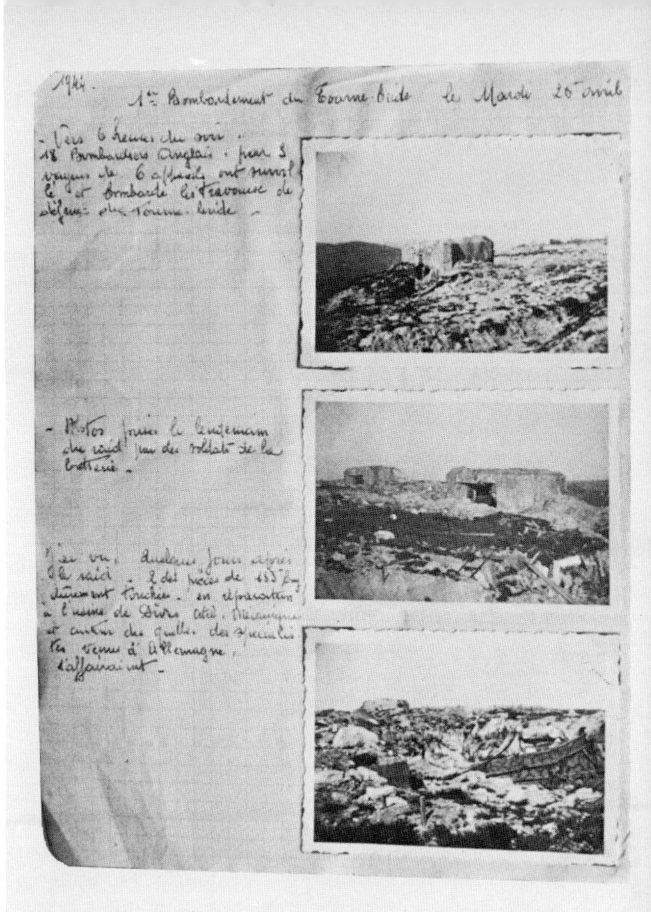

Eine Seite aus dem Bericht des Fotografen Monsieur F. Nicolet, den er nach dem US-Bombenangriff auf die Heeresküstenbatterie »Houlgate« am 25. April 1944 nach London schickte

An dem Auto war das Divisionszeichen und der Stander war gesetzt. Darauf sagte ›Gefreiter‹ Leigh-Fermor: ›Herr General, Sie sind britischer Kriegsgefangener!‹«

Am Dienstag, dem 25. April 1944, führen US-Bomber einen Angriff gegen die noch nicht fertiggestellte HKB »Houlgate« durch. Dem Bombenteppich fallen nur zwei Feldkanonen zum Opfer, die sich in offenen Stellungen befanden. Die beiden beschädigten Geschütze werden zur Reparatur abtransportiert, kehren aber nicht mehr zurück. Der Fotograf Monsieur F. Nicolet schickt nach dem Bombardement einen Bildbericht nach London.

Am gleichen Tage, während seines Aufenthaltes im Gefechtsstand der 346. Infanteriedivision in Bolbec bei Le Havre, erläßt Rommel eine Weisung an seine Kommandeure und deren Stäbe: »In der zur Verfügung stehenden kurzen Zeit, bis die Großoffensive beginnt, müssen wir es erreichen, alle Verteidigungsstellungen auf einen solchen Stand zu bringen, daß sie stärksten Angriffen standhalten. Niemals zuvor hat es in der Geschichte solch ausgedehnte Stellungen gegeben mit solch einem Hindernis wie das Meer. Der Feind muß vernichtet werden, bevor er unsere Hauptkampflinie erreicht . . . Wir müssen ihn fassen, solange er noch im Wasser ist, und ihn nicht nur aufhalten, sondern sein Material vernichten, solang es schwimmt.« Rommel betont dabei, »daß die ersten 24 Stunden entscheidend sein werden«.
Ebenfalls am 25. 4. wendet sich v. Rundstedt an den Wehrmachtführungsstab beim OKW mit dem Antrag auf Zuführung weiterer Teile der Division »Brandenburg« mit der Begründung: »Bei Beginn der Invasion ist mit schlagartigem Anwachsen des Bandenkrieges im Bereich OB West zu rechnen.« Die »Brandenburger«, deutsche »Commando-Spezialisten«, sollen die Résistance, von der verstärkte Aktivitäten während der Invasion zu erwarten sind, bekämpfen.

Gleichzeitig mit den sich steigernden Luftangriffen gegen Verkehrsziele in Westeuropa führen Flottenverbände und Landungstruppen ihre Übungen an der englischen Küste durch. Sie haben den Zweck, neben der Ausbildung von Truppen und Schiffsbesatzungen die Reaktion der Deutschen festzustellen. Die Spezialausbildung ist hart. Die Landetruppen stürmen unter Verwendung von scharfer Munition die Buchten bei Slapton Sands, die denen der Normandie ähneln, und es gibt dabei Tote und Verletzte. Jede Einheit übt Angriffe auf die genauen Nachbildungen deutscher Stellungen, die sie an der Calvados-Küste erwarten.

In der Nacht vom 25./26. April 1944 greifen 193 Bomber des IX. Fliegerkorps (GenMaj. Peltz) in zwei Wellen die Schiffsansammlungen an der Reede von Portsmouth ergebnislos an.

Am Mittwoch, dem 26. April 1944, verlegt Admiral Ramsay sein vorgeschobenes Hauptquartier auf den Landsitz Southwick House, 15 km von Portsmouth, mitten ins Aufmarschgebiet. Am gleichen Tage werden auch die fünf für den Angriff auf die Strände in der Seine-Bucht bestimmten Divisionen mit ihren Sturmtruppen, Panzern und Hilfsgeräten in die Verschiffungsräume transportiert. Jeder Verband trägt die Anfangsbuchstaben des Codenamens seines Landungsabschnitts: Der Verband U wie »Utah« sammelt sich in Plymouth, O wie »Omaha« in Portland, S wie »Sword« in Portsmouth, G wie »Gold« in Southampton und J wie »Juno« auf der Insel Wight. Die Einschiffungsräume für die Verbände B und L, der beiden nachfolgenden Reservedivisionen (26. US.-Inf.Div. und brit. 7. Pz.Div.), sind Falmouth-Plymouth und Nore. Truppen und Schiffe werden von der Außenwelt hermetisch abgeriegelt, und Tausende von Militärpolizisten und zivilen Sicherheitsbeamten übernehmen die Kontrolle. Um die Deutschen zu täuschen, läßt die britische Admiralität zahlreiche Nachschubschiffe bis zum Invasionsbeginn in schottischen Häfen vor Anker gehen.
Am 26. April 1944 wird südlich der Loire die neue Armeegruppe G (GenOberst Blaskowitz) mit der 1. Armee (Gen. d. Pz. Tr. Lemelsen) und der 19. Armee

(Gen. d. Inf. v. Sodenstern) gebildet. Sie untersteht dem OB West.

Am Donnerstag, dem 27. April 1944, führen die Strategischen US-Luftstreitkräfte (USSTAF) ihren ersten großen Tagesangriff auf Eisenbahnanlagen in Blainville und Chalons-sur-Marne sowie gegen Flugplätze von Toul und Nancy durch.
Bei klarem Himmel und schönstem Frühlingswetter greifen alliierte Jabos und Bomber zum erstenmal Vorstrandhindernisse an. Bereits bei Sonnenaufgang beginnen die Angriffe auf die Strände beiderseits Boulogne-sur-Mer am Pas de Calais.

Am Nachmittag des gleichen Tages treffen bei den Stäben des II. Fallschirmjägerkorps und der 5. Fallschirmjägerdivision persönliche Befehle Hitlers ein, in denen er eine sofortige Verlegung in die Bretagne fordert, da er dort eine Landung befürchtet.

In der Nacht vom 27./28. April 1944 soll die erste große Landungsübung, Codename »Tiger« stattfinden, an dem der Verband U wie »Utah« im Küstengebiet von Plymouth teilnimmt. Die Übung »Tiger« ist die amerikanische Generalprobe für den Angriff gegen den Brückenkopf »Utah«, und die Flotteneinheiten – darunter solche mit geheimen Ausrüstungen wie Raketenboote und Amphibienpanzer – steuern unter schwachem Schutz, da ein Begleit-Zerstörer ausfiel, in Richtung Slapton Sands.
Währenddessen verlassen neun deutsche Schnellboote der 5. und 9. S-Flottille Cherbourg mit Kurs auf die britische Küste. Ihr Ziel ist ein Geleitzug vor Portland Bill, östlich der Lyme Bay. Sie stoßen dabei in der Dunkelheit auf einen US-Verband von Panzerlandungsschiffen (LST), die an der »Tiger«-Übung beteiligt sind. Die amerikanischen Besatzungen befinden sich auf Gefechtsstationen, die Infanterie im Zwischendeck, Pioniere und Panzerfahrer stehen bereit und warten auf das Signal zum Beginn der Übung. In diesem Augenblick wird LST 507 von Backbord mit Leuchtspurmunition beschossen, erhält einen Torpedotreffer, beginnt zu brennen und explodiert. 94 Matrosen und 151 Soldaten finden dabei den Tod. Auch LST 531 – von einem Torpedo getroffen – sinkt in wenigen Minuten. 114 Matrosen und 310 Soldaten kommen dabei um. Die Übung wird abgebrochen, und die restlichen Panzerlandungsschiffe retten sich in den Hafen von Plymouth. Binnen weniger als 15 Minuten sind 630 Mann gefallen, weitere acht sterben im Lazarett. Neben zwei wertvollen Landungsschiffen ist ein drittes (LST 289) schwer beschädigt worden.
So hat die Operation »Neptune« ihre Reserven an LST-Einheiten verloren, dazu eine Brigade Amphibien-Panzer, und die Verluste an Menschen sind höher als später bei Erstürmung des »Utah«-Strandes an der Normandieküste. Da es sich um eine höchst geheime Übung gehandelt hat, verbietet Eisenhower die Bekanntgabe des Desasters. Zum Glück für die Alliierten hat die deutsche Marineleitung, wie ihre Meldung vom 28. April 1944 beweist, keine Ahnung, daß es sich nicht um einen normalen Geleitzug handelt.
Am Freitag, dem 28. April 1944, ist das britische Unterhaus Schauplatz erbitterter Auseinandersetzungen. Es geht um die permanente Streikwelle in der strategisch wichtigen Energieversorgungs-Industrie, die nicht nur die Existenz Großbritanniens bedroht, sondern auch die Operation »Overlord« aufs Spiel setzt: Eine Gruppe extrem linksgerichteter Abgeordneter der Labourpartei will die Abschaffung von Strafen bei Anstiftung zum Streik in Rüstungsbetrieben durchsetzen, was praktisch bedeutet, daß die gesamte Rüstungsindustrie Englands jederzeit ohne Einschreiten der Regierung lahmgelegt werden kann. Und Arbeitsminister Ernest Bevin verteidigt die Regierung gegen jene Abgeordneten, die das durchsetzen wollen.
Von 1939 bis zum Frühjahr 1944 wird Englands Rüstungspotential durch nie endenwollende Streikwellen erschüttert, und das zu einer Zeit, in der die Truppen im Kampf um Leben und Tod gegen Hitlers totalitäres Regime stehen.
Welch schwerwiegende Folgen dies hat, beweist die Tatsache, daß es seit Ausbruch des Krieges bis 1944 in Großbritannien mehr Streiks gab als während der Weltwirtschaftskrise in den dreißiger Jahren. Und der Verlust an Arbeitstagen durch Streik in der Rüstungsindustrie, der sich bereits 1942 auf 1,5 Millionen belief, steigt 1943 auf 1,8 Millionen. Führende Militärs registrieren mit Bangen diese Entwicklung.
In seiner Rede vom 28. April 1944 spricht Bevin von »rätselhaften Einflüssen im Zusammenhang mit Streiks in Großbritannien, die die zweite Front gefährden, und vom Recht dieses Landes, sich selbst zu regieren, und nicht von jemandem von draußen regiert zu werden«. (». . . the right of this Country to govern itself, and not to be governed by anybody outside«.) Daß damit nicht Hitler gemeint ist und die Streikenden schwerlich als Nazi-Sympathisanten zu bezeichnen sind, die das britische Waffenpotential zu schmälern versuchen, um Deutschland die Zerschlagung der Invasion zu ermöglichen, versteht sich von selbst.
Es stellt sich aber die Frage, welche fremde Macht Arbeitsminister Bevin, der als ehemaliger führender Gewerkschaftsboß die Kulissen des Klassenkampfes gut kennt, damit meint. Daß es am Vorabend der kriegsentscheidenden Operation um etwas mehr als um Lohnforderungen britischer Kumpel geht, weiß nicht nur Dr. Goebbels, der als lachender Dritter diese Vorgänge beobachtet. Man kann sich kaum des Eindrucks erwehren, daß Stalin hier mit den Händen der britischen Arbeiter skrupellos seine politischen Ziele in Westeuropa zu erreichen versucht, ohne Rücksicht auf die Tatsache, daß eine Schwächung der Westalliierten zuerst Hitler zugutekäme. Nun, nach jahrelangem Warten auf die zweite Front, ist für Stalin die alliierte Invasion in Westeuropa nicht mehr unbedingt nötig, und je länger Hitlers Wehrmacht die Amerikaner und Engländer an Frankreichs Küste festnagelt, desto mehr Chancen bieten sich für Moskau, seine Ziele in Ost-, Mittel- und Südeuropa zu erreichen.

Vor der Landung

1. Mai – 5. Juni 1944

Geheimer Bericht des *Sicherheitsdienstes der SS* zur innenpolitischen Lage
Donnerstag, 4. Mai 1944 (Auszug):
I. Allgemeines: Entwicklung in der öffentlichen Meinungsbildung. Die Aussicht, daß in nächster Zeit unbedingt eine entscheidende Wendung im Kriegsgeschehen zu unseren Gunsten eintreten müsse, läßt die meisten Volksgenossen einer Invasion mit großen Hoffnungen entgegensehen. Man spricht von ihr als von der letzten Gelegenheit, das Blatt zu wenden. Eine Angst vor der Invasion ist kaum festzustellen. Man nimmt vielmehr eine schwere Niederlage für den Gegner an. Nur vereinzelt werden Stimmen laut, daß der Atlantikwall vielleicht nicht gehalten werden könne oder daß es ernst werde, wenn mit der Invasion gleichzeitig eine Großoffensive der Russen einsetze (z. B. in Kattowitz). Das Schlimmste, was passieren könne, wäre aber auch für diese besonders besorgten Gemüter, daß die Invasion wider alles Erwarten doch nicht kommt.

Die Verwaltung eroberter Gebiete
Freitag, 12. Mai 1944, London
United Press meldet:
Es wurden die Pläne bekanntgegeben, die die Alliierten für eine Verwaltung der jetzt von den deutschen Truppen besetzten Gebiete ausgearbeitet haben. Für diese Aufgabe ist im Hauptquartier von General Eisenhower die Abteilung »G 5« zuständig.

Inspektionsreisen Rommels

Dienstag, 16. Mai 1944, Berlin
Das *DNB* meldet:
Generalfeldmarschall Rommel besichtigte dieser Tage die deutschen Verteidigungsanlagen in der Normandie und überzeugte sich dabei von der hohen Kampfkraft und Abwehrbereitschaft sämtlicher Festungswerke, Stützpunkte und sonstiger Anlagen. Seine Aufmerksamkeit galt besonders den in den letzten Monaten noch verstärkten Sperren an der Land- und Seefront.

Im Vorfeld des Todes
Von Kriegsberichterstatter H. G. Rexroth
Harmlos und friedlich erscheint die Küstenlandschaft an diesem Frühlingstag. Straßen und grünende Fluren liegen im hellsten Sonnenschein. Weit dehnt sich über den Hügeln und flachen Senken der wolkenlose Himmel. In der Ferne, von der Höhe aus gesehen, erhebt sich die Kathedrale einer Stadt, ein See schimmert mit seiner strahlenden Wasserfläche aus dem Tal zur Seite, dahinter steigen wiederum Höhenzüge an, ziehen sich in das Innere . . .
Leer ist das Land und die Weite ringsum. Sanfter Wind drängt sich gegen das Schild, das sich sachte bewegt. Darauf ist ein Totenkopf mit gekreuztem Gebein gemalt, ein ausgeformter Schädel, der aus leeren Augenhöhlen in die Ferne blickt: Der Boden, die grünen Fluren, die Feldwege, die sich zwischen den Wiesenrainen anmutig hügelauf und ab erstrecken, überall ist die Erde mit Minen verseucht. Todbringende Früchte, lagern sie am Rande des Rasens, auf dem die Lämmer weiden, Todesland, so weit das Auge reicht. Keine Spur, außer dem warnenden Totenschädel, zeigt die Gefahren, die auf den Feind lauern.

Das Reich, Mai 1944

General Kreipe übergelaufen

Mittwoch, 17. Mai 1944
Der *Soldatensender Calais* meldet:
Der ehemalige Kommandeur der 22. Panzergrenadier-Division auf Kreta, Generalmajor Kreipe, der bei dem feindlichen Kommandoüberfall auf Kreta in der letzten Aprilwoche angeblich gefangengenommen wurde, ist gestern, wie der Londoner Rundfunk meldet, mit dem Flugzeug in England eingetroffen. Auf Veranlassung des OKH ist, wie bereits gemeldet wurde, gegen Gene-

Pas de Calais,
Generalfeldmarschall Rommel und sein Stab inspizieren die im Bereich der 15. Armee gebauten Strand- und Panzerhindernisse: vorn die Hemmböcke, im Hintergrund »Tschechenigel« auf Betonfüßen, links »Belgische Tore«

ralmajor Kreipe ein Tatbericht eingereicht worden, in dem Generalmajor Kreipe der Fahnenflucht beschuldigt wurde. Wie verlautet, wurde der englische Bericht über seine Gefangennahme nur ausgegeben, um den wahren Sachverhalt zu verschleiern.

Bericht über die in der Nacht vom 17./18. 5. 1944 an der Küste vor dem Pas de Calais gefangenen zwei Commando-Offiziere G.M. Lane und R. Woodridge.

GEHEIM

18. 5. 44 OKW/WFSt/Op. (H)/West

Bezug: Fernmündl. Meldung 01 Ob. West an OKW/WFSt. Major d. G. Friedel.
Heeresgruppe B meldet über die beiden gefangenen engl. Offiziere folgendes:
»Die beiden Offiziere sind Heeresangehörige. Sie sollten in der Nacht vom 17. zum 18. 5. an der Küste zwischen Somme und Dieppe mit Schlauchboot abgesetzt werden mit dem Auftrag, die Vorstrandsperren zu erkunden. Die Anfahrt erfolgte mit Schnellboot. Infolge eines während der Nacht entstehenden Seegefechts hat sich die Anfahrt so verzögert, daß die beiden Offiziere in ihrem Schlauchboot erst nach Anbruch der Helligkeit an die Küste herankamen. Sie haben zunächst versucht, wieder zu ihrem Schnellboot zurückzukehren und haben sich, als sie die Ausweglosigkeit dieses Vorhabens erkannten, gefangen gegeben. Es handelt sich nach den bisherigen Feststellungen nicht um Angehörige eines Commandos.
Vernehmung wird durch Vernehmungskommando OKH/Fr. Heere West, Oberleutnant Langker, der sich z. St. bei röm. 67. A. K. befindet, durchgeführt. Ergebnis wird voraussichtlich heute abend gemeldet.
Der eine der beiden Offiziere ist anscheinend aussagewillig.
Im Zusammenhang mit schon gemeldetem Feindversuch vom 17. 5. in Gegend Les Petites, ostw. Calais, bei dem ebenfalls Erkundung von Vorstrandsperren vermutet wird, besteht der Eindruck, daß der Gegner diese Hindernisse z. St. auf breiter Front in ihren Einzelheiten aufzuklären versucht.«

Ob. West
röm. 1a Nr. 4058/44 geh.-

Aufruf von General de Gaulle
Sonnabend, 20. Mai 1944, Algier
Radio Algier richtet folgende Warnung an die Bewohner der französischen Großstädte:
Nicht nur die Frauen und Kinder, sondern alle, die irgendwie können, sollten unverzüglich die Städte verlassen. Die Straßen dürfen jedoch keinesfalls von Flüchtlingen blockiert werden, um den Vormarsch der Alliierten nicht zu behindern. Aus diesem Grunde müßt ihr heute schon umgehend abreisen.

Über 4000 Flugzeuge beteiligt
Sonntag, 21. Mai 1944, London
Das *Hauptquartier der 8. US-Luftflotte* gibt bekannt:
Mehr als 4000 Flugzeuge der alliierten Luftstreitkräfte nahmen an den gestrigen Tagesoperationen über Frankreich und den Niederlanden teil. Als Begleitschutz der schweren Bomber wurden allein mehr als 1000 US-Jagdflugzeuge verschiedener Typen eingesetzt.
Auch die RAF und andere alliierte Luftstreitkräfte unterstützten diese Tagesangriffe, die vom frühen Morgen bis zum späten Abend ununterbrochen andauerten und sich vor allem gegen Küstenverteidigungs- und Eisenbahnanlagen, Straßenkreuzungen, Transportkolonnen, Flußkähne und Stützpunkte der deutschen Luftwaffe im Raum des Pas de Calais richteten.

Neue Taktik bei Luftangriffen auf das deutsche Verkehrsnetz
Montag, 22. Mai 1944, London
Das *Luftfahrtministerium* teilt mit:
Die alliierte Luftoffensive gegen Deutschland und die

besetzten Westgebiete wurde gestern mit weit über 2500 Flugzeugen fortgesetzt. Dabei gingen die Alliierten zu einer neuen Taktik über, bei der sie fast ausschließlich mit tieffliegenden Jägern und Jagdbombern gegen das deutsche Eisenbahnnetz sowie gegen die Binnenschiffahrt vorgingen. Es handelte sich dabei um den größten Einsatz von Jägern, der in diesem Krieg bisher durchgeführt wurde.

Montag, 22. Mai 1944
Wöchentlicher Lagebericht des OB West:
Fliegertätigkeit infolge Wetterlage nur an 2 Tagen stark. Dabei erneut Angriffe auf Küstenverteidigungsanlagen mit unverändert geringen Schäden und Verlusten, sowie weitere Angriffe auf Bahnanlagen. Aufklärungsversuche gegen Vorstrandsperren durch 2 Feindunternehmen bestätigt, Aufklärung soll nach Gefangenenaussage bereits seit längerer Zeit gegen Küste von Holland bis einschl. Normandie stattfinden.
Schwerpunkt des Invasionsaufmarsches in Süd- und Südostengland, Raum zwischen Schelde und Normandie sowie Nordteil Bretagne bleibt Hauptfront. Bisherige Lufttätigkeit noch nicht letzte systematische Vorbereitung für Großangriff. Dieser abhängig von Gesamtlage und gleichmäßig günstiger Wetterlage.
Jeder Tag Angriffsaufschub bedeutet Stärkung der Abwehr. Ausbau weiter mit allen Mitteln gefördert. Abwehrkraft durch Abschluß der Neugruppierungen gehoben. Hilfen zur Beweglichmachung der Mot.-Verbände beginnen wirksam zu werden. Weitere Erfolge gegen Terroristen. Teilweise Erregung der Bevölkerung gegen Feindmächte im Zusammenhang mit Bombardierungen festzustellen.

An die Bevölkerung des besetzten Europa

22. Mai 1944
Radio BBC meldet:
Das HQ von General Eisenhower hat heute eine neue Anweisung für die besetzten Länder erlassen: »Wir ersuchen euch, unverzüglich folgendes auszuführen: Verschafft euch genaue Kenntnis eurer Umgebung. Unsere Streitkräfte werden exakte Informationen benötigen. Wir brauchen ortskundige Führer, die die Wege auch nachts kennen. Bereitet euch auf folgende Fragen vor:
1. Wie viele Straßen befinden sich in eurem Umkreis? Haben sie Markierungen und Wegweiser? Wie sind diese Straßen erkennbar? Falls die Straßen unpassierbar sind, welche Umwege können genommen werden? Sind die Felder entlang den Straßen befahrbar?
2. Wie dicht sind die umliegenden Wälder? Gibt es Lichtungen oder Pfade, die für leichte Truppen und Fahrzeuge passierbar sind?
3. Notiert Wasserstand, Tiefe und Strömung der Flüsse. Sind die Flußufer steil, oder können sie leicht erklettert werden? Wie ist die Beschaffenheit der Brükken und Stege sowie ihre Tragfähigkeit?
4. Gibt es offene Felder, auf denen Flugzeuge landen

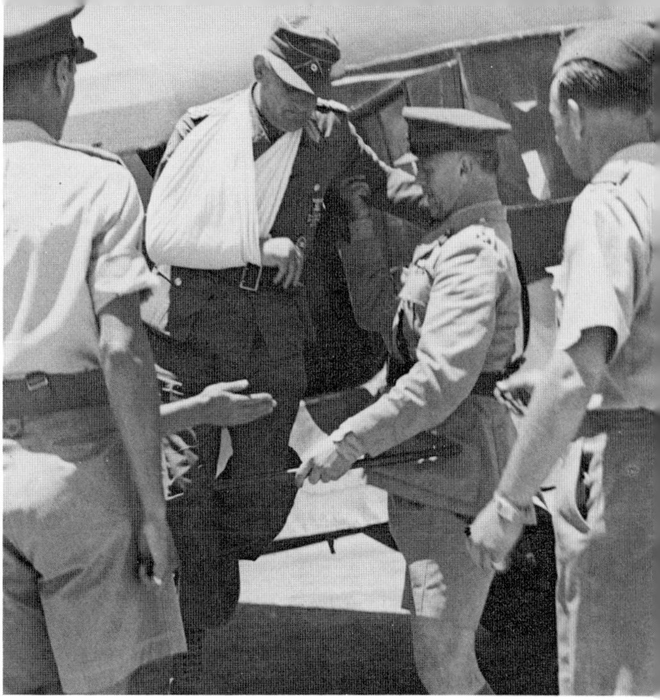

Kairo, 17. Mai 1944. Ankunft von Generalmajor Kreipe:
». . . wie der Londoner Rundfunk meldet,
mit dem Flugzeug in England eingetroffen.«

können? Dabei ist jedes Feld, das einigermaßen eben ist und eine Länge von mindestens 400 m hat, ausreichend, vorausgesetzt, daß keine erhöhten Hindernisse (z. B. Bäume) die anfliegenden Maschinen behindern. Prägt euch die Antworten auf diese Fragen gut ein. Man wird sie euch sehr bald stellen.«

Kampfruhe an der Ostfront

Donnerstag, 25. Mai 1944, Moskau
Associated Press teilt mit:
Wie uns Frontberichterstatter melden, sei gestern einer der ruhigsten Tage an der Ostfront gewesen. Selbst die Luftstreitkräfte beider Seiten flogen kaum Einsätze.

J. W. Stalin an W. Churchill
Freitag, 26. Mai 1944:
Ich bin Ihnen für die Information über die Schlacht in Italien, von der Sie in Ihrer letzten Botschaft berichten, zu Dank verpflichtet.
Wir verfolgen Ihre Siege mit Bewunderung.
Ihre Nachricht, daß die Vorbereitungen zu »Overlord« in vollem Gang sind, hat uns sehr ermutigt. Die Hauptsache ist, daß die britischen und amerikanischen Truppen voller Entschlossenheit sind.
Ich begrüße Ihre Bereitschaft, das Programm der arktischen Geleitzüge später wiederaufzunehmen.
Vielen Dank für Ihre Glückwünsche. Wir bereiten uns mit aller Kraft auf neue wichtige Operationen vor.

»... sei mäßig, betrinke dich nicht und mache alles so wie dein Gastgeber...«: »Benimm-dich-Regeln« als Kampfrüstzeug für die alliierten Truppen

Invasions-Knigge

»... Spiel dich nicht als Eroberer auf, trage keine Siegermiene zur Schau und sprich nie von der Niederlage der französischen Armee im Jahre 1940, selbst wenn ein Franzose davon anfängt, so schweige. Denk daran, daß sich kein Land in der Welt gern die Kritik eines Ausländers gefallen läßt. Wenn ein Franzose der Meinung ist, seine Armee sei großartig gewesen und es hätte nur an der Ausrüstung gefehlt, so bestärke ihn in seinem Glauben ... Sei höflich, taktvoll und versuche, dich immer in seine Lage hinein zu versetzen. Und iß auch niemals des Franzosen Speisekammer leer. Man könnte sonst von deinem Vaterland denken, es versorge seine Soldaten ungenügend ... Sei mäßig, betrinke dich nicht, und mache alles so wie dein Gastgeber. Kauf nicht zu viel, selbst wenn du reichlich Geld zur Verfügung hast. Denke daran, daß du damit die Preise in die Höhe treibst und der Bevölkerung schadest. Die Zeiten sind vorüber, in denen man sich in Paris mit Wein, Weib und Gesang amüsiert hat, denn die französische Metropole ist zu einer der leidgeprüftesten Städte der Welt geworden. Sei höflich, freundlich und vergiß nie, daß die Franzosen Jahre der größten Demütigungen durchgemacht haben. Nimm Rücksicht auf ihre Empfindlichkeit und denke daran, daß Frankreich eine der großen Demokratien Europas war und daß es seine alte Größe wieder erlangen wird ...«

War Office, London, Mai 1944

Rouen in Flammen

Freitag, 2. Juni 1944
Inter-France (I-FC) teilt mit:
Gestern in den späten Abendstunden wurde gemeldet, daß der Wind die Feuersbrunst auf die ganze Stadt Rouen ausgedehnt hat.

Am Westwall
Von Kriegsberichterstatter H. Schwarz van Berk
Die Promenade ist leer. Aber der Strand ist nicht leer. Er ist weit und breit statt mit Seetang mit Stacheldraht und weit hinaus mit Stahldreibeinen gespickt. Nur ein Saum von etwa hundert Metern ist offen. Da liegen in bunten Gruppen Badende mit Taschen, Kissen, Sonnenbrillen, Bällen, Grammophonen. Zwei Verliebte lassen den Pulversand durch die Finger rieseln. Matrosen sonnen sich mit seltenen Mädchen.
Seltsam, dies ist der Badestrand von St. Nazaire, und es ist Pfingsten 1944. Am Mittag sind wir in die Stadt gefahren. Sie ist tot wie ein Fabrikhof am Sonntag zur Friedenszeit. Nur auf den Flakbunkern recken ein paar überraschte Posten die Hälse. Sonst sehen wir nichts in der Stadt als Bunker, Verpflegungslager, Munilager, Lazarette, Werkstätten, Meldeköpfe, Dienststellen, Baracken, Funkstellen. In den Wiesen Picknicks von Minen aller Art, in den Häusern Schießscharten, im Hafenbecken ein Schlauchboot, auf dem zwei Matrosen ziellos umherpaddeln.

Das Reich, Juni 1944

Goebbels-Rede

Sonntag, 4. Juni 1944, Nürnberg
Großkundgebung anläßlich des Kreistages des Kreises Nürnberg-Stadt der NSDAP:

Männer und Frauen und Jugend dieser schönen Stadt!

... Auch die Invasion wird sich nicht so abspielen, wie man sich das in London oder in Washington vorstellt. Die erste Runde beispielsweise haben nicht wir, sondern hat die Feindseite verloren, denn sie hatte geglaubt, uns durch immer neu erfundene Nachrichten nervös zu machen. Ich habe nicht den Eindruck, daß Sie alle wahnsinnig nervös sind (Gelächter). Aber in London ist man nervös. Die englischen Zeitungen schreiben selbst davon, daß eine neue Krankheit ausgebrochen sei: die Invasionitis (Gelächter). Gestern wieder ist in Amerika direkt eine hysterische Massenstimmung gewesen, weil eine Fernschreiberin aus London nach New York durchgeschrieben hatte –, die hatte sich im Fernschreiben geübt und hatte als Übungsmaterial einen Satz niedergeschrieben, daß die Invasion bereits begonnen hätte, worauf nun in ganz Amerika eine Riesensensation ausbricht. Die Engländer und Amerikaner glauben vielleicht, mit solchen Meldungen uns nervös zu machen. Sie denken wahrscheinlich, daß ich jetzt hier rede, um Sie jetzt wieder langsam abzuwiegeln, – daß ich sage: Na, so schlimm ist es nicht, seien Sie doch nicht so nervös und nicht so hysterisch! ... (Gelächter).

Schwere Angriffe gegen den Atlantikwall
Montag, 5. Juni 1944, London
Das *Hauptquartier der RAF* teilt mit:
Kurz nach der Rückkehr unserer Bombergeschwader, die in der vergangenen Nacht militärische Ziele an der

französischen Küste sowie in Köln bombardierten, stiegen am frühen Vormittag etwa 750 viermotorige US-Bomber unter dem Schutz von Jägern zu Angriffen gegen Einrichtungen der deutschen Wehrmacht zwischen Boulogne und Calais auf. Gegen Mittag griffen zweimotorige Marauder-Bomber, begleitet von Mustang-Jägern, ebenfalls militärische Objekte in Nordfrankreich an. Thunderbolt-Jagdbomber brachten in Tiefangriffen die deutschen Flakbatterien zum Schweigen, wobei die Angriffe der Marauders sich gegen die Hauptziele richteten. Mit Raketen ausgestattete Typhoon-Jagdbomber flogen erfolgreiche Einsätze gegen Funkstationen in der Nähe der nordfranzösischen Küste.

Lagebericht OB West über die besetzten Westgebiete
Vom 5. Juni 1944:
Starke Zunahme der Aktivität der Widerstandsbewegung in Südfrankreich, besonders in den Räumen südl. Clermont-Ferrand und um Limoges. Anscheinend einheitliches Vorgehen der Widerstandsgruppen im Kampf gegen Deutschland unter Zurückstellung innerpolitischer Gegensätze. Meldung über umfangreiche Aushebungen zur Armée secrète, teils durch Drohung und Zwang, teils durch Werbung gegen Arbeitseinsatz in Deutschland. Zusammenziehungen von Kräftegruppen bei Tulle (70 km von Limoges) und in den Bergen des Zentralmassivs bei St. Flour (80 km südl. Clermont-Ferrand). Starke terroristische Aktivität im Dept. Corrèze. Laufende Überfälle auf Eisenbahnzüge, ungesicherte Ortschaften, franz. Verwaltungsdienststellen, Plünderung franz. Arbeitsdienstlager, Diebstähle von Kfz und Treibstoff. Befreiung eines Gefangenentransportes aus einem Eisenbahnzug des öffentl. Verkehrs nach Feuergefecht. In einer Kleinstadt bei Limoges 6 franz. Bürger, darunter der Notar und 2 Miliz-Angehörige, bei Tag aus ihren Wohnungen geholt und auf dem Marktplatz erschossen. In Umgebung Clermont-Ferrand sollten sich erstmals Angehörige der Armée secrète in Khaki-Uniform mit blau-weiß-roter Kokarde gezeigt haben.
Starker Gegenschlag mit ausreichenden Kräften und Luftw.-Unterstützung in Vorbereitung.

Aus dem *Kriegstagebuch des OB West*
5. Juni 1944:
21.45 Uhr Meldung der Funküberwachung über Aufnahme von Sprüchen des Radio London um 21.15 Uhr, die – ihrer Bedeutung nach bekannt – eine bevorstehende Invasion anzeigen sollten. Infolgedessen wurden alle in Frage kommenden Kommando-Behörden hierüber fernmündlich durch Ic voraus unterrichtet und vorgewarnt mit dem Zusatz, daß damit gerechnet werden müsse, daß für den Invasionsfall vorbereitete Sabotagen, u. a. sogar Aufstandsbewegungen durch diese Sprüche ausgelöst werden könnten.

Und so war es

Der Mai bringt strahlenden Sonnenschein und blauen Himmel. Die Magnolien im Garten vom Southwick House bei Portsmouth und im Schloßpark von La Roche-Guyon an der Seine stehen kurz vor der Blüte. Während am Montag, dem 1. Mai 1944, sich bei SHAEF die Stabsoffiziere über die letzten Luftaufnahmen beugen und feststellen, daß »der Gegner die Linie seiner Vorstrandhindernisse weiter nach See hinausgeschoben hat«, jagt eine Kolonne schwerer Personenwagen über die Straße von Biarritz nach Perpignan. Bei klarer Sicht und wunderbarem Blick auf die Pyrenäen eilt Generalfeldmarschall Rommel dem Mittelmeer entgegen, um die Küstenbefestigungen im Bereich der 19. Armee (Gen. d. Inf. v. Sodenstern) zu inspizieren. Neben ihm auf dem Sitz ein Maiglöckchenstrauß, den er von Unbekannten vor seiner Abreise zugeschickt bekam.
Während Rommel in fieberhafter Eile die Truppen entlang der französischen Riviera durch seine Anwe-

St. Lô, Güterbahnhof, 2. Mai 1944:
Ein für Cherbourg vorgesehener Transport Seeminen, durch einen US-Bombenangriff zerstört

senheit zum verstärkten Ausbau der Verteidigungsstellungen anspornen will, beginnen in Nordschottland im Firth of Clyde für die US-Sturmbataillone und Pionierabteilungen eine Serie von Übungen (Codename »Muskrat I and II«) zur Überwindung der befestigten Calvados-Küste.

Über 3000 Maschinen führen an diesem Tage vom Sonnenaufgang bis zur Dämmerung Luftangriffe in Westeuropa durch (mit nur einem Verlust). Und in den Nachtstunden greifen über 1000 schwere RAF-Bomber verschiedene Ziele im gleichen Raum an (mit 10 Verlusten).

Gegen Mitternacht fängt die Abhörstelle des OB West eine Reihe von »messages personnels« auf, darunter auch die bewußte erste Zeile des Verlaine-Gedichtes (»Herbstlied«, auf das am 24. Oktober 1943 das OKW Amt Ausland/Abwehr aufmerksam gemacht hat). Generalfeldmarschall v. Rundstedt reagiert sofort und alarmiert die 7. und 15. Armee. Es stellt sich jedoch heraus, daß das Ganze ein alliiertes Täuschungsmanöver ist. Und v. Rundstedt hat sich mit Einverständnis des OKW das Recht vorbehalten, allein die nötigen Entscheidungen nach Abhören weiterer »messages personnels« zu treffen.
Die in zahlreichen Publikationen zitierte Ansicht, daß die Kenntnis von der Bedeutung des Verlaine-Gedichtes der deutschen Führung den Hinweis auf die Invasion in der Normandie gegeben hat, entspricht nicht den Tatsachen und wird von manchen Autoren falsch interpretiert. Die »messages personnels« für die Résistance, die man im Zusammenhang mit der alliierten Landung in Nordfrankreich gesendet hat, zu denen auch der Vers aus dem »Herbstlied« gehört, bilden einen Teil der Täuschungsoperation »Fortitude«, die das Ziel hat, den Eindruck zu erwecken, daß die alliierte Landung im Pas de Calais erfolgen wird. Die Alliierten wissen genau, daß die französische Widerstandsbewegung von der deutschen Abwehr unterwandert ist und vermeiden alles, damit die Résistance keinesfalls etwas über die kurz bevorstehende Invasion in der Normandie erfährt. Die SOE aktiviert speziell im Pas de Calais und den angrenzenden Gebieten die Tätigkeit der Résistance: Die fast jede Nacht durchgeführten Versorgungsabwürfe und der ständig wachsende Agentenfunkverkehr bleiben den Deutschen nicht verborgen, zumal darunter Funkgeräte sind, die auf ähnlicher Wellenlänge arbeiten wie die Geräte der am Pas de Calais stationierten Panzereinheiten der 15. Armee.
Und so befinden sich die deutschen Truppen ab Mai 1944 fast ständig in Alarmbereitschaft. Die im Küstenbereich stationierten Einheiten müssen auch während der sogenannten »angespannten Tage«, die vom Gezeitenkalender, der Wetterlage und dem Mondlicht bestimmt werden, in ständiger Bereitschaft stehen. Nach den massiven Angriffen der alliierten Taktischen Luftflotte auf Züge, Eisenbahn- und Straßenbrücken über die Seine südlich von Paris und Verkehrsanlagen im Pas de Calais, meldet General des Transportwesens West, Oberst Hoeffner, dem OKW, wie kritisch die Lage sei. Der laufende Bedarf könne nur für die Truppen nördlich und nordwestlich von Paris gedeckt werden. Oberst Hoeffner ist weder imstande, den Nachschub für die Arbeiten am Atlantikwall zu garantieren, noch Munition und Treibstoff zu den an der Küste geplanten Vorratslagern heranzuschaffen.

Am Mittwoch, dem 3. Mai 1944, beginnt eine Serie von sechs Übungen (Codename »Fabius I–VI«, nach dem römischen Feldherrn bezeichnet, der Hannibal mit seiner Verzögerungstaktik irreführte). Sie werden an der englischen Südküste abgehalten, und alle Truppen müssen in voller Ausrüstung daran teilnehmen mit Ausnahme des VII. US-Armeekorps, das Ende April seine eigene Übung (Codename »Tiger«) durchgeführt hat. »Brutus« und die beiden anderen »Double-Cross«-Agenten, »Garbo« und »Tricycle«, melden der deutschen Abwehr zur Täuschung, daß diese Übung nicht die letzte sei, sondern der Beginn einer ganzen Reihe von Manövern, die vor der um den 20. Juli 1944 möglichen Invasion abgehalten würden.
Die Generalprobe »Fabius« soll sehr wirklichkeitsnah sein: Eine Probelandung des Verbandes O (»Omaha«) wird auf den Slapton-Sands, des Verbandes J (»Juno«) in der Bracklesham-Bucht und des Verbandes G (»Gold«) auf Hayling-Island geübt.
Besonders sorgfältig werden die Luftlandetruppen vorbereitet. Die Piloten der Lastensegler müssen imstande sein, selbst bei Dunkelheit auf dem kleinsten Streifen Boden zu landen – sei es auch nur ein Weg zwischen Hindernisreihen. Den Lastenseglerbesatzungen und Fallschirmjägern zeigt man außerdem Filmaufnahmen von einem Reliefmodell des Landungsgebietes, Maßstab 1:5000, die ihnen genau die Perspektive vermitteln sollen, die sie vom anschwebenden Lastensegler oder niedergehenden Fallschirmen aus haben.

Am Freitag, dem 5. Mai 1944, stellt der Beobachtungsdienst des Marinegruppenkommando West (Adm. Krancke) eine Landungsübung an der englischen Südküste fest, »bei der die Anlandung offenbar zwei Stunden nach dem Niedrigwasser und Vollmond stattfand. OB West und Heeresgruppe B werden davon unterrichtet«. Diese Nachricht läßt die deutsche Führung aufhorchen: Es besteht also die Möglichkeit, daß die Alliierten ihre Invasion bei Vollmond und auflaufender Flut beginnen.
Nachdem die Meldungen aus dem OKW die Bedeutung der Normandie als vermutliches Landegebiet unterstreichen, verlangt Rommel Unterstellung und Verlegung des über ganz Mittel- und Nordfrankreich verstreuten III. Flak-Korps (GenLtn. Pickert) an die Calvados-Küste. Dieser schlagkräftige Verband mit seinen vier Flakregimentern und 24 Flakbatterien (8,8 cm) könnte erheblich die Verteidigung verstärken. Reichsmarschall Göring aber lehnt Rommels Forderung ab. Auch das II. Fallschirmjägerkorps (Gen. d. Fallsch. Tr. Meindl), taktisch der 7. Armee (GenOberst Dollmann) unterstellt, gehört ausbildungs- und verwaltungsmäßig

3. Mai 1944, britische Südküste:
letzte Landungsübungen der alliierten Invasionstruppen
(Codename »Fabius I–VI«)

zur Luftwaffe. Göring weigert sich sogar zuzustimmen, daß diese Truppen beim Bau von Küstenverteidigungsanlagen mithelfen. Die Luftwaffe hat übrigens in Frankreich 50 000 Mann, die sich mit der Aufrechterhaltung ihrer Nachrichtenverbindungen beschäftigen, dazu weitere 300 000 Mann Bodenpersonal.

Am Nachmittag des 5. Mai 1944 kündigt Admiral Ramsay an, daß nach dem 12. Mai, 9.00 Uhr früh, keine Änderungsvorschläge des Plans für die Operation »Neptune« mehr vorgenommen werden. Ramsay will damit den immer neuen Wünschen der Befehlshaber der Landungsverbände zuvorkommen.
Auch US-Lieutenant General Bradley hat zur Zeit einige Probleme: Er befürchtet, daß seine Amphibien-Lkw (DUKW) am Landungsstrand »Omaha« – östlich der Vire-Mündung – im schlammigen Boden steckenbleiben. »Was können Sie über die dortige Bodenbeschaffenheit erfahren?« wendet er sich an seinen Offizier für Feindbildbeschaffung (G–2).

In der Nacht vom 5./6. Mai 1944 wird die Résistance im Raum zwischen Limoges und Bourges von insgesamt 120 viermotorigen britischen Halifax-Bombern mit Waffen und Munition versorgt. 30 andere Maschinen setzt man zur Verminung des Seegebietes zwischen Lorient und der Gironde-Mündung ein. Von Mitte 1943 bis 6. Mai 1944 werden 80 000 »Sten«-Maschinenpistolen, 30 000 Pistolen, 17 000 Gewehre und fast 3500 leichte MG vom Typ »Bren« über Frankreich mit dem Fallschirm abgeworfen. Etwa 35 000–40 000 Résistance-Mitglieder sind nun im Besitz von Waffen.

Am Sonnabend, dem 6. Mai 1944, verständigt gegen Mittag der Chef des Wehrmachtführungsstabes den OB West, daß der Führer der Normandie besondere Bedeutung beimißt. ». . . der Führer vertritt die Auffassung, daß nicht mit einer Invasion in 500 km Breite zu rechnen ist, sondern in erster Linie ein Angriff auf die Normandie und in zweiter Linie gegen die Bretagne erfolgt. Ohne bereits jetzt die OKW-Reserven festzulegen, sind daher alle Aushilfsmaßnahmen zu treffen, um die Normandie gegen einen eventuellen Angriff, insbesondere durch Luftlandetruppen, zu verstärken.« Daraufhin erteilt der OB West der Heeresgruppe B den Befehl, die Sturmbataillone der 7. Armee (GenOberst Dollmann), die französischen Beutepanzer der Pz. Abteilung 206 und andere verfügbare Waffen nach Cotentin zu verlegen. Und Oberquartiermeister West stellt alle noch bei ihm vorhandenen Waffen zur Verfügung. Das OKW befiehlt zusätzlich die sofortige Verlegung des Fallschirmjägerregiments 6 und der Reste der 2. Fallschirmjägerdivision in die Normandie. So stehen nun zwei besonders zur Bekämpfung von Luftlandetruppen ausgebildete Divisionen im Einsatzgebiet der 82. und 101. US-Luftlandedivision.
Hitler unternimmt jedoch nichts, um einige Verbände aus dem Pas de Calais abzuziehen und in der Normandie einen Schwerpunkt zu bilden: Er verschiebt lediglich die überaus schwachen Kräfte der 7. Armee vom östlichen Teil der Normandie in den westlichen.
Am gleichen Tage findet im Hauptquartier des OB West eine Besprechung mit Staatssekretär Dr. Ganzenmüller vom Reichsverkehrsministerium statt. Dabei stellt sich heraus, daß ab sofort 65 000 Arbeiter zu Strecken-Reparaturarbeiten abkommandiert werden müssen, um wenigstens drei der wichtigsten Nachschublinien im Bereich des OB West wiederherzustellen.

Paris, 8. Mai 1944.
Besprechung der deutschen Befehlshaber in Frankreich zusammen mit ihren Stabschefs: Von links nach rechts: General der Panzertruppen Geyr v. Schweppenburg, Generaloberst Blaskowitz, Generalfeldmarschall Sperrle, Generalfeldmarschall v. Rundstedt, Generalfeldmarschall Rommel, Admiral Krancke

Am Abend des 6. Mai 1944 enden die Operation »Fabius«, die Ausbildung sowie die Übungen aller »Overlord«-Verbände. Von diesem Tage an bleibt ihre wichtigste Aufgabe, Fahrzeuge, Schiffseinheiten und alles andere zum vorgesehenen Termin voll einsatzbereit zu machen.

In der Nacht vom 6./7. Mai 1944 greift das RAF-Bomberkommando Mantes-la-Jolie und mehrere Munitionsdepots südwestlich von Le Mans an. Daneben werden Einsätze zur Verminung der Atlantikküste, Agentenversorgung in Mittel- und Südwestfrankreich sowie Störangriffe auf Flugplätze um Paris geflogen.
In der gleichen Nacht startet auch die Lotsengruppe für kombinierte Operationen (COPP) auf Veranlassung des Stabes von Lieutenant General Bradley zu einer Sonderoperation (»Postageable 3«) an der Calvados-Küste: Lieutenant Commander Clogstoun-Willmott, Chef der Einheit, landet mit Major Scott-Bowden und Sergeant Ogden-Smith – von einem LCN-Boot gebracht – am Strand Grandcamp-les-Bains (später »Omaha«), um die Eignung dieses Abschnittes für US-Panzer festzustellen. Damit ist nun die Phase der Stranderkundungen an der zukünftigen Invasionsküste abgeschlossen.

Am Sonntag, dem 7. Mai 1944, werden zahlreiche Einflüge kleinerer alliierter Verbände im Raum zwischen Schelde und Normandie mit Sturzflugangriffen auf Bahnanlagen, Brücken und Küstenverteidigungen gemeldet.
Am gleichen Tage verlegt man in den Nordteil der Halbinsel Cotentin die 243. Infanteriedivision, das Stellungswerferregiment 101, die Panzer-, Ersatz- und Ausbildungsabteilung 100 und einzelne noch vorhandene Panzer. Damit sind die Möglichkeiten des OB West aus eigenen Mitteln ausgeschöpft, und v. Rundstedt hält diese Verstärkungen zunächst für ausreichend.

Am Abend des 7. Mai 1944 wird der greise Marschall Pétain gegen seinen Willen vom Regierungssitz in Vichy unter starkem deutschen Begleitschutz nach Schloß Voisins in die Nähe von Rambouillet bei Paris gebracht.

Am Montag, dem 8. Mai 1944, treffen sich zu einer Besprechung bei SHAEF (Bushey Park) General Eisenhower, sein Stabschef Lieutenant General Bedell-Smith, Air Chief Marshal Tedder, Admiral Ramsay, General Montgomery, Lieutenant General Bradley und Air Chief Marshal Leigh-Mallory. Das Hauptthema ist: Festlegung des vorläufigen Termins des D-Day auf Montag, den 5. Juni 1944.

Zu gleicher Stunde beraten im Pariser Hotel »Prince of Wales« die Feldmarschälle v. Rundstedt, Rommel, Sperrle sowie Admiral Krancke, Generaloberst Blaskowitz und General der Panzertruppen Geyr v. Schweppenburg. Auch ihre Gespräche drehen sich um den Termin der alliierten Landung, die sie alle am Donnerstag, dem 18. Mai 1944, erwarten.

An diesem Tage kommt zur Lagebesprechung in den Generalstab der 12. US-Armee ein hagerer und wortkarger britischer Marineoffizier. Bradley notiert: »Aus seiner Tasche holte er eine dicke Glasröhre hervor. Er ging zur Wandkarte. ›Vorgestern nacht‹, erklärte er mir, ›haben wir den »Omaha«-Strand nahe der Vire-Mündung besucht, um an dieser Stelle eine Bohrprobe aus dem Kiesboden zu entnehmen. Sie können aus der Probe ersehen, daß kein Schlamm vorhanden ist. Der Kies ist fest in den Felsen eingebettet. Die Gefahr, daß Ihre Amphibien-Fahrzeuge steckenbleiben, ist gering.‹ Der Offizier ist Lieutenant Commander N. Clogstoun-Willmott, der zusammen mit Major L. Scott-Bowden und Sergeant Ogden-Smith diese letzte Stranderkundung vor der Calvados-Küste gemacht hat.

Am Dienstag, dem 9. Mai 1944, unterrichtet der OB West in den Morgenstunden alle beteiligten Kommandobehörden über die Beurteilung der Lage durch den Chef des OKW: »Feindangriff Mitte Mai wahrscheinlich; Schwerpunkt in erster Linie Normandie, in zweiter Linie Bretagne. Rollende Angriffe aus der Luft und sehr starke Luftlandungen zu erwarten. Folgerung: Tarnung, Auflockerung, Eingraben, besondere Aufmerksamkeit gegen Luftlandetruppen.«

Am gleichen Tage unternimmt Rommel eine Inspektionsreise, um die Verteidigungsanlagen in der Normandie, Bretagne und in Cherbourg zu überprüfen.

Die wichtigste alliierte Nachrichtenquelle sind die deutschen Funksprüche selbst, die der britische Geheimdienst dank dem Nachbau der deutschen Chiffriermaschine »Enigma« seit 1940 im Rahmen der Operation »Ultra« mitlesen kann. Dieses Unternehmen hat eine lange Vorgeschichte: Im Jahre 1932 gelingt es in Warschau einem Team von drei jungen polnischen Mathematikern, J. Różycki, M. Rejewski und H. Zygalski, beim intensiven Studium der Zyklentheorie, den Code der deutschen Chiffriermaschine »Enigma« zu entziffern. Und einige Monate vor dem deutschen Überfall auf Polen, im Sommer 1939, schaffen die drei Gelehrten den großen Coup: Sie bauen die »Enigma« nach. Auf diese geheime Nachricht hin reist Major G. Bertrand, Chef der Abteilung DY des französischen Geheimdienstes, am 24. Juli 1939 in die polnische Hauptstadt. Auch die britischen Spezialisten, Commander Denniston und der Mathematiker D. Knox, sind zur Stelle. Und zwei Tage später bekommen sie das wohl kostbarste Geschenk, das Polen seinen Alliierten vor dem Kriege gemacht hat: zwei nachgebaute deutsche Chiffriermaschinen. Eine davon bleibt in Paris, die andere geht nach London und wird dort anfangs nur recht skeptisch betrachtet.

Im Herbst 1939 schlagen Kryptologen des Secret Intelligence Service (SIS) im Bletchley Park, einem Landsitz nördlich von London, ihr Hauptquartier auf. Hier steht auch ein Urahn des Computers, der helfen soll, abgefangene chiffrierte »Enigma«-Funksprüche zu entschlüsseln. Der Chef dieses geheimsten aller britischen Unternehmen (Codename »Ultra«), Wing Commander F. W. Winterbotham, ist zugleich für die Weitergabe der entschlüsselten »Enigma«-Meldungen an Churchill verantwortlich.

So gelangen Befehle vom Oberkommando der Wehrmacht, Operationsabsichten, Stärke der Verbände und ihre Standorte, Kommando-Gliederungen und andere wichtige geheime Nachrichten in die Hände der STAFF-Stabsoffiziere, oft nicht später als an die Adressaten selbst.

Vor allem die Funksprüche, die die Verbände des Panzer-Gruppenkommandos West (Gen. d. Pz. Tr. Geyr v. Schweppenburg) oder die Infanteriedivisionen der 15. Armee (GenOberst v. Salmuth) im Pas de Calais betreffen, werden besonders sorgfältig geprüft, ob sie Andeutungen auf ihre Verlegung in Richtung Normandie oder Bretagne enthalten. Winterbotham: »Anfang Mai fingen wir eine Meldung Rundstedts an Hitler ab, die bestätigte, daß die vier deutschen Panzerdivisionen bleiben würden, wo sie waren, und zwar als Einsatzreserve, die direkt dem OKW unterstand. Das war natürlich die beste Nachricht, die wir überhaupt erwarten konnten.«

Kurz nach Mitternacht, in den ersten Stunden des 10. Mai 1944, erscheinen RAF-Bomber über Cotentin und nehmen Kurs auf die östliche Küste der Halbinsel. In der HKB »Morsalines« wird Alarm gegeben. Die Batterie ist so perfekt getarnt, daß Rommel, der sie bereits am 30. Januar 1944 inspiziert hat, auf ihren Betonschutz verzichtet, obwohl ihn der Seekommandant darauf aufmerksam macht, daß die Bevölkerung von ihrer Existenz weiß und ihre Lage infolgedessen auch in London bekannt sein muß. Noch während das Alarmsignal ertönt, fallen die ersten Bomben; die Flak eröffnet das Feuer, jedoch ohne Erfolg. Von den vier 15,5-cm-Kanonen wird eine zerstört und bei der zweiten die Lafette beschädigt. Das ganze Batteriegelände ist voller Bombentrichter, die Munitionsbunker bleiben jedoch intakt. Noch bei Dunkelheit verlegt man die drei intakten Geschütze etwa einen Kilometer weiter südlich und stellt sie unter Hecken in gut getarnten Feldstellungen auf. Um die neue Lage der Batterie nicht zu verraten, baut man hier keine Bunker oder Nahverteidigungsstände. Aus der alten Stellung wird eine Scheinanlage gemacht. Das beschädigte Geschütz wird nach Cherbourg zur Reparatur gebracht, kommt aber nicht mehr zurück.

Und danach erlebt auch die MKB »Marcouf«, deren Befestigungsarbeiten noch nicht beendet sind, einen genauso schweren Bombenangriff, der jedoch nur geringen Schaden verursacht, da die Skoda-Kanonen bereits in Geschützbunkern stehen.

Am Morgen nach dem Angriff trifft Rommel in der HKB »Morsalines« ein, besichtigt die zerbombte Batterie und fährt nach einer Weile in Richtung Cherbourg weiter. Gegen 13 Uhr macht er mit seiner Begleitung eine kurze Mittagspause in Ste.-Pierre-Église, etwa 17 km östlich von Cherbourg. Während der Mahlzeit in

Heeresküstenbatterie »Morsalines«, 11. Mai 1944: Am Morgen nach dem Angriff besichtigt Generalfeldmarschall Rommel die zerbombte Batterie

Rechts: General der Panzertruppen Cramer in einem englischen Kriegsgefangenenlager

Unten: Markierung der echten und »falschen« deutschen Minenfelder (aus einem alliierten Merkblatt)

der Kantine des Infanterieregiments wird ein Rundfunkgerät eingeschaltet, um die Nachrichten vom Soldatensender Calais zu hören. Plötzlich wird eine Meldung über den Nachtangriff auf die HKB »Morsalines« gegeben, dann kommt die Ankündigung des bevorstehenden Besuchs von Rommel in Cherbourg, und der Speaker endet die Sendung mit den Worten: »Na, Feld-

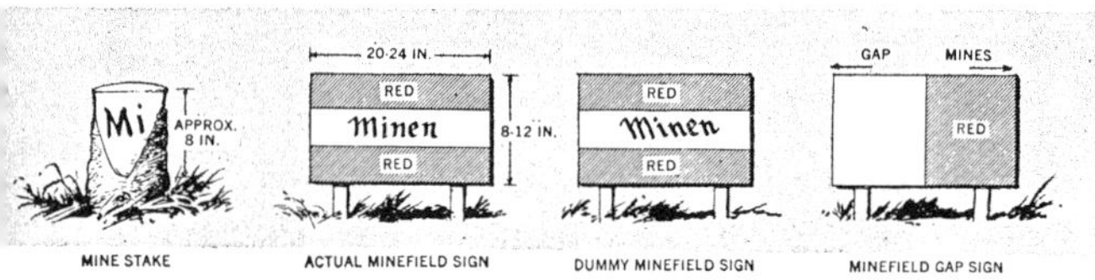

marschall Rommel, nun haben Sie sich wohl von der guten Tarnung der Batterie ›Morsalines‹ überzeugen können, die Sie ja soeben inspiziert haben.« Vizeadmiral Ruge notiert zu diesem Vorfall: »Der Soldatensender Calais hatte Rommels beabsichtigten Besuch in Cherbourg schon gebracht, das Programm wurde daher geändert.«

Am Donnerstag, dem 11. Mai 1944, werden im abgelegenen Teil der Île de France noch vor dem Morgengrauen die ersten von über hundert alliierten Nachrichtentrupps im Rahmen der Operation »Sussex« abgesetzt. Sie bestehen jeweils aus zwei speziell ausgebildeten Offizieren und einem Funker, von den Amerikanern »Ossex« und den Engländern »Brissex« genannt. Sie haben die Aufgabe, Eisenbahnstrecken und -knotenpunkte zwischen Amiens und Avranches wegen eventueller Panzertruppenverschiebungen in Richtung Normandie zu beobachten und nach Feststellung die Brücken und Gleisanlagen mit Unterstützung der Resistance zu sprengen.

Am Vormittag gibt die Heeresgruppe B der unterstellten Truppe Befehl »beschleunigt Panzerattrappen anzufertigen, um schnelle Verbände vorzutäuschen« und die Alliierten – ähnlich wie bei den Scheinbatterien – abzulenken.

Am Freitag, dem 12. Mai 1944, übernimmt Generaloberst Blaskowitz den Oberbefehl über die Armeegruppe G, der die am Atlantik stationierte 1. Armee (Gen. d. Pz. Tr. Lemelsen) und die 19. Armee (Gen. d. Inf. v. Sodenstern) in Südfrankreich unterstehen.
Ab Sonnenaufgang bombardieren die Alliierten in rollenden Einsätzen Flugplätze, Batterien und Brücken in der Normandie.

Am Sonntag, dem 14. Mai 1944, beginnt im Bereich der Heeresgruppe B eine großangelegte Täuschungsoperation, Tarnbezeichnung »Landgraf«. Die deutsche Führung beabsichtigt damit, die Alliierten von einer Landung in Westeuropa abzuhalten in der Hoffnung, Zeit zu gewinnen für den bevorstehenden Einsatz von Geheimwaffen. Mit den fliegenden Bomben (später V1 genannt) und Fernraketen (später V2 genannt) will man noch rechtzeitig die Konzentration der Invasionstruppen unmöglich machen.
Das Kriegstagebuch des OB West verzeichnet dazu: ». . . es wurden Truppenteile aus den Armee- und Korpsreserven als scheinbar neu eintreffende ›Eingreif-Divisionen‹ in schwach belegte Räume in Küstennähe verlegt. Vor Eintreffen dieser ›neuen Divisionen‹ wurden von den Generalkommandos eingehende Vorbereitungen für die Unterbringung und den Stellungsbau getroffen.
Die Scheindivisionen legten in diesen Räumen unter Heranziehung starker freiwilliger Zivilarbeitskräfte ein Scheinsystem von feldmäßigen Stellungen und Unterkünften an. Die Truppenteile waren äußerlich vollkommen als selbständige Divisionen dargestellt, mit entsprechenden Stäben, Kommandoflaggen, Divisionsnummern, neuen eigenen Feldpostnummern usw.« Das Kriegstagebuch fährt fort:
»Unter Anlehnung an frühere Irreführungen mit gleichen oder ähnlichen Nummern wurden vorgetäuscht: in Holland 515. Div., in Belgien 86. Pz. Div., bei Boulogne 29. Div., an der Somme-Mündung 452. Div., bei Dieppe 223. Div., Westküste Cotentin 136. Div., bei St. Brieux 264. Div., bei Vannes 506. Div. Zur Unterstützung der Täuschungsaktion wurden dem feindl. ND im GV-Spiel Meldungen übermittelt, die mit den Maßnahmen an Ort und Stelle übereinstimmten. Gleichzeitig wurde der Versuch gemacht, eine Stellungskarte der angebl. 136. Div. auf Cotentin dem Feind in die Hand zu spielen.«
An vielen Stellen werden Wiesen mit Stacheldraht umzäunt und mit Warntafeln »Achtung, Todesgefahr!« als echte Minenfelder markiert.
Auch Hitler gibt sich der Illusion hin, die Pläne der Alliierten, die soeben ihre letzten Invasionsvorbereitungen treffen, durchkreuzen zu können. Aus dem Kriegstagebuch des OKW: »Der Führer erwog daher, ob man nicht dem feindlichen Nachrichtendienst in irgendeiner Form bekanntgeben solle, daß es seit langem gelungen sei, in seine Spionageorganisation einzudringen, um ihr

zu veranlassen, seine Invasion hinauszuschieben. Er sah jedoch den großen Nachteil eines solchen Schrittes darin, daß dadurch die Möglichkeit preisgegeben wurde, durch die Funkspiele zu täuschen und durch sie wichtige Erkenntnisse über die Invasionspläne zu gewinnen. Die bessere Lösung sei deshalb, daß man erst kurz vor dem erwarteten Zeitpunkt der Invasion die Bekanntmachung durchführe, um dadurch im letzten Augenblick noch eine abschreckende Wirkung zu erzielen.« Natürlich erfährt Hitler nie, daß er selbst seit Monaten Opfer der Unterwanderung seiner eigenen Spionageorganisation durch britische Agenten geworden ist.

Am Montag, dem 15. Mai 1944, meldet sich im Kriegsgefangenenlager für deutsche Offiziere in Süd-Wales ein britischer Major beim General der Panzertruppen Hans Cramer, dem letzten Befehlshaber des Deutschen Afrika-Korps, der nach der Kapitulation der Reste der Heeresgruppe Afrika am 12. Mai 1943 in Tunesien in Gefangenschaft geraten ist.
General Cramer steht wegen seines Gesundheitszustandes auf der Austauschliste des schwedischen Roten Kreuzes und soll, bevor er in die Heimat entlassen wird, zur Erledigung einiger Formalitäten nach London gebracht werden. Die Fahrt geht quer durch das Aufmarschgebiet Operation »Neptune«. Die Straßen, an denen sich unendlich viele Panzer, Lkw, Geschütze und Munition unter Tarnnetzen reihen, sind kaum passierbar. Nachdem Cramer im Kensington Palace Garden ein paar belanglose Fragen gestellt worden sind, fährt man ihn nach Kent zum Hauptquartier von Major General Patton. Der Oberbefehlshaber der FUSAG lädt Cramer zum Essen ein, an dem auch einige alliierte Divisionskommandeure teilnehmen. Der Gast ist sichtlich beeindruckt durch die Mengen an Material, Häfen voller Landungsschiffe und Flugplätze mit Reihen abgestellter Maschinen. Bei Tisch sprechen die alliierten Generäle mit sichtlicher Beunruhigung von der ihnen bevorstehenden Landung im Pas de Calais. Der deutsche Taktiker der Panzerwaffe ist in dem Glauben, er befände sich in Ostengland, ohne zu ahnen, daß man ihn durch das tatsächliche Aufmarschgebiet an die Südwestküste gebracht hat, was ihm nicht auffällt, da es – bereits seit 1940 – allgemein keine Orts- und Straßenhinweisschilder mehr gibt.

Auch ein anderer deutscher General befindet sich an diesem Tage auf einer ungewöhnlichen Reise: In einer der einsamen Buchten an der Südküste von Kreta, läuft das lang erwartete britische Schnellboot ein, um den am 24. April 1944 entführten Kommandanten der Insel, Generalmajor Kreipe, nach Marsa Matruch (Ägypten) zu bringen. Von hier aus wird Kreipe nach Kairo geflogen. Gleich nach seiner Ankunft am Nil meldet der Soldatensender Calais, General Kreipe sei zum Engländer übergelaufen.

Am 15. Mai 1944, findet in der St.-Pauls-Schule in London im Hauptquartier von General Montgomery (21. Heeresgruppe) die Schlußkonferenz statt. Es nehmen daran teil: König Georg V., Churchill, General Eisenhower und die britischen Stabschefs. Auf dem Podium steht eine überdimensionale detaillierte Reliefkarte von der Calvados-Küste. General Eisenhower eröffnet die Sitzung und weiht den König und Premierminister Churchill in Einzelheiten der Operation »Neptune« ein.

An diesem Tage treffen zwischen Le Mans und Chartres die letzten Teile der aus dem Osten in die Normandie verlegten kampfstarken Panzer-Lehrdivision (GenLtn. Bayerlein) ein. Sie wird in 70 Eisenbahnzügen mit allen schweren Waffen und Gerät nach Frankreich transportiert. Die gesamte Division ist ohne nennenswerte Verluste im neuen Einsatzraum eingetroffen. Nur zwei Tieffliegerangriffe haben die Verlegung gestört. Das Gros der Panzer-Lehrdivision ist in Wäldern untergebracht oder liegt in kleinen Einheiten verstreut in den Dörfern. Kein Fahrzeug darf sich tagsüber ohne zwingende Notwendigkeit auf den Straßen bewegen. Die Division besitzt 260 Panzer und 800 Kettenfahrzeuge und ist damit als einzige deutsche Panzerdivision voll ausgerüstet. Neben der Panzer-Lehrdivision gehören noch die 21. Panzerdivision und die 12. SS-Panzerdivision »Hitlerjugend« zur Eingreifreserve des OB West.
Rommel befaßt sich mit dem Gedanken, die unverscharteten Geschütze der Heeresküstenbatterien zurückzuziehen und Vorbereitungen zur Unbrauchbarmachung des Hafens von Cherbourg zu treffen.

Im Raum Le Mans, 15. Mai 1944:
leichter Schützenpanzerwagen (SdKfz 250)
der Panzer-Lehrdivision

Die Bombardierung der Gleisanlagen westlich der Linie Brüssel – Paris – Orléans macht von diesem Tage an einen geregelten Eisenbahnnachschub unmöglich. Und das Ausweichen auf Lkw-Transporte verhindert der Mangel an Fahrzeugen und Treibstoff. So bekommt z. B. das in der Normandie stehende LXXXIV. Armeekorps anstatt der täglich benötigten 240 Waggonladungen an Zement und anderen Baustoffen in drei Tagen zusammen nur 47 Waggons; kurz darauf wird dieser Nachschub ganz eingestellt.

Ebenfalls am 15. Mai 1944 führen Jagdbomber der 2. Taktischen Luftflotte (Air Chief Marshal Leigh-Mallory) ihre Angriffe gegen Radarstellungen in Nordfrankreich. Und in der Nacht vom 15./16. Mai 1944 bombardiert das RAF-Bomberkommando (Air Chief Marshal Harris) die starke Radarstörstation auf dem Berg Couple bei Calais, da man annimmt, die Deutschen könnten in ihrem Schutz getarnt, einen Angriff gegen die Invasionsflotte vorbereiten.
In der gleichen Nacht startet der X. Troop des 10. (interalliierten) Commando die erste einer Reihe von Einsätzen (Codename »Tarbrush«) unter Captain B. Hilton-Jones. Ihr Ziel: Unterstützung der Täuschungsoperation »Fortitude« durch Erkundung der Vorstrandsperren, die sich nur auf die Küste am Pas de Calais beschränkt, da die Alliierten befürchten, daß ähnliche Aktionen jetzt an der Calvados-Küste die Deutschen auf die alliierten Absichten, dort zu landen, hinweisen könnten. Obwohl die Erkundungen etwa 300 km vom späteren Landungsgebiet stattfinden, erfüllen sie ihre Aufgabe: Art und Aufbau der deutschen Vorstrandsperren ähneln hier denen der Normandie. Man hat vorsorglich die an den Operationen beteiligten Commandos nur über die Absichten der Invasion im Pas de Calais informiert und läuft dadurch nicht Gefahr, daß – falls sie in deutsche Hände geraten – selbst bei schärfsten Verhören etwas Wichtiges preisgegeben wird. In Anbetracht der besonders im Pas de Calais äußerst wachsamen deutschen Küstensicherungen gelten die »Tarbrush«-Einsätze als wahre Himmelfahrtskommandos.

In der mondlosen Nacht vom 15./16. Mai 1944 laufen gleich zwei dieser Operationen, die erste, einige Kilometer vom Badeort Les Hemmes entfernt (»Tarbrush 5«), und die nächste (»Tarbrush 4«) nahe Quend-Plage-les-Pins, nördlich der Somme-Mündung. An beiden Aktionen beteiligen sich jeweils acht Männer, die von Schnellbooten (MTB) etwa eine halbe Meile vor der Küste abgesetzt werden. Nachdem sie bis zu den von der Ebbe freigelegten Vorstrandsperren gewatet sind, machen sie Vermessungen sowie Infrarotaufnahmen. Das Wichtigste und auch zugleich Gefährlichste ist die Aufbringung einzelner Minen, mit denen die Sperren versehen sind. In der Nähe des Strandes von Les Hemmes werden die Männer vom Schnellboot (MTB), nachdem der Treff erst nach mehreren Anläufen klappt, gegen 4.10 Uhr bei Büchsenlicht endlich abgeholt. Auf der Rückfahrt kommt es zum Feuerwechsel mit einem Schiff, das jedoch bei der Geschwindigkeit des Schnellbootes von 35 Knoten (65 km/h) nicht identifiziert werden kann.
Der Trupp, den man um 23.58 Uhr vor Quend-Plage-les-Pins ausgesetzt hat, signalisiert um 2.41 Uhr die Beendigung seiner Arbeit und kann gerade noch an Bord genommen werden, bevor ein durch das Radar des Schnellbootes gemeldetes deutsches Patrouillenboot in Sicht kommt.

Am Dienstag, dem 16. Mai 1944, befiehlt Hitler, daß die Fernbeschießung Londons mit dem »Kirschkern« – so die Tarnbezeichnung der Flugbombe Fieseler Fi 103, später V1 genannt – ab Mitte Juni 1944 beginnen soll. Rüstungsminister Speer bittet den Führer: ». . . diesen Einsatz nach Möglichkeit bei tiefliegenden Wolken zu machen.« Speer befürchtet nämlich, daß die Alliierten mit ihren neuesten Jägern den mit 650 km/h fliegenden »Kirschkern« einholen könnten.
Danach fällt Major Heinz Lettau, dem Meteorologen des in Amiens (Pas de Calais) stehenden Flakregimentes 155 (Oberst Wachtel), die Aufgabe zu, die für den Einsatz geeigneten Wetterverhältnisse zu ermitteln. Major Lettau steht in direkter Verbindung mit dem Hauptquartier der Luftflotte 3 (GFM Sperrle) in Paris, das dem Flakregiment 155 (W) mehrfach täglich die neueste Wettervorhersage durchgibt.

In der darauffolgenden Nacht, vom 16./17. Mai 1944, startet der X. Troop vom 10. (interalliierten) Commando zur nächsten Erkundungsoperation (»Tarbrush 3«), diesmal nach Bray-Dunes-Plage, einige Kilometer östlich von Calais. Dabei wäre beinahe das Dingi mit Lieutenant Groom und Sergeant Moffat direkt vor einer deutschen Strandpatrouille gelandet, die sich etwa 30 Meter entfernt gerade in dem Augenblick Zigaretten angezündet hat. Es gelingt trotz allem, die Vorstrandsperren unbemerkt zu erkunden und eine Reihe von Fotos mit der Infrarotkamera zu machen. Die beiden Männer müssen jedoch ihre Arbeit unterbrechen, als der ihnen zugeteilte Funker die Rufsignale des Schnellbootes (MTB) meldet und lassen inmitten der Sperren ein Blitzlichtgerät liegen, das vortäuschen soll, daß man bei solchen Aktionen keineswegs mit Infrarot, sondern mit Blitzlicht arbeitet. Noch bevor zwei deutsche Patrouillenboote auftauchen, eröffnen sie das Feuer auf die inzwischen alarmierte Strandpatrouille und paddeln eiligst zu ihrem MTB zurück.
Zur gleichen Stunde erkunden Lieutenant G. M. Lane und Lieutenant Woodridge mit ein paar Männern des X. Troop unbehelligt die Vorstrände bei Cayeux-sur-Mer, unweit der Somme-Mündung.
Dazu der OB West an das OKW: »Nacht 16./17. 5., durch kurzen Beschuß eigener Streife ostw. Calais 1 Verwundeter. Nachprüfungen ergaben aufgrund seewärts der Vorstrandsperren aufgefundenen Blitzlichtgeräte, daß feindl. Erkundungstrupp wahrscheinlich versucht hat, die Vorstrandsperren zu erkunden.«

Am Mittwoch, dem 17. Mai 1944, erläßt Rommel einen

Oben: Lieutenant G. M. Lane vom 10. (interalliierten) Commando (Foto aus dem Dienstausweis)

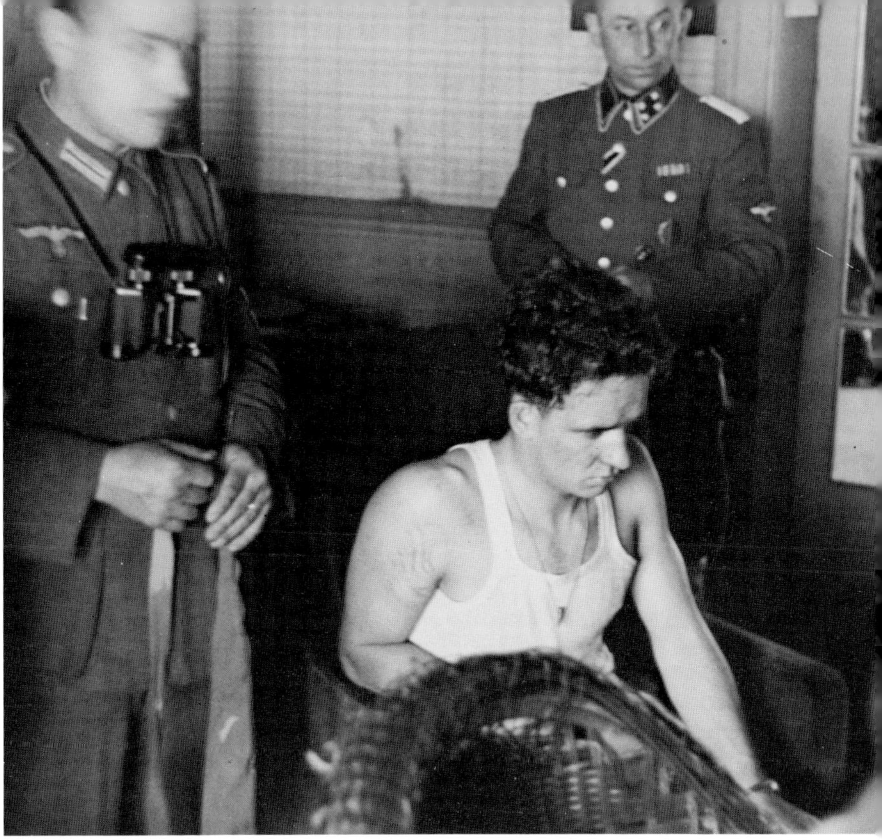

Rechts: Cayeux-sur-Mer, 18. Mai 1944. Lieutenant Lane nach der Gefangennahme: »... von einer Reihe von Leuten verhört ...«

Befehl, der – was die Küstenbatterien anbelangt – neue Mißverständnisse zwischen Heer und Marine bringt: Die vorgeschobenen Heeresbatterien, die sich in ungeschützten Stellungen befinden, sollen – um ihre Feuerkraft zu erhalten – bis zur Beendigung der festungsbaulichen Arbeiten in getarnte, feldmäßige Ausweichstellungen zurückgezogen werden, jedoch im Einvernehmen mit der Marine so angelegt, daß die bisherigen Seeschießaufgaben voll erfüllt werden können. Über diese Anordnung geht die 7. Armee (GenOberst Dollmann) selbständig hinaus und verlegt gegen den Protest des Seekommandanten und des Kommandierenden Admirals beide 15-cm-Heeresküstenbatterien von der Vire- und Orne-Mündung mehrere Kilometer landeinwärts. Die aus ihren eigentlichen Stellungen herausgezogenen Batterien werden folglich nicht als Küstenartillerie gegen Seeziele, sondern nach Weisungen der örtlichen Heereskommandeure als Feldartillerie eingesetzt.
Am Nachmittag erwähnt Rommel während seiner Inspektionsreise auf der Halbinsel Cotentin in einer Ansprache an das Fallschirmjägerregiment 6 (Oberst Frhr. v. d. Heydte). »... Sie sollten nicht damit rechnen, daß der Feind bei schönem Wetter und bei Tage käme. Sie müßten sich darauf vorbereiten, daß er bei Wolken und Sturm nach Mitternacht lande.«

In der Nacht vom 17./18. Mai 1944 wird das letzte Unternehmen der »Tarbrush«-Serie (Operation »Tarbrush 10«) durchgeführt. Das Ziel ist eigentlich Onival, wo bereits im Juli und Dezember 1943 ähnliche Aktionen stattfanden. Aber die beteiligten Männer werden auf der Hinfahrt durch einen Feuerwechsel mit deutschen Schnellbooten aufgehalten und erreichen auf Umwegen anstatt Onival nun Cayeux-sur-Mer. Die beiden Dingis werden trotz fortgeschrittener Stunde ausgesetzt. In dem einen Boot paddeln Lieutenant Lane und Woodridge, in dem zweiten sitzen Sergeant E. Bluff und Corporal King. Plötzlich registriert das Radar des MTB verdächtige Zeichen, und fast zur gleichen Zeit erhellen Leuchtraketen die ganze Umgebung. Vom Strand und auch von See her eröffnen die Deutschen das Feuer. Lieutenant Lane und Woodridge schaffen es noch, die Geheimausrüstung über Bord zu werfen, als ein deutsches Patrouillenboot aus der Dunkelheit auftaucht und ihnen den Weg abschneidet.
Lieutenant Lane: »... Das Boot näherte sich uns, und ich sagte zu Woodridge: ›Vielleicht gelingt es uns, das Boot zu kapern und damit nach Hause zu fahren.‹ Aber die Deutschen waren sehr vorsichtig. Wir saßen im Dingi entsetzlich frierend, und zu allem Überfluß waren noch drei Maschinenpistolen geradewegs auf uns gerichtet. Wir wußten, daß wir keine Chance mehr hatten und hoben die Hände hoch. Die Deutschen nahmen uns in ihr Boot und durchsuchten uns sehr sorgfältig.
Als wir nach Cayeux-sur-Mer fuhren, bemerkten wir, daß die Deutschen bei der Einfahrt zum Hafen besonders behutsam vorgingen. Ich fragte sie nach dem Grund dafür und erhielt die Antwort, es sei wegen der Minen. Als ich daran dachte, daß ich selbst in der Nacht zuvor hier entlanggepaddelt war, kam mir erst zum Bewußtsein, in welcher Gefahr wir uns befunden hatten ... In Cayeux-sur-Mer wurden wir von einer Reihe von Leuten verhört ... Schließlich wurden uns die Augen verbunden und die Hände auf dem Rücken gefesselt; man brachte uns an einen anderen Ort, ich glaube, daß es Tourcoing war ... Wir wurden voneinander getrennt und in separate Zellen gebracht.«

Am Donnerstag, dem 18. Mai 1944, meldet das AOK 15 (GenOberst v. Salmuth) an die Heeresgruppe B: »18. 5. 44 vormittags bei Cayeux 2 engl. Offiziere im Schlauchboot gefangengenommen. Auftrag: Erkundung Vorstrandhindernis. Infolge Seegefechte zwischen 02.00 und 02.55 Uhr vor Somme-Mündung war Rückkehr zu dem sie absetzenden Schnellboot angeblich nicht mehr möglich.«

Gegen Mittag des 18. Mai 1944 setzt General Eisenhower als endgültigen Stichtag für die Operation »Neptune« Montag, den 5. Juni 1944, fest. Eisenhower: »Natürlich behielt ich mir vor, auch dieses Datum noch in letzter Minute abzuändern, falls es die Wetterlage nicht zulassen sollte. Die Wahl dieses Datums beruhte vornehmlich auf den Gezeiten- und Tageslichtbedingungen.«
Die deutsche Führung hatte die Invasion für Anfang Mai erwartet, genauso wie von SHAEF zuvor geplant. Als sich die Wetterlage ungünstig verändert, meint Admiral Krancke, daß sie spätestens am 18. Mai 1944 beginnen wird. Nun, als der Tag zu Ende geht, meldet die Marinegruppe West: Der nächstmögliche Termin für die Invasion sei erst im Monat August.

An diesem Nachmittag starten in Nordengland die ersten Lkw mit Truppen und Material. Sie rollen in riesigen Konvois durch das stille Hochland den Verschiffungshäfen in Südengland entgegen.

Am Freitag, dem 19. Mai 1944, gelingt es einem deutschen Aufklärer zum letztenmal, bis in den westlichen Teil der britischen Insel vorzudringen und dieses Gebiet zu überfliegen.

An diesem Tage meldet der Doppelagent »Brutus« seiner Leitstelle bei der deutschen Abwehr ein wichtiges Ereignis: seine offizielle Ernennung zum Verbindungsoffizier zwischen dem polnischen Generalstab und der FUSAG. Seitdem hält »Brutus« ständigen Funkkontakt mit der Abteilung Fremde Heere West (Oberst v. Roenne) in Paris und morst kurz vor Mitternacht die neuesten Informationen über die FUSAG, und mit gleicher Regelmäßigkeit treffen nun im Führerhauptquartier Berichte über die Aufmarschpläne von Major General Patton ein.

Am Sonnabend, dem 20. Mai 1944, sendet BBC den ersten Appell von General Eisenhower an die Bevölkerung des besetzten Westeuropa und bittet um ihre Unterstützung nach der geglückten Landung.
Zur gleichen Stunde greifen über 5000 alliierte Jagdbomber Eisenbahnverbindungen und andere Verkehrswege in Westeuropa an.
Die beiden Männer vom Commando, die am 18. Mai 1944 festgenommen wurden, haben trotzdem Glück: Dank dem »aussagefreudigen« deutschsprechenden Lieutenant Lane werden sie nicht laut bestehendem Befehl dem SD übergeben, sondern erwecken das Interesse Rommels. Generalleutnant Speidel, Chef des

Nordengland, Mai 1944:
Riesige Mengen an Kriegsmaterial warten unter freiem Himmel auf ihren Abtransport zu den Verschiffungshäfen in Südengland

Stabes der Heeresgruppe B, gibt Anweisung, sie am 20. Mai 1944 nachmittags zum Gefechtsstand nach La Roche-Guyon zu bringen.
Lane: »Wir traten in einen sehr schönen, sehr großen Raum . . . Der Feldmarschall stand auf, kam mir entgegen . . . und sagte: ›Bitte nehmen Sie Platz.‹ Er wandte sich mir mit ziemlich ernster Miene zu: ›Also Sie sind eines dieser Gangsterkommandos.‹ Ich richtete mich auf: ›Ich weiß nicht, was der Herr Feldmarschall damit meint, denn es gibt keine Gangster-Commandos! Natürlich gehöre ich zu einem Commando, denn das sind die besten Soldaten der Welt.‹ Er sah mich an, und ich glaube, ihm gefiel diese selbstbewußte Haltung, er lächelte: ›Vielleicht sind Sie keins, aber wir haben sehr schlechte Erfahrungen mit Commandos gemacht. Sie haben sich verschiedentlich sehr schlecht aufgeführt.‹ Ich erwiderte: ›Ich weiß davon nichts – und ganz ehrlich – ich kann es kaum glauben.‹ Davon nahm er keine Notiz und sagte mir dann: ›Sie sind sich dessen bewußt, daß Sie unter sehr seltsamen Umständen gefangengenommen wurden.‹ Ich antwortete: ›Ich glaube kaum, daß sie seltsam waren, sondern eher ungünstig und unglücklich.‹ Er sagte: ›Wissen Sie eigentlich, daß Sie den Eindruck gemacht haben, ein Saboteur zu sein! Und Sie wissen doch, wie wir mit Saboteuren verfahren.‹ Worauf ich erwiderte: ›Wenn der Herr Feldmarschall mich für einen Saboteur hielte, würde ich wohl kaum hierher eingeladen worden sein.‹ Er lächelte wieder: ›Sie betrachten dies hier also als eine Einladung.‹ ›Ja, natürlich‹, sagte ich, ›und ich fühle mich sehr geehrt.‹ Wieder lächelte er und alle mit ihm – die Atmosphäre war wirklich ausgesprochen freundlich . . .«
Rommel hält sein Versprechen, für die beiden Engländer zu sorgen: Sie überleben den Krieg im KG-Lager Neuengamme als einzige, die bei einer Stranderkundung den Deutschen in die Hände fielen.

Am Sonntag, dem 21. Mai 1944, beginnt die Phase der intensivsten alliierten Angriffe gegen das Transportwesen im besetzten Westeuropa und dem Reichsgebiet. Zahlreiche Brücken und Viadukte werden zerstört, viele Eisenbahnstrecken unterbrochen.
In seiner Wochenmeldung an den OB West berichtet

Rommel: »Schwerpunktbildung in Süd- und Südostengland erneut bestätigt durch Feststellung des HQ Montgomery, südlich London.« Der Generalfeldmarschall ahnt nicht, daß die Befehle aus dem bei Portsmouth liegenden Hauptquartier von Montgomery per Telefon nach Kent übermittelt und erst von dort mit Funk weitergegeben werden, um den Deutschen das Abhören zu ermöglichen.

Am Montag, dem 22. Mai 1944, wird die HKB »Pointe du Hoc« wiederholt von alliierten Bombern angegriffen. Einige Bunker und Schutzräume bekommen zwar Nahtreffer, es entstehen jedoch keine Schäden. Die 21. Panzerdivision verlegt am Nachmittag einige Einheiten nach Moulin-Neuf, »von wo aus ein rein infanteristischer Einsatz gegen angeblich abgesprungene amerikanische Luftlandeeinheiten gestartet wurde. Im Eilmarsch ging es dabei bis St. Astier, wo sich dann allerdings alles als blinder Alarm entpuppte.«
Nur über einen deutschen Verband an der Calvados-Küste weiß SHAEF bisher kaum etwas: die 352. Infanteriedivision (GenLt. Kraiss), die inmitten der zukünftigen Landesektoren »Omaha« und »Gold« liegt. Diese Division hat die Küstenstellung zwischen Grandcamp an der Vire-Mündung und Arromanches bereits im März 1944 bezogen. Aufgrund der nicht ganz präzisen Meldung von »Réseau Centurie« vermutet man, daß die 352. Infanteriedivision weit vom Strand entfernt in der Umgebung von St. Lô steht und nur zu Übungen vorübergehend in der Küstenverteidigungslinie auftaucht.

Am Abend des 22. Mai 1944 erscheint in Isigny-sur-Mer bei dem Uhrmacher Monsieur Patrice Boussel ein Melder aus Grandcamp mit der Nachricht eines Mädchens, das mit einem Offizier der 352. Infanteriedivision befreundet ist, und berichtet, was es von seinem Freund erfahren hat: Die Division hätte die Aufgabe, den westlichen Teil der Calvados-Küste zu verteidigen. Da das Funkgerät von Monsieur Boussel ausgefallen ist, leiht sich der Uhrmacher von einem anderen Centurie-Mitglied eine Brieftaube. Zwar steht auf Besitz dieses possierlichen Tierchens die Todesstrafe, aber seitdem die britischen Bomber sie gleich körbeweise abwerfen, ist es möglich, einer der vielen Tauben eine Meldung in den Ring am Bein zu stecken und sie fliegen zu lassen.
Monsieur Boussel: »Ich mußte sehr aufpassen, da auf der anderen Seite unserer Rue Demagny im Hotel Commerce die Gestapo ihre Büros hatte und es öfter vorkam, daß die Brieftaube, die oft monatelang im Korb saß, sich in der nächsten Umgebung verflog. Und ich betete immer nur, es möge nichts passieren. Es war etwa 5 Uhr morgens, am 23. Mai 1944, als ich in unseren Garten ging. Ich warf die Taube behutsam hoch, sie schwang sich in die Luft, stieg immer höher und flog schnurstracks in nordöstlicher Richtung.«
Gegen Mittag findet ein Soldat der kanadischen Streitkräfte nahe der Kaserne in Richmond eine erschöpfte Brieftaube, die kraftlos auf einer Wiese herumflattert. Kurz nach 16 Uhr liegt die Meldung des Mädchens aus Grandcamp bereits im Hauptquartier von SHAEF.

Am Dienstag, dem 23. Mai 1944, erteilt Admiral Ramsay den Befehl, die Kriegsschiffe und Transporter entlang der schottischen Küste zu den Absprunghäfen und Stützpunkten in Südengland auslaufen zu lassen. Der wichtigste Versammlungsraum ist das breite und geschützte Seegebiet zwischen der Insel Wight und dem gegenüberliegenden Festland.
Am gleichen Tage bringt der schwedische Dampfer »Gripsholm« einige Dutzend deutsche Offiziere und Soldaten im Austausch für alliierte Kriegsgefangene nach Spanien. Unter ihnen General der Panzertruppen Cramer. Der General wird mit der nächsten Lufthansa-Maschine nach Berlin gebracht, wo er dem Chef des Generalstabes des Heeres (GenOberst Zeitzler) Bericht erstattet. Danach reist General Cramer nach Berchtesgaden, um den engsten Mitarbeitern Hitlers zu schildern, was er in England erlebt hat. Nun hat man endlich einen absolut vertrauenswürdigen Augenzeugen.

Am Mittwoch, dem 24. Mai 1944, gelingt es noch einer Maschine des IX. Fliegerkorps (GenMaj. Peltz), einige Luftaufnahmen von den Häfen Bournemouth, Poole, Portland, Weymouth und Folkestone-Dover sowie von den Flußmündungen und dem Küstenvorfeld in diesem Gebiet zu machen. Es sind die letzten Luftbilder vom »Aufmarschgebiet« der FUSAG.

Am Donnerstag, dem 25. Mai 1944, bestätigt General Eisenhower noch einmal den D-Day: Montag, 5. Juni 1944. Und Admiral Ramsay gibt allen Schiffskommandanten Order, den Operationsbefehl zu öffnen. Von diesem Augenblick an treten besondere Geheimhaltungsvorschriften in Kraft. Die Schiffsbesatzungen werden von jeder Verbindung mit dem Festland abgeschnitten, die Truppen in den Sammellagern von der Außenwelt hermetisch abgeschirmt, der Postverkehr gesperrt, Telefongespräche verboten, Privattelegramme nur in Notfällen mit schriftlicher Genehmigung des Kommandanten gestattet. Die Post von Angehörigen amerikanischer Truppen nach den USA oder anderen Ländern wird für zehn Tage versiegelt. Wer sich schon

im Truppenlager befindet, kann es nur mit einem Landungsschiff via Frankreich wieder verlassen.
Soldaten und Offizieren werden Modelle und Luftaufnahmen ihrer Angriffsziele vorgelegt. Die Bilder sind so genau, daß man sogar einzelne deutsche Soldaten darauf erkennen kann. Orte und Küstenstrände sind noch mit Tarnnamen bezeichnet, so steht z. B. »Polen« für die Stadt Caen oder »Sword-Beach« für die Bucht von Ouistreham. Da mit jedem Tag die Flut 40 Minuten später kommt, kann die Angriffsstunde erst dann endgültig festgelegt werden, wenn der Angriffstag unwiderruflich bestimmt ist.
Am Abend des 25. Mai 1944 beginnt die Operation »Copperhead«. Die für Täuschung zuständige Sonderabteilung beim SHAEF (Committee of Special Means, CSM) hat den am 14. März 1944 entdeckten Schauspieler, Lieutenant Clifton James, nach Wochen intensiven Probens in General Montgomery verwandelt. James konnte mit Hilfe von Wochenschau und Fotos, schließlich aus nächster Nähe sein populäres Vorbild studieren. Er wird nun – als Monty verkleidet – zum Flughafen Nordholt gebracht, wo er umjubelt Churchills Sondermaschine besteigt, »um in Nordafrika die Truppen zu inspizieren«. Mit diesem simplen Trick soll der Eindruck erweckt werden, daß eine Invasion über den Kanal in der ersten Junihälfte nicht zu erwarten sei, auch wenn andere Anzeichen darauf hindeuten. So soll das Auslaufen der Landungsflotte als weiteres Täuschungsmanöver angesehen werden, ebenso daß ein alliierter Angriff unter Führung von Montgomery aus Nordafrika und Italien gegen Südfrankreich bevorsteht. Damit soll erreicht werden, daß die südlich der Loire stehenden vier kampferprobten Panzerdivisionen der Armeegruppe G (GenOberst Blaskowitz), die 9., 11., 2. SS-Panzer- und 17. SS-Panzergrenadierdivision, nicht nach Nordfrankreich verlegt werden.

Südengland, 25. Mai 1944: die letzte Nacht vor der Ankunft in einem der Sammellager für Invasionstruppen

In den Morgenstunden des 26. Mai 1944 landet Churchills Sondermaschine in Gibraltar. Das Monty-Double wird gebührend empfangen und zeigt sich in Gesellschaft des eingeweihten Gouverneurs, Sir Ralph Eastwood, eines Kollegen Montgomerys von der Militärakademie Sandhurst. Es wird seinetwegen ein Bankett veranstaltet und »Montgomery« einigen prominenten spanischen Gästen vorgestellt, die als deutsche Agenten bekannt sind. Feierlich verabschiedet, fliegt er nach Nordafrika weiter.
In Algier wird Clifton James auf dem Flughafen Maison Blanche von einer Ehrenkompanie französischer Spahis empfangen, und zu seiner Begrüßung erscheinen General Sir H. M. Wilson sowie britische, amerikanische und französische Stabsoffiziere. »Montgomery« wird in einer Suite des mondänen Hotels »St. George« untergebracht und macht außerdem ein paar Stadtrundfahrten mit General Wilson in Begleitung einer Motorrad-Eskorte. Er nimmt Truppenparaden ab, verteilt Autogramme, verliert hier und da Taschentücher mit Montgomery-Initialen und fliegt in Etappen bis nach Kairo.

Am Freitag, dem 26. Mai 1944, ist die Zerstörung des Eisenbahnnetzes in Nordfrankreich schon so umfangreich, daß Oberst Hoeffner, General des Transportwesens West, Generalfeldmarschall v. Rundstedt meldet: »Während der beiden ersten Wochen, die der Invasion folgen, kann mit einem Truppentransport auf dem Bahnwege nicht gerechnet werden.«

Am Sonnabend, dem 27. Mai 1944, notiert Vizeadmiral Ruge: »Wunderbares heißes Wetter mit wenig Wind. Der Feldmarschall fuhr vormittags zur Nebelfabrik, nachmittags gingen wir auf die Karnickeljagd, zur Abwechslung mit Frettchen und geringem Erfolg.«

Am Sonntag, dem 28. Mai 1944, bekommt SHAEF die Nachricht, daß drei deutsche Divisionen auf der Halbinsel Cotentin Stellung bezogen haben, fast genau dort, wo die 82. US-Fallschirmdivision eingesetzt werden soll. Daraufhin wird ihre Absprungzone nördlich des Einsatzraumes der 101. US-Fallschirmdivision und näher an den Küstenstreifen »Utah« verlegt.

An diesem Tage meldet die Heeresgruppe B, daß erst knapp zwei Drittel der Küstengeschütze verbunkert sind. Ein Stellungssystem mit Waffenständen – 700 bis 1000 m voneinander entfernt – ist so gut wie ungesichert. Von allen Anlagen im Bereich der 352. Infanteriedivision (GenLt. Kraiss) sind nur 15 bombensicher, alle übrigen sind praktisch ungeschützt gegen Fliegerangriffe. Die 716. Infanteriedivision (GenLt. Richter) betrachtet ihre Lage sogar als noch schlimmer.

Am gleichen Tage kann sich SHAEF vom Erfolg der Täuschungsoperation »Fortitude« selbst überzeugen: In einem Gespräch mit dem japanischen Botschafter in Berlin, Hiroshi Oshima, sagte Hitler, er erwarte, daß die Alliierten die Invasion mit Ablenkungsoperationen in Norwegen, Dänemark, dem Südteil der französischen

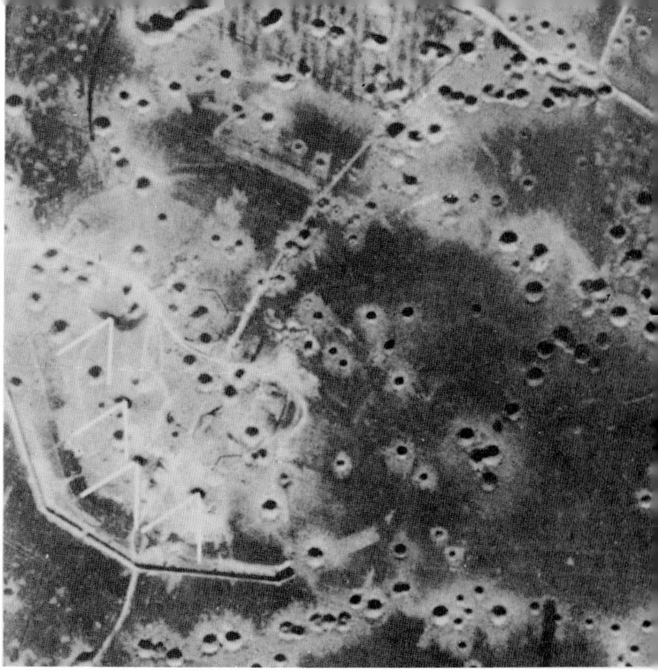

Heeres-Feldgeschützbatterie »Merville« nach schwerem Bombenangriff: große Schäden in der Umgebung

Westküste und im Mittelmeerraum beginnen werden und erst dann einen Brückenkopf in der Normandie oder der Bretagne errichten. Nur wenn das Erfolg verspricht, werden sie wirklich an die Errichtung einer zweiten Front im Pas de Calais gehen. Oshima, der nicht ahnt, daß die Amerikaner den japanischen Code gebrochen haben, berichtet in einer ausführlichen Funkmeldung nach Tokio über sein Gespräch mit dem Führer.
Am Nachmittag des 28. Mai 1944 erscheint über der Heeres-Feldgeschützbatterie »Merville« ein RAF-Aufklärer, der wie schon öfter Aufnahmen von dieser Batterie macht. Die Deutschen haben längst eine Tarnung der inmitten von Wiesen gelegenen Bunker aufgegeben. Die Alliierten bombardieren nun schon seit einigen Tagen die Batterie von Merville. Von 1000 schweren Bomben treffen rund 50 das Batteriegelände und nur zwei davon das eigentliche Ziel, es ist jedesmal der gleiche Geschützbunker (Nr. 4): Der Bau bekommt einen Volltreffer auf die Betondecke, den zweiten in die linke Seite, aber keine Bombe schlägt durch. Desto größere Schäden entstehen in der Umgebung: Von der Farm Le-Mavais wird ein Wirtschaftsgebäude getroffen. In der Farm Le-Buisson geht eine ganze Bombenladung in den Obstgarten, und im nahen Descanneville zerspringen sämtliche Fensterscheiben. Auf den umliegenden Feldern werden 27 Kühe getötet, 11 müssen notgeschlachtet werden, 40 sind verletzt. Auch ein Kaninchenstall erhält einen Volltreffer.
Vizeadmiral Ruge notiert: »Schönes Pfingstwetter. Man war allgemein erstaunt und erfreut, daß der Gegner es nicht ausnutzte. Wir spielen Tennis und Tischtennis.«

In der Nacht vom 28./29. Mai 1944 führt das RAF-Bomberkommando eine Serie von Angriffen gegen die Küstenbatterien in der Seine-Bucht durch. 64 schwere Lancaster-Bomber mit sieben Mosquitos als Pfadfinder werfen 356 Tonnen Bomben auf die HKB »Madeleine«.
Die Befestigungsarbeiten – durch Zementmangel verzögert – sind noch nicht beendet, und die vier französischen Feldkanonen stehen getarnt in offenen Stellungen. Ein unfertiger Geschützbunker und der Leitstand bekommen Volltreffer. Die anderen Bauten tragen nur Splitterschäden davon, keine der Kanonen wird beschädigt. Kurz nach dem Angriff verlegt man die Geschütze in eine gut getarnte Ausweichstellung und macht aus der HKB eine Scheinanlage mit Kanonenrohren aus Baumstämmen. Die Aufklärer melden am Morgen: »Batterie von St.-Martin-de-Varreville stark beschädigt.«
Der Fliegeralarm ist in der HKB »Madeleine« noch nicht zu Ende, als die MKB »Longues« einen verstärkten Abwurf von Leuchtbomben meldet. Kurz darauf fallen Sprengbomben, darunter einige von zwei Tonnen. Die überlegt konstruierten Bunker mit unterirdischen Betonkragen – eingebettet in einen fast zweieinhalb Meter dicken Erdwall – trotzen den Nahtreffern. Der Geschützbunker 3 wird jedoch von einer 1000-kg-Bombe getroffen, die die Bodenaufschüttung wegfegt und die über zwei Meter starke Betondecke durchschlägt. Ein Kanonier wird getötet und die Munition verschüttet. Erst jetzt stellt sich heraus, daß der Beton keine Spannkraft hat, was nach Untersuchungen auf Sabotage schließen läßt. Durch den Angriff werden ebenfalls die tief unter der Erde liegenden Telefonkabel unterbrochen und eine Nahverteidigungsstellung zerstört.
Auch die HKB »Riva Bella« wird in dieser Nacht erfolglos bombardiert. Einige Stunden nach dem Fliegeralarm werden sechs Geschütze etwa fünf Kilometer landeinwärts verlegt.
In Paris herrscht seit Tagen eine ungewöhnliche Hitze, die selbst in den Nächten nicht nachläßt und den Menschen sehr zu schaffen macht.
Am Vormittag des 31. Mai 1944 besichtigt Rommel die in der Umgebung von La Roche-Guyon zerstörten Brücken in Mantes, Vernon und Gaillon.
Unterdessen beginnt in den südenglischen Häfen das Verladen von Waffen und Material auf die Landungsschiffe.
In den Morgenstunden des 1. Juni 1944 fängt der deutsche Abhördienst des Hauptquartiers der 15. Armee (GenOberst v. Salmuth) in Tourcoing die erste Zeile des Verlaine-Gedichtes ab und interpretiert sie korrekt.
Am Vormittag diskutiert Rommel mit Ministerialdirektor Bernd vom Propagandaministerium das Problem der kriegspsychologischen Beeinflussung des Gegners im Augenblick der Invasion.
In den Mittagsstunden übernimmt Admiral Ramsay die Führung aller Streitkräfte der Operation »Neptune« und läßt im Laufe des Nachmittags die Soldaten auf einzelne Sturmboote verteilen.

In der Nacht vom 1./2. Juni 1944 fliegt das RAF-Bomberkommado »schwere und genau gezielte Angriffe« auf deutsche Radar- und Funkstationen von

Portsmouth,
Nachmittag des 2. Juni 1944:
Die beiden Mini-U-Boote
X-20 und X-23 laufen zur
Normandie-Küste aus

Boulogne-sur-Mer und Cherbourg. Daneben werden die beiden Sender in Au-Fevre bei Cherbourg und in Berneval-le-Grand bei Dieppe zerstört.

Am Freitag, dem 2. Juni 1944, unterrichtet man die alliierten Soldaten in den Absprunghäfen über Einzelheiten ihres Auftrages. An diesem Tage laufen schwere Kriegseinheiten, die die Landung mit ihrer Artillerie unterstützen sollen, von den Häfen in Schottland und Nordirland aus. 6483 Schiffe, davon 4222 Landungsfahrzeuge und Frachtschiffe, 6518 Kampfflugzeuge und etwa 2700 Lastensegler warten auf ihren Einsatz. In den Depots und auf den Schiffen befinden sich insgesamt zwei Millionen Tonnen Kriegsmaterial.
Am Nachmittag des 2. Juni 1944 verlassen zwei Mini-U-Boote den Hafen von Portsmouth und nehmen Kurs auf die französische Küste. Für beide X-Boote, X-23 (Lt. G. Honour) und X-20 (Lt.Comm. N. Clogstoun-Willmott) hat die Operation »Neptune« bereits begonnen. Sie werden vor den britischen Landungsstränden – die Amerikaner haben ihren Einsatz abgelehnt – Stellung beziehen und der Invasionsflotte als Navigationsboje dienen (Operation »Gambit«). Sie sollen 20 Minuten vor dem Landungsbeginn auftauchen, mit ihrem automatischen Funkgerät Richtsignale geben und ein Blinklicht auf einem 6 m hohen Mast – bis 10 sm weit sichtbar – einschalten. Schlepper ziehen sie in der Nacht vom 2./3. Juni 1944 über den Kanal.

In den Morgenstunden des 3. Juni 1944 erstellt der Chefmeteorologe der Luftflotte 3 (GFM Sperrle), Oberst Prof. Dr. W. Stöbe, einen Wetterbericht, der zunehmende Bewölkung, starke Winde und Regen für mehrere Tage voraussagt. Zur Stunde bläst der Wind im Ärmelkanal mit Stärke 6 bis 7.
Ebenfalls am 3. Juni 1944 meldet OB West das Ende der Täuschungsaktion »Landgraf«, die am 14. Mai 1944 begonnen hat. Im Laufe des Tages trifft General der Panzertruppen Cramer bei Rommel in La Roche-Guyon ein. Er ist jetzt Sonderberater des Generals der Panzertruppen Freiherr Geyr. v. Schweppenburg, dem Befehlshaber der Panzergruppe West. Cramer schildert Rommel seine Eindrücke von der Fahrt ins Hauptquartier des US-Generals Patton und ist davon überzeugt, daß die alliierte Landung im Pas de Calais stattfinden wird.

Die 2. Taktische Luftflotte führt den ganzen Tag über rollende Angriffe gegen die Seine- und Maas-Brücken durch. Dabei werden mit großem Erfolg Jagdflugzeuge als Sturzbomber eingesetzt.

Das Kriegstagebuch des OB West verzeichnet am 3. Juni 1944: »Insp. d. L. West prüft Schaffung behelfsmäßig und leicht zu bauender Täuschungsbrücken (in Flußmitte ausgefahren), diese möglichst in Nähe zerstörter Brücken.
Die wirklichen Brücken dagegen nicht in unmittelbarer Nähe der zerstörten Objekte, sondern von diesen abgesetzt unter Ausnutzung von Nebenwegen bauen. Material pp.-Lager hier besonders gut tarnen.«
Am gleichen Tage wird die MKB »Longues« von einem Verband US-Marauder-Bomber angegriffen. Mehrere Bomben schlagen auf dem Gelände ein, die Geschützbunker werden nicht getroffen, dagegen erleiden die Nahverteidigungsstellungen schwere Schäden.
Seit den Morgenstunden melden die deutschen Funkabhörstellen eine erstaunliche Funkstille auf der anderen Kanalseite. Da jedoch seit März 1944 diese Situation öfter vorgekommen ist und – wie sich dann jedesmal herausstellte – falschen Alarm ausgelöst hat, mißt man dem nun keine besondere Bedeutung bei.
Nachmittags trifft Rommel bei v. Rundstedt ein, um ihm seine Absicht mitzuteilen, er wolle am nächsten Tag, dem 4. Juni bis zum 8. Juni, nach Hause fahren.

Am Abend gibt Admiral Ramsay der Marine den Befehl, die erforderlichen Maßnahmen zum Auslaufen zu treffen.

Im Pas de Calais beenden die Widerstandsgruppen die letzten Vorbereitungen ihrer für den Fall einer alliierten Landung geplanten Unternehmungen: Aktion »Violet« – Unterbrechung des Telekommunikationssystems, »Tortue« – Straßen- und Brückensabotage, »Bleu« – Zerstörung des Stromversorgungsnetzes der Wehrmacht, »Vert« – konzentrierte Eisenbahnsabotage.

Die beiden Mini-U-Boote X-20 und X-23 müssen auf ihrer Fahrt zur französischen Küste den ganzen Sonnabend unter Wasser bleiben. Erst gegen Abend, als sie sich einem deutschen Minenfeld nähern, können sie auftauchen und es durchqueren. Für die 90 sm weite Strecke von ihrem Stützpunkt aus brauchen sie fast zwei Tage. Nun steuert Lieutenant Commander Clogstoun-Willmott mit seiner X-20 in Richtung Les Moulins, wo er schon im Januar 1944 eine umfangreiche Stranderkundung durchgeführt hat, und die X-23 unter Lieutenant Honour nimmt Kurs auf die Orne-Mündung. In Frankreich geht die heißeste Pfingstwoche seit Menschengedenken zu Ende.
Am späten Abend des 3. Juni 1944 hat eine Fernschreiberin im Londoner Büro der amerikanischen Nachrichtenagentur AP auf einem unbenutzten Fernschreiber geübt. Per Zufall geht der Lochstreifen mit ihrem Übungstext dem sowjetischen Heeresbericht voraus:

DRINGEND ASSOCIATED PRESS NYK PRESSETELEGRAMM EISENHOWERS HQ GIBT ALLIIERTE LANDUNG IN FRANKREICH BEKANNT.
Diese Meldung wird zwar 30 Sekunden später gestoppt und 28 Minuten danach dementiert, doch haben 500 US-Radiostationen sowie die Sender in Chile und Kuba diese Nachricht bereits gesendet, selbst Sonder-Gottesdienste sind angesetzt und ein Baseballspiel für eine Gebetsminute unterbrochen worden. Die Telefone laufen heiß.
Dem SHAEF-Stab bleibt nur die Hoffnung, daß diese »Nachricht« von den Deutschen nicht bemerkt würde. Dr. Goebbels bereitet sich jedoch schon einige Stunden später darauf vor, sie persönlich am Nachmittag des 4. Juni in Nürnberg auf der vorgesehenen Großkundgebung der NSDAP publik zu machen. Übrigens wertet der NS-Propagandaminister diese »Nachricht« durchaus richtig: als Zeichen der Nervosität.
Eine äußerst zuverlässige Wettervoraussage ist 48 Stunden vor dem D-Day unbedingt notwendig, um den Erfolg zu sichern, oder wenigstens 24 Stunden vorher, um eine Katastrophe abzuwenden: Es soll die wichtigste Wetterprognose werden, die je gestellt worden ist.
General Eisenhower: »Provisorisch war als D-Day der 5. Juni festgesetzt worden, doch die Wetterberichte, die wir am 3. Juni erhielten, sahen so ungünstig aus, daß wir bei unserer Sitzung um 4.15 Uhr, am Morgen des 4. Juni, beschlossen, den D-Day um mindestens 24 Stunden zu verschieben. Als dieser Entschluß feststand, war bereits ein Teil der amerikanischen Landungsflotte ausgelaufen. Durch den heftigen Seegang im Kanal mußten die Schiffe jedoch umkehren und in den Häfen Zuflucht suchen.«

Atlantikküste, Wachtposten einer der Küstenbatterien: ». . . plötzlich setzten starker Sturm und Regen ein.«

Am Sonntag, dem 4. Juni 1944, gegen 4 Uhr früh können die Besatzungen der beiden Mini-U-Boote die Konturen der Calvados-Küste schwach erkennen und gehen auf Meeresbodentiefe. Zu dieser Stunde schlägt das Wetter um, und plötzlich setzen starker Sturm und heftiger Regen ein.

Um 4.30 Uhr morgens fangen die Besatzungen der X-Boote einen chiffrierten Funkspruch ab mit der Nachricht, die Invasion sei um 24 Stunden verschoben worden.

An diesem Sonntag um 6 Uhr fährt Rommel in Begleitung seines ersten Generalstabsoffiziers, Oberst i. G. v. Tempelhoff, nach Deutschland. Unterdessen steuert eine gewaltige Invasionsflotte auf die Küste der Normandie zu: 6483 Einheiten, darunter 6 Schlachtschiffe, 23 Kreuzer und 104 Zerstörer.

Inzwischen erfolgt in Italien der Rückzug der deutschen 14. Armee (GenOberst v. Mackensen) hinter den Tiber, und die Alliierten ziehen in das von Generalfeldmarschall Kesselring zur offenen Stadt erklärte Rom ein.

Am Nachmittag gehen die X-Boote auf Periskophöhe und beobachten, wie deutsche Soldaten noch in aller Ruhe an den Strandhindernissen arbeiten. Es herrscht jetzt starker Seegang, und die Männer wissen, daß, falls ihr Boot sich aus seiner Verankerung losreißen und stranden wird, kein anderes Schiffsunglück so verhängnisvoll sein kann wie dieses. Alle sind müde, und die Abgase verursachen Schwindelgefühle. Damit Sauerstoff gespart wird, wagen die Männer kaum, sich zu bewegen und schon gar nicht, zu sprechen.

Zur gleichen Zeit führen US-Bomber einen schweren Angriff gegen die HKB »Pointe du Hoc« durch, ohne zu wissen, daß die Batterie gleich nach dem ersten großen Bombardement am 15. April 1944 landeinwärts verlegt worden ist und sich jetzt gegen die Vire-Mündung richtet. Die Deutschen nehmen an, daß eine Landung eher in einer flachen Flußmündung als an der steilen, fast unbezwingbaren Küste möglich sei. Auch die MKB »Marcouf« wird an diesem Tage bombardiert. Die Geschütze erleiden dabei keine Schäden, aber die Nahverteidigungsstellungen werden durch einen Bombenteppich zum größten Teil zerstört.

Am gleichen Tage landet General de Gaulle aus Algerien kommend auf Einladung Churchills in England. Der Premierminister hat vor – entgegen den Absichten von Roosevelt, der den Chef der Freien Franzosen nicht über die Landung der Alliierten in Frankreich informieren will – de Gaulle in die Operation »Overlord« einzuweihen. Auch Eisenhower, in dessen HQ weitere Gespräche geführt werden, versucht, dem brüskierten de Gaulle den Standpunkt der USA zu erläutern. Selbst über so zweitrangige Probleme wie das Verlesen einer gemeinsamen Proklamation an das französische Volk kann man sich jedoch nicht einigen.

RAF Group Captain J. M. Stagg, Chefmeteorologe beim Obersten Hauptquartier der alliierten Expeditionsstreitkräfte (SHAEF)

Am Abend des 4. Juni 1944 haben alle Geleitzüge wieder in den Häfen geankert, mit Ausnahme eines einzelnen, der die Aufschubmeldung nicht empfangen hat und von nachjagenden Zerstörern und Flugzeugen zurückgeholt werden muß. Admiral Ramsay meldet, daß die zurückgeholten Konvois lediglich noch einen Versuch machen könnten, ohne neu auftanken zu müssen. Es bleibt also nur die Wahl: entweder am Dienstag, dem 6. Juni 1944, die Invasion zu wagen, oder sie um ganze 14 Tage zu verschieben. Die Truppen haben bereits alle wichtigen Informationen bekommen, und ein großer Teil kennt sogar die richtigen Namen der Landungsorte. Andererseits können die Männer nicht zwei Wochen lang auf den Schiffen gehalten werden.
Um 21.30 Uhr teilt der Chefmeteorologe von SHAEF, Group Captain John Stagg, General Eisenhower mit: Es bestehe noch eine vage Hoffnung, daß sich das Wetter am Nachmittag des 5. Juni womöglich bessern könnte.
Während das neue Tiefdruckgebiet in der Nacht vom 4./5. Juni 1944 über Nordschottland zieht, erzeugt es den niedrigsten Luftdruck (976,8 Millibar/28.85 Inches), den man in diesem Jahrhundert auf den britischen Inseln gemessen hat.
Am Montag, dem 5. Juni 1944, um 2 Uhr früh, treffen sich wiederum in der Bibliothek des Southwick House die Befehlshaber von SHAEF mit den Meteorologen. Group Captain Stagg meldet: » . . . Die Schönwetter-Zwischenfront, die uns nun erreicht, hält wahrscheinlich bis zum späten Vormittag oder Nachmittag des 6. Juni an. In dieser Zeit wird die Bewölkung 3/10 oder weniger,

bei einer Wolkenhöhe von 700 bis 1000 m betragen. Die Windstärke entlang der Landungsküste kann nicht höher als 4 und örtlich nur bei 5, wahrscheinlich aber nur bei 3 liegen. Die Sicht wird gut sein.« General Eisenhower lacht entspannt: »Nun, Stagg, wenn dieser Bericht wirklich stimmt, verspreche ich Ihnen bei passender Gelegenheit eine Party.«
Unter den 12 höchsten Befehlshabern von SHAEF gibt es jedoch keine Übereinstimmung, was man tun soll. Montgomery ist für den Angriff, die beiden Air Chief Marshals Tedder und Leigh-Mallory betrachten das Unternehmen »als zu gewagt«. Und der zur Stunde noch herrschende Sturm mit Regenböen scheint ihnen Recht zu geben.
General Eisenhower erteilt um 3.30 Uhr den Befehl für die bisher größte amphibische Operation der Geschichte mit den Worten »Okay. Let's go«. Er braucht 45 Sekunden, um seine Entscheidung zu treffen. Die Invasion Frankreichs soll am folgenden Tag beginnen. Die Angriffsstunde für die beiden US-Abschnitte: 6.30 Uhr, für die drei britischen Angriffssektoren von 7.25 bis 7.45 Uhr. Allerdings muß auch damit gerechnet werden, daß die Deutschen diese Wetterbesserung ermittelt haben.

Den höheren deutschen Befehlshabern im Westen ist bekannt, daß im Juni nur zweimal Mond, Tagesanbruch und Gezeiten so zusammenfallen, daß sie den Erfordernissen der alliierten Landung entsprechen könnten, und zwar in der Zeit zwischen dem 5. und 7. Juni und danach zwischen dem 12. und 14. Juni. Ohne jedoch den Ablauf dieser kritischen Periode abzuwarten, nutzen sie die erste Andeutung der Meteorologen, »dieses schlechte Wetter werde einige Tage anhalten«, als ausreichende Begründung, um ihr Hauptquartier oder den Gefechtsstand einer nach dem anderen zu verlassen:

Generalfeldmarschall v. Rundstedt, OB West, bereitet sich am Montag, dem 5. Juni 1944, zusammen mit seinem Sohn, Oberleutnant v. Rundstedt, auf eine Besichtigung der Küstenbefestigungen in der Normandie vor.

Generalfeldmarschall Rommel, OB der Heeresgruppe B, fährt am Sonntag, dem 4. Juni 1944, frühmorgens nach Herrlingen bei Ulm – seine Frau hat am 6. Juni Geburtstag – und plant, am darauffolgenden Tag in Berchtesgaden zu sein, um mit Hitler Einsatzbefugnisse für die Panzerverbände zu klären.

Admiral T. Krancke, Marinebefehlshaber West, tritt am Montag, dem 5. Juni 1944, seine Inspektionsreise nach Bordeaux an. Zuvor benachrichtigt er den OB West, daß »wegen der groben See die Vorpostenboote ihre Stützpunkte nicht verlassen können«.

Generaloberst v. Salmuth, OB der 15. Armee (Pas de Calais), ist zur Zeit in den Ardennen zur Jagd.

Generaloberst Dollmann, OB der 7. Armee (Normandie), bereitet am 5. Juni 1944 für den darauffolgenden Tag in Rennes (Bretagne) ein Planspiel vor, zu dem er alle seine Divisionskommandeure befohlen hat.

Generalleutnant Hellmich (243. Inf.-Div./Halbinsel Cotentin), Generalleutnant v. Schlieben (709. Inf.-Div./Halbinsel Cotentin) und Generalleutnant Falley (91. Luftlande-Div./Halbinsel Cotentin) fahren am Abend des 5. Juni 1944 nach Rennes zu den befohlenen Planspielen.

Generalleutnant Feuchtinger, Kommandierender der 21. Panzerdivision, unternimmt am 5. Juni 1944, zusammen mit seinem Ersten Generalstabsoffizier eine Vergnügungsreise nach Paris.

Der Erfolg der Operation »Overlord« hängt tatsächlich vom Wetter ab: dem einzigen Faktor, der sich dem menschlichen Einfluß entzieht. Und über kein anderes Problem der Invasion ist so viel Unrichtiges geschrieben worden wie gerade über das Wetter am Vorabend der Landung. Bereits eine Generation lang berichten Historiker, beteiligte höhere Militärs und Dokumentar-Autoren beider Seiten vom angeblichen Unvermögen der deutschen Meteorologen: Ihnen hätten die Informationen aus weiträumiger Wetterbeobachtung gefehlt

Deutsche Meteorologen bei der Arbeit

und sie seien angeblich nicht imstande gewesen, eine kurzfristige Wettervorhersage zu geben.
So schreibt z. B. Generalleutnant *H. Speidel,* Chef des Generalstabes der Heeresgruppe B: »... Die Aufklärungseinheiten der Kriegsmarine waren am 5. Juni abends wegen zu ›grober See‹ nicht ausgelaufen.«
(aus: Invasion 1944, Tübingen 1949, S. 66)

F. Hayn Ic (Feindlage) Offizier des LXXXIV. Armeekorps: »... Für den 6. Juni hatten jedoch unsere Wettersachverständigen eine so schwere See vorausgesagt, daß eine Landung praktisch unmöglich erschien.«
(aus: Die Invasion, Heidelberg 1954, S. 16)

C. Ryan
»... daß im Hauptquartier der Luftwaffe im Pariser Palais Luxembourg der Chefmeteorologe, Oberst Prof. Dr. Walter Stöbe ... sogar bezweifle, daß alliierte Flug-

Links: 5. Juni 1944: Major General Gale, Kommandeur der britischen 6. Luftlandedivision, bereitet sich mit seinen Männern auf den Einsatz vor

Unten: Das Geschütz A (Anton) einer deutschen 8,8-cm-Flakbatterie wird in Stellung gebracht

5. Juni 1944: Ein RAF-Luftstützpunkt irgendwo in Großbritannien: Ein Mosquito-Schnellbomber bekommt schwarz-weiße Streifen, das »Invasions-Kennzeichen«, mit dem alle alliierten Flugzeuge und Lastensegler markiert werden, die an der Operation »Overlord« teilnehmen

zeuge an diesem Tag überhaupt Einsätze fliegen könnten.«

(aus: Der längste Tag – The Longest Day, Gütersloh 1962, S. 87)

P. Carell: » . . . Admiral Hennecke bekam von seinen Wetterfröschen die beruhigende Erklärung: ›Die See ist rauh, die Sicht schlecht; es herrscht Windstärke 5 bis 6, der Regen wird sich verstärken. Wahrscheinlich kriegen wir nicht mal die üblichen Luftangriffe.‹«

(aus: Sie kommen! Oldenburg 1960, S. 10)

General der Artillerie *W. Warlimont,* stellvertretender Chef des Wehrmachtführungsstabes: »Am 5. Juni 1944, dem Vorabend der Invasion, war sich das deutsche Hauptquartier nicht im geringsten gewahr, daß das entscheidende Ereignis des Krieges unmittelbar bevorstand . . . Keine Lagebeurteilung, sei es von Rommel, Rundstedt oder vom WF-Stabe, sah nach Wetter und Gezeiten eine Landung in nächster Zeit auch nur als wahrscheinlich an.«

(aus: Im Hauptquartier der deutschen Wehrmacht 1939–45, München 1962, S. 452)

Admiral *T. Krancke,* Marinebefehlshaber West: » . . . nach den vorliegenden Wettermeldungen (Cherbourg WNW 6–7, bedeckt, Wolkenhöhe ca. 500 m) schien eine Invasion in der Nacht vom 5. zum 6. 6. kaum möglich.«

(aus: Marine-Rundschau, Jg. 66, 1969, H. 3, S. 184)

A. C. Brown: » . . . Und tatsächlich ging in den letzten Stunden vor der Invasion eine wichtige Ultra-Nachricht in Eisenhowers Hauptquartier ein, die Entschlüsselung einer Wettervorhersage der deutschen Luftwaffe für den bevorstehenden Abend. In einem Code, der für die Turing-Maschine besonders schwer zu knacken gewesen war, sagte die Luftwaffe während der gegenwärtigen Mond- und Gezeitenphase für den Kanal eine anhaltende Schlechtwetterperiode voraus. Die von Stagg vorhergesagte kurze Wetterbesserung hatte sie also nicht registriert.«

(aus: Die unsichtbare Front – Bodyguard of Lies, München 1976, S. 594)

Diese gleichlautende Darstellung hat sich mit den Jahren so eingeprägt, daß jedesmal, wenn von der Vorgeschichte der Invasion die Rede ist, eine obligatorische Schilderung, wie die deutschen Truppen in der Normandie von den landenden Alliierten überrascht wurden, folgt, da angeblich die Führung nicht ahnen konnte, daß das Wetter in der Nacht vom 5./6. Juni 1944 umschlagen wird.

Trotzdem brauchen sich die deutschen Meteorologen nicht schuldig zu fühlen: Sie hatten zwar kaum so vielfältige Möglichkeiten wie ihre alliierten Gegenspieler, um so erstaunlicher ist es, daß sie genau wie ihre Berufskollegen auf der anderen Kanalseite den Wetterumschwung für die Nacht vom 5./6. Juni vorausgesagt haben. Hier das Dokument:

Wetterlage vom 5.6.1944, 05,00 h.

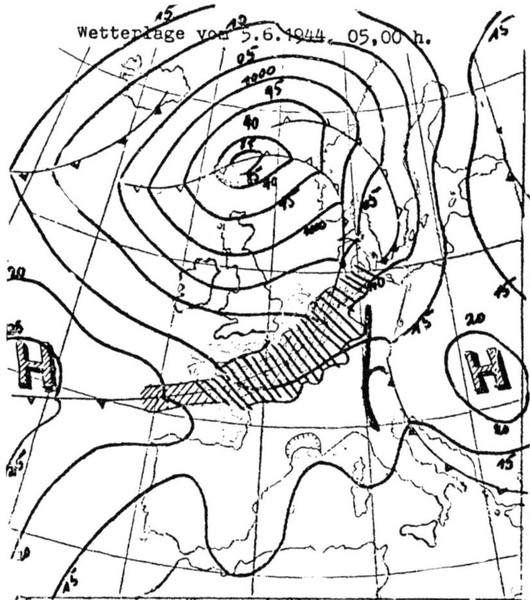

Nur für den Dienstgebrauch!

Daten für Sonne und Mond:
S.U.5.6.: 21,47 h, M.A.: 20,20 h
S.A.6.6.: 05,51 h, M.U.: 05,50 h
S.U.6.6.: 21,48 h, M.A.: 21,30 h

Büchsenlicht(Brest):
Ende am 5.6.1944 : 23,00 h
Beginn am 6.6.44 : 05,37 h

Höhentemperaturen (°C):

Boden :	+16,0	3000 m:	+ 0,3
1000 m:	+12,0	4000 m:	- 5,5
2000 m:	+ 7,5	5000 m:	-11,0

Nullgradgrenze in 3000 m.

Beobachtung St.Germain 08,00 h
Temperatur: +14,0°C
Relative Feuchte: 98 %
Tendenz d.Luftdrucks: Schwach steigend.

Großwetterlage: Wie erwartet hat das kräftige Zentraltief im Raum zwischen Island und Schottland den über Westeuropa vorhandenen Hochdruckkeil weitgehend abgebaut. Damit wurde den zugehörigen Frontalzonen der Weg nach Westeuropa geöffnet. Eine erste, als Kaltfront ausgebildete Schlechtwetterzone überquert den Bereich Ob.West im Laufe des heutigen Tages. Auf ihrer Rückseite tritt wieder eine Auflockerung der Bewölkung ein mit eingelagerten Schauerstaffeln. Es ist anzunehmen, daß es auf der West- und Südseite des Zentraltiefs zur Ausbildung von weiteren Randstörungen kommt.

Vorhersage bis heute abend 24,00 h: Mäßige bis frische Winde aus West bis Nordwest. Nach Durchzug einer Schlechtwetterfront von Westen her im Laufe des Tages Bewölkung wieder auflockernd, wobei es von Zeit zu Zeit zur Ausbildung von Schauern kommt. Meist gute, zeitweise durch Regen etwas verringerte Sicht. Temperaturen tagsüber um 15 bis 20°C.

Aussichten bis morgen, den 6.6.1944(abends): Mäßige bis frische Winde aus West bez. Nordwest. Nachts gebietsweise aufklarend, tagsüber meist wechselnde Bewölkung mit zeitweise, besonders am Nachmittag noch auftretenden Regenschauern, zwischendurch gebietsweise auch aufheiternd. Temperaturen nachts um 10°, tagsüber um 15 bis 20°C. Meist gute Sicht, zeitweise durch Schauer, morgens strichweise auch durch Frühdunst verringert.

Wetterlage Ostkampfraum: Nordmeer: Flache Schichtbewölkung, darüber gute Sicht. Finnland: Nordküste geschlossene Bewölkung, vereinzelt Regen, sonst heiter bis wolkig, gute Sicht, 0 bis 7°. Abschnitt Nord: Wolkig, gute Sicht, um +6°. Abschnitt Mitte: Stark bewölkt bis bedeckt, örtlich Regen, mäßige Sicht, 0 bis 9°. Abschnitt Süd: Heiter, gute Sicht, 6 bis 14°.

Italien: Heiter, gute Sicht. Mittelmeer: Heiter, gute Sicht.

Aussichten für Feindeinflug bis heute abend: Ausflug aus dem englischen Absprungraum vielfach, besonders bei Einsatz kleinerer Verbände ohne Schwierigkeiten möglich. Einsatz großer Verbände wahrscheinlich durch Schauerstaffeln mit starker Bewölkung behindert. Lufttätigkeit im Bereich Ob.West in Südfrankreich unbehindert, im übrigen Raum durch eine Schlechtwetterzone mit starker Bewölkung und Regen erschwert, Bewölkung später von Westen her auflockernd und wieder etwas günstigere Einflugsbedingungen.

Verteiler: Ob.West,Chef d.Gen.St.,
Ia,Ic,Ktb,Vbkdo.Lw, MVO, Nafü, IIaIIb, Gabo,
Gen.d.Art, Voart, Stopi, Okdo.H.Gr.B/Ia, Ic,
O.Qu.West/Q1, Q1/NT, Höh.Art.Kdr.309,
Kfz-Staffel, VbM.

Müller
Reg.Rat

Nur für den Dienstgebrauch!

Verbindungsmeteorologe
b.Ob.West(Okdo.H.Gr.D)

H.Qu., den 5.6.1944, 17,30 h.

Wetteraussichten für Unternehmen des Feindes in der Nacht vom 5.6. zum 6.6.1944.

1. Luftwaffe: Ausflug aus dem englischen Absprungraum im allgemeinen ohne wesentliche Schwierigkeiten möglich, nur örtlich durch stärkere Bewölkung etwas beeinträchtigt. Lufttätigkeit im Bereich Ob.West bei stark auflockernder Bewölkung, gebietsweise auch aufklarend, größtenteils ohne Behinderung durchführbar, nur in Süd- und Südostfrankreich durch ein Schlechtwettergebiet, im holländischen Raum durch starke Bewölkung erschwert.
2. Marine: In den Hoofden und im Kanal frische Winde aus Südwest bis West um Stärke 3-5, stellenweise bis 6, gegen morgen etwas geringer. Seegang um 3-4, vereinzelt bis 5, ebenfalls gegen morgen etwas abnehmend. Meist gute Sicht. In der Biskaya schwache bis mäßige Winde aus Nordwest um Stärke 2-4, im Nordteil vereinzelt bis 5. Seegang um 2-3, an der Westküste der Bretagne durch Dünung vom Atlantik her bis 4. Abgesehen von etwas Frühdunst überwiegend gute Sicht.
   Mittelmeerküste schwache bis mäßige Winde, anfangs aus Süd bis Südwest gegen morgen auf West bis Nordwest drehend, Stärke 2-4. Seegang 2-3. Gute Sicht. Örtlich Frühdunst.
3. Flut: 1. ab Le Havre (22,20 h) über Ijmuiden (04,15 h) bis südlich Den Helder (etwa 07,30 h). 2. ab spanischer Grenze (04,45 h) über Brest (05,30 bis St.Malo (07,40 h) Mondschein während der ganzen Nacht, 1 Tag vor Vollmond. Büchsenlicht am 6.6.: 05,21 h.

Verteiler:
Ob.West,Chef d.Gen.St.,
Ia,Ic,Ktb,Vbkdo.Lw, VbM.

Müller
Reg.Rat

Verteiler: Ob.West, Chef d.Gen.St., Ia, Ic, Ktb, Vbkdo.Lw, MVO, Nafü, IIaIIb, Gabo, Gen.d.Art, Voart, Stopi, Okdo.H.Gr.B/Ia, Ic, O.Qu.West/Q1, Q1/NT, Höh.Art.Kdr.309, Kfz-Staffel, VbM.

Ob.West	=	Oberbefehlshaber West
Chef d.Gen.St	=	Chef des Generalstabes OB West
Ia	=	Operationsabteilung
Ic	=	Feindlage/Gefangenenvernehmung/Abwehr
Ktb	=	Kriegstagebuchführer
Vbkdo.Lw.	=	Verbindungskommando Luftwaffe
MVO	=	Marineverbindungsoffizier
Nafü	=	Nachrichtenführer
IIa/IIb	=	Adjutantur bzw. Pers.Bearbeitung der Offz.(IIa)
Gabo	=	Gasabwehroffizier
Gen.d.Art.	=	General der Artillerie (für direkt unterstellte Heeresartillerieregimenter usw.)
Voart	=	Artillerieverbindungsoffizier
Stopi	=	Stabsoffizier der Pioniere
Okdo.H.Gr.B	=	Oberkommando der Heeresgruppe B
Ia	=	Operationsabteilung
Ic	=	Feindlage/Gefangenenvernehmung/Abwehr
O.Qu.West	=	Oberquartiermeister West
Q 1	=	Quartiermeister 1
Q 1/NT	=	Quartiermeister 1 beim OKH/Nachschub-Transporte
Höh.Art.Kdr.309	=	Höherer Artilleriekommandeur 309
Kfz-Staffel	=	Kraftfahrzeugstaffel
VbM.	=	Verwaltungsbestimmungen für die (Kriegs-)Marine

Oben: Ein Ausschnitt aus dem Dokument von Seite 124: Der Verteiler und sein Klartext. Dieser Verteiler zeigt, daß alle für das Zurückschlagen der Invasion verantwortlichen Befehlshaber diese »Vorwarnung« bekommen haben

Linke Seite: Deutscher Wetterbericht vom Nachmittag des 5. Juni 1944, erstellt von Reg. Rat Müller, Chefmeteorologe des OB-West (US-Aktenzeichen: W. D., O. B. West, Appendices for 1–5 Jun 44. C. R. S. 85433/1)

Rechts: Wetterkarte des Group Captain Stagg, angefertigt für 13.00 Uhr (doppelte britische Sommerzeit) 5. Juni 1944, die eine verblüffende Ähnlichkeit mit der nebenstehenden deutschen Wetterkarte aufweist

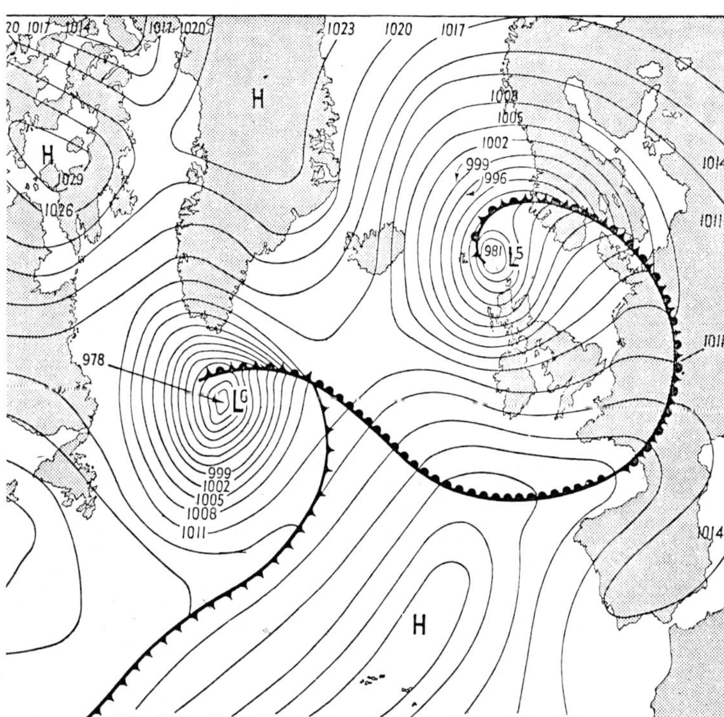

Weather chart for 1300 *GMT, June* 5, 1944

35 Jahre nach diesen Ereignissen liegt nun der Beweis vor: Aufgrund der Wettervorhersage deutscher Meteorologen war für die Nacht vom 5./6. Juni 1944 doch mit der alliierten Invasion zu rechnen. Nur: Diejenigen, die nach dieser neuen Wetterlage entsprechende Maßnahmen hätten treffen sollen, waren nicht anwesend. Generalfeldmarschall Rommel, der von seiner Reise ganze 18 Stunden später als die Alliierten in der Normandie eintrifft, ordnet zwar eine Untersuchung an, um festzustellen, warum die Befehlshaber und Kommandeure am 5./6. Juni nicht in ihren Gefechtsständen waren. Unter dem Druck der folgenden Ereignisse verläuft diese Untersuchung jedoch im Sande.

Südengland, Nachmittag des 5. Juni 1944: Lastensegler vom Typ Horsa der alliierten Luftlandetruppen warten auf das Startsignal

Rechts: . . . wenn die Sonne durch die Wolken bricht: Die Mannschaft einer deutschen Küstenbatterie genießt einen der selten so ruhigen Augenblicke

Am 5. Oktober 1949 wird der für den V-1-Einsatz zuständige Meteorologe Major Lettau von einer Kommission der Historical Division, Department of the US-Army, befragt, ob die deutschen Oberbefehlshaber in Frankreich vom Wetterumschwung am Abend des 5. Juni 1944 gewußt haben. Bezeichnenderweise antwortet der Meteorologe Lettau, von dessen Sachkenntnis immerhin der Einsatz der wichtigsten Vergeltungswaffe abhing und von der sich Hitler eine Kriegsentscheidung erhoffte, wortwörtlich: » . . . that commanders were virtually reduced to looking at the morning skies for their weather forecasts« (. . . daß die Befehlshaber sich darauf beschränkt haben, jeden Morgen selbst den Himmel anzusehen, um nach eigenem Ermessen eine Wetterprognose zu erstellen). Nach Lettaus Aussage und den Befragungen der im Westen gefangengenommenen Oberbefehlshaber und Kommandeure kommen die Amerikaner zu der Ansicht, wie es in dem 1951 in Washington D. C. veröffentlichten Werk über die offizielle Geschichte der US-Army (Cross Channel Attack by G. A. Harrison, S. 276) heißt: »Die Deutschen waren nicht in der Lage, vertrauenswürdige Wettervorhersagen zu machen, weil sie zum Westen hin – von wo aus meistens das den Kanalraum bestimmende Wetter kam – keine Wetterstationen besaßen.«

Am frühen Vormittag des 5. Juni 1944 verlassen die in Südengland liegenden Schiffseinheiten und Landungsboote erneut ihre Häfen.
Unterdessen legt eine Flottille alliierter Minenräumboote in Sichtweite der Halbinsel Cotentin eine Fahrrinne durch die deutschen Minenfelder frei.
Kurz danach verlassen 34 kleine Schiffe ihre Häfen formieren sich zu zwei Verbänden und nehmen Kurs auf Boulogne-sur-Mer und Le Havre.
Zugleich starten 105 schwere Maschinen der RAF beladen mit Spezial-Radargeräten, Störsendern und Tonnen von Stanniol-Störstreifen. Sie sollen zusammen mit den 34 kleinen Schiffen zwei riesige Geisterflotten

Deutsche Pioniere beim Einrichten von Sprengkammern an der strategisch wichtigen Brücke über den Dives-Kanal südlich von Cabourg (Normandie)

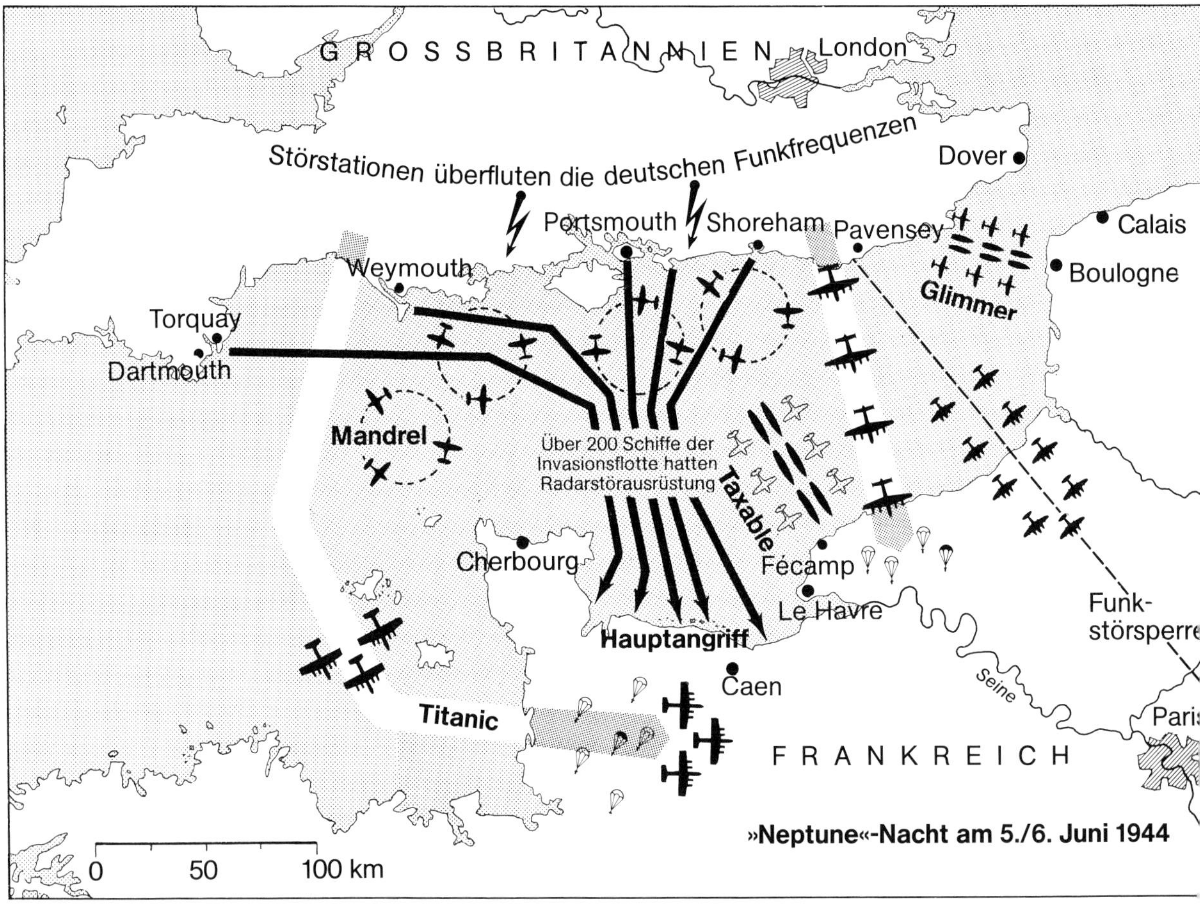

Die alliierten Funk- und Radar-Täuschungsoperationen »Titanic«, »Mandrel«, »Taxable« und »Glimmer« in der Nacht vom 5./6. Juni 1944

vortäuschen, die sich in Richtung Pas de Calais bewegen. Die Bomber überfliegen in niedriger Höhe und gleichmäßigen Abständen die beiden Flottillen, deren Fesselballons mit einem Radarstrahlen reflektierenden Anstrich versehen sind, und werfen Stanniolstreifen ab. Andere Bomber, mit Störsendern beladen, kreisen während der ganzen Fahrt über den beiden Geisterarmadas, was die übliche Luftsicherung des Verbandes vortäuscht.

Mit Einbruch der Dunkelheit können die Besatzungen der beiden X-Boote – ungeachtet der starken Dünung – auftauchen und endlich frische Luft einatmen.
Um 22.15 Uhr nimmt der Abhördienst der deutschen 15. Armee (GenOberst v. Salmuth) in Tourcoing die zweite Zeile des Verlaine-Gedichtes auf. Die Deutschen wissen zwar, daß dies eine Landung innerhalb von 48 Stunden bedeuten kann, sind sich aber trotzdem nicht sicher, da Meldungen dieser Art sie schon seit Monaten getäuscht haben. Um 23 Uhr wird bei der 15. Armee Alarmstufe II (höchste Gefechtsbereitschaft) gegeben. Alle Männer müssen sich in der Nähe der Fahrzeuge aufhalten und für jeden Fall gerüstet sein.
In Milton Bryan, einem Landhaus etwa 100 km nördlich von London, bereiten sich nun »Jedburgh«-Teams auf ihren Einsatz vor. Die von Special Operations Executive (SOE) ausgebildeten Drei-Mann-Gruppen mit je einem Franzosen, Engländer und Amerikaner – ausgestattet mit den neuesten Funkgeräten und weitreichenden Vollmachten – sollen weit hinter dem Rücken der alliierten Luftlandedivisionen mit Fallschirmen abgesetzt werden. Ihre Aufgabe: als Verbindungsoffiziere zwischen den regulären Truppen und der Résistance in der Bretagne dafür zu sorgen, daß die Operationen der französischen »Streitkräfte der inneren Front« (Forces Françaises de l'Intérieur, FFI) mit denen der Alliierten koordiniert werden.
Kurz vor Mitternacht starten einzelne Maschinen mit britischen und amerikanischen Sondereinheiten, die über der Normandie abspringen sollen, um auf den Feldern Funkbaken für die Luftlandetruppen aufzustellen.

Operation »Overlord«

6. Juni – 11. Juni 1944

D-Day

Alarmstufe II

Dienstag, 6. Juni 1944, 01.30 Uhr **D-Day**
Fernmündliche Meldung der Marine-Gruppe West:
01.23 Uhr viele Fallschirmabsprünge im Bereich der 711. und 716. I.D. Gen.Kdo. LXXXIV. A.K. hat Alarmstufe II befohlen. Sofortige Rückfrage OB West bei Heeresgruppe B (01.45 Uhr). Heeresgruppe B bestätigte Meldungen des AOK 7 über Fallschirmabsprünge und eine Meldung der 711. I.D. über Einflug von Verbänden kurz nach Mitternacht. Fallschirmabsprünge im Bereich der 711. I.D., angeblich auch Lastensegler.

6. Juni 1944
Das *Hauptquartier General Eisenhowers* gibt bekannt:
Die alliierten Invasionsstreitkräfte haben an der französischen Küste zwischen Le Havre und Cherbourg an mindestens zwei Stellen feste Brückenköpfe errichtet und setzen ihren Vormarsch nach dem Landesinneren fort. Sehr starke Verbände von Luftlandetruppen wurden hinter dem Atlantikwall abgesetzt, wo sie den Kampf mit deutschen Streitkräften aufnahmen.

6. Juni 1944
Das *Oberkommando der Wehrmacht* gibt bekannt:
In der vergangenen Nacht hat der Feind seinen seit langem vorbereiteten und von uns erwarteten Angriff auf Westeuropa begonnen. Eingeleitet durch schwere Luftangriffe auf unsere Küstenbefestigungen, setzte er an mehreren Stellen der nordfranzösischen Küste zwischen Le Havre und Cherbourg Luftlandetruppen ab und landete gleichzeitig, unterstützt durch starke Seestreitkräfte, auch von See her. In dem angegriffenen Küstenstreifen sind erbitterte Kämpfe im Gang.

Sind sie überrascht worden?

Sergeant P. Raming von der 6. Luftlandedivision berichtet:
Wir haben beim Feinde eine merkwürdige Mischung von Bereitschaft und Unvorbereitetsein vorgefunden. In einem Unterstand entdeckten wir die Reste einer halbverzehrten Mahlzeit, woraus hervorging, daß die Deutschen völlig überrascht worden waren und Hals über Kopf fliehen mußten, im andern fanden die Royal Engineers, nur wenige Meter entfernt, eine ganze Anzahl von gut getarnten, durch Kabelleitungen gesteuerte und mit Sprengstoff vollgestopfte Zwergtanks, fix und fertig zum Starten, was wieder auf höchste Bereitschaft schließen läßt.
The Soldiers, Juni 1944

Hitlers Hauptquartier in Nordfrankreich?
6. Juni 1944, London
Die *Agentur Reuter* meldet:
Nach Meldungen, die von einer Geheimgruppe stammen, hat Hitler den Oberbefehl über die Truppen am Atlantikwall selber übernommen. Hitler soll von einem großen Generalstab umgeben sein, dem u. a. vier Feldmarschälle angehören. Es wird versichert, daß Hitler sein Hauptquartier nach Nordfrankreich verlegt habe, um dem Operationsfeld näher zu sein.

Kein deutsches Flugzeug über dem Invasionsgebiet
6. Juni 1944, London
United Press berichtet:
Die Piloten der Jagdbomber, die am späten Morgen das Invasionsgebiet überflogen, melden, daß sie keinen Widerstand in der Luft angetroffen hätten; kein einziges deutsches Flugzeug habe sich blicken lassen.

Sie sollen die Landung starker Kräfte vortäuschen: Naturgetreue Fallschirmjäger-Gummipuppen, etwa 125 cm groß

Nur ein kleiner Teil feindlicher Verbände eingesetzt
Anlage zu Lagebericht West Nr. 1288 v. 6. 6. 44 Nr. 3488/44 g.Kdos. Kurze Feindbeurteilung West (Nur für begrenzten Verteilerkreis) Englandbereich:
Die angelsächsische Feindlandung an der Normandie-Küste stellt zwar ein Großunternehmen dar; der bisher erfolgte Kräfteeinsatz umfaßt jedoch erst einen verhältnismäßig kleinen Teil der verfügbaren Verbände. Von den in Südengland befindlichen rund 60 großen Verbänden dürften an ihm einschließlich der Luftlandetruppen höchstens 10–12 Divisionen beteiligt sein.

Erste anglo-amerikanische Gefangene
6. Juni 1944, Berlin
Das *DNB* meldet:
Die ersten britisch-amerikanischen Gefangenen der in den frühen Morgenstunden des 6. Juni begonnenen Invasion wurden bereits eingebracht. Es sind Angehörige von westlich der Orne abgesprungenen feindlichen Luftlandetruppen, Briten aus dem Raum von Caen und Amerikaner von Cherbourg. Östlich der Orne, zwischen Yvetot und Le Havre, warf der Feind uniformierte Puppen in Menschengröße ab, die Sprengkörper enthielten und bei der Berührung explodierten. Er versuchte auf diese Weise, auch dort Luftlandungen vorzutäuschen.

Tagesparole des Reichspressechefs
6. Juni 1944:
Die westlichen Schleppenträger des Bolschewismus haben den von Moskau befohlenen Überfall auf den Kontinent begonnen. Die deutsche Wehrmacht ist zur Verteidigung der Freiheit Europas und seiner Völker angetreten. Mit großem Ernst, glühender Leidenschaft und fanatischer Entschlossenheit wird dieser Kampf vom deutschen Volke unter Aufbietung aller seiner Energien geführt werden. Die deutsche Presse muß in diesem geschichtlichen Augenblick ihrer Aufgabe bewußt unaufhörlich Mahner des heroischen Gewissens des Volkes in seinem schwersten Lebenskampf sein. Front und Heimat haben nur einen Gedanken, die Invasoren niederzuschlagen und damit den vielleicht entscheidenden Beitrag zum Siege zu leisten.

J. W. Stalin an W. Churchill
6. Juni 1944:
Ihre Mitteilung über den erfolgreichen Beginn von Overlord hat mich erreicht. Sie ist uns eine Quelle der Freude und der Hoffnung auf weitere Erfolge. Die Sommeroffensive der sowjetischen Truppen, die entsprechend der Vereinbarung von Teheran geführt werden soll, wird Mitte Juni an einem der wichtigsten Frontabschnitte beginnen. Die Generaloffensive wird sich in Etappen, durch stufenweise Einbeziehung der Armeen in die Angriffsoperationen abwickeln. Zwischen Ende Juni und Ende Juli werden sich diese Operationen zu einer Generaloffensive der sowjetischen Truppen ausweiten. Ich werde Sie auf jeden Fall über den Gang der Operationen laufend informieren.

Mittwoch, 7. Juni 1944 **D+1**
Das *Oberkommando der Wehrmacht* gibt bekannt:
Die feindlichen Landungsoperationen an der Nordküste der Normandie zwischen Le Havre und Cherbourg wurden während des ganzen Tages durch starke Seestreitkräfte unterstützt. Zahlreiche im Rücken der deutschen Küstenbefestigung abgesetzte Luftlandeverbände sollten diese Landungen erleichtern und das Heranführen der deutschen Reserven verhindern. Sie wurden zum größten Teil nach kurzem, hartem Kampf aufgerieben, nachdem sie schon beim Absprung durch die deutsche Flak schwere Verluste erlitten hatten. Es gelang dem Feind, von See her an mehreren Stellen Fuß zu fassen. Die Mehrzahl seiner Brückenköpfe wurde aber im Gegenangriff zerschlagen. Zahlreiche Landungsboote liegen ausgebrannt vor der Küste ...

Luftangriffe auf Eisenbahnlinien
7. Juni 1944
Die *Agentur Reuter* meldet:
In den gestrigen Abendstunden griffen zum viertenmal im Laufe des Tages schwere Bomber feindliche Eisenbahnverbindungen und Brücken im Kampfgebiet an. Es war ein zunehmender Widerstand der feindlichen Jagdwaffe zu verzeichnen. 26 deutsche Flugzeuge wurden abgeschossen. Ein alliierter Bomber und 17 Jagdflugzeuge sind von ihren Operationen nicht zurückgekehrt. Die feindliche Luftwaffe unternahm einen Angriff auf unsere Landungstruppen. Dabei wurden von zwölf »Junkers-88«-Flugzeugen vier abgeschossen.

Die ersten alliierten Verwundeten
7. Juni 1944, London
United Press berichtet:
Gestern nachmittag sind die ersten Verwundeten der alliierten Invasionsstreitkräfte an Bord eines Minensuchbootes in einem englischen Hafen an Land gebracht

Aufstellung und Gliederung der alliierten und deutschen Streitkräfte am Invasionstag

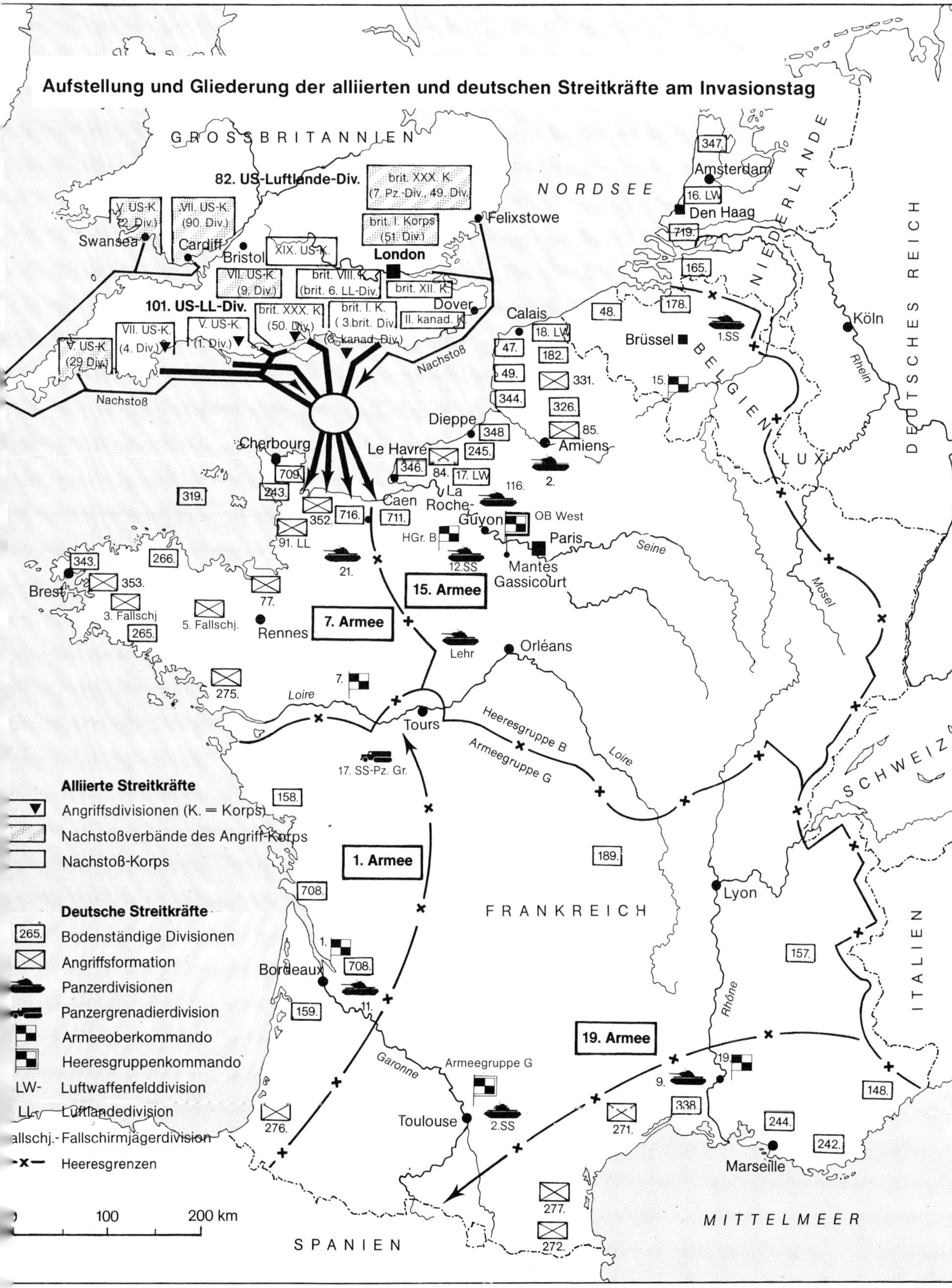

Nachmittag, 6. Juni 1944:
Die ersten alliierten Verwundeten treffen in England ein

worden. Auf dem gleichen Schiff kamen auch die ersten Gefangenen an, die die Alliierten gemacht haben.

Die eiserne Ration der alliierten Landungstruppen
7. Juni 1944
SHAEF-Presseabteilung:
Jeder der Soldaten trägt auf dem Wege nach Frankreich eine eiserne Ration (K-Ration) bei sich, ausreichend für 24 Stunden. Eine zweite, ähnliche Ration wird vom Troß jeder Einheit mitgeführt. Damit ist im Fall von Nachschubschwierigkeiten die Versorgung für 48 Stunden gesichert. Diese eiserne Ration ist so zusammengestellt, daß sie sowohl nahrhaft als auch wohlschmekkend ist. Die konzentrierten, in Wasser löslichen Lebensmittel enthalten alle wichtigen Vitamine und sind kalorienreich, appetitanregend und leicht zuzubereiten. Die K-Rationen der US-Truppen unterscheiden sich in gewissem Sinne von denen des Commonwealth.
Eine US-K-Ration enthält:
Frühstück: 2 Päckchen Biskuit, 1 Stange getrocknete Früchte, 3 große Würfelzucker, 1 Büchse gepökeltes Schweinefleisch, vermischt mit Trockenei, 1 Dose Nescafé, 1 Päckchen Zigaretten, 1 Riegel Kaugummi.
Mittagessen: 2 Päckchen Biskuit, 1 Schachtel Traubenzucker und Malz-Milchpulver, 3 große Würfelzucker, 1 Packung Käse und Schinkenspeck, Zitronensaftpulver, 1 Tüte Milchpulver, 1 Tafel Schokolade, 1 Päckchen Zigaretten, 1 Riegel Kaugummi.
Abendessen: 2 Päckchen Biskuit, 1 Tafel Schokolade, 1 Dose gepökeltes Schweinefleisch mit Trockengemüse und Kartoffeln, 1 Brühwürfel (in kaltem und warmem Wasser löslich), 3 große Würfelzucker, 1 Päckchen Zigaretten, 1 Riegel Kaugummi.
Die englische K-Ration hat daneben: 1 Päckchen Haferflocken, Tee anstelle von Nescafé, 3 Tafeln Schokolade, 60 Bonbons, 1 Tüte Salz. Die Fleischration besteht aus: 1 Dose Cornedbeef und 4 Brühwürfeln. Alle Rationen sind doppelt wasserdicht verpackt.

Donnerstag, 8. Juni 1944 **D + 2**
Das *Hauptquartier von General Eisenhower* teilt mit:
Bayeux wurde von unseren Truppen genommen, die auch die Straße Bayeux-Carentan an mehreren Stellen überschritten. Trotz dem entschlossenen feindlichen Widerstand werden weitere Fortschritte erzielt. Es finden heftige Panzer- und Infanteriekämpfe statt. Zwischen den von der See her und aus der Luft gelandeten Truppen wurde die Verbindung hergestellt. Der ständige Aufbau unserer Streitmacht ging weiter. Während der Nacht unternahmen feindliche U-Boote erfolglose Versuche, das Eintreffen von Nachschub zu stören.

8. Juni 1944
Das *Oberkommando der Wehrmacht* gibt bekannt:
In der Normandie versuchte der Feind, die gebildeten Brückenköpfe zu verstärken. Neue Landungsversuche fanden aber nicht statt. Östlich der Orne-Mündung wurde der Feind auf engem Raum zusammen- und von der Küste abgedrängt.
Aus seinem Brückenkopf zwischen Caen und Bayeux trat der Feind in südwestlicher Richtung zum Angriff an. Gleichzeitig hat der Gegenangriff unserer herangeführten Reserven begonnen. Um die Stadt Caen ist zur Zeit ein heftiger Kampf im Gange. Überall im feindlichen Brückenkopf halten sich einige Stützpunkte in unerschütterlicher Abwehr.
Die amerikanischen Truppen, die sich nördlich Carentan am Fuße der Halbinsel von Cherbourg aus der Luft und von See her festgesetzt hatten, erlitten schwerste Verluste. Die eigenen, konzentriert geführten Gegenangriffe pressen den Gegner immer mehr zusammen.
In der Bucht von St. Martin an der Nordwestspitze der Halbinsel wurde ein feindlicher Landungsversuch im Feuer der Küstenbatterien zerschlagen.
Die Marineküstenbatterie Marcouf liegt seit Beginn der Invasion im Schwerpunkt des Kampfes gegen die feindliche Landungsflotte im Ostteil der Halbinsel Cherbourg. Trotz heftiger Beschießung von See her und starker Luftangriffe vernichtete sie mehrere Landungsfahrzeuge und versenkte durch Volltreffer ein feindliches Kriegsschiff vom Kreuzertyp. Nachdem sie von den feindlichen Fallschirmjägern eingeschlossen war, hielt sich die Batterie gegen die überlegenen feindlichen Kräfte und sprengte schließlich den Einschließungsring.

Geheimer Bericht des Sicherheitsdienstes der SS zur innenpolitischen Lage:
8. Juni 1944 (Grüne Liste)
Meldungen über die Entwicklung in der öffentlichen Meinungsbildung. Der Eintritt der Invasion wird allgemein als Erlösung aus einer unerträglichen Spannung und drückenden Ungewißheit empfunden. Sie bildet fast den einzigen Gesprächsgegenstand. Alles andere tritt demgegenüber völlig zurück. Die Nachricht vom Beginn der Invasion wurde teilweise mit großer Begeisterung aufgenommen. Sie kam für die vielen, die wegen des langen Ausbleibens schon nicht mehr daran geglaubt hatten, ganz überraschend. Die Stimmung hat sich mit einem Schlage gewandelt und ist hinsichtlich des Kommenden zwar ernst, aber sehr ruhig und zuversichtlich. Die Meldungen über den Verlauf der Kämpfe am Atlantik werden mit größter Spannung verfolgt. Die Erörterungen um die Invasion drehen sich in der Hauptsache um folgende Fragen: Bringt die Invasion die sehnlichst erwartete Entscheidung? Wird sie ein dauerhaftes Nachlassen der Luftangriffe auf das Reichsgebiet zur Folge haben? Kommt mit der Invasion endlich auch die Vergeltung? Wird unsere Geheimwaffe jetzt eingesetzt? Wo werden die Anglo-Amerikaner noch landen? Nur wenige Volksgenossen sind es, die in den beginnenden Operationen noch nicht das entscheidende Ereignis, sondern ein Scheinmanöver sehen wollen (z. B. Berlin, Hamburg, Linz, u. a.).

Die Alliierten in Caen

8. Juni 1944, London
United Press berichtet:
Amtlich wird bekanntgegeben, daß die Stadt Caen am Donnerstag von den Alliierten erobert wurde.

Deutsche Gefangene in England
8. Juni 1944, Hafen an der englischen Südküste
United Press meldet:
An Bord mehrerer Kanonenboote ist in der vergangenen Nacht ein größerer Transport deutscher Gefangener hier eingetroffen, darunter eine Anzahl Schwerverwundeter. Die mageren, bleichen jungen Leute, die im Durchschnitt etwa achtzehn Jahre alt sind, machten zumeist einen niedergeschlagenen Eindruck; manche von ihnen lächelten und winkten den Zuschauern zu. Es fiel auf, daß kein einziger »Heil Hitler« rief oder den Arm hochhob, wie das früher die meisten Gefangenen taten.

Freitag, 9. Juni 1944 **D + 3**
Das *Hauptquartier von General Eisenhower* teilt mit:
Südwestlich von Bayeux sind kanadische Truppen auf die SS-Panzerdivision »Hitlerjugend« gestoßen, die große Anstrengungen unternahm, um die Stadt zurückzunehmen.
Ununterbrochen unterstützten unsere Luftstreitkräfte die Land- und Seestreitkräfte durch Angriffe auf zahlreiche taktische Ziele. Sie operierten in sehr großer Zahl. Die feindlichen Fliegerangriffe bewegen sich immer noch in beschränktem Rahmen; dagegen trafen unsere Flieger auf deutsche Bodenabwehr.
Zur Lage bei Caen: die Stadt ist zum größten Teil noch immer im Besitz der Deutschen. Die 21. Panzerdivision hat sich am Stadtrand eingegraben und hat vor allem auch in den nordöstlichen Stadtteilen starke Positionen. Von einer eigentlichen »Frontlinie« kann im Augenblick nicht gesprochen werden, da alles in Bewegung ist. Erst der heutige Tag dürfte eine Klärung bringen. Beide Seiten sind jetzt für Angriff und Gegenangriff gleichstark. Im Feldhauptquartier Montgomerys wird angenommen, daß die Deutschen jetzt etwa zehn Divisionen in das eigentliche Kampfgebiet geschafft haben.
Am rechten Flügel haben sich unsere Truppen hervorragend geschlagen und ihre Positionen auf der ganzen Linie verbessert.

9. Juni 1944
Das *Oberkommando der Wehrmacht* gibt bekannt:
An der Küste der Normandie gelang dem Gegner, wenn auch unter hohen Verlusten durch die Angriffe der deutschen Seestreitkräfte und der Luftwaffe, die Verstärkung seines Landekopfes. Östlich der Orne gewann

Normandie-Küste, 6. Juni 1944: Erste deutsche Kriegsgefangene waten zu einem alliierten Landungsschiff, mit dem sie nach England gebracht werden

der deutsche Gegenangriff weiter an Boden. Aus dem Landekopf westlich der Orne griffen feindliche Panzerkräfte Bayeux umfassend an und stießen weiter nach Westen und Südwesten vor. Sie wurden etwa zehn Kilometer westlich der Stadt aufgefangen. Die aus dem Raum von Caen zum Gegenangriff angetretenen Panzerspitzen stehen nunmehr südöstlich Bayeux in heftigem Kampf.
Aus dem Brückenkopf Ste.-Mère-Eglise nach Norden und Süden vorstoßende feindliche Kräfte konnten gegen die deutschen, hartnäckig Widerstand leistenden Truppen nur wenig an Boden gewinnen.
Vor der Ostküste der Halbinsel Cherbourg versenkten deutsche Schnellboote in der Nacht zum 8. Juni einen feindlichen Kreuzer und einen Zerstörer. Ein weiterer Zerstörer und ein Panzerwagenlandungsboot wurden durch Torpedotreffer schwer beschädigt. In der letzten Nacht versenkten deutsche Schnellboote im gleichen Seegebiet aus einem feindlichen Verband zwei große Landungsschiffe mit zusammen 9200 BRT. Durch unsere Minensperren erleidet die feindliche Landungsflotte laufend weitere schwere Verluste.
Auch die Luftwaffe setzte mit Kampf- und Schlachtfliegerverbänden ihre Angriffe gegen die alliierte Landungsflotte mit gutem Erfolg fort. Sie versenkte am 7. Juni und in der Nacht zum 8. Juni sechs Transporter mit insgesamt 38 000 BRT und ein Landungsfahrzeug. Außerdem wurden vier Transportschiffe mit über 30 000 BRT und acht Speziallandungsschiffe schwer beschädigt. Ein schwerer und ein leichter Kreuzer erhielten Bombentreffer. Jäger und Flakartillerie schossen 45 feindliche Flugzeuge ab.

Warnung an die Fischerdampfer
9. Juni 1944, London
Die *Agentur Reuter* meldet:
Ein Vertreter des Obersten Hauptquartiers erließ am Donnerstag abend über den Rundfunk eine Warnung an alle Fischerdampfer an den Atlantikküsten von Norwegen, Dänemark, Holland, Belgien und Frankreich. Sie wurden aufgefordert, in den Häfen zu bleiben oder, sofern sie sich auf der Fahrt befinden, unverzüglich ihre Häfen anzulaufen, um nicht die militärischen Operationen der Alliierten zu stören. Vom 8. Juni 21 Uhr an sollen alle Fischerdampfer diese Weisung befolgen, da sie sich sonst selbst Gefahren aussetzen. Das alliierte Oberkommando erwarte, daß seine Weisung strikt befolgt werde.

Angriff auf das Flaggschiff der Alliierten
9. Juni 1944, London
United Press berichtet:
Die ersten deutschen Flugzeuge, die seit dem Verlassen eines britischen Hafens am Montag morgen gesichtet wurden, unternahmen in der Nacht vom Freitag einen tollkühnen Angriff auf das Flaggschiff der alliierten Flotte, der jedoch mißglückte. Offensichtlich hatte die Staffel Befehl erhalten, gerade dieses Schiff um jeden Preis zu versenken. Drei schwere, im Tiefflug geworfene Bomben schlugen in unmittelbarer Nähe ein.

Empfang in der Normandie
9. Juni 1944, Bayeux
Bericht eines französischen Korrespondenten:
Ich fuhr auf einem amerikanischen Lastwagen mit. In jeder Ortschaft stand der Maire vor dem Rathaus oder dem Gemeindeamt und trug die offizielle Amtstracht der Republik: Gehrock, Zylinder und blau-weiß-rote Schärpe, auf der in goldenen Lettern die Worte: Liberté, Egalité, Fraternité eingestickt sind. Diese Bürgermeister machten ein enttäuschtes Gesicht, wenn unsere Kolonne nicht halt machte. Im dritten Dorf, das wir passierten, brachte ich es nicht mehr über das Herz, die Honoratioren stehen zu lassen. Ich sprang ab und stellte mich ihnen vor, worauf der Bürgermeister nach heftiger Umarmung eine kleine Ansprache hielt. Als ich ihm versicherte, daß ich Franzose sei, wiederholte er seine Rede, jetzt allerdings unter stürmischen Gebärden und länger, weniger formell. Tränen standen ihm in den Augen. Der Abschluß jeder Rede, die ich in der Folge noch zu hören bekam, war gleich: »Les temps étaient difficiles, mais nous n'avons jamais perdu l'espoir que les Alliés viendraient. Vive les Alliés, vive la France!«

Sender Beromünster (Schweiz)

9. Juni 1944:
Wiederum zogen es die Alliierten vor, wie in Sizilien an der offenen Küste zu landen und auszuladen, unter Vermeidung der Häfen. Dieses Unternehmen wäre nicht möglich gewesen, wenn nicht die britische Home Fleet, unterstützt von amerikanischen Kriegsschiffen, dem Landungsheer den Weg gebahnt hätte: von den kleinen Minenräumbooten, die zahlreiche Fahrrinnen in die dicht verminten Küstengewässer gruben, bis zu den riesigen Schlachtschiffen, die mit ihrer schweren Artillerie unaufhörlich auf die mächtigen Festungsanlagen des Atlantikwalls einhämmerten.
Obschon es noch längere Zeit dauern dürfte, bis sich die Landungsküsten konsolidiert haben und eine größere alliierte Armee aktionsbereit auf französischem Boden stehen wird, kann gesagt werden, daß die ersten Landungsoperationen an derjenigen Stelle der französischen Küste vorgenommen wurden, die dem Herzen Frankreichs am nächsten liegt.

Sonnabend, 10. Juni 1944 **D + 4**
Das *Hauptquartier von General Eisenhower* meldet:
Amerikanische Truppen haben die Straße Carentan-Valognes an mehreren Orten überschritten und die nach Cherbourg führende Bahnlinie unterbrochen. Westlich und südwestlich von Bayeux sind weitere Fortschritte erzielt worden. Im Gebiet von Caen wird heftig gekämpft. Der Feind unternimmt dort entschlossene Anstrengungen, um den alliierten Vorstoß zu stoppen. Der Einsatz von Panzern nimmt auf beiden Seiten zu. An allen Frontabschnitten gehen die schweren Kämpfe weiter.

Vierville-sur-Mer, 6. Juni 1944: Ein normannischer Fischer informiert einen US-Lieutenant über die Lage der deutschen Stellungen

10. Juni 1944
Das *Oberkommando der Wehrmacht* gibt bekannt:
Die Kämpfe im feindlichen Brückenkopf der Normandie nehmen durch die von beiden Seiten zugeführten neuen Kräfte immer mehr an Heftigkeit zu. Ein Versuch des Feindes, dicht südlich der Seine-Mündung bei Trouville zu landen, scheiterte im Feuer unserer Küstenbatterien unter starken Verlusten für den Gegner. Ein Kriegsschiff wurde versenkt, die übrigen zum Abdrehen gezwungen. Unsere Säuberungskämpfe auf dem Ostufer der Orne-Mündung schreiten gut voran. Feindliche Gegenangriffe gegen Touffréville scheiterten.
Im Raume Caen-Bayeux halten schwere Panzerkämpfe an. Es gelang dem Feind dort nach erbittertem Ringen unsere Sicherungslinien, hinter denen unsere Reserven aufmarschieren, zurückzudrängen.
Auf der Halbinsel Cherbourg wird erbittert gekämpft. Unsere Truppen schlagen sich gegen starke feindliche Kräfte und gegen eine überlegene Luftwaffe hervorragend.
An der gesamten Front halten sich viele vom Feinde eingeschlossene Widerstandsnester und Stützpunkte in hartnäckigen Kämpfen. In den ersten drei Tagen wurden über 200 feindliche Panzer abgeschossen und mehrere tausend Gefangene eingebracht. Darüber hinaus hatte der Feind, besonders seine Luftlandetruppen, schwerste blutige Verluste.

Jeden Tag Geschichte

Von Kriegsberichter *Ernest Hemingway:*
». . . Die Geschichte, die jeden Tag gemacht wurde, war nicht zu erkennen, sondern sie verschwamm in einem großen Dunst von Müdigkeit und Staub, vom Geruch nach totem Vieh, dem Geruch der von TNT aufgewühlten Erde, dem mahlenden Lärm der Tanks und Bulldozer, dem Karabiner- und Maschinengewehrfeuer . . . Sie bestand aus ausgebrannten Sherman-Tanks, vielen ausgebrannten deutschen Panthern und einigen ausgebrannten Tigern, aus deutschen Toten entlang der Straßen, in Hecken und Gärten.«

Collier's, Juni 1944

Und so war es

D-Day Am 6. Juni 1944 um 0.10 Uhr blinkt in einer über der Halbinsel Cotentin kreisenden Short-Stirling-Maschine das grüne Licht auf: das Signal für die Fallschirmjäger zum Absprung. Es sind acht Männer der ersten »Titanic«-Gruppe, eines Sonderunternehmens vom britischen Special Air Service (SAS), die vor den anderen Luftlandetruppen überall dort eingesetzt werden, wo starke deutsche motorisierte Verbände stehen. Zu ihrer Ausrüstung gehören ausgefallene Dinge wie Schallplattenspieler, Knallkörper, Lautsprecher, Rauchkerzen, dazu eine chemische Substanz, die den typischen Schlachtfeld-Geruch erzeugt. Sie sollen damit Kampfgetümmel, Einschlagen schwerer Granaten, Hilfeschreie Verletzter und MG-Knattern vortäuschen und bei den überraschten Deutschen den Eindruck erwecken, daß eine ganze voll ausgerüstete Luftlandebrigade in Aktion sei.
Der erste alliierte Soldat, der am D-Day in Frankreich landet, ist ein zur »Titanic«-Gruppe gehörender Mann: Lieutenant N. Poole, Bankkaufmann aus Somerset, der samt seiner Brieftaube etwa 8 km westlich von St. Lô auf einer Hecke landet. Nachdem er sich von der Fallschirmleine befreit hat, kritzelt er eine Meldung und läßt damit seine Taube starten. Die Operation »Titanic« hat begonnen.
Eine Anzahl schwerer RAF-Maschinen wirft gleichzeitig Gummipuppen ab, die etwa einen Meter groß und mit Feuerwerkskörpern behängt sind. Sie sollen nach der Landung mit dem Fallschirm einen wild um sich feuernden Soldaten markieren.
Etwa zur gleichen Zeit erreicht den OB West die Nachricht, daß soeben auf der Westseite der Halbinsel Cotentin Fallschirmjäger und Luftlandetruppen nieder gehen.
Um 0.20 Uhr springen östlich der Orne-Mündung die ersten »Pfadfinder« der britischen 6. Luftlandedivision (Maj.Gen. Gale) ab.
Gegen 1.00 Uhr nähern sich Einheiten der alliierten Marine auf etwa 18 sm* der Normandie-Küste und

* 1 Seemeile = 1852 m

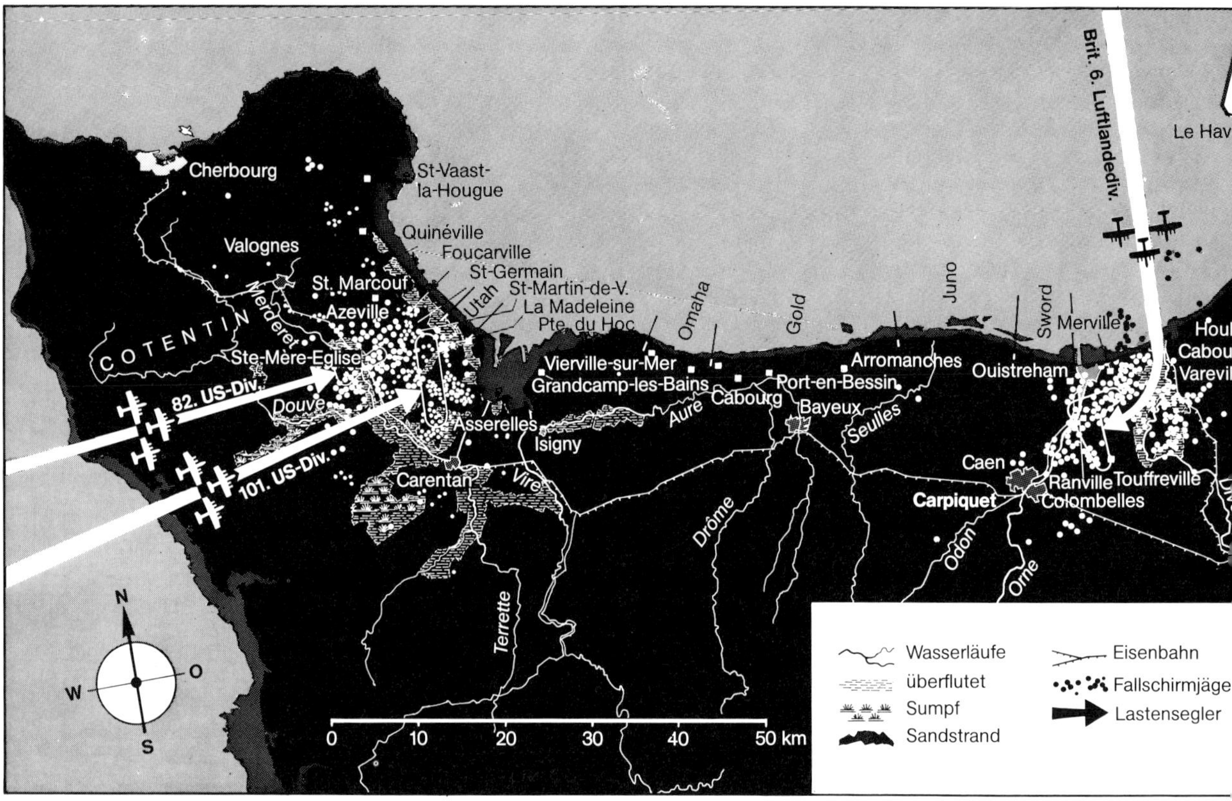

Normandie, Nacht vom 5./6. Juni 1944: Die Invasion beginnt: Einsatz der alliierten Luftlandeverbände

setzen die ersten Landungsboote der Hindernisräumtrupps (Landing Craft Obstacle Clearance Units, LCOCU) ab. Mehrere Gruppen Kampfschwimmer der Marine-Sprengkommandos fahren in kleinen Motorbooten bis dicht an die Küste und beginnen bei Dunkelheit die schwer verminten Vorstrandhindernisse wegzuräumen.
Zu diesem Zeitpunkt sind die Landungsschiffe noch etwa 6 sm vom britischen und 10 sm von den US-Landungsstränden entfernt. Die Schlachtschiffe und Kreuzer gehen auf ihre Positionen.

In der Nacht zum 6. Juni 1944, um 1.30 Uhr, sind die deutschen Küstenbatterien an der Seine-Mündung das Ziel schwerer Angriffe des RAF-Bomberkommandos. Für die MKB »Marcouf« ist es die schlimmste Nacht: 101 Lancasters laden über der Batterie 598 Tonnen Bomben ab. Die sechs französischen Beute-Flak werden dabei schwer beschädigt. Das ganze Gelände ist voller Bombentrichter, und die Nahkampfeinrichtungen sind fast zerstört. Auch die Unterkünfte der Mannschaften im Schlößchen von St. Marcouf haben einen Volltreffer bekommen.
Die HKB »Madeleine« wird von 100 Maschinen bombardiert. Dabei fallen 613 Tonnen Bomben auf das Batteriegelände.
Die Scheinanlage der HKB »Pointe du Hoc« wird von 124 schweren RAF-Maschinen angegriffen, die 698 Tonnen Bomben auf die inzwischen nicht mehr besetzte Batterie abwerfen.
Auf die MKB »Longues«, die neben der HKB »Pointe du Hoc« am häufigsten angegriffene Batterie in der Seine-Bucht, werfen 99 Bomber insgesamt 604 Tonnen Bomben. Beinahe zwei Drittel fallen auf das benachbarte Dorf Longues-sur-Mer, verursachen dort viel größere Schäden als auf dem Batteriegelände und kosten noch dazu 7 Menschenleben.
Die HKB »Graye« erhält 585 Tonnen Bomben von 124 RAF-Maschinen.
Die HKB »Riva Bella« greifen 116 Bomber an und werfen 645 Tonnen Sprengbomben ab. Die noch im Bau befindlichen Geschützbunker bieten keinen Schutz, und alle sechs unzerstörten Feldkanonen werden ohne Wissen des Seekommandanten gleich nach dem Angriff 5 km landeinwärts verlegt.
Die Heeres-Feldgeschützbatterie »Merville« wird von 109 Lancasters bombardiert. Sie werfen 382 Tonnen Bomben ab, darunter mehrere von 1816 kg. Anstelle der Batterie wird jedoch das Nachbardorf Gonneville-sur-Merville fast völlig zerstört.
Auf die HKB »Houlgate« haben 116 Bomber insgesamt 469 Tonnen Bomben abgeworfen. Es werden jedoch weder die beiden bereits in fertigen Geschützbunkern stehenden noch die anderen beiden in offenen Stellungen untergebrachten Feldkanonen getroffen.
Es sind bei diesen Angriffen gegen die erwähnten Batterien rund 900 schwere Bomber eingesetzt worden mit einer Bombenlast von insgesamt 5593 Tonnen für ca. 35 Kanonen (Kaliber zwischen 7,5 cm und 21 cm), 170 Tonnen pro Geschütz. Zum Vergleich: 1943 hat die Luftwaffe auf England 2298 Tonnen Bomben abgeworfen.
Um 1.45 Uhr kappen britische Horses-Lastensegler ihre Schleppleinen und gleiten mit Truppen an Bord

nahe der Orne-Brücken und des Kanals von Caen zu Boden.
Einige Flugzeuge mit Luftlandetruppen des 9. Bataillon der 6. Luftlandedivision (Lt.Col. Otway), die die Batterie »Merville« einnehmen sollen, verfehlen die Landungszone. Ein Lastensegler mit schweren Spezialausrüstungen hat sich bereits über dem Kanal losgerissen und ist abgestürzt. Die Maschinen müssen unter Flakbeschuß harte Ausweichmanöver machen, so daß die zusammengerüttelten Männer nur unter größten Schwierigkeiten abspringen können. Mehrere Piloten haben die Orne mit der Dives verwechselt, sind zu weit östlich geflogen, und die Fallschirmjäger werden über dem ganzen Gebiet zwischen Orne- und Dives-Mündung zerstreut. So landet ein Teil 50 km vom Ziel entfernt. Zu allem Überfluß haben die Mosquito-Pfadfinder ihre Leuchtzeichen, die den Lancasters den Weg weisen, statt auf die Batterie direkt über dem Dorf Gonneville-sur-Merville gesetzt, gerade dort, wo die Aufklärungsabteilung landen soll. Die Fallschirmspringer schweben nun inmitten der Bombenteppiche und sehen unter sich die Explosionen.
Einem von ihnen reißt der Luftdruck, während er niederschwebt, sogar die Hose herunter. Keine einzige Bombe jedoch hat die Batterie getroffen. Damit ist die von Lieutenant Colonel Otway minuziös vorbereitete Operation, die seit April 1944 in der Grafschaft Berkshire am naturgetreuen Nachbau der »Merville«-Batterie erprobt wurde, völlig durcheinandergeraten. Erst nach eineinhalb Stunden finden sich 150 von den 750 in England gestarteten Männern wieder zusammen.
Während um 2.30 Uhr die in Wellen anfliegenden alliierten Kampfflugzeuge ihre Bomben abwerfen, eröffnen die Schlachtschiffe und Kreuzer das Trommelfeuer auf die Strandlinie.
Über die Reichweite der alliierten Schiffsartillerien landeinwärts hat sich das Marinegruppenkommando West getäuscht: Man hat bei Steilküsten 15 km, bei Flachküsten 20 km geschätzt, tatsächlich aber liegt sie zwischen 35 und 40 km.
Zur gleichen Stunde wird von den Fallschirmjägern der britischen 6. Luftlandedivision Ranville als erster Ort in Frankreich befreit.
Tausende von Landungsbooten nehmen Kurs auf die etwa 14 sm entfernt liegende Küste. 291 Boote kentern in der schweren See oder werden durch Vorstrandhindernisse zerstört.

Bis 3.00 Uhr sind drei Luftlandedivisionen zur Sicherung der Vire- und Orne-Übergänge als Flankendekkung beiderseits des Brückenkopfes gelandet. Sie erleiden dabei schwere Verluste: Die Lastensegler zerschellen an Bäumen und Hecken. Die Ausrüstung ganzer Einheiten geht verloren. Besonders stark betroffen sind die beiden US-Luftlandedivisionen, die 82. Luftlandedivision (Maj.Gen. Ridgway) und die 101. Luftlandedivision (Maj.Gen. Taylor), deren stellvertretender Divisionskommandeur, Brigadier General Pratt, in der Normandie als erster General fällt. Die US-Fallschirmjäger sind Dutzende von Kilometern auseinandergetrieben, viele ertrinken in den Überschwemmungsgebieten des Merderet und des Douve. Aber die Flanken der 80 km langen Küste zwischen dem östlichen Teil der Halbinsel Cotentin und der Orne-Mündung sind nun gesichert.
Um 3.30 Uhr stellt Otway nahe Merville aus den Anwesenden zwei Gruppen mit je 15 Mann zusammen, die Minenfelder und Stacheldrahthindernisse räumen sollen, vier andere Gruppen von je 12 Mann müssen die Nahkampfstellungen erstürmen.
Im Schutz eines Kornfeldes – 500 Meter von der Batterie entfernt – bereiten sie sich zum Angriff vor. Zu gleicher Zeit wird in der Batterie Alarm gegeben und das MG-Feuer eröffnet. In diesem Augenblick treffen die langersehnten Lastensegler mit einem Sonder-Commando ein, das inmitten der Batterie landen und den eigentlichen Handstreich durchführen soll. Einer der Lastensegler überfliegt in etwa 30 m Höhe die Batterie und wird von 2-cm-Flakgeschossen getroffen. Trotzdem gelingt es ihm, wenn auch weit hinter der Batterie, noch einigermaßen heil zu landen. Der Pilot des zweiten Lastenseglers hält die nach dem Bombenangriff brennenden Häuser von Gonneville-sur-Merville für die Markierungen seines Landeplatzes und geht gute 7 km

Normandie, Orne-Mündung am Morgen des 6. Juni 1944: Einer der britischen Lastensegler wird entladen

weiter entfernt nieder. Der dritte Lastensegler muß bereits kurz nach dem Start in England notlanden.
Otway und seine Männer haben ihr schweres Material samt Funk- und Signalgerät verloren. Sie verfügen nur noch über ein einziges Maschinengewehr und eine Leuchtpistole, mit der Otway die Einnahme der Batterie signalisieren soll. Die Pioniere haben beim Absprung ihre Minensuchgeräte, mit denen sie eine Schneise durch die Minenfelder räumen sollen, sowie die weißen Markierungsbänder eingebüßt. Sie müssen nun bei Dunkelheit die Minen vorsichtig mit den Hän-

den aufspüren, dazu Grasbüschel ausreißen und den freien Weg damit kennzeichnen.
Drei deutsche Panzerdivisionen stehen zwar nahe der Küste, aber keine wird in Marsch gesetzt. Die 21. Panzerdivision (GenLt. Feuchtinger) könnte in weniger als zwei Stunden dort sein. Die nächstliegende verfügbare Reserve nordwestlich von Paris ist das I. SS-Panzerkorps (SS-Obergruppenf. Sepp Dietrich), aber v. Rundstedt darf es nicht ohne Erlaubnis des Führerhauptquartiers verschieben.
General der Infanterie Blumentritt, Stabschef des OB West: »Um vier Uhr morgens rief ich im Auftrag Generalfeldmarschall v. Rundstedts das Hauptquartier an und bat um die Freigabe des Korps, um Rommel zu stärken. Aber Jodl lehnte im Namen Hitlers ab. Er bezweifelte, daß die Landung in der Normandie mehr sei als ein Täuschungsmanöver, und war sicher, daß eine zweite Landung östlich der Seine erfolgen würde.«
Um 4 Uhr früh gelingt es einem Teil der beiden US-Fallschirmjägerbataillone, die man wiederum gegen die HKB »Madeleine« eingesetzt hat, endlich das Batteriegelände zu erreichen. Sie finden die Stellungen leer, obwohl in den Munitionsbunkern noch Geschosse lagern. Sie machen keine Anstalten, nach den verschwundenen Geschützen und Mannschaften zu suchen. Andererseits unternimmt die landeinwärts verlegte Batterie auch nichts, um sich bemerkbar zu machen.
In Merville, einige hundert Meter von der Batterie entfernt, kann Lieutenant Colonel Otway endlich das Signal zum Angriff geben. Nach 30 Minuten wird die Batterie »Merville« im Nahkampf besetzt. Erst jetzt stellen die Männer zu ihrer Verblüffung fest, daß die Kaliber der Kanonen um einiges kleiner sind als erwartet. Da die Fallschirmjäger keine eigenen Sprengladungen mehr bei sich haben, sammeln sie deutsche Handgranaten ein, um die Geschütze der Batterie in die Luft zu jagen. Danach schießt Otway das verabredete Leuchtsignal für den hoch über ihm kreisenden Aufklärer als Zeichen, daß die Batterie erobert ist. Da er jedoch von dem Piloten keine Bestätigung erhält, muß Otway annehmen, daß das Zeichen nicht bemerkt wurde. Er weiß, daß nun der Kreuzer »Arethusa« in 15 Minuten das Feuer planmäßig eröffnen wird, und läßt umgehend das Batteriegelände wieder räumen. Von 150 Fallschirmspringern ist die Hälfte gefallen oder verwundet, von der 130 Mann starken deutschen Besatzung bleiben nur 22 Soldaten am Leben, die Otway gefangennimmt.
Um 4.45 Uhr tauchen die beiden X-U-Boote auf und blinken die verabredeten Lichtsignale auf See hinaus.

Kurz nach 5.00 Uhr richtet der US-Kreuzer »Black Prince« das Feuer seiner Artillerie auf die HKB »Morsalines«, deren Ersatzgeschütze – anstelle der durch Luftangriffe beschädigten – noch nicht einsatzbereit sind, da die Anlage zum schwenkbaren Richten fehlt. So müssen die Geschütze während des Feuerüberfalls wieder fahrbar gemacht werden.
Gleichzeitig nimmt der US-Kreuzer »Tuscaloosa« die HKB »Quinéville« unter Beschuß.
Die MKB »Marcouf« eröffnet das Feuer zunächst mit drei Geschützen, das sofort vom US-Kreuzer »Quincy« erwidert wird: Bereits die ersten Salven decken das Batteriegelände. Die Schiffe nebeln sich nun ein, und die Batterie wechselt mehrfach das Ziel.
Die HKB »Azeville« kann noch bei maximaler Reichweite dank günstiger Hauptschußrichtung ihres 120°-Schartensektors den nördlichen Teil des »Utah«-Strandes unter Feuer nehmen.
Das geräumte Gelände der HKB »Madeleine« wird von dem US-Kreuzer »Hawkins« beschossen.
Zwischen 5.00 Uhr und 6.25 Uhr eröffnen aus etwa 10 sm Entfernung die US-Schlachtschiffe »Texas«, »Arkansas« sowie einige Zerstörer das Feuer auf die HKB »Pointe du Hoc«. Rund 600 schwere Granaten schlagen auf die bereits im April von Geschützen geräumte Scheinanlage. Nachdem die Schiffsartillerie das Feuer einstellt, greifen 18 Marauder-Bomber die Scheinanlage im Tiefflug an. Zwei Geschützbunker bekommen Nahtreffer, der dritte wird durch einen Volltreffer total zerstört und der Leitstand am Rand der Felsnase teilweise beschädigt sowie einige Unterstände vernichtet.
Jetzt nähern sich die Landungsboote mit den speziell dafür ausgebildeten Sturmtrupps, drei Kompanien des 2. Ranger-Bataillon (Lt.Col. Rudder). Die 220 Mann sollen mit Raketenleitern und vielseitigen Spezialgeräten die Steilküste erklettern und die HKB »Pointe du Hoc« einnehmen.
Um 5.15 Uhr nähert sich der britische Schiffsverband, Gruppe »Sword«, der HKB »Houlgate« auf Schußweite. Als die Schiffe Position beziehen und die Landungsboote auf den Strand zusteuern, nehmen die Geschütze der HKB sie unter Feuer. Die britischen Schlachtschiffe »Ramillies«, »Warspite« und der Monitor »Roberts« feuern mehrere hundert Geschosse vom Kaliber 13 cm bis 40,6 cm auf die Batterie ab, die durch wiederholten Stellungswechsel nur unwesentliche Schäden erleidet.
Um 5.25 Uhr rollen im Invasionsabschnitt »Omaha« 32 Amphibienpanzer als erste Landungsfahrzeuge der Invasion auf den Strand. Nach 1452 Tagen deutscher Besetzung beginnt die Befreiung Frankreichs.
Die Landungstruppen des Abschnitts »Utah« begegnen am Strand nur einer schwachen deutschen Abwehr und können schnell landeinwärts vorstoßen. Im östlich liegenden »Omaha«-Abschnitt, nahe vom »Pointe du Hoc«, werden die Amerikaner dagegen in schwere Kämpfe verwickelt. Die starken Verluste am »Omaha«-Strand wären zu vermeiden gewesen, hätten die US-Truppen die von den Engländern angebotenen Spezialpanzer verwendet. Die in den britischen Sektoren eingesetzten Minenräumpanzer und gepanzerten Pionierfahrzeuge bahnen Wege durch deutsche Minenfelder und schalten die Panzerhindernisse aus.
Etwa ab 5.30 Uhr legen Flugzeuge der RAF um die Einheiten der Gruppe »Sword« einen dichten Schleier künstlichen Nebels, um sie für die weitreichenden Geschütze der schweren Batterien in Le Havre unsichtbar zu machen. Plötzlich tauchen aus dem Dunst Tor-

Vor der Normandie-Küste, am Morgen des 6. Juni 1944: Während schwere Marineeinheiten deutsche Küstenbefestigungen unter Feuer halten, bringen Landungsboote Verstärkungen

pedoboote der in Le Havre stationierten 5. T-Flottille (Korvettenkpt. Hoffmann) auf. Die T 28, »Jaguar«, »Möwe« und »Falke« greifen die britischen schweren Einheiten an und drehen unter heftigem Geschoßhagel nach dem Abfeuern mehrerer Torpedos sofort ab. Die Torpedos laufen direkt zwischen den Schlachtschiffen »Ramillies« und »Warspite« hindurch, verfehlen knapp das Fährschiff »Largs« und versenken dann den norwegischen Zerstörer »Svenner«.

Ab 5.37 Uhr führt die MKB »Longues« ein Feuerduell mit dem US-Schlachtschiff »Arkansas« und dem Zerstörer »Emmons«. Dazu bekommt die HKB Salven von den britischen Kreuzern »Ajax« und »Argonaut« aus etwa 10 sm Entfernung.

Um 5.57 Uhr nehmen die Geschütze der MKB »Longues« das Flaggschiff (»Bulolo«) von Commodore C. E. Douglas-Pennant, dem Kommandierenden der Seestreitkräfte Abschnitt »Gold«, und auch den Kreuzer »Ajax« – Entfernung etwa 6 sm – unter Feuer. Auch die beiden französischen Kreuzer »Georges Leygues« und »Montcalm«, die im »Omaha«-Sektor operieren, beschießen die MKB »Longues«.

Um 5.58 Uhr geht an der Calvados-Küste die Sonne auf.

Um 6.20 Uhr stellt die MKB das Feuer für 10 Minuten ein und eröffnet es in dem Augenblick wieder, als die US-Landetruppen den »Omaha«-Strand erreichen. Sie deckt auch den britischen »Gold«-Strand mit ihren Salven ein.

Die benachbarte HKB »Graye« eröffnet das Feuer auf die am 800 m entfernten »Juno«-Strand landenden britischen Truppen und bekommt aus einer Entfernung von 8 sm insgesamt 213 Schuß vom Kreuzer »Orion«. Die Kanonen in den offenen Stellungen müssen zurückgenommen werden, eine von ihnen wird zerstört.

Um 6.22 Uhr richtet bei Beginn der Landung am »Sword«-Strand der norwegische Zerstörer »Stord« das Feuer auf die seit einem Tag geräumte Stellung der HKB »Riva Bella« und belegt sie mit 362 Granaten. Die Batterie kann von ihrer neuen Stellung aus keine Seeziele mehr bekämpfen. Einer ihrer Beobachtungsposten befindet sich auf dem Kirchturm von Ouistreham. Erst nachdem der »Sword«-Strand voll von gelandeten Truppen, Fahrzeugen und Material ist, eröffnet die Batterie ein gut liegendes Feuer. Die Engländer, in der Überzeugung, daß ihre über dem Strand schwebenden Sperrballons der deutschen Artillerie als Richtpunkte dienen, kappen die Leinen, was jedoch die Lage nicht ändert.

Gegen 6.30 Uhr fällt der erste deutsche General in der Normandie: Generalleutnant Falley, Kommandeur der 91. Luftlandedivision, wird auf der Straße, nahe seinem Gefechtsstand in Picauville/Cotentin, von Fallschirmjägern der 82. US-Luftlandedivision getötet. Falley, der an dem Kriegsspiel der 7. Armee in Rennes teilnehmen sollte, unterbrach kurzerhand seine Fahrt, um schnellstens zu seiner Division zurückzukehren.

Um 7.00 Uhr erhält das 3. Geschütz der HKB »Azeville« vom Schlachtschiff »Nevada« einen Volltreffer in den Schartenstand und fällt aus: Die 3,5 m dicke Betondecke stürzt zusammen und begräbt Geschütz und Kanoniere.

Um 7.07 Uhr greifen US-Truppen von St.-Germain-de-Varreville aus mit je zwei Bataillonen die HKB »Azeville« und die MKB »Marcouf« an. In Marcouf wehrt sich die Besatzung mit einer wieder instandgesetzten 7,5-cm-Beute-Flak. Trotz der schweren Verluste dringen die Amerikaner in das Batteriegelände der MKB »Marcouf« ein und kämpfen sich bis zum Leitstandbunker durch. Danach fordert Kapitänleutnant Ohmsen von der Batterie »Azeville«: »Artilleriefeuer auf eigene Stellung!“ Die HKB »Azeville« wird zwar ebenfalls von feindlichen Sturmtrupps umlagert, aber Oberleutnant Kattnig eröffnet gut liegendes Feuer auf das Batteriegelände »Marcouf«. Die völlig überraschten US-Soldaten lassen Waffen und Gerät liegen und ziehen sich schnellstens zurück.

Am Strand unterhalb der Steilküste vom Pointe du Hoc sammeln sich nach der verlustreichen Landung die »Rangers« zum geplanten Sturm auf die Batterie. Vom oberen Felsrand schlägt ihnen ein heftiges Infanteriefeuer entgegen. Erst nach massiertem Beschuß durch Schiffsartillerie gelingt es 165 »Rangers« unter blutigen Verlusten, das Plateau zu erstürmen. Als sie endlich die Geschützbunker erobern, stellen sie zu ihrer Verblüffung fest, daß sie leer sind.

Kurz vor 8.00 Uhr fällt das erste Geschütz der MKB »Marcouf« aus. Um 9.00 Uhr erzielt das Schlachtschiff »Nevada« mit einem 35,6-cm-Geschoß einen Volltreffer in die Schießscharte vom Geschütz 2. Nun kann die MKB »Marcouf« keine Seeziele mehr bekämpfen, und das letzte freistehende 21-cm-Geschütz eröffnet das Feuer auf den 10 km entfernten »Utah«-Strand. Da es für die Munition kein einziges Transportmittel mehr gibt, müssen die 135 kg schweren Geschosse vom Munitionsbunker aus über das mit Bombenkratern übersäte Gelände herangeschleppt werden.

Von 8.00 Uhr bis 8.45 Uhr führt die MKB »Longues« mit den Kreuzern »Ajax« und »Argonaut« einen heftigen Feuerwechsel. Die Geschützbunker 2 und 3 bekommen je einen Volltreffer von 15-cm-Granaten in die Scharten, die die Schutzschilde durchschlagen. Geschütz und Bedienung werden bei beiden außer Gefecht gesetzt. Von vier Geschützen sind nun drei zerstört. Die beiden Volltreffer des Kreuzers »Ajax« in die Schießscharten werden als »Meisterstück« von Feuerwechsel zwischen einem Schiff und der Küstenbatterie gewertet. Der Prozentsatz der im Ziel sitzenden Salven der »Ajax« ist am D-Day der höchste unter allen alliierten Einheiten. Das Feuer leitet ein Artilleriebeobachtungs-Flugzeug.

Um 8.45 Uhr landet am Strand von La Brèche bei Riva Bella die erste französische Einheit, das 171 Mann zählende 4. Commando (Capit.Lt. J. Kieffer), und stürmt den Badeort Ouistreham.

Um 8.55 Uhr kappt Lieutenant Commander Clogstoun-Willmott das Ankerseil des Mini-U-Bootes, da er und seine Männer viel zu schwach sind, um den Anker hochzuwinden, dann nimmt die X-20 Kurs auf Portsmouth.

Gegen 9.00 Uhr entdeckt ein »Rangers«-Spähtrupp die verlegte HKB »Pointe du Hoc« am Ende eines mit Hecken umzäunten Weges. Neben den gutgetarnten und unbeschädigten fünf Geschützen liegt noch die gestapelte Munition. Die von den Amerikanern am meisten gefürchtete Batterie hat überhaupt keinen Schuß abgegeben. Und die französischen Feldkanonen auf den schwerfälligen Radlafetten sind weder auf die offene See noch auf den »Omaha«-Strand gerichtet, sie zielen in Richtung Vire-Mündung.

Colleville-sur-Mer, nahe dem »Omaha«-Strand. 9.30 Uhr, 6. Juni 1944: Der Maire begrüßt die ersten alliierten Soldaten (16. US-Regiment)

Links: Drama vor Pointe du Hoc: US-Rangers versuchen mit Verwundeten im Dingi die Steilküste zu erreichen

Rechts: »Juno«-Strand am Morgen des 6. Juni 1944: Britische Commandos gehen an Land

Die HKB »Graye« nimmt bis etwa 9 Uhr die Landungsboote am Strand »Juno« unter Feuer. Das Fehlen der Feuerleitmittel erlaubt der Batterie jedoch nicht, bewegliche Seeziele zu bekämpfen. Von den Kreuzern »Orion« und »Belfast« beschossen, wird die Batterie nach dem Ausfall eines nicht verbunkerten Geschützes landeinwärts verlegt. Nachdem das Seebad La Rivière von britischen Truppen erobert wird, bricht durch das Fehlen der HKB »Graye« die deutsche Verteidigungslinie in diesem Abschnitt zusammen und ermöglicht dem Gegner ein rasches Vorstoßen in Richtung auf Bayeux.
Um 9.00 Uhr ist die Küstenverteidigung bereits überrannt, jedoch weder v. Rundstedt noch Generaloberst Jodl, Chef des Wehrmachtführungsstabes, haben einen Überblick über die Lage. Hitler schläft noch, und keiner wagt es, ihn zu wecken.
In Ost-Cotentin sind die Fallschirmjäger der 101. Airborne Division bereits in das Städtchen Ste.-Mère-Église eingedrungen, und trotz des Gegenangriffs der deutschen 91. Luftlandedivision (Oberst König) gelingt es ihnen, wenn auch nur in Spähtruppstärke, die erste Verbindung zum »Utah«-Strand herzustellen. Das aus Carentan nach Norden vorstoßende deutsche Fallschirmjägerregiment 6 (Oberst Frhr. v. d. Heydte) wird in schwere Kämpfe mit US-Luftlandetruppen verwickelt.
Gegen 10 Uhr nimmt eine Kampfgruppe des deutschen Grenadierregiments 736 die von britischen Fallschirmjägern geräumte Batterie »Merville« wieder ein. Die Deutschen stellen fest, daß die Feldgeschütze nur unwesentlich beschädigt sind, und man kann sie nach kurzer Zeit notdürftig instandsetzen.
Die HKB »Riva Bella« beschießt den östlichen Rand des »Sword«-Strandes so erfolgreich, daß die Engländer die Landung ihrer Truppen in diesem Abschnitt vorerst unterbrechen müssen.

Um 10.00 Uhr trifft Rüstungsminister A. Speer im Führerhauptquartier bei Berchtesgaden ein, und einer der militärischen Adjutanten erzählt ihm, daß die Invasion am frühen Morgen begonnen habe. ». . . Ist der Führer geweckt worden?« will Speer wissen. Der Adjutant schüttelt den Kopf: »Nein, der Führer bekommt die Nachricht, wenn er gefrühstückt hat.«

Gegen Mittag eröffnet die HKB »Houlgate« erneut das Feuer auf die schweren Einheiten der britischen Marine.
Die bei der überstürzten Räumung der MKB »Marcouf« von den Amerikanern zurückgelassenen Waffen verstärken die Ausrüstung der deutschen Kanoniere. Inzwischen kämpft sich die 6. Kompanie (Oberlt. Geißler) des Infanterieregiments 919 bis zur Batterie durch. Gemeinsam greifen sie die Amerikaner an und machen 90 Gefangene. Erst nach einigen Kilometern fängt das 22. US-Regiment den deutschen Vorstoß ab.

Gegen Mittag ist im Führerhauptquartier die dringendste Frage des Tages entschieden worden: Die drei westlich der Seine stehenden Panzerdivisionen können nun, nach Zustimmung Hitlers, in Richtung Calvados-Küste in Marsch gesetzt werden. Da man auf deutscher Seite nach wie vor der Überzeugung ist, die eigentliche Invasion werde im Pas de Calais erfolgen, bleiben die anderen Panzerdivisionen weiterhin in Reserve. Entlang der Küste schlägt sich die deutsche Infanterie verzweifelt gegen die ständig zahlreicher werdenden Landetruppen.
Die 21. Panzerdivision (GenLt. Feuchtinger) bekommt endlich den Marschbefehl und setzt sich in Richtung Küste in Bewegung. Sie rollt durch die engen Gassen des brennenden Caen. Das Panzerregiment 22 (Oberst v. Oppeln-Bronikowski) drückt den englischen Brükkenkopf ein, spaltet ihn in zwei Teile und vereitelt so den Plan Montgomerys, Caen noch am gleichen Tag einzunehmen.
Erst um 14.32 Uhr gibt das Führerhauptquartier den Einsatz der 12. SS-Panzerdivision »Hitlerjugend« (SS-

Brigadef. Witt) unter der 7. Armee frei. So wird sie am frühen Nachmittag vom Pas de Calais aus über die Seine in Marsch gesetzt.

Am Nachmittag kehren die ersten Landungsboote zur englischen Küste zurück, nehmen wieder Truppen und Nachschub an Bord und steuern erneut die normannische Küste an.
Um 15.07 Uhr wird das I. SS-Panzerkorps mit Führung der 12. SS-Panzerdivision und der Panzer-Lehrdivision beauftragt. Zwölf deutsche Jabos sind im Gebiet der alliierten Brückenköpfe gemeldet, davon werden zehn Maschinen sofort in Luftkämpfe verwickelt und müssen ihre Bomben vorzeitig abwerfen.
Am Nachmittag eröffnet die MKB »Longues« erneut das Feuer, das vom Kreuzer »Ajax« erwidert wird.
Erst gegen 15.00 Uhr beginnen die Truppen Montgomerys ihren Vormarsch auf Caen. Der überaus vorsichtige Befehlshaber hat seine Chance verpaßt: Bis vor einer Stunde war niemand da, der ihn daran gehindert hätte, diese wichtige Stadt aus der Bewegung heraus zu nehmen.

Hitler besteht darauf, daß die Kämpfe in der Normandie von Berchtesgaden aus gelenkt werden und behält sich den Einsatz der Reserven vor. Rundstedt: »Endlich um 16.00 Uhr sagte man mir, daß ich über diese Panzerdivisionen verfügen könnte. Das bedeutete, daß ein Gegenangriff nicht vor dem Morgen des 7. Juni bewerkstelligt werden konnte.«
Am Nachmittag hat die Panzer-Lehrdivision den Befehl bekommen, in den frühen Morgenstunden des 7. Juni sich im Raum südlich Caen zu versammeln. Sie soll der 21. Panzerdivision zu Hilfe kommen, die in schweren Kämpfen mit der britischen 185. Brigade steht. Sorgfäl-

Rechts: Morgen, 7. Juni 1944, Marineküstenbatterie »Longues«, kurz nach Einstellung des Kampfes

Unten: Verteilung der deutschen Kräfte in Europa, Anfang Juni 1944

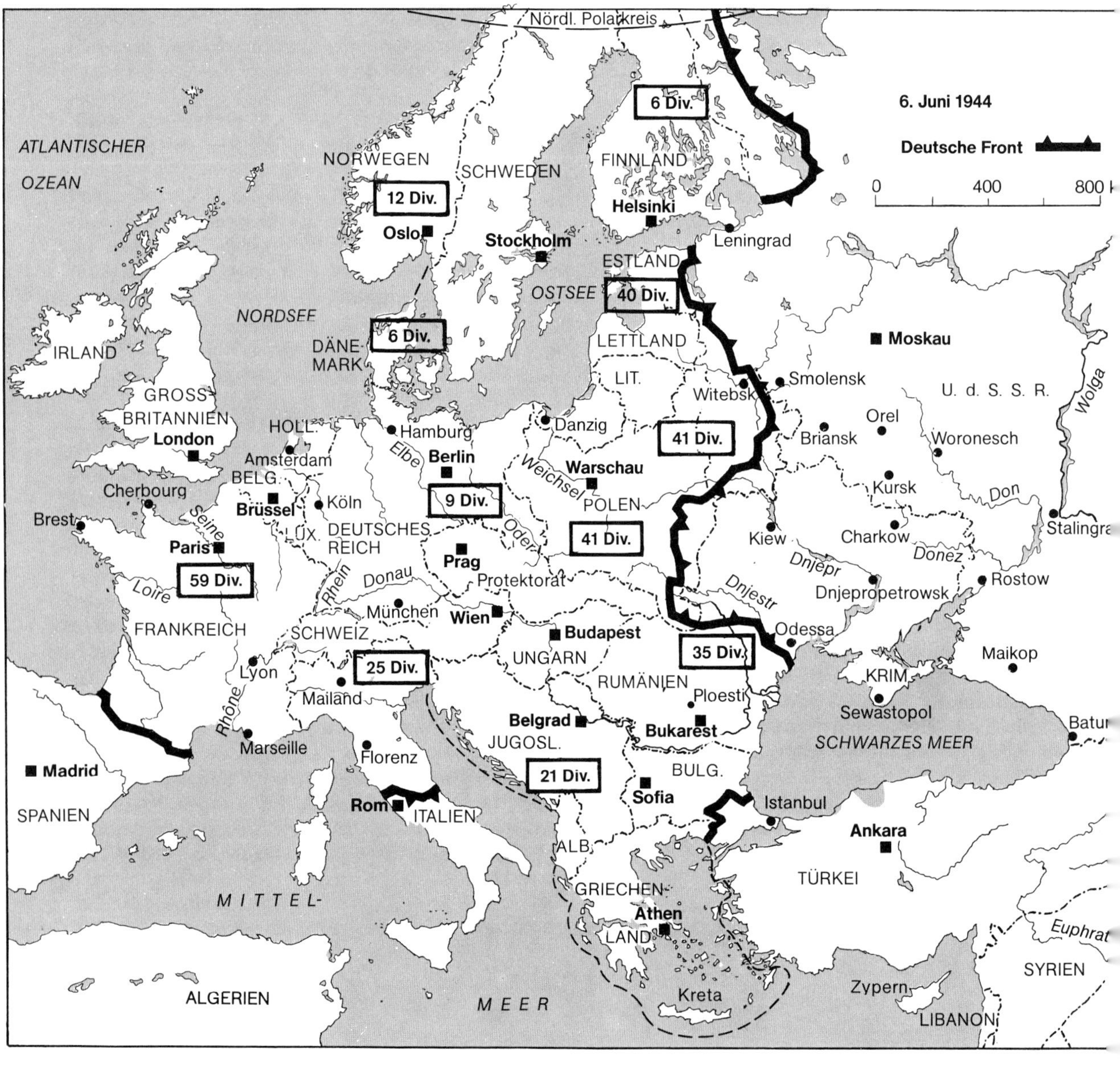

tig getarnt setzen sich die Panzer und Kettenfahrzeuge der Division in Bewegung. Generalleutnant Bayerlein: »Riesige Staubwolken wirbelten hinter den Fahrzeugen zum Himmel empor und bezeichneten die fünf Vormarschstraßen der Division . . . Und bald hingen Bomber über den Straßen, zerschlugen Kreuzungen, Dörfer und Städte, die im Vormarschbereich lagen, und stürzten sich auf Fahrzeugschlangen.« Bereits zu dieser Zeit sind die alliierten Brückenköpfe – insgesamt etwa 30 km breit und 10 km tief – so stark, daß man sie nicht mehr im Gegenstoß beseitigen kann.

Am späten Nachmittag erobern britische Landetruppen die HKB »Riva Bella«.

Um 17.45 Uhr gibt Generalleutnant Heinemann, Kommandierender General des LXV. Armeekorps, dem das Flakregiment 155 (W) untersteht, Oberst Wachtel den Befehl für das Unternehmen »Rumpelkammer«: Damit soll in sechs Tagen der Beschuß Londons mit der Flugbombe Fi 103 beginnen.

Gegen 18 Uhr richtet die HKB »Houlgate« ihr Feuer auf die vor der Orne-Mündung liegenden britischen Schiffe.

Um 19 Uhr wird der zur Verteidigung der MKB »Longues« zugeteilte Pionierzug der Marine auf Befehl des Ortskommandanten von Bayeux zurückgezogen.

Bis 21.00 Uhr haben die Alliierten an der Küste insgesamt 155 000 Soldaten abgesetzt, die ein Gebiet von 130 qkm beherrschen.

In der Abenddämmerung reparieren die Kanoniere der MKB »Marcouf« eines ihrer 21-cm-Geschütze und nehmen den »Utah«-Strand und die vorgelagerte St.-Marcouf-Insel wieder unter Feuer.

Gegen 22.00 Uhr kehrt Generalfeldmarschall Rommel in das Schloß La Roche-Guyon zurück.

Um 22.07 Uhr geht an der Calvados-Küste die Sonne unter.

Gegen 24.00 Uhr verteidigt sich die 716. Infanteriedivision (GenLt. Richter) immer noch in einigen Stützpunkten entlang der Küste. Es besteht indessen keinerlei Verbindung mehr zwischen Divisions-, Regiments- und Bataillonsgefechtsständen, so daß man nicht weiß, wie viele Stellungen bereits ausgehoben wurden.

Überraschenderweise liegen die Verluste der ersten Welle der alliierten Luftlandetruppen unter zwei Prozent. Die Gesamtverluste der Operation »Neptune« erreichen nicht einmal die Zehn-Prozent-Grenze.

Zwar erwähnen deutsche Berichte die Versenkung von alliierten Kriegsschiffen durch deutsche Batterien vor der Landungsküste am 6. Juni 1944. In Wirklichkeit jedoch wird außer der Versenkung einiger Landungsboote und Treffer auf Kriegsschiffen kein solches versenkt.

(Bilanz des Tages: Seite 305.)

D+1 Bis zum Morgen des 7. Juni 1944 verlaufen die alliierten Operationen an kaum einer Stelle wie geplant: Die auf dem »Utah»-Strand gelandeten Streitkräfte haben sich mit Luftlandetruppen noch nicht vereinigen können. Weder den Amerikanern noch den Engländern ist es gelungen, aus ihren Brückenköpfen eine durchgehende Front zu schaffen, und bei »Omaha« sind die US-Stellungen bisher nicht ausreichend gesichert.

In dem britisch-kanadischen Sektor werden zwar einige Fortschritte erzielt, jedoch gelingt die Einnahme von Caen nicht.

Bereits seit dem Morgengrauen ist die MKB »Marcouf« dem schweren Feuer von Schiffsartillerie und heftigen Angriffen von Jagdbombern ausgesetzt. Später wird die Batterie auch von der Landseite her beschossen.

Nach Sonnenaufgang greifen die Kanadier (231. Brigade) die MKB »Longues« an, und der Batteriechef sieht keinen anderen Ausweg, als sie nahezu widerstandslos zu übergeben.

Gegen 9.00 Uhr ist auch General Montgomery auf dem Wege zur Calvados-Küste. Montgomery: »Am Morgen des Tages D+1 (7. Juni 1944) traf HMS ›Faulknor‹ an der Küste ein und wandte sich auf meinen Wunsch zunächst dem amerikanischen Abschnitt zu. Wir gingen bei dem schweren amerikanischen Kreuzer ›Augusta‹ längsseits, auf dem sich Lieutenant General Bradley befand, und ich unterhielt mich eingehend mit ihm über die Lage der 1. US-Armee.«
In den Morgenstunden erobert die britische 50. Infanteriedivision (Maj.Gen. Graham) das 7,5 km vom Strand entfernte Bayeux, die einzige Stadt in der Normandie, die unzerstört bleibt.
Gegen 12.00 Uhr versucht die US-Infanterie mit Unterstützung von Pionieren, Feldartillerie und Panzern die MKB »Marcouf« zu erobern. Die Besatzung wehrt sich zäh und schlägt den Angriff zurück.
Im »Omaha«-Strandabschnitt erreichen gegen Mittag die Sturmtruppen des amerikanischen V. Korps (Maj.Gen. L. T. Gerow) nach schweren Kämpfen die Straße Bayeux-Carentan.
Im Laufe des Tages treffen nach einem 120 km langen Marsch im Kampfraum um Caen die Einheiten der 12. SS-Panzerdivision »Hitlerjugend« in Etappen ein. Bereits bei ihrem ersten Fronteinsatz im Kampf mit dem kanadischen 27. Panzerregiment schießt sie 28 Panzer ab und macht 150 Gefangene. Auch der II. Abteilung des Panzer-Lehrregiments (Maj. Prinz Schönburg-Waldenburg) gelingt es, in einem harten Gefecht um die Höhe 103 bei Tilly-sur-Seulles den alliierten Vormarsch zu stoppen.
Gegen 15.00 Uhr bekommen zwei Trupps unter Major J. V. B. Pooley vom 3. Commando den Befehl, mit 150 Mann die »Merville«-Batterie wieder zu besetzen. Sie führen ihren Vorstoß von Le Plein her aus, geraten aber in starkes MG-Feuer aus den Kampfständen der Batterie, und können erst nach hartem Nahkampf, dem fast die ganze deutsche Besatzung zum Opfer fällt, die Batterie einnehmen. Dabei tötet der letzte Verteidiger, bevor er selbst umkommt, noch Major Pooley. Kaum ist die Batterie in britischer Hand, führen deutsche Verstärkungen mit Unterstützung von Sturmartillerie einen Gegenangriff durch. Das Commando – nur mit leichten Infanteriewaffen ausgerüstet – muß die aussichtslose Verteidigung der Batterie aufgeben und sich unter dem Verlust der Hälfte seiner Männer nach Le Plein zurückziehen. Erst im Juli 1944 wird »Merville« endgültig erobert.
Am Nachmittag sind alle deutschen Stützpunkte im Bereich der alliierten Brückenköpfe überrollt bis auf einen einzigen: die Luftwaffen-Funkmeßstellung »Distelfink« bei Douvres-la-Delivrande, die dem Ansturm der kanadischen 8. Brigade standhält. Die etwa 12 km nordwestlich von Caen und 3 km vom »Juno«-Strand entfernt liegende Stellung mit einem Labyrinth von betonierten Tunnels, ausgerüstet mit sechs 5-cm-Geschützen, drei Mörsern (Kal. 8,1 cm) und 16 MG wird von 300 Männern des 8./Luft-Nachrichten-Regiments 53 (Oberlt. Egle) verteidigt.
Am späten Nachmittag des 7. Juni 1944 führen das Pionierbataillon 352 und Teile des Grenadierregiments 916 einen Gegenangriff, um die Amerikaner aus Vierville zurückzuwerfen. Bei diesen Kämpfen entdeckt eine Kosakenpatrouille des Ostbataillons 439 an der Vire-Mündung bei Gefosse-Fontenay ein gestrandetes US-Landungsboot. In den Papieren eines toten amerikanischen Offiziers finden sie detaillierte Pläne für das V. und VII. US- sowie für das XXX. britische Korps mit dem Verzeichnis sämtlicher Tagesziele für die nächsten Wochen.
Oberstleutnant F. Ziegelmann (352. Inf.Div.): »Am 7. Juni 1944, etwa um 22 Uhr, wurde ich vom Grenadierregiment 916, dem das Pionierbataillon 352 unterstellt war, über die Entdeckung der Dokumente des amerikanischen V. Korps informiert. Danach rief ich das Pionierbataillon 352 an und erhielt die erwähnten Papiere. Der im Kampf gefallene amerikanische Offizier soll diese Unterlagen in einer einfachen Aktentasche mit sich geführt haben. Nachdem ich sie gesehen hatte, war ich persönlich der Meinung, daß der amerikanische Offizier entweder zur 29. Infanteriedivision oder zum V. Korps gehörte. Der Plan umfaßte 100 Seiten. Der aufgeführte Verteilerschlüssel gab keinen Hinweis auf den Besitzer der Kopie. Persönlich neigte ich zu der Annahme, daß der tote amerikanische Offizier zu einer Vorausabteilung (29. Infanteriedivision oder V. Korps) gehörte. Nachdem ich die Papiere erhalten hatte, erstattete ich am 8. Juni 1944, etwa um 1.00 Uhr, dem Kommandierenden General des LXXXIV. Korps, General Marcks, Meldung. Ich übermittelte ihm am Telefon die Grundzüge des Plans und informierte später ebenfalls per Telefon den Stabsoffizier der 7. Armee, Oberst Helmdach, mit dem ich bekannt war. Anschließend übergab ich die Unterlagen dem Stab des LXXXIV. Korps. Soweit ich mich erinnere, wurde der Plan am 9. Juni von dort zur 7. Armee weitergeleitet, wo er mehrere Tage verblieb.« (Aus dem Vernehmungsprotokoll des US-HQ vom 3. 9. 1947, MS # B-636.)

Am späten Abend des 7. Juni sendet BBC wiederholt fingierte und echte »messages personnels« an die Résistance im Pas de Calais und in Belgien.
Gegen 23.00 Uhr trifft bei der Heeresgruppe B und bei der 7. Armee die Meldung ein, wonach 300 Transportmaschinen eine Brigade Luftlandetruppen westlich von St. Lô im Gebiet Coutances – Lessay abgesetzt haben. Rommel befiehlt daraufhin die Zusammenfassung aller Kräfte in diesen Raum und beordert die Verstärkungen, die sich aus der Bretagne und von der Halbinsel Cotentin zur Calvados-Küste bewegen, in Richtung St. Lô. Man findet jedoch wie am Vortage anstelle der gemeldeten Luftlandebrigade wieder Gummipuppen, kann aber einige Männer der »Titanic«-Gruppe gefangennehmen.
Kurz vor Mitternacht besetzt die 185. britische Brigade (Lt.Col. Maurice) die am Nordufer der Orne gelegenen Vororte von Caen und errichtet einen 4 km tiefen Brückenkopf. Die alliierte Presse meldet daraufhin voreilig die Einnahme von Caen.
General Eisenhower: »Der Feind war sich der Gefah

)ie Vire-Mündung bei Gefosse-Fontenay am Morgen
les 8. Juni 1944: Im gestrandeten US-Landungs-Boot
illiierte Operationspläne

n diesem Abschnitt voll bewußt und unternahm in dem dealen Panzergelände mit der 21. Panzer- und der .2. SS-Panzerdivision erfolgreiche Gegenangriffe. Die)eutschen konnten fast bis zur Küste vordringen und inen Keil zwischen die beiden britischen Divisionen chieben, wodurch zunächst unser Vorstoß auf Caen erhindert wurde.«

n der Nacht vom 7./8. Juni 1944 beginnen deutsche Kampfflugzeuge der II./KG 40 und der II./KG 100 des X. Fliegerkorps (GenMaj. Peltz), erstmalig die Seine-Bucht zu verminen.

) + 2 Bei Sonnenaufgang des 8. Juni 1944 richten die Kanoniere der MKB »Marcouf« ihr einziges 21-cm-Geschütz, das mit Teilen aus zerstörten anderen Geschützen ausgebessert worden ist, auf den nördlichen Abschnitt des »Utah«-Strandes. Nach etwa einstündiem Feuer fällt das Geschütz wieder aus.

n den Morgenstunden erreicht die Panzer-Lehrdivision ach einem beschwerlichen Marsch von 180 km und um einahe 24 Stunden verspätet die südlichen Vorstädte von Caen. Sie hat durch Jabo-Angriffe bereits ein Zehntel ihres Fahrzeugbestandes eingebüßt.

Danach stehen Rommel entlang des britischen Frontabschnitts zwar drei Panzerdivisionen zur Verfügung, sie befinden sich jedoch teilweise noch im Anmarsch.

Am Vormittag des 8. Juni 1944 werden vor Varreville, Saint-Laurent, Arromanches, Courseulles und Ouistreham künstliche Hafenmolen für befestigte Ankerplätze, »Gooseberries«, auf Grund gesetzt, die die Anlandung des Nachschubs direkt an den Stränden erleichtern sollen, bevor die beiden künstlichen »Mulberry«-Häfen fertiggestellt sind.

Die kampferfahrene SS-Panzerdivision »Leibstandarte Adolf Hitler« (SS-Brigadef. Wisch), die zur Auffrischung im Raum Brüssel liegt, soll am 8. Juni in die Normandie verlegt werden. Auf Befehl Hitlers wird dieser starke Verband jedoch auf halbem Wege gestoppt und im Pas de Calais ausgeladen.

Um 13.30 Uhr greift das Sturmbataillon der 4. US-Infanteriedivision (Maj.Gen. Barton) mit heftiger Artillerieunterstützung die MKB »Marcouf« an. Erst nach erbitterten Nahkämpfen kann es in das Batteriegelände eindringen. Das letzte feldmäßig aufgestellte und am Vortage notdürftig instandgesetzte Geschütz muß gesprengt werden. Die Amerikaner versuchen unterdessen, den Leitstand in die Luft zu jagen. In dieser aussichtslosen Lage hilft wieder die HKB »Azeville«, die auf Anforderung von Kapitänleutnant Ohmsen das Feuer aus ihrem einzigen intakten 10,5-cm-Geschütz gegen die Batterie »Marcouf« richtet. Nachdem die ersten Granaten einschlagen, setzen deutsche Infanteristen zum Gegenangriff an. Das US-Sturmbataillon zieht sich zurück. Die Deutschen machen einige Gefangene, und die Batterie ist wieder in ihrer Hand.

Nun bemühen sich die Alliierten mit allen Mitteln, den Aufmarsch der Deutschen in der Normandie zu verhindern. Dank der Entzifferung von Funksprüchen sind ihnen die Bewegungen deutscher Verbände bekannt. Und SHAEF gibt »Brutus« Order, an diesem Abend seiner Abwehrleitstelle in Paris eine Sondermeldung zu übermitteln: Er habe beobachtet, wie die 1. US-Armee (Maj.Gen. Patton) in den Häfen an der Ost- und Südostküste zur Einschiffung vorbereitet werde, und Patton habe gesagt, das Ablenkungsmanöver in der Normandie hätte sich so gut entwickelt, daß nun die Zeit gekommen sei, mit der Operation im Pas de Calais zu beginnen. Georg V., der Premierminister, die Generale Eisenhower und Brooke hätten bereits die FUSAG-Kommandostelle besucht. General Marshal käme morgen oder am 10. Juni aus Washington, um Major General Patton und seine Truppen zu verabschieden. Zu den für die Invasion bereitgestellten Kräften gehörten mindestens fünf Luftlandedivisionen und ein Marineverband von rund zehn Divisionen. Insgesamt werde FUSAG über 50 Divisionen verfügen.

Am Abend meldet OB West dem OKW Wehrmachtführungsstab: »Nach der feindlichen Landung in der Normandie gab Radio London weitere Alarmsprüche durch, die sich, wie in der Zeit vor dem 5. 6., wiederum als Täuschung erwiesen. Am 8. 6. wurden Sprüche durchgegeben, die für den 9. oder 10. eine Landung an der belgischen Küste ankündigten.«

D + 3 Am Freitag, dem 9. Juni 1944, steht fest, daß die alliierten Brückenköpfe nicht mehr eingedrückt werden können. Die Deutschen bemühen sich nun, Cherbourg zu retten, den Keil zwischen der Spitze der Halbinsel Cotentin und der Calvados-Küste ostwärts Carentan wiederherzustellen und am Ostflügel ihre Stellungen zu behaupten, um den Alliierten die Eroberung der Stadt Caen zu verwehren.

In den Morgenstunden gelingt es dem V. US-Korps (Maj.Gen. Gerow), an seiner linken Flanke den Kontakt mit der von Bayeux vorstoßenden britischen 50. Infanteriedivision (Maj.Gen. Graham) aufzunehmen. Damit kommt die erste Verbindung zwischen den amerikanischen und britischen Brückenköpfen zustande.

Am 9. Juni 1944 läßt Hitler das II. SS-Panzerkorps (SS-Obergruppenf. Hausser) mit der 9. und 10. SS-Panzerdivision, die vor kurzem bei Tarnopol die sowjetische Offensive aufgehalten haben, nun aus Ostpolen nach Frankreich verlegen. An diesem Tage befielt das OKW Generalfeldmarschall Rommel, genau zu untersuchen, warum ein Teil der deutschen Truppen in Frankreich in der Nacht vom 5./6. Juni nicht alarmbereit war.

Im Raum Caen trifft nach dreitägigem Eilmarsch unter ständigen Luftangriffen das aus Amiens verlegte III. Flak-Korps (GenLt. Pickert) ein, das unterwegs eine Anzahl Geschütze eingebüßt hat.

Um 11.05 Uhr meldet der Chef der Abteilung »Fremde Heere West«, Oberst v. Roenne, aus Paris an Oberst Krummacher vom Wehrmachtführungsstab: Man habe soeben eine Funkmeldung abgefangen, die für den belgischen Widerstand bestimmt war. Sie deute eine feindliche Landung an, die für den 10. Juni 1944 wahrscheinlich in Belgien geplant sei. Roenne: »Deshalb wäre es selbstmörderischer Wahnsinn, ausgerechnet in diesem Augenblick unsere Infanterie und die Panzer aus dem Raum Pas de Calais und Belgien in Marsch zu setzen, um die Front in der Normandie zu verstärken.« Hitler befiehlt nun, den Vormarsch der unmittelbar verfügbaren Panzer- und Infanteriedivisionen der 15. Armee über die Seine anzuhalten. Er schickt sie in ihre bisherigen Standorte zurück, um den Raum Calais gegen die drohende zweite Landung zu schützen.

Nach einem Artillerieüberfall mit 1500 Schuß greift das 12. US-Regiment die HKB »Azeville« an. Es gelingt einem US-Soldaten, mit dem Flammenwerfer die Stahltür des rechten Geschützbunkers zu erreichen und durch den Flammenstrahl die im Inneren des Bunkers gelagerten Munitionsvorräte in die Luft zu jagen. Danach ergibt sich Oberleutnant Kattnig mit seiner Besatzung. Die eigenen hohen Verluste hindern den US-Divisionskommandeur, anschließend die MKB »Marcouf« zu stürmen. Sie wird unter starkes Schiffs- und Landeartilleriefeuer genommen, und die Amerikaner riegeln die Batterie vom Hinterland ab, so daß die Versorgung nicht mehr durchkommt. Die 6. Kompanie des Infanterieregiments 919, die von ihrem Verband abgeschnitten ist, verstärkt die Nahverteidigung. Überraschenderweise besteht trotz der schweren Bomben, die jeden Quadratmeter umgewühlt haben, weiterhin über die unterirdisch verlegten Telefonkabel Verbindung mit dem Seekommandanten.

An diesem Tage läßt sich die Absicht der amerikanischen Führung, die Halbinsel Cotentin abzuschneiden und zunächst Cherbourg einzunehmen, erkennen.

Auch der Schwerpunkt der englischen Operationen verlagert sich am Abend in den Raum Tilly: Nachdem es Montgomery nicht gelungen ist, Caen in frontalem Angriff zu nehmen, versucht er nun aus dem Raum Bayeux auf Tilly vorzustoßen, die Höhen von Villers-Bocage zu gewinnen und auf Caen einzudrehen.

Am Abend des 9. Juni 1944 bringt ein Kurier den erbeuteten Operationsplan des V. US-Korps (Maj.Gen. Gerow) zum Gefechtsstand des OB West.

General der Infanterie Blumentritt, Chef des Generalstabes OB West: »Die wichtigsten Teile seines Inhaltes wurden dem OKW am 9. Juni vom OB West per Fernschreiber und Telefon übermittelt. Der vollständige Operationsplan wurde dem OKW vom OB West um den 10. oder 11. Juni herum durch Kurier überstellt und muß spätestens am 12. Juni eingetroffen sein . . . Der Operationsplan des V. US-Korps brachte die Gewißheit, daß dies die Invasion war . . . Der Führer selbst aber rechnete weiterhin bis Anfang August mit einer zweiten Invasion über den Kanal gegen die 15. Armee. Auch die ›Abteilung Fremde Heere West‹ rechnete mit einer weiteren Invasion zwischen der

Mündungen von Seine und Somme. In der Beurteilung des Führers fehlte nämlich noch die ›Armeegruppe Patton‹ . . . Er sah in der Normandielandung weiterhin eine Scheinoperation mit dem Zweck, unsere Reserven in der Normandie zu binden, und dies trotz des Operationsplans des V. US-Korps, über den er am 12. Juni informiert worden war . . .« (Aus dem Vernehmungsprotokoll des US-HQ vom 3. 9. 1947, MS # B 637.)

Man wird nie mehr feststellen können, warum der junge US-Offizier diese streng geheimen Papiere bei sich hatte, die den Stempel »vor dem Einschiffen zu vernichten« trugen. Auf jeden Fall ist aus ihnen klar ersichtlich, daß es sich bei der amerikanischen Landung nicht um ein Ablenkungsmanöver, sondern um den Vorstoß in Richtung Cherbourg handelt. Diese wichtige Erkenntnis hilft dem OB West und Rommel in keiner Weise. Der Führer ist weder von der Meinung seiner Feldmarschälle noch durch die US-Beutepapiere zu überzeugen. Er glaubt vielmehr dem polnischen Fliegeroffizier Czerniawski (»Brutus«), den er für seinen besten Agenten hält und der ihn mit den neuesten Nachrichten aus dem FUSAG-Bereich versorgt.

Als um 22.20 Uhr im Führerhauptquartier die Meldung der Abteilung »Fremde Heere West« mit den letzten Nachrichten von »Brutus« eintrifft, ordnet Hitler höchste Alarmstufe für die gesamte Küstenverteidigung von der Seine bis zur Schelde an.
In der Nacht vom 9./10. Juni 1944 erklärt Hitler – durch »Brutus« in seiner Meinung bestärkt –, daß die 15. Armee verstärkt werden muß und eine Verlegung der Panzer- und Infanteriedivisionen vom Pas de Calais in die Normandie nicht erfolgen darf.

D + 4 Am Sonntag, dem 10. Juni 1944, beginnt eine neue Phase der Operation »Neptune«. Nachdem sich aus einzelnen Brückenköpfen eine zusammenhängende Frontlinie von »Omaha« zu »Sword« gebildet hat, sammeln nun die Alliierten ihre Kräfte zum Ausbruch aus dem Landungsgebiet. Eisenhower: » . . . Der Feind versuchte, zäh kämpfend, uns auf unseren Landekopf zu beschränken, war aber niemals imstande, genügend Streitkräfte zusammenzubringen, um uns ernsthaft zu bedrohen." Der Raum Tilly-sur-Seulles und Caen wird von der Panzer-Lehrdivision und der 12. SS-Panzerdivision »Hitlerjugend« verteidigt, denen die britische 49. und 50. Infanteriedivision gegenüberstehen.
In den frühen Morgenstunden des 10. Juni 1944 zwingt harter Widerstand der drei deutschen Panzerdivisionen General Montgomery, seinen Frontalangriff einzustellen. Nun versucht er, den Schwerpunkt an die Flanke

Normandie, 10. Juni 1944:
Tiger-Panzerabteilung während einer Kampfpause, vor Fliegersicht geschützt

nach Südwesten zu verlegen. Sein Plan: mit der 2. Armee (Lt.Gen. Dempsey) aus dem Raum Bayeux auf Tilly-sur-Seulles vorzustoßen, die Höhen von Villers-Bocage zu gewinnen und von Süden nach Norden auf Caen einzudrehen. Die Vorbereitungen zum Angriff auf Tilly beginnen mit einer ungewöhnlich starken Konzentration von Schiffsartillerie. Montgomery erweckt mit seinem Vorstoß den Anschein, er wolle nach Nordosten auf Cabourg zumarschieren, während tatsächlich das Schwergewicht bei der 1. US-Armee (Lt.Gen. Bradley) liegt und sich gegen Cherbourg richtet. Mit seiner neuen Taktik bezweckt Montgomery, die deutschen Panzerverbände in den Caen-Abschnitt zu locken, um der amerikanischen Armee ihren Vormarsch in das Innere der Halbinsel Cotentin zu erleichtern. Eisenhower: » . . . Unser Ziel war, den schmalen Brückenkopf nach dem Landesinnern auszudehnen, damit die Küste nicht mehr unter feindlichem Artilleriefeuer lag und der Aufmarsch sich ohne Störung vollziehen konnte.«

Die Widerstandsgruppen, geführt durch die »Jedburgh«-Teams, stören die Bewegungen der deutschen Truppen immer mehr, aber man zögert nicht, harte Gegenmaßnahmen anzuwenden.

Die von Toulouse zur Normandie marschierende 3. Kompanie des SS-Panzerregiments 4 der SS-Panzerdivision »Das Reich« setzt, nachdem sie mehrfach durch Überfälle aufgehalten wurde, am 10. Juni 1944 das Städtchen Oradour-sur-Glane in Brand und tötet 634 Männer, Frauen und Kinder.

In der MKB »Marcouf« schlagen die Verteidiger vereinzelte schwächere Infanterieangriffe, die bis zum Abend andauern, zurück. In den Nachmittagsstunden verstärkt sich der Artilleriebeschuß von der Landseite her.

Am Nachmittag des 10. Juni 1944 wird der Gefechtsstand der Panzergruppe West (Gen. d. Pz. Tr. Geyr v. Schweppenburg), der die Panzerdivisionen in der Normandie unterstehen, von Jabos angegriffen und vernichtet. Der Gefechtsstand befand sich im Schloß La Caine, 6 km nordöstlich von Thury-Harcourt. Seinen Funkverkehr haben die Alliierten angepeilt. Der Chef des Stabes und zwölf Stabsoffiziere fallen den Bomben zum Opfer, Freiherr Geyr v. Schweppenburg wird schwer verwundet und Generalmajor Pemsel, Chef des Stabes der 7. Armee, kommt durch Zufall mit dem Leben davon. Die Panzer-Nachrichtenabteilung ist völlig zerstört, und der für den 11. Juni 1944 festgelegte Gegenangriff aller zur Verfügung stehenden Panzerverbände, von dem man sich das Zurückschlagen der Alliierten versprochen hat, findet nicht statt. Das I. SS-Panzerkorps wird nun der 7. Armee (GenOberst Dollmann) unterstellt.

D + 5 Am Sonntag, dem 11. Juni 1944, werden schon die Molen für beide künstliche »Mulberry«-Häfen angelegt, und vier kleine Strandhäfen sind bereits mit künstlichen »Gooseberry«-Wellenbrechern in Betrieb. Nur die Fertigstellung der »Gooseberries« an der »Utah«-Küste hat sich durch das Feuer der deutschen Küstenbatterien verzögert.

Am Nachmittag des 11. Juni 1944 klingelt das Telefon im Gefechtsbunker der MKB »Marcouf«. Admiral Hennecke meldet sich aus Cherbourg und befiehlt Kapitänleutnant Ohmsen, in der Nacht zu versuchen, mit der Batteriebesatzung zu den eigenen Linien, die etwa 10 km entfernt sind, durchzubrechen. Er soll auf keinen Fall die Geschütze sprengen, um nicht den Gegner auf sich aufmerksam zu machen.

Die Batterie »Houlgate« hat an diesem Tage mehrfach Störfeuer auf den in der Orne-Mündung liegenden »Sword«-Abschnitt gerichtet. Die hoch auflaufende Flut engt den Strand stark ein, so bilden die zusammengedrängten Landungs- und Versorgungsboote ein ausgezeichnetes Ziel.

Die Luftwaffen-Funkmeßstellung »Distelfink« bei Douvres-la-Délivrande schlägt weiterhin alle britischen Angriffe zurück.

In dieser Woche schwerer Kämpfe schreitet der amerikanische Vormarsch in Richtung Carentan unaufhaltsam voran. Eisenhower: » . . . Nun befand sich der Feind in einem Dilemma. Er hatte sein Vertrauen auf Rommels Taktik, die ganze Kraft auf die Küstenverteidigung zu konzentrieren, gesetzt, und als es ihm mißlang, die Errichtung der alliierten Landeköpfe zu verhindern, besaß er keine weiteren Mittel, die drohende Gefahr zu bekämpfen. Rommels Vertrauen in seine Minen und Betonbunker sollte verheerende Folgen für die deutsche Armee haben: Es war kein tief gestaffeltes Verteidigungssystem vorhanden, und als die Küstenverteidigungen durchbrochen waren, hatte der Feind die Initiative verloren . . .«

Bis jetzt haben die Alliierten an ihren Landeabschnitten 326 000 Soldaten, 60 000 Fahrzeuge und 100 000 Tonnen Nachschubmaterial gelandet, unter Verlust von sechs Zerstörern und sechs Transportschiffen mit 25 000 BRT. Die Brückenköpfe können in diesen sechs Tagen trotz erbitterten deutschen Widerstandes auf 100 km Breite und etwa 30 km Tiefe vergrößert werden, und die Strände sind mit beinahe friedensmäßigem Umschlagbetrieb zur Etappe geworden. Die deutschen Gegenaktionen entwickeln sich nur langsam: In die Defensive gezwungen und ihrer Bewegungsmöglichkeit beraubt, können sie ihre Reserven nur zögernd heranführen, um ihre Front zu verstärken. Die deutschen Kolonnen marschieren nur noch nachts und sind selbst dann nicht mehr vor Angriffen sicher. Der alliierte Nachschub erreicht währenddessen kaum gefährdet die Calvados-Küste.

In der ersten Invasionswoche fliegt die 2. Taktische Luftflotte rund 35 000 Einsätze zur direkten Unterstützung der Landstreitkräfte. Die Tätigkeit der deutschen Luftwaffe, abgesehen von gelegentlichen Angriffen mit 20 bis 30 Jagdbombern (300–400 Tageseinsätze) gegen das Landungsgebiet, beschränkt sich auf vorsichtige Aufklärungsflüge bei Tage und auf die Verminung der Küstengewässer bei Nacht.

Die sich steigernden alliierten Jabo-Angriffe und das engere Zusammenwirken der Heeres- und Marineverbände machen sich immer mehr bemerkbar. Sie sind die Folge der im Landeraum soeben entstandenen künstlichen Rollfelder auf improvisierten Flugplätzen.

Erste Phase

12. Juni – 16. Juli 1944

Ausbruch der Landungstruppen
Halbinsel Cotentin und Caen werden besetzt

2. Woche *12. – 18. Juni 1944*

Montag, 12. Juni 1944 **D + 6**

Das *Hauptquartier von General Eisenhower* meldet:
Die schwere Panzerschlacht, die gestern bei Tilly-sur-Seulles begonnen hat, dauerte während der ganzen Nacht mit unverminderter Heftigkeit an und dehnte sich infolge des Einsatzes von Reserven auf beiden Seiten weiter aus. Trotz heftigem Sperrfeuer konnten die Deutschen, wenn auch unter empfindlichen Verlusten, neue Panzerkräfte heranziehen, die sich seit heute früh mit wilder Verbissenheit auf die alliierten Panzerformationen bei Tilly-sur-Seulles werfen.
Seit heute morgen haben auch britisch-amerikanische Flugzeuge in großer Zahl in den Erdkampf eingegriffen. Man sieht deshalb dem Ausgang der Schlacht mit Zuversicht entgegen.
Nördlich von Caen verteidigt die britische 6. Luftlandedivision ihren Brückenkopf über den Caen-Kanal erfolgreich gegen pausenlose deutsche Angriffe.
Unsere Truppen haben heute morgen Carentan gestürmt.
Der Angriff starker amerikanischer Kräfte auf St. Lô verläuft weiterhin günstig.

12. Juni 1944

Das *Oberkommando der Wehrmacht* gibt bekannt:
Im Landekopf in der Normandie ist die Lage im großen unverändert. Lücken in der eigenen Front wurden geschlossen. Alle Versuche des Feindes, zwischen Caen und Bayeux nach Süden und nördlich der Vire-Mündung in Richtung Cherbourg Raum zu gewinnen, scheiterten. Nur Carentan ging nach hartem Kampf verloren.
An der Küste beiderseits St. Vaast, östlich von Cherbourg, hielt der Artilleriekampf mit Teilen der feindlichen Flotte an.
Der feindliche Nachschub erleidet besonders unter den tapferen unermüdlichen Nachtangriffen unserer Schnellboote fortgesetzt schwere Verluste.
Luftwaffe und Kriegsmarine versenkten trotz der vom Feind wesentlich verstärkten Abwehr drei Frachter und Transportschiffe mit zusammen 37 000 BRT. Drei weitere große Schiffe mit 27 000 BRT und ein Zerstörer wurden schwer beschädigt. Bei ungünstiger Wetterlage griffen Schnellbootgruppen erneut überraschend einen feindlichen Kreuzerverband und seine Sicherung an und erzielten zwei Torpedotreffer.
Der Feind verlor am Samstag über der Invasionsfront und den besetzten Westgebieten 17 Flugzeuge.

Dienstag, 13. Juni 1944 **D + 7**

Das *Hauptquartier von General Eisenhower* teilt mit:
Nach zwei Tagen schwerer Kämpfe haben amerikanische Streitkräfte die Stadt Carentan befreit. Der Besitz dieser Stadt verstärkt wesentlich die Verbindung zwischen den beiden hauptsächlichen Landeköpfen. Im Abschnitt Tilly-sur-Seulles hält der heftige deutsche Widerstand an.

13. Juni 1944

Das *Oberkommando der Wehrmacht* gibt bekannt:
In der Normandie versuchte der Feind gestern, unter sehr starkem anhaltendem Einsatz der Luftwaffe an zahlreichen Stellen seinen Brückenkopf nach Süden und Südwesten zu erweitern. Besonders heftig waren die Kämpfe dabei im Raum westlich Caen und südlich Bayeux. Bei der erfolgreichen Abwehr der feindlichen Angriffe wurden zahlreiche Panzer abgeschossen. Der Feind erlitt schwere blutige Verluste.
Kampfflugzeuge erzielten bei der Bekämpfung der feindlichen Landungsflotte Bombenvolltreffer auf zwei größere Frachtschiffe.
Über der Invasionsfront und den besetzten Westgebieten wurden 76 feindliche Flugzeuge zum Absturz gebracht.
Der Kommandierende General eines Armeekorps, General der Artillerie Marcks, der tapfere Verteidiger der Halbinsel Cherbourg, fand bei den schweren Kämpfen in vorderster Linie den Heldentod.
Die Küstenartillerie des Heeres und der Kriegsmarine

Normandie: Jabo-Angriff auf eine deutsche Nachschubkolonne, von der Pilotenkanzel aus gesehen . . .

. . . Am Boden verfolgt die Transportsicherung das Geschehen

hat sich bei der Bekämpfung der feindlichen Landung hervorragend geschlagen. Besonders bewährt haben sich die Heeresküsten-Artillerieabteilungen 1254, 1255 und 1201, sowie die Marine-Küstenbatterien Marcouf, La Pernelle und Longues . . .

Erklärung von Montgomery
13. Juni 1944:
General Montgomery erklärte am Sonntag abend vor Kriegsberichterstattern: »Gestern stellte man mir die Frage, wann wir Caen erobern werden. Ich weiß das nicht.«

Churchill und Eisenhower an der Front
13. Juni 1944
United Press berichtet:
Churchill stattete am Montag dem alliierten Landekopf in der Normandie einen Besuch ab und betrat zum erstenmal seit vier Jahren wieder französischen Boden. Gleichzeitig begab sich auch General Eisenhower zu einer neuen Inspektionstour an die Invasionsfront.

Deutsche Erfolge bei Montebourg und Carentan
13. Juni 1944, bei der amerikanischen 4. Division in der Gegend von Montebourg.
United Press meldet:
Der deutsche Abschnittskommandant, der heute beträchtliche Verstärkungen erhalten hat, warf diese vor wenigen Stunden in den Kampf, und in hartnäckigen, verlustreichen Kämpfen gelang es den Deutschen, wieder in die Straßen von Montebourg und Carentan einzudringen. Es spielen sich zur Zeit heftige Kämpfe ab.

Transportable Startbahnen **D+8**
Mittwoch, 14. Juni 1944
Von einem Feldflugplatz der RAF in Frankreich berichtet die *Agentur Reuter:*
Der überraschend schnelle Einsatz von Jagdbombern in der Normandie ist den transportablen Startbahnen zu verdanken, die im Invasionsraum ausgelegt wurden. Sie bestehen aus geschweißten, 22 Meter langen und 2 Meter breiten Stahlnetzplatten, die wie ein Teppich verlegt und mit Klammern verbunden werden. Eine Startbahn ist normal 1000 Meter lang, 50 Meter breit und kann in 15 Stunden fertig sein.

J. W. Stalin über die Invasion
14. Juni 1944, Moskau
Das *Sowinformbüro* teilt mit:
Wenn man die Ergebnisse der siebentägigen Kämpfe der Befreiungstruppen der Alliierten in Nordfrankreich zusammenfaßt, so kann man ohne zu zögern sagen, daß die großangelegte Überquerung des Ärmelkanals und die Massenausschiffung der Landungstruppen der Verbündeten in Nordfrankreich vollständig gelungen ist. Das ist ohne Zweifel ein glänzender Erfolg unserer Verbündeten. Man muß erkennen, daß die Geschichte der Kriege kein anderes Unternehmen kennt, das diesem in seiner großzügigen Planung, seinen grandiosen Ausmaßen und seiner meisterhaften Durchführung

ähnlich wäre. Bekanntlich ist der unbesiegbare Napoleon seinerzeit mit seinem Plan, den Ärmelkanal zu überqueren und die britischen Inseln zu erobern, schmählich gescheitert. Hitler, der zwei Jahre lang geprahlt hatte, er werde die Überquerung des Ärmelkanals durchführen, hat nicht einmal einen Versuch riskiert, seine Drohung zu verwirklichen. Den britischen und amerikanischen Truppen ist es gelungen, den Plan der Überquerung des Ärmelkanals und der Massenausschiffung von Landungstruppen ehrenvoll zu verwirklichen. Die Geschichte wird dieses Werk als eine Leistung höchsten Ranges feiern.

Die Widerstandsbewegung in Frankreich
14. Juni 1944, Algier
Die *Agentur Reuter* berichtet:
In einer von Radio Algier verbreiteten offiziellen Erklärung der provisorischen französischen Regierung wird mitgeteilt, daß französische Streitkräfte der inneren Front, der »Forces Françaises de l'Intérieur« (FFI), eine Anzahl deutscher Verbindungslinien unterbrochen und damit zu dem Erfolg der ersten Phase der Invasion beigetragen haben. Französische Patrioten griffen in den Alpen, in den Vogesen, im Jura, in den Pyrenäen und in der Bretagne deutsche Transportzüge an. Kleinere Garnisonen wurden ausgehoben und Waffen- und Munitionsdepots in französischen Besitz genommen.

Montebourg wieder in deutscher Hand **D + 9**
Donnerstag, 15. Juni 1944
Associated Press meldet:
Auf der Halbinsel Cotentin hat der deutsche Druck erheblich zugenommen. Das Städtchen Montebourg, das schon so oft den Besitzer gewechselt hat, ist in harten Nahkämpfen den Amerikanern wieder entrissen worden. Dagegen rückten die Truppen der 21. Armeegruppe im Süden und Westen von Montebourg weiter vor. Die Straße nach Valognes liegt unter amerikanischem Artilleriefeuer.

General de Gaulle in der Normandie
15. Juni 1944
United Press berichtet:
General de Gaulle ist am Mittwoch an Bord eines französischen Zerstörers in Frankreich eingetroffen. In seiner Begleitung befanden sich hohe französische Offiziere sowie die britischen Verbindungsoffiziere aus dem Stab General Montgomerys.
General de Gaulle hielt am Mittwoch in Bayeux eine kurze Ansprache. Als sich die Nachricht von der Ankunft des Generals in der Stadt verbreitete, strömte die ganze Bevölkerung zwischen den alliierten Militärkolonnen hindurch nach dem Platz, wo die Versammlung stattfand. General de Gaulle dankte den Einwohnern von Bayeux und allen Franzosen dafür, daß sie den Kampf vier Jahre lang fortgesetzt hätten.

Vorstoß der Kanadier
15. Juni 1944
Die *Agentur Reuter* meldet:

Normandie-Küste, 14. Juni 1944:
General de Gaulle landet in Frankreich

Die kanadischen Truppen haben in den letzten 48 Stunden vier weitere Ortschaften erobert. Sie sind um 1500 Meter vorgestoßen und haben ihre Stellungen an der ganzen Front östlich von Caen verbessert.

Freitag, 16. Juni 1944 **D + 10**
Das *Hauptquartier von General Eisenhower* berichtet:
Die Lage hat sich nicht wesentlich verändert. Westlich von Pont l'Abbe machten die alliierten Truppen jedoch weitere Fortschritte. Alle deutschen Versuche, die Initiative zu übernehmen, sind vereitelt worden. Die alliierten Landtruppen erhielten laufend Verstärkungen.

16. Juni 1944
Das *Oberkommando der Wehrmacht* gibt bekannt:
Südengland und das Ostgebiet von London wurden in der vergangenen Nacht und heute vormittag mit neuartigen Sprengkörpern schwersten Kalibers belegt.
Der vergangene Tag stand in der Normandie im Zeichen erfolgreicher Gegenangriffe unserer Truppen. Panzerverbände trieben östlich der Orne einen Keil in den feindlichen Brückenkopf. Westlich Caumont sowie südöstlich und südwestlich Carentan warfen unsere Divisionen den Feind zurück und befestigten ihre Stellungen. Die feindlichen Verluste waren besonders bei den Kämpfen im Raum von Carentan hoch. Auch im Raum westlich und nordwestlich Sainte-Mère-Eglise hielten heftige Kämpfe an. Der Feind konnte dort nur geringen Geländegewinn erzielen.
Die Bekämpfung der feindlichen Ausladungen vor dem Landekopf wurde auch in der letzten Nacht durch unsere Luftwaffe erfolgreich fortgesetzt. Sie erzielte Bombentreffer in Schiffsansammlungen und Ausladungen. Die im Kampfraum der Invasionsfront eingesetzten Bataillone der Freiwilligenverbände des Ostens

haben sich bei den schweren Kämpfen voll bewährt und tapfer geschlagen. Vorposten- und Minensuchverbände haben sich bei der Bekämpfung der Invasionsflotte in zahlreichen harten See- und Luftgefechten sowie bei der unter schwierigen Bedingungen durchgeführten Räumung feindlicher Minensperren und der Verminung feindlicher Schiffahrtswege besonders bewährt.

Deutsche »Geheimwaffe« gegen England

16. Juni 1944. Berlin
Das *DNB* meldet:
Nach einer Erklärung des stellvertretenden Reichspressechefs Sündermann kam in der vergangenen Nacht eine deutsche Geheimwaffe gegen England zum Einsatz, was den Anfang der Vergeltung bedeute.
Die Engländer und Amerikaner, so erklärte Sündermann den Vertretern der ausländischen Presse, hätten vielleicht nie an eine Vergeltung geglaubt, müßten nun aber lernen, daß Verbrechen an der deutschen Zivilbevölkerung und an unseren Kulturdenkmälern nicht ungestraft bleiben. In der letzten Nacht wurden London und Südostengland mit der neuen Waffe angegriffen. Es handelt sich um eine völlig neue Anti-Invasionswaffe von größerer Wirkung und der operativen Bedeutung einer starken Luftflotte.

Unbemannte Flugzeuge
16. Juni 1944, London
Das *Ministerium für die öffentliche Sicherheit* teilt dem Unterhaus mit:
Von der deutschen Luftwaffe wurden am Dienstag morgen, in der vergangenen Nacht und heute morgen einige unbemannte Flugzeuge eingesetzt. Beim ersten Angriff verursachten sie einige Todesopfer, doch war dieser Angriff unbedeutend. Gegenmaßnahmen sind bereits mit allem Nachdruck ergriffen worden.

Sonntag, 18. Juni 1944 **D + 12**
Das *Hauptquartier von General Eisenhower* meldet:
An der Basis der Halbinsel trugen die Deutschen am Sonnabend bei Carentan einen wuchtigen Gegenangriff vor, der aber abgewiesen wurde. Der Gegenangriff wurde in der vergangenen Nacht wiederholt, scheiterte aber wieder, und die Deutschen ließen viele Tote auf dem Schlachtfeld zurück. Mehrere ihrer Panzer wurden außer Gefecht gesetzt.
Weiter östlich, im Sektor der kanadischen und britischen Truppen, fanden gestern und in der vergangenen Nacht lediglich örtliche Kämpfe statt, die keine Änderung der Stellungen zur Folge hatten.

18. Juni 1944
Das *Oberkommando der Wehrmacht* gibt bekannt:
Schwerstes Störungsfeuer liegt weiterhin fast ohne Unterbrechung auf London und seinen Außenbezirken.
An der normannischen Küste griff der Feind auch gestern in mehreren Abschnitten mit starken Infanterie- und Panzerkräften vergeblich an. Im Raum nordöstlich und südwestlich Tilly zerschlugen unsere Panzertruppen alle feindlichen Angriffe. Ein geringer örtlicher Einbruch wurde im sofortigen Gegenstoß bereinigt. Östlich Caumont gewann unser Angriff nach Norden das Höhengelände hart südlich Livry. Der Schwerpunkt der Kämpfe lag im Raum südwestlich Balleroy, wo amerikanische Verbände mit massierten Kräften in Richtung St. Lô unsere Front zu durchbrechen versuchten. Sie wurden in erbittertem, wechselvollem Ringen unter schwersten blutigen Verlusten abgewiesen. Allein in diesem Abschnitt hatte der Feind über 1000 Tote. Unter dem Eindruck seiner hohen Verluste zog er sich fluchtartig auf seine Ausgangsstellung zurück.
Auf der Halbinsel Cherbourg setzte der Gegner seine Angriffe im Raum St.-Sauveur-le-Vicomte fort, konnte aber nur geringen Geländegewinn erzielen.
Starke Verbände unserer Luftwaffe griffen während des ganzen Tages wirksam in die Erdkämpfe ein.
Kampf- und Torpedoflieger trafen gestern vor dem Landekopf vier feindliche Schiffe mit Bomben und Torpedos. Brände und Explosionen wurden beobachtet. Außerdem wurde ein Schwerer Kreuzer schwer beschädigt. Westlich der Halbinsel Cherbourg wehrte ein deutsches Geleit einen feindlichen Schnellbootangriff ab und versenkte dabei eines der feindlichen Boote.
Heeres- und Marine-Küsten-Batterien erzielten in der Seine-Bucht auf feindlichen Kriegsschiffen und Transportern Treffer.
Deutsche Unterseeboote versenkten aus einem feindlichen Verband am Westausgang des Kanals drei Zerstörer.

Und so war es

D + 6 Der Fall von Carentan am Montag, dem 12. Juni 1944, zeigt die drohende Gefahr einer Abriegelung von Cotentin und Einkesselung der deutschen Verbände auf der Halbinsel sowie in Cherbourg. Nach Vereinigung der beiden US-Brückenköpfe »Utah« und »Omaha« rücken die 82. US-Luftlandedivision und die 9. Infanteriedivision nordwestlich in Richtung St.-Sauvers-le-Vicomte vor.
An diesem Tage beginnt die Evakuierung der Einwohner aus Dörfern und Städten in der westlichen Normandie. Nur die Bürgermeister, Gendarmen und Pfarrer dürfen mit ihren Familien bleiben.
Die Deutschen konzentrieren am Fuß der Halbinsel ihre Kräfte, versuchen vergeblich Carentan zurückzuerobern und sperren mit starkem Artilleriefeuer die Straße nördlich von Montebourg. Währenddessen führt die britische 7. Panzerdivision einen Angriff in Richtung Südost. Ihre Einheiten umgehen die Flanke der vor Tilly-sur-Seulles liegenden Panzer-Lehrdivision (GenLt. Bayerlein) und geraten dabei in den Rücken der Deutschen.
Am Montag, dem 12. Juni 1944, besichtigt Churchill den eroberten Teil der Calvados-Küste: » . . . Als wir aus dem Landungsboot kletterten, nahm uns Montgomery lächelnd und zuversichtlich in Empfang. Seine

Marineküstenbatterie »Marcouf« nach der Einnahme durch US-Truppen

Armee hatte sich bereits zehn bis dreizehn Kilometer ins Land hineingeschoben. Geschossen wurde wenig, die Front war ruhig, das Wetter strahlend. Wir fuhren durch unser begrenztes, aber fruchtbares Hoheitsgebiet der Normandie. Der Wohlstand des Landes sah sich erfreulich an. Auf den Wiesen grasten und ruhten viele hübsche, rot und weiß gefleckte Kühe. Die Bevölkerung, anscheinend recht guter Dinge und gut genährt, winkte uns begeistert zu.«

Um 9.30 Uhr wird General d.Art. Marcks, Kommandierender General des LXXXIV. Armeekorps, auf einer Frontfahrt von St. Lô durch alliierte Jabos tödlich getroffen.

Am gleichen Tage fällt bei Caen der Kommandeur der 12. SS-Panzerdivision »Hitlerjugend«, SS-Brigadeführer Witt. Neuer Divisionskommandeur wird nun SS-Standartenführer K. Meyer, genannt Panzer-Meyer.

Teile der 2. Panzerdivision (GenLt. Freiherr v. Lüttwitz) und die SS-Panzerabteilung 501 zwingen die britische 7. Panzerdivision zum Rückzug und nehmen Villers-Bocage wieder ein.

Am Abend meldet der OB West an den Wehrmachtführungsstab: »Am 12. 6. wurde für die Zeit bis zum 13. durch verschlüsselten Spruch die Landung von 30 000 Mann feindl. Luftlandetruppen im Raum von Ossun (8 km südwestl. Tarbes, Südfrankr.) angekündigt. Auf Befehl OKW/WFSt von Ob. West an alle Dienststellen im angegebenen Raum weitergegeben.«

Kurz nach Mitternacht brechen Kapitänleutnant Ohmsen und 78 Mann der MKB »Marcouf« in Richtung Quinéville aus. Sie müssen 21 Verwundete zurücklassen. Unbemerkt können sie das Überschwemmungsgebiet durchqueren und nach etwa drei Stunden die eigenen Linien erreichen.

D + 7 In den Morgenstunden des 13. Juni 1944 rückt die britische 22. Panzerbrigade (Brigadier Hinde) kampflos in Villers-Bocage ein.

Nur ein Zufall verhindert den Zusammenbruch der Frontlinie um Tilly-sur-Seulles: Durch sein Glas erkennt Obersturmführer M. Wittmann von der 2. SS-Panzerabteilung 501, der 1. SS-Panzerdivision »Leibstandarte Adolf Hitler«, wie britische Panzer von Villers-Bocage aus ungehindert auf die Straße nach Caen einbiegen. Wittmann, der erfolgreichste Panzerkommandant des Zweiten Weltkrieges, fährt ihnen mit seinem »Tiger« entgegen und eröffnet aus 80 m Entfernung auf den vordersten Panzer das Feuer. Er schießt die Spitze des Verbandes zusammen, so daß dieser nicht mehr vorankommt, und rollt feuernd an der Marschkolonne entlang. Vier weitere »Tiger« seiner Kompanie folgen ihm. In kurzer Zeit sind alle Halbkettenfahrzeuge und ein Dutzend Panzer zusammengeschossen worden und blockieren nun die Straße nach Caen. Über Funk werden noch acht »Tiger« herangeholt. Nach diesem Gefecht ziehen sich die Engländer aus Villers-Bocage nach Livry zurück. 27 ausgebrannte britische Panzer bleiben liegen, 19 Offiziere und 236 Mann der britischen 7. Panzerdivision sind gefallen. Die Gesamtabschußzahl von Obersturmführer Wittmann beträgt damit 138 Panzer.

Am 13. Juni 1944 erobern die Amerikaner auf dem Vormarsch in Richtung Cherbourg die Stadt Valognes.

D + 8 Am Mittwoch, dem 14. Juni 1944, beginnt, noch während die Engländer und Kanadier mit ihren sieben Divisionen das I. SS-Panzerkorps, den schlagkräftigsten Teil der deutschen Verteidigung, im Raum Caen binden, General Bradley mit vier Divisionen die Halbinsel Cotentin vom restlichen Frankreich abzuschneiden. Sein VII. Korps (Maj.Gen. Collins) dreht gegen Cherbourg ein. Die Kampfgruppe von Generalleutnant H. Hellmich kann noch aus der Umklammerung ausbrechen. Die Reste der anderen Divisionen unter Generalleutnant v. Schlieben ziehen sich in das Festungsgebiet zurück.

An diesem Tage erlebt Bayeux als erste Stadt Frankreichs die Rückkehr von General de Gaulle und bereitet ihm einen enthusiastischen Empfang.

Am Nachmittag des 14. Juni 1944 trifft in Le Havre der Befehl der Luftflotte 3 (GFM Sperrle) ein, zwischen 20 und 22 Uhr das Flakfeuer nicht zu eröffnen: Für diese Zeit sei ein Angriff von drei deutschen Kampfflugzeugen mit ferngelenkten Bomben vom Typ Fritz X gegen die Konzentration alliierter Schiffe in der Seine-Mündung geplant und Le Havre als Einflugraum vor-

gesehen. Vergeblich versucht Admiral Krancke, der OB-Marine West, den Befehl rückgängig zu machen, da im Stützpunkt Le Havre zur Zeit mehrere deutsche Einheiten liegen, die wegen der unmittelbaren Nähe des Landungsgebietes ständig durch alliierte Fliegerkräfte bedroht sind.
Noch während der Admiral mit dem Stab der Luftflotte 3 telefoniert, beginnt ein britischer Luftangriff. Eisenhower: »Es war seit Ausbruch des Krieges die größte Tagesoperation des RAF Bomber Command.« Pünktlich um 20 Uhr erscheinen 325 Lancaster-Bomber über Le Havre und werfen – nur durch leichte Schiffsflak behelligt – im Tiefflug ihre Bombenlast von über 1000 Tonnen ab. Bei dem Verlust von einer Maschine versenken sie 3 Torpedoboote, 2 Geleitboote, 10 Schnellboote, 1 Räumungsboot, 7 Minensuchboote, 8 Vorpostenboote, dazu mehrere kleinere Hilfskriegsschiffe und Hafenfahrzeuge.

D + 9 Am Donnerstag, dem 15. Juni 1944, gruppiert sich das II. SS-Panzerkorps (SS-Obergrf. Hausser) mit der neu eintreffenden 9. SS-Panzerdivision »Hohenstaufen« (SS-Standartenf. Stadler) und der 10. SS-Panzerdivision »Frundsberg« (SS-Oberführer Harmel) für den geplanten Gegenstoß zwischen Caumont und St. Lô.
Durch ständige Jabo-Angriffe behindert, brauchen die Einheiten der 2. Panzerdivision für ihren Marsch von 260 km fast sechs Tage, um von der Somme zur Orne zu gelangen, die 3. Fallschirmjägerdivision für 250 km fast diesselbe Zeit und die 265. Infanteriedivision für 160 km von Quimper bis zur Front eine Woche.
Ebenfalls am 15. Juni geht um 3.40 Uhr ein orkanartiges, zwei Stunden anhaltendes Trommelfeuer auf die deutschen Linien bei Tilly-sur-Seulles los. Kurz danach greifen im Tiefflug drei Jabo-Verbände die Stellungen mit Raketen an. Auf breiter Front stoßen britische Truppen bis über die Straße Tilly–Balleroy hinaus vor und werden im Wald südlich der Straße von der Panzer-Lehrdivision aufgehalten. In der unübersichtlichen Buschlandschaft der Bocage westlich von Caen erleiden die Alliierten schwere Panzerverluste durch Pak, Sturmgeschütze und Nahkampfmittel der Infanterie.
In der Normandie, die mit Wäldern und Obstgärten bewachsen ist und deren Äcker hohe baumbewachsene Bocages umgeben, die eine natürliche Panzersperre bilden, haben die alliierten Panzer nur wenig Möglichkeiten vorwärtszukommen, und die Infanterie, die dem Feuer gut getarnter Scharfschützen und MG ausgesetzt ist, muß einen erbitterten Kampf von Hecke zu Hecke führen.
Am Nachmittag erlebt die HKB »Houlgate« einen schweren Angriff amerikanischer Bomber. Seit Tagen meldet BBC, daß die Batterie dem konzentrierten Feuer der Schiffsartillerie zum Opfer gefallen sei. Trotzdem ist die Batterie intakt und schießt weiter. Ist kein alliiertes Flugzeug in Sicht, eröffnet die Batterie das Feuer, wird sie durch Schiffsartillerie unter Beschuß genommen, schweigt sie. Dieses Spiel wiederholt sich Tag für Tag.
In der Nacht vom 15./16. Juni 1944 greifen 300 Lancaster-Bomber den Hafen von Boulogne-sur-Mer an und wiederholen ihren Erfolg vom Vortage. Sie versenken hier 3 Räumungsboot-Begleitschiffe, 7 Räumungsboote, 2 Minenboote, 2 Vorpostenboote, 3 Schlepper, 5 Hafenschutzboote; 3 Räumungsboote werden schwer beschädigt.

D + 10 Am Freitag, dem 16. Juni 1944, verzeichnet das Kriegstagebuch des Wehrmachtführungsstabes: »Beginn des eigenen Gegenangriffes ostwärts der Orne, der nach Anfangserfolgen nach einigen Tagen liegenbleibt – die eigenen Maßnahmen werden durch die Absprungbereitschaft der 1. amerikanischen Heeresgruppe in Südostengland, die einen Angriff gegen die Front der 15. Armee wahrscheinlich macht, verzögert.«
An diesem Tage trifft Hitlers Befehl, daß keine Truppen aus Cherbourg zurückgenommen werden dürften, bei der Heeresgruppe B ein.
Am Nachmittag bricht unter hohen Verlusten der sorgfältig vorbereitete Angriff der deutschen 346. Infanteriedivision und der 21. Panzerdivision östlich der Orne im Feuer der Schiffsartillerie zusammen. Ein Teil des gewonnenen Geländes muß wieder aufgegeben werden.

D + 11 Am Sonnabend, dem 17. Juni 1944, um 9.00 Uhr, treffen sich im behelfsmäßigen Führerhauptquartier in der Nähe von Soissons, 300 km von der Invasionsfront entfernt, v. Rundstedt und Rommel zu einer Besprechung mit Hitler. Die von den beiden Feldmarschällen vorgeschlagene Räumung des Orne-Brückenkopfes von Caen sowie die Verlegung einiger Divisionen vom Pas de Calais in die Normandie lehnt Hitler schroff ab. Er unterbricht die Besprechung, um den Text der Bekanntgabe des ersten Einsatzes der Flugbombe für Presse und Rundfunk zu diktieren. Rundstedt und Rommel fordern darauf den Einsatz der Geheimwaffe an der Normandie-Front. Der Kommandierende General der V-Waffe (Gen. d. Art. Heinemann) weist jedoch auf die unberechenbare Streuung der Geschosse (15–18 km) und die Gefährdung der eigenen Truppen hin. Das Ergebnis der Konferenz: Hitler entschließt sich nach langem Zögern, noch einen Tag in Frankreich zu bleiben, um eine Fahrt an die Front zu unternehmen.
Am Nachmittag des 17. Juni 1944 fällt der Widerstand des letzten Stützpunktes inmitten des alliierten Brükkenkopfes: die Funkmeßstellung »Distelfink«, die laufend über Funk dem I. SS-Panzerkorps die Bewegungen der kanadischen Truppen mitgeteilt hat. Die Sturmtruppen des 41. Royal Marines Commando dringen mit Unterstützung von Minenräumpanzern in die Funkmeßstation ein und nehmen bei nur einem Verlust fünf Offiziere und 211 Soldaten gefangen, die sich in der unterirdischen, bis 100 m tief ausgebauten Anlagen verschanzt haben.
Unterstützt durch Schiffsartillerie, Bomber und Jabos stoßen die Panzer des britischen VIII. Panzerkorps weiter vor und erobern Christot. Um 19.46 Uhr erreichen die Panzerspitzen Tilly-sur-Seulles. Hier werden

sie von der 12. SS-Panzerdivision zum Stehen gebracht. Zu gleicher Stunde bricht die 1. US-Armee (Lt.Gen. Bradley) bis Barneville an der Westküste der Halbinsel Cotentin durch und schneidet Cherbourg ab.
Kurz nach Abfahrt der Feldmarschälle v. Rundstedt und Rommel aus dem Führerhauptquartier schlägt ein verirrtes V-Geschoß nahe Soissons ein, ohne zu explodieren. Hitler reist überstürzt nach Berchtesgaden ab, um von dort aus die Schlacht in der Normandie weiterhin zu leiten.

D + 12 In früher Morgenstunde des 18. Juni 1944 greift das britische VIII. Panzerkorps den deutschen Frontabschnitt bei Tilly-sur-Seulles an. Die Höhe 112 hält eisern die 12. SS-Panzerdivision »Hitlerjugend« (SS-Standartenf. Meyer) rechts von der Panzer-Lehrdivision. Nördlich des Odon steht nun die 16. Luftwaffen-Felddivision. In Caen liegen die Kanoniere der 21. Panzerdivision (GenLt. Feuchtinger), während ein Panzerregiment derselben Division an der Ostflanke von Caen in Bereitschaft liegt.

Bis zum Sonntag, dem 18. Juni 1944, sind bisher an der Normandie-Küste gelandet: 619 000 alliierte Soldaten, 95 000 Fahrzeuge und 218 000 Tonnen Material.

Montag, 19. Juni 1944 **D + 13**
Das *Hauptquartier von General Eisenhower* teilt mit:
Alliierte Truppen haben die Halbinsel Cherbourg von der übrigen Normandie abgeschnitten, indem sie die Westküste in der Nähe von Barneville erreichten. Im Zentrum brachte uns der stete Vormarsch östlich der Vire bis auf weniger als zehn Kilometer an St. Lô heran.

19. Juni 1944
Das *Oberkommando der Wehrmacht* gibt bekannt:
Das Störungsfeuer auf London und seine Außenbezirke dauerte auch gestern während des ganzen Tages und in der heutigen Nacht mit wechselnder Stärke an. Der Schwerpunkt der Kämpfe in der Normandie lag am vergangenen Tag im Raum St.-Sauveur-le-Vicômte. Es gelang hier dem Feind unter stärkstem Einsatz seiner Artillerie, unsere Sicherungen zu durchstoßen und die Westküste der Halbinsel Cherbourg bei Barneville-sur-Mer zu erreichen. Die Abriegelungsfront unserer Truppen ist südlich und nördlich davon gebildet.
Der feindliche Brückenkopf östlich der Orne wurde weiter eingeengt. Feindliche Gegenangriffe mit Panzern scheiterten. Beiderseits Tilly griff der Feind auf breiter Front mit stärkeren Infanterie- und Panzerkräften an. Alle feindlichen Angriffe brachen erfolglos zusammen. Nördlich St. Lô wurde ein Einbruch vom Vortage bereinigt. Hier hat sich die 3. Fallschirmjäger-Division unter Führung von Generalleutnant Schimpf besonders hervorgetan.
Kampffliegerverbände versenkten vor dem Landekopf zwei Handelsschiffe mit 18 000 BRT und einen Zerstörer. Vier weitere Handelsschiffe mit 29 000 BRT und drei Zerstörer wurden schwer beschädigt.

Arromanches, künstlicher Hafen »Mulberry-B«, 18. Juni 1944: Die Ruhe vor dem Sturm. Wenige Tage später wird der Hafen durch schweren Seegang erheblich beschädigt

Marineküstenbatterien beschädigten westlich der Halbinsel Cherbourg ebenfalls einen feindlichen Zerstörer.

Sturmwetter im Kanal

19. Juni 1944
Im Invasionshauptquartier General Eisenhowers:
Die Wetterlage über dem Invasionsgebiet bleibt schlecht. Nach einer kurzen Aufhellung am Sonntag morgen haben am Sonntag nachmittag und während der Nacht dichte Bewölkung und Regen die Luftoperationen auf ein Minimum beschränkt. Am Montag früh herrscht im Kanalgebiet Sturmwetter. Unter diesen Umständen sind die Landungen kleiner Fahrzeuge an der Küste praktisch ausgeschlossen, so daß der Nachschub behindert ist.

Cherbourg wird dem Gegner zum Verhängnis
Die nordamerikanische 1. Armee hat sich der Westküste der Halbinsel Cotentin dicht genähert und damit die Landverbindung von Cherbourg mit dem inneren Frankreich unterbrochen. Ihr ist damit ein Teilerfolg gelungen. Er soll nicht verkleinert werden. Wenn auch mit beträchtlicher Verspätung, sind die Amerikaner westlich von Ste.-Mère-Eglise dorthin gekommen, wo sie in den ersten 48 Stunden sein wollten.
Es ist nicht schwer zu erraten, was sie nunmehr zu unternehmen versuchen werden. Sie werden danach streben, den vorläufig noch dünn nach Westen vorgestreckten Arm anschwellen zu lassen. Sie werden ihn nach Süden wie nach Norden breiter und stärker machen wollen, als er gegenwärtig ist. Sie werden vor allen Dingen streben, die eigentliche Belagerung von Cherbourg zu beginnen. Sie werden damit auf Befestigungen stoßen, wie sie sie weder in Italien noch selbst in der Normandie bisher kennengelernt haben. Der Hafen von Cherbourg ist nach den Grundsätzen der neuen deutschen Befestigungskunst auch nach der Landseite hin geschützt. Hier stehen Werke von einer Mächtigkeit und einer Feuerkraft, wie sie sie die Truppen der Westmächte bisher noch nicht getroffen haben. Die Festung hat auch Vorräte aller Art; außerdem gibt es noch genügend Wege außerhalb der Eisenbahnlinien und Landstraßen, um sie zu versorgen. Das Vordringen der Amerikaner in dieser Gegend sollte dem Ziele gelten, sich einen Hafen zu schaffen. Sie werden bald spüren, wieweit sie noch davon entfernt sind . . .

Völkischer Beobachter, 19. Juni 1944

Tilly zurückerobert **D + 14**

Dienstag, 20. Juni 1944
United Press berichtet:
Nach schweren Nahkämpfen ist Tilly-sur-Seulles am Montag von den britischen Truppen endgültig zurückerobert worden.

Ausländische Diplomaten in England
20. Juni 1944, London
United Press meldet:
Mit sofortiger Wirkung sind alle einschränkenden Bestimmungen, die den in England akkreditierten Diplomaten vor zwei Monaten im Hinblick auf die militärischen Vorbereitungen auferlegt wurden, aufgehoben worden.

Nachbau der Abschußrampen in England **D + 15**
Mittwoch, 21. Juni 1944, London
Das *Luftfahrtministerium* teilt mit:
Jagdstaffeln der RAF melden weitere Abschüsse fliegender Bomben. Die Abschußrampen in Nordfrankreich wurden seit Dienstag wiederholt erfolgreich angegriffen. Es kann jetzt auch veröffentlicht werden, daß für die Abwehr der deutschen Geheimwaffe in England mehrere Modelle getarnter Abschußrampen gebaut wurden, an denen ausgewählte alliierte Piloten den gezielten Bombenabwurf geübt haben.

Tilly-sur-Seulles, 19. Juni 1944: »Nach schweren Kämpfen von britischen Truppen endgültig zurückerobert«

Cherbourg, 24. Juni 1944: US-Infanterie im Kampf um das Fort du Roule

Sowjetische Offensive D + 18

Sonnabend, 24. Juni 1944, Moskau
Das *Sowinformbüro* meldet:
Die Rote Armee ist an der Zentralfront zur Offensive übergegangen und hat mit starken Kräften eine Zangenbewegung gegen Witebsk eingeleitet.
Die Offensive wurde durch schwere Luftbombardements gegen die tief gestaffelte deutsche Festungszone im Frontbogen von Witebsk eingeleitet. Einige Stunden später feuerten nahezu tausend Geschütze gegen die Flankenstellungen der Deutschen.
Ein erster Durchbruch erfolgte nordwestlich von Witebsk vor der Hauptbahnstrecke nach Polozk. Schwere Panzer vom Typ »Klim-Woroschilow« gelangten hinter die deutsche Linie und überschritten den Bahndamm bei Sirotino, etwa auf halbem Wege zwischen Witebsk und Polozk.

Sonntag, 25. Juni 1944 **D + 19**
Das *Hauptquartier von General Eisenhower* teilt mit:
An der Basis der Halbinsel ist die Lage in den Abschnitten von Carentan und St. Lô unverändert, dagegen hat sich die Heftigkeit der Schlacht im Gebiet von Caen weiter gesteigert. Rommel unternahm in dieser Zone eine Reihe von Gegenangriffen, und es kam zu den schwersten Kämpfen seit der Landung in der Normandie. Die Stadt Caen ist nur noch ein Trümmerhaufen. Auch östlich von Caen wurden neue schwere Kämpfe ausgetragen.
Die alliierten Truppen stehen am Stadtrand von Cherbourg, und der Endangriff hat begonnen. Auf einer 16 km langen Front, die sich östlich und westlich der Stadt ausbreitet, sind unsere Truppen bis auf knapp fünf Kilometer ans Meer herangerückt.

25. Juni 1944
Das *Oberkommando der Wehrmacht* gibt bekannt:
Im Kampfraum der Festung Cherbourg erlitt der Feind gestern bei seinen Angriffen gegen unsere Widerstandsgruppen, die mit beispielhafter Tapferkeit aushalten, besonders schwere Verluste. Erst nachdem in den Abendstunden südwestlich und südöstlich Cherbourg einige unserer Stützpunkte nach erbitterten Nahkämpfen verloren gingen, konnte der Gegner dort die Stadtränder erreichen.
Im Raum Tilly trat der Feind mit starken Kräften zum Angriff an. Die Kämpfe sind dort in vollem Gange.
Unsere Küstenbatterien griffen trotz schwerem Feuer der feindlichen Schiffsartillerie und rollender Luftangriffe wirksam in die Erdkämpfe ein. Außerdem erzielten sie mehrere Treffer auf feindlichen Kreuzern und Zerstörern.
Im Ostteil der Seine-Bucht schossen Heeresküstenbatterien einen Transporter von 5000 BRT in Brand. Ein feindlicher Monitor und mehrere feindliche Kriegsschiffe wurden zum Abdrehen gezwungen. Nach Minentreffern ging im gleichen Seegebiet ein feindlicher Zerstörer unter, ein weiterer größerer Transporter geriet in Brand . . .
Schweres Störungsfeuer lag weiterhin auf London und seinen Außenbezirken.

Schwere Kämpfe in Cherbourg

25. Juni 1944, abends
United Press berichtet:
Während amerikanische Sturmtruppen mitten in Cherbourg kämpfen, flammten am Sonntag abend die Kampfhandlungen auf den Höhen, die den Hafen im Süden überragen, von neuem wieder auf. Es war den Deutschen gelungen – wie angenommen wird, durch einen unterirdischen Tunnel – wieder in das Fort du Roule einzudringen.

Deutsche Taktik gegen alliierte Bomber
25. Juni 1944, in der Normandie
Sowjetischer Frontberichterstatter *D. F. Kraminow:*
Der Schwerpunkt der Offensive verlagerte sich in die Luft, wo sich die Alliierten als uneingeschränkte Herrscher fühlten. Die Deutschen klammerten sich an die französischen Städtchen und Dörfer mit ihren festen Steinhäusern. Es gelang ihnen meist, in anderthalb bis zwei Stunden irgendein Dorf in einen Stützpunkt zu verwandeln und dafür lediglich ein Stemmeisen zu be-

». . . sie sagten,
daß sie 18 Jahre alt seien,
aber sie waren viel jünger« –
notiert der
US-Kriegsberichterstatter,
der dieses Foto in der Normandie
gemacht hat

nutzen. Sie brachen in die Hauswände einfach Schießscharten für Maschinengewehre und Panzerabwehrkanonen.
Wenn die verbündeten Truppen auf solch ein Dorf stießen, so rollten sie zurück und riefen Bomber von englischen Flugplätzen heran. Die deutschen Soldaten wurden jedoch mit dieser Taktik schnell vertraut, gingen auf das nächste Dorf zurück und ließen in dem der Vernichtung geweihten Stützpunkt nur schwache Sicherungen. Diese zogen sich, wenn sie den Bombenangriff überstanden hatten, auf ihre Truppe zurück, die inzwischen die nächste Ortschaft zur Verteidigung eingerichtet hatte. Wenn die Alliierten die Ruinen des ersten Ortes besetzt hatten, wiederholte sich das Spiel von neuem.

Und so war es

D + 13 Am Morgen des 19. Juni werden alle an »Neptune« beteiligten Marineeinheiten alarmiert, daß ein Orkan bevorstehe. An diesem Tage herrscht das schlechteste Sommerwetter seit 1900, und ein schwerer Nordweststurm zerstört den künstlichen »Mulberry«-Hafen der Amerikaner. Etwa 800 Schiffe, Landungsfahrzeuge, Schlepper und Fähren werden beschädigt oder versenkt.
Vom D-Day bis heute haben deutsche Kampfflugzeuge den Zerstörer »Boadicea«, die Fregatte »Lawford« und das US-Handelsschiff »Charles Morgan« (7244 BRT) versenkt.
In der Nacht vom 19./20. Juni 1944 beginnt die Transportgruppe 30 mit der Luftversorgung von Cherbourg: 35 Kampfflugzeuge vom Typ Heinkel He 111 schaffen 50 Tonnen Panzersprengmunition in die belagerte Festung. Die erste Maschine startet um 21.30 Uhr, und die weiteren folgen im Abstand von je drei Minuten. Sie fliegen das Funkfeuer von St. Malo an, dann im Tiefflug an der Küste entlang bis zum Cap de la Hague, um von See her die markierte Abwurfstelle am Arsenal Cherbourg zu erreichen. Nach Abwurf der Behälter mit Fallschirmen drehen sie ab und fliegen über den Norden von Paris zu ihren Absprungplätzen zurück. Eine der Maschinen, die der Insel Jersey zu nahekommt, wird von der eigenen Flak abgeschossen, deren Befehl lautet, auf jedes Flugzeug das Feuer zu eröffnen.

D + 14 Am Dienstag, dem 20. Juni 1944, nimmt die HKB »Houlgate« die am östlichen Teil des »Sword«-Strandes ankernden Transportschiffe wiederholt unter Beschuß. Da die Batterie über ein Funkmeßgerät nicht verfügt und die Schiffe hinter einer dicken Kunstnebelwand liegen, kann sie nur Störfeuer schießen.
Die in den Nordteil der Halbinsel Cotentin ausweichenden deutschen Truppen sind den ganzen Tag hindurch schweren Bombenangriffen ausgesetzt.

D + 15 Am Mittwoch, dem 21. Juni 1944, verstärkt sich der orkanartige Sturm, und der zweite künstliche »Mulberry«-Hafen beginnt sich in seine Bestandteile aufzulösen. Die Betonbarken der äußeren Wellenbrecher bersten und sinken, die »Phönix«-Schiffe reißen sich los, die wütende See wirft die Transporter gegen die Kais. Nur die Blockschiffe verhindern das Schlimmste. Es geht viermal soviel Tonnage und Ladung verloren wie am D-Day. Der amerikanische »Mulberry«-Hafen bei St. Laurent ist schon vorher völlig zerstört. Eisenhower: » . . . Für uns war das ein schwerer Schlag, der unsere Operation den ganzen Sommer hindurch behinderte.«

D + 16 Am Donnerstag, dem 22. Juni 1944, entbrennt die Schlacht um Caen. General Montgomery beabsichtigt, über das Höhengelände südwestlich Caen mit der beherrschenden Höhe 112 und über den Fluß Odon die Orne zu erreichen und danach Caen einzukreisen. Diesen wichtigen Frontabschnitt verteidigt die 12. SS-Panzerdivision »Hitlerjugend« (SS-Standartenf. Meyer).

An der Ostfront beginnt am 22. Juni 1944 die sowjetische Sommeroffensive gegen die deutsche Heeresgruppe Mitte (GFM Busch). Die sowjetischen Verbände erzielen sofort tiefe Einbrüche und stoßen mit bisher noch nicht dagewesener Überlegenheit in Richtung Witebsk, Orscha und Bobruisk vor.

Am Nachmittag erfolgt nach einem 80 Minuten dauernden Bombardement auf die äußeren Verteidigungsanlagen von Cherbourg der erste Angriff gegen die Festung. Ihr Kommandant, Generalleutnant v. Schlieben, soll laut Hitler-Befehl diese wichtige Hafenstadt bis zum äußersten halten.

An diesem Tage trifft in Caen eine Einheit deutscher Kampfschwimmer vom Marine-Einsatzkommando 60 ein. Sie soll zwei der wichtigsten Brücken über die Orne und den Orne-Kanal nahe Bénouville sprengen, die in den ersten Stunden der Invasion durch einen Handstreich der britischen 6. Luftlandedivision (Maj.Gen. Gale) erobert wurden und über die man jetzt britische Truppen in den Brückenköpfen nördlich von Caen versorgt. Da sich ein Bomberangriff der Luftwaffe wegen massierter Flakabwehr als undurchführbar erweist, müssen nun Kampfschwimmer die Brücken mit Torpedos in die Luft jagen. In zwei Gruppen von je fünf Mann starten sie um 22.30 Uhr und erreichen nach einem beschwerlichen, etwa 15 km langen Weg durch das Fluß- und Kanalbett – unbemerkt von zahlreichen Patrouillen – ihr Ziel. Die Torpedos werden jeweils am Mittelpfeiler verankert und explodieren um 5.30 Uhr an beiden Brücken.

Als die Kampfschwimmer zum Ausgangspunkt zurückkehren, stellt man jedoch fest, daß durch fehlerhafte Aufklärung am Orne-Kanal die falsche Brücke gesprengt worden ist.

D + 17 Am Freitag, dem 23. Juni 1944, trifft an der Front die 2. SS-Panzerdivision »Das Reich« (SS-Gruppenführer Bittrich) ein, die für einen normalerweise drei Tage dauernden Marsch zwei Wochen brauchte, um von Toulon bis zur Normandie zu gelangen.

D + 19 Am Sonntag, dem 25. Juni 1944, stehen US-Truppen des VII. US-Korps (Maj.Gen. Collins) im schweren Straßenkampf in Cherbourg. Die Deutschen leisten besonders hartnäckigen Widerstand, um Zeit für die Zerstörung sämtlicher Hafenanlagen zu gewinnen.

Am Nachmittag trifft in Cherbourg im Gefechtsstand von Generalleutnant v. Schlieben ein Funkspruch der Heeresgruppe B ein: »Sie haben gemäß Führerbefehl den Kampf bis zur letzten Patrone zu führen!« Die schweren Marinebatterien »Yorck«, »Brommy« und »Hamburg« führen ein Feuerduell mit drei alliierten Schlachtschiffen, vier Kreuzern und zehn Zerstörern. Das Schlachtschiff »Texas« und ein Kreuzer sowie mehrere Zerstörer werden beschädigt, die deutschen Batterien zum größten Teil vernichtet.

Unterdessen tobt zwischen Tilly-sur-Seulles und Villers-Bocage, im Abschnitt der britischen 2. Armee (Lt.Gen. Dempsey), eine heftige, wechselvolle Schlacht: Nach dreistündigem Trommelfeuer beginnen die britischen Panzerverbände einen Großangriff und versuchen den deutschen Verteidigungsring zu durchbrechen. Es sind die heftigsten Kämpfe seit dem 6. Juni 1944, jedoch vergehen noch zwei Monate, bis Villers-Bocage endlich genommen ist.

Punkt 19.00 Uhr erschüttert eine gewaltige Explosion die Festung Cherbourg: 35 Tonnen Dynamit legen die Hafenanlagen in Trümmer.

4. Woche *26. Juni – 2. Juli 1944*

Bis zur letzten Patrone **D + 20**

Montag, 26. Juni 1944, Berlin

Das *DNB* meldet:

Wie ergänzend mitgeteilt wird, lehnte der deutsche Kommandant von Cherbourg wiederholte Aufforderungen der Alliierten, die Stadt zu übergeben und mit seinen Truppen zu kapitulieren, schweigend ab. Tatsächlich hat sich die deutsche Besatzung bis zur letzten Patrone und Granate verteidigt, wobei es um zahlreiche

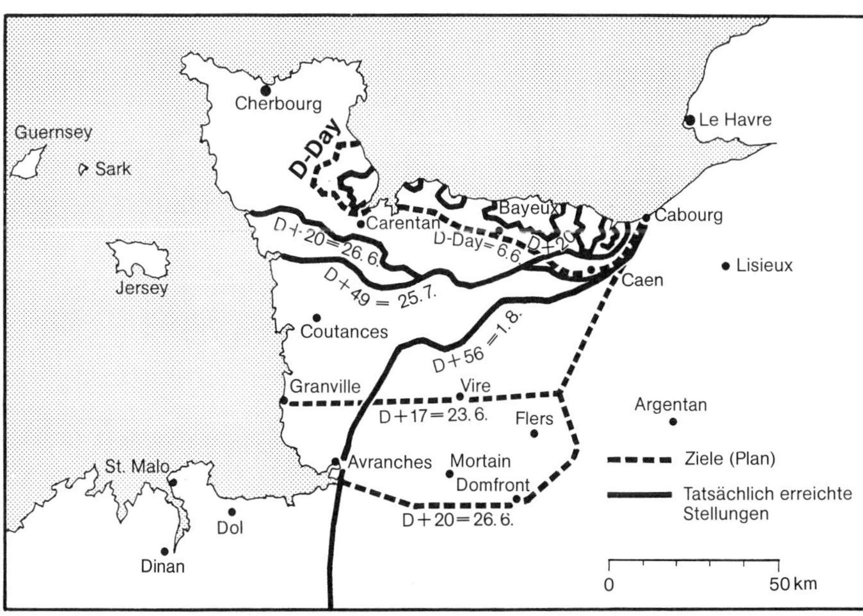

Vormarsch der Invasionstruppen bis zum Ausbruch bei Avranches: Starker Zeitverlust der Alliierten

Widerstandsnester zu heftigen Nahkämpfen mit der blanken Waffe kam. Erst als die letzten Abwehrmöglichkeiten im Stadtbereich erschöpft waren, konnten die nur noch wenige tausend Mann zählenden deutschen Verteidiger von Cherbourg überwältigt werden.

Dienstag, 27. Juni 1944 **D + 21**
Das *Hauptquartier von General Eisenhower* teilt mit:
Mit der Besetzung Cherbourgs hat die zweite Runde des Befreiungsfeldzuges ihr Ende gefunden. Zwanzig Tage nach Beginn ihres Angriffs haben die alliierten Streitkräfte einen starken Brückenkopf errichtet, der die ganze Halbinsel Cotentin und deren wichtigsten Hafen umfaßt. Die Befreiung Cherbourgs erfolgte nach einem letzten Tag erbitterten Kampfes im Nordwestteil der Stadt.
Nach einem heftigen Angriff in Richtung der Hauptstraße von Villers-Bocage nach Caen wurden Cheux und Fontenax besetzt und trotz starkem Widerstand feindlicher Panzer und Infanterie ein Geländegewinn von mehreren Kilometern erzielt. Unsere Truppen machen weitere Fortschritte. Die Fliegertätigkeit wurde am Montag und in der vergangenen Nacht durch Stürme und dichtes Gewölk eingeschränkt.

27. Juni 1944
Das *Oberkommando der Wehrmacht* gibt bekannt:
In Cherbourg wurde den ganzen Tag über in einzelnen Stützpunkten mit größter Erbitterung gekämpft. Erst gegen Abend gelang es dem Gegner, der in den blutigen Straßenkämpfen schwere Verluste erlitt, sich in den Besitz eines großen Teiles der Stadt zu setzen. Einige unserer Widerstandsnester kämpfen dort immer noch mit beispielhafter Tapferkeit. Im Arsenal und in einer Anzahl von Marine- und Luftwaffenstützpunkten halten die tapferen Besatzungen allen feindlichen Sturmangriffen stand. Auch hier hat der Gegner schwere Verluste. Land- und Küstenbatterien der auf der Halbinsel nordwestlich Cherbourg befindlichen eigenen Kampfgruppen unterstützen die Verteidiger der Stadt mit gutliegendem Artilleriefeuer.
Die Marineküstenbatterie »Yorck« versenkte vor Cherbourg einen leichten Kreuzer.
Im Raum von Tilly dehnte der Feind seine Angriffe auf weitere Abschnitte aus. Den ganzen Tag über hielten schwerste Infanterie- und Panzerkämpfe an. Der Feind, der durch Gegenangriffe zum Stehen gebracht wurde, konnte nur wenig Boden gewinnen.
Vor der Orne-Mündung zwangen unsere Küstenbatterien mehrere Transporter zum Abdrehen. In der letzten Zeit wurden zahlreiche mit Fallschirmen abgesetzte feindliche Sabotagetrupps im französischen Raum im Kampf niedergemacht.
Schweres »V1«-Störungsfeuer lag weiterhin auf dem Stadtgebiet von London.

Die Widerstandsbewegung in Frankreich
27. Juni 1944, London
Die *Agentur Reuter* meldet:
General Koenig gibt in seiner Eigenschaft als Oberbefehlshaber der »Französischen Streitkräfte der inneren Front« (Forces Françaises de l'Intérieur – FFI) bekannt, daß Patriotenverbände seit dem Invasionskrieg die Mehrzahl aller Ferntelephonleitungen von Paris nach der Provinz außer Betrieb gesetzt haben. In der Gegend des Unterlaufs der Seine bis unmittelbar östlich der Front in der Normandie seien fast alle Transformatorenstationen in die Luft gesprengt worden.

Britische Flotteneinheiten in Cherbourg **D + 22**
Mittwoch, 28. Juni 1944, Cherbourg
Associated Press berichtet:
Am Mittwoch morgen liefen die ersten Einheiten der britischen Flotte in Cherbourg ein, nachdem es Minensuchern und Räumbooten in kurzer Zeit gelungen war, eine sichere Einfahrt in den Hafen freizulegen.

Donnerstag, 29. Juni 1944 **D + 23**
Das *Hauptquartier von General Eisenhower* teilt mit:
Die schwere Panzerschlacht zwischen den Flüssen Odon und Orne ging die ganze Nacht hindurch weiter. General Dempsey warf neue Panzer- und Infanterieformationen über den Odon und konnte so seinen Brückenkopf auf dem Südufer wesentlich verstärken. Außerdem wurde der Fluß weiter südlich an einer zweiten Stelle überschritten, unweit von Evrecy.
Die ganze Nacht hindurch griffen starke deutsche Panzer- und Infanterieverbände den britischen Keil über den Odon an, wobei sie sich besonders auf die beiden Flanken konzentrierten.
Nach den letzten Meldungen legten britische Pioniere nachts mehrere Pontonbrücken über den Odon, so daß jetzt der Nachschub schnell auf das Schlachtfeld gelangen kann.
Auch nördlich von Caen entwickelt sich der britische Angriff günstig. Nach schweren Nahkämpfen konnten sich die alliierten Truppen in den Besitz eines Schlosses setzen, das nördlich der Stadt liegt.

29. Juni 1944
Das *Oberkommando der Wehrmacht* gibt bekannt:
In der Normandie dehnte der Feind seine starken Angriffe auf fast 25 Kilometer Breite aus. Besonders erbittert waren die Kämpfe im Raum südwestlich Caen, wo der Gegner in dem buschigen, unübersichtlichen Gelände einen schmalen Einbruch erzielen konnte. Der in den Abendstunden einsetzende Gegenangriff deutscher gepanzerter Kampfgruppen drängte die feindlichen Angriffsspitzen auf engstem Raum zusammen. Der Gegner erlitt schwerste Verluste an Menschen und Material. Allein eine Panzerabteilung vernichtete dabei 53 feindliche Panzer.
In diesem Abschnitt haben sich bei den Kämpfen der letzten Tage die 12. SS-Panzerdivision »Hitlerjugend« unter Führung von SS-Standartenführer Meyer, insbesondere die Kampfgruppen des SS-Sturmbannführer Olboeter, besonders ausgezeichnet.
Östlich der Orne brachen wiederholte, von starker Artillerie unterstützte Vorstöße des Gegners blutig zusammen.

er deutsche Landser: Er trägt die ganze Last
es Abwehrkampfes gegen den übermächtigen Feind

n Raum von Cherbourg halten sich mehrere unserer
ützpunkte auch weiterhin gegen die feindliche Über-
acht. Der Hafen ist zerstört, die Einfahrt immer noch
sperrt.
ondon liegt nunmehr seit zwei Wochen unter dem an-
auernden Feuer der V1.

eitag, 30. Juni 1944 **D + 24**
as *Hauptquartier von General Eisenhower* teilt mit:
er alliierte Brückenkopf am Odon wurde an seinen
iden Flügeln ausgeweitet. Sonst ist in der allgemeinen
age keine Änderung eingetreten. Die Kämpfe nörd-
h Evrecy, wo der Feind neue Verstärkungen heran-
führt hat, dauern an. Die Forts an der Seeseite von
ierbourg haben sich ergeben, und die Säuberungs-
tionen in der Gegend des Cap de la Hague nehmen
ren Fortgang.
m Donnerstag griffen unsere Flugzeuge nachmittags
d abends Straßen- und Eisenbahntransporte, Brük-
n und Eisenbahnen im Rücken der feindlichen Linien
.

lgende Seiten: Ein Schauspiel, das Tod
d Verderben bringt: US-Soldaten beobachten einen
ftangriff auf deutsche Stellungen

30. Juni 1944
Das *Oberkommando der Wehrmacht* gibt bekannt:
In der Normandie setzte der Feind seine gewaltigen Anstrengungen fort, um die Stadt Caen von ihren Versorgungslinien abzuschneiden und von Südwesten her zu nehmen. Unter stärkstem Einsatz von Artillerie und Luftwaffe konnte der Gegner seinen Einbruchsraum in erbitterten Kämpfen zunächst erweitern, bis ihn ein starker deutscher Gegenangriff in der Flanke traf und ihm einen großen Teil des gewonnenen Geländes wieder entriß. Zahlreiche Panzer des Feindes wurden vernichtet. Die Kämpfe dauern an.
An der übrigen Front des Landekopfes scheiterten erneute, von starker Artillerie unterstützte Vorstöße des Gegners östlich der Orne und südwestlich Tilly. Nordöstlich St. Lô eingebrochene nordamerikanische Truppen wurden im Gegenangriff wieder geworfen.
Im Kampfraum von Cherbourg trat der Feind auf breiter Front nunmehr auch gegen unsere Kampfgruppen auf der Nordwestspitze der Halbinsel zum Angriff an. Der Ansturm des weit überlegenen Gegners brach am Widerstand der tapferen Verteidiger unter Führung von Oberstleutnant Keil verlustreich zusammen . . .
Das schwere Vergeltungsfeuer der V1 wird fortgesetzt.

Sender Beromünster (Schweiz)

30. Juni 1944:
Der Fall von Cherbourg im Westen und von Witebsk im Osten – fast zur gleichen Zeit – sprechen eine beredte Sprache; politische Differenzen und Spannungen, die in einer Koalition von gleichberechtigten Großmächten unvermeidlich sind und im Falle eines gemeinsamen Sieges mehr oder weniger deutlich bei den künftigen, sehr komplizierten Regelungen des Friedens wieder in Erscheinung treten können, scheinen keinen großen Einfluß auf die gemeinsame alliierte Strategie ausgeübt zu haben . . . Nichts einigt so sehr wie ein gemeinsamer Feind, und die Frage ist nur, ob gemeinsame Aufgaben der politischen und wirtschaftlichen Friedensgestaltung ebenfalls in diesem Geist der Einigkeit gelöst werden können.

Sonnabend, 1. Juli 1944 **D + 25**
Das *Hauptquartier von General Eisenhower* teilt mit:
Die alliierten Streitkräfte, die im Abschnitt von Caen ihren Frontvorsprung in Richtung auf die Orne ausweiten, haben den Feind gezwungen, starke Panzerreserven einzusetzen, die unsern Vormarsch aufhalten sollen. Trotz wiederholter Gegenangriffe dieser Abteilungen wurden unsere Stellungen nicht nur gehalten, sondern noch verbessert.

1. Juli 1944
Das *Oberkommando der Wehrmacht* gibt bekannt:
Auf der Nordwestspitze der Halbinsel Cherbourg setzten unsere schwachen Kräfte, auf engem Raum zusammengedrängt, ihren erbitterten Widerstand gegen die feindliche Übermacht fort. Bis zuletzt kämpfend fügten sie dem Gegner noch schwere Verluste zu.

Östlich der Orne führte der Feind mehrere erfolglose Vorstöße. Im Einbruchsraum südwestlich Caen wurde der Gegner in die Verteidigung gedrängt und beschränkte sich auf örtliche Aufklärungsvorstöße, die vor unseren Abriegelungsfronten zusammenbrachen. Unser Gegenangriff von Südwesten her gewann beiderseits des Odon trotz zähen Widerstandes und starken feindlichen Artilleriefeuers, besonders von See her, langsam weiter an Boden.
Nordöstlich St. Lô traten nordamerikanische Truppen, von starker Artillerie, Panzer- und Luftstreitkräften unterstützt, zum Angriff an. Sie wurden im zusammengefaßten Abwehrfeuer unter hohen blutigen Verlusten abgewiesen. 19 feindliche Panzer wurden vernichtet.
Die Luftwaffe unterstützte mit starken Schlachtfliegerkräften die Kämpfe des Heeres im normannischen Landekopf.
Heeres- und Küstenbatterien erzielten mehrere Treffer auf feindliche Landungsboote vor der Orne-Mündung und zwangen einen Zerstörer zum Abdrehen.
In der Bretagne wurde ein feindlicher Sabotagetrupp im Kampf niedergemacht.
Schweres Vergeltungsfeuer liegt auf London.

Und so war es

D+20 Am Montag, dem 26. Juni 1944, schießt die HKB »Houlgate«, die nie fertiggestellt wurde, mit ihren zwei übriggebliebenen französischen 15,5-cm-Beute-Feldkanonen aus offenen Stellungen Störfeuer auf die Orne-Mündung. Den alliierten Bombern und Kriegsschiffen zum Trotz hat sie nun Erfolg: Die Kanadier müssen den östlichen Teil des »Sword«-Strandes räumen. Lieutenant Colonel Sir C. R. Hardy: »Die Batterie war eine echte Plage, und ihretwegen mußten wir den Ostsektor verlassen.« Hardy, Führer des 46. Royal Marines Commando, hat alles für den Handstreich auf die Batterie vorbereitet, den man jedoch ohne Angabe von Gründen unterläßt.
14 Tage später als geplant wird Cherbourg eingenommen: Um 15.00 Uhr kapituliert der Kommandant der Festung, Generalleutnant v. Schlieben, mit den Resten seiner 21 000 Mann. Nur im Arsenal und auf der Halbinsel de la Hague leisten kleinere deutsche Einheiten noch Widerstand.

D+21 In den Morgenstunden des 27. Juni 1944 ergibt sich die Besatzung des Arsenals.
Am Nachmittag setzt General Montgomery die frisch eingetroffene britische 11. Panzerdivision bei Caen ein, die einen Brückenkopf über den Fluß Odon bildet und sich langsam gegen die Höhe 112 vorkämpft.

D+22 Am Mittwoch, dem 28. Juni 1944, nimmt Generaloberst Dollmann, Oberbefehlshaber der 7. Armee, Gift. Nach zwei Stunden meldet Generalmajor Pemsel an die Heeresgruppe B, Generaloberst Dollmann sei einem »Schlaganfall erlegen«.
Während das II. SS-Panzerkorps (SS-Obergruppenf. Hausser) den Abschnitt Verson – Höhe 112 – Evrecy südlich von Caen bezieht, muß Hausser inmitten der Angriffsvorbereitungen sein Korps abgeben und die 7. Armee für den verstorbenen Generaloberst Dollmann übernehmen. Das II. SS-Panzerkorps wird dem bisherigen Kommandeur der 2. SS-Panzerdivision, SS-Gruppenführer Bittrich unterstellt.
An diesem Tag wird die 12. SS-Panzerdivision »Hitlerjugend« zur Verteidigung der Stadt Caen eingesetzt. Bereits am späten Nachmittag überschreiten britische Panzerverbände die von Avranches nach Caen führende Route National N. 175. Während Teile des II. SS-Panzerkorps gerade in ihre Bereitstellungsräume rükken, besetzen britische Truppen die Höhe 112.
Zu dieser Stunde versucht das VII. US-Korps die Linie Coutances – St. Lô zu erreichen, um sich so eine günstige Ausgangsposition für weitere Operationen zu schaffen. Nun setzt auch im Raum von St. Lô, ähnlich wie bei Caen, eine Zermürbungsschlacht ein.
Am Abend beordert Hitler die beiden Generalfeldmarschälle v. Rundstedt und Rommel für den nächsten Tag zur Berichterstattung nach Berchtesgaden. Der Termin ist so kurzfristig angesetzt, daß beide im Wagen – da ihnen der Flug verboten ist – auf schnellstem Wege nachts nach Oberbayern fahren.

D+23 Am Donnerstag, dem 29. Juni 1944, muß der für 6.00 Uhr geplante Angriffsbeginn des II. SS-Panzerkorps verschoben werden: Die Angriffsverbände haben, durch schweres Artilleriefeuer und Jabos gehindert, nur verspätet ihre Bereitstellungsräume beziehen können.
Um 14.00 Uhr beginnt der Angriff durch die 9. SS-Panzerdivision »Hohenstaufen« (SS-Oberführer Stadler), unterstützt durch das 19. und 20. SS-Panzergrenadierregiment, der zunächst schnell an Boden gewinnt. Erst eine halbe Stunde später kann auch die 10. SS-Panzerdivision »Frundsberg« (SS-Oberf. Harmel) antreten. Der Angriff gerät zunehmend unter schweres britisches Schiffsartilleriefeuer, und das II. SS-Panzerkorps wird in die Verteidigung gedrängt.
Am späten Vormittag kommen v. Rundstedt und Rommel in Berchtesgaden an, aber Hitler läßt sechs Stunden lang bis zum Abend auf sich warten. Dann empfängt er die beiden Feldmarschälle mit Groll und geht weder auf Rommels Forderung ein, die 15. Armee müsse der 7. zu Hilfe kommen, noch auf das Verlangen v. Rundstedts nach größerer Handlungsfreiheit. Hitler erwidert lediglich, er werde sich die Angelegenheit überlegen und einen Führerbefehl herausgeben.
An diesem Tag ordnen die deutschen Behörden in Caen die Evakuierung der gesamten Zivilbevölkerung an.
Am Abend meldet der OB West dem Wehrmachtführungsstab: Am 29.6. wurde durch verschlüsselte Sprüche eine neue Invasion innerhalb 3 Tagen ohne Angabe des Angriffsraums, durch andere Sprüche ein Angriff auf Raum Antwerpen angekündigt.
An diesem Tag verfügt die Kriegsmarine im Westen noch über ein Torpedoboot, acht Unterseeboote mit Schnorchel und zwölf Schnellboote.
In der Nacht vom 29./30. Juni 1944 führt die Trans-

Generalfeldmarschall Rommel
inspiziert die kampfbewährte 21. Panzerdivision:
»Die deutschen Truppen besaßen ein großes Maß
an Mut . . .«

portgruppe 30 ihren letzten Einsatz zur Versorgung einzelner Stützpunkte im Raum Cherbourg durch. Insgesamt sind 107 Einsätze geflogen worden, bei denen 188 Tonnen Versorgung, darunter Mehl sowie Armbinden für die Männer der Organisation Todt und ein Behälter mit Orden und Ehrenzeichen abgeworfen wurden.
Bis zu dieser Nacht haben die deutschen Kampfflugzeuge des IX. Fliegerkorps (GenMaj. Peltz) über 3000 Minen in der Seine-Bucht abgeworfen. Eisenhower: »In der Zeit vom 7. bis zum 30. Juni wurden Nacht für Nacht, mit Ausnahme einer einzigen, diese Verminungen durchgeführt und fügten infolge ihrer Hartnäckigkeit unserer Schiffahrt einige Verluste zu. Die Beseitigung der vor unseren Ankerplätzen gelegten Minen stellte das schwerste Problem für die alliierten Flotten dar, da sich darunter zwei neue Typen befanden, die durch Druck zur Explosion gebracht wurden; die Minen des einen Systems konnten überhaupt nicht mit den verfügbaren Vorrichtungen beseitigt werden und die des anderen Systems nur unter gewissen Wetterbedingungen.«

D + 24 Am Freitag, dem 30. Juni 1944, rollen im Morgengrauen nach überraschender Artillerievorbereitung – durch leichten Nebel geschützt – die Panzer der 12. SS-Panzerdivision »Hitlerjugend« bis zur Höhe 112. Die britische Artillerie versucht verzweifelt, den Angriff durch starkes Feuer zu zerschlagen. Die Zurückeroberung der Höhe 112 rettet Caen abermals für die Deutschen, und eine direkte Artilleriebeobachtung ist für den Feind nun nicht mehr möglich.
Im Westabschnitt bei Tilly-sur-Seulles greifen an diesem Tage die britische 49. (Maj.Gen. Barker) und 50. (Maj.Gen. Graham) Infanteriedivision an. Sie werden von der Panzer-Lehrdivision (GenLtn. Bayerlein) zurückgeschlagen.
Die alliierte Taktik, die Masse der deutschen Panzerkräfte an die Ostflanke zu binden, während die Amerikaner an der Westflanke weiter vorstoßen, hat sich nun als erfolgreich erwiesen: Jedesmal, wenn die Deutschen den Versuch machen, eine Panzerdivision durch eine neue Infanteriedivision abzulösen, erfordert der nächste alliierte Angriff den erneuten Panzereinsatz.
Eisenhower: ». . . Die deutschen Truppen besaßen ein großes Maß an Mut, aber Mut allein genügt nicht. Reserven konnten nicht herankommen, Waffen, Munition und Verpflegung wurden knapp, der Mangel an Treibstoff schränkte die Bewegungsfreiheit ein.«

D + 25 Am Sonnabend, dem 1. Juli 1944, funkt kurz nach Mitternacht die sich am Cap de la Hague verteidigende Kampfgruppe von Oberst Keil ihre letzte Meldung und ergibt sich. Damit ist der Nordteil der Halbinsel Cotentin endgültig in alliierter Hand.

D + 26 Am Abend des 2. Juli 1944 erobern die Engländer endgültig die Batterie von Merville.

---

5. Woche *3. – 9. Juli 1944*

Montag, 3. Juli 1944 **D + 27**
Das *Hauptquartier von General Eisenhower* teilt mit:
Der alliierte Brückenkopf am Odon hält trotz den ununterbrochenen feindlichen Angriffen stand. Erbitterte Kämpfe waren den ganzen Samstag über vor allem westlich des tiefen Frontvorsprunges im Gange. Der Gegner unternahm wiederholte Gegenangriffe, um den alliierten Frontvorsprung abzuschneiden. Es gelang ihm im Verlauf des Nachmittags vorübergehend in unsere Stellungen einzudringen, doch wurde er wieder zurückgedrängt und hatte schwere Verluste an Menschen und Material.

3. Juli 1944
Das *Oberkommando der Wehrmacht* gibt bekannt:
In der Normandie führte der Feind gestern infolge seiner an den Vortagen erlittenen hohen Verluste nur wenige Vorstöße in Bataillonsstärke. Bei der erfolgreichen Abwehr wurden dem Gegner besonders hohe Verluste beigebracht.
In Südfrankreich wurden mehrere Terroristengruppen zum Kampf gestellt und niedergemacht.
Schweres Vergeltungsfeuer liegt auf London.

Kampfpause am Sonntag
3. Juli 1944
Das *Hauptquartier von General Eisenhower* meldet:
Der Sonntag verlief an der Normandie-Front in fast völliger Ruhe. Frontberichterstatter erklären, daß er seit dem Beginn des Feldzuges vor knapp vier Wochen wohl der ruhigste Tag gewesen sei.

Dienstag, 4. Juli 1944 **D + 28**
Das *Hauptquartier von General Eisenhower* teilt mit:
Am Montag nachmittag kam es im Gebiet von Caen nur zu örtlich beschränkten Aktionen. Im Abschnitt von Evrecy drangen unsere Patrouillen an einer Stelle tief in die feindlichen Stellungen ein. Die Fühlung mit dem Feind wurde an der ganzen Front aufrechterhalten. Am Montag gewannen die alliierten Streitkräfte einiges Gelände im Süden der Halbinsel Cotentin.
Die Luftstreitkräfte waren während des ganzen Montags infolge ungünstiger Witterung wieder nur in beschränktem Umfang tätig.

4. Juli 1944
Das *Oberkommando der Wehrmacht* gibt bekannt:
In der Normandie griff der Feind gestern, von starker Artillerie und Panzern unterstützt, am Westflügel des Landekopfes an. Er wurde im wesentlichen abgewiesen und konnte nur an einigen Stellen nach hartem Kampf in unsere Linien eindringen. An der übrigen Front verlief der Tag ohne besondere Ereignisse.
In der Bretagne wurden 20 Terroristen und 58 in Zivilkleidung abgesprungene feindliche Fallschirmjäger im Kampf bis zum letzten Mann niedergemacht.
Schwere deutsche Kampfflugzeuge griffen in der vergangenen Nacht feindliche Schiffsansammlungen vor der normannischen Küste an. Zwei Landungsspezialschiffe erhielten Volltreffer. Weitere Treffer in Ausladungen wurden beobachtet.
Sicherungsfahrzeuge eines deutschen Geleites schossen vor der niederländischen Küste ein britisches Schnellboot in Brand.
Schweres Vergeltungsfeuer liegt auf London.

Der Angriff General Bradleys im Westen der Halbinsel Cotentin
4. Juli 1944
United Press berichtet:
Der Offensive von General Bradley auf der Halbinsel Cotentin wurde am Montag nachmittag unter den ungünstigsten Wetterverhältnissen fortgesetzt. Er führte trotzdem an einem Punkte zu Geländegewinnen von 5 km. Der strömende Regen, der den Beginn der Operationen begleitete, hatte das Terrain so stark aufgeweicht, daß die angreifenden Truppen an einigen Sektoren bis zur Brust im Schlamm standen.

Schwere Kämpfe in der Normandie **D + 30**

Donnerstag, 6. Juli 1944
Die *Agentur Reuter* meldet:
Am östlichen Flügel der normannischen Front geht der erbitterte Kampf um das Flugfeld von Carpiquet, sechs Kilometer westlich von Caen, weiter. Der deutsche Widerstand im Abschnitt Carpiquet – Verson wird als außergewöhnlich stark bezeichnet. Es ist hier eine der heftigsten Schlachten entbrannt, welche die alliierten Truppen je ausgefochten haben. Es gelang deutschen Panzer- und Infanterieverbänden, an einigen Stellen in den alliierten Keil einzudringen, aber bisher haben weder die Engländer Verson noch die Kanadier Carpiquet aufgegeben, während das Flugfeld von Carpiquet zum Teil den Deutschen überlassen werden mußte, zum anderen Teil Niemandsland geworden ist, auf dem die Schlacht hin- und herwogt. Um jedes Haus wird gekämpft.

Wechsel der deutschen Oberbefehlshaber im Westen
6. Juli 1944, Berlin
Das *DNB* teilt mit:
Aus dem Führerhauptquartier wird gemeldet:
Anstelle des gesundheitlich behinderten Generalfeldmarschalls v. Rundstedt hat Generalfeldmarschall v. Kluge den Oberbefehl im Westen übernommen. Der Führer hat in einem herzlich gehaltenen Handschreiben dem in den schwierigsten Lagen hochbewährten Feldmarschall v. Rundstedt seinen besonderen Dank ausgesprochen und seine Verwendung für Sonderaufgaben in Aussicht genommen.

Blay, Normandie,
Hauptquartier der 21. Armee,
6. Juli 1944:
General Montgomery mit seinem Lieblingshund, dem Spaniel »Rommel«, links sein Terrier »Hitler«

Freitag, 7. Juli 1944 **D + 31**

Das *Hauptquartier von General Eisenhower* meldet:
Der Kampf um La Haye du Puits, das in den letzten Tagen mehrmals den Besitzer gewechselt hat, dauert an. Die Lage ist unübersichtlich und verändert sich stündlich. Der nördliche Teil der Stadt scheint von den Alliierten gehalten zu werden, während im südlichen Teil die Deutschen sich weiter zur Wehr setzen.
Im Gebiet von Esquay – Verson – Carpiquet halten bei starkem deutschen Widerstand erbitterte Panzer- und Infanteriekämpfe an. Die Hauptmacht der deutschen Panzer steht bei Carpiquet. Britische und kanadische Truppen sind hier in erbitterte Kämpfe verwickelt. Der Flugplatz von Carpiquet ist noch immer Niemandsland.

7. Juli 1944
Das *Oberkommando der Wehrmacht* gibt bekannt:
Im normannischen Landekopf lag der Schwerpunkt der Kämpfe gestern wieder im Raum südwestlich Carentan bis zur Westküste der Halbinsel Cherbourg. In dem unübersichtlichen Wald und Buschgelände kam es oft zu erbitterten Nahkämpfen, in denen unsere Truppen alle feindlichen Angriffe, die durch starke Luftangriffe unterstützt waren, abweisen konnten. Bei Le Plessis und südlich Montgardon wurde der eingebrochene Gegner im Gegenstoß geworfen. Die Säuberung des Waldgeländes östlich La Haye du Puits von dem dort eingebrochenen Feind ist noch im Gange.
Im französischen Raum wurden 157 Terroristen und mit Fallschirm abgesetzte britische Sabotagetrupps im Kampf niedergemacht.
Über dem Landekopf und den besetzten Westgebieten wurden 22 feindliche Flugzeuge zum Absturz gebracht . . .
Schweres Vergeltungsfeuer liegt weiter auf dem Raum von London.

Große Luftaktion im Gebiet von Caen **D + 32**

Sonnabend, 8. Juli 1944
Associated Press meldet:
Am Freitag Abend kurz vor 22 Uhr erlebte Rommel einen der fürchterlichsten Schläge, den seine Truppen jemals hinzunehmen hatten. Fast 500 schwere »Lancaster«- und »Halifax«-Bomber der RAF, die den ganzen Tag auf die Gelegenheit zum Angriff gewartet hatten, gingen, von »Spitfire«-Jägern gedeckt, gegen zwei große deutsche Truppenbereitstellungen nördlich von Caen vor. Es handelte sich um die weitaus konzentrierteste Bombardierung im Frontgebiet seit der Landung der Alliierten in Frankreich. Weit mehr als 2000 Tonnen Bomben wurden abgeworfen.

Kräfteverhältnis in der Luft – 200:1

8. Juli 1944, London
Das *Luftfahrtministerium* teilt mit:
Trotz der zunehmenden Tätigkeit der deutschen Luftwaffe an der französischen Küste beherrschen die Alliierten weiterhin den Luftraum über dem ganzen Operationsgebiet. Das Kräfteverhältnis zwischen der alliierten und der deutschen Luftwaffe war auch heute ungefähr 200:1. Obwohl ungünstiges Wetter die Operationen behinderte, wurden massenweise schwere Bomber zur taktischen Unterstützung der alliierten Bodenstreitkräfte eingesetzt; auch die mittelschweren und leichten Bomber sowie die Jagdbomber hielten durch Angriffe gegen deutsche Truppenkonzentrationen und Verbindungslinien den Druck auf den Gegner aufrecht. Von besonderer Bedeutung ist, daß die deutschen Truppen keine größere Bewegung ausführen können, ohne von den alliierten Fliegern entdeckt und bekämpft zu werden.

Schwere Nachtbomber für taktische Tagesangriffe
8. Juli 1944, London
Das *Luftfahrtministerium* meldet:
Der bisher wohl größte Lufteinsatz der Alliierten entwickelte sich in den 24 Stunden zwischen Mittwoch und Donnerstag mittag. Tag und Nacht waren starke Verbände über Frankreich im Einsatz. Die Luftherrschaft

Links: Amerikanische mittlere Bomber vom Typ A-20 Havoc (9. USAAF) über der Halbinsel Cherbourg: Rollende Angriffe gegen deutsche Nachschublinien

Rechts unten:
Die britische Operation »Charnwood« und die Einnahme von Caen, 7.–9. Juli 1944

der Alliierten ist dort jetzt so vollkommen, daß zum erstenmal die schweren Nachtbomber der RAF bei nur relativ schwacher Jägerbegleitung für taktische Tagesangriffe eingesetzt werden konnten. Diese Möglichkeit eröffnet eine neue Phase in der Luftkriegführung, die für die Deutschen eine absolut verheerende Wirkung haben dürfte.

Und so war es

D + 27 Am Montag, dem 3. Juli 1944, entbrennen in den frühen Morgenstunden wieder neue Kämpfe um die Höhe 112, die das SS-Panzergrenadierregiment 21 verteidigt. Der Angriff wird jedoch zurückgeschlagen.
Am gleichen Tage gelingt es den Alliierten, eines ihrer wichtigsten Nachschubprobleme zu meistern: Während bis jetzt das Benzin in Kanistern aus den Landungsbooten an die Strände herangeschafft werden mußte, wird ab heute der Treibstoff direkt aus Tankschiffen durch Rohre zu den Tankstellen an Land gepumpt, was erhebliche Zeit und Schiffsraum erspart.

Ebenfalls am 3. Juli 1944 wird Minsk von den Sowjets zurückerobert, die deutsche 2. Armee verliert Sluzk, Baranowitsche sowie Pinsk und muß hinter den oberen Njemen zurückweichen. Gleichzeitig überschreitet die Rote Armee die Grenze nach Litauen.

An diesem Tage antwortet v. Rundstedt während eines Telefongesprächs mit Generalfeldmarschall Keitel, dem Chef des OKW, auf dessen Frage nach den Folgerungen zur Lage in der Normandie: »Frieden schließen, ihr Narren! Was denn sonst?«
Der Zufall will es, daß Generalfeldmarschall v. Kluge gerade zu einem Besuch in der »Wolfsschanze« ist und, laut General der Infanterie Blumentritt, sich in dem Augenblick bei Hitler befindet, als Keitel eintritt und dem Führer berichtet, was v. Rundstedt am Fernsprecher gesagt hat. Daraufhin entscheidet Hitler auf der Stelle, daß v. Kluge den Befehl im Westen übernimmt.
Blumentritt: »Er kam am 4. Juli in unserem Hauptquartier in St. Germain an, um seine Stellung als Oberbefehlshaber im Westen zu übernehmen.
In unserem ersten Gespräch machte er mir Vorwürfe, weil wir Rommels Bericht über den Ernst der Lage in Frankreich weitergereicht und bekräftigt hatten. Er sagte, so ein pessimistischer Bericht dürfe nicht an den Führer weitergeleitet werden, ohne von uns vor der Absendung gemildert zu werden.«

D + 28 Am Dienstag, dem 4. Juli 1944, landet der millionste alliierte Soldat in der Normandie.
Nach den Stürmen im Juni verzögert nun Nebel den Pendelverkehr über den Kanal. Um die Versorgung mit Waffen, Munition und Pioniermaterial zwischen Großbritannien und den Normandiestränden zu beschleunigen, wird am Bug der Frachtschiffe eine große grüne Scheibe (»Greenlight«) aufgemalt. Frachter mit diesem Zeichen werden nun vorrangig abgefertigt.
Um den Nachschub für die US-Truppen ohne Verzug zu gewährleisten, kommen deren Transporte im Rahmen der Operation »Rhumba« direkt aus nordamerikanischen Häfen an die Strände der Normandie.
An diesem Tage beginnt die 3. kanadische Division ihren Großangriff und stößt nach Errichtung eines Brückenkopfes am Odon von Westen her in Richtung Caen vor mit dem Ziel, das Plateau und den Flugplatz von Carpiquet, das von der 12. SS-Panzerdivision »Hitlerjugend« verteidigt wird, einzunehmen.
Am Abend teilt Oberst i. G. v. Tempelhoff dem Chef des Stabes der 7. Armee Generalmajor Pemsel mit »Die Untersuchungskommission zur Klärung der Vorgänge vom 5./6. Juni 1944 kommt nicht mehr zum Zuge.« Damit bleibt die Frage offen, warum ein Teil der deutschen Truppen in Frankreich in der Nacht vom 5./6. Juni 1944 nicht alarmiert wurde und vor allem warum so viele Befehlshaber abwesend waren.

D+29 Am Mittwoch, dem 5. Juli 1944, wird der Befehlshaber der Panzergruppe West, General der Panzertruppen Freiherr Geyr v. Schweppenburg, seines Postens enthoben. Hitler macht ihn für das Mißlingen des Gegenangriffs des ihm unterstellten II. SS-Panzerkorps verantwortlich. Die Panzergruppe West erhält die Bezeichnung 5. Panzerarmee und wird vom General der Panzertruppen H. Eberbach übernommen.
In der Nacht vom 5./6. Juli 1944 werden vom Badeort Villers-sur-Mer aus erstmalig 26 Einmann-Torpedos vom Typ »Neger« der K-Fl. 363 gegen alliierte Schiffe in der Orne-Mündung eingesetzt. Sie versenken zwar die beiden kleinen Minensuchboote »Cato« und »Magic«, jedoch kehren von 30 gestarteten »Neger«-Torpedos nur 14 zurück.

D+30 Erst nach erbitterten dreitägigen Kämpfen erobert die kanadische 3. Infanteriedivision am Donnerstag, dem 6. Juli 1944, den von der 12. SS-Panzerdivision verteidigten Flugplatz Carpiquet.

D+31 Am späten Abend des 7. Juli 1944 starten wiederum von Villers-sur-Mer aus 21 Einmann-Torpedos »Neger«. Oberfähnrich zur See K. Potthast erzielt in der Höhe von Houlgate einen Treffer am Kreuzer »Dragoon« der polnischen Exil-Marine. Die Besatzung zählt 37 Tote und über 100 Verwundete.
Potthast: »Ich vergaß, beim Schuß die Zeit zu stoppen. Eine endlos lange Weile passierte überhaupt nichts. Enttäuscht ließ ich meinen Kopf vornübersinken. Aber plötzlich fuhr ein fürchterlicher Schlag durchs Wasser. Der Neger sprang fast aus dem Meer. Eine Stichflamme schlug aus dem getroffenen Schiff in die Höhe. Sekunden später nahm mir das Feuer die Sicht, der Qualm trieb auf mich zu und hüllte mich ein. Minutenlang war mir jede Orientierung unmöglich.
Erst als sich Rauch und Qualm gelichtet hatten, konnte ich das getroffene Schiff wieder beobachten. Es brannte stark und hatte Schlagseite. Seine Silhouette war viel kürzer als vorher, und ich erkannte plötzlich, daß das Heck abgerissen war.« Die schwer getroffene »Dra-

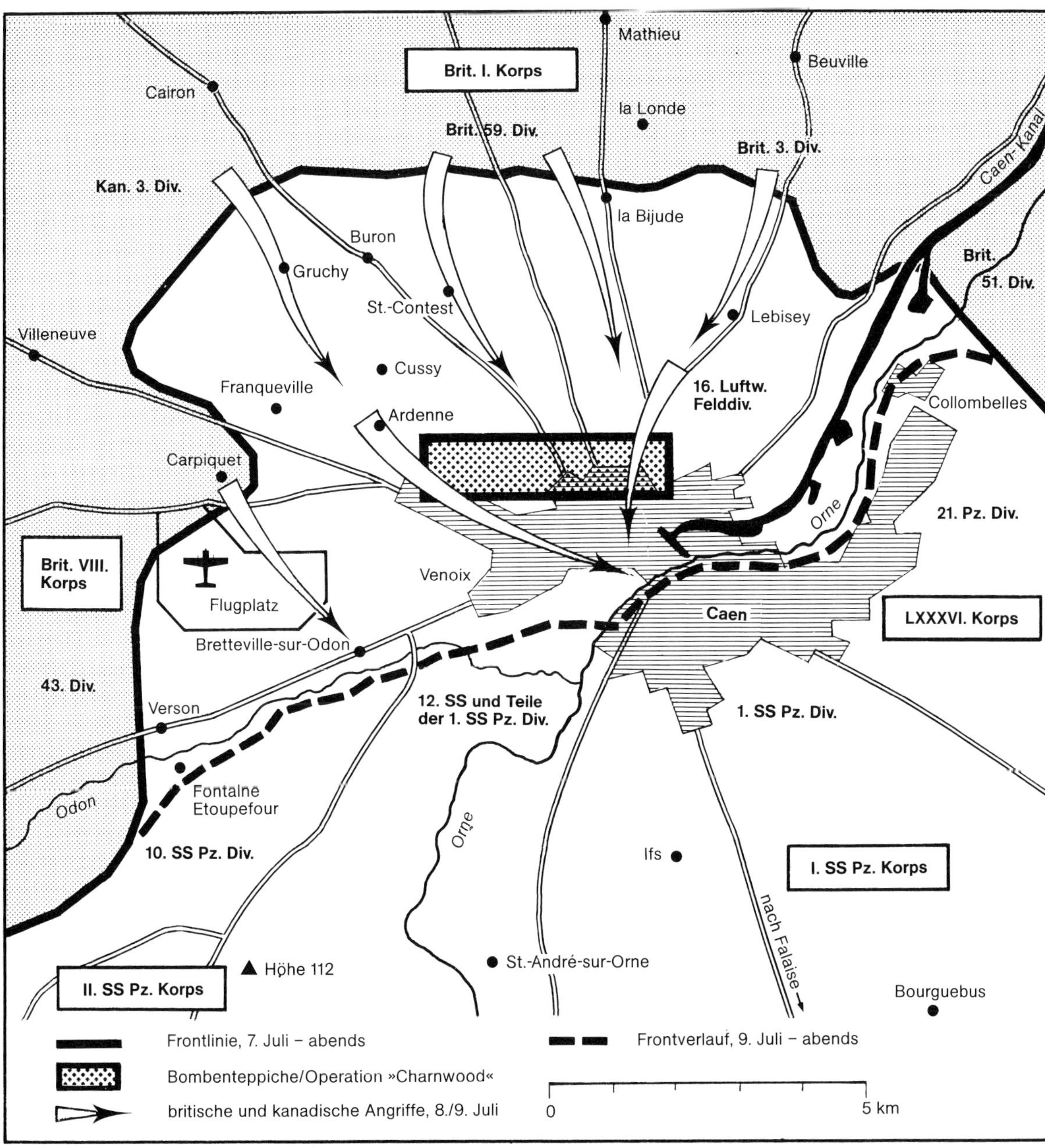

goon« wird in den nächstgelegenen Gooseberry-Hafen geschleppt und vor Ouistreham als Wellenbrecher auf Grund gesetzt. Potthast wird von einer britischen Korvette aufgegriffen und gefangengenommen.

D + 32 Am Sonnabend, dem 8. Juli 1944, um 4.20 Uhr beginnt General Montgomery die Operation »Charnwood«, einen Großangriff gegen Caen: Das britische Schlachtschiff »Rodney«, die Kreuzer »Roberts« und »Belfast« sowie heftiges Sperrfeuer der Artillerie unterstützen die britische 2. Armee mit drei Infanteriedivisionen und vier Panzerbrigaden.

Der Bombenangriff am Vorabend hat die deutschen Truppen von ihrem Nachschub abgeschnitten. So gelingt es Montgomery, die westlich und östlich der Orne liegenden Stadtteile von Caen zu besetzen, und gegen 4.00 Uhr befiehlt der Kommandierende General des II. SS-Panzerkorps (SS-Gruppenf. Bittrich) die Aufgabe der Stadt. Die Verlegung der schweren Waffen in neue Feuerstellungen ostwärts der Orne kann jedoch ungestört durchgeführt werden. Eisenhower: ». . . Unser Vordringen wurde durch Häusertrümmer, Bomben- und Granattrichter stark behindert, so daß der Feind sich noch in Faubourg-de-Vauselles jenseits des Flusses halten konnte.«
Um 20.00 Uhr steht bereits die kanadische 3. Division in Franqueville bei Caen, die britische 59. Division erobert St.-Conquest und die britische 3. Division erreicht die nordwestlichen Vororte von Caen. An diesem Tage zählt die im Pas de Calais untätig stehende 15. Armee (GenOberst v. Salmuth) nach Zuführung neuer Verbände insgesamt 22 Infanteriedivisionen sowie zwei Panzerdivisionen und ist stärker als am D-Day.
Das Warten auf die Landung im Pas de Calais lähmt weiterhin die deutsche Führung. Dazu werden zwei kampfstarke Verbände, Teile der 2. Panzerdivision (GenLt. Frhr. v. Lüttwitz) und die 116. Panzerdivision (GenLt. Graf v. Schwerin) von Generalleutnant Speidel, dem Chef des Stabes der Heeresgruppe B, unter einem Vorwand im Raum Paris zurückgehalten, damit man bei einem Putsch gegen Hitler über sie verfügen kann.

D + 33 Am Sonntag, dem 9. Juli 1944, stößt in den Morgenstunden die kanadische 3. Division zusammen mit der britischen 3. Division bis in die Hafendocks von Caen vor. Der westliche Stadtteil ist bereits besetzt.
Nach zweitägigem aussichtslosem Kampf weigert sich der Kommandeur der 12. SS-Panzerdivision »Hitlerjugend« (SS-Standartenf. Meyer), seine Division zu opfern und nimmt sie entgegen dem Führerbefehl an das östliche Ufer der Orne zurück. Seine Infanterie hat noch die Stärke eines Bataillons. Eisenhower: »Die Qualität der deutschen Truppen war sehr unterschiedlich. Am besten war die Moral der SS-Panzer- und der Fallschirmjägerverbände. Diese Truppen kämpften sowohl beim Angriff als auch in der Verteidigung mit fanatischem Mut.«
Zu diesen Verbänden gehört auch die 12. SS-Panzerdivision. Mit Ausnahme von Offizieren und rangältesten Unteroffizieren besteht sie durchweg aus 17- und 18jährigen, für einen so komplizierten Verband wie eine Panzerdivision einmalig in der Kriegsgeschichte. Ein Teil der Division muß sich wegen seiner Minderjährigkeit mit Bonbons anstelle von Zigaretten begnügen. Selbst beim OB West war man der Meinung, daß der Einsatz dieser Division zu einem Debakel führen müsse: Die jungen Soldaten seien der schweren körperlichen und seelischen Belastung einer modernen Materialschlacht einfach nicht gewachsen. Auch der Gegner spottet über diesen eigenartigen Verband: In den Radiosendungen und Flugblättern spricht man von ihr als Baby-Division, deren Abzeichen die Milchflasche sei. Nun hat diese »Baby-Division« die Pläne Montgomerys, nach denen Caen bereits 24 Stunden nach der Landung erobert sein sollte, durcheinandergeworfen. Rundstedt: »Es ist ein Jammer, daß diese gläubige Jugend in aussichtsloser Lage geopfert wird.«
Die zerstörten Brücken über die Orne ermöglichen zur Zeit nur kleinen Patrouillen die Überquerung des Flusses, und die 12. SS-Panzerdivision kann sich so noch in dem am Ostufer liegenden Vorort Vaucelles halten.
Am Vormittag ist Caen von deutschen Truppen gesäubert.
An der Ostfront wird der Widerstand im Kessel südöstlich von Minsk eingestellt. Die von Stalin den Westalliierten im Frühjahr angekündigte Großoffensive gegen die deutsche Heeresgruppe Mitte schließt mit einem spektakulären Ergebnis ab: 28 deutsche Divisionen mit rund 350 000 Mann sind seit dem 22. Juni 1944 zerschlagen worden.

6. Woche — *10. – 16. Juli 1944*

Montag, 10. Juli 1944 **D + 34**
Das *Hauptquartier von General Eisenhower* teilt mit:
Caen wurde gestern nachmittag um 14.00 Uhr von der britischen 2. Armee besetzt. Die ganze Stadt mit dem Geschäftsviertel, den Verwaltungsgebäuden und der Altstadt am Nordufer der Orne war mit Ausnahme einiger isolierter deutscher Widerstandsnester zu diesem Zeitpunkt fest in britischer Hand.
Im Westabschnitt der Front in der Normandie erreichte der amerikanische linke Flügel südlich von St.-Jean-de-Daye, das am Samstag fiel, nach Durchquerung der überschwemmten Zone endlich festen Boden, worauf sich die ersten Panzergefechte entwickelten. Bradleys Truppen sind von Nordwesten bis auf acht Kilometer an St. Lô herangekommen.

10. Juli 1944
Das *Oberkommando der Wehrmacht* gibt bekannt:
Die große Abwehrschlacht im Raum von Caen griff im Laufe des gestrigen Tages auf die Stadt selbst über. Nach erbitterten Straßen- und Häuserkämpfen, in

denen unsere Truppen dem Feind schwerste Verluste zufügten, drückte der Gegner unsere Linien auf den Südrand von Caen zurück. Bei Grainville scheiterten feindliche Panzerangriffe. In einer Einbruchsstelle beiderseits der Straße von Caumont – Caen sind die Kämpfe noch nicht abgeschlossen.
Zwischen Airel und Sainteny konnte der Feind nur geringen Geländegewinn erzielen. Südlich La Haye du Puits wurden mehrere feindliche Angriffe abgewiesen, westlich des Ortes feindliche Bereitstellungen durch zusammengefaßtes Artilleriefeuer zerschlagen . . .
Das V-1-Vergeltungsfeuer auf London dauert mit nur geringen Unterbrechungen an.

Bombardierung von Caen

10. Juli 1944, Berlin
Das *DNB* meldet:
Die Zahl der unter den Trümmern von Caen begrabenen Franzosen wird auf 40 000 geschätzt. Der größte Teil von ihnen wurde durch den schweren Artilleriebeschuß in der ersten Invasionsnacht getötet.
Gleichwohl war ein Teil der Bevölkerung in der Stadt geblieben, denn die weit auseinander liegenden Vorstädte waren von der Zerstörung noch einigermaßen verschont geblieben. Im Zuge der englischen Angriffe auf die alte normannische Hafenstadt griffen in der Nacht zum Samstag abermals Hunderte von britischen Bombern Caen an. Die Bevölkerung hatte wiederum schwere Verluste. Militärische Schäden wurden jedoch nicht angerichtet, da zu jenem Zeitpunkt die Front weit außerhalb der Stadt lag und Caen weder als Nachschubbasis noch als Straßenkreuzungspunkt Bedeutung besitzt. Die von Norden her in die Stadt eingedrungenen Briten werden nichts als einen wüsten Trümmerhaufen gewinnen.

Benzinknappheit der Deutschen in der Normandie?
10. Juli 1944, London
Associated Press berichtet:
Wie an Hand einer Reihe von Anzeichen festgestellt wurde, leiden die Deutschen in der Normandie an Benzinknappheit für ihre acht Panzerdivisionen. Die alliierten Truppen erbeuteten eine Anzahl Panzer und Lastautos, die von den Deutschen im Stich gelassen wurden, nachdem ihnen das Benzin ausgegangen war.
Die erste Andeutung, daß bei den Deutschen das Benzin knapp wurde, ging aus einem Befehl hervor, der bei Angehörigen einer deutschen Panzerdivision aufgefunden wurde. Darin wird den Panzereinheiten verboten,

Caen, 9. Juli 1944: Ein britischer Panzerspähwagen arbeitet sich nur schwer durch die zerstörte Vorstadt. ». . . Unser Vordringen wurde durch Häusertrümmer, Bomben- und Granattrichter stark behindert . . .«

sich Benzin von den Vorräten der Luftwaffe in Caen anzueignen.

Schwere deutsche Gegenangriffe bei St. Lô **D + 36**
Mittwoch, 12. Juli 1944
United Press teilt mit:
Vor der Stadt St. Lô hat sich am späten Dienstag nachmittag eine der heftigsten Schlachten seit dem »Tag D« entwickelt. Die Amerikaner rückten bis auf drei Kilometer an St. Lô heran, worauf die Deutschen mit zusammengefaßten Panzerkräften, Sturmgeschützen und Infanterie zu schweren Gegenangriffen übergingen. Gegen Abend hatten sich die Truppen so ineinander verkeilt, daß die unterstützende Artillerie auf beiden Seiten häufig schweigen mußte, um nicht auf die eigenen Truppen zu feuern.

Einsatz alliierter Luftstreitkräfte
12. Juli 1944
Die *Agentur Reuter* meldet:
Im Verlaufe des ersten Monats der Invasion führte die alliierte Luftwaffe insgesamt 158 000 Flüge aus. Dabei gingen 1284 Flugzeuge verloren. Am Anfang machten die Verluste etwas mehr als ein Prozent der eingesetzten Flugzeuge aus, doch sanken die Verluste fortwährend. In der gleichen Zeit wurden 1067 deutsche Flugzeuge in Luftkämpfen vernichtet.

Im zerstörten Caen
12. Juli 1944, London
Die *Agentur Reuter* berichtet:
Die Reorganisation des zivilen Lebens in Caen hat bereits begonnen. Die Stadt liegt nunmehr unter deutschem Feuer, das vom rechten Orne-Ufer kommt und eine Rückkehr zum normalen Leben unmöglich macht.
Es scheint, daß fast allen englischen Presseleuten von abgehärmten Frauen und Männern die Frage gestellt wurde: »War das notwendig?« – nämlich das schwere Bombardement der Stadt.
Der erste Empfang für die einziehenden Truppen war freudig, die erste Freude und Dankbarkeit für die Befreiung hat sich erhalten und überschattet die düsteren Züge.

Alliierte Fallschirmtruppen hinter den deutschen Linien
12. Juli 1944, London
Associated Press meldet:
Zum erstenmal sind Sondereinheiten hinter den deutschen Linien abgesetzt worden. Diese Einheiten, unter denen sich neben andern alliierten Truppen auch Franzosen befinden, sind mit Fallschirmen gelandet. Es handelt sich nicht um gewöhnliche Saboteure, sondern um organisierte militärische Verbände. Bisher richtete sich ihre Tätigkeit gegen Verkehrswege und andere militärische Ziele. Die Tatsache, daß es ihnen gelungen ist, deutsche Soldaten gefangenzunehmen und zu bewachen, bis sie nach Großbritannien übergeführt werden können, stellt den besten Beweis für ihre gute Organisation und für die Zusammenarbeit mit den alliierten Truppen dar.

40 Kilometer vor der Grenze Ostpreußens **D + 37**

Donnerstag, 13. Juli 1944, Moskau
Das *Sowinformbüro* teilt mit:
Wie das Hauptquartier General Tschernjakowski heute meldet, stehen starke Panzervorhuten im Kampf mit deutschen Panzer- und Infanteriestreitkräften knapp 40 km vor der Grenze Ostpreußens. Der Gegner hat empfindliche Verluste erlitten.

v. Kluge an der Kanalküste
13. Juli 1944, Berlin
Das *DNB* meldet:
Der neuernannte Oberbefehlshaber West, Generalfeldmarschall v. Kluge, begab sich dieser Tage auf eine Inspektionsfahrt an die Kanalküste. Am ersten Tag besichtigte er besonders eingehend jenen Küstenabschnitt, der in der Geschichte des Westfeldzuges des Jahres 1940 mit seinem Namen verbunden ist. Generalfeldmarschall v. Kluge gewann aus dem Vergleich zu früher einen tiefen Eindruck von den Befestigungen an der Kanalküste. Er ließ sich von den Kommandeuren Vortrag über ihren Sektor und ihre Aufgaben im Verteidigungssystem halten. Kluge würdigte anerkennend die beim Bau der Befestigungswerke und der rückwärtigen Stellungen geleistete Arbeit.

Erlaß des Führers über die Befehlsgewalt in einem Operationsgebiet innerhalb des Reiches vom 13. Juli 1944
Geheim! Kommandosache!
Geheime Reichssache!
Für den Fall eines Vordringens feindlicher Kräfte auf deutsches Reichsgebiet ordne ich an:
I. Die zivilen Dienststellen des Staates und der Gemeinden setzen die Tätigkeit im Operationsgebiet fort.
II. 1.) Der militärische Oberbefehlshaber, dem ich die Ausübung vollziehender Gewalt übertrage, richtet seine sich aus den militärischen Notwendigkeiten ergebenden Anforderungen im zivilen Bereich an den Reichsverteidigungskommissar für das Operationsgebiet.
2.) In den unmittelbaren Kampfzonen, deren Begrenzung der militärische Oberbefehlshaber im Benehmen mit dem Reichsverteidigungskommissar für das Operationsgebiet bestimmt, sind die oberen militärischen Kommandobehörden befugt, zivilen Dienststellen des Staates und der Gemeinden unmittelbar diejenigen Weisungen zu geben, die zur Durchführung ihres Kampfauftrages jeweils erforderlich sind. Wenn unvorhergesehene Ereignisse sofortiges Handeln erfordern und der Reichsverteidigungskommissar für das Operationsgebiet nicht erreichbar ist, hat der militärische Oberbefehlshaber die gleichen Befugnisse im Gesamtoperationsgebiet. Der Reichsverteidigungskommissar für das Operationsgebiet ist von den getroffenen Maßnahmen auf schnellstem Wege zu unterrichten.
3.) Der Reichsverteidigungskommissar für das Operationsgebiet wird von mir bestellt.
[. . .]

15. Juli 1944: In dichte Staubwolken gehüllt, ollen britische Panzer zum Angriff auf die heiß-umkämpfte Höhe 112

Räumung von Carpiguet
14. Juli 1944, Berlin
Das *DNB* meldet:
Bei den schweren Kämpfen der letzten Tage wurde der unweit Caen gelegene Fliegerhorst Carpiguet dem Feind überlassen. Alle Anlagen und sämtliche Flugzeughallen wurden vorher vernichtet. Beim Sturm auf Carpiguet erlitten kanadische Truppen ganz besonders hohe Verluste.

Freitag, 14. Juli 1944 **D + 38**

Das *Hauptquartier von General Eisenhower* meldet:
Die alliierten Truppen machen langsame aber ständige Fortschritte im Sektor nördlich von Lessay. Südlich Carentan sind wir um 1500 m vorgerückt und haben die Deutschen aus dem Dorfe Saint-Georges-de-Bohon vertrieben. Auch längs der Straße Bayeux–St. Lô wurden bei St.-Pierre-de-Semilly Fortschritte erzielt.

14. Juli 1944
Das *Oberkommando der Wehrmacht* gibt bekannt:
Im Westteil des normannischen Landekopfes warfen die Nordamerikaner neue Verbände in die Schlacht und setzten ihre Angriffe mit dem Schwerpunkt in Richtung auf St. Lô fort. Im Verlauf erbitterter Kämpfe drängte der Feind unter Inkaufnahme hoher Verluste unsere Truppen in einigen Abschnitten unwesentlich zurück. Es gelang ihm an keiner Stelle, den erstrebten Durchbruch zu erzwingen. Die schweren Kämpfe dauern mit unverminderter Heftigkeit an.
Sicherungsstreitkräfte der Kriegsmarine schossen vor der niederländischen Küste 2 britische Schnellboote in Brand. Ein eigenes Vorpostenboot ging verloren.
Schweres Vergeltungsfeuer liegt weiterhin auf dem Raum von London.

Sender Beromünster (Schweiz)

14. Juli 1944:
Augenblicklich steht der stürmische Vormarsch der russischen Panzerarmeen von Weißrußland über Litauen in Richtung Ostpreußen im Vordergrund des allgemeinen Interesses. Die gestrige Meldung aus Moskau, daß starke Panzervorhuten des Generals Tschernjakowski knapp 40 km vor der Grenze Ostpreußens stehen und daß Festungsartillerie auf dem Anmarsch sei, um noch in der Nacht das Feuer auf die Grenze Ostpreußens zu eröffnen, ist ein Zeichen dafür, daß an dieser Stelle ein tiefer Durchbruch die russischen Vorhuten in bedrohliche Nähe der deutschen Reichsgrenze gebracht hat.
In der Normandie sind die Amerikaner und die Engländer noch in schwere Kämpfe mit den Panzern Rommels verwickelt, und beide Seiten unterstreichen die Wucht und Schwere dieser Schlachten. 34 Tage nach dem Invasionsbeginn fiel nun auch Caen, die alte Hauptstadt der Normandie, in die Hände der Engländer, und damit ein Binnenhafen und Kanal, der den Nachschub vom Meer her erleichtern dürfte. An keiner Stelle der Invasionsfront ist das stetige aber langsame Vorrücken der Alliierten bereits in das Stadium operativer Entwicklung eingetreten; ein solches ist erst möglich, wenn die

Alliierten bis zu dem flachen und freien Gelände gelangt sind, auf dem in breiter Front die Panzer in die Tiefe des Raumes vorstürmen können.

Französische Widerstandsbewegung als alliierte Armee **D + 39**

Erklärung von General Eisenhower:
Sonnabend, 15. Juli 1944
Die *Agentur Reuter* berichtet:
Die FFI in den Maquis-Gegenden operieren offen gegen den Feind und haben Befehl erhalten, ihre Operationen gegen ihn gemäß den Bestimmungen des Kriegsrechts zu führen. Diese Streitkräfte tragen ein besonderes Abzeichen und werden von General Eisenhower als eine unter seinem Befehl stehende Armee betrachtet.

Generalfeldmarschall Rommel an Hitler

15. Juli 1944
Fernschreiben über die Lage an der Invasionsfront:
Die Lage an der Front der Normandie wird von Tag zu Tag schwieriger, sie nähert sich einer schweren Krise.
Die eigenen Verluste sind bei der Härte der Kämpfe, dem außergewöhnlich starken Materialeinsatz des Gegners vor allem an Artillerie und Panzer und bei der Wirkung der den Kampfraum unumschränkt beherrschenden feindlichen Luftwaffe derart hoch, daß die Kampfkraft der Divisionen rasch absinkt. Ersatz aus der Heimat kommt nur sehr spärlich und erreicht bei der schwierigen Transportlage die Front erst nach Wochen. Rund 97 000 Mann an Verlusten, darunter 2160 Offiziere, unter ihnen 28 Generäle und 354 Kommandeure, also durchschnittlich pro Tag 2500 bis 3000 Mann, stehen bis jetzt insgesamt 6000 Mann Ersatz gegenüber.
Auch die materiellen Verluste der eingesetzten Truppen sind außerordentlich hoch und konnten bisher nur in geringem Umfang ersetzt werden, z. B. von 225 Panzern nur 17.
Die neu zugeführten Divisionen sind kampfungewohnt und bei der geringen Ausstattung mit Artillerie, panzerbrechenden Waffen und Panzerbekämpfungsmitteln nicht imstande, feindliche Großangriffe nach mehrstündigem Trommelfeuer und starken Bombenangriffen auf die Dauer erfolgreich abzuwehren. Wie die Kämpfe gezeigt haben, wird bei dem feindlichen Materialeinsatz auch die tapferste Truppe Stück für Stück zerschlagen.
Die Nachschubverhältnisse sind durch die Zerstörungen des Bahnnetzes, die starke Gefährdung der Straßen und Wege bis zu 150 km hinter der Front durch die feindliche Luftwaffe derart schwierig, daß nur das Allernötigste herangebracht werden kann und vor allem mit Artillerie- und Werfermunition äußerst gespart werden muß.
Neue nennenswerte Kräfte können der Front in der Normandie nicht mehr zugeführt werden. Auf der Feindseite fließen Tag für Tag neue Kräfte und Mengen an Kriegsmaterial der Front zu. Der feindliche Nachschub wird von unserer eigenen Luftwaffe nicht gestört. Der feindliche Druck wird immer stärker.
Unter diesen Umständen muß damit gerechnet werden, daß es dem Feind in absehbarer Zeit – 14 Tagen bis 3 Wochen – gelingt, die eigene dünne Front, vor allem bei der 7. Armee zu durchbrechen und in die Weite des französischen Raumes zu stoßen. Die Folgen werden unübersehbar sein.
Die Truppe kämpft allerorts heldenmütig, jedoch der ungleiche Kampf neigt sich dem Ende entgegen. Ich muß Sie bitten, die Folgerungen aus dieser Lage unverzüglich zu ziehen. Ich fühle mich verpflichtet, als Oberbefehlshaber der Heeresgruppe dies klar auszusprechen.

Rommel, Feldmarschall

Nächtliche Kämpfe südwestlich von Caen **D + 40**

Sonntag, 16. Juli 1944, Berlin
Das *DNB* meldet:
In der Nacht zum Sonntag traten die Engländer südwestlich von Caen nach mehrstündiger Feuervorbereitung durch zahlreiche Batterien und die Artillerie ihrer Kriegsschiffe zu dem erwarteten Angriff gegen die beherrschenden deutschen Stellungen auf der Höhe 112 nordöstlich von Esquay und die benachbarten Kampfgebiete an.
Um ihren Verbänden den Angriff zu erleichtern, ließen sie durch die großen Scheinwerfer der Kriegsschiffe die geschlossene Wolkendecke anstrahlen. Durch das reflektierte Licht war das gesamte Angriffsgelände in ein grauweißes Helldunkel gehüllt, so daß die Konturen des Geländes einigermaßen zu erkennen waren. Auch den Deutschen kam die Beleuchtung des Kampffeldes zugute, da sie die angreifenden britischen Panzer und Infanterie in dem weißlichen Widerschein klar ausmachen konnten. Es kam zu einem mehrstündigen erbitterten Ringen, in dessen Verlauf alle direkten Angriffe gegen die Höhe 112 abgeschlagen werden konnten.
Die deutschen Verteidiger waren aber nicht in der Lage, einen Einbruch an der Höhe vorbei zu verhindern, so daß die Engländer vorübergehend an den Nordrand von Esquay vordringen konnten. Hier traf sie der Gegenstoß deutscher Reserven mit solcher Wucht, daß der größte Teil der britischen Angriffseinheiten vernichtet wurde. In den ersten Morgenstunden des Sonntags befand sich das gesamte Hauptkampffeld im Angriffsbereich wieder fest in deutscher Hand. Die in das Vorfeld vorgezogenen deutschen Sicherungskräfte brachten noch zahlreiche Engländer als Gefangene ein.

Und so war es

D + 34 Am Montag, dem 10. Juli 1944, rücken die Engländer gegen den Abschnitt der 10. SS-Panzerdivision »Frundsberg« (SS-Oberf. Harmel) vor. Sie versuchen, möglichst tief in die Flanke des am Ostufer der Orne stehenden I. SS-Panzerkorps (SS-Obergruppenf. Dietrich) zu stoßen. Unter dem Schutz von künstlichem Nebel und neu eingesetzten »Knallgranaten«, die die Moral der Verteidiger erschüttern sollen, dringen die britischen Truppen in Richtung Orne-Übergänge südlich von Caen vor und erzielen einen breiten Einbruch zwischen der Höhe 112 und Eterville. Nun entbrennt ein heftiger Kampf um die Höhe 112. Die Deutschen müssen ihre Panzereinheiten wieder heranziehen, die gerade von der Infanterie abgelöst werden sollen, um eine Reserve zu bilden. Die Höhe 112 wird jedoch unter massivem Artilleriefeuer von deutschen Truppen geräumt.

D + 35 Am Dienstag, dem 11. Juli 1944, greift das V. US-Korps (Maj.Gen. Gerow) in Richtung St. Lô an. Die Panzer-Lehrdivision (GenLt. Bayerlein), die in den Raum von Tilly verlegt ist, versucht nordwestlich von St. Lô – in schwere Kämpfe mit der 9. und 30. US-Divison verwickelt – den Angriff zu stoppen. Und ostwärts von St. Lö verteidigen die deutsche 352. Infanteriedivision und die 3. Fallschirmjägerdivision die Stadt.

D + 36 Am Mittwoch, dem 12. Juli 1944, meldet »Brutus« seiner Leitstelle Fremde Heere West, Paris: »... General Patton wurde als Befehlshaber der FUSAG durch General Lesly J. McNair abgelöst, da man umgehend einige FUSAG-Verbände in die Normandie schicken müsse, um dort die Lage zu stabilisieren ...« FUSAG wird nun durch frische Verbände aus den USA verstärkt, darunter die 9. US-Armee, die tatsächlich existiert, die 14. US-Armee, die es nur auf dem Papier gibt, und die britische 4. Armee, die in Wirklichkeit nur einige schwache Brigaden hat.
So bereitet SHAEF die Deutschen auf das Erscheinen von General Patton in der Normandie vor. Ein anderes Problem der Amerikaner ist das Wetter: Durch den kalten Nieselregen, der seit Tagen herrscht, bleiben die in ihrem Frontabschnitt liegenden Sümpfe überschwemmt, was die Panzerbewegungen hindert. Außerdem können durch tiefhängende Wolken deutsche Stellungen nicht erkannt und Truppenverschiebungen von den Aufklärern nicht rechtzeitig festgestellt werden. Die Soldaten sind durchnäßt und mißgestimmt.
In der Heckenlandschaft geht das Vordringen von einem Feld zum anderen nur langsam voran und ist recht verlustreich, da die Einschnitte in den Bocages, die ein Passieren in die abgegrenzten Felder ermöglichen, unter dem gezielten Feuer der deutschen Pak liegen. Zwar kann ein Panzer kleine Heckenwälle überklettern, doch ist dabei die leichtgepanzerte Unterseite dem Beschuß ausgesetzt. Um das zu vermeiden und den Panzern das Vorwärtskommen trotzdem zu ermöglichen, müssen die Pioniere in der Regel vorher eine Öffnung in den Heckenwall sprengen, was wiederum sofort die Aufmerksamkeit der Deutschen auf die Sprengstelle lenkt.
So können sich die amerikanischen Truppen nur langsam von einem Feld zum anderen vorkämpfen und lediglich schrittweise vorankommen. Dazu sind von den umliegenden Hügeln aus, die von den Deutschen besetzt sind, die Vormarschwege leicht zu übersehen. Ein weiterer Nachteil für die amerikanischen Soldaten: ihre Gewehre vom Typ M-1. Sie sind zwar auf größere

Mitte Juli 1944, Normandie: US-Infanterie bei verlustreichen Kämpfen in den Bocages: »Unsere Geheimwaffen sind Apfelbaumgärten und dichte Hecken ...«

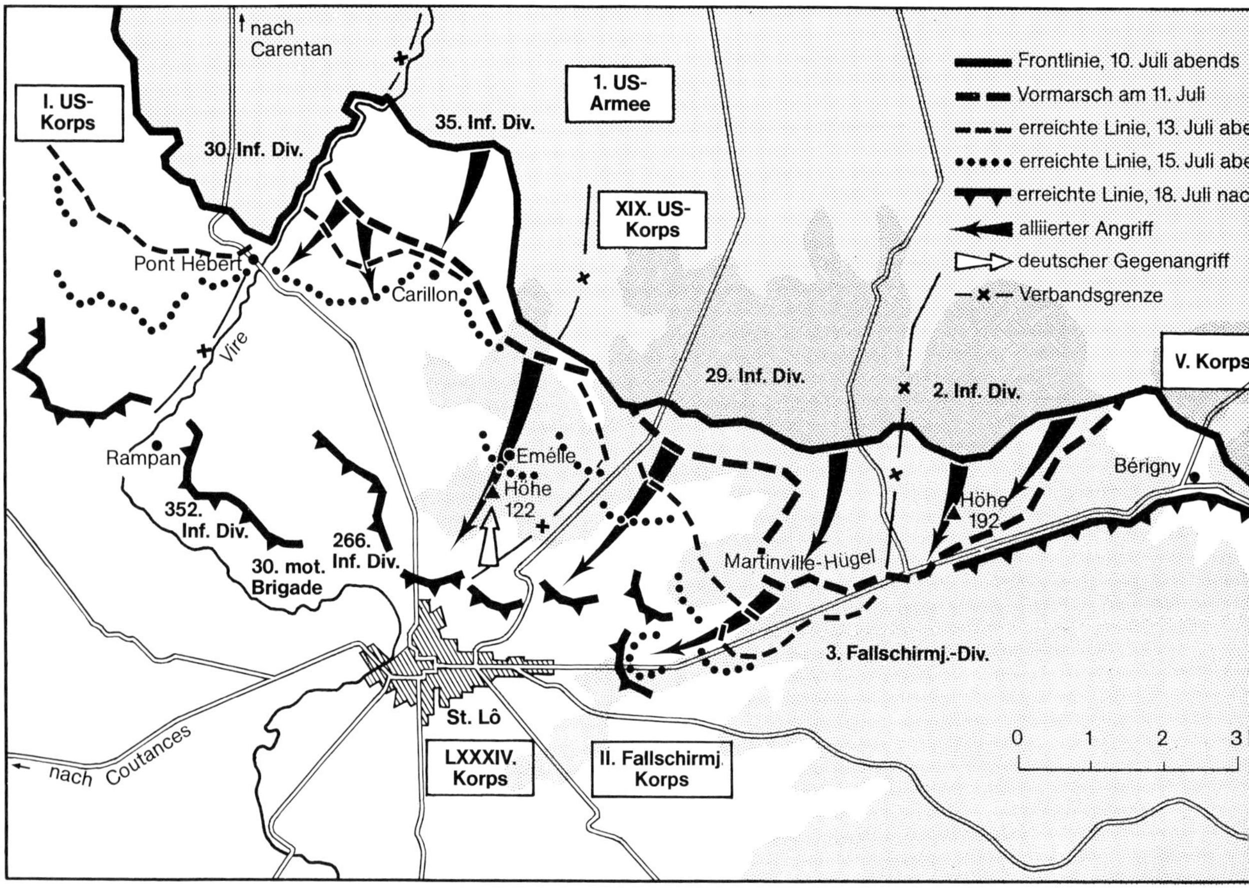

US-Vorstoß auf St. Lô und deutscher Gegenangriff

Entfernungen sehr wirksam, können sich aber im Nahkampf zwischen den Hecken kaum mit den deutschen Maschinenpistolen messen. Und die Granat-Schießbecher für Gewehre, die sich zum Kampf in den Bocages auf kurze Entfernungen besonders eignen würden, sind nicht in ausreichender Anzahl vorhanden. Da die Hecken und Felder sich auf den Karten täuschend ähneln und kaum Geländemerkmale aufweisen, haben kleine Einheiten sofort Schwierigkeiten, verlieren die Orientierung und geraten in deutsche Hinterhalte. »Unsere Geheimwaffe sind die Apfelbaumgärten und dichten Hecken«, spötteln die Offiziere aus dem Stab des LXXXIV. Armeekorps (GenLt. v. Choltitz).

D + 37 Am Donnerstag, dem 13. Juli 1944, führt die HKB »Houlgate« seit den frühen Morgenstunden Störfeuer auf die Orne-Mündung und den östlichen Teil des »Sword«-Strandes mit dem Ergebnis, wie General Eisenhower notiert:
». . . nachdem der Beschuß mehrere Male Unterbrechungen bei Ausladungen bedingt hatte, wurde am 13. Juli endgültig befohlen, in diesem Küstensektor die Löschungen ganz einzustellen.«

An diesem Tage beginnt die Rote Armee mit der 1. Ukrainischen Front (Marschall Konjew) ihre Offensive gegen die deutsche Heeresgruppe Nord-Ukraine (GFM Model).

In der Nacht vom 13./14. Juli 1944 setzt sich das deutsche LXXXIV. Armeekorps hinter Lessay und Periers nach Süden ab, wo es eine endgültige Verteidigungslinie beziehen will. So kann das VIII. US-Korps (Maj.Gen. Middleton) vom Nordwesten her gegen St. Lô vorstoßen.

D + 38 Am Freitag, dem 14. Juli 1944, wird die millionste Tonne Nachschub seit dem D-Day und das rund 300 000ste Fahrzeug an der Normandie-Küste ausgeladen.
In den Nachmittagsstunden reist Hitler von Berchtesgaden in sein Hauptquartier »Wolfsschanze« nach Ostpreußen zurück.

D + 40 Am Sonntag, dem 16. Juli 1944, beginnt der Angriff der britischen 2. Armee (Lt.Gen. Dempsey) gegen Evrecy und Esquay und zwingt damit die Deutschen, ihre Panzerverbände wieder einzusetzen. So bleibt nur die 12. SS-Panzerdivision »Hitlerjugend« in Reserve, die jedoch nach langen Kämpfen bei Caen erheblich geschwächt ist.

Zweite Phase

17. Juli – 30. Juli 1944

Durchbruch bei Avranches

7. Woche *17.–23. Juli 1944*

Montag, 17. Juli 1944
Das *Hauptquartier von General Eisenhower* gibt bekannt:
Es ist anzunehmen, daß jetzt mit dem Eintritt günstigen Flugwetters die Offensive der Alliierten eine starke Intensivierung erfahren wird; gestern nachmittag war der Himmel zum erstenmal seit dem Tage »D« wolkenlos.

Wir werden dem Feind Schläge versetzen **D+41**

17. Juli 1944, Berlin
Das *DNB* meldet:
Generalfeldmarschall v. Kluge erklärte vor Presseberichterstattern: »Wir erwarten in den nächsten Tagen schwere Angriffe des Feindes, aber wir werden ihn entsprechend empfangen. Wir werden ihm Schläge versetzen, an die er zeit seines Lebens denken wird. Die Situation ist zweifellos schwer, aber sie ist zu meistern, und wir werden sie auch meistern.«

Dienstag, 18. Juli 1944 **D+42**
Das *Hauptquartier von General Eisenhower* meldet:
Die schweren Kämpfe um die strategischen Anhöhen und das Straßennetz zwischen den Flüssen Odon und Orne dauern an. Während die 2. Armee neues Gelände gewann, mußte an anderen Stellen vor den deutschen Gegenstößen Boden preisgegeben werden.
Im Brennpunkt der Schlacht im Raum südlich von Caen liegt die Ortschaft Evrecy an der Straße Caen–Aunay-sur-Odon. Britische Truppen halten in Evrecy selbst einige Häuser, obwohl sie fortgesetzt starken deutschen Gegenangriffen ausgesetzt sind.
In der Umgebung von Saint-Lô dauern die schweren Kämpfe an verschiedenen Punkten an, so daß sich die Lage zur Stunde nicht völlig übersehen läßt.

In später Nachtstunde wird aus dem Hauptquartier von General Bradley gemeldet: St. Lô steht in Flammen, und die Nahkämpfe in der Stadt selbst nehmen an Heftigkeit zu. Die deutsche Garnison hält die Zugänge zur Stadt unter Mörserfeuer. Am Montag nachmittag hatten deutsche Fallschirmjäger im Gegenstoß westlich von St. Lô eine geringe Einbuchtung in die amerikanischen Linien erzielt, die rasch behoben werden konnte. Südöstlich der Stadt erstürmten die Amerikaner das Dorf Ste.-Croix-de-St.-Lô.

18. Juli 1944
Das *Oberkommando der Wehrmacht* gibt bekannt:
In der Normandie hat im Raum südwestlich Caen und nordöstlich St. Lô durch den Einsatz neuer Kräfte auf beiden Seiten die Abwehrschlacht größtes Ausmaß angenommen. Südwestlich Caen wurden alle feindlichen Großangriffe zum Stehen gebracht. Wo der Feind vorübergehend in unsere Stellungen eindringen konnte, wurde er in sofortigen Gegenstößen geworfen.
Besonders heftig waren die von stärkstem Artilleriefeuer unterstützten feindlichen Durchbruchsangriffe im Raum nordöstlich St. Lô. Es gelang dem Feind dort erst nach schweren Verlusten, unsere Linien auf dem Nordrand der Stadt zurückzudrücken.
Schlachtflieger unterstützten die Abwehrkämpfe des Heeres im Landekopf . . .
Die im Wehrmachtsbericht verschiedentlich gemeldete Versenkung feindlicher Schiffe durch neuartige Kampfmittel der Kriegsmarine ist auf den Einsatz von Torpedos zurückzuführen, die durch einen Mann an den Feind gebracht werden. Bei diesem Einsatz hat sich der Matrosen-Obergefreite Walter Gerhold besonders ausgezeichnet.
Das Vergeltungsfeuer auf London dauert an.

Durchbruch bei Caen – Die Amerikaner in St. Lô
18. Juli 1944
Sonderkommuniqué von *General Montgomery:*
Am frühen Morgen des heutigen Tages schritten britische und kanadische Truppen der 2. Armee zum Angriff und erzielten einen Durchbruch in das Gebiet

östlich der Orne und südöstlich von Caen. Dem Angriff ging der Einsatz sehr starker Kräfte der alliierten Luftflotte voraus, welche die vorgehenden Truppen auch während des Kampfes selbst unterstützten. Baucelles, an der Südseite der Orne bei Caen, ist vom Feind gesäubert, und starke bewegliche Kräfte operieren jetzt im offenen Gelände weiter im Südosten und Süden. Die heftigen Kämpfe gehen weiter.

Rundfunkansprache von General Montgomery:
18. Juli 1944:
Ich bin nach wie vor überzeugt, daß es nur an uns liegt, ob Deutschland noch 1944 aus dem Krieg herausgeschlagen wird. Wenn wir jetzt alle unsere Streitkräfte einsetzen und unsere Aufgaben mit größter Kraftentfaltung anpacken, dann geht es mit Riesenschritten dem Frieden in Europa entgegen. Die Dinge entwickeln sich an allen Fronten gut. Für die Normandie kann ich versichern, daß die Gesamtlage das Prädikat »sehr gut« verdient, obgleich der Beobachter den Eindruck haben mag, daß es nur langsam vorwärtsgeht. Was die Ostfront betrifft, so müßte man mit Superlativen sprechen. Ich beschränke mich darauf, die dortigen Entwicklungen als ausgezeichnet zu kennzeichnen.

General Pratt gefallen
18. Juli 1944
Associated Press berichtet:
Wie das Hauptquartier bekannt gibt, ist Brigadegeneral Pratt, stellvertretender Kommandeur der amerikanischen 101. Luftlandedivision, am ersten Tage der Invasion in der Normandie gefallen. Pratt war 52 Jahre alt.

Mittwoch, 19. Juli 1944 **D + 43**
Das *Hauptquartier von General Eisenhower* meldet:
An den östlichen Abschnitten der normannischen Front sind seit gestern früh Kampfhandlungen von entscheidender Bedeutung im Gange. Ein Sonderkommuniqué aus dem Hauptquartier General Montgomerys meldet den Durchbruch britisch-kanadischer Truppen östlich der Orne und südöstlich von Caen, sowie die Besetzung von Baucelles, einem mächtigen deutschen Stützpunkt in der Nähe von Caen.
Zur Vorbereitung und Unterstützung der neuen Großoffensive warfen Bomberverbände der alliierten Expeditionsluftstreitkräfte zwischen 6 und 9 Uhr morgens auf ein Gebiet von ungefähr 195 qkm Bomben im Gesamtgewicht von 7000 bis 8000 Tonnen ab, wobei nur neun Bomber verloren gingen.
Obwohl die Einnahme von St. Lô noch nicht bestätigt worden ist, scheint die Stadt jetzt sicher in der Hand der amerikanischen Truppen General Bradleys zu sein. Nachdem sich die Deutschen nach dem erhöhten Gelände weiter im Süden zurückgezogen haben, ist jetzt ein Teil von St. Lô zum Niemandsland geworden.

19. Juli 1944
Das *Hauptquartier von General Eisenhower* meldet:
Schwere Kämpfe finden in Faubourg-de-Baucelles und in den Ebenen südlich und östlich von Caen statt. Feindliche Panzerformationen wurden eingesetzt, um zu versuchen, die Bresche abzuriegeln, die in diesem Gebiet in die deutschen Stellungen geschlagen wurden. Im Gebiet von Juvigny, südlich von Tilly, sind unsere Truppen etwa 800 Meter vorgerückt, und der Feind führt einen verzweifelten Kampf, um Royers halten zu können. St. Lô ist am Dienstag abend endgültig von feindlichen Truppen gesäubert worden. Die Straße von St. Lô nach Périers ist zwischen den Flüssen Taute und Vire südlich vom Dorfe Amigny, das in unsern Händen ist, unterbrochen worden.
Alliierte Fliegerformationen haben am Dienstag während des ganzen Nachmittags in großer Stärke ihre Unterstützung unserer Landstreitkräfte fortgesetzt. Mittlere und leichte Bomber griffen Brücken über die Seine und die Eure sowie Bahnlinien im Gebiete von Rouen an.

19. Juli 1944
Das *Oberkommando der Wehrmacht* gibt bekannt:
In der Normandie trat der Feind nach mehrstündigem Trommelfeuer und heftigen Luftangriffen nun auch östlich der Orne zum Großangriff an. Erst nach schwersten Kämpfen und unter hohen Verlusten konnte der Gegner in unsere Stellungen eindringen, wo er nach Abschuß von 40 Panzern durch unsere Gegenangriffe zum Stehen gebracht wurde. Südwestlich Caen scheiterten alle feindlichen Angriffe. Auch im Raum St. Lô wurde gestern erbittert gekämpft. Nachdem während des Tages alle Angriffe gegen St. Lô abgewiesen waren drang der Feind in den Abendstunden mit Panzern in die Stadt ein, wo sich heftige Straßenkämpfe entwickelten . . .
Schweres Feuer der V1 liegt weiterhin auf London und seinen Außenbezirken.

Nicht der Bomber, sondern die Infanterie entscheidet
19. Juli 1944, in der Normandie
Sowjetischer Frontberichterstatter *D. F. Kraminow*
Der ungeheure Schlag der Luftflotten auf das Industriegelände Colombelles (Caen) – es wurden im ganzen Hunderte von Bomben geworfen – brachte die Verbündeten nicht einen Zoll vorwärts. Die wütenden Kanadier stürzten sich über den Fluß, um an die Deutschen im Nahkampf heranzugehen, erst damit gelang es, sie aus Colombelles hinauszuwerfen. Die Infanterie bewies wieder einmal, daß auch eine mächtige Luftflotte den Kampf nicht entscheiden kann, wenn nicht rechtzeitig kühne und energische Kräfte auf der Erde ihre Unterstützung ausnutzen. Diese Ereignisse zeigten sehr anschaulich, wie unsinnig die Rechnung des von Churchill beeinflußten alliierten Luftflotten-Oberkommandos war, den Krieg allein aus der Luft gewinnen zu wollen.

Donnerstag, 20. Juli 1944 **D + 4**
Das *Hauptquartier von General Eisenhower* teilt mit:
Die Schlacht im Süden und Osten von Caen dauert a
Die alliierten Truppen, die in Richtung Troarn vor
stoßen, haben die Eisenbahnlinie in etwa 800 m Entfe

nung von der Stadt erreicht, während andere Einheiten, die an der Säuberung von Louvigny und Baucelles teilgenommen haben, den Feind aus Cormelles und Ifs vertrieben haben. Südlich und östlich dieser Orte waren unsere Panzerkräfte gegen deutsche Panzer und Panzerabwehr tätig.
Weiter westlich wurden Fortschritte längs der Front zwischen Grainville und Saint-Germain-d'-Getet erzielt.

20. Juli 1944
Das *Oberkommando der Wehrmacht* gibt bekannt:
In der Normandie setzte der Feind seine Angriffe im Raum östlich und südöstlich Caen mit starken Panzer-, Artillerie- und Fliegerunterstützung während des ganzen Tages fort, ohne daß ihm der erstrebte Durchbruch gelang. Nach erbitterten Kämpfen, die den ganzen Tag hindurch in St. Lô tobten, wurden die Trümmer der Stadt aufgegeben. Feindliche Vorstöße aus der Stadt heraus nach Süden sowie starke örtliche Angriffe der Nordamerikaner weiter nordwestlich brachen verlustreich zusammen.
Schlachtflieger unterstützten die Abwehrkräfte der Erdtruppen in wirksamen Tiefangriffen und vernichteten zehn feindliche Panzer. In Luftkämpfen wurden 16 feindliche Flugzeuge abgeschossen.

In der Nacht griffen Kampf- und Nachtschlachtflugzeuge feindliche Bereitstellungen nördlich Caen mit guter Wirkung an. In Munitions- und Betriebsstofflagern entstanden Brände und Explosionen . . .
Das Vergeltungsfeuer auf London dauerte die ganze Nacht über an.

Die Panzerschlacht bei Caen

20. Juli 1944, London
Die *Agentur Reuter* meldet:
Die Offensive bei Caen hat sich zur größten Panzerschlacht dieses Krieges im Westen entwickelt. Rommel hat den Panzerverbänden Montgomerys südlich von Caen seine eigenen Panzer- und Pak-Abteilungen entgegengeworfen, und die beiden Armeespitzen stehen nun seit 24 Stunden miteinander im Kampf.

Attentat auf den Führer

Aus dem Kriegstagebuch des OB West vom 20. 7. 44:
08.30 Uhr: Lt. Mittagsmeldung H.Gr. B Feindvorstöße mit Panzerunterstützung entlang der Straße Caen–Lisieux abgewiesen. Im übrigen nur Artl.-Störungsfeuer. Feind füllt also offenbar seine Verbände erst neu auf, bevor er erneut zum Angriff aus dem erweiterten Brükkenkopf antritt. Es wird mit allen Mitteln versucht, die hierdurch gewonnene Zeit zum beschleunigten Heranbringen der im Anmarsch befindlichen neuen Verbände

20. Juli 1944, im soeben eroberten St. Lô:
Nur mühsam bahnt sich eine US-Kolonne den Weg durch die Trümmer der einst so bezaubernden Stadt

(271. I. D., 326. I. D., 116. Pz. Div. und 363 I. D.) auszunutzen.
18.30 Uhr: Sondermeldung des Großdeutschen Rundfunks über Attentatsversuch auf den Führer und Obersten Befehlshaber.
Führer unverletzt, nur leichte Prellungen und Verbrennungen.
Der Chef des Generalstabes Ob. West fährt zu dem O. B. West in das Hauptquartier der Heeresgruppe B, da der Oberquartiermeister ihm eine diesem fernmündlich zugegangene Nachricht vom angeblichen Tod des Führers meldet.
Dort trafen auch ein der O. B. der Luftflotte 3 und der Mil. Befehlshaber i. Frankreich.
23.30 Uhr: Anruf Chef des Generalstabes der Lf. 3 bei Ia/Ob. West, ob bei Ob. West bekannt sei, daß der Kdt. v. Groß-Paris den SD und SS-Dienststellen in Paris entwaffnet habe und Obergruppenführer Oberg, Dr. Knochen und weitere Führer festgenommen seien. Einzelheiten wisse General der Flieger Hanesse. In sofort aufgenommenem Ferngespräch mit General der Flieger Hanesse bestätigte dieser in vollem Umfange die gemachten Angaben. Gegen 23.50 Uhr Anruf Ia bei Chef des Generalstabes Kdt. v. Groß-Paris, wer einen derartigen Befehl gegeben habe. Antwort: Der Mil. Befehlshaber in Frankreich. Ia warf ein, daß doch wohl ein Oberbefehlshaber West existiere, mit dem man sich vor derartigen Maßnahmen in Verbindung zu setzen habe, vor allem, da die ganze Angelegenheit anscheinend ein großer Schwindel sei. Chef des Genst. Kdt. v. Groß-Paris verwies an den Chef des Generalstabes des Mil. Bef. in Frankreich.
Anschließend Anruf Ia Ob. West bei Chef des Generalstabes Mil. Bef. i. Frkr. mit der Frage, wer zu dieser Maßnahme den Befehl gegeben habe.
Antwort des Chefs des Generalstabes des Mil. Bef. i. Frkr., daß er den Befehl seines O. B. weitergegeben habe.
Auf Anfrage Ia Ob. West, woher denn dieser Befehl stamme, konnte er keine Antwort geben, sondern erklärte bloß, er fände sich in diesem Durcheinander nicht mehr durch. Er wurde von Ia Ob. West darauf aufmerksam gemacht, warum er nicht bei Ob. West in solcher schwerwiegenden Angelegenheit angefragt habe und daß die Folgen sehr weitreichend sein könnten.

Deutscher Gruß bei der Wehrmacht **D + 47**
An 23. 7. 1944
Chef der Reichskanzlei
Herrn Reichsminister Dr. Lammers
Ich habe als rangältester Offizier der Deutschen Wehrmacht, zugleich im Namen des Generalfeldmarschalls Keitel und Großadmirals Dönitz dem Führer gemeldet, daß alle Wehrmachtteile darum vorstellig geworden sind und aus Anlaß seiner Errettung gebeten und gefordert haben, in der Wehrmacht den Deutschen Gruß als ein Zeichen unverbrüchlicher Treue zum Führer und engster Verbundenheit zwischen Wehrmacht und Partei einführen zu dürfen.

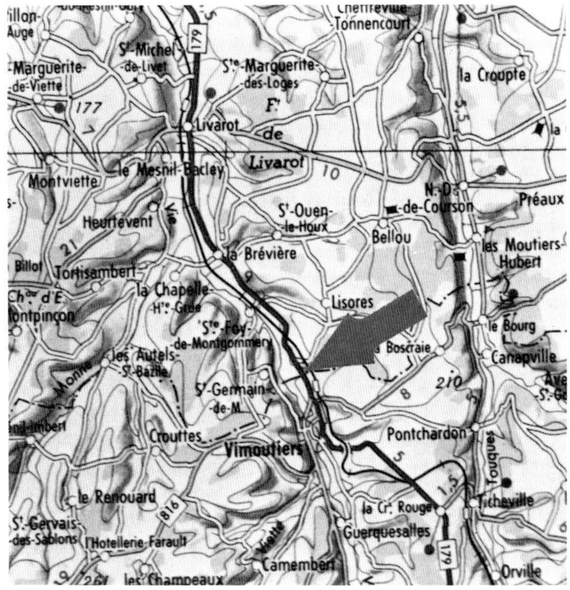

Hier (Pfeil) auf der Straße zwischen Livarot und Vimoutiers, etwa 50 km südöstlich von Caen, hat Squadron Leader J.J. Le Roux *(rechts)* mit seiner Spitfire den Wagen von Generalfeldmarschall Rommel angegriffen

Der Führer hat dem Wunsche der Wehrmacht entsprochen und seine Zustimmung erteilt.
Mit sofortiger Wirkung tritt an die Stelle der Ehrenbezeugung durch Anlegen der rechten Hand an die Kopfbedeckung Ehrenbezeugung durch Erweisung des Deutschen Grußes.

gez. Göring

Und so war es

D + 41 Am Montag, dem 17. Juli 1944, setzen die US-Luftstreitkräfte zum erstenmal auf dem europäischen Kriegsschauplatz Napalm-Brandbomben ein. Die geleeartige, brennbare Mischung aus Naphta und Palmöl wird von einigen P-38-Lightning-Jagdbombern in abwerfbaren Treibstofftanks bei den Angriffen auf die Benzinlager in Coutances, westsüdwestlich von St. Lô, verwendet.
An diesem Montag wird Generalfeldmarschall Rommel während eines Tieffliegerangriffes schwer verwundet: Am frühen Nachmittag besucht Rommel das I. SS-Panzerkorps (SS-Obergruppenf. Dietrich). Um 16 Uhr fährt er zu seinem Hauptquartier nach La Roche-Guyon. Noch beim Abschied bittet ihn Dietrich, die Hauptstraße zu meiden und seinen schweren Horch gegen einen Kübelwagen auszutauschen, was Rommel ablehnt.
Von St.-Pierre-sur-Dives aus benutzt er die Route Nationale N. 179 Livarot–Vimoutiers. In seinem Wagen begleiten ihn der Adjutant Hauptmann Lang, Major Neuhaus und Feldwebel Holke, der nach Tieffliegern

Ausschau hält. Nahe der Ortschaft St.-Foy-de-Montgomery, etwa 50 km südöstlich von Caen, meldet Holke zwei Spitfires. Der Fahrer, Oberfeldwebel Daniel, versucht noch eine Pappelgruppe zu erreichen, da eröffnet die Spitfire IX des Squadron Leader J. J. Le Roux von der 602. Squadron (City of Glasgow) – kurz zuvor von dem frisch ausgelegten Feldflugplatz B 11, neben der zerstörten MKB Longues, gestartet – schon das Feuer. Rommel wird von Glassplittern und herumfliegenden Steinen getroffen und ist sofort bewußtlos. Der schwerverwundete Fahrer verliert die Gewalt über den Wagen. Er prallt gegen einen Baum, schießt quer über die Fahrbahn und bleibt schließlich in einem Hochwassergraben stecken.
Rommel wird hinausgeschleudert. Als ein weiterer Tiefflieger auftaucht, ziehen Lang und Holke den Feldmarschall im letzten Augenblick in Deckung.
Im nahen Livarot wird er zuerst vom Apotheker M. Lescène behandelt, was ihm wahrscheinlich das Leben rettet. Den immer noch bewußtlosen Rommel schafft man in das Luftwaffenlazarett bei Bernay. Die Ärzte stellen neben zahlreichen Splitterverletzungen einen schweren Schädelbasisbruch und Brüche an Schläfen- und Backenknochen fest. Der OB West, Generalfeldmarschall v. Kluge, übernimmt zusätzlich die Führung der Heeresgruppe B.

D + 42 Am Dienstag, dem 18. Juli 1944, beginnt die Operation »Goodwood«: der Angriff der 7. und 11. Division sowie der Garde-Panzerdivision des britischen VIII. Korps. Der bisher gewaltigste taktische Einsatz alliierter Luftstreitkräfte leitet diesen Angriff ein: Über 2200 Maschinen, darunter 1600 viermotorige »Halifax« und »Lancaster« werfen fast 8000 Tonnen Bomben in knapp 45 Minuten auf die am östlichen Orne-Ufer von Caen gelegene Vorstadt Colombelles. Gleichzeitig eröffnet die schwere Schiffsartillerie das Feuer. Die Bevölkerung zählt dabei 2000 Tote und 1300 Verletzte. Die 16. Luftwaffen-Felddivision wird überrollt, die südlich liegende 21. Panzerdivision (GenLt. Feuchtinger) versucht vergeblich, die Einbrüche abzuriegeln. Die 272. Infanteriedivision kann sich mit Unterstützung der 1. SS- und 12. SS-Panzerdivision »Hitlerjugend« halten. In den Kämpfen, die bis tief in die Nacht andauern, nehmen die Kanadier das Fabrikviertel von Colombelles ein. Noch in der Nacht, während die kanadischen Pioniere den Fluß überbrücken, ziehen sich die deutschen Divisionen zurück.
Die Besatzung des deutschen Stützpunktes Cagny, der am frühen Morgen besonders stark bombardiert wurde, kann sich, bevor englische Panzer den Ort erreichen, wieder erholen und hartnäckigen Widerstand leisten. Die Deutschen gehen sogar zum Gegenstoß mit Panzern über, der nur mit Mühe aufgehalten wird. So gelingt es den Engländern bis zum Abend nur, einige schwächere deutsche Stützpunkte zu nehmen. Der Angriff bleibt etwa 8 km südlich der Ausgangsstellung vor der letzten deutschen Verteidigungslinie liegen.

In Italien beginnt an diesem Tage die britische 8. Armee von der Adriafront aus ihren Großangriff. Die deutsche 14. Armee (GenOberst v. Mackensen) zieht sich über den Arno nach Norden zurück. Die deutsche 10. Armee (GenOberst v. Vietinghoff) räumt nun das vom polnischen II. Korps (Gen. Anders) eroberte Ancona.

In der Nacht vom 18./19. Juli 1944 erobert nach schweren Kämpfen die 29. US-Division (Lt.Gen. Bradley) die Trümmer von St. Lô. Von den Landungsstränden »Utah« und »Omaha« haben die Amerikaner bis St. Lô 43 Tage gebraucht. Im Operationsplan »Overlord« war dafür eine Woche vorgesehen.

D + 43 Am Mittwoch, dem 19. Juli 1944, beginnen die ersten Ausladungen im Hafen von Cherbourg, allerdings muß das Löschen des Nachschubs noch mit Barken durchgeführt werden.

D + 44 Am Donnerstag, dem 20. Juli 1944, explodiert um 12.42 Uhr im Führerhauptquartier »Wolfsschanze« eine durch Graf Stauffenberg in die Lage-Baracke eingeschleuste Zeitzünderbombe. Hitler wird nur leicht verwundet, einige Besprechungsteilnehmer finden dabei den Tod.
Eisenhower: ». . . Die mißlungene Verschwörung der deutschen Militärs gegen Hitler, die die Welt am 20. Juli überrascht hat, schien nur geringe Wirkung auf die Moral der deutschen Truppen auszuüben.«

Am Nachmittag des 20. Juli 1944 kommt den Deutschen das Wetter zu Hilfe: Schwere Gewitter mit Wolkenbrüchen verwandeln die Ebene von Caen in ein Morastgelände und veranlassen in den Nachtstunden General Montgomery, seine Panzerdivisionen zurückzuziehen. Kanadische Infanterie hält die Stellungen. Die Operation »Goodwood« ist damit zu Ende. Die Engländer und Kanadier haben rund 1500 Mann und 200 Panzer verloren.

Nun setzt Dauerregen ein, und die Panzerverbände beider Seiten bleiben im Schlamm stecken; dazu hindern tiefliegende Wolken den Einsatz von Flugzeugen. Bis zu diesem Tage melden OB West und die Heeresgruppe B 116863 Gefallene, Verwundete und Vermißte. Die alliierten Verluste betragen 116148 Mann. Im Gegensatz jedoch zu denen der Alliierten können die deutschen Verluste nicht aufgefüllt werden.
In der Nacht vom 20./21. Juli 1944 versenkt eines der deutschen Einmann-Torpedos »Neger« den britischen Zerstörer »Isis« (1370 t) vor der Normandie-Küste.

D+47 Am Sonntag, dem 23. Juli 1944, gruppieren sich die britischen und amerikanischen Verbände für den Aufmarsch zur Durchbruchsschlacht aus dem Brückenkopf in der Normandie. Der Schwerpunkt soll am rechten, dem amerikanischen Flügel liegen (Operation »Cobra«). Die britische Offensive südlich von Caen (Operation »Bluecoat«) wird zur Ablenkung dienen. Der OB West erwartet jedoch den Ausbruch in der Ebene von Caen und nicht zwischen Vire und der Westküste von Cotentin, wo seiner Meinung nach das Heckengelände für Panzeroperationen völlig ungeeignet ist. Die deutsche Führung ahnt nicht, daß die Amerikaner ein Mittel gegen die widerspenstigen Heckenwälle gefunden haben. Daß es den US-Truppen endlich gelingt, die Bocages zu überwinden, haben sie zum größten Teil Sergeant Curtis G. Culin jr. von der 102. Aufklärungs-Squadron und den deutschen Strandsperren, dem sogenannten Element C, zu verdanken. Der erfinderische Unteroffizier bastelt aus Stücken eines zerstörten Elements C verblüffend einfache Heckenschneider: Er schweißt vier scharfe Stahlzähne etwa 50 cm über dem Boden an die Stirnseiten von Sherman-Panzern. So ausgestattet, rollen die Shermans, Rhinozeros genannt, in Nashornmanier in die Hecken hinein. Die Stahlzähne drücken die Vorderseite der Panzer nach unten, lockern dabei den Erdwall, durchschneiden die Heckenwurzeln, und die Panzer können sich nun – den Boden vor sich herschiebend – hindurchwälzen. Lieutenant General Bradley läßt sofort jeden zweiten Panzer damit ausstatten. Seitdem arbeiten die Feldschmieden rund um die Uhr. Eisenhower: »Die ›Rhinozeros‹ gaben den Panzern ihre Einsatzmöglichkeit wieder und hoben enorm die Moral der Armee.«
Der geplante alliierte Angriff Operation »Cobra« muß jedoch wegen des Wetters bis zum 25. Juli verschoben werden.

»Rhinozeros« mit Heckenschneide-Vorrichtung: aus Teilen deutscher Strandsperren angefertigt – eine Waffe gegen die unüberwindlichen Bocages

8. Woche *24.–30. Juli 1944*

Steht die zweite Großlandung bevor? D+48

Montag, 24. Juli 1944, Berlin
Das *DNB* meldet:
In der Normandie ist der Großangriff sowohl der Briten bei Caen als auch der Amerikaner bei St. Lô überraschend schnell zum Stehen gekommen. Der Gegner schiebt die Einstellung der Kampfhandlungen auf das schlechte Wetter, womit er bestätigt, daß er immer nur zum Angriff vorgeht, wenn er glaubt, daß die Bombenteppiche und die schweren Schiffsgeschütze ihm den Weg geebnet haben. Man glaubt in Berlin, nicht fehlzugehen in der Annahme, daß die Verluste der Armee Eisenhowers so groß sind, daß eine zweite Großlandung zum mindesten verzögert, wenn nicht gar unmöglich geworden ist.

Die Taktik von Montgomery
24. Juli 1944, London
Die *Agentur Reuter* teilt mit:
Die Erstarrung der Front an der Orne, die noch immer nicht überwunden ist, wird nur zum Teil durch die Regenfälle bedingt. Man analysiert jetzt in London den Ablauf der Offensive, die ja bereits am letzten Donnerstag ihre anfängliche Wucht eingebüßt hatte. Man stellt fest, daß nach der erfolgreichen Bombardierung der deutschen Linie durch die Luftstreitkräfte, wobei 8000 Tonnen Bomben abgeworfen wurden, die englischen Panzer durch die dadurch geöffnete Bresche ins offene Land vorstießen, jedoch bald gegen die Linien deutscher Panzerabwehrgeschütze anrannten. Ferner habe sich gezeigt, daß die Widerstandsnester in und hinter der Linie selbst durch die schwere Bombardierung nicht niedergekämpft wurden.

Kritik an Montgomery

24. Juli 1944, London
United Press berichtet:
Die Mehrzahl der heutigen Morgenblätter übt mehr oder weniger scharfe Kritik an der alliierten Krieg-

führung in der Normandie und beschwert sich darüber, daß der Durchbruch der britischen 2. Armee durch die deutschen Stellungen nicht ausgenützt worden sei. So schreibt z. B. der Frontkorrespondent des »Daily Telegraph«: Die Erfahrungen der letzten sieben Wochen haben ziemlich klar gezeigt, daß Montgomery nicht die Absicht hat, eine entscheidende Aktion zu unternehmen, bevor die ihm gegenüberstehenden deutschen Streitkräfte wesentlich geschwächt sind. »Daily Herald« kommentiert den »Zusammenbruch des Durchbruchs« wie folgt: »Die Truppen werden noch lange Zeit das Zögern erörtern, das in unseren Operationen zum Ausdruck kommt«, und Liddell Hart erklärt in der »Daily Mail«: »Eine neue Offensivtechnik muß eingeführt werden; die letzten Erfahrungen geben Anlaß dazu, von den Methoden der Vergangenheit abzugehen, mit denen man bisher einen Weg zum Durchbruch suchte.« In dem heutigen Leitartikel des »Daily Expreß« heißt es: »Alle diese Kritiken stellen einen gesunden Beweis für den alles verzehrenden Drang dar, den Krieg noch vor Jahresende zu gewinnen.«

Verdächtigungen gegen das Offizierkorps
24. Juli 1944, Stockholm
Die *Agentur Reuter* meldet:
Der Berliner Korrespondent von »Svenska Dagbladet« meldet, die deutsche Presse enthalte Artikel, in denen deutsche Offiziere, die wichtige Stellungen in der Armeeverwaltung bekleiden, aber gegen den Nationalsozialismus eingestellt sind, beschuldigt werden, bewußt die Mobilmachung der für die Kriegsfronten bestimmten Reserven verlangsamt zu haben. Die deutschen Zeitungen erhielten außerdem die weitere Anschuldigung, daß diese Offiziere auch auf anderen Gebieten die deutschen Kriegsanstrengungen auf jede Weise verzögert hätten.

Dienstag, 25. Juli 1944 **D + 49**
Das *Hauptquartier von General Eisenhower* teilt mit:
In den Frühstunden des Dienstags wurde ein Angriff beidseits der Straße nach Falaise südlich von Caen ausgelöst. Nach den ersten Frontberichten konnten bereits einige Geländegewinne erzielt werden.

25. Juli 1944
Das *Oberkommando der Wehrmacht* gibt bekannt:
In der Normandie traten die Nordamerikaner gestern nordwestlich St. Lô und südwestlich Carentan nach heftiger Feuervorbereitung und rollenden Luftangriffen mit starken Kräften zum Angriff an. In erbittertem Ringen wurde der Feind unter hohen blutigen Verlusten abgewiesen.
In den frühen Morgenstunden des heutigen Tages begannen englische Divisionen im Raume von Caen, nach stärkster Artillerie- und Luftwaffenvorbereitung, ihren dort erwarteten Angriff. Es entwickelten sich schwere Kämpfe, die laufend an Heftigkeit zunehmen. In der Nacht griffen schwere Kampfflugzeuge vom Feind belegte Ortschaften im Landekopf, feindliche Bereitstellungen und den Nachschubverkehr mit guter Wirkung an. Im Seegebiet westlich Brest wurde ein feindlicher Zerstörer beschädigt.
Das schwere Vergeltungsfeuer auf London hält an.

Verteilung der deutschen Kräfte in der letzten Juli-Woche 1944: Mit diesen Verbänden hofft Hitler, die Alliierten ins Meer zurückzuwerfen

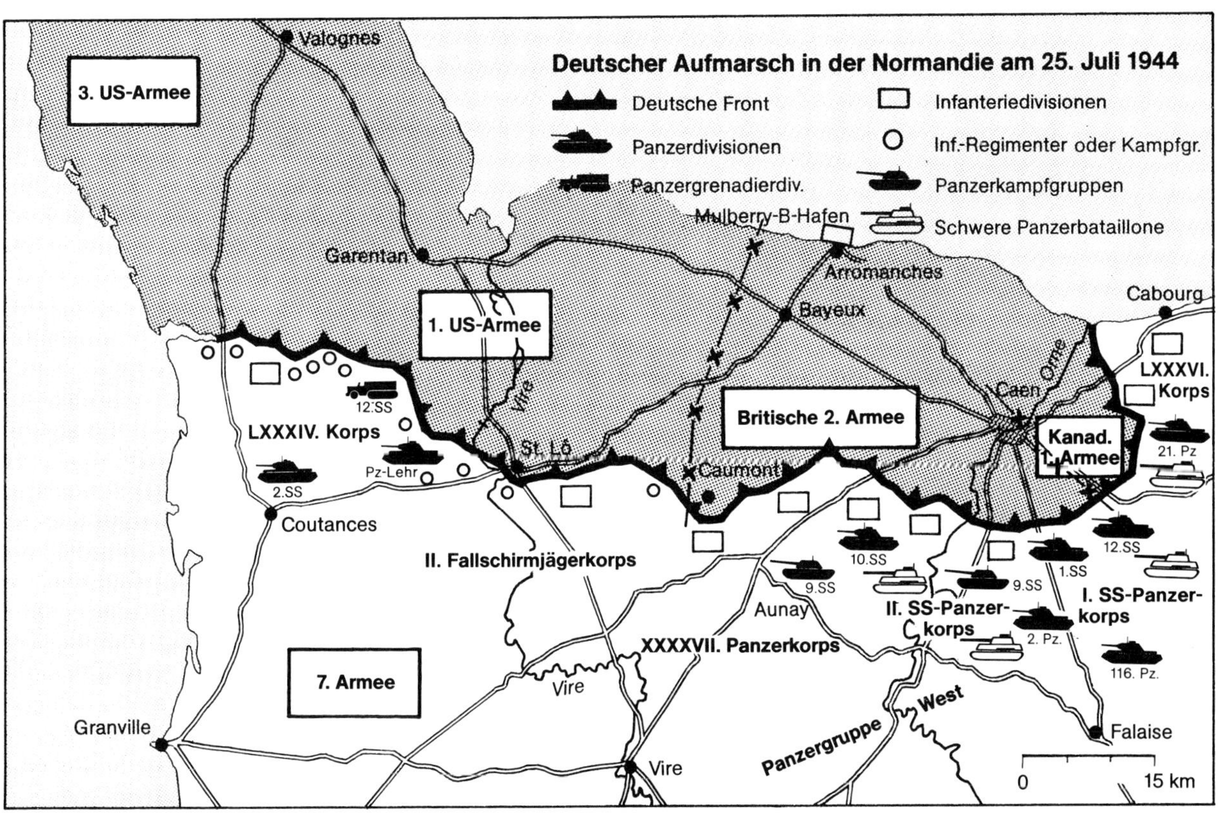

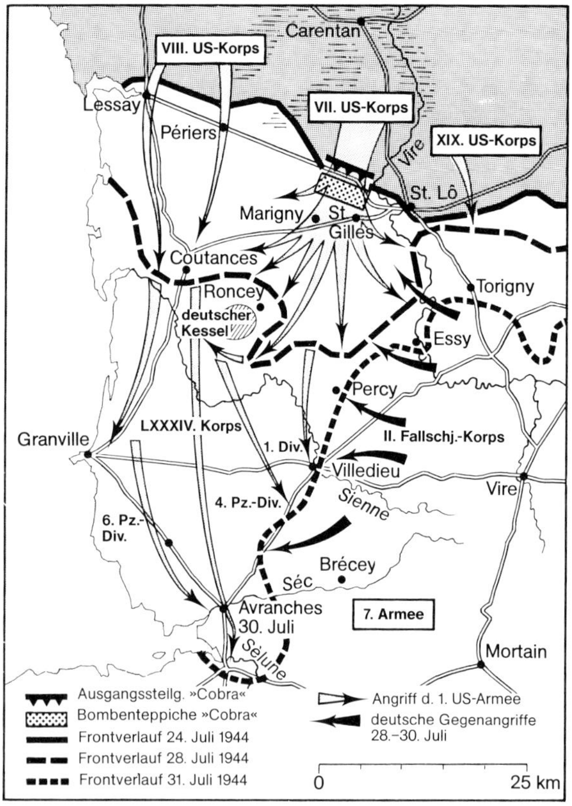

Links: Das wichtigste Ereignis seit dem D-Day: Ausbruch der US-Truppen bei Avranches

Rechts: Deutsche Fallschirmjäger führen US-Soldaten zu einer Kriegsgefangenen-Sammelstelle ab

Das Leben im befreiten Cherbourg normalisiert sich **D + 50**
Mittwoch, 26. Juli 1944
Der *Bürgermeister von Cherbourg* erklärte im Gespräch mit Berichterstattern der BBC:
»Unsere Stadt lebt und blüht schnell wieder auf. Heute dürfen wir behaupten, daß unsere Ingenieure und Facharbeiter in den Tagen der Entscheidungsschlacht die wichtigsten, schwer ersetzbaren Maschinen aus den Gas-, Wasser- und Elektrizitätswerken der Stadt entfernten, um zu verhindern, daß sie von den Deutschen zerstört würden.
Auch das geistige Leben regt sich. Drei Tage nach dem Einmarsch der Alliierten trafen die ersten Buchsendungen ein, die binnen einer Stunde vollständig ausverkauft waren. Bestseller sind Biographien von de Gaulle und englisch-französische Wörterbücher. Unsere Lebensmittelversorgung ist nicht luxuriös und in mancher Beziehung knapp, aber was will das heißen?
In Cherbourg und den umliegenden Distrikten wird die Razzia nach Landesverrätern fortgesetzt, die den Deutschen irgendwie zu Diensten waren. Ein Internierungslager ist außerhalb von Cherbourg errichtet worden. Die Verhaftungen und Einvernahmen erfolgen durch französische Gendarmerie und einen Untersuchungsausschuß des Maquis (FFI).

Donnerstag, 27. Juli 1944 **D + 51**
Das *Hauptquartier von General Eisenhower* meldet:
Im Westabschnitt wurde der alliierte Vormarsch ständig fortgesetzt, und der Kampfraum hat eine Ausweitung erfahren. Östlich der Orne unternimmt der Feind alles, um das Vordringen unserer Streitkräfte in das offene Gelände südwestlich von Caen zu verhindern. Der Gegner hat weitere Verstärkungen in die Schlacht geworfen. Die alliierten Angriffe stießen auf harte Abwehr der feindlichen Panzerverteidigungsstellungen und Artillerie. In einem Abschnitt schlugen unsere Truppen einen starken feindlichen Gegenangriff zurück, der durch Panzer intensiv unterstützt wurde.

27. Juli 1944
Das *Oberkommando der Wehrmacht* gibt bekannt:
Südlich Caen wurden unsere gestern zurückgewonnenen Stellungen gefestigt und gegen erneute örtliche Angriffe gehalten. Panzerbereitstellungen östlich von Caen wurden durch zusammengefaßtes Artilleriefeuer zerschlagen. Im Raum westlich Caumont erzielte der Feind wenige örtliche Einbrüche, die nach Abschuß von 45 Panzern abgeriegelt wurden.
Amerikanische Verbände setzten im Raum westlich St. Lô mit starken Kräften ihre Angriffe fort. Einer feindlichen Angriffsgruppe von 20 Panzern mit aufgesessener Infanterie gelang es, bis in den Raum Canisy vorzustoßen. 5 Panzer wurden davon abgeschossen. Heftige Kämpfe halten hier und im Raum Marigny an. Nördlich Périers behaupteten unsere Truppen ihre Stellungen gegen alle feindlichen Angriffe.
Wirksame Angriffe unserer Kampfflieger richteten sich bei Nacht gegen feindliche Bereitstellungen im Raum Caen und Schiffsziele nordöstlich Cherbourg.
Der Feind verlor 11 Flugzeuge in Luftkämpfen.
Im französischen Raum wurden 40 Terroristen im Kampf niedergemacht.
Das Vergeltungsfeuer auf London dauert an.

US-General gefallen
27. Juli 1944
Die *Agentur Reuter* meldet:
Wie bekanntgegeben wurde, ist der amerikanische Lieutenant General Lesley J. McNair in der Normandie gefallen.

Freitag, 28. Juli 1944 **D + 52**
Das *Hauptquartier von General Eisenhower* teilt mit:
Im Westabschnitt machen die alliierten Panzervorhuten weiter rasche Fortschritte. Eine der Kolonnen hat die Straße St. Lô – Marigny in der Nähe von Le Mesnil-Cury durchschnitten, während eine andere 6 km über Canisy hinaus in südwestlicher Richtung vorgestoßen ist. Eine dritte Kolonne ist von Marigny aus in westlicher Richtung auf der Straße nach Coutances im Vorstoß. Zwischen den Flüssen Seves und Ay ist durch einen Vorstoß von rund 2000 m die Straße Périers – Lessay durchschnitten worden. Der feindliche Frontvorsprung wurde beseitigt. Zwischen St. Lô und Caumont haben unsere Vorhuten nach der Besetzung von

Berigny den Rand von Nôtre-Dame-d'Elle erreicht. Andere im Westen von Caumont vorrückende Kräfte erreichten das Dörfchen Mousset.
Im Abschnitt von Caen wurden starke feindliche Gegenangriffe in Richtung auf Berrieres zurückgewiesen.

28. Juli 1944
Das *Oberkommando der Wehrmacht* gibt bekannt:
m Kampfraum beiderseits St. Lô setzten die Nordameikaner ihren Großangriff den ganzen Tag über fort. Während ihnen östlich St. Lô nur einige unwesentliche Einbrüche gelangen, wurden unsere Truppen südwestich der Stadt in erbitterten und beiderseits verlusteichen Kämpfen weiter nach Süden und Südwesten urückgedrängt. Die Gegenangriffe zur Schließung der n einigen Stellen aufgerissenen Front sind im Gange. '5 Panzer wurden abgeschossen.
m Abschnitt von Caen führte der Gegner nur erfolgose Angriffe geringen Umfangs.
agd- und Schlachtfliegerverbände schossen in Luftämpfen zehn feindliche Flugzeuge ab . . .
chweres V-1-Vergeltungsfeuer liegt fast ununterrochen auf dem Großraum von London.

Varnung an französische Freischärler
8. Juli 1944, Paris
Das *DNB* meldet:
in Kommuniqué des Oberkommandos der deutschen Vehrmacht gibt bekannt, daß die Angehörigen der franösischen Widerstandsgruppen weiterhin als Freischärler ngesehen und dementsprechend behandelt werden.

Abschußrampen für »V2« in Holland?

28. Juli 1944, London
Das *Kriegsministerium* gibt bekannt:
Nach Berichten der niederländischen Exilregierung in London ist damit zu rechnen, daß die allerneueste deutsche Geheimwaffe, als »V2« bezeichnet, in einigen Wochen von Holland aus gegen England eingesetzt wird. Es soll sich bei der »V2« angeblich um eine riesige, 90 Tonnen schwere Rakete, ein sogenanntes Stratosphärengeschoß handeln. Dieselbe Quelle hält es ebenfalls für möglich, daß der Abschuß fliegender Bomben »V1« von Holland aus vorbereitet wird. Die Mobilisierung aller männlichen Holländer im April und Mai dieses Jahres für Arbeiten an geheimnisvollen Anlagen in der Nähe von Hoek van Holland deutet darauf hin.

Sender Beromünster (Schweiz)

28. Juli 1944
Auf ursprünglich russischem Gebiet stehen keine Deutschen mehr, und die Sowjettruppen sind dabei, auch diejenigen Gebiete wiederzuerobern, die sie im Sommer 1939 nach dem Abkommen Ribbentrop-Molotow besetzt haben: nämlich Ostpolen und die drei baltischen Staaten.

Folgende Seiten: Britische Soldaten spüren einen deutschen Scharfschützen auf, der sich in den Bocages versteckt hält

Im Zentrum der Front sind die Verbände Marschall Rokossowskis mit 60 000 Fahrzeugen nach Überquerung des Bug in die große polnische Ebene eingedrungen, wo sie sich Warschau nähern. An einigen Stellen wurde südlich von Warschau bereits die Weichsel überschritten.
Rokossowski hatte die große Grenzfestung Brest-Litowsk als Igelstellung hinter sich gelassen; gestern wurde ihr Fall gemeldet.

Eine »plumpe Erfindung des DNB« **D + 53**
Sonnabend, 29. Juli 1944, London
Die *Agentur Reuter* berichtet:
Die Meldung des Deutschen Nachrichtenbureaus, wonach General Montgomery »wegen der Erfolglosigkeit seiner bisherigen Kampfführung in der Normandie« des Oberbefehls an der Invasionsfront enthoben worden sei und die amerikanischen Divisionen unter einen neuen Oberbefehlshaber gestellt worden seien, wird von maßgebender Seite als eine »plumpe Erfindung« bezeichnet.

Gerüchte um Rommel **D + 54**

Sonntag, 30. Juli 1944
Die *Agentur Reuter* meldet:
Ein von den Amerikanern gefangengenommener deutscher Hauptmann berichtete, daß Generalfeldmarschall Rommel am 17. Juli verletzt worden sei. Das Auto, mit dem er zu den rückwärtigen Linien fuhr, überschlug sich. Rommel sei ohnmächtig geworden und habe sechs Stunden lang am Rand der Straße liegen müssen.

30. Juli 1944, London
Associated Press berichtet:
Nach einer Meldung aus Canisy soll ein Mitglied des französischen Roten Kreuzes auf Grund von Aussagen eines deutschen Kriegsgefangenen erklärt haben, daß Generalfeldmarschall Rommel seinen Verletzungen erlegen sei. In der Meldung heißt es noch, daß die Nachricht von einer im Dienste des französischen Roten Kreuzes stehenden Dame komme, die die Ermächtigung besaß, sich der französischen Kriegsgefangenen anzunehmen. Diese Dame erklärte, daß Rommel bei einem Luftangriff auf Falaise an der britischen Front verwundet und nachher im Krankenhaus Bernay gestorben sei.
Eine Bestätigung dieser Meldung liegt zur Stunde noch nicht vor.

Und so war es

D + 48 Am Montag, dem 24. Juli 1944, steht das VII. US-Korps (Maj.Gen. Collins) nordwestlich von St. Lô, bereit, die deutsche Front zu durchbrechen, die sich hier seit dem 15. Juli 1944 stabilisiert hat. Die Operation »Cobra« soll mit taktischen Einsätzen schwerer Bomberverbände noch nicht dagewesenen Ausmaßes beginnen.

Die US-Truppen legen Leuchtzeichen und haben auf allen Fahrzeugen die weißen Sterne frisch gestrichen. Ein Streifen von 200 Meter Breite am Anfang des zu bombardierenden Gebietes wird von der Artillerie alle zwei Minuten mit rotem Rauch gekennzeichnet.
Air Chief Marshal Sir Leigh-Mallory, der sich im Befehlsstand von General Bradley befindet, hat den Angriffsbeginn der Bomberverbände auf 13.00 Uhr festgelegt. Als er jedoch am Vormittag feststellt, daß das Wetter keine Präzisionsangriffe ermöglicht, befiehlt Leigh-Mallory sofort, die Operation zu stoppen. Durch eine Verzögerung der Funkübermittlung erreicht der Befehl die erste Angriffswelle nicht mehr rechtzeitig. Und 300 schwere Maschinen werfen ihre Last von insgesamt 685 Tonnen Bomben so ungenau ab, daß sie auch in die Stellungen der 30. US-Infanteriedivision einschlagen und 156 Tote und Verwundete verursachen. Die Deutschen, durch den Luftangriff alarmiert, eröffnen schweres Artilleriefeuer auf die amerikanische Truppenkonzentration und stoßen in den vor dem Angriff geräumten Streifen nach.

D + 49 Am Dienstag, dem 25. Juli 1944, fliegen Jabos zuerst Angriffe auf deutsche Vorpostenlinien beiderseits der Straße St. Lô–Périers, und um 9.30 Uhr werfen 2500 schwere und mittlere Bomber 4200 Tonnen Bomben auf etwa 17,5 qkm Fläche zwischen den Dörfern Amigny-la-Chapelle und Le-Mesnil-Eury. Die roten Zeichen der Bodentruppen werden durch den Rauch kaum gesehen, und aus Angst, die eigenen Truppen zu treffen, werfen die meisten Flieger ihre Bomben weit hinter den vorgesehenen Zielen ab. Andererseits klinken etwa 10 Liberators ihre Bomben zu früh aus und verursachen auch hier über 650 Mann Verluste unter der US-Infanterie. Dabei finden Lieutenant General Lesley J. McNair und mehrere Stabsoffiziere den Tod.
Der Tod des Lieutenant General Lesley J. McNair, des ältesten amerikanischen Generals, der jemals vor dem Feind gefallen ist, wird strikt geheimgehalten: McNair der zur Frontbesichtigung kam, ist nach den »Brutus«-Meldungen der Nachfolger von Patton als Befehlshaber der FUSAG.
Die Wirkung dieser bisher heftigsten taktischen Luftangriffe ist für die deutschen Verteidiger verheerend. Wenigstens die Hälfte der Panzer-Lehrdivision ist tot oder kampfunfähig, nur etwa ein Dutzend Panzer bleibt unzerstört.
Um 10.00 Uhr greifen nochmals 400 Jabos das an, was von den deutschen Stellungen übriggeblieben ist, und um 11.30 Uhr werfen 380 mittelschwere Maschinen 650 Tonnen Bomben und zusätzlich Kanister mit Napalm ab. Generalleutnant Bayerlein: »Einzelne Männer drehten durch, liefen wie wahnsinnig im Freien herum, bis sie von Splittern niedergemäht wurden. Die Flugzeuge zogen ununterbrochen wie ein Förderband über uns weg, und die Bombenteppiche entrollten sich im großen Rechteck (7 auf 2,5 km). Meine Flak hatte kaum ihren Mund aufgetan, als die Batterien schon direkte Treffer erhielten, die die Hälfte der Kanonen

25. Juli 1944, nahe Le-Mesnil-Evry: US-Soldaten bergen ihre toten Kameraden nach dem Angriff der eigenen Bomber

zerstörten und den Rest zum Schweigen brachten. Nach einer Stunde hatte ich mit niemandem mehr Verbindung, auch nicht per Funk. Zu Mittag waren außer Staub und Qualm nichts zu sehen. Meine Frontstellung sah wie eine Mondlandschaft aus, und wenigstens 70 Prozent meiner Truppen waren außer Gefecht gesetzt: tot, verwundet, zerrüttet oder betäubt. Alle meine vorderen Panzer waren stillgelegt, und die Straßen waren praktisch unpassierbar.«

Nach dem Bombenangriff eröffnen 1000 Geschütze das Feuer auf die deutschen Linien und schießen 140 000 Granaten ab. Danach greifen drei US-Infanteriedivisionen an, die jedoch durch das bombenzerpflügte Gelände erst vorwärtskommen, als Pioniere mit Bulldozern den steckengebliebenen Panzern einen Weg bahnen. Sie schaffen dadurch am ersten Tage nur drei Kilometer.

»Doch selbst dieser kleine Einbruch ist«, wie General Bradley am Abend auf seinem Gefechtsstand sagt, »nur mit sehr schweren Verlusten erkämpft worden.« Die Infanterie, die sich offensichtlich zu viel von den Bombenteppichen versprochen hat, ist verblüfft über den weiteren deutschen Widerstand, Eisenhower: »... Auch hier war die Wirkung, genau wie in Caen, nur vorübergehend.« Und der Oberbefehlshaber – erschreckt durch den Verlust von fast 900 Mann in zwei Tagen – befiehlt daraufhin den Einsatz schwerer Bomber für taktische Operationen der amerikanischen Truppen einzustellen.

Trotz aller Abwehranstrengungen schlagen die drei Infanteriedivisionen des VII. US-Korps eine Bresche durch die Verteidigungsstellungen des dezimierten LXXXIV. Korps (GenLt. v. Choltitz). Durch dieses Loch stoßen zwei US-Panzerdivisionen nach vorn und zwingen die auseinandergerissenen Verbände der 7. Armee (SS-Obergruppenf. Hausser) zum Rückzug. Damit können die Alliierten zum weiträumigen Bewegungskrieg übergehen.

Übrigens wird an diesem Tage die erste Division der 15. Armee (GenOberst v. Salmuth), die im Pas de Calais die ganze Zeit »Gewehr bei Fuß« steht, in die Normandie verlegt, um die zusammenbrechende Front zu verstärken. Ebenfalls am 25. Juli 1944 landen die letzten Einheiten der Major General Patton unterstehenden 3. US-Armee an der Normandie-Küste.

D + 50 Am Mittwoch, dem 26. Juli 1944, wird »Brutus« veranlaßt – bevor die Nachricht vom Tod des Generals McNair zu den Deutschen durchsickern sollte –, seiner Leitstelle in Paris folgendes zu übermitteln: »Wie ich erfahren habe, ist General McNair, Oberbefehlshaber der FUSAG, in der Normandie gefallen. Er hielt sich dort zu Besprechungen mit General Montgomery auf und inspizierte deutsche Küstenbefestigungen. Hier gilt dies als sehr schwerer Verlust, jedoch hat man bereits Lieutenant General John L. De Witt als Nachfolger ernannt.«

Nach dem amerikanischen Durchbruch bei St. Lô besteht für den OB West die nächstliegende Gefahr darin, daß die Westflanke der 7. Armee an der Bucht von St. Malo abgeschnitten werden könnte. Und v. Kluge gibt dem XXXXVII. Panzerkorps (Gen. d. Pz. Tr. Frhr. v. Funck) mit der 2. und 116. Panzerdivision den Befehl, sich im Raum westlich der Vire zu sammeln, um in die Flanke der 1. US-Armee (Lt.Gen. Hodges) zu stoßen.

Am Tage danach, Donnerstag, dem 27. Juli 1944, nimmt an der Ostfront die sowjetische 4. Stoßarmee (GenLt. Malischow) Dünaburg, erreicht das Ufer der Rigaer Bucht und trennt damit die deutsche Heeresgruppe Nord von der übrigen Ostfront ab.

D + 52 In den Morgenstunden des 28. Juli 1944 muß sich die 7. Armee, da sie dem feindlichen Druck nicht standhalten kann, nach Südosten absetzen. Und Coutances wird von der 4. US-Panzerdivision erobert. Eine Verteidigungsstellung gibt es nicht mehr. So beginnt der deutsche Rückzug, und Mittelfrankreich steht den alliierten Verbänden offen und Rommels Prognose vom

31. Juli 1944:
US-Soldaten marschieren
in Avranches ein:
Invasion als Landungsunternehmen
abgeschlossen

15. Juli 1944, die 7. Armee werde noch etwa 14 Tage halten können, hat auf den Tag gestimmt.
Die Panzerverbände des VIII. US-Korps (Maj.Gen. Middleton) überschreiten den Fluß Sienne südlich von Coutances. Nun konzentrieren sich die deutschen Panzerverbände im Raum Mortain. Sie sollen in westlicher Richtung über Avranches zur Atlantik-Küste vorstoßen und der 3. US-Armee den Weg abschneiden. Kluge zieht östlich von Mortain außer den Infanteriedivisionen die 1. SS- und die 2. SS.-Panzerdivision sowie die 2. und 116. Panzerdivision nun unter der Bezeichnung »Panzergruppe Eberbach« zusammen. Eisenhower: ». . . Zum erstenmal gelang es jetzt den Deutschen, zwei Monate nach Beginn der Invasion, ihre Panzerstreitkräfte in der früher gewohnten Art zusammenzuziehen.«
Am 28. Juli 1944 wird Major General Patton offiziell der Oberbefehl über die 3. US-Armee übertragen.
Bis zu diesem Tage sind in der Normandie gelandet: 1566356 Mann, 332645 Fahrzeuge und 1303476 Tonnen Nachschub.

D + 53 Am Sonnabend, dem 29. Juli 1944, hat die 7. Armee den Entschluß gefaßt, ihre bei St. Lô abgeschnittenen Kräfte der Westflanke nach Südosten zu verlegen, um sie mit den zum Gegenangriff versammelten Verbänden des XXXXVII. Panzerkorps zu vereinigen. Als v. Kluge von dem Armeebefehl erfährt, macht er ihn sofort rückgängig, weil damit das im Schwerpunkt liegende Avranches praktisch kampflos geräumt würde. Der Gegenbefehl erreicht jedoch die 7. Armee nicht mehr rechtzeitig.

D + 54 Am Sonntag, dem 30. Juli 1944, rücken die US-Panzerverbände schnell vor, und Lieutenant General Bradley weiß nur deshalb genau, wo seine Panzerspitzen sind, weil Aufklärer das plötzliche Auftauchen der Trikolore in den Ortschaften entlang der Vormarschstraßen melden, ein Beweis, daß die Deutschen abgerückt sind.
Am Abend erreicht die 4. US-Panzerdivision Avranches und befindet sich nun hinter der linken Flanke der deutschen Verbände. Im Raum von St. Lô bis zur Bucht von St. Malo ist die Frontlinie zerrissen.
Mit diesem Durchbruch amerikanischer Panzerdivisionen bei Avranches und dem Gewinn des freien Geländes von Westfrankreich zu großräumigen Operationen motorisierter Verbände ist die Invasion nun als Landungsunternehmen abgeschlossen.
Am gleichen Tage landen an den Stränden bei Arromanches und Courselles-sur-Mer Einheiten der polnischen 1. Panzerdivision (Maj.Gen. Maczek), die dem kanadischen II. Korps untersteht.
Die Soldaten haben einen langen Weg hinter sich: Ein Teil von ihnen befand sich nach der Niederlage Polens im September 1939 in rumänischen und ungarischen Internierungslagern, aus denen sie auf abenteuerlichen Wegen nach Frankreich entkamen. Und 1940, als Frankreich kapitulierte, gelang es ihnen, sich nach England zu retten. Andere wiederum – von den Sowjets nach deren Einmarsch in Polen im September 1939 nach Sibirien verschleppt – konnten nach dem sowjetisch-polnischen Abkommen vom 30. Juli 1941 die UdSSR verlassen und auf Umwegen England erreichen. Manche wiederum, die als Bewohner Westpolens von der deutschen Wehrmacht eingezogen wurden und in alliierte Gefangenschaft geraten sind, meldeten sich zu den Exil-polnischen Streitkräften.
Der Nachfolger von General der Panzertruppen Eberbach im Raum Caen und in der Führung der 5. Panzerarmee, früher Panzergruppe West, wird SS-Obergruppenführer Dietrich, bis jetzt Kommandierender General des I. SS-Panzerkorps. Auch bei den amerikanischen Streitkräften wird neu gegliedert: Unter General Bradley entsteht die 12. US-Heeresgruppe mit der 1. US-Armee (Lt.Gen. Hodges) und der neuaufgestellten 3. US-Armee (Maj.Gen. Patton). Zur 21. Heeresgruppe (General Montgomery) gehören jetzt die britische 2. Armee (Lt.Gen. Dempsey) und die kanadische 1. Armee (Lt.Gen. Crerar).

Dritte Phase

31. Juli – 20. August 1944

Der Kessel von Falaise
Landung in der Provence

9. Woche *31. Juli – 6. August 1944*

Montag, 31. Juli 1944 **D + 55**
Das *Hauptquartier von General Eisenhower* meldet:
Der alliierte Vormarsch im Westabschnitt dauert an. Die Ortschaften Brehalm-Cerences und Savray wurden von unseren Truppen besetzt, die weiter vorrücken. Die eingekreisten feindlichen Panzer und Infanterie wurden in raschem Tempo bekämpft. Die Versuche des im Gebiete von Lengronne und St.-Denis-le-Gast eingeschlossenen Feindes, mit Panzerunterstützung auszubrechen, wurden zum Scheitern gebracht, und über 30 feindliche Panzer wurden außer Gefecht gesetzt.
Südlich von Caumont wurde ein Geländegewinn von 5 km erzielt. Die alliierten Truppen haben Les-Loges erreicht. Östlich von Caumont haben unsere Truppen trotz starkem feindlichem Widerstand weiteren Geländegewinn erzielt, obwohl sie schwieriges Terrain und ausgedehnte Minenfelder zu überwinden hatten.
Es wurden offensive Patrouillenflüge bis Amiens, Paris und Chartres durchgeführt.

31. Juli 1944
Das *Oberkommando der Wehrmacht* gibt bekannt:
Der Feind dehnte in der Normandie seinen mit großem Materialeinsatz geführten Großangriff gestern auf die gesamte Front von südwestlich Caen bis zur Westküste der Halbinsel Cotentin aus. Die Kämpfe werden auf beiden Seiten mit immer zunehmender Erbitterung geführt. Südlich Hottot wurden alle feindlichen Angriffe zerschlagen. Beiderseits Caumont konnte der Feind einen tieferen Einbruch in unsere Front erzielen. Eigene Gegenangriffe sind dort im Gange . . . Nordwestlich und westlich Torigini sur Vire scheiterten starke Durchbruchsversuche der Amerikaner. Mit besonderer Härte tobten die Kämpfe südlich Sourdeval und südlich Cerences. Gegen den tiefeingebrochenen Feind sind Panzerverbände zum Angriff angesetzt.
Aus dem Raum nördlich Sourdeval schlug sich eine vorübergehend von ihren Verbindungen abgeschnittene Panzerkampfgruppe der Waffen-SS zu unseren Hauptkräften durch.
In der Nacht griffen Kampfverbände feindliche Schiffsansammlungen vor der Orne- und der Seine-Mündung an . . .
Schweres Vergeltungsfeuer liegt fast ununterbrochen auf London.

Was ist mit Rommel?

31. Juli 1944, London
Associated Press meldet:
Zuverlässige Berichte über das Befinden Generalfeldmarschall Rommels, der am 17. Juli bei Lisieux schwer verwundet wurde und an den Folgen der Verletzung gestorben sein soll, liegen in London nicht vor. Bekannt ist, daß der General eine schwere Verwundung durch Bombensplitter in der rechten Gesichtshälfte erlitt, durch die seine Augen gefährdet wurden. Seit acht Tagen fehlen Anordnungen, die den Namen Rommels tragen.

Ölleitungen zur Front der Alliierten
31. Juli 1944, Caen
Exchange berichtet:
Bereits vor der Invasion war ein Röhrensystem in allen Einzelheiten festgelegt worden, das den Treibstoff direkt von der Küste an die Front leiten kann. Mit der Erweiterung des Landekopfes wurden Ausbauarbeiten notwendig, um die Truppen fortlaufend versorgen zu können.
An der Küste wurden Treibstofftanks von 600, 800 und 1200 Tonnen Fassungsvermögen aufgestellt. Von ihnen aus werden zwei verschiedene Röhrensysteme gespeist: eines für Motorfahrzeug-, das andere für Flugzeugtreibstoff. An den sich ganz in der Nähe des Kampfgebietes befindenden Tankstellen können zehn Wagen gleichzeitig tanken. Es wurden auch bereits im Landesinnern verschiedene Zweiglager angelegt.

Eine neue deutsche Geheimwaffe D+58

Donnerstag, 3. August 1944, London
Die *Agentur Reuter* teilt mit:
In der Normandie wurde eine riesenhafte Flugbombe über dem Meer abgeschossen. Diese deutsche »Geheimwaffe« besteht aus einem unbemannten Bombenflugzeug, wahrscheinlich einer umgewandelten Junkers 88, das mit Sprengstoff gefüllt ist und von einem darüber montierten Messerschmitt-Flugzeug getragen wird. Der Pilot der Messerschmitt ist die einzige Bemannung dieses kombinierten Flugzeug-Geschosses. Soweit bisher festgestellt werden konnte, starten wahrscheinlich beide Maschinen gemeinsam, und später wird der sprengstoffgeladene Bomber freigesetzt und ferngesteuert.

Generalfeldmarschall Rommel verunglückt
Generalfeldmarschall Rommel ist am 17. Juli in Frankreich infolge eines Luftangriffs mit dem Kraftwagen verunglückt, wobei er Verletzungen und eine Gehirnerschütterung davontrug. Sein Befinden ist befriedigend. Lebensgefahr besteht nicht.
Völkischer Beobachter, 3. 8. 1944

Freitag, 4. August 1944 **D+59**
Das *Hauptquartier von General Eisenhower* meldet:
Die alliierten Streitkräfte haben Rennes erreicht. Einzelne Einheiten stehen bereits südlich der Stadt. Eine andere Kolonne ist über Dol hinaus vorgerückt und befindet sich im Vordringen gegen Westen längs der Nordküste der Bretagne, wo sie die Gegend von Dinan erreicht hat.
Andere alliierte Verbände, die östlich der Straße Percy – Villedieu operieren, haben die Ortschaft Beaumesnil genommen und stehen jetzt in der Zone von St. Sever. Weiter südlich haben unsere Truppen Mortain im Sturm genommen.
Südöstlich Caumont haben die alliierten Truppen in Richtung auf Villers-Bocage und Aunay, wo heftige Gefechte stattfanden, Fortschritte erzielt. Sie halten den Forst von Buron. Der Feind hat an der Front nördlich und östlich Beny-Bocage eine Anzahl von Gegenangriffen ausgelöst.
Das günstige Wetter erlaubte am Donnerstag den alliierten Jägern und Jagdbombern, eng mit den Landstreitkräften zusammenzuarbeiten.

4. August 1944
Das *Oberkommando der Wehrmacht* gibt bekannt:
In der Normandie scheiterten örtliche Vorstöße des Feindes südwestlich Caen. Im Raum Coulvain fanden während des ganzen Tages heftige Kämpfe statt, ohne zu einer nennenswerten Änderung der Lage zu führen. Südwestlich davon und im Raum von Vire gelang es, den eingebrochenen Feind durch den Gegenangriff eigener Panzerverbände zu werfen und den Zusammenhang der Front wiederherzustellen. 50 feindliche Panzer wurden abgeschossen. Eine starke Gruppe des Feindes ist eingeschlossen und wird konzentrisch angegriffen.

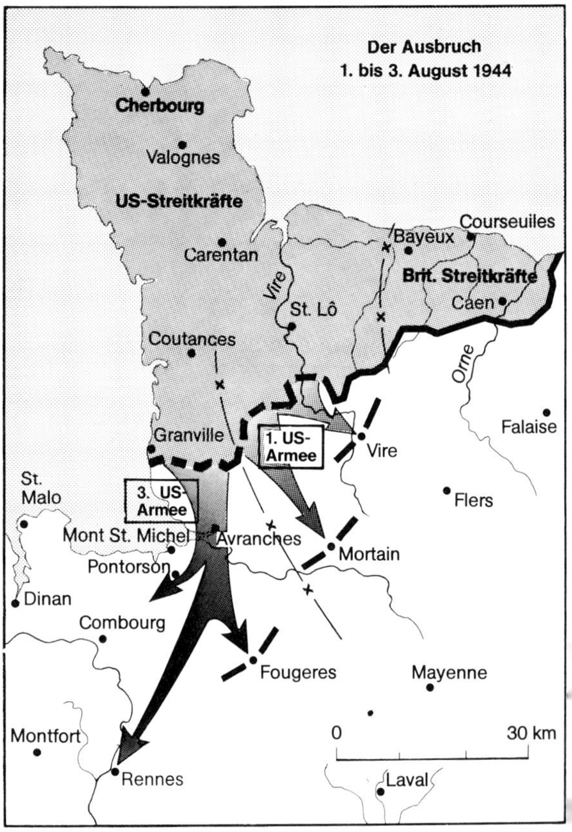

Der Durchbruch von US-Panzerdivisionen bei Avranches bedeutet Gewinn freien Geländes zu großräumigen Operationen motorisierter Verbände

Nordöstlich und östlich Avranches brachen zahlreiche von Panzern unterstützte Angriffe des Gegners verlustreich zusammen.
Im Ostteil der Bretagne dringen die über Avranches nach Süden durchgebrochenen motorisierten Truppen des Feindes nach Süden und Westen vor und stehen an mehreren Stellen mit den Besatzungen der deutschen Stützpunkte in diesem Raum im Kampf. In den beiden letzten Tagen verlor der Feind 216 Panzer . . .
Das schwere Feuer der V1 liegt weiterhin auf London und seinen Außenbezirken.

4. August 1944
Das *Hauptquartier von General Eisenhower* meldet:
Der Oberkommandierende der alliierten Streitkräfte, General Eisenhower, überflog gestern nachmittag den Kanal, um sich die allerletzten Berichte von General Bradley und später von General Montgomery geben zu lassen. Gegen Abend begab sich General Eisenhower nach England zurück.

Russische Panzer in Ostpreußen?

4. August 1944, London
Die *Agentur Reuter* berichtet:
In den vier Hauptsektoren der Ostfront: im Baltikum, vor Ostpreußen, an der Weichsel und im galizischen

Abschnitt hat der russische Vormarsch neue, wenn auch langsamere Fortschritte gemacht. ... Eydtkuhnen soll bereits in der Frontzone liegen und von russischer Feldartillerie beschossen werden. Tscherjakowski ist der erste alliierte General, der an der Spitze seiner Truppen deutschen Boden betreten hat.

Ablehnung kommunistischer Berichterstatter

4. August 1944, London
Die *Agentur Reuter* meldet:
Im Unterhaus erläuterte Kriegsminister Grigg die Gründe, weshalb es der kommunistischen Zeitung »Daily Worker« nicht gestattet worden sei, akkreditierte Kriegsberichterstatter an die Front zu senden. Er legte dar, daß die Frontkorrespondenten in die Lage kommen, geheime Informationen zu übermitteln. Der »Daily Worker« habe Mitarbeiter, denen die britische Regierung keine Kenntnis von bevorstehenden Operationen geben wolle. Dieser Entscheid sei aus Sicherheitsgründen gefallen, da das Leben der Matrosen, Soldaten und Piloten sonst aufs Spiel gesetzt würde.

Einsatz von Einmann-Torpedos vor der Seine-Mündung
4. August 1944, Berlin
Das *DNB* berichtet:
In den frühen Morgenstunden des Donnerstags ereignete sich im Ostteil der Seinebucht unter alliierten Kriegs- und Handelsschiffsansammlungen eine Reihe schwerer Schiffskatastrophen, denen Kreuzer, Zerstörer, Transporter und sonstige Fahrzeuge unter riesigen Detonationen zum Opfer fielen. Wie man erfährt, wurden diese Schiffsuntergänge durch Kampfmittel der Kriegsmarine, die erst kürzlich mehrmals von sich reden machten, bewirkt.

Säuberungsaktion im deutschen Heer
4. August 1944, Berlin
Das *DNB* meldet:
Das Heer hat dem Führer den Wunsch unterbreitet, zu sofortiger Wiederherstellung seiner Ehre schnellstens durch eine rücksichtslose Säuberungsaktion auch von den letzten am Anschlag vom 20. Juli 1944 beteiligten Verbrechern befreit zu werden; es möchte die Schuldigen dann der Volksjustiz überantwortet sehen. Der Führer hat diesem Wunsch entsprochen, zumal der schnelle und tatkräftige Zugriff des Heeres selbst den volks- und hochverräterischen Anschlag im Keim erstickt hat.
Die Ausgestoßenen werden dem Volksgerichtshof zur Aburteilung übergeben. Die Verhandlung vor dem Volksgerichtshof gegen die Schuldigen findet in Kürze statt.

Kriegsgefangene aus der Normandie
4. August 1944, Genf
Das *Internationale Komitee vom Roten Kreuz* teilt mit:
am 6. Juli, einen Monat nach den ersten Gefechten an der Küste der Normandie, erhielt das Internationale Komitee aus London eine erste Sendung von Namenlisten deutscher Heeresangehöriger, die in britische und amerikanische Kriegsgefangenschaft geraten waren. Diese Listen waren auf Mikrofilme übertragen, die sich zur Beförderung auf dem Luftweg eignen. Gleichzeitig empfing das Internationale Komitee durch die deutschen Behörden die ersten, von britischen und amerikanischen Gefangenen geschriebenen Meldekarten. Diese Karten wurden bei Ankunft der Betreffenden in den Sammellagern in Frankreich nach Genf abgesandt. Dadurch war das Internationale Komitee vom Roten Kreuz in die Lage versetzt, zahlreichen schwer beunruhigten Familienangehörigen beider kriegführenden Parteien Gewißheit über das Schicksal ihrer Vermißten zu verschaffen.

Sonnabend, 5. August 1944 **D + 60**
Das *Hauptquartier von General Eisenhower* teilt mit:
Außer den drei Hauptgruppen der Amerikaner, die mit den Zielen Brest, Nantes und vermutlich Tours rasch längs erstklassiger Überlandstraßen vorstoßen, haben sich mehrere kleinere Spitzenkolonnen gebildet, die von Rennes aus nach verschiedenen Richtungen ausstrahlen.
Einem massiven deutschen Gegenstoß, der zur Eindrückung des britischen Keiles gegen die Straße Beny-

-ie Erfolge der Alliierten können -icht über die schweren -erluste hinwegtäuschen, die sie -abei erleiden

Bocage – Vire führte, folgten am gleichen Sektor örtliche britische Angriffe.
Im Laufe des Freitags griffen dann die Angriffe der 2. Armee auf die östlich anschließenden Sektoren über, und gegen Abend standen auch die Kanadier an der östlichen Flanke in der Offensive und stürmten die Ortschaft Saint-Martin, 6 km südlich von Caen. In schweren Kämpfen erstürmten die britischen Truppen die Bahnstation und den Ort Villers-Bocage.

5. August 1944
Das *Oberkommando der Wehrmacht* gibt bekannt:
In der Normandie führte der Feind gestern nördlich Vire sowie nordöstlich und östlich Avranches starke von Panzern unterstützte Angriffe, die nach hartem Kampf abgewiesen wurden. Mehrere hinter unseren Linien eingeschlossene feindliche Kampfgruppen wurden vernichtet.
In der Bretagne leisteten auch gestern die Besatzungen unserer Stützpunkte den weiter nach Westen und Südwesten vorstoßenden feindlichen motorisierten Kräften heftigen Widerstand.
Schlachtflieger griffen mit guter Wirkung in die Erdkämpfe ein und zersprengten feindliche Kolonnen. In der Nacht waren vom Feinde belegte Orte und Flakbatterien das Angriffsziel unserer Kampf- und Nachtschlachtflieger.
Im französischen Hinterland wurden 59 Terroristen im Kampf niedergemacht.
Schweres V-1-Vergeltungsfeuer liegt auf London.

Sonntag, 6. August 1944 **D + 61**
Das *Hauptquartier von General Eisenhower* teilt mit:
In der Bretagne hat eine alliierte Panzerkolonne Redon erreicht:
Eine andere Kolonne setzte ihre Angriffe nordwestlich von Dol fort.
Vitre (östlich von Rennes) und Pontivy (nordöstlich von Lorient) wurden vom Feind gesäubert. In den Frühstunden des Samstags bombardierte der Gegner Rennes, Pontorson und Avranches. Die Schäden sind geringfügig. In Dinan, Rennes und Vitre wurden Panzertruppen der SS gefangengenommen. Motorisierte Verbände der Alliierten griffen den Feind bei St. Malo an.
In der Normandie durchquerten die alliierten Truppen den Wald von St. Sever. Dieser ist noch nicht völlig vom Feind gesäubert. Bei Champ-du-Boult stießen unsere Truppen auf Maschinengewehrnester und kleinere feindliche Widerstandstaschen. Panzereinheiten und Fallschirmtruppen des Gegners leisten bei Mesnil-Gilbert unseren vorrückenden Truppen Widerstand. Bei Vire stießen unsere Truppen auf feindliche Artillerie. Weiter nördlich wurden feindliche Widerstandsnester durch unsere Vorhuten überwältigt. Alliierte Vorausabteilungen sind in Aunay-sur-Odon eingedrungen. Am Ostufer der Orne wurde der Vorstoß in südlicher Richtung fortgesetzt.

6. August 1944
Das *Oberkommando der Wehrmacht* gibt bekannt:
Südlich Caen griff der Feind wiederholt, aber vergeblich an. Auch im Raum nordöstlich und westlich von Vire sowie östlich Avranches hatten die starken, von Panzern unterstützten feindlichen Angriffe während des ganzen Tages nur geringen Erfolg. In einigen Abschnitten sind Gegenangriffe gegen die eingebrochenen feindlichen Kräfte noch im Gange.
Aus dem Einbruchsraum südlich Avranches dringen motorisierte Kräfte des Gegners weiter nach Südosten vor. Heftige Kämpfe mit unseren Besatzungen sind bei Mayenne und Laval entbrannt. Auch in der Bretagne wird um einige unserer Stützpunkte erbittert gekämpft.
Im französischen Raum wurden wiederum 57 Terroristen im Kampf niedergemacht.
Das Vergeltungsfeuer auf London wurde bei Tag und Nacht fortgesetzt.

Erfolgreiche Luftangriffe deutscher Kampfflugzeuge
6. August 1944, Berlin
Das *DNB* meldet:
Die Kampftätigkeit der Luftwaffe über dem Westabschnitt der normannischen Front war in der Nacht zum 6. August wieder sehr stark. Kurz nach Einbruch der Dunkelheit trafen zusammengefaßte Bombardements die wichtigen amerikanischen Verkehrsknotenpunkte St. Hilaire und Mortain. In mehreren Wellen erschienen Verbände schwerer Kampfflugzeuge über diesem Ziel und warfen große Mengen Spreng- und Brandbomben auf die Truppenunterkünfte. Die Materiallager und Autoparks der Amerikaner brennen ab.

Und so war es

D + 55 Am Montag, dem 31. Juli 1944, sichern die Panzer der 4. US-Division (Maj.Gen. Barton) Avranches, rollen weiter die Küstenstraße entlang und erobern am späten Nachmittag die operativ wichtige Stadt Pontaubault mit der Brücke über die Selune. Sie befinden sich nun in der Bretagne und stoßen weiter nach Süden vor, um die deutschen Truppen auf der bretonischen Halbinsel abzuschneiden.
In diesen Tagen kommt Hitler endlich zu der Einsicht, daß eine zweite Landung im Pas de Calais nicht stattfinden wird, allerdings zu spät, um mit den Divisionen der 15. Armee eine Wende in der Normandie herbeiführen zu können. Es werden die 84., 85., 89. und 331. Infanteriedivision in die westliche Normandie verlegt oder befinden sich gerade auf dem Wege dorthin. Die kampfstarken Panzerverbände der 15. Armee bleiben jedoch weiterhin im Pas de Calais.

D + 56 Am Dienstag, dem 1. August 1944, übernimmt nun gegen Mittag General Patton den Oberbefehl über die 3. Armee. Er hat mit General Montgomery um fünf Pfund Sterling gewettet, daß er am Sonnabend, dem 5. August 1944, in Brest sein werde. Das Wetter – seit dem 6. Juni 1944 kühl und regnerisch – schlägt um; es wird heiß und wolkenlos.
Die einzige, fünf Meter breite, Küstenstraße nach Brest

führt über Pontorson, und die einzige geeignete Selune-Brücke ist die in Pontaubault, über die der temperamentvolle Patton mit großem Geschick eine wahre Flut von Fahrzeugen dirigiert. Vier Divisionen des VIII. US-Korps (Maj.Gen. Middleton) und zwei Divisionen des XV. Korps (Maj.Gen. Haislip), insgesamt mehr als 100 000 Mann und 25 000 Fahrzeuge, überqueren in 72 Stunden die mittelalterliche Steinbrücke über die Selune. General Patton stellt sich hinter der Brücke auf die Kreuzung und leitet die Divisionen, so wie sie über die Brücke kommen, die eine nach Rennes, die andere nach Brest. Als der Kommandeur der letzten Division auf den Hinweis »Take Brest!« mit der Bemerkung protestiert, daß es nach Brest noch 400 km seien, ruft ihm Patton zu: »Du wirst mich doch nicht die fünf Pfund verlieren lassen, die ich mit Monty gewettet habe.«

Nur einen Nachmittag braucht die 4. US-Panzerdivision, um bis Rennes vorzudringen. Sie hat bei gutem Wetter, vorbei an der am Straßenrand winkenden französischen Bevölkerung, ohne einen Schuß abfeuern zu müssen, 67 km zurückgelegt und trifft am frühen Abend vor Rennes, der bretonischen Hauptstadt, ein. Die anderen US-Verbände stoßen in Richtung Loire vor.

An diesem Tage landen am Strand von Varreville/Calvados die ersten Einheiten der französischen 2. Panzerdivision (Maj.Gen. Leclerc). Er hofft, so schnell wie möglich Paris zu befreien. SHAEF plant jedoch, die französische Hauptstadt erst etwa Mitte Oktober durch Einkreisung zu erobern. Man scheut einen Straßenkampf in der Art wie in Stalingrad und fürchtet die Zerstörung unersetzlicher Kunstwerke. Das Beispiel von Caen läßt diese Bedenken nicht von der Hand weisen. In einem Memorandum an Eisenhower legt SHAEF fest: »Wird Paris zu einem früheren Zeitpunkt genommen, so bedeutet das eine beträchtliche Minderung unserer Kampfkraft. Die Einnahme von Paris wird uns zu einer Unterstützung der Zivilverwaltung verpflichten und den Einsatz von Versorgungsmaterial erfordern, das für den Unterhalt von zumindest acht kampfstarken Divisionen ausreichen würde.«

In den Abendstunden des 1. August 1944 erobert die britische 2. Armee Beny-Bocage und stößt südlich von Caen in Richtung Falaise vor.

In der Nacht vom 1./2. August 1944 greifen 20 neuartige Sprengboote »Linsen« der K-Fl. 211 (Kleinkampfmittel – Flottille – Kptlt. H. Bastian) von Houlgate aus die alliierten Schiffe im Ärmelkanal an. Die mit 300 kg Sprengstoff beladene und durch ein Führungsboot funkgelenkte an das Ziel gesteuerte »Linse«, 5,75 m lang und 33 Knoten pro Stunde schnell, versenken den Zerstörer »Quorn«, ein Landungsboot, den Trawler »Gairsay« und beschädigen zwei Frachter von insgesamt 14 350 BRT.

n St. Malo muß US-Infanterie
erbitterte Straßenkämpfe gegen die sich hartnäckig
verteidigenden deutschen Truppen führen

D + 57 Am Mittwoch, dem 2. August 1944 befiehlt Hitler die »Wiederherstellung des Anschlusses an das Meer bei Avranches durch einen Angriff von mindestens 4 Pz.-Verbänden am linken Flügel des AOK 7«. Der Gegenstoß trägt die Tarnbezeichnung Unternehmen »Lüttich«. Die Operation soll in der Nacht zum 7. August beginnen.
General Eisenhower verlegt nun sein Hauptquartier von England auf die Halbinsel Cotentin und übernimmt direkt den Oberbefehl für die gesamten alliierten Truppen. Das XV. US-Korps schert währenddessen nach Osten und beginnt den südlichen Zangenarm zur bevorstehenden Einkesselung der 7. Armee (jetzt SS-Oberstgruppenf. Hausser) im Raum Falaise-Argentan zu bilden.
Die 4. US-Panzerdivision steht nun mit den Resten der deutschen 91. Luftlandedivision (Oberst König) in Rennes in hartem Straßenkampf.
Am gleichen Tage bricht die Türkei ihre diplomatischen Beziehungen zum Deutschen Reich ab und stellt die Lieferung kriegswichtiger Rohstoffe ein. Die völlige außenpolitische Isolation Deutschlands bahnt sich an.

D + 58 Am Donnerstag, dem 3. August 1944, stoßen die Panzerverbände von Major General Patton (3. US-Armee) in der Bretagne weiter vor. Ihr Ziel: die von Hitler zu Festungen erklärten Häfen St. Malo, Brest, Lorient und St. Nazaire. Auch aus La Rochelle, Royan, Dünkirchen, Boulogne, Le Havre und Calais werden nun »Festungen«.
Inzwischen baut General C. H. Hodges eine Abwehrflanke zwischen der Vire und St. Hilaire auf. Südöstlich von Caen verlegt Montgomery, nachdem ein kanadischer Vorstoß verlustreich zurückgeschlagen wurde, das Schwergewicht seiner Offensive zur 2. Armee (Lt.Gen. Dempsey), die in die Nahtstellung zwischen der 5. Panzerarmee (SS-Oberstgruppenf. Dietrich) und der 7. Armee (SS-Oberstgruppenf. Hausser) eindringt.

D + 59 Am Freitag, dem 4. August 1944, nimmt die 4. Panzerdivision des VIII. US-Korps (Maj.Gen. Middleton) Rennes ein. Die 6. US-Panzerdivision erobert Dinard und stößt rasch durch die Bretagne vor. Das VII. US-Korps (Maj.Gen. Collins) besetzt Mortain und schafft damit die Voraussetzung für einen späteren Vorstoß nach Paris.
Patton: »Je weiter wir in der Bretagne vorrückten, desto freundlicher wurde die Haltung der Bevölkerung. Ich glaube, der Grund ist der, daß dort weniger gekämpft und bombardiert worden ist. Die Normannen auf Cotentin brachten uns jedenfalls nicht viel Sympathie entgegen.«
Das XXV. Armeekorps (Gen. d. Art. Farmbacher) zieht sich jetzt mit den Resten seiner Truppen in die Häfen von Brest und Lorient zurück.
Von diesem Tage an wird die Résistance in der Bretagne immer öfter zur organisierten Sicherung der Flanken für die vorstoßenden Panzerspitzen von Major General Patton. Neue »Jedburgh«-Teams werden zwischen Anjou und Orléans abgesetzt.
In der Nacht vom 4./5. August 1944 bringt ein »Dakota«-Verband auf dem von Deutschen gesäuberten Flugplatz Rennes 20 gepanzerte, mit MG ausgerüstete Jeeps für ein Commando unter Captaine Roy Farran, das quer durch Frankreich bis in die Vogesen vorstoßen soll, um die Desorganisation des deutschen Rückzuges noch zu vergrößern.
In der gleichen Nacht landet auch der Generalstab der Forces Françaises de l'Intérieur (FFI) in der Bretagne und übernimmt die Führung dieser Operationen. Eisenhower: ». . . Während die alliierten Verbände vorrückten, überfielen diese französischen Streitkräfte den zurückweichenden Gegner aus dem Hinterhalt, griffen isolierte Verteidigungsnester an und verhüteten die Zerstörung von Brücken. Nachdem unsere Panzereinheiten vorbeigestürmt waren, hatten die Franzosen die Aufgabe, die Ortschaften, in denen die Deutschen noch Widerstand leisteten, zu säubern und die alliierten Verbindungslinien zu sichern. Auch gewährten sie unseren Truppen wertvollen Beistand durch Übermittlung von Nachrichten über die feindlichen Bewegungen und Absichten.«
In der Nacht vom 4./5. August 1944 beginnt die strategische Luftvorbereitung der Operation »Dragoon«, die Invasion Südfrankreichs. Schwere RAF-Bomber greifen die deutschen Nachschublinien im Rhône-Tal und Flugplätze in Südfrankreich sowie in Norditalien an.

D + 60 Am Sonnabend, dem 5. August 1944, besetzt das VIII. US-Korps (Maj.Gen. Middleton) um 9.00 Uhr morgens Vannes. Damit sind drei deutsche Infanteriedivisionen und eine Fallschirmjägerdivision vom übrigen Frankreich abgeschnitten.
Das zur Festung erklärte und von Oberst A. v. Aulock verteidigte St. Malo wird nun von allen Seiten eingeschlossen.
Die britischen Truppen erobern das 26 km südöstlich von Caen gelegene, inzwischen völlig zerstörte Villers-Bocage.
Am 5. August 1944 beginnt in England im riesigen Transit-Camp in Tilbury die Einschiffung der holländischen Truppen zum Einsatz in Frankreich. Die am 11. Januar 1941 in Clongleton (Cheshire) entstandene Koninklijke Nederlandese Brigade ist nicht nur ein Sammelpunkt für die Holländer, die nach der Niederlage von 1940 in England Zuflucht fanden, sondern auch für Emigranten aus Nordamerika und vor allem aus Südafrika. Am 27. August 1941 gab Königin Wilhelmine der Brigade den Namen ihrer jüngsten Tochter »Prinses Irene« mit den Worten: »Zal het U gegeven zijn eenmaal als zegevierende bevrijders van Nederland met dit Vaandel den Nederlandschen bodem te betreden.«
Nun bereitet sich die Brigade »Prinses Irene«, unter ihrem Kommandeur Lieutenant Colonel A. C. de Ruyter van Steveninck, auf ihre Feuertaufe vor. Der US-Transporter »Ocean Angel« soll sie zur Küste der Normandie bringen.

D + 61 Am Sonntag, dem 6. August 1944, ist abends

8. August 1944, Courseulles-sur-Mer:
Landung von Einheiten der holländischen 1. Brigade »Prinses Irene«

die Bereitstellung der deutschen Panzerverbände im Raum Mortain beendet. Und die 5. Panzerarmee bereitet sich mit sechs Divisionen und insgesamt 400 Panzern zum Angriff gegen die 1. US-Armee vor. Ihr Ziel: ein Vorstoß in Richtung Avranches und Zersplitterung der amerikanischen Front. Die vom Pas de Calais (15. Armee) und Caen (7. Armee) verlegten Verbände sollen die Flanken decken. Es wird in Frankreich der letzte Versuch einer deutschen Panzeroffensive sein.
General Eisenhower läßt sich die günstige Gelegenheit, die Elite der deutschen Panzerkräfte zu zerschlagen, nicht nehmen: »... Die Aussicht, der deutschen 7. Armee und der 5. Panzerarmee West eine entscheidende und vernichtende Niederlage zuzufügen, war so verlockend, daß ich den Entschluß ohne Zögern faßte. Waren nämlich diese Verbände erst einmal aufgerieben, so gab es, das wußte ich, keinen nennenswerten deutschen Kampfverband mehr in Frankreich, der uns hätte aufhalten können.«
Die größte Gefahr für die Durchführung dieses Planes: Das schnelle Vorstoßen der Panzerverbände von Major General Patton hat enorme Mengen an Treibstoff verbraucht, so daß sich bereits erste Schwierigkeiten bei der Versorgung mit Benzin abzeichnen.

10. Woche *7.–13. August 1944*

Montag, 7. August 1944 **D + 62**
Das *Hauptquartier von General Eisenhower* teilt mit:
Die alliierten Truppen konsolidieren ihre Stellungen in der Umgebung von Brest. Unsere Panzertruppen haben die Städte Carhaix (etwa 70 km östlich von Brest), Vannes und Redon befreit. Andere Einheiten haben den Fluß Vilaine zwischen Redon und dem Meer an mehreren Stellen erreicht. Chateau-Contier wurde vom Feind gesäubert. Der Fluß Mayenne ist rund 25 km südlich von Laval überquert worden. Mayenne ist in unseren Händen.
Alliierte Panzereinheiten befinden sich vor Vire. Im Wald von St. Sever (Calvados) hat der feindliche

Widerstand aufgehört. Unsere Truppen haben den befestigten Punkt von St. Pois, wo zwei feindliche Gegenangriffe scheiterten, in Besitz genommen. Ferner haben unsere Truppen den Mont Pincon trotz dem hartnäckigen Widerstand des Gegners im Sturm genommen. Der Feind leistete in der Zone zwischen dem Mont Pincon und Vire erbitterten Widerstand. Heftige Gegenangriffe wurden abgewiesen. Der Vormarsch geht weiter.
Im Süden von Caen wurde ein örtlicher Angriff auf dem Ostufer der Orne durch lebhaften gegnerischen Widerstand aufgehalten, besonders bei May-sur-Orne.

7. August 1944
Das *Oberkommando der Wehrmacht* gibt bekannt:
Westlich der Orne führte der Feind zur Fesselung unserer Kräfte auf breiter Front zahlreiche örtliche Angriffe, die nach harten Kämpfen abgewiesen wurden.
Im Raum westlich und südwestlich Vire sowie östlich Avranches trat der Gegner dann mit insgesamt etwa 9 Divisionen unter starker Unterstützung durch seine Luftwaffe zu schweren Angriffen an, die im Laufe des Tages sich in ihrer Heftigkeit immer wieder steigerten. Erst nach stundenlangem Ringen gelang es dem Gegner unter hohen Verlusten, in unsere Stellungen einzudringen. Die Einbruchstellen wurden abgeriegelt. Sofort angesetzte Gegenangriffe sind in gutem Vorwärtsschreiten.
Bei Mayenne und Laval stehen unsere Besatzungen im Kampf mit feindlichen motorisierten Kräften. Auch südöstlich St. Malo und im Bereich der Festung selbst sind heftige Kämpfe entbrannt. Alle Angriffe des Feindes wurden hier zerschlagen. Unsere Stützpunkte in der Bretagne leisten dem Gegner weiterhin entschlossenen Widerstand.
Im französischen Hinterland wurden 260 Terroristen im Kampf niedergemacht . . .
Schweres V-1-Vergeltungsfeuer liegt auf London.

Die eigenartige Kampftaktik

7. August 1944
Sowjetischer Frontberichterstatter *D. F. Kraminow*:
Das englische Oberkommando nutzte die Erfolge seiner Luftangriffe und der Artillerievorbereitung nicht aus. Gewöhnlich wurden im Erdkampf jedoch nur geringe Kräfte eingesetzt. Ein Armeekorps, das ein bestimmtes Objekt nehmen sollte, übertrug diese Aufgabe einer Division, die Division gab den Befehl einer Brigade weiter, und die Brigade setzte schließlich ein Bataillon ein. Der Angriff eines Armeekorps erfolgte also tatsächlich nur in Bataillonsstärke.

Die Alliierten vor Lorient
7. August 1944
BBC meldet:
Heute morgen um 3 Uhr hat die deutsche Besatzung in Lorient ihre Kapitulation angeboten.

Die Gerüchte über Vichy
7. August 1944, Genf
Das *Journal de Genève* berichtet:
Über die Lage in Vichy gehen die verschiedensten Gerüchte um. Wir vernehmen von der Grenze, daß seit vier Tagen in den Regierungskreisen eine lebhafte Tätigkeit herrscht. Es wird fieberhaft gearbeitet, und Koffer werden gepackt.

Dienstag, 8. August 1944 **D + 63**
Das *Hauptquartier von General Eisenhower* teilt mit:
In der Nacht auf den Montag hat der Feind gegen den westlichen Sektor den heftigsten Angriff eingeleitet, der seit dem Tag der Landung je ausgelöst wurde. Dieser Angriff erfolgte zwischen Mortain und Sourdeval. Vier deutsche Panzerdivisionen wurden eingesetzt. Mortain wechselte dreimal den Besitzer. Die Stadt wird jetzt von alliierten Truppen gehalten. Der Feind erzielte in der Zone von Cherence – Le Roussel einen Einbruch von ungefähr 5 km. Es ist dort eine Panzerschlacht im Gange. Ein weiterer feindlicher Einbruch wird bei St. Barthelemy gemeldet. Unsere Jagdbomber und raketenfeuernden Flugzeuge zerstörten im Verlaufe einer Reihe im Gebiet von Mortain durchgeführte Angriffe mehr als hundert feindliche Panzer und 90 Fahrzeuge.
In der Bretagne haben unsere Truppen Chateauneuf befreit. Außerhalb St. Malo entwickeln sich die Kämpfe günstig. Die Stadt ist isoliert.
St. Brieuc wurde genommen. Jenseits der Stadt wird der Vormarsch fortgesetzt. Von den Abschnitten Brest und Lorient werden keine Veränderungen gemeldet.
Unsere Abteilungen stehen vor Chateaubriant.
In der Normandie haben die alliierten Truppen Vire genommen. Jenseits der Orne haben sie in der Umgebung des Forêt de Grimbosq einen Brückenkopf errichtet. Gegenangriffe gegen diesen Brückenkopf und in einem Abschnitt weiter westlich wurden zurückgeschlagen.

8. August 1944
Das *Oberkommando der Wehrmacht* gibt bekannt:
Nach mehrstündigem Trommelfeuer trat der Feind in den heutigen Morgenstunden südlich und südöstlich Caen erneut zum Angriff an.
Heftige Kämpfe sind entbrannt. Westlich der Orne führte der Gegner starke Einzelangriffe, die zerschlagen wurden, und südwestlich Vire und östlich Avranches setzten die Nordamerikaner auf breiter Front ihre Durchbruchsangriffe unter stärkstem Material- und Luftwaffeneinsatz fort. In schweren Kämpfen, die bis in die Abendstunden andauerten, wurden sie vor unserer zweiten Stellung verlustreich abgewiesen. Weiter südlich warfen Panzerdivisionen des Heeres und der Waffen-SS den Feind beiderseits Mortain trotz verbissener Gegenwehr nach Westen zurück. Feindliche Angriffe scheiterten.
Im Raum östlich Laval verstärkte der Gegner seinen Druck.

In der Bretagne zerschlugen unsere Sicherungen feindliche Angriffsspitzen und setzten sich dann befehls-

Nachdem die deutschen Stellungen überrollt sind, beginnen US-Sanitäter, verwundete deutsche Soldaten zu bergen

gemäß auf die Abschnitte Brest und Lorient ab. Um St. Malo toben erbitterte Kämpfe . . .
Im französischen Raum wurden 80 Terroristen im Kampf niedergemacht.
London und seine Außenbezirke liegen weiterhin unter dem schweren Störungsfeuer der V1.

Mittwoch, 9. August 1944 **D + 64**
Das *Hauptquartier von General Eisenhower* teilt mit:
In der Bretagne nähern sich die alliierten Truppen den Hafenstädten St. Malo, Brest und Lorient. Verschiedene amerikanische Kolonnen sind bis auf weniger als 8 km an Lorient herangerückt, und andere Truppen liefern dem Feind rund 7 km vor Brest Gefechte. Nun wird in den Vorstädten von St. Malo gekämpft. In St. Malo und Lorient wüten zur Zeit Großbrände, die darauf hindeuten, daß die Deutschen mit der Vernichtung ihrer Lager in diesen beiden Hafenstädten beschäftigt sind.
An der normannischen Front spielen sich schwere Kämpfe um den Ort Mortain ab. Nordwestlich dieser Ortschaft wurde ein von Panzer- und Infanteriekräften unternommener deutschen Gegenangriff in Gathemo, das befreit wurde, zerschlagen. Die feindlichen Truppen sind in unsere Linien in einer Tiefe von einem bis zwei Kilometer eingedrungen. Die alliierten Truppen, die von Luftstreitkräften und Artillerie unterstützt werden, fügten ihnen jedoch schwere Verluste zu. Die Frontlinie in diesem Sektor verläuft im allgemeinen längs der Straße Cathemo – Vire. In der Nähe von Vire leistet der Feind südlich und südwestlich der Stadt erbitterten Widerstand.
Der alliierte Vormarsch südlich Caen ist am Dienstag um rund sechs Kilometer vorwärtsgekommen. Nach einem vorbereitenden Bombardement wurden die ersten Ziele in der Morgenfrühe erreicht, und zahlreiche feindliche Widerstandsnester wurden während des Tages gesäubert. Das Vorrücken hielt während des Tages an, obwohl der Feind, der von Panzerkräften unterstützt wurde, energischen Widerstand leistete . . .
Starke Jägerverbände patrouillierten über der ganzen Gegend südlich und östlich der Kampfzone.

9. August 1944
Das *Oberkommando der Wehrmacht* gibt bekannt:
In der Normandie sind nunmehr auf der gesamten Front von südlich Caen bis in den Raum östlich Avranches schwerste Kämpfe im Gange.
Unter stärkstem Materialeinsatz rannte der Feind, von zahlreichen Panzern und starken Luftstreitkräften unterstützt, immer wieder gegen unsere Front an. Es gelang ihm jedoch nur, südlich Caen und südlich Vire in unsere Front einzudringen. Die feindlichen Stoßkeile wurden aber in der Tiefe der Stellungen aufgefangen.
In den übrigen Abschnitten blieben die feindlichen Angriffsgruppen unter schwersten blutigen Verlusten schon vor unseren Stellungen liegen.
Im Raume von Le Mans kam es gestern zu erbitterten Kämpfen, in deren Verlauf der Feind in die Stadt selbst eindrang.
In der Bretagne wurden die auf Lorient und Brest vorstoßenden amerikanischen Verbände abgewiesen, zahlreiche feindliche Panzer vernichtet. Um St. Malo wird weiter hart gekämpft.
Kampfflugzeuge griffen die Nachschubstützpunkte Avranches und Brecey mit guter Wirkung an. Im Seegebiet vor Avranches wurde in der Nacht zum 8. August ein feindliches Handelsschiff von 10 000 BRT durch Bombenvolltreffer versenkt.
Über der Normandie und den besetzten Westgebieten verlor der Feind 20 Flugzeuge.
Im französischen Hinterland wurden 69 Terroristen im Kampf niedergemacht.
Schweres V-1-Vergeltungsfeuer liegt auf dem Großraum von London.

Aktionen der französischen Widerstandsbewegung
9. August 1944, London
Die *Agentur Reuter* meldet:
Von zuständiger Seite wird gemeldet, daß Quimper, Morlaix und das anschließende Gebiet von der französischen Widerstandsbewegung besetzt worden sind. Ferner erfährt man, daß es in der ganzen Bretagne zu zahlreichen Zusammenstößen zwischen deutschen und französischen Truppen gekommen ist.

Donnerstag, 10. August 1944 **D + 65**
Das *Hauptquartier von General Eisenhower* teilt mit:
Le Mans wurde von den alliierten Streitkräften befreit. Unsere Truppen stehen dicht bei Angers im Tal der Loire. Die Stadt Nantes wurde von den alliierten Truppen erreicht. Unsere Einheiten nähern sich Lorient. In der Bretagne stehen die alliierten Streitkräfte jetzt in St. Malo, während in Dinard der Feind verzweifelten Widerstand leistet. An der nördlichen Küstenstraße haben wir Morlaix durchquert. In Brest hat die feindliche Garnison ein Ultimatum auf Übergabe zurückgewiesen, und die Kämpfe nehmen außerhalb der Stadt ihren Fortgang.
Auf dem Vormarsch gegen Falaise drangen unsere Truppen in die erste und die zweite deutsche Verteidigungslinie ein und erreichten Potigny.
Im Brückenkopf an der Orne haben unsere Truppen am Mittwoch weitere Gegenangriffe des Feindes zurückgeschlagen und den Feind zurückgedrängt.

10. August 1944
Das *Oberkommando der Wehrmacht* gibt bekannt:
Südlich Caen setzte der Feind seine starken Angriffe fort und erweiterte seinen Einbruchsraum nach Süden und Südwesten. Unsere Gegenangriffe fingen jedoch die feindlichen Kampfgruppen auf und brachten sie zum Stehen. Vom 7. bis 8. August verlor der Gegner südlich Caen und westlich der Orne 278 Panzer.
Auch an der übrigen Front setzte der Feind seine starken Angriffe an den bisherigen Schwerpunkten fort. Es gelang ihm jedoch nur südlich Le Plessis und südlich Vire Boden zu gewinnen . . .
In der Bretagne wurden von Panzern unterstützte Angriffe der Nordamerikaner in den Kampfräumen von St. Nazaire, Lorient und Brest unter Abschuß zahlreicher Panzer abgewiesen. Die tapferen Verteidiger von St. Malo stehen in schwerem Kampf mit dem von allen Seiten angreifenden Feind.
Im französischen Raum wurden 128 Terroristen im Kampf niedergemacht . . .
Schweres Störungsfeuer liegt auf London.

Verlegung alliierter Hauptquartiere
10. August 1944
Die *Agentur Reuter* meldet:
General Eisenhower hat sein Hauptquartier von Großbritannien nach Frankreich verlegt. Solange sich das Hauptquartier des Oberkommandos in Großbritannien befand, hatte sich General Eisenhower zehnmal mit dem Flugzeug nach Frankreich begeben.

Freitag, 11. August 1944 **D + 66**
Das *Hauptquartier von General Eisenhower* teilt mit:
Die alliierten Truppen sind in die Städte Nantes und Angers eingezogen. In Nantes war der feindliche Widerstand leicht, doch sind im Gebiet beider Städte ausgedehnte feindliche Minenfelder vorhanden.
In der Bretagne setzten unsere Truppen ihren Vormarsch in den Gebieten Hennebont, Auray und Quiberon, an der Südküste, fort. Lorient ist von der Landseite von den amerikanischen Truppen vollständig eingekreist. In Brest setzt der Feind seinen starken Widerstand fort, und es wurden Teile von drei deutschen Divisionen festgestellt. Auch Dinard, im Gebiete von St. Malo, wird von den Deutschen immer noch stark verteidigt.
Im Gebiet zwischen Mortain und Vire in der Normandie gehen die harten Kämpfe weiter. Der Feind leistet nördlich und südlich Mortain erbitterten Widerstand.
Im Gebiet von Vire haben die Alliierten Geländegewinn von einem bis zwei Kilometer in südlicher Richtung erzielt. Andere Einheiten greifen in Richtung Gathemo an, wo die Deutschen starken Widerstand leisten. Gegenüber dem alliierten Druck in Richtung Falaise versteifte sich der feindliche Widerstand am Donnerstag beträchtlich . . .

11. August 1944
Das *Oberkommando der Wehrmacht* gibt bekannt:
Im Raum südöstlich Caen wurde der feindliche Einbruchsraum abgeriegelt, der Zusammenhang der Front wiederhergestellt. Seit den frühen Morgenstunden des heutigen Tages steigert sich das feindliche Artilleriefeuer dort wieder zum Trommelfeuer. Im Abschnitt beiderseits Orne führte der Gegner gestern nur enger begrenzte Angriffe, die unter Abschuß von 32 Panzern erfolglos blieben.
Besonders erbittert wurde im Einbruchsraum südlich Vire gekämpft, dessen Erweiterung dem Feind infolge unserer Gegenangriffe nicht gelang.
Im Raum von Le Mans sind heftige Kämpfe mit dem von starken Fliegerverbänden unterstützten, jetzt nach Norden angreifenden Feind im Gange.
Die Verteidiger von St. Nazaire, Lorient und Brest, zusammengesetzt aus allen drei Wehrmachtteilen, schlugen wieder alle von Panzern unterstützten Angriffe des Feindes blutig zurück. Allein nordöstlich von Brest wurden in den letzten Tagen über 40 feindliche Panzer abgeschossen. Die Besatzung von St. Malo behauptete auch gestern die Stadt gegen fortgesetzte erbitterte Angriffe der Nordamerikaner.
Schlachtflieger griffen nördlich Le Mans feindliche Fahrzeugkolonnen mit guter Wirkung an.
Durch Angriffe schwerer Kampfflugzeuge vor der normannischen Küste wurden ein Handelsschiff von 4000 BRT in Brand geworfen, eine weitere große Schiffseinheit und ein Zerstörer schwer beschädigt.
Sicherungsfahrzeuge der Kriegsmarine und Marineartillerie schossen vor der Küste der besetzten Westgebiete 11 feindliche Flugzeuge ab. Im französischen Hinterland wurden 271 Terroristen im Kampf niedergemacht.
Das Vergeltungsfeuer auf London dauert an.

Generalfeldmarschall v. Kluge (Mitte) inspiziert die Fronttruppen: ». . . die Lage äußerst gespannt . . .«

US-Truppen vor Chartres und Chateaudun?

11. August 1944
United Press meldet aus dem Hauptquartier von General Eisenhower:
Das Stillschweigen des Hauptquartiers über die Fortschritte der amerikanischen Panzertruppen in der Richtung auf Paris ist, wie man annimmt, auf die Überzeugung der zuständigen Stellen zurückzuführen, daß die Desorganisation der deutschen Truppen im Raum südwestlich von Paris bereits so weit gediehen sei, daß das deutsche Oberkommando nicht mehr feststellen könne, wo der nächste Schlag fallen werde.

Anmerkungen zur »diplomatischen Front«
11. August 1944, London
Die *Agentur Reuter* berichtet:
Nicht mit Unrecht wird von der »diplomatischen Front« gesprochen, denn es ist klar, daß der Entwicklung der militärischen Lage diejenige der Beziehungen der Staaten zueinander auf dem Fuße folgt . . . Der Abbruch der wirtschaftlichen und diplomatischen Beziehungen zwischen der Türkei und Deutschland, der Präsidenten- und Regierungswechsel in Finnland, die Friedensfühler Bulgariens und die innenpolitischen Vorgänge in Ungarn gehören in die Kategorie der »elastischen Verteidigung« und der »Absetzbewegungen« an der diplomatischen Front.

Sonnabend, 12. August 1944 **D + 67**
Das *Hauptquartier von General Eisenhower* gibt bekannt:
Über die gegenwärtigen Positionen der amerikanischen Panzerverbände, die in Richtung auf Paris operieren, liegen immer noch keine amtlichen Berichte vor. Nach den letzten, von offizieller Seite nicht dementierten Berichten standen die Truppen General Bradleys etwa 70 km vor Paris.

Polnische Truppen an der Front

12. August 1944
Bei der kanadischen 1. Armee. (Durch die Zensur ab 7. 8. 1944 aufgehalten) R. C. Korr. d. *United Press:*
Tausende von polnischen Soldaten, die 1939 in ihrer Heimat und 1940 in Frankreich kämpften, stehen jetzt gemeinsam mit britischen und kanadischen Einheiten an der Straße nach Falaise im Kampfe. Zu ihnen gehört auch die fast legendär gewordene polnische 10. Kavalleriebrigade, die einzige motorisierte Brigade, die Polen bei Kriegsausbruch besaß. Ich besuchte heute den Kommandeur der polnischen Division, Major General Stanislaw Maczek, während seine Truppen sich zum Angriff sammelten und polnische Panzer an die Front rollten. Er sagte mit einem Seufzer: »Vier lange Jahre habe ich auf diesen Augenblick gewartet!«

Stimmungsbild aus Paris **D + 68**
Sonntag, 13. August 1944, Berlin
Das *DNB* meldet:
Paris hat in den letzten Tagen sein Gesicht gewandelt. Aus dieser Stadt, von der es schien, daß sie weit im

Links: Der polnische General Maczek in seinem Panzer (Mitte): »Vier Jahre auf diesen Augenblick gewartet . . .«

Rechts: Nach dem Durchbruch bei Avranches steht nun Westfrankreich den US-Panzerverbänden offen

Rechts unten:
Zum erstenmal wird der Einsatz starker Panzerverbände allein durch Jabos zerschlagen

Hinterland des Krieges liege, ist eine frontnahe Stadt geworden. Die Intensivierung des entscheidenden Ringens an der Invasionsfront macht sich auch im Pariser Straßenbild deutlich bemerkbar. An diesem Wochenende gab es viele mißmutige Gesichter in Paris. Um die Wochenmitte hatten sich die Gerüchte über den amerikanischen Vorstoß überschlagen und eine merkwürdige Atmosphäre zwischen Panik und Erwartungsfieber geschaffen.

Und so war es

D + 62 Kurz nach Mitternacht, am 7. August 1944, führt in der Normandie die 5. Panzerarmee (SS-Oberstgruppenf. Dietrich) einen Gegenangriff durch mit dem Ziel, die bei Avranches durchgebrochene 3. US-Armee (Maj.Gen. Patton) abzuschneiden. Die Stadt Mortain, ein von kampfunerfahrenen US-Truppen besetzter Abschnitt, wird bereits nach einigen Stunden von der 2. SS-Panzerdivision erobert und ein 10 km tiefer Einbruch erzielt. Der deutsche Gegenangriff stößt weiterhin vor, als bei Sonnenaufgang statt der von Hitler versprochenen 300 Jäger die ersten raketenfeuernden britischen Jabos vom Typ Hawker »Typhoon« erscheinen.
Die deutschen Jäger werden gleich nach dem Start aus dem Raum Paris in Luftkämpfe verwickelt und zum größten Teil abgeschossen. Bis zum eigentlichen Kampfraum dringt keine einzige Maschine vor. Rund 90 deutsche Panzer und 200 Fahrzeuge werden in wenigen Minuten vernichtet. Zum erstenmal in der Kriegsgeschichte wird der Einsatz eines starken Panzerverbandes einzig und allein durch Raketengeschosse von Jabos zerschlagen. Der OB West, Generalfeldmarschall v. Kluge, meldet Hitler kurz danach: »Angesichts der völligen Beherrschung des Luftraumes durch die feindlichen Luftstreitkräfte sehe ich keinen Weg, eine Strategieform zu finden, die, wenn wir uns nicht vom Schlachtfeld zurückziehen, ihre vernichtende Wirkung aufhebt.« Aber selbst ein Rückzug ist unmöglich, wie später klarwerden soll.
Am Abend müssen sich die Panzerdivisionen unter schweren Verlusten in ihre Ausgangsstellungen zurückziehen. Hitler befiehlt jedoch, am nächsten Tag sofort wieder anzugreifen.
In den Morgenstunden des 7. August 1944 meldet zwar BBC London das Kapitulationsangebot der deutschen Besatzung von Lorient, doch stellt diese Festung ihren Widerstand erst am 9. Mai 1945 ein.
Um einem erneuten deutschen Vorstoß auf Avranches zuvorzukommen, beabsichtigt Montgomery mit dem kanadischen II. Korps (Lt.Gen. Simonds) in dieser Nacht eine großangelegte Offensive (Operation »Totalize«) aus dem Raum Caen. Fünf Divisionen, darunter die polnische 1. Panzerdivision (Maj.Gen. Maczek) und

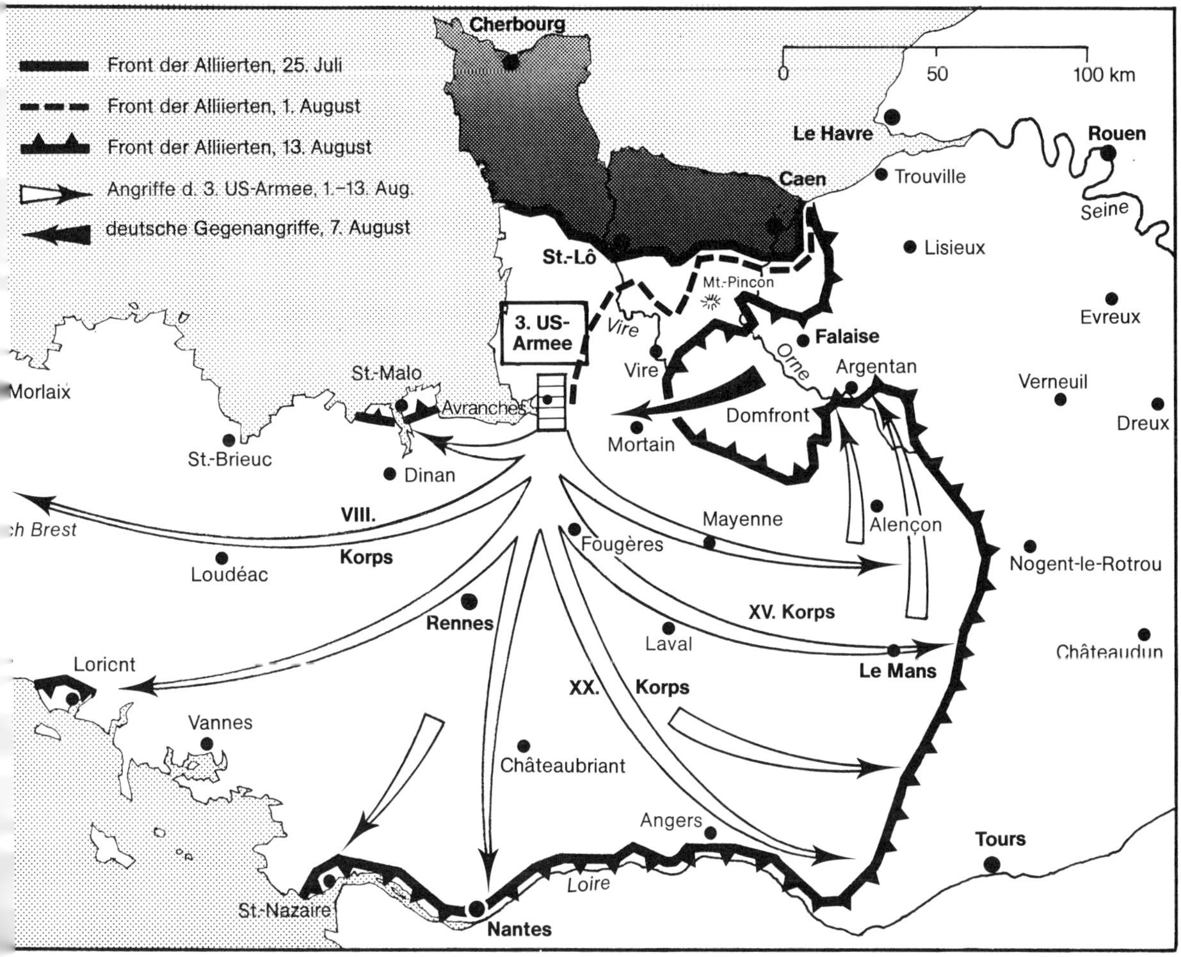

zwei kanadische Panzerbrigaden sollen in Richtung Falaise vorrücken. Um 23.00 Uhr beginnt das Bombardement zur seitlichen Abriegelung des 4 km breiten Angriffsstreifens, entlang der schnurgeraden Route Nationale N. 158, die Straße von Caen nach Falaise. Es ist der erste taktische Einsatz bei Nacht zur direkten Unterstützung der Bodentruppen durch strategische Bomberverbände.

1000 Lancasters werfen 3500 Tonnen Bomben ab bei einem Verlust von 10 Maschinen. Die eigenen Truppen sind nicht getroffen worden. Um 23.45 Uhr eröffnen 360 Geschütze ein Trommelfeuer. Es wird in einer Breite von 4 km alle zwei Minuten um 200 m nach vorn verlegt bis zu einer Tiefe von 6 km. Die Angriffskolonnen sind in sich eng geschlossen mit je vier Fahrzeugen. Voraus rollen Minenräumpanzer und die Shermans, hinter ihnen Pioniere, die den Vormarschweg mit Lichtern und weißen Bändern markieren, dahinter wieder Panzer, gefolgt von Infanterie in Schützenwagen, nach ihnen motorisierte Artillerie und am Ende der Kolonne wiederum Panzer, anschließend marschieren Infanteriebataillone.

Die Kolonnen stoßen etwa 7 km vor und setzen dann die Infanterie ab, die Artillerie schießt Leuchtgranaten, Scheinwerfer strahlen gegen die Wolken. Trotz dieser Orientierungshilfen artet der Vormarsch bald in Chaos aus, da im Rauch der Feuerwalze und dem Staub der Fahrzeuge keinerlei Orientierung möglich ist. Die

Kolonnen verkeilen sich, stocken und verlieren die Richtung. Im Morgengrauen erschwert dazu Bodennebel die Sicht, und die nachfolgende Infanterie stößt auf immer härteren Widerstand.
Die deutsche 89. Infanteriedivision (GenLt. Heinrichs) wird überrannt, aber die 12. SS-Panzerdivision »Hitlerjugend«, die allerdings nur noch über 50 Panzer verfügt, unternimmt sofort energische Gegenvorstöße.
Am 7. August 1944 wird der Kommandierende General des LXXXIV. Armeekorps, v. Choltitz – nun General der Infanterie – zum Stadtkommandanten von Groß-Paris ernannt. Choltitz, der Eroberer von Sewastopol, löst damit Generalleutnant Freiherr v. Boineburg-Lengsfeld ab. Das LXXXIV. Armeekorps übernimmt Generalleutnant Elfeldt.

D + 63 Am Dienstag, dem 8. August 1944, werden die zum Angriff im Raum Mortain angetretenen deutschen Panzerdivisionen völlig in die Verteidigung gedrängt, und Generalfeldmarschall v. Kluge befiehlt – allerdings ohne Genehmigung von Hitler – den Rückzug auf die Ausgangsstellungen.
Am frühen Morgen des gleichen Tages landet die Brigade »Prinses Irene« bei Courselles-sur-Mer, verstärkt durch eine Einheit der niederländischen Marine-Infanterie. Die Brigade wird dem kanadischen I. Korps (Lt.Gen. C. Foulkes) unterstellt und übernimmt den Frontabschnitt an der Orne, rund um das Schloß St. Come, nahe Breville.
Unterdessen setzt Major General Patton, dessen ursprüngliches Ziel Brest war, nun seinen Vormarsch in Richtung Loire und Le Mans fort.
General Blumentritt: »Die Amerikaner griffen leidenschaftlich an und hatten ein feines Verständnis für bewegliche Kampfführung, aber wenn sie unter schweres Artilleriefeuer kamen, wichen sie gewöhnlich zurück – selbst, wenn sie erfolgreich vorgedrungen waren. Im Gegensatz dazu war es beinahe unmöglich, die Briten, die sich einmal festgebissen hatten und 24 Stunden in einer Stellung waren, wieder loszuwerden. Ein Gegenangriff gegen Briten kostete uns immer sehr schwere Verluste.«
Gegen Mittag beginnt südlich von Caen die zweite Phase der Operation »Totalize«: Von 12.26 Uhr bis 13.55 Uhr greifen 700 schwere US-Bomber die rückwärtigen deutschen Stellungen an. 500 Bomber finden das Ziel und werfen Bombenteppiche von 1500 Tonnen ab. Die anderen Bomber laden durch einen Signalfehler ihre Bomben auf die Vorstädte von Caen und damit auf die Konzentration der eigenen Truppen ab. 497 Mann, meistens von der polnischen 1. Panzerdivison, sind tot oder verwundet.
Mehrere Geschütze, 55 Fahrzeuge, größere Mengen Munition und Treibstoff sind vernichtet. Die Deutschen, denen das Bombardement gegolten hat, haben am wenigsten darunter gelitten: Teile der 12. SS-Panzerdivision waren bereits so weit vorgestoßen, daß sie sich zwischen der Grenze der Bombenteppiche und den alliierten Truppen befanden. Die kanadische 4. Panzerdivision greift trotzdem befehlsmäßig um 13.55 Uhr an. Es gelingt ihr nach einer Kampfpause, bis auf 12 km an Falaise heranzukommen, wo das kanadische II. Korps von der 12. SS-Panzerdivision gestoppt worden ist. Dazu SS-Standartenführer Meyer, Kommandeur dieser Division: »Ein Panzerangriff, der in Phasen unterteilt ist, gleicht einer Kavallerieattacke mit eingelegter Futterpause.« In den Kämpfen, die bis zum späten Abend andauern, fällt SS-Obersturmführer Wittmann mit seiner »Tiger«-Besatzung. Der Operationsplan des kanadischen II. Korps sieht für das Erreichen von Falaise 48 Stunden vor, es dauert aber 12 Tage.

Am 8. August 1944 werden die ersten acht Todesurteile des Volksgerichtshofes (Präsident R. Freisler) gegen die am 20. Juli 1944 am Putsch gegen Hitler Beteiligten gefällt und noch am Abend durch Erhängen vollstreckt.

D + 64 Am Mittwoch, dem 9. August 1944, erobern die FFI-Truppen die Stadt Quimper und die 3. US-Armee (Maj.Gen. Patton) Le Mans. Nun ändert Patton seine Marschrichtung um etwa 90 Grad und rollt nach Norden auf Alençon zu.
Um diesen Vorstoß abzufangen, verfügen die Deutschen hier an einer Front von etwa 150 km nur über schwache Kräfte des XXXXVII. Panzerkorps (Gen. d. Pz.-Tr. Frhr. v. Funck). Die 708. Infanteriedivision (GenLt. Wilck) und die 9. Panzerdivision (Oberst Sperling), die völlig zersplittert gerade aus Südfrankreich eintreffen, gruppieren sich jetzt beiderseits Beaumont, etwa 20 km südlich von Alençon, und werden sofort in schwere Kämpfe mit den Panzerspitzen des XV. US-Korps verwickelt.
An diesem Tage verlegt General Eisenhower sein Hauptquartier endgültig von Portsmouth nach Granville, einem malerischen Städtchen am nördlichen Rand der Bucht von Mont-St.-Michel.

D + 65 Am Donnerstag, dem 10. August 1944, erobert das XX. US-Korps (Maj.Gen. Walker) Nantes und Angers.

D + 66 Am Freitag, dem 11. August 1944, bombardieren starke US-Bomberverbände fast alle deutschen Radarstationen an der Mittelmeerküste. Das Marinekommando meldet den Totalverlust der Funkmeßstellen von La Biotat, Mont Rose und Cap Camarat südlich von St. Tropez.
Erst an diesem Abend erkennt Hitler den Ernst der Lage bei Mortain und erlaubt der 7. Armee den Rückzug.
An diesem Tage soll die polnische 1. Panzerdivision das Waldgebiet von Quesnay einnehmen. Major General Maczek verweigert den Befehl und weist – wie sich bald herausstellt mit Recht – auf die Unmöglichkeit der Durchführung hin: Der erzürnte Montgomery erteilt den gleichen Befehl nun der kanadischen 3. Infanteriedivision, deren Angriff bereits nach kurzer Zeit von den Deutschen blutig zurückgeschlagen wird.
Der Wald von Quesnay entpuppt sich als regelrechte Festung.

8. August 1944, südlich von Caen: Aufmarsch der polnischen 1. Panzerdivision: Einige Minuten später geht auf sie ein Bombenhagel von amerikanischen »Fliegenden Festungen« nieder

D+67 Im Morgengrauen des 12. August 1944 melden deutsche Aufklärer zwei große Geleitzüge mit etwa 70–100 Truppentransportern südlich von Korsika mit Kurs auf Ajaccio.
An diesem Tage werden die Küstenverteidigungsanlagen zwischen Marseille und der italienischen Grenze mehrfach bombardiert.

D+68 Am Sonntag, dem 13. August 1944, ist der Rückzug der Verbände der 7. Armee (SS-Oberstgruppenf. Hausser) in östlicher Richtung nach Argentan in vollem Gange. Zwischen Argentan und Falaise, den Anhöhen von Trun und Chambois zeichnet sich immer klarer eine Umfassung der zerschlagenen deutschen Divisionen ab. Die einzige und brauchbare kurvenreiche Ausfallstraße ist völlig verstopft durch zurückflutende Truppen. Bei Carrouges, nördlich von Alençon, steht die 9. Panzerdivision (Oberst Sperling) allein im Kampf, nachdem sich die Panzer-Lehrdivision (GenLt. Bayerlein) und die 2. SS-Panzerdivision »Das Reich« (SS-Obergruppenf. Bittrich) abgesetzt haben. Durch überlegene Kräfte des XV. US-Korps und Jabos pausenlosen Angriffen ausgesetzt, verliert sie den größten Teil ihrer Panzer und Artillerie.
Ein Kompetenzstreit zwischen den Alliierten rettet schließlich einen Teil der deutschen Truppen. Während das XV. US-Korps (Maj.Gen. Haislip) sich für den Angriff auf Argentan vorbereitet, wird es durch einen Befehl von Lieutenant General Bradley gestoppt. Es soll Verteidigungsposition beziehen und auf weitere Befehle warten. Man hat bei SHAEF festgestellt, daß die in den Plänen für »Overlord« vorgesehene Trennlinie zwischen den Operationsgebieten der britischen und US-Streitkräfte ausgerechnet südlich von Argentan verläuft. Erst nach 24 Stunden trifft die Genehmigung von Montgomery ein, die den Amerikanern erlaubt, die Trennlinie von Süden her zu überschreiten.
Unterdessen bereitet den amerikanischen Panzerverbänden die größten Schwierigkeiten bei ihrem Vormarsch keineswegs der deutsche Widerstand, sondern das Nachschubproblem. Der Treibstoff muß immer noch auf den überlasteten normannischen Landeplätzen behelfsmäßig entladen werden, und der Verbrauch der 3. Armee von Major General Patton liegt etwa bei 2000 Tonnen pro Tag.
Am gleichen Tage plant General Montgomery einen neuen Angriff in Richtung Falaise (Operation »Tractable«), der am 14. August 1944 beginnen soll mit dem Ziel, in einem Überraschungsangriff Falaise einzunehmen.
Am Abend ist jedoch aus Versehen ein Offizier des Aufklärungsregimentes 8 der kanadischen 2. Division mit seinem Jeep hinter die deutschen Linien geraten, und die Deutschen finden bei ihm die Angriffsbefehle des kanadischen II. Korps für die Operation »Tractable«.

11. Woche *14.–20. August 1944*

D+69 Montag, 14. August 1944
Das *Hauptquartier von General Eisenhower* teilt mit:
Östlich der Orne wurden weitere Fortschritte erzielt. Die alliierten Truppen drangen dort in Claix-Tizon und Donnay ein. Südlich St.-Pierre-la-Vielle ging der Vormarsch längs des Plateaus zu beiden Seiten der Straße nach Condé weiter. Südöstlich von Vire wurde in schweren Kämpfen Boden gewonnen. Weiter südlich gegen Mortain zu setzten die Truppen die Verfolgung der sich zurückziehenden Deutschen fort und stießen dabei auf Minen und weitreichendes feindliches Geschützfeuer.
In der Bretagne geht der alliierte Angriff auf Dinard gegen andauernden starken Widerstand weiter. Die restlichen Truppen der deutschen Garnison von St. Malo halten sich noch immer in der Zitadelle. In der Nähe von Brest sind leichte Fortschritte erzielt worden. In Lorient ist die Lage unverändert.

Links: 15. August 1944: alliierte Landungsschiffe vor der Küste Südfrankreichs

Rechts: Operation »Anvil«, die alliierte Landung in Südfrankreich. Churchill plante ursprünglich einen Vorstoß aus Italien über die Po-Ebene und Laibach (Ljubljana) in Richtung Österreich

Rechts unten: Deutsche Soldaten sind in den Hinterhalt französischer Partisanen (Maquis) geraten

Schwere und mittlere Bomber belegten die Straße und Straßenverbindungen auf beiden Seiten der Seine von Paris bis zur Meeresküste.

14. Augst 1944
Das *Oberkommando der Wehrmacht* gibt bekannt:
An der normannischen Front hielt der starke feindliche Druck an, ohne daß der Gegner nennenswerte Erfolge erzielen konnte.
Im Raum nördlich Alençon stießen gepanzerte Kampfgruppen dem vordringenden, von starken Luftstreitkräften unterstützten Feind entgegen. Es entwickelten sich heftige Kämpfe, die noch andauern. Durch Flakartillerie der Luftwaffe wurden 12 viermotorige Bomber abgeschossen.
Die Verteidiger von St. Malo schlugen auch gestern alle feindlichen Angriffe zurück. Südlich der Insel Guernsey beschädigten Minensuchboote einen feindlichen Zerstörer durch zahlreiche Artillerietreffer. Im französischen Raum wurden 122 Terroristen im Kampf niedergemacht. Schweres V1-Vergeltungsfeuer liegt weiter auf London und seinen Außenbezirken.

Die Lage in Vichy
14. August 1944, Genf
Das *Journal de Genève* berichtet:
Es ist unmöglich, Einzelheiten über die gegenwärtigen Vorgänge in Vichy zu erfahren. Angehörige der Miliz und der Mobilgarde patrouillieren in großer Zahl in den Straßen. Alle Gebäude, in denen sich offizielle Dienststellen befinden, werden von starken Polizeikordons bewacht. Es ist nicht genau bekannt, ob sich noch Minister in der provisorischen Hauptstadt Frankreichs aufhalten.

Dienstag, 15. August 1944 **D + 70**
Das *Hauptquartier von General Eisenhower* teilt mit:
Die Truppen der kanadischen 1. Armee sind zur Offensive gegen Falaise übergegangen, deren Ziel die Sperrung des deutschen Rückzugskorridors ist. Die Offensive, die bei ausgezeichnetem Wetter begann, wurde durch wuchtige Bombardierungen der Luftstreitkräfte eingeleitet und unter dem Schutze eines von der Artillerie gelegten künstlichen Nebels durchgeführt. In den ersten drei Stunden rückten die Kanadier knapp sechs Kilometer vor, und schon nach zwei Stunden hatten sie eine wichtige Höhe unmittelbar nördlich der von Falaise nach Lisieux führenden Straße erreicht. Der Vorbereitung des Angriffes durch die mittleren Bomber folgte ein heftiges Bombardement der deutschen Flankenstellungen durch mehr als 700 »Lancaster« und »Halifax« der Royal Air Force, die rund 5000 Tonnen Bomben abwarfen. Der Einbruch in die deutschen Linien war ein voller Erfolg. Am späten Abend wird gemeldet, daß der kanadische Vorstoß noch in vollem Gange sei. Genau auf die Offensive der Kanadier abgestimmt, wurde von den britischen Truppen weiter westlich, im Raume von Thury-Harcourt, ein Angriff gegen die deutschen Stellungen vorgetragen, und auch dieser Angriff entwickelt sich planmäßig.
Während der Korridor auf diese Weise im Norden von den britischen und kanadischen Streitkräften eingedrückt wurde, setzten die Amerikaner, die aus dem Raume von Argentan in nördlicher Richtung operieren, ihren Vorstoß fort, und nach den letzten Frontberichten ist der deutsche Rückzugskorridor jetzt noch etwa 16 km breit.
Die Operationen der alliierten Luftstreitkräfte spielten eine ausschlaggebende Rolle in den Kämpfen.

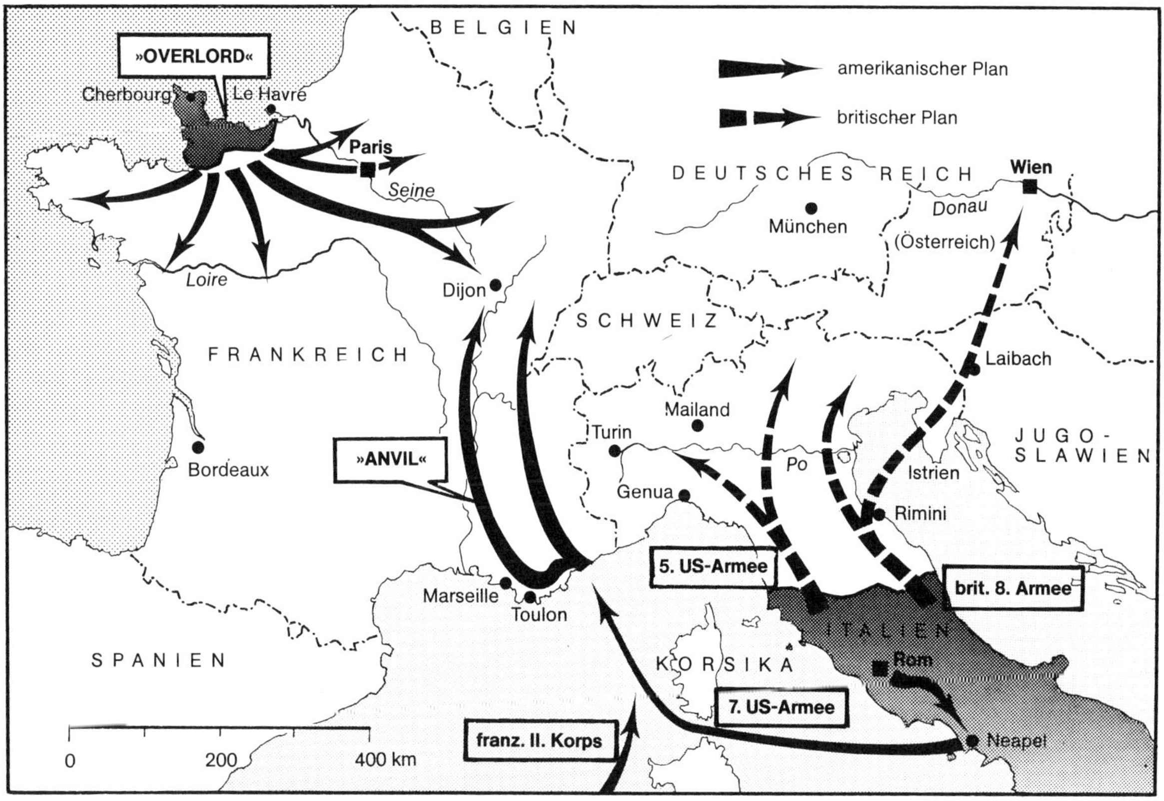

Feindliche Landung in Südfrankreich

15. August 1944
Das *Oberkommando der Wehrmacht* gibt bekannt:
Südöstlich und südlich Caen ist der Feind nunmehr mit starker Artillerie- und Panzerunterstützung zum Großangriff angetreten, um den im Raum nördlich Carrouges stehenden amerikanischen Verbänden, die durch unseren Gegenangriff gestern in die Abwehr gedrängt wurden, entgegenzustoßen. Nach erbitterten Kämpfen gelang es dem Feind an einigen Abschnitten, in unsere Front einzudringen. Gegenangriffe brachten ihn zum Stehen. 40 feindliche Panzer wurden abgeschossen.
Im Kampfraum von Brest wurden örtliche Angriffe des Gegners abgewiesen und erneute Bereitstellungen durch zusammengefaßtes Artilleriefeuer zerschlagen.
Die Besatzungen von St. Malo und Dinard behaupteten ihre Stützpunkte gegen den erneut mit überlegenen Kräften angreifenden Feind. Das Fort de la Varde ging nach heldenhaftem Widerstand seiner zusammengeschmolzenen Besatzung in den Abendstunden verloren.
Nachdem der Feind in den letzten Tagen seine Luftangriffe gegen Verteidigungsanlagen und Verkehrsverbindungen im südfranzösischen Küstenraum wesentlich verstärkt hatte, landete er in den frühen Morgenstunden des heutigen Tages im Raum von Toulon–Cannes. Unsere Küstenverteidigung steht im Kampf mit den feindlichen Landungstruppen.
Marineflakbatterien und Sicherungsfahrzeuge schossen über west- und südfranzösischen Küstengewässern 30 feindliche Flugzeuge ab. Im französischen Hinterland wurden 26 Terroristen im Kampf niedergemacht.
Das Vergeltungsfeuer auf London dauert an.

15. August 1944
Das *Hauptquartier von General Wilson* gibt bekannt:
Die letzten 48 Stunden vor der Landung in Südfrankreich ließ General Maitland Wilson auf Grund des vorliegenden Erkundungsmaterials über die Positionen der deutschen Küstenverteidigung und der wichtigsten Munitionslager 50 Staffeln mit je 20 schweren Bombern starten, die aus niedriger Höhe eines der vernichtendsten Bombardements gegen die feindliche Verteidigung durchführten.
In der Nacht auf den Dienstag durfte das alliierte Oberkommando sicher sein, daß alle bedeutenden Verkehrswege hinter der Linie Genua–Toulon und alle wichtigen Rundfunkstationen dem Bombardement zum Opfer gefallen waren.

Um fünf Uhr früh trafen die ersten Meldungen bei General Wilson ein. Sie berichteten, daß alliierte Fallschirmtruppen, Amerikaner, Briten und Franzosen, bis zu 40 km von der Küste abgesetzt worden seien und daß die sorgfältig vorbereitete Fühlung mit dem Maquis programmgemäß geglückt war. Diese Fallschirmtruppen hatten den Befehl, Brücken, Bahnen und Anlagen auf zwei Flugplätzen zu sprengen sowie Meldungen über deutsche Truppenkonzentrationen zu geben.
Die Front der Alliierten an der südfranzösischen Küste hat eine Länge von etwa 170 km.

Kein einziges deutsches Flugzeug war zu sehen
15. August 1944, London
Exchange berichtet:
Wir haben aus unserem Beobachtungsflugzeug den Eindruck, als wickle sich vor der südfranzösischen Küste eine friedliche Regatta aller Flotten der Welt mit prächtigem Flaggenwald ab. Kein einziges deutsches Flugzeug ist zu sehen. Endlos sind die Landungsflotten aus kleinen amphibischen Fahrzeugen. Östlich von Toulon können wir aus heftigem Geschützfeuer auf größere Kampfhandlungen schließen. Der Luftraum gehört unbestritten den Alliierten.

Eine großangelegte Luftlandung

15. August 1944
United Press aus dem Hauptquartier von General Wilson:
Nach allen Berichten zu urteilen, ist die Invasion Südfrankreichs unter Einsatz starker Kräfte an Fallschirm- und Luftlandetruppen durchgeführt worden. Über 14 000 Mann Luftlandetruppen wurden eingesetzt, die größte Zahl, die je zu einer Operation verwendet worden ist. Zunächst wurden durch Truppentransportflugzeuge etwa 600 Mann Fallschirmtruppen jenseits der Höhen an der Küste, etwa drei Kilometer landeinwärts, abgesetzt, die sofort taktisch wichtige Punkte der Umgebung besetzten. Ihnen folgten dann große Schwärme von Truppentransportern und Lastenseglern mit Luftlandetruppen. Eine regelrechte Luftarmada überflog Südfrankreich; die Transporter flogen zu vieren in einer Höhe von nur 600 m, und ihr Zug, der gegen den tiefblauen Himmel deutlich sichtbar war, hatte eine Länge von schätzungsweise 3 km. Die Luftlandetruppen waren ausschließlich britische und amerikanische Einheiten. Sie begegneten in der Luft keinem Widerstand; weder deutsche Flak noch deutsche Jäger machten sich bemerkbar. Binnen kürzester Zeit stand eine Armee von zwei ganzen Luftlandedivisionen auf französischem Boden und besetzte alle Verkehrswege und Bahnlinien hinter der Küste.

Eine überwiegend amerikanische Operation
15. August 1944, Rom
United Press berichtet:
Die Invasion Südfrankreichs ist in der Hauptsache ein amerikanisches Unternehmen. Soweit bisher festgestellt werden konnte, besteht der Großteil der Landungstruppen aus amerikanischen Einheiten, und den Oberbefehl führt demzufolge auch der amerikanische Stellvertreter von General Wilson, Lieutenant General Devers.

Neue Bewährung der Fallschirmtruppen
15. August 1944
Die *Agentur Reuter* meldet:
Die starken Bombardierungen aus der Luft, denen die Riviera in den letzten Tagen unterworfen wurde, haben hier wie ein Signal gewirkt; aber erst heute ist die eigentliche Bedeutung dieser Luftangriffe zutage getreten. Die ersten Landungen in Südfrankreich sind erfolgreich durchgeführt worden. Die Fallschirmtruppen haben sich von neuem bewährt. Der Widerstand des Gegners war schwach, und es scheint, daß die Alliierten einen oder sogar mehrere Landeköpfe errichtet haben.

Eine französische Panzerdivision an der Front

15. August 1944
United Press aus dem Hauptquartier von General Eisenhower:
Offiziell wird mitgeteilt, daß die französische 2. Panzerdivision unter dem Kommando von General Leclerc nun in Frankreich kämpft. Diese Panzerdivision ist der erste geschlossene Verband der neuen französischen Armee, der auf Heimatboden eingetroffen ist. Sie ist mit dem modernsten amerikanischen Kriegsmaterial ausgerüstet und während Monaten zu einem erstklassigen Kampfverband ausgebildet worden. General Leclerc wurde berühmt durch den Vorstoß der von ihm geführten französischen Truppen vom Tschadsee quer durch die Sahara nach Libyen. Die französische 2. Panzerdivision ist einer amerikanischen Armee zugeteilt.

Alle Rückzugsstraßen unter Artilleriefeuer
15. August 1944
United Press berichtet:
Die kanadischen Truppen sind nach den neuesten Frontberichten bis auf 5 km an Falaise herangekommen. Am Südende des deutschen Rückzugskorridors haben die Amerikaner Argentan besetzt, nachdem sie es bereits umgangen hatten. Der Korridor ist am Montag von beiden Seiten her zusammengepreßt worden und sowohl die Engländer und Kanadier im Norden wie die Amerikaner im Süden haben ihre schweren Waffen bereits so weit nach vorn geschoben, daß jedes Sträßchen und jeder Pfad, der durch den Korridor führt, von ihnen unter Feuer genommen werden kann. Im Laufe der letzten 24 Stunden ist der deutsche Rückzugskorridor zu einer »hohlen Gasse« geworden, durch die bei Tageslicht kein deutsches Fahrzeug unbehelligt hindurchkommt.

Die Lücke von Falaise

15. August 1944, London
Die *Agentur Reuter* meldet:
Der Ring um zehn deutsche Divisionen in der Normandie beginnt sich zu schließen. Die Luftangriffe gegen die Lücke bei Falaise und gegen die Straßen und Wege östlich davon haben eine solche Wucht, daß die Deutschen es offensichtlich nicht mehr wagen, am Tag zu marschieren. Man erwartet, daß es Überresten der deutschen 7. Armee gelingen wird, zu entkommen und die deutsche 15. Armee zu verstärken, die nördlich der Seine steht und die Aufgabe haben wird, die Seine-Linie zu verteidigen.

Die neue 3. US-Armee

15. August 1944
Die *Agentur Reuter* berichtet:
General Eisenhower gab bekannt, daß der Befehlshaber der amerikanischen 3. Armee Lieutenant General George S. Patton ist. Befehlshaber der 1. Armee ist statt General Bradley Lieutenant General Courtney Hodges geworden. Aus der 1. und der 3. Armee ist die 12. Armeegruppe gebildet worden, die von Lieutenant General Omar Bradley kommandiert wird. Die amerikanische 12. Armeegruppe bleibt dem Oberbefehl Montgomerys unterstellt.

Mittwoch, 16. August 1944 **D + 71**
Das *Hauptquartier von General Eisenhower* teilt mit:
Die alliierten Truppen stehen vor Falaise und beherrschen die Verbindungen in diesem Gebiet. An der ganzen Nordflanke des Kessels stoßen unsere Streitkräfte ununterbrochen vor, trotz der feindlichen Versuche, uns mit Minen und Hinterhalten aufzuhalten. In Argentan halten wir einen Teil der Stadt; der feindliche Widerstand ist sehr zäh. In der Bretagne hält sich die Zitadelle von St. Malo noch. In Dinard hat der organisierte Widerstand aufgehört. Aus Brest und Lorient sind keine Änderungen zu melden.

16. August 1944
Das *Oberkommando der Wehrmacht* gibt bekannt:
In der Normandie toben mit Schwerpunkt im Raum nördlich und nordöstlich Falaise erbitterte Kämpfe. Der Feind versucht immer wieder unter stärkstem Materialeinsatz, auf breiter Front in Richtung Falaise durchzubrechen, um sich mit den aus dem Raum Carrouges nach Norden angreifenden amerikanischen Kräften zu vereinigen. Erst nach stundenlangem Ringen gelang es dem Gegner, unter hohen Verlusten, in unserer stützpunktartig besetzten Front einzudringen und nach Süden und Osten Gelände zu gewinnen.
Aus dem Raum von Alencon nach Osten vorstoßende feindliche Kräfte stehen im Abschnitt Chartres–Dreux in hartem Kampf mit unseren Sicherungen.
In der Bretagne ging die Stadt Dinard nach heldenhaftem Kampf verloren. Die restliche Besatzung von St. Malo, die sich nach Abwehr starker feindlicher Angriffe in die Zitadelle zurückgezogen hat, trotzt dort immer noch sämtlichen Anstürmen des Feindes. Die dreimal wiederholte Aufforderung des Feindes zur Übergabe blieb unbeantwortet.
An der südfranzösischen Küste wurden mehrere feindliche Landungsversuche zwischen Toulon und Cannes abgeschlagen. Es gelang dem Gegner jedoch, an einigen Stellen der Küste Fuß zu fassen. Heftige Kämpfe sind hier im Gange. Die im Rücken unserer Verteidigungszone abgesetzten feindlichen Luftlandetruppen wurden von unseren Reserven angegriffen . . .
Im französischen Raum wurden 164 Terroristen im Kampf niedergemacht. Schweres Feuer der V1 liegt weiter auf dem Großraum von London.

4. August 1944, Raum Potigny:
anadische motorisierte Verbände bei der Aufstellung ur Operation »Tractable«: Schwere Verluste durch igene Bomber

16. August 1944
Das *Hauptquartier von General Wilson* teilt mit:
Die Invasion Südfrankreichs macht befriedigende Fortschritte. Der deutsche Widerstand ist gering, und die alliierten Truppen konnten ihre Brückenköpfe in der Tiefe bereits um mehrere Kilometer ausdehnen. Die Landungsstellen sind jetzt endgültig gesichert, und die Ausschiffung von Truppen und Material kann in raschem Tempo fortgesetzt werden.

Rückzug durch den Korridor von Falaise
16. August 1944
Die *Agentur Reuter* meldet:
Die Lücke bei Falaise hat sich nun fast völlig geschlossen. Es scheint v. Kluge gelungen zu sein, einen Teil seiner Kräfte aus dem normannischen Kessel zurückzuziehen, doch können seine Verbände, die jetzt Lisieux und den Unterlauf der Seine zu erreichen suchen, kaum der Vernichtung durch die immer härter zuschlagenden alliierten Fliegerverbände entgehen.
In der eigentlichen »Tasche« befinden sich noch rund 80 000 Mann sowie der größte Teil der schweren Kampfausrüstung der 7. Armee. Im Schutze der Dunkelheit finden auf deutscher Seite ständig Umgruppierungen und Verschiebungen innerhalb des Rückzugskorridors statt, und abgesehen von den Regionen, die im Feuerbereich der Alliierten liegen, vollziehen sich diese Bewegungen noch immer in guter Ordnung.

Massiver Einsatz alliierter Luftflotten

16. August 1944, London
Die *Agentur Reuter* berichtet:
Am Dienstag führte die alliierte Luftflotte den größten Angriff gegen die feindlichen Fliegerstützpunkte durch. Insgesamt waren etwa 4000 Bomber und Jäger in Aktion. Die 2000 schweren amerikanischen und britischen Bomber, die für die Aktion eingesetzt wurden, griffen mehr als zwanzig Stützpunkte der deutschen Luftwaffe in Deutschland, Holland und Belgien an.
Die britischen Luftstreitkräfte beteiligten sich mit mehr als 1100 »Lancaster« und »Halifax« an den Angriffen. Sie flogen, von Jägern eskortiert, nach Holland und Belgien, wo sie über fünf holländischen und vier belgischen Nachtjägerstützpunkten insgesamt 5000 Tonnen Sprengstoff abwarfen. Den Angriffen gegen diese Nachtjägerstützpunkte kommt große Bedeutung zu, denn sie waren bisher noch verhältnismäßig selten angegriffen worden und daher immer noch weit aktionsfähiger als die übrigen Stützpunkte der deutschen Nachtjäger in Westeuropa. Die Bombardierungen waren erfolgreich, und mehrere der angegriffenen Flugplätze wurden völlig zerstört. Zwei britische Bomber gingen verloren.
Später setzten mehr als 750 schwere amerikanische Bomber, von starken Jägerformationen begleitet, die Offensive gegen die Basen der feindlichen Luftwaffe fort. Sie griffen elf weitere Stützpunkte in Deutschland, Holland und Belgien an, wo große Mengen Bomben abgeworfen wurden. Gleichzeitig wurden sieben andere Flugfelder aus Bordwaffen beschossen, darunter diejenigen von Köln und Wiesbaden.

Invasion in Südfrankreich

16. August 1944, Berlin
Das *DNB* meldet:
Das dreitägige Bombardement der Befestigungsanlagen an der südfranzösischen Küste, das die bevorstehende Landungsoperation angekündigt hatte, blieb trotz dem Abwurf vieler Tonnen schwerkalibriger Bomben ohne Wirkung auf die gut getarnten Küstenbefestigungen. Von Vorteil für die Verteidiger ist ferner, daß sie über die Bewegungen der Landungsflotte, die sich in drei Gruppen der südfranzösischen Küste näherte, laufend unterrichtet waren, da die deutschen Aufklärer die Bewegung der von etwa dreißig Kriegsschiffen begleiteten Landungsflotte laufend unter Kontrolle hielten.

Kein ernsthafter Widerstand im Süden
16. August 1944, London
Die *Agentur Reuter* berichtet:
In London ist man erstaunt, daß in Südfrankreich jeder ernsthafte deutsche Widerstand ausbleibt. Die Alliierten waren zwar darüber unterrichtet, daß die deutsche 1. Armee an der Mittelmeerküste nur über geringe Kräfte verfügt, aber jeder, der die blutigen Seiten dieses Krieges kennengelernt hat, ist doch tief verwundert, daß eine ganze Armada sich in italienischen Häfen, in Korsika und Nordfrankreich sammeln, bei ruhiger See und klarer Sicht das Meer überqueren konnte, daß Hunderte von Schiffen an den grünen Hügeln der Riviera vor Anker gingen, und trotzdem kein deutscher Bomber, kein U-Boot aufgetaucht und kaum eine Küstenbatterie in Aktion getreten ist. Das Erstaunen war noch größer, als Tausende von Soldaten ungehindert an Land gehen, aus den Lastenseglern aussteigen und in den rasch gelandeten Lastwagen kolonnenweise landeinwärts fahren konnten. Die entscheidenden ersten 48 Stunden vergingen in fast gemächlicher Ruhe, in fast gespenstischem Schweigen, mit einer unwirklichen, an Manöver erinnernden Präzision.

Südfrankreich:
Die deutsche Küstenverteidigung war vorbereitet
16. August 1944, Berlin
Das *DNB* teilt mit:
Das neue Landungsunternehmen der Angelsachsen an der südfranzösischen Küste erstreckt sich nach den vorliegenden Meldungen über einen Abschnitt von rund 200 km und umfaßt etwa den Raum von Cannes bis westlich Toulon. Die deutsche Küstenverteidigung war durch die Luftaufklärung vorbereitet, und überall herrschte höchste Alarmbereitschaft. Diesem Umstand ist nicht nur das Scheitern des ersten Landungsversuchs in der Bucht von Bormes, der noch in der Nacht durchgeführt wurde, sondern auch die Abwehr weiterer Landungen zu verdanken, die gleichzeitig an fünf Ste

16. August 1944, auf der Straße nahe Chartres: US-Sanitäter geben einem verwundeten deutschen Offizier Erste Hilfe

len stattfanden. Zahlreiche Landungsboote wurden noch auf See oder bei der Annäherung an die Küste versenkt oder in Brand geschossen, andere erreichten zwar die Küste, kenterten aber in den ausgedehnten Strandsperren.

Über 44 Tonnen Flugblätter in 24 Stunden
16. August 1944, London
Die *Agentur Reuter* berichtet:
Flugzeuge aus England und Italien warfen in den letzten 24 Stunden über 44 Tonnen Flugblätter über den deutschen Stellungen in Südfrankreich sowie über allen größeren Ortschaften ab. Sie enthielten eine Kapitulationsaufforderung an die deutschen Truppen sowie die beiden Botschaften von General Wilson an die französische Bevölkerung.

Erfolgreiche Abwehr bei St. Raphael
16. August 1944, Berlin
Das *DNB* meldet:
Die an der französischen Südküste von den Amerikanern und Engländern gebildeten kleinen Brückenköpfe westlich Anthéor (östlich von St. Raphael), westlich St. Raphael sowie westlich der Halbinsel St. Tropez wurden während des ganzen Dienstags von den deutschen Truppen heftig angegriffen. Die Kämpfe sind an diesen Punkten noch im Gange.
Weitere Landungsversuche scheiterten östlich Hyères, im Raume von St. Tropez, bei St. Raphael und einigen Küstenpunkten zwischen Cannes und Nizza.

Gerüchte um Montgomery

16. August 1944
Aus dem *Hauptquartier von General Eisenhower* verlautet:
Es wird mit Nachdruck festgestellt, daß General Montgomery nach wie vor den Oberbefehl sämtlicher alliierter Bodentruppen in Nordwestfrankreich innehat. Anderslautende Meldungen treffen nicht zu.

Vorbereitungen für einen deutschen Gegenangriff
16. August 1944
Associated Press aus dem Hauptquartier von General Eisenhower:
Kluge hat am Dienstag den Rückzug westlich Falaise – Argentan fast ganz eingestellt. Er scheint sich jetzt auf einen großangelegten Gegenangriff innerhalb der Tasche vorzubereiten und hat zu diesem Zweck bereits mit der Konzentration seiner Panzer begonnen. Die alliierte Luftwaffe hat aber bereits in die Umgruppierungsoperationen des Gegners eingegriffen und unter Einsatz starker Formationen von raketenfeuernden »Typhoon« große Verheerungen unter verschiedenen deutschen Kräftegruppen angerichtet, die sich in der Gegend zwischen Falaise und Mortain bewegen. Sie greifen daneben auch die Straßen und Brücken an, deren sich die deutschen motorisierten Truppen bedienen müssen, um zu den Bereitstellungen zu gelangen, von denen aus offenbar ein Gegenangriff vorgetragen werden soll.
Über die Lage an der Front von Argentan – Alençon – Le Mans herrscht keine völlige Klarheit. Das Hauptquartier hält mit Positionsangaben nach wie vor zurück. Während Argentan von den Amerikanern besetzt ist, scheint Alençon mindestens teilweise noch in deutschen Händen zu sein.

Beförderung von Patton

16. August 1944, Washington
Associated Press meldet:
Infolge der glänzenden Leistungen der amerikanischen 3. Armee hat das Militärkomitee des Senats Major General Patton zum Lieutenant General befördert. Die

Beförderung war von Präsident Roosevelt schon zu Beginn des Jahres vorgeschlagen, aber vom Senat abgelehnt worden.

16. August 1944
Das *Hauptquartier von General Wilson* gibt bekannt:
Während sich die gesamte Front der Alliierten von der Küste her immer mehr in das Innere des Landes vorschiebt und sich auf 170 km Küstenbreite keine einzige deutsche Abwehrposition mehr befindet, hat sich das Aufmarschgelände völlig konsolidiert. Die ersten beiden Flugplätze der Alliierten an der Riviera dürften in 24 Stunden betriebsfähig sein.
Das Schwergewicht der Kampfhandlungen liegt in der Umfassung von Toulon. Hier sind in den letzten Stunden außerordentliche Erfolge zu verzeichnen.
Ein Frontkorrespondent der »Exchange« berichtet dazu: »Wir sind mit einem Jeep 125 km der Küste abgefahren. Wir mußten zu unserem Erstaunen feststellen, daß praktisch alle Flächen, die für eine Landung geeignet waren, gut durch Befestigungsbauten abgedeckt waren. Das einzige was den Deutschen gefehlt haben muß, waren die Truppen, die dieses Stellungssystem auch hätten halten können. In Gefangenen-Sammellagern sprachen wir mit Mannschaften, die zwei Infanteriedivisionen angehörten. Viele von ihnen sind sogenannte Volksdeutsche, die nicht einmal die deutsche Sprache sprechen können. Ein Hauptmann, Kompaniechef einer Pioniereinheit meinte: »Was wollen Sie, glauben Sie vielleicht, daß wir uns gleichzeitig an vier Fronten verteidigen können?«

Donnerstag, 17. August 1944 **D + 72**
Das *Hauptquartier von General Eisenhower* teilt mit:
Die alliierten Truppen haben im normannischen Kessel neue Fortschritte erzielt. Unsere Truppen säubern die Stadt Falaise von den letzten feindlichen Abteilungen. Der Kampf geht mit Erbitterung östlich der Stadt weiter. Unsere Truppen halten den größten Teil der Straße Condé–Falaise. Die Stadt Condé ist in unserer Hand. Unsere Vorhuten stoßen gleichzeitig nach Westen und Nordwesten vor und haben die Stadt Flers erreicht. In östlicher Richtung hat der Feind erbitterten Widerstand geleistet, wodurch unser Vordringen verzögert wurde.
In der Bretagne wurde der Hafen Dinard vollständig besetzt. Die deutsche Besatzung von St. Malo leistet in der Zitadelle nach wie vor heftigen Widerstand.
Das schlechte Wetter führte zu einer Einschränkung der alliierten Lufttätigkeit über Nordfrankreich.

17. August 1944
Das *Oberkommando der Wehrmacht* gibt bekannt:
In der Normandie setzte die 1. kanadische Armee ihre starken Angriffe im Dives-Abschnitt und beiderseits Falaise den ganzen Tag hindurch fort. Unsere Divisionen vereitelten in wechselvollen und beiderseits verlustreichen Kämpfen den vom Feind erstrebten Durchbruch. Das erbitterte Ringen dauert an.
Gegen die aus dem Raume von Argentan weiter angreifenden Nordamerikaner traten unsere Panzerverbände zum Gegenangriff an und warfen sie nach Osten und Südosten zurück.
Motorisierte Kräfte des Gegners stoßen weiter nach Osten gegen die mittlere Seine und nach Südosten gegen die Loire vor. Die Stadt Dreux ging nach hartem Kampf verloren. Um Chartres und Orléans sind heftige Kämpfe entbrannt.
In der Bretagne wurden mehrere feindliche Angriffe im Kampfraum von Brest durch zusammengefaßtes Abwehrfeuer zerschlagen. In der Zitadelle von St. Malo leistet die Besatzung weiterhin heroischen Widerstand . . .
Im südfranzösischen Küstengebiet dauern die heftigen Kämpfe gegen den Feind an, der sich aus der Luft und durch Anlandungen von See her zunehmend verstärkt. Es gelang ihm, nach schwerem Ringen in die Stadt Cannes einzudringen . . .
Im französischen Hinterland wurden 168 Terroristen im Kampf niedergemacht.
Das V-1-Vergeltungsfeuer auf London dauert an.

17. August 1944
Das *Hauptquartier von General Wilson* teilt mit:
Die Alliierten haben nun ihre Brückenköpfe in Südfrankreich fest errichtet. Sie sind viel größer als die in der Normandie zwei Tage nach der Landung gebildeten Brückenköpfe. Die alliierten Kolonnen stoßen rasch ins Innere des Landes vor, und es wird offiziell bekanntgegeben, daß sie bereits 13 km von den Landungsstellen entfernt sind. Ständig werden neue Verstärkungen gegen nur ganz geringfügigen Widerstand an Land geführt.
Die genaue Position des linken Flügels der Truppen von General Patch ist nach wie vor nicht bekannt.

50 Kilometer vor Paris

17. August 1944, 2 Uhr nachmittags
Associated Press meldet aus dem Hauptquartier der amerikanischen 1. Armee:
Die amerikanischen Truppen haben den Fluß Aunay 20 km nordöstlich von Chartres überschritten und sich Paris bis auf etwa 50 km genähert.

Deutsche Repressalien in der Bretagne
17. August 1944
Hauptquartier der Alliierten in der Normandie:
Wie französische Widerständler melden, haben die Deutschen das kleine Dorf St. Marcel in der Bretagne niedergebrannt im Sinne der Vergeltung gegen die Ortsbevölkerung wegen Unterstützung französischer Fallschirmtruppen. Das Dorf hatte etwa 500 Einwohner mehrere Einwohner sind erschossen worden.

Aufruf an die Pariser Bevölkerung
17. August 1944, London
Die *Agentur Reuter* meldet:
Ein Sprecher des alliierten Oberkommandos wandte sich am Donnerstag abend im Radio an die Bevölke-

rung von Paris: »Versteckt euch in Paris. Verlaßt die Hauptstadt nicht unter irgendeinem Vorwand.
Ihr könnt bereits den Kanonendonner hören, und bald werdet ihr das Rollen der Panzer und einen kräftigeren Aufruf des Befreiungskomitees vernehmen, das überall aktiv und zum Losschlagen bereit ist.«

Sender Beromünster (Schweiz)

17. August 1944:
Die Ereignisse der Woche, soweit sie den Kriegsschauplatz im Westen betreffen, lassen sich in drei Hauptpunkte zusammenfassen:
1. die Kesselschlachten bei Falaise und Argentan in der Normandie, 2. die alliierte Landung an der französischen Riviera, 3. der Durchbruch zwischen Seine und Loire in Richtung Paris.
Was die Invasion Südfrankreichs betrifft, so war die größte Überraschung der landenden Truppen das weitgehende Fehlen eines deutschen Widerstandes. Kein deutsches U-Boot, kein Kampfflugzeug, kaum eine Küstenbatterie sei in Aktion getreten, dieweil die Landungsbarken Soldaten, Munition, Kriegsgerät und die Unzahl von Versorgungsgegenständen an den Strand brachten, die für ein derartiges Unternehmen unerläßlich sind. Einzig in den von den Alliierten gemiedenen großen Häfen, Cannes, Nizza und andern, wurden von den Deutschen Sprengungen vorgenommen. Die berühmte Küstenstraße, die Corniche, war rasch in der Hand der Landungstruppen; Operationen zur Umfassung von Nizza, Cannes und Toulon sind im Gange. Das Ziel dürfte sein, so rasch wie möglich das Rhônetal zu erreichen und dann nordwärts zu marschieren. Eines Tages werden sich die Truppen, die heute in Orléans stehen und Loire-aufwärts marschieren, und diejenigen, die heute bei Toulon stehen und die Rhône zu erreichen versuchen, die Hand reichen wollen.

Freitag, 18. August 1944 **D + 73**
Das *Hauptquartier von General Eisenhower* teilt mit:
Die ostwärts vorstoßenden alliierten Truppen befreiten Dreux, Chartres, Chateaudun und Orléans. In Dreux ist ein Brückenkopf über die Eure gebildet worden. Auch St. Calais und Authon, die beide auf dem Wege der nach Osten vorstoßenden Truppen liegen, sind befreit worden.
Im normannischen Einkesselungsraum wurde nördlich Ranes starker feindlicher Widerstand angetroffen.
Falaise wurde am Donnerstag früh vom Feinde gesäubert, und unsere Truppen stehen auf dem Hochplateau im Süden der Stadt.
In der Bretagne ist die Zitadelle von St. Malo gefallen.

18. August 1944
Das *Oberkommando der Wehrmacht* gibt bekannt:
In der Normandie wurde der westlich der Orne weit vorspringende Frontbogen hinter den Fluß zurückgenommen. Der Feind versuchte mit starken Kräften im Raum östlich und nordöstlich Falaise von Norden her in diese Bewegung hereinzustoßen, wurde jedoch nach

18. August 1944: Im nach heftigen Kämpfen zerstörten Orléans. Rechts ein US-Jagdpanzer M 10

erbitterten Kämpfen zum Stehen gebracht. Unsere Gegenangriffe im Raum von Argentan zerschlugen feindliche Umgehungstruppen und erweiterten dadurch die Enge zwischen Falaise und Argentan.
Um Chartres wird weiter erbittert gekämpft. Auch in Orléans tobten den ganzen Tag hindurch heftige Straßenkämpfe mit amerikanischen Truppen, die sich im Verlauf der Kämpfe in den Besitz der Stadt setzen konnten.
Die Besatzung von St. Malo ist der feindlichen Übermacht erlegen . . .
In Südfrankreich konnte der Feind seinen Brückenkopf zwischen Toulon und Cannes erweitern und verstärken . . .
Schweres V-1-Vergeltungsfeuer liegt bei Tag und Nacht auf dem Großraum von London.

Französische Kriegsschiffe an der Riviera
18. August, Algier
Die *Agentur UPI* meldet:
An den Flottenoperationen vor der Riviera nahmen folgende französische Kriegsschiffe teil. das Schlachtschiff »Lorraine«, die Kreuzer »Montcalm«, »Gloire«, »Georges Leygues«, »Emile Bertin« und »Jeanne d'Arc« sowie die Torpedokreuzer »Le Fantasque«, »Le Malin« und »Le Terrible«.

Sonnabend, 19. August 1944 **D + 74**
Das *Hauptquartier von General Eisenhower* teilt mit:
Das Netz um die deutschen Streitkräfte in der Normandie ist am Freitag fester zusammengezogen worden. Die amerikanischen und britischen Truppen haben in der Nähe von Briouze die Verbindung unter sich hergestellt. Von Westen her wurde der Vormarsch bis ungefähr zur Orne durchgeführt. Es sind auch Fortschritte gegen die Rückzugsstraße der deutschen Truppen erzielt worden, die nach Osten strömen, um sich der vollständigen Umzingelung zu entziehen. Die südlich vorstoßenden Truppen gewannen östlich und westlich Argentan Boden gegen feindlichen Widerstand. Der Vorstoß längs der Straße von Argentan brachte unsere Truppen nach Pierresitte. Unsere Stellungen in Trun und im Gebiet bei Chambois sind östlich nach Champ-Haut erweitert worden. Weiter nördlich ging der Vorstoß weiter, und unsere Truppen überschritten die Dives wie auch den Fluß Vie in der Nähe von Notre-Dame-d'Estrées. Die Ortschaft St.-Julien-Le Faucon ist besetzt worden. Im Küstengebiet erreichten wir Dozule, den Stadtrand von Cabourg und Dives-sur-Mer.
Im Gebiet von Dreux haben unsere Truppen ihren Brückenkopf über die Eure nördlich und südlich der Stadt erweitert. Weiter im Süden ist Vendome befreit worden.
Der letzte feindliche Widerstand an der Nordküste der Bretagne wurde überwunden mit der Beseitigung der deutschen Tasche im Gebiet von Lannion – Paimpol.
Die Angriffe der alliierten Luftwaffe gegen feindliche Truppen und Transporte, gegen Flugplätze, Verbindungssysteme und Nachschubzentren wurden von Donnerstag Mitternacht an fortgeführt.

Deutsche Küstenstellungen zwischen Toulon und Cannes: Mit Maschinengewehren aus dem Ersten Weltkrieg gegen die alliierte Invasion

Folgende Seiten:
Die deutschen Truppen müssen in der Normandie vor dem immer stärker werdenden alliierten Druck zurückweichen: Fallschirmjägerabteilung bei Absetzkämpfen

19. August 1944
Das *Oberkommando der Wehrmacht* gibt bekannt:
In der Normandie müssen die vorgesehenen Absetzbewegungen über Orne und Dives nach Osten gegen den Feind erkämpft werden, der von Norden bis in den Raum von Trun durchgestoßen ist. Dort fanden gestern schwere Panzergefechte statt.

Im Raum nordwestlich Chartres wurden feindliche Vorstöße zum Stehen gebracht. Nördlich davon kämpften unsere Sicherungen an der Seine bei Nantes und Vernon mit den vordersten amerikanischen Aufklärungstruppen.
In Südfrankreich verstärkte sich der Feind im Landekopf. Mehrere durch Panzer unterstützte Angriffe gegen die Landfront von Toulon wurden zerschlagen.
Der Feind verlor gestern in Luftkämpfen über der Normandie und über den besetzten Westgebieten 22 Flugzeuge.

In den Gewässern vor dem südfranzösischen Landekopf wurde ein feindlicher Transporter von 8000 BRT durch Kampfflugzeuge schwer beschädigt.
Das Vergeltungsfeuer auf London dauert an.

19. August 1944
Das *Hauptquartier von General Montgomery* teilt mit:
Während innerhalb der Tasche von Falaise die Kämpfe fast ganz zum Stillstand gekommen sind und nach Berichten alliierter Piloten, die sich an den letzten vernichtenden Schlägen gegen die sich teilweise mit Pferdezug planlos fortbewegenden »motorisierten« Kolonnen der Deutschen beteiligten, ein unbeschreibliches Chaos herrscht, macht unter Mithilfe der Artillerie und der Luftwaffe die Verfolgung der deutschen 7. Armee nach der Seine-Mündung befriedigende Fortschritte. Der deutsche Rückzug vollzieht sich jetzt deutlich in nordöstlicher Richtung, also nach einer Stelle, wo die Seine sich nach der Mündung hin ständig verbreitert und die Überquerung auch mit den bereitstehenden Flachbooten erhebliche Schwierigkeiten bereiten dürfte.

»Radio Paris«

19. August 1944, London
Die *Agentur Reuter* meldet:
Nachdem Radio Paris zwei Tage geschwiegen hatte, wurde heute morgen um 6 Uhr 55 Ortszeit plötzlich das Rufzeichen der Freien Franzosen vernommen.

Räumung der Pyrenäen

19. August 1944, San Sebastian
Die *Agentur Reuter* berichtet:
Unbeständige Berichte besagen, daß die deutsche Garnison von Canfranc in den Pyrenäen Weisung erhalten habe, die Räumung vorzubereiten.

Führer-Befehl zur Verteidigung von Paris
19. August 1944
Heeresgruppe B an alle mit A.-Ü.
Bezug: OKW/WFSt/Op. (H) Nr. 772989/44 g. K. Ch. vom 23. 8. 44
Gemäß Bezug hat der Führer befohlen:
Die Verteidigung des Brückenkopfes Paris ist von entscheidender militärischer und politischer Bedeutung. Sein Verlust reißt die gesamte Küstenfront nördlich der Seine auf und nimmt uns die Basis für den Fernkampf gegen England.
In der Geschichte bedeutet der Verlust von Paris aber auch bisher immer den Fall von ganz Frankreich.

Der Führer wiederholt daher seinen Befehl, daß Paris im Sperrgürtel vorwärts der Stadt verteidigt werden muß und verweist dazu auf die für OB West angekündigten Verstärkungen.
Innerhalb der Stadt muß gegen erste Anzeichen von Aufruhr mit schärfsten Mitteln eingeschritten werden, z. B. Sprengung von Häuserblocks, öffentliche Exekutierung der Rädelsführer, Evakuierung des betroffenen Stadtteils, da hierdurch eine weitere Ausbreitung am besten verhindert wird.
Die Seine-Brücken sind zur Sprengung vorzubereiten, Paris darf nicht oder nur als Trümmerfeld in die Hand des Feindes fallen.
Oberbefehlshaber West, Ia, Nr. 749/44 g. K. Ch.

Die Lage in Chartres
19. August 1944
United Press berichtet:
Nach den ersten Berichten aus Chartres hat die Kathedrale durch die Kampfhandlungen keinen Schaden genommen. Die Bevölkerung in Chartres empfing die amerikanischen Truppen mit Jubel. Sie ging sofort daran, an den einheimischen Collaborateuren Rache zu nehmen. Auch die Frauen und Mädchen, die mit deutschen Soldaten Umgang gehabt hatten, wurden »zur Abkühlung« in Wannen voll kalten Wassers gesetzt, und rasch herbeigeholte Coiffeure schoren ihnen die Köpfe. Die deutschen Gefangenen mußten sorgfältig bewacht werden, da die Einwohner ständig versuchten, sie zu lynchen.

Sonntag, 20. August 1944 **D + 75**
Das *Hauptquartier von General Eisenhower* teilt mit:
Die alliierten Streitkräfte sind bis in die Nähe der Seine vorgerückt und haben den feindlichen Rückzugskorridor südlich Falaise geschlossen. Vorausabteilungen, die von Dreux aus in nördlicher und südöstlicher Richtung vorgehen, haben einen Punkt 29 km von der Stadt entfernt in der Nähe von Mantes-Gassicourt erreicht. Von Norden und Süden kommende alliierte Truppen haben sich in Chambois vereinigt und den Ausgang der Tasche südlich von Falaise geschlossen. Im Raum von Chartres und Orléans sowie in der Bretagne werden keine Veränderungen gemeldet.
Unsere Flugzeuge mit Stützpunkten in der Normandie setzten ihre schweren Angriffe auf Motorfahrzeugen fort, die sich in östlicher Richtung zurückziehen, sowie gegen Flußkähne auf der Seine.

20. August 1944
Das *Oberkommando der Wehrmacht* gibt bekannt:
In der Normandie kämpfen sich unsere Divisionen aus dem Raum nördlich Argentan gegen harten Widerstand unter Abwehr fortgesetzter feindlicher Flankenangriffe weiter nach Osten zurück.
Im Raum nordöstlich und nördlich Chartres stehen unsere Sperrverbände im Kampf mit vorstoßenden feindlichen Kräften, die sich von Südwesten her verstärken.
In Südfrankreich versucht der Feind nunmehr unter Einsatz starker Panzerkräfte, seinen Brückenkopf nach den Seiten und Norden auszuweiten. Besonders in den Gebirgstälern nördlich Toulon wird heftig gekämpft . . . London und seine Außenbezirke liegen weiterhin unter dem schweren Feuer der V1.

20. August 1944
Das *Hauptquartier von General Wilson* teilt mit:
Der Brückenkopf in Südfrankreich ist am Samstag beträchtlich ausgedehnt und vertieft worden. Die amerikanische Panzergruppe, die in drei Kolonnen im westlichen Teil des Brückenkopfes operiert, hat Toulon weit hinter sich gelassen und rückt nördlich und nordwestlich dieses großen Kriegshafens gleichzeitig gegen Marseille und Avignon vor.

Und so war es

D + 69 Am Montag, dem 14. August 1944, beginnt die Operation »Tractable«: Planmäßig um 14 Uhr werfen 417 »Lancaster», 352 »Halifax« und 42 »Mosquito« 3723 Tonnen Bomben auf die Dörfer und Höhen im Raum Potigny. 77 Maschinen bombardieren dabei wiederum die eigenen Truppen und töten 400 Mann.
Aus zunächst unerklärlichen Gründen benutzen an diesem Tage die Bomberschützen der ersten Maschinen gelbe Zielmarkierungszeichen, die genau der Farbe des von SHAEF für Bodentruppen vorgesehenen Erkennungssignals entsprechen. Und je dichter die Kanadier und Polen die gelben Rauch- und Leuchtsignale zu ihrer Erkennung setzen, desto heftiger und gezielter werden sie bombardiert.
Wie sich später herausstellt, hat es SHAEF versäumt, das Bomberkommando zu informieren, daß die Bodentruppen weisungsgemäß gelbe Signale als Erkennungszeichen benutzen.
Der Vorstoß bleibt nördlich von Falaise durch harten deutschen Widerstand liegen. Die 12. SS-Panzerdivision »Hitlerjugend« mit ihren restlichen 500 Mann, 30 Panzern und 5 Batterien hält die Höhen nördlich der Stadt.
Am Abend stehen die kanadische 3. Infanteriedivision und die kanadische 4. Panzerdivision in schweren Kämpfen 5 km von Falaise entfernt. Die Stadt selbst erlebt einen so schweren Bombenangriff, daß die Straßen unter den Trümmern nicht mehr auszumachen sind. Die polnische 1. Panzerdivision stößt unterdessen östlich der Dives vor, um den Ring, der die beiden deutschen Armeen umgibt, noch enger zu schließen.
Zu gleicher Stunde fährt Generalfeldmarschall v. Kluge an die Front und verbringt die Nacht im Schloß Fontaine l'Abbé südlich Falaise, dem Stabsquartier von Oberstgruppenführer Dietrich (5. Panzerarmee).

D + 70 Am Dienstag, dem 15. August 1944, beginnt nach vorausgegangenen starken Bombenangriffen an der französischen Mittelmeerküste zwischen Toulon und Cannes, die Operation »Dragoon«, die Landung der 7. US-Armee (Lt.Gen. Patch) mit dem VI. US-Korps (Maj.Gen. Truscott) und der französischen 1. Armee (Gen. de Lattre de Tassigny). Rund 14 000 Mann Luftlandetruppen werden von Korsika angeflogen.

Die Landungstruppen stoßen nach Norden vor, ohne auf wesentlichen Widerstand zu treffen, und die erste Welle verliert nicht mehr als 183 Mann. Für die Unterstützung aus der Luft sind Jabos von sieben britischen und zwei US-Geleitträgern eingesetzt. Damit werden erstmalig auf dem europäischen Kriegsschauplatz die im Pazifik regelmäßig durchgeführten Einsätze von Marine-Trägerflugzeugen zur taktischen Luftunterstützung der Landetruppen praktiziert.

Am Morgen dieses 15. August verläßt v. Kluge das Stabsquartier und erscheint erst um 22.00 Uhr im Gefechtsstand der 5. Panzerarmee (SS-Oberstgruppenf. Dietrich). Bei einem Jabo-Angriff ist sein Funkwagen zerstört worden, und v. Kluge hatte dadurch keine Verbindung mit seinen Truppen. Hitler ist jedoch überzeugt, daß sein Feldmarschall an diesem Tag versucht hat, Kontakt mit den Alliierten aufzunehmen, um mit den deutschen Streitkräften im Westen vor Montgomery zu kapitulieren.

Adolf Hitler: ». . . Der 15. August war der schlimmste Tag meines Lebens. Es ist nur einem Zufall zu verdanken, daß dieser Plan nicht zur Ausführung gekommen ist. Die ganzen Maßnahmen der Heeresgruppe lassen sich auch nur unter diesen Voraussetzungen erklären; sonst wären sie völlig unerklärlich. Der Stab der 7. Armee – das muß ich Ihnen auch sagen – ist nicht in Ordnung . . .«

In der Normandie sind jetzt zwischen Flers und Dives sieben deutsche Armeekorps auf einem Raum von etwa 50 km Länge und 20 km Breite zusammengedrängt.

Die Gegend um Falaise im Norden und Chambois im Süden, die sogenannte »Suisse Normande«, ist eine hügelige Landschaft mit Wäldern, Bocages und unzähligen Obstgärten, die den Verteidigern beste Möglichkeiten bietet: Vom Monte Ormel (Höhe 262), nordöstlich Chambois, von der polnischen Panzerdivision wegen der Umrisse auf den Stabskarten »Maczuga« (Keule) genannt, haben deutsche Beobachtungsposten einen vorzüglichen Rundblick.

Zwar ist der Kessel noch nicht völlig abgeschnürt, doch die Situation verschlechtert sich zusehends, da die eingeschlossenen Truppen den rollenden Angriffen der Jabos ausgesetzt sind.

Am gleichen Tage erhalten in Paris die deutschen Stäbe und alle nicht kämpfenden Einheiten den Befehl zur Räumung. Die Verwaltungsstäbe des OB West ziehen nach Metz, die Stäbe der Luftwaffe nach Reims und die der Kriegsmarine nach Saverne.

D + 71 Am Mittwoch, dem 16. August 1944, gegen 6 Uhr, trifft im Führerhauptquartier die Nachricht ein, v. Kluge habe sich wieder gemeldet. Hitler hatte bereits wenige Stunden zuvor Generalfeldmarschall Model aus Rußland abberufen und ihm die sofortige Übernahme der beiden Kommandos Kluges befohlen.

Als am gleichen Tag das XX. US-Korps (Maj.Gen. Walker) auf Chartres vorstößt, treffen seine Panzerspitzen auf eine der außergewöhnlichsten Einrichtungen der RAF: ein Sammellager für alliierte Flieger

16. August 1944, vor Falaise:
Ein Bombenteppich nach dem anderen geht auf die deutschen Stellungen nieder

hinter den feindlichen Linien. Als ab März 1944 die alliierten Bombenangriffe das französische Verkehrswesen lahmlegen, wird es für die SOE immer problematischer, abgeschossene Besatzungen oder aus den Gefangenenlagern geflohene alliierte Flieger bis an die spanische Grenze zu schaffen, damit sie von dort aus über Gibraltar oder Lissabon wieder nach England gelangen können.
Die Londoner SOE-Zentrale beordert nun Colonel Boussa, Kommandeur einer belgischen RAF-Squadron, nach Frankreich mit der Aufgabe, zwischen Vendôme und Chartres ein Auffanglager für flüchtige Flieger zu errichten, in dem sie bis zur erfolgten Invasion und Befreiung Zuflucht finden. Mit Hilfe der Résistance aus dem Städtchen Cloyes entsteht in den Wäldern von Frétenal das geplante Pilotenlager.
Es werden Zelte besorgt und aus dem Umkreis von 30 km trotz scharfer Rationierung Lebensmittel regelmäßig geliefert. Die Wachtposten, die ständig unterwegs sind, warnen rechtzeitig vor unerwünschten Besuchern. Um nicht aus der Luft erspäht zu werden, tarnt man jeden Morgen Zelte und alle übrigen Einrichtungen mit frischen Zweigen. 3 Monate lang, von Mai bis Mitte August 1944, halten sich hier 152 alliierte Flieger direkt im Rücken der Deutschen auf. Sie verbringen ihre Zeit mit geflüsterten Unterhaltungen oder mit Schachspiel. Eine Gutsbesitzerin hat ihr etwa 10 km entfernt liegendes Anwesen für die Kranken zur Verfügung gestellt.
Als im Juni 1944 immer mehr Flieger eintreffen, muß sogar ein zweites Lager organisiert werden. Colonel Boussa hat angeordnet, daß niemand auf eigene Faust versuchen darf, die Invasionstruppen zu erreichen.
Am späten Nachmittag dringen die Truppen der kanadischen 2. Infanteriedivision in Falaise ein, und der Kampf geht in den Stadtruinen weiter. Die Engländer besetzen das Tal der Orne und die polnische 1. Panzerbrigade Trun. In der Bretagne hat währenddessen das VIII. US-Korps (Maj.Gen. Middleton) St. Malo erobert. Und die alliierten Truppen bereiten sich auf die Schließung des Kessels von Falaise vor: Die kanadische 1. Armee (Lt.Gen. Crerar) rollt nach Süden zum Angriff auf Saint-Lambert, und die US-Verbände setzen sich nach Norden auf Chambois zu in Bewegung. Die deutschen Truppen wehren sich verzweifelt.
In Richtung Paris wird Dreux vom XV. US-Korps (Maj.Gen. Haislip) genommen und das XII. US-Korps (Maj.Gen. Eddy) befreit Chartres und Orléans.
Unterdessen marschieren in Südfrankreich die Divisionen des französischen II. Korps (Lt.Gen. Goilard de Monsabert) in Richtung Toulon.
Während die Panzerspitzen des XV. US-Korps sich bereits La Roche – Guyon nähern und die Heeresgruppe B (GFM v. Kluge) die letzten Vorbereitungen zur Verlegung ihres Hauptquartiers nach Margival bei Soissons trifft, erscheint Generalfeldmarschall Model in Begleitung mehrerer schwerbewaffneter Feldpolizisten, um v. Kluge mitzuteilen, daß er in Doppelfunktion ab sofort OB West und auch die Heeresgruppe B übernehme.
Als Hitler in den Abendstunden des 16. August endlich sein Einverständnis zur Räumung des Kessels von Falaise gibt, nimmt die kanadische 1. Armee Falaise bereits ein, und das XV. US-Korps stürmt in Richtung Argentan.
Die Masse der Heeresgruppe B, 15 Divisionen und Reste anderer Verbände, insgesamt 125 000 Mann, sind nun in einem 25 km langen und 12 km breiten Kessel zusammengedrängt. Ihre letzte Chance – die Dives-Übergänge nahe Saint-Lambert – liegen im Feuer von Artillerie und Jabos.
In der Nacht vom 16./17. August 1944 beginnt der Rückzug. Aus Mangel an Treibstoff läßt man einen Teil der Fahrzeuge stehen. Auf den Straßen, die durch Bombeneinschläge aufgerissen und durch ausgebrannte Fahrzeuge versperrt sind, kommen die marschierenden Kolonnen in der Dunkelheit nur langsam voran.
In der gleichen Nacht führen die Einmann-Torpedos »Neger« der K-Fl. 363 ihren letzten Einsatz durch. Von 32 »Negern« gehen 26 verloren. Der einzige Erfolg: ein Treffer an dem alten, als Wellenbrecher auf Grund liegenden französischen Schlachtschiff »Courbet«.

D + 72 Am Donnerstag, dem 17. August 1944, stauen sich in den Morgenstunden im Kessel von Falaise lange Reihen von Pferdefuhrwerken der 7. Armee vor den Zufahrten zur Brücke von Putange am westlichen Ufer der Orne, dem letzten noch intakt gebliebenen Flußübergang. Ein Ablenkungsangriff am Ausgang des Kessels gegen Bourg-Saint-Leonard soll die alliierten Jabos an diesen Raum binden. Der 2. SS-Panzerdivision gelingt es, die 90. US-Infanteriedivision (Maj.Gen. E. M. Landrum) von den beherrschenden Höhen zwischen der Dives und Chambois zu verdrängen und damit den Durchbruchsraum zu sichern. Während des Tages schaffen es 45 Kampfmaschinen Heinkel He 111 in todesmutigem Einsatz, Treibstoff und Munition für die Panzer im Kessel abzuwerfen. Inzwischen stößt von Süden her die französische 2. Panzerdivision und die 90. US-Infanteriedivision auf Chambois zu.
Am gleichen Tag gibt Hitler den Befehl zur Räumung Südfrankreichs. Die Armeegruppe G (GenOberst Blaskowitz) soll nach Nordosten in Richtung Burgundische Pforte bis zur Linie Orléans – Bourges – Montpellier den Rückzug antreten; Marseille und Toulon werden als Festungen gehalten. Die 1. Armee (Gen. d. Inf. de Chevallerie), deren Truppen an der Atlantikküste von der Loire-Mündung bis zu den Pyrenäen stehen, soll sich quer durch Zentralfrankreich den Rückzug erkämpfen.
Am Abend des 17. August 1944 bekommt die am weitesten von Norden her vorstoßende polnische 1. Panzerdivision den Befehl zur Einnahme von Chambois. Damit soll der noch offenstehende Rückzugsweg für die deutschen Truppen blockiert werden.

D + 73 Um 2.00 Uhr beginnt am Freitag, dem 18. August 1944, die polnische 1. Panzerdivision ihren Vormarsch in Richtung Chambois. In stockdunkler Nacht verliert die Division bei dem weglosen Gelände die Orientierung und dringt in den Morgenstunden anstatt auf Chambois auf Les Champeaux zu. Sie wird sofort in dem unübersichtlichen Gebiet in schwere Kämpfe verwickelt und muß sich zurückziehen. »Den ganzen Tag über konnte man jedoch nicht die eigene Position feststellen« – vermerkt das Kriegstagebuch der Division.

Bis zum 18. August 1944 hat Lt.Gen. Patch seinen Brückenkopf an der französischen Mittelmeerküste – westlich bis Toulon und in östlicher Richtung bis Cannes – verbreitert und ist bis 50 km tief vorgestoßen.

An diesem Tag bekommt die deutsche Luftflotte 3 in Frankreich einen neuen Befehlshaber: Generaloberst Deßloch löst Generalfeldmarschall Sperrle ab, da dieser nach Hitlers Meinung die notwendige Einsatzbereitschaft vermissen läßt.

Ebenfalls am 18. August 1944 – die Alliierten sind noch 250 km von Paris entfernt – erläßt Colonel Rol, dem etwa 25 000 Mitglieder der kommunistischen Widerstandsbewegung unterstehen, einen Aufruf zur Erhebung gegen die deutsche Besatzung.

Am Abend ist es den Alliierten noch nicht gelungen, den Kessel von Falaise abzuriegeln, und so können starke deutsche Verbände sich unter Zurücklassung der Fahrzeuge und des schweren Gerätes über die Dives retten. Jedes Dorf bietet jetzt ein Bild des Grauens, überall liegen zerschossene oder ausgebrannte Wagen und verwesende Leichen. Jedoch leisten die im Kessel verbliebenen Deutschen noch immer erbitterten Widerstand.

D + 74 Am Sonnabend, dem 19. August 1944, nimmt sich auf dem Wege nach Deutschland nahe Metz Generalfeldmarschall v. Kluge das Leben mit einer Ampulle Zyankali: ». . . Das deutsche Volk hat solch unsagbare Leiden erduldet, daß es Zeit ist, diesen Schrecken ein Ende zu setzen«, beschwört er Hitler in seinem Abschiedsbrief.

Erst am späten Nachmittag des 19. August gelingt es der polnischen 1. Panzerdivision, die deutschen Truppen von den Ormel-Höhen zu verdrängen und den einzigen noch offenen Rückzugsweg wenigstens teilweise zu sperren. Von der anderen Seite marschiert das US-Infanterieregiment 317 auf Chambois zu. Es muß sich mit Bulldozern einen Weg zwischen Trümmern und Leichen bahnen. Damit ist der Kessel mit Ausnahme eines 2 km breiten Abschnitts zwischen Saint Lambert-sur-Dives und Chambois geschlossen.

In den fünf Tagen und Nächten vor der endgültigen Abriegelung ist noch über die Hälfte der etwa 125 000 Mann entkommen, und die eingeschlossenen Reste der deutschen 7. Armee und Teile der 5. Panzerarmee wollen jetzt versuchen auszubrechen.

Am Abend des 19. August 1944 wird die Situation für die polnische 1. Panzerdivision immer kritischer; von allen alliierten Verbänden am weitesten vorgeprescht, trägt sie nun die Hauptlast der Schließung des Kessels

18. August 1944: Der schneidige Verteidiger von St. Malo, Oberst v. Aulock, verabschiedet sich vor dem Abtransport ins Kriegsgefangenenlager von seinen Soldaten

20. August 1944; Die polnische 1. Panzerdivision in einem Waldstück bei Falaise vor Fliegersicht geschützt: Die kritische Lage erreicht ihren Höhepunkt

von Falaise. Sie leidet zur Zeit unter Nachschubschwierigkeiten; es fehlen Munition und Treibstoff, selbst das Wasser ist knapp. Inzwischen steht sie im Abwehrkampf gegen die aus dem Kessel ausbrechenden deutschen Truppen und gegen das als Entsatz vordringende II. SS-Panzerkorps (SS-Obergruppenf. Bittrich).

D + 75 Am Sonntag, dem 20. August 1944, geht die Schlacht im Kessel von Falaise weiter. Es regnet in Strömen, und die tiefhängenden Wolken verhindern die alliierten Jabo-Einsätze. Dadurch hat die Heftigkeit der Bodenkämpfe nachgelassen, und den hartbedrängten deutschen Kräften ist eine Atempause vergönnt.
An diesem Tage erobern englische Truppen Argentan und in Südfrankreich die 45. US-Division Aix-en-Provence.
Am 20. August 1944 erreicht die kritische Lage der nun ebenfalls im Kessel von Falaise eingekesselten polnischen 1. Panzerdivision ihren Höhepunkt: Die eingekreisten deutschen Verbände stellen fest, daß ihr letzter Rückzugsweg jetzt abgeschnitten ist, und sie gehen zum Angriff über, um sich mit dem von außen her vordringenden II. SS-Panzerkorps zu verbinden. Die Situation verschlimmert sich, als die kanadische 4. Panzerdivision den Straßenabschnitt Trun – Chambois blockiert und den westlichen Teil der Ortschaft St. Lambert erreicht. Durch diesen kleinen Straßenabschnitt zwischen St. Lambert und Chambois, der offen bleibt, strömt die Masse der deutschen Verbände in östlicher Richtung. Die polnische 1. Panzerdivision igelt sich angelehnt an den Mont Ormel (Höhe 262) ein und geht zur Verteidigung über. Eine ihrer improvisierten Nachschubkolonnen aus gepanzerten Fahrzeugen wird unterwegs von alliierten Jabos irrtümlich vernichtet, und die im letzten Augenblick angelaufene Luftversorgung bringt kaum Hilfe, da ein Großteil der Maschinen von deutscher Flak abgeschossen wird. Einige hundert Schwerverwundete, die man nicht evakuieren kann, müssen ohne Deckung zwischen den Fahrzeugen liegen, dazu überschreitet die Zahl der inzwischen gefangengenommenen Deutschen die der polnischen 1. Panzerdivision.
Am Abend bereiten im Kessel von Falaise einige energische Truppenführer den Ausbruch vor: Kurz nach der Dämmerung formiert General der Fallschirmtruppen Meindl, Kommandierender General des II. Fallschirmjägerkorps, zwei Fahrzeugkolonnen, die in der Nacht den Durchbruch versuchen sollen.
Mit 20 Panzern, den Resten der 2. SS- und 9. SS-Panzerdivision, wird ein Angriff zur Öffnung des Kessels unternommen. In der Kolonne fährt auch – die Maschinenpistole im Anschlag – der Oberbefehlshaber der 7. Armee, SS-Oberstgruppenführer Hausser. Bei einer Furt in der Nähe von Saint-Lambert wird in stockdunkler Nacht die Dives durchquert. Es regnet immer noch in Strömen. Nachdem der Ausbruch gelungen ist, läßt General Meindl die Verwundeten, darunter auch Hausser, auf einen Lkw mit dem Zeichen des Roten Kreuzes verladen. Die Polen stellen das Feuer ein; so kann die Wagenkolonne unbehelligt über die Straße nach Vimoutiers fahren und die deutsche Frontlinie erreichen.
General Meindl: »Kein einziger Schuß ist auf die Rote-Kreuz-Kolonne gefallen, und ich kann offen mein Erstaunen über die Ritterlichkeit des Gegners bekunden.«
Meindl selbst wartet mit seinen Männern zu Füßen de[r]

Ormel-Hügel am Rande des Waldes von Coudehard, in dem Einheiten der polnischen Panzerdivision nächtigen, auf die Nachzügler aus dem Kessel. Als der Tag graut, tauchen aus dem Morgendunst die letzten Überlebenden eines Grenadierbataillons auf. General Meindl bleibt noch, bis es hell wird, und folgt dann seiner Kolonne.

Generalleutnant Elfeldt, jetzt Kommandierender General des LXXXIV. Korps: ». . . Meindl gelang es, auszubrechen, aber als ich selbst am anderen Morgen St. Lambert erreichte, war die Lücke schon wieder geschlossen. Ich versuchte einen Angriff mit allem, was ich noch in der Hand hatte, einigen Kampfwagen und 200 Mann. Es ging gut, aber dann stießen wir auf Teile der polnischen 1. Panzerdivision. Nach zweistündigem Gefecht begann unsere Munition auszugehen. Da ergaben sich die Truppen, die hinter uns fochten, und ließen uns mit einer Handvoll Leute an der nunmehr abgekniffenen Spitze des Keiles zurück. So mußten wir uns auch ergeben. Der Kommandeur dieser polnischen Division war ein gutaussehender Mann und nobel. Er gab mir seine letzte Zigarette. Seine Division war selbst

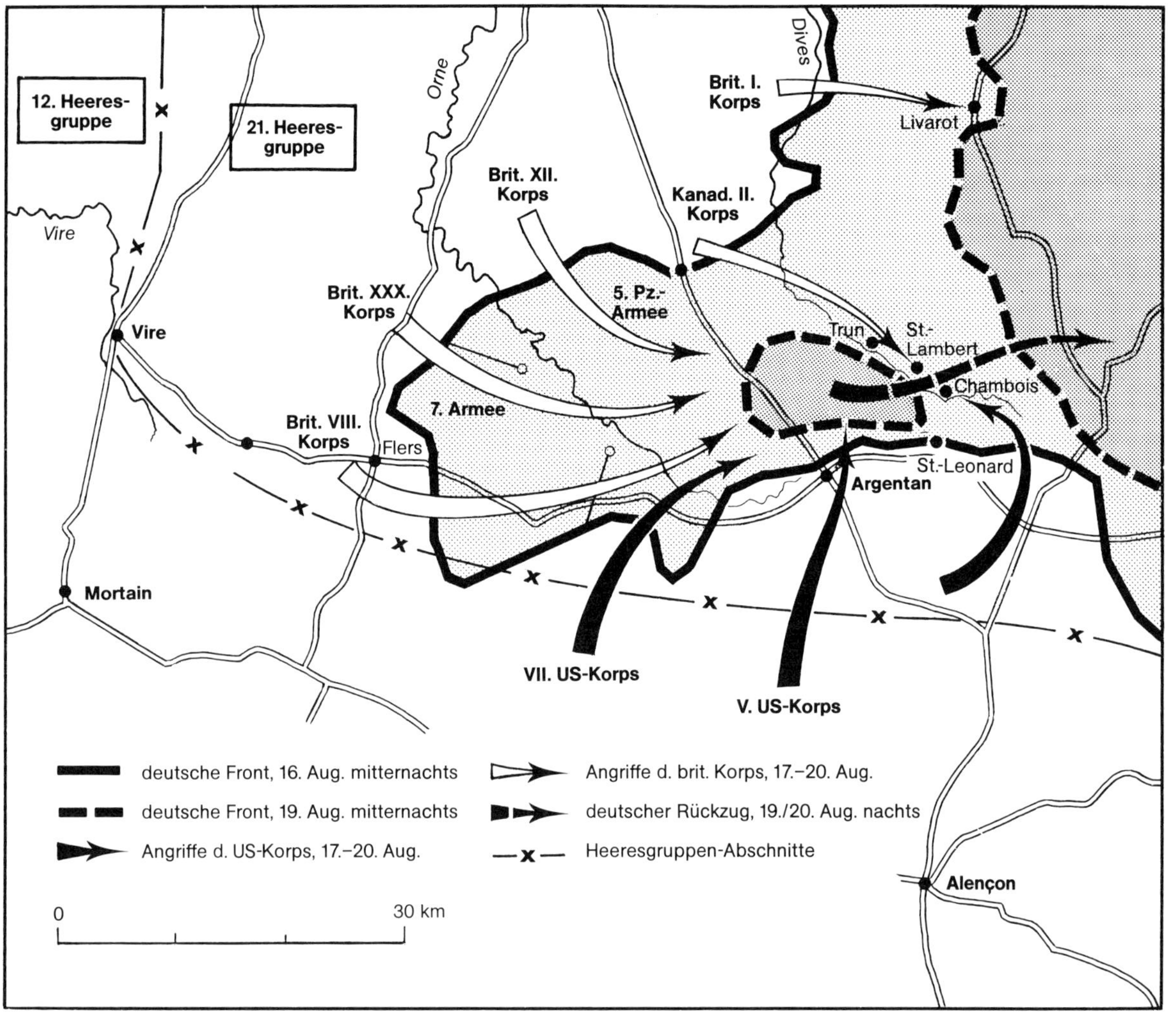

Zerschlagung der im Kessel von Falaise zwischen dem 16. und 20. August 1944 eingekreisten deutschen Truppen: ». . . wahrscheinlich der größte Triumph britischer Codebrecher.«

in einer mißlichen Lage; ihr war das Wasser ausgegangen. Die Verbände waren auf beiden Seiten in einem außergewöhnlichen Maße vermischt.«

Die Schlacht um die Normandie nähert sich nun ihrem Ende.

Es hat sich erwiesen, daß den alliierten Codebrechern der Operation »Ultra« kaum ein Funkspruch zwischen dem Führerhauptquartier und dem OB West entgangen ist. Einer der Hauptbeteiligten, Group Captain Winterbotham, schreibt: »Die Entschlüsselung der Funksprüche zwischen Hitler und v. Kluge, die zu der Schlacht von Falaise und der Vernichtung eines Großteils des deutschen Heeres im Westen geführt hatte, stellt wahrscheinlich Ultras größten Triumph dar.«

Das Kriegstagebuch des OKW verzeichnet: ». . . Ein großer Teil des schweren Geräts der eingeschlossenen Kräfte war bereits in den Vortagen zerschlagen worden, ein weiterer ging bei dem Durchbruch verloren; auch die kämpfende Truppe hatte starke Verluste davongetragen und trug bei dem Herausschleusen noch weitere davon; aber zur guten Hälfte kam sie doch noch heraus. Daher bleibt der Durchbruch bei Falaise, bei dem sich vor allem die 3. Fallschirmjägerdivision auszeichnete, eine der großen Waffentaten dieses Feldzuges: die zweite Gelegenheit, die sich während der Absetzbewegungen für den Gegner bot, eine ganze Armee abzuschneiden, wurde durch sie vereitelt . . .«

In der Tat, da die kanadische 4. Panzerdivision nicht imstande war, die Lücke zwischen Saint-Lambert-sur-Dives und Chambois endgültig zu schließen, entgeht den Alliierten in diesen Tagen die Chance eines entscheidenden Sieges: die Vernichtung der stärksten deutschen motorisierten Verbände im Westen. Dadurch wird der deutschen Führung ermöglicht, bereits einen Monat später die alliierte Luftlandeoperation bei Arnheim zu zerschlagen. Auch die Ardennen-Offensive im Dezember 1944 wäre ohne die kampferfahrenen Truppen, die sich aus dem Kessel von Falaise gerettet haben, kaum denkbar.

Am 20. August 1944 schließt in Paris um 15.30 Uhr der Stadtkommandant, General der Infanterie v. Choltitz, nach Vermittlung durch den schwedischen Konsul Nordling, mit den Aufständischen, die nun den festungsartigen Gebäudekomplex der Polizeipräfektur besetzt haben, einen Waffenstillstand. Choltitz will damit die für die zurückgehenden deutschen Truppen unsicher gewordenen Straßen wieder öffnen.

Vierte Phase

21. August – 27. August 1944

Befreiung von Paris
Rückzug aus Südfrankreich

12. Woche *21.–27. August 1944*

Montag, 21. August 1944 **D+76**
Das *Hauptquartier von General Eisenhower* teilt mit:
In den Operationen gegen Lisieux wurden weitere Fortschritte erzielt. Durch einen Vorstoß nordöstlich von Granchamp kamen die alliierten Truppen bis auf 8 km an die Stadt heran. Bodengewinne wurden auf dem rechten Ufer des Flusses Vire gegen verbissenen Widerstand erzielt. Die Ortschaft Livarot wurde genommen. Südlich Falaise ging die Vernichtung der eingeschlossenen deutschen Truppenteile weiter; verschiedene Versuche feindlicher Panzerkräfte, aus dem Einschließungsring auszubrechen, wurden vereitelt. Argentan ist nun in unserer Hand. Alliierte Truppen, die Chambois besetzten, hatten feindliche Gegenangriffe aus dem Nordwesten abzuwehren. Die in die Falle geratenen gegnerischen Streitkräfte umfassen Teile von mindestens 14 deutschen Divisionen. Sie sind schwerem alliierten Artilleriefeuer ausgesetzt.
Alliierte Einheiten stehen an der Seine in der Nähe von Mantes-Gassicourt. Unsere Streitkräfte im Gebiet südlich Dreux säubern die feindlichen Widerstandsnester. Die Vernichtung abgeschnittener deutscher Einheiten in der Gegend um Orléans ist zu Ende geführt worden.

21. August 1944
Das *Oberkommando der Wehrmacht* gibt bekannt:
In der Normandie haben unsere Divisionen im Raum nördlich Argentan nach erbittertem Ringen den feindlichen Sperriegel nach Nordosten durchbrochen und die Verbindung mit einer entgegenstoßenden Panzergruppe hergestellt. Starke feindliche Angriffe gegen unsere Abwehrfront am Dives- und Vire-Abschnitt wurden zerschlagen. In einigen Abschnitten sind eigene Gegenangriffe noch im Gange.
Zwischen der Eure und der Seine drückt der Feind nach Norden. Dort wurden bei Pacy-Vernon feindliche Angriffsspitzen zerschlagen.
Im Raum östlich und nordöstlich Chartres hält der Druck des Feindes gegen die mittlere Seine an, ohne daß es ihm gelang, weitere Fortschritte zu machen.
Im Gebirgsgelände nördlich Toulon greift der Feind mit starken Kräften nach Westen und Nordwesten an. Heftige Kämpfe sind im Gange ...
Das Vergeltungsfeuer auf London wurde bei Tag und Nacht fortgesetzt.

21. August 1944
Das *Hauptquartier von General Wilson* meldet:
Unter Umgehung von Toulon und Marseille sind Amerikaner und Franzosen in den letzten 24 Stunden außerordentlich schnell in die Richtung gegen Avignon vorgerückt. Amerikanische Panzertruppen drangen schon am Sonntag vormittag in das wichtige Verkehrszentrum Aix-en-Provence, 25 km nördlich von Marseille, ein, wo sich Straßenkämpfe mit deutschen Nachhuten entwickelten.

Straßenkämpfe in Paris?

21. August 1944
Das *Hauptquartier von General Patton* teilt mit:
Französische Flüchtlinge, die bei den amerikanischen Patrouillen im Gebiet von Versailles eintrafen, berichten, daß in Paris heftige Straßenkämpfe im Gange seien. Studenten und andere Patrioten stünden mit deutschen Truppen im Gefecht.

Alliierte Panzerpatrouillen in Paris?
21. August 1944, London
Associated Press berichtet:
Es gehen hier hartnäckig Gerüchte um, nach denen amerikanische Panzerpatrouillen schon ein beträchtliches Stück in Paris eingedrungen sind, doch ist von den alliierten Kommandostellen weder eine Bestätigung noch ein Dementi zu erhalten.

Aufstand in Paris

21. August 1944, London
Die *Agentur Reuter* meldet:
Radio Paris verbreitete in der Nacht zum Montag die Proklamation des deutschen Militärkommandanten an die Pariser Bevölkerung:
»Unverantwortliche Elemente haben in Paris gegen die Besatzungsbehörden einen bewaffneten Aufstand angezettelt. Dieser Aufstand wird unnachsichtlich unterdrückt, wenn nötig ohne jede Schonung.
Die Bevölkerung wird noch einmal aufgefordert, sich ruhig zu verhalten.
Für die Zeit von 21 Uhr abends bis 7 Uhr morgens gilt ein Ausgehverbot. Ferner ist die Benützung der Hauptstraßen für die Bevölkerung auch tagsüber in den Bezirken verboten, die möglicherweise zum Kampfgebiet werden. Die Truppen haben Befehl erhalten, ohne Warnung von ihren Waffen gegen Zivilpersonen Gebrauch zu machen, die den Weisungen zuwiderhandeln. Alle Theater, Kinos und Unterhaltungslokale wie auch alle Cafés bleiben geschlossen. Alle Fenster müssen geschlossen gehalten werden. Während der Nacht müssen alle Haustüren und Durchgänge unverschlossen bleiben. Ansammlungen von mehr als drei Personen sind verboten.«

Im Kessel von Falaise

21. August 1944, Chambois
Ein Sonderberichterstatter der *Agentur Reuter* meldet:
Ich habe die Vernichtung von 20000 Mann deutscher Truppen der 7. Armee, die in der »Allée de la Mort« eingekreist waren und durch eine konzentrierte Beschießung der Artillerie aufgerieben wurden, gesehen. Das Tal war voll von zertrümmerten und in Brand geschossenen Fahrzeugen, von Toten und Verwundeten, von flüchtenden Truppen, die versuchten, dem Artilleriefeuer zu entgehen. Dies hörte einen Augenblick auf. Unterdessen wurden sechs deutsche Kriegsgefangene unter Eskorte in die Straße des Todes entsandt, um ihren Kameraden mitzuteilen, daß der Rückzugsweg unmöglich zu passieren sei und daß ihnen nichts übrigbleibe, als sich zu ergeben. Die deutschen Soldaten ergaben sich zu Hunderten, indem sie Taschentücher in der Luft schwenkten.

20. August 1944:
US-Panzer rollen in das befreite Dreux.
Die Ausfallstraße ist bedeckt mit Ausrüstungen
der zurückweichenden Deutschen

General de Gaulle in Frankreich

21. August 1944
United Press aus dem Hauptquartier von General Eisenhower:
General de Gaulle, General Juin und General Koenig, Kommandant der innerfranzösischen Streitkräfte, führten am Sonntag im alliierten Hauptquartier wichtige Besprechungen mit General Eisenhower.

Tausende von Tonnen Kriegsmaterial für die Résistance
21. August 1944
United Press berichtet aus dem Hauptquartier von General Eisenhower:
Amtlich wird mitgeteilt, daß »Fliegende Festungen« und »Liberator«-Bomber der amerikanischen 8. Luftflotte in den letzten Monaten bei Tag für die Streitkräfte des Maquis Tausende von Tonnen Kriegsmaterial abgeworfen haben.

Tagesbefehl Montgomerys
21. August 1944
Die *Agentur Reuter* meldet aus Nordfrankreich:
General Montgomery richtete einen Tagesbefehl an die Invasionstruppen, in dem es unter anderem hieß: »Das Ende des Krieges ist in Sicht. Laßt uns den Krieg in Rekordzeit beendigen.«

Dienstag, 22. August 1944 **D + 77**
Das *Hauptquartier von General Eisenhower* teilt mit:
Zwischen Lisieux und der Küste wurden gute Fortschritte erzielt, wo die alliierten Truppen Dozule (24 km östlich von Caen) und Dives (nördlich von Dozule an der Küste) besetzten und bis Annebault (8 km östlich von Dozule) vorrückten. Westlich von Lisieux wurde Cambremer besetzt, während die von Süden her vorrückenden Truppen 1,5 km vor Lisieux stehen. Die Kämpfe bei Vimoutiers dauern an. Weiter

Oben: 21. August 1944: Die Straße Chambois – Vimoutiers (D 16) im Abschnitt zwischen der Höhe 256 und der Höhe 262 (Mont Ormel/Maczuga)

Rechts: Generalfeldmarschall Sperrle auf dem Weg zu einer Frontinspektion

Links: 21. August 1944:
US-Infanterie besetzt Argentan, das einst von Wilhelm dem Eroberer gegründet wurde

Unten: 21. August 1944, Toulon:
Französische Commandos bringen eine soeben eroberte deutsche Feldkanone 7,5 cm in Stellung

Rechts: 22. August 1944:
US-Soldaten während einer Kampfpause. Am Horizont die majestätischen Türme der berühmten Kathedrale von Chartres

südlich wurden Geländegewinne östlich von Chambois erzielt. Gace (27 km östlich von Argentan) befindet sich in alliierter Hand. Entschlossene feindliche Versuche, aus der Umzingelung zu entkommen, wurden wiederum zunichte gemacht. Die Säuberungsaktionen dauern an. Von der übrigen Front ist nichts Wesentliches zu melden.
Die Luftoperationen wurden am Montag durch das Wetter stark behindert.

22. August 1944
Das *Oberkommando der Wehrmacht* gibt bekannt:
In der Normandie wurden weitere Teile unserer aus dem Raum nördlich Argentan durchgebrochenen Kampfgruppen hinter unseren Linien aufgenommen.
Bei Lisieux und südlich Evreux griff der Feind mit starken Infanterie- und Panzerkräften an. Nach harten Kämpfen gelang ihm im Raum westlich Lisieux ein Einbruch in unsere Abwehrfront, gegen den Gegen-

angriffe angesetzt sind. Westlich und nördlich Dreux konnte der Gegner erst nach erbitterten Kämpfen wenige Kilometer nach Norden Boden gewinnen.

Der bei Mantes auf das Nordufer der Seine übergesetzte Feind wurde durch unsere Gegenangriffe zum Stehen gebracht.
Gegen den Seine-Abschnitt südlich Paris vorfühlende feindliche Kräfte wurden von unseren Sicherungskräften in den vorgeschobenen Stellungen abgewiesen.
In Südfrankreich drängt der Feind unseren Absetzbewegungen zwischen der Küste und der Durance nach Westen scharf nach. Um Toulon toben erbitterte Kämpfe. Bei Aix und im Tal der Durance wurden feindliche Kräfte im Gegenstoß geworfen.
Im französischen Raum wurden bei mehreren Säuberungsunternehmungen 229 Terroristen im Kampf niedergemacht.
Schweres V-1-Vergeltungsfeuer liegt auf London.

Der Kessel von Falaise

22. August 1944, Washington
Associated Press aus dem Hauptquartier von General Eisenhower:
Die Situation in der Normandie wird durch den schnellen Vormarsch amerikanischer, britischer, kanadischer und polnischer Verbände gegen den Unterlauf der Seine beherrscht. Noch immer halten im Kessel von Argentan schwere Kämpfe an, aber der deutsche Widerstand beginnt mehr und mehr zu erlahmen.

Angriff auf Toulon und Marseille

22. August 1944
Das *Hauptquartier von General Wilson* gibt bekannt:
Bei allgemein geringem Widerstand setzen die amerikanischen und französischen Truppen in Südfrankreich ihre Offensive fort. An einer Stelle sind die Alliierten mehr als 100 km weit in das Landesinnere eingedrungen.
In Toulon dauern blutige Straßenkämpfe an. Die Deutschen leisten sehr zähen Widerstand. Es muß damit gerechnet werden, daß die Garnison von Toulon bis zur letzten Patrone durchhalten wird, denn ihr letzter Rückzugsweg, die Straße nach Marseille, ist von den Franzosen unterbrochen worden. Von der See her beschießen alliierte Kriegsschiffe die Festungswerke von Toulon; es ist bisher noch nicht gelungen, alle Geschütze des halbversenkten Schlachtschiffes »Strasbourg« zum Schweigen zu bringen.
Inzwischen setzen die Alliierten ihren Vorstoß nordwestlich von Toulon in Richtung auf Marseille unaufhaltsam fort.
Amerikanische Panzerverbände sind von Aix aus bereits etwa 6 km in westlicher Richtung vorgestoßen, während andere Verbände von dieser Stadt aus in nordwestlicher Richtung gegen Avignon operieren.

Toulon befreit
22. August 1944, London
United Press meldet:
Wie das Hauptquartier von General Koenig mitteilt, haben die Truppen des Maquis die Stadt Toulouse befreit, Limoges eingeschlossen und auch im Gebiet von Lyon zahlreiche Stellungen besetzt. Die Departements Hochsavoyen und Corrèze wurden vom Feinde gesäubert. Auch der größte Teil des Gebiets an der Grenze der Pyrenäen ist in der Hand der FFI.

22. August 1944, Genf
Exchange teilt mit:
Wie heute in den frühen Nachmittagsstunden bekannt wurde, hat in Bellegarde der deutsche Widerstand gegen die angreifenden innerfranzösischen Streitkräfte

aufgehört. Diese machten 15 Gefangene; ein Teil der Besatzungstruppen, die zehn Tote hatten, konnte sich aber offenbar der Einschließung entziehen.
Zur Stunde wird im Jura von etwa 4000 Mann der Streitkräfte der Widerstandsbewegung das Fort des Rousses umzingelt, nachdem sich die in der Gegend des Faucille-Passes angegriffenen deutschen Truppenteile zurückgezogen haben.

In der Seine-Metropole

22. August 1944, Reichssender Berlin
Kriegsberichterstatter Dr. Toni Scheelkopf:
Als die Front sich zu Beginn dieser Woche immer näher an Paris heranzog und als es hieß, daß die Zustände in der Stadt selbst beträchtlich schlimmer geworden wären, fuhren wir am Dienstag noch einmal hinein, um einen Eindruck von der Lage zu gewinnen. Wir sahen, daß die Besatzungen der Stützpunkte, die in Paris zurückgeblieben waren, in jedem Teil der Stadt mit den Anhängern de Gaulles auf der einen, mit der von Bolschewisten geführten Widerstandsbewegung auf der anderen Seite in unaufhörlichen Scharmützeln zu

kämpfen hatten. Wir sahen Barrikaden in den Seitenstraßen, übereinandergehäufelte Sandsäcke, ineinandergefahrene Fahrzeuge, übereinandergeworfene Möbelstücke, aus denen Barrieren errichtet worden waren . . . Irgendwo knatterte von Zeit zu Zeit ein Maschinengewehr . . . Aber unangefochten kamen wir zu den gut verteidigten deutschen Stützpunkten und den Champs-Élysées. Hier war der Wechsel, der mit der Stadt vor sich gegangen war, sogar noch sichtbarer geworden. Es war kurz nach Mittag. Allein diese Straße, die zu dieser Tageszeit sonst immer voll von Menschen und Wagen ist, war leer. Auf der Strecke vom Obelisken bis zum Arc de Triomphe zählten wir gerade etwas über 50 Leute . . .

Mittwoch, 23. August 1944 **D + 78**
Das *Hauptquartier der Alliierten im Mittelmeer* teilt mit:
Amerikanische Truppen haben Grenoble besetzt. Sie sind jetzt 35 km im Norden ihrer Landungsstellen an der Küste angelangt. Die Einkreisung von Marseille wurde fortgesetzt. Französische Vorhuten sind 5 km an die östlichen Vororte herangekommen, während im Nordwesten amerikanische Kolonnen in gleicher Entfernung vom Stadtrand stehen.

Das Ende des Vichy-Regimes

23. August 1844
Die *Agentur Reuter* berichtet:
Die gestern noch mit Vorbehalt wiedergegebene Nachricht von der Verhaftung von Marschall Pétain durch die Deutschen und seiner Überführung nach einem unbekannten Bestimmungsort, wahrscheinlich nach Deutschland, wird uns heute von unterrichteter Seite bestätigt.

Kämpfe bei Belfort

23. August 1944
Radio Algier meldet:
Seit gestern sind um Belfort erbitterte Kämpfe zwischen der FFI und deutschen Truppen im Gange. Die FFI haben die Straße Belfort–Paris unterbrochen. Südlich der Loire ist der nationale Aufstand ausgebrochen. In diesem Gebiet haben die FFI bereits zahlreiche Dörfer besetzt. Sie kontrollieren jetzt das französische Grenzgebiet gegen Italien und Spanien.

23. August 1944
United Press aus dem Hauptquartier von General Eisenhower:
Über die Eroberung von Paris durch die Truppen der FFI liegen noch keine Einzelheiten vor. Wie verlautet, ist General de Gaulle auf dem Wege nach Paris, und es ist möglich, daß General Koenig, der neuernannte Gouverneur von Paris, bereits dort eingetroffen ist.

23. August 1944, Berlin
Das *DNB* meldet:
Mit Unterstützung französischer Freischärler landeten die Amerikaner am 22. August nach schwerem Schiffsartilleriebeschuß eine kleine Kräftegruppe bei St.-Jean-de-Luz an der französisch-spanischen Grenze. Ein Versuch, die Gruppe im Schutz eines angreifenden Flottenverbandes weiter zu verstärken, scheiterte im Feuer deutscher Marineküstenbatterien. (St.-Jean-de-Luz liegt 13 km nordöstlich der spanisch-französischen Grenze im Golf von Biskaya.)

Donnerstag, 24. August 1944 **D + 79**
Das *Hauptquartier von General Eisenhower* teilt mit:
Südöstlich von Paris stehen alliierte Truppen in der Nähe von Corbeil und Melun, Vorhuten 23 km östlich von Sens

schaft und Lisieux hatten unsere den Fluß überschreitenden Truppen schweres Mörserfeuer auszuhalten.
Unsere Flieger griffen am Mittwoch das feindliche Straßen-, Bahn- und Kanalsystem an. Jagdbomber zerstörten mehr als 500 motorisierte Transporte in Wäldern und Straßen im Gebiet von Elbeuf-Louviers und versenkten 15 Flußschiffe. Längs der Seine leistete der Feind mit Flak und Flugzeugen Widerstand.

Weiter im Süden überschritten alliierte Einheiten die Loing und stehen östlich von Montargis.
Nordwärts vorstoßende Einheiten haben Evreux befreit und sind mehrere Kilometer über die Stadt hinaus vorwärts gekommen. Andere Einheiten befreiten Verneuil und erreichten Conches. Der Vorstoß in nordöstlicher Richtung von Monnai aus kam etwa 8 km weiter. Der Vormarsch nordostwärts von Orbec aus erreichte das Dorf Thiboutiere. An der Touques sind mehrere Brükkenköpfe erstellt worden. Im Gebiet von Lisieux dauerten die Kämpfe an, und der Feind bezog starke Stellungen, von denen aus der östliche Ausgang der Stadt beherrscht wird. Im Gebiet von Pont l'Eveque leistet der Feind erbitterten Widerstand, und zwischen dieser Ort-

24. August 1944
Das *Oberkommando der Wehrmacht* gibt bekannt:
In der Normandie wiesen unsere Truppen am Touques-Abschnitt im Raum Lisieux und weiter südlich alle Angriffe des Gegners ab. Eine feindliche Kampfgruppe, die westlich Evreux nach Norden vordrang, wurde von unseren Panzerverbänden angegriffen und zum Stehen gebracht.
Schlachtgeschwader unterstützten diese Kämpfe und griffen den feindlichen Übersetzverkehr sowie Panzer- und Fahrzeugkolonnen mit guter Wirkung an. Zwei Seinebrücken wurden durch Bombentreffer zerstört. In Luftkämpfen wurden 12 feindliche Flugzeuge abgeschossen.
Nordwestlich Mantes warfen unsere Truppen die Nordamerikaner bei La Roche-Guyon unter hohen Verlusten über die Seine zurück und säuberten die Flußschleife südlich dieses Ortes vom Feind.
Nordöstlich Fontainebleau wurden über die Seine übergesetzte feindliche Kräfte im Gegenangriff auf das Flußufer zurückgeworfen.
In der Nacht führten Kampffliegerverbände einen wirksamen Angriff gegen Evreux. Starke Brände und Explosionen wurden beobachtet.
An der südfranzösischen Küste leisten die Besatzungen von Marseille und Toulon überlegenen feindlichen Kräften verbissenen Widerstand.
Nördlich der Durance sind harte Kämpfe mit feindlichen

Oben links: 22. August 1944:
In einer Vorstadt von Toulon. Die Besatzung eines deutschen Stützpunktes ergibt sich nach schweren Straßenkämpfen

Oben: 22. August 1944:
Mont Ormel (Höhe 262/Maczuga) nach dem Ende der Schlacht im Kessel von Falaise

Rechts: 23. August 1944:
Alliierte Truppen auf dem Vormarsch im Raum Falaise, im Hintergrund brennende Fahrzeuge

Kräften im Gange, die versuchen, sich unseren Absetzbewegungen im Rhônetal vorzulegen.
London und seine Außenbezirke liegen weiter unter dem schweren Feuer der V1.

Ausbau des Westwalls

Nr. 61, 24. August 1944
gKdos – Chefsache – Nur durch Offizier
Befehl über Ausbau der deutschen Weststellung
1.) Ich befehle den Ausbau der »deutschen Weststellung« mit den Mitteln eines Volksaufgebots in folgenden Abschnitten:
a) Unter verantwortlicher Leitung des Gauleiters Grohé, Reichskommissar in Belgien und Nordfrankreich, in der bereits erkundeten Schelde-Albert-Kanallinie bis westlich Aachen (Anschluß an Westwall),
b) unter verantwortlicher Leitung des Gauleiters Simon
In der Mosellinie vom Westwall südwestlich Trier bis zur Grenze zwischen Gau Moselland und Gau Westmark,
c) unter verantwortlicher Leitung des Gauleiters Bürckel
In der Mosellinie von der Grenze des Gaues Westmark über Waffenplatz Metz–Diedenhofen–südlich St. Avold (Teile der Maginotlinie) bis Saaralben.
. . .
(gez.) Adolf Hitler

24. August 1944
Das *Hauptquartier von General Wilson* teilt mit:
Der deutsche Widerstand in Südfrankreich ist überall am Zusammenbrechen. An der Küste halten sich die Deutschen nur noch in Toulon, während in allen übrigen Gebieten nur noch sporadische Gegenwehr zu verzeichnen ist. Im Landesinnern verschiebt sich die gesamte Front rasch gegen Mittelfrankreich, wo sich Maquis und Bevölkerung überall gegen die Besatzungstruppen erhoben haben.
Marseille wurde im Laufe des Mittwochs von französischen Truppen vollständig besetzt.
Das Gros des amerikanischen linken Flügels beschleunigte nach der Einnahme von Marseille seinen Vorstoß gegen Avignon.
Durch den Vorstoß einer amerikanischen Panzerkolonne über Grenoble hinaus ist Lyon bereits in den unmittelbaren Kampfbereich gerückt.
Nach den letzten Meldungen standen amerikanische Panzerpatrouillen am Mittwoch abend noch 25 km vor Lyon.

Paris befreit

24. August 1944, Paris
United Press berichtet:
Unter dem Jubel der Bevölkerung ist am Mittwoch die französische 2. Panzerdivision in Paris eingerückt. Die Hauptstadt befindet sich in einem unbeschreiblichen Freudentaumel. Riesige Menschenmengen säumten die Straßen, als die alliierten Panzer, Motorgeschütze und Infanterieautos in die Stadt einfuhren.
Wie jetzt bekannt wird, schloß der Kommandant des Maquis in Paris mit dem deutschen Kommandanten am Dienstag einen Waffenstillstand, worauf die Reste der deutschen Garnison abzogen.

Bordeaux besetzt

24. August 1944
Radio Algier meldet:
Alliierte Truppen und französische Patrioten haben Bordeaux besetzt.

Links: 23. August 1944:
Alliierte Panzerverbände im Raum Lisieux gruppieren sich zu einem neuen Angriff

Rechts: 23. August 1944, Paris:
Die Maquis riegeln eine Straßenkreuzung ab

Unten: Normandie:
Ein soeben angelegter Luftstützpunkt der 9. USAAF mit den berüchtigten Jabos vom Typ P-47 Thunderbolt

Freitag, 25. August 1944 **D + 80**

Das *Hauptquartier von General Eisenhower* teilt mit:
Nach Überwindung beträchtlichen feindlichen Widerstandes drangen Teile der französischen 2. Panzerdivision unter General Leclerc in die Pariser Vororte ein. Südlich und südöstlich der französischen Hauptstadt haben alliierte Truppen in der Nähe von Melun und Fontainebleau die Seine überschritten. Weiter östlich wurde Montereau an der Seine besetzt. Östlich von Montargis, welches fest in unserer Hand ist, haben unsere Einheiten weitere Bodengewinne erzielt.
Im Gebiet der Seine-Mündung wurden weitere Fortschritte erzielt.
Der Vormarsch aus westlicher Richtung gewann am Donnerstag nach Überwindung des letzten feindlichen Widerstandes in Lisieux und Pont l'Eveque neuen Auftrieb. Die nordöstlich von Monnai vorrückenden alliierten Truppen haben die Gegend von Broglic erreicht.
An der Kanalküste wurde Trouville besetzt. Die Truppen nähern sich Honfleur.
Die feindlichen Rückzugslinien im Gebiet der Seine wurden von Jägern und Jagdbombern angegriffen.

25. August 1944

Das *Oberkommando der Wehrmacht* gibt bekannt:
Im Raum nordwestlich Paris folgte der Feind mit starken Kräften von Westen und Süden unseren Divisionen, die sich in Richtung auf den Unterlauf der Seine abgesetzt haben. Besonders heftig war der Druck südlich Elbeuf, wo im Verlauf des gestrigen Tages eine Frontlücke im Gegenangriff geschlossen wurde.
Westlich Paris trat der Feind, von zahlreichen Panzern unterstützt, zum Angriff an und drang bis an den westlichen Stadtrand vor. In den äußeren Stadtteilen sind heftige Straßenkämpfe entbrannt.
Versuche des Gegners, westlich Melun die Seine zu überschreiten, wurden im Gegenangriff zerschlagen. In einem Abschnitt halten sich noch feindliche Kräfte auf dem Ostufer des Flusses.
Im Raum von Toulon und Marseille wird weiter erbittert gekämpft.
In einzelnen Stützpunkten verteidigen sich unsere Besatzungen, von Küstenartillerie wirksam unterstützt, und ermöglichen dadurch Absetzbewegungen aller übrigen Truppen in Richtung auf Lyon. Im Gebirgsgelände östlich der Rhône kämpfen unsere Flankensicherungen mit feindlichen schnellen Verbänden, die sich unseren Bewegungen im Rhônetal vorzulegen versuchen . . .
Das Vergeltungsfeuer auf den Großraum von London wurde bei Tag und Nacht in verstärktem Maße fortgesetzt.

Die Lage in Paris
25. August 1944
Die *Agentur Reuter* meldet aus dem Hauptquartier der Alliierten in Frankreich:
Offiziell wird bekanntgegeben, daß Teile der französischen 2. Panzerdivision unter General Leclerc in die Pariser Vorstädte eingedrungen sind.

General de Gaulle in Paris

De Gaulle: »Am 25. August vollzog sich denn auch alles planmäßig. Ich selbst hatte mir im voraus überlegt, was ich in der befreiten Hauptstadt zu tun hätte. Ich mußte die Herzen zu einem einzigen nationalen Elan emporreißen, aber sofort auch Gesicht und Autorität in Erscheinung treten lassen. Auf der Terrasse von Rambouillet auf und ab schreitend stündlich die Meldungen vom Vormarsch der 2. Panzerdivision entgegennehmend, dachte ich daran, welches Unheil vermieden worden wäre, wenn wir ehemals eine aus sieben solcher Verbände bestehende motorisierte Armee gehabt hätten. Indem ich über die Ursache unserer damaligen Ohnmacht nachdachte, d. h. über das Fehlen einer Macht, die uns eine solche Armee hätte geben können, war ich um so stärker entschlossen, keine Eingriffe in meine Macht zuzulassen. Die mir anvertraute Mission war so klar wie nur möglich. Als ich den Wagen bestieg, um in Paris einzuziehen, fühlte ich mich gleichzeitig von tiefer Bewegung und großer Seligkeit ergriffen.
Wie strömen bei meiner Durchfahrt die Menschen herbei! Wie sind die Häuser von oben bis unten mit Fahnen geschmückt! Von Longjumeau an wird die Menge immer größer. Vor Bourg-la-Reine beginnt das Gedränge. An der Porte d'Orléans, in deren Nähe noch geschossen wird, ist es ein Meer. Die Avenue d'Orléans ist schwarz von Menschen. Man vermutet natürlich, daß ich mich zum Rathaus begebe. Aber ich biege ab an der Avenue du Maine, die vergleichsweise menschenleer ist, und treffe um 4 Uhr nachmittags an der Gare Montparnasse ein.«

Verwundetentransporte von Frankreich in die USA
25. August 1944
Associated Press aus dem Hauptquartier von General Eisenhower:
Amerikanische Flugzeuge der größten Transporttypen werden für die Überführung von Verwundeten direkt vom Schlachtfeld in Nordfrankreich nach den Vereinigten Staaten eingesetzt. Insgesamt wurden bisher auf diese Weise 6000 Verwundete befördert, die einer Spezialbehandlung bedurften.

Sonnabend, 26. August 1944 **D + 81**
Das *Hauptquartier von General Eisenhower* teilt mit:
Nach der Befreiung von Paris hat östlich der Seine ein allgemeiner deutscher Rückzug eingesetzt, um die Einkesselung weiterer Truppenteile abzuwenden. Während die Deutschen in der Küstenzone versuchen, die Reste von 11 deutschen Divisionen über den Fluß zurückzunehmen, traten die Hauptkräfte von Rouen bis Meaux den Rückzug an.
Die Säuberungsaktionen im Westen der Seine gehen rasch ihrem Ende entgegen. Die britisch-kanadischen Streitkräfte erstürmten Honfleur und überschritten dann an mehreren Stellen den Fluß Risle, der die letzte deutsche Auffangstellung vor der Seine bildete. Während sich Nachhuten noch verzweifelt zur Wehr setzten, versuchten die Reste der deutschen 7. Armee über die Seine zu entkommen. Gegen Abend erreichte ein briti

Oben links: 24. August 1944, Paris: Barrikaden in der Rue de Rennes, Ecke Rue Sainte Placide, links ein US-Jagdpanzer M 10

Oben: 24. August 1944, Paris: Ein während der Straßenkämpfe von FFI gefangengenommener deutscher Soldat

Unten: 25. August 1944, nördlicher Seine-Abschnitt: Eine deutsche Kolonne wartet auf die Flußüberquerung

Folgende Seiten: August 1944, Longues-sur-Mer: Feldflugplatz der britischen Jabos Tempest. Bei einer Geschwindigkeit von 700 km/h bringen sie mit ihren 2-cm-Hispano-Kanonen und acht Raketengeschossen Tod und Verderben

scher Panzerverband Berville an der Mündung der Risle. Die Amerikaner näherten sich indessen Pont-Audemer, der letzten stärkeren deutschen Flankenposition. Zum großen Teil sind auch die Seineschleifen westlich von Rouen in amerikanischer Hand. Gutes Flugwetter machte den Einsatz der Luftstreitkräfte der Alliierten möglich, die den über die Seine zurückgehenden Deutschen schwerste Verluste zufügten. Im Tiefflug brausten den ganzen Tag Jagdstaffeln über den breiten Unterlauf der Seine und versenkten Dutzende von Fahrzeugen, die zum Bersten mit Truppen beladen waren.

Paris endgültig in der Hand der Alliierten

26. August 1944, Paris
United Press berichtet:
Der deutsche Stadtkommandant von Paris hat am Freitag die Kapitulation aller seiner Truppen angeboten.
Der Kommandant der deutschen Garnison von Paris, Generalleutnant v. Choltitz, wurde am Freitag morgen von General Leclerc, dem Kommandeur der 2. Panzerdivision, und anderen hohen französischen Offizieren empfangen. Man begab sich zum Bahnhof Montparnasse, wo der deutsche General die Kapitulation unterzeichnete.
Am Freitag abend um 19 Uhr hielt General de Gaulle in der Hauptstadt seinen triumphalen Einzug. In einer kurzen Ansprache vor dem Rathaus erklärte de Gaulle: »Ich möchte euch einfach und aus tiefstem Herzen sagen: ›Vive Paris!‹ «

JN

Deutsches Dementi einer Kapitulation
26. August 1944, Berlin
Das *DNB* meldet:
Die schweren Straßenkämpfe in Paris, in dessen Außenbezirke amerikanische Panzerverbände von Westen und Süden her eingedrungen waren, hielten auch den ganzen Freitag über vornehmlich südlich der Seine mit äußerster Heftigkeit an. Die von der britischen Propaganda verbreiteten und angeblich französischen Sendern entnommenen Meldungen über Kapitulationsverhandlungen sind eine freie Erfindung. Die deutschen Stützpunkte im südlichen und südwestlichen Teil von Paris schlugen im Gegenteil alle Angriffe der amerikanischen Panzerverbände und der Aufständischen, die besonders schwere Verluste hatten, ab. Übergabeaufforderungen an diese Stützpunkte wurden überhaupt nicht beantwortet.

Gerüchte um v. Kluge

26. August 1944, Stockholm
Radio Stockholm berichtet:
Nach einer von »Dagens Nyheter« ohne nähere Quellenangabe veröffentlichten Meldung aus Deutschland sei Generalfeldmarschall v. Kluge umgekommen. Nähere Angaben liegen bisher nicht vor. Kluge sei kürzlich als Oberbefehlshaber der deutschen Armeen in Frankreich durch Generalfeldmarschall Model ersetzt worden.

Sonntag, 27. August 1944 **D + 82**
Das *Hauptquartier von General Eisenhower* teilt mit:
Die an der oberen Seine nach Osten vorrückenden alliierten Truppen haben die Außenbezirke von Troyes und einen Punkt rund 20 km weiter im Norden erreicht. Panzereinheiten sind zwischen Melun und Corbeil vorgerückt, wo schon vorher östlich der Seine ein Brückenkopf errichtet worden war.
In Paris wurden rund 10 000 Mann, darunter der deutsche Kommandant und sein Stab, gefangengenommen. In der Südostecke der Stadt hält sich noch ein feindlicher Stützpunkt. Andere kleine Gruppen operieren noch immer in den nordöstlichen und nordwestlichen Vorstädten. In der Innenstadt hat der Widerstand aufgehört; nur noch wenige versprengte deutsche Soldaten halten das Feuer aufrecht.
Im Seine-Tal sind Panzertruppen, die am Südufer des Flusses zwischen Mantes-Gassicourt und Paris vorrücken, auf leichte Abwehr gestoßen.
An der Küste wurde der Gegner aus dem Gebiet der unteren Risle vertrieben. Pont-Audemer ist in unseren Händen.
Schwere Kämpfe werden zur Zeit nördlich Brest in der Bretagne ausgetragen, wo die Deutschen sich erbittert zur Wehr setzten.
In Nordfrankreich griffen unsere Jagdbomber und Jäger feindliche Transporte in einem ausgedehnten Gebiet an, das sich bis nach Belgien und Westdeutschland erstreckt.

27. August 1944
Das *Oberkommando der Wehrmacht* gibt bekannt:
Westlich der unteren Seine schlugen unsere Nachtruppen zahlreiche Angriffe des scharf nachdringenden Feindes ab.
Aus seinem Brückenkopf nördlich Mantes heraus führte der Gegner stärkere Angriffe, konnte jedoch nur geringfügigen Boden gewinnen.
In Paris haben sich die erbitterten Straßenkämpfe jetzt auch in den Nordostteil der Stadt und die Außenbezirke verlagert. Durch den erbitterten Widerstand unserer Stützpunkte in der Stadt erleidet der Gegner laufend hohe Verluste.
Südlich Paris sowie im Raum von Troyes traten die Nordamerikaner mit starken Kräften zum Angriff an und drangen in verlustreichen Kämpfen einige Kilometer nach Norden und Osten vor.
Feindliche motorisierte Kräfte, die im Raum von Montélimar das Rhônetal sperren wollten, wurden nach Osten zurückgedrängt, feindliche Angriffe aus Valence abgewiesen, zahlreiche Panzer abgeschossen . . .
Das Feuer der V1 liegt weiter auf dem Großraum von London.

Die ersten Amerikaner an der französisch-schweizerischen Grenze

27. August 1944, Genf
Journal de Genève berichtet:
Der Samstag nachmittag brachte endlich das von verschiedenen Seiten irrtümlicherweise mehrere Tage zu früh angesagte Erscheinen der Amerikaner an de schweizerischen Westgrenze. Das Ereignis hat zwa militärisch nur eine symbolische Bedeutung, es hat abe

Rechts: 27. August 1944, Paris: In einem Westbezirk nach dem nächtlichen deutschen Bombenangriff

Unten: Spätnachmittag, 25. August 1944, Vernon: Unter dem Schutz des Küstennebels passieren britische Sturmboote die Seine

um so mehr das Interesse der Bevölkerung erweckt. Nachdem motorisierte Abteilungen der Amerikaner unweit von Chambéry ihre Vereinigung mit den innerfranzösischen Streitkräften des Gebietes bewerkstelligt hatten, trafen am Samstag nachmittag um 16 Uhr drei amerikanische Militärautos auf der Straße von St. Julien bei dem französischen Grenzposten Perly südlich von Genf ein.

Montgomerys Vorstoß in Richtung Pas de Calais
27. August 1944
Sowjetischer Frontberichterstatter *D. F. Kraminow:*
Inzwischen trieb Montgomery nach seinem »umgekehrten Schlieffenplan« den äußeren Flügel der Alliierten, der sich jetzt direkt nach Norden gewandt hatte, vorwärts. Um ihm den Weg zu bahnen, belegte die alliierte Luftflotte die französischen Städte nördlich der Seine und der Marne rücksichtslos mit Bomben. Soissons, Laon, St.-Quentin, Vervins, Montdidier, Péronne und das im Ersten Weltkrieg schwergeprüfte Cambrai teilten jetzt das Schicksal der Städte in der Normandie.

Erfolgreicher Luftangriff auf Paris

27. August 1944, Berlin
Das *DNB* meldet:
Ein starker Verband schwerer deutscher Kampfflugzeuge führte in der vergangenen Nacht einen wirksamen Schlag gegen den beiderseits der Hauptnachschubstraßen gelegenen südlichen Pariser Vorort Sceaux. Kurz nach 23 Uhr entlud sich ein kurzes, aber außerordentlich heftiges Bombardement auf die nordamerikanischen Kolonnen, Truppenunterkünfte und Fahrzeugansammlungen.
Schon nach wenigen Minuten flammten große Brände auf, die kurz vor Beendigung des Angriffs ganze Straßenzüge umfaßten. Aus dem Flammenmeer, das unter den Kampfflugzeugen lag, zuckten mehrfach gewaltige Explosionen empor, durch die offenbar einige Kraftstofflager und Munitionsstapel vernichtet wurden. Nachdem der deutsche Kampfverband sein Bombardement beendet hatte, durch den dieser Hauptnachschubstützpunkt der Nordamerikaner und der französischen Terroristen für das Kampfgebiet von Paris schwer getroffen wurde, setzten schnelle deutsche Kampfflugzeuge die Angriffe bis gegen Mitternacht fort.
Kurz vor Anbruch der Morgendämmerung erschienen dann noch einmal schwere deutsche Kampfflugzeuge über Paris. Sie beobachteten noch immer mächtige ausgedehnte Brände und eine dichte schwarze Qualmdecke, die über Paris lagerte.

Schwierige Ernährungslage in Paris

27. August 1944
United Press berichtet aus dem Hauptquartier von General Eisenhower:

Paris kehrt rasch zum Normalzustand zurück. Das alliierte Oberkommando bemüht sich, die im Augenblick recht bedenkliche Ernährungslage zu bessern. Die ersten britischen und kanadischen Transportkolonnen mit Lebensmitteln und Medikamenten sind bereits eingetroffen, und weitere Transporte aus den Häfen der Bretagne und der Normandie werden folgen.

Und so war es

D+76 Am Montag, dem 21. August 1944, überqueren die Spitzen des XV. US-Korps (Maj.Gen. Haislip) die Seine bei Mantes-Gassicourt, etwa 55 km nördlich von Paris.
Während in der französischen Hauptstadt die Bewohner Barrikaden bauen und die Spannung ihren Höhepunkt erreicht, fordern drei gaullistische Geheimsender die Alliierten auf, sofort auf Paris zu marschieren.

D+77 Am Dienstag, dem 22. August 1944, kommt Eisenhower nach Falaise: ». . . 48 Stunden nach Schließung des Kessels ließ ich mich zu Fuß durch dieses Trümmerfeld führen. Wege, Chausseen und Felder waren dermaßen mit zerstörtem Material, Gefallenen und Tierkadavern übersät, daß man sich durch dieses Gebiet nur unter äußersten Schwierigkeiten einen Pfad

Rechts oben: Der Plan von Montgomery:
ein schneller, kräftiger Vorstoß über Belgien und das Ruhrgebiet bis nach Berlin

Rechts unten: Der Plan von Eisenhower:
ein fächerförmiger, langsamer Vorstoß aller vier Armeen zum Rhein

Unten: 21. August 1944:
Die Spitzen des XV. US-Korps überqueren die Seine bei Mantes-Gassicourt

Nachdem Generaloberst v. Salmuth Generalfeldmarschall Model die Rücknahme der gesamten Heeresgruppe B hinter die Seine empfiehlt, entläßt ihn Model und übergibt die 15. Armee dem General der Infanterie v. Zangen.
Jetzt, da die Kämpfe in der Normandie beendet sind, entbrennt bei SHAEF eine Diskussion um weitere strategische Operationen. Die Streitfrage ist »die breite oder die kurze Front«: General Montgomery will mit Streitkräften von etwa 40 Divisionen auf einer schmaleren Front über Antwerpen, Brüssel, Aachen, Köln vorstoßen. Die Amerikaner dagegen sind für einen breiten Vormarsch durch das mittlere Frankreich in Richtung Saar zum Rhein und nach Frankfurt.

bahnen konnte. . . Ich sah Bilder, die ein Dante schil dern könnte. Man ging stellenweise buchstäblich Hun derte von Metern weit nur auf abgestorbenem und ver wesendem Fleisch.«
Am gleichen Tag erobert die Brigade »Prinses Irene Houlgate. Die HKB »Houlgate« hat noch am Morge einige Schüsse abgefeuert. Den deutschen Kanoniere gelingt es dann, für die Zugmaschinen Treibstoff z beschaffen, dadurch können sie zwei noch intakte, au Radlafetten stehende Kanonen mitnehmen. Als briti sche und kanadische Artillerieoffiziere am Abend da verwüstete Gelände der Batterie inspizieren, begreife sie es nicht, daß diese immer noch geschossen ha beinahe 3650 Tonnen Bomben und über 1000 Ge

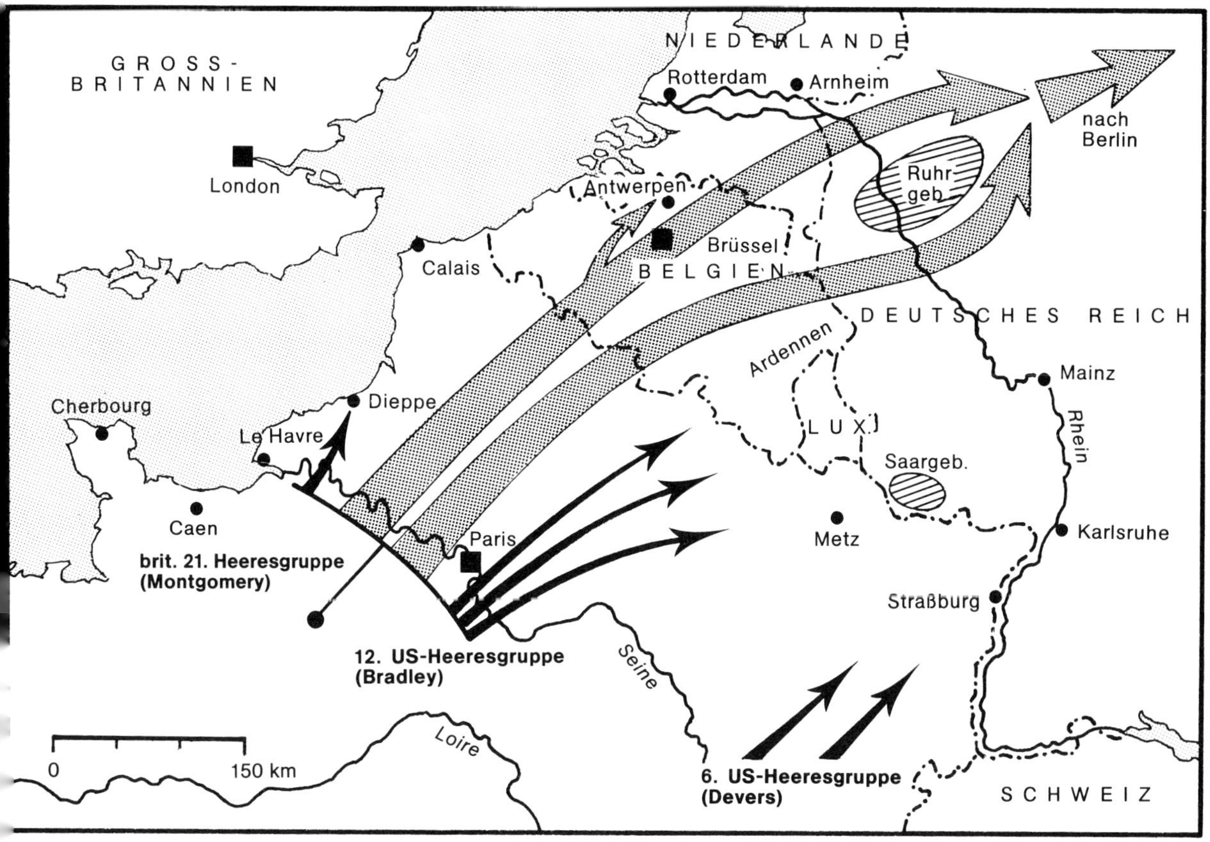

NIEDERLANDE
GROSS-BRITANNIEN
Rotterdam
Arnheim
nach Berlin
London
Ruhrgeb.
Antwerpen
Brüssel
BELGIEN
Calais
DEUTSCHES REICH
Ardennen
Mainz
Cherbourg
Dieppe
Le Havre
LUX.
Rhein
Saargeb.
Caen
Paris
Metz
Karlsruhe
brit. 21. Heeresgruppe (Montgomery)
Straßburg
12. US-Heeresgruppe (Bradley)
Seine
Loire
0
150 km
6. US-Heeresgruppe (Devers)
SCHWEIZ

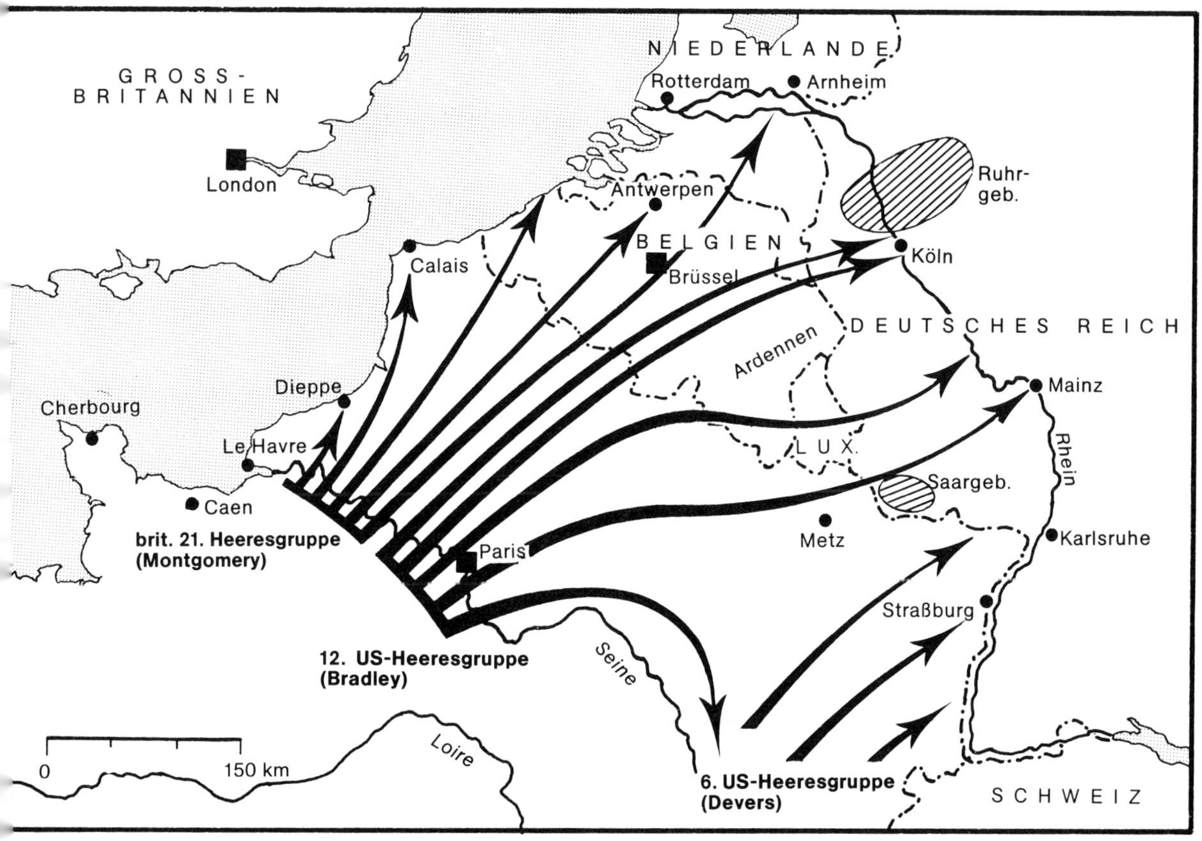

NIEDERLANDE
GROSS-BRITANNIEN
Rotterdam
Arnheim
London
Ruhr-geb.
Antwerpen
BELGIEN
Calais
Brüssel
Köln
DEUTSCHES REICH
Ardennen
Cherbourg
Dieppe
Mainz
Le Havre
LUX.
Rhein
Saargeb.
Caen
brit. 21. Heeresgruppe (Montgomery)
Metz
Karlsruhe
Paris
Straßburg
12. US-Heeresgruppe (Bradley)
Seine
Loire
0
150 km
6. US-Heeresgruppe (Devers)
SCHWEIZ

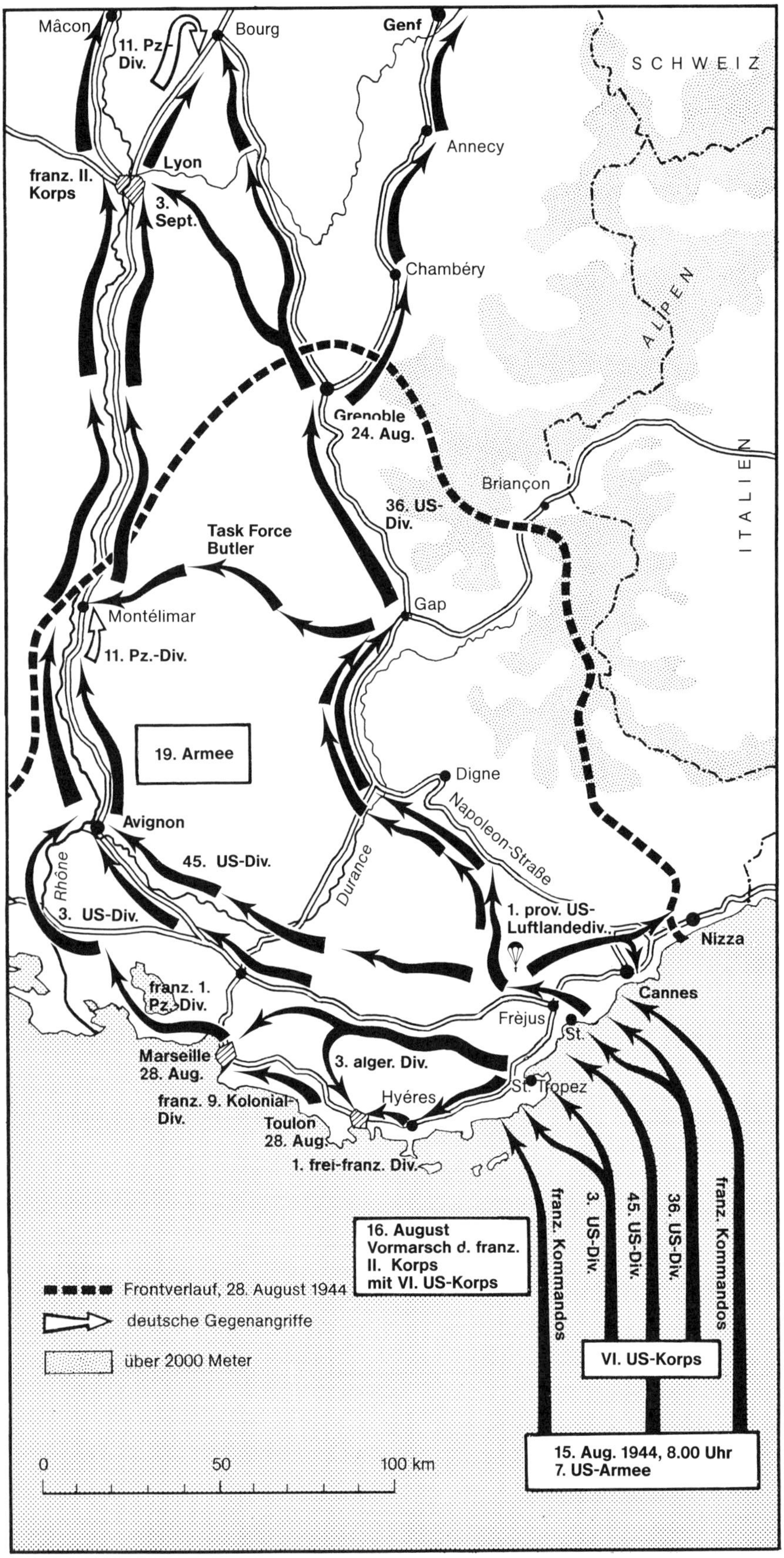

Oben: US-Soldaten leisten einem verwundeten US-Offizier Erste Hilfe

Oben rechts: Maj.Gen. Jacques P. Leclerc (3. v. links), Kommandeur der französischen 2. Panzerdivision, beim Studium der Karte

Links: Die Lage in Südfrankreich in der letzten Augustwoche 1944 (Operation »Anvil«)

Rechts: Der weitere Verlauf der Operation »Anvil«

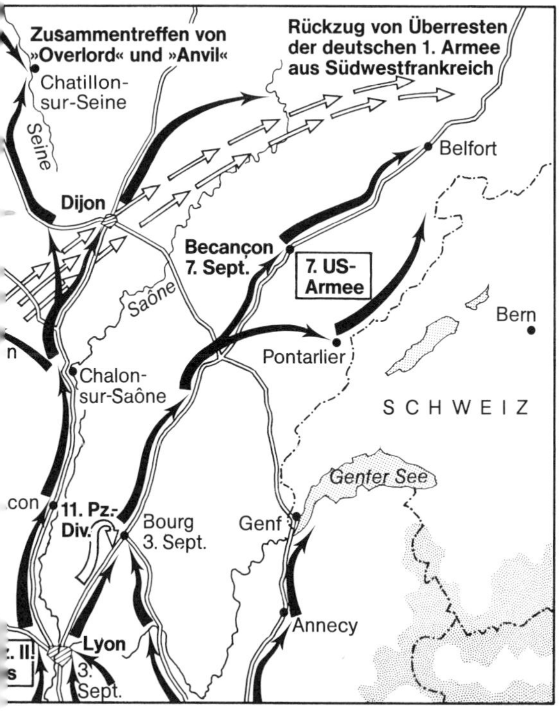

schosse der schweren Schiffsartillerie, manche vom Kaliber 40,6 cm, sind auf das Batteriegelände niedergegangen. Der Fotograf Monsieur Nicolet ist als erster bei der geräumten HKB zur Stelle: »Die Deutschen haben zwei Kanonen und Munition mitgenommen, ließen aber dafür 15 Schwerverwundete, die nicht mehr transportfähig waren, zurück. Ich stoppte dann einen vorbeifahrenden englischen Wagen, der die Verwundeten abholte. Jetzt endlich nach vier Jahren konnte ich die Batterie in aller Ruhe fotografieren.«
Um 19.25 Uhr gibt Lieutenant General Bradley dem Drängen von de Gaulle nach und erteilt der französischen 2. Panzerdivision (Maj.Gen. Leclerc) den Befehl, beschleunigt auf Paris vorzustoßen.

D + 78 Am Mittwoch, dem 23. August 1944, erreichen in Südfrankreich die Panzerspitzen der 7. US-Armee (Lt.Gen. Patch) Grenoble. Die Amerikaner setzen jedoch nicht ihre ganzen Kräfte in westlicher Richtung ein, sondern verzetteln ihre Verbände mit dem Vorstoß nach Briançon, und der schnelle Vormarsch nach Norden führt bei den Panzerverbänden zu empfindlichem Treibstoffmangel.
Im Rhône-Tal vollzieht die deutsche 19. Armee (Gen. d. Inf. Wiese) ihren Rückzug elastisch, und es gelingt ihr

25. August 1944: Lieutenant Raymond Dronne (Mitte) in seinem Jeep, der erste französische Offizier, der in Paris einmarschierte

sogar, die Straßen nach Valence und Montelimar zu sperren.
Währenddessen rollen unaufhaltsam drei Kampfgruppen der französischen 2. Panzerdivision auf Paris zu. Die Soldaten haben schnell herausgefunden, daß man ohne weiteres mit der Hauptstadt telefonieren kann, und belagern jetzt bei jedem Halt die Telefonzellen und Cafés, um mit ihren Familien oder Freunden zu sprechen.
An diesem Mittwoch will Hitler, der v. Choltitz den ausdrücklichen Befehl zur Zerstörung von Paris gab, unbedingt wissen, ob die Stadt bereits brennt. Der Stadtkommandant schickt den Chef des eigens dafür aufgestellten Sprengkommandos mit den Worten weg: »Ich habe keine Befehle mehr für Sie.«
An diesem Tage versucht SHAEF die bevorstehende Nachschubkrise durch den »Red Ball Express« zu lösen: Brigadier General Layman wird beauftragt, die wichtigsten Straßen, die von den Normandie-Stränden zur Front führen, in den »Red Ball Highway« umzufunktionieren. Die mit riesigen Schildern mit einem roten Kreis markierten Einbahnstraßen – von zahlreichen Militärposten bewacht – werden für jeden Zivil- und anderen Militärverkehr gesperrt. Die schweren Lkw fahren nun in endlosen Kolonnen im 40-Kilometer-Tempo und bringen im Pendelverkehr den Treibstoff an die Front.

D + 79 Am Donnerstag, dem 24. August 1944, wird Bordeaux von Deutschen geräumt und an der Mittelmeerküste Cannes, Antibes und Grasse befreit.
An den Seine-Übergängen treffen währenddessen unaufhaltsam die zurückflutenden Truppen ein. Die mächtige Brücke bei Elbeuf ist durch Bombentreffer zerstört, und in Oissel, 10 km südlich von Rouen, sind an der einzigen Behelfsbrücke über die Seine alle Zufahrten verstopft. In Doppel- und Dreier-Reihen stehen kilometerlange Fahrzeugschlangen. Auf den umliegenden Feldern werden Akten, Geräte und Koffer verbrannt. In Oissel selbst regeln Offiziere mit der Pistole in der Hand den Verkehr. Ein Räumungskommando auf der Brücke kippt rücksichtslos alle festliegenden Fahrzeuge in den Strom. In den Windungen der unteren Seine bei Elbeuf verteidigt das II. SS-Panzer-

korps insgesamt etwa 60 Fähren und mehrere Pontonbrücken, um den bei Falaise entkommenen Verbänden den Rückzug frei zu halten.
Am gleichen Tage erobert die Brigade »Prinses Irene« mit den Einheiten der britischen 6. Luftlandedivision Deauville sowie Pont-L'Eveque und stößt in Richtung Pont Audemer vor. Erst nach Brechen des harten Widerstandes der deutschen Truppen gelingt es der Brigade, die Seine zu erreichen. In Pont Audemer finden holländische Soldaten unter einer Weidengruppe zwei gut getarnte französische 15,5-cm-Kanonen: die beiden letzten Geschütze der HKB »Houlgate«.

Inzwischen machen sich bei den Alliierten erste Anzeichen einer drohenden Gefahr bemerkbar: Am Abend des 24. August erhält Patton, nunmehr Lieutenant General, die Meldung, seine Panzerverbände hätten an diesem Tage – erstmals seit der Landung in der Normandie – mehr Treibstoff verbraucht als herangeschafft werden könne.

An der Ostfront schließen am 24. 8. 1944 die 2. Ukrainische Front (Armeegen. Malinowski) und die 3. Ukrainische Front (Armeegen. Tolbuchin) südwestlich Kischinew die deutsche 6. Armee (Gen. d. Art. de Angelis) ein. Diese nach der Tragödie von Stalingrad neu aufgestellte Armee mit fünf Armeekorps und 21 Divisionen muß sich eineinhalb Jahre nach der Katastrophe an der Wolga in der gleichen Größenordnung am Dnjestr auf Hitlers Befehl erneut vollständig opfern.

D + 80 Am Freitag, dem 25. August 1944, fahren um 7.00 Uhr morgens über die Route Nationale N. 7, Richtung Porte d'Italie, die ersten drei Panzer und Schützenpanzer der französischen 2. Panzerdivision (Maj.Gen. Leclerc) – allen voraus Lieutenant Raymond Dronne im Jeep – nach Paris. Die kleine Kolonne setzt unter dem Jubel der Massen die Fahrt über die Avenue d'Italie und durch kleine Nebenstraßen bis zur Seine fort. Vor dem Gare d'Austerlitz werden sie plötzlich von Deutschen beschossen. Ohne jedoch das Feuer zu erwidern, rollen sie über den Pont d'Austerlitz zum Quai des Celestins und stehen nach ein paar hundert Metern vor dem Rathaus.
In der Seine-Schleife bei Rouen gelingt es deutschen Truppen, eine der zerstörten Brücken durch Einsetzen eines Pontonstückes wieder befahrbar zu machen. Die sich an der Seine stauenden Einheiten versuchen auf Prähmen, Fähren und Booten, sogar auf leeren Treibstoff-Fässern, das andere Ufer zu erreichen. Zwischen den schwelenden Fahrzeugwracks liegen ungezählte Tote sowie verwundete Soldaten, die man sich selbst überlassen hat.

Im Schutz des Morgennebels
gelingt es US-Pionieren, die Seine bei Montreau
zu überqueren

Am gleichen Tage erreicht die 1. US-Armee (Lt.Gen. Hodges), die von Dreux bis Rouen vorgestoßen ist, die Seine südlich der Stadt und vereinigt sich mit der kanadischen 1. Armee (Lt.Gen. Crerar). Bis zu dieser Stunde haben es deutsche Truppen geschafft, innerhalb von drei Tagen und Nächten trotz rollender Luftangriffe und Artilleriebeschuß rund 25 000 Fahrzeuge über die Seine zu bringen.
In Paris tobt unterdessen in verschiedenen Stadtteilen der Kampf weiter, da die deutschen Besatzungen in den abgeschnittenen Stützpunkten nicht wissen, daß General der Infanterie v. Choltitz bereits um 14.45 Uhr kapituliert hat. Einheiten der französischen 2. Panzerdivision, die noch am Vormittag triumphierend in Paris eingezogen sind, sowie die bewaffneten Gruppen der FFI erleiden bei Straßenkämpfen mit den erbittert Widerstand leistenden Deutschen schwere Verluste.
Ebenfalls am 25. August 1944 setzen die Franzosen unter General de Lattre de Tassigny bei Avignon auf das Westufer der Rhône über, um der zurückziehenden 19. Armee (Gen. d. Inf. Wiese) den Weg abzuschneiden.
An diesem Tage befreien die Truppen des französischen II. Korps (Lt.Gen. de Goilard de Monsabert) Avignon, Arles und Tarascon. Die US-Panzerverbände besetzen Carpentras und Briançon.
Am Abend bleibt in Paris nur noch ein einziger Stützpunkt von Deutschen besetzt: das ehemalige Hauptquartier von Generalfeldmarschall Sperrle (Luftflotte 3) im Palais du Luxembourg. Doch um 19.35 Uhr tritt Oberst Kayser vor das Portal und schwenkt die weiße Fahne.

Oben: 25. August 1944, Paris:
Gen. d. Inf. Dietrich v. Choltitz unterzeichnet im Zimmer Nr. 32 im Bahnhof Montparnasse die Kapitulation

Rechts: 25. August 1944, Paris:
In einigen Stadtteilen geht der Kampf weiter. Im Schatten des Arc de Triomphe halten Soldaten der französischen 2. Panzerdivision ein deutsches Scharfschützennest unter Feuer

Der Abfall der Verbündeten Deutschlands beschleunigt sich: Am 25. August 1944 erklärt Rumänien dem Deutschen Reich den Krieg; damit ist für die sowjetischen Truppen der Weg zum Balkan frei.

D + 81 Am Sonnabend, dem 26. August 1944, notiert das Kriegstagebuch des Wehrmachtführungsstabes: »Zurücknahme des inzwischen abschnittweise zurückgedrängten AOK 15 hinter die Seine; Kämpfe in Lyon. Die Absicht, wieder nach Paris hineinzustoßen, erweist sich als undurchführbar. Die Amerikaner erreichen den Raum Sens – Troyes und überschreiten die obere Seine . . .«
An diesem Tage wird Vichy und Aix-les-Bains durch FFI befreit, und die Besatzung der Festung Toulon kapituliert.

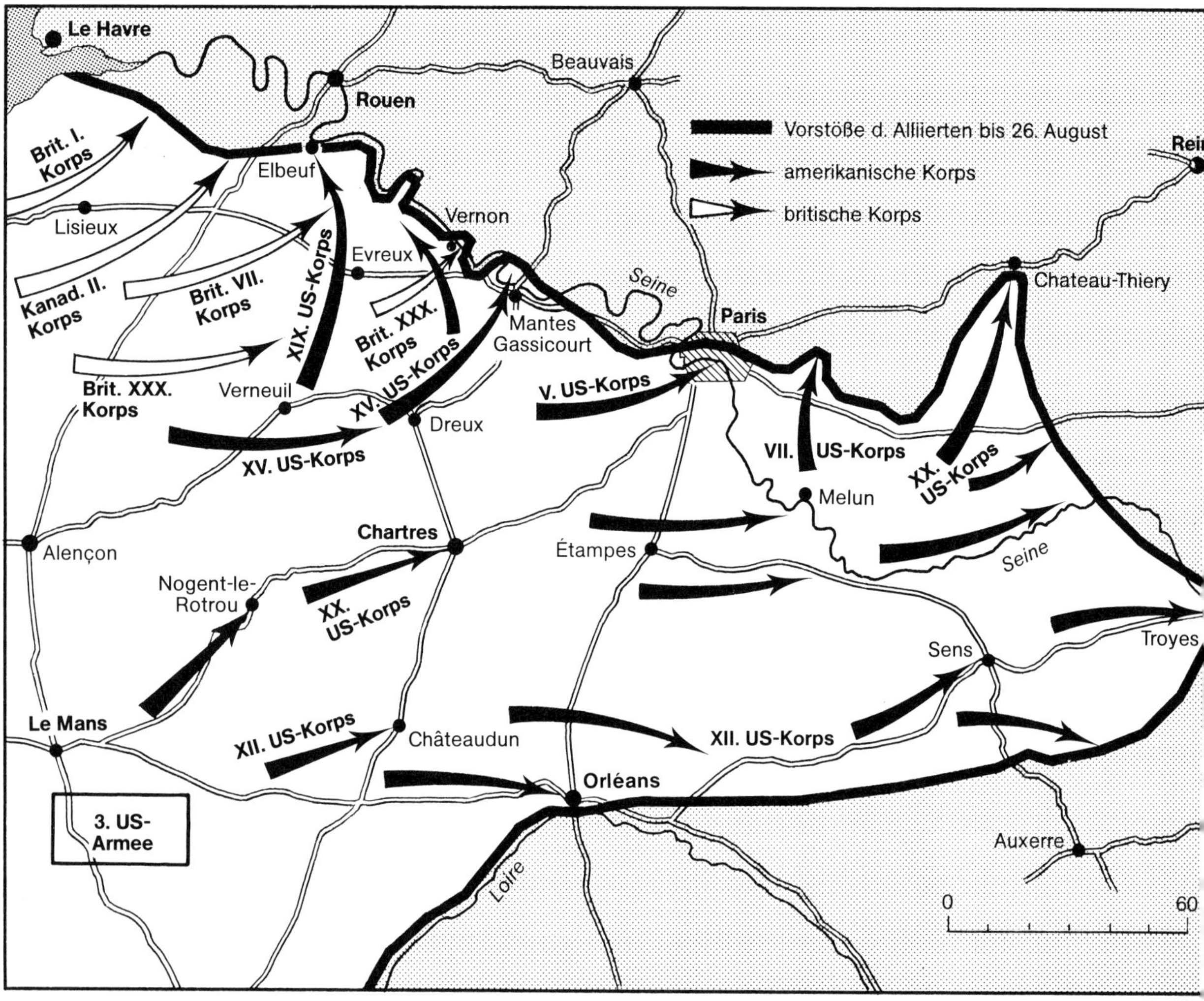

Für einige Tage in der letzten Augustwoche gelingt es den abgekämpften deutschen Truppen, trotz des starken alliierten Drucks eine Verteidigungslinie entlang der Seine zu bilden.

Am Nachmittag hält General de Gaulle seinen triumphalen Einzug in die französische Hauptstadt. Während die Bevölkerung die Befreiung feiert, läßt Hitler die nach Reims verlegte Luftflotte 3 (GenOberst Deßloch) mit ihren noch verfügbaren 50 Bombern Paris angreifen. Um Mitternacht, als die Sirenen aufheulen, denkt keiner auf den hellerleuchteten Straßen der Seine-Metropole an eine Gefahr. Eine halbe Stunde lang kreisen deutsche Bomber im Tiefflug und werfen unbehindert ihre Last ab, da es in der Stadt kein einziges Flugabwehrgeschütz gibt. In kürzester Zeit entstehen zahlreiche Großbrände. Es ist der schwerste Luftangriff des Krieges, den Paris erlebt: 213 Menschen kommen dabei um, 914 werden verwundet. 593 Gebäude sind zerstört oder schwer beschädigt.

An der unteren Seine überschreiten die Verbände der 21. Heeresgruppe (Gen. Montgomery) den Fluß und rücken in Richtung Pas de Calais vor.

D + 82 Am Sonntag, dem 27. August 1944, meldet in Südfrankreich FFI die Befreiung der Städte Nimes, Montpellier und Carcassonne.

Die 3. US-Armee (Lt.Gen. Patton) erzwingt den Übergang über die Marne bei Château-Thierry. Damit ist die Somme-Marne-Linie im Mittelabschnitt durchbrochen, und eine neue Phase steht bevor: der Vorstoß zur Reichsgrenze. Das zwölfwöchige Ringen allein um die Normandie hat Deutschland eine halbe Million Soldaten gekostet, darunter 210 000 Gefangene. Nur die Reste von 16 Infanteriedivisionen der Heeresgruppe B sind über die Seine gelangt, dazu 100 bis 120 der ursprünglich 2300 Panzer. Die Alliierten haben im gleichen Zeitraum 2 100 000 Mann und 460 000 Fahrzeuge an Land geschafft.

Fünfte Phase

28. August – 12. September 1944

Über Somme und Maas zur Reichsgrenze

13. Woche *28. August – 3. September 1944*

Montag, 28. August 1944 **D + 83**
Das *Hauptquartier von General Eisenhower* teilt mit:
Die alliierten Streitkräfte, von denen die Seine südlich Paris überschritten wurde, setzen ihren Vorstoß in östlicher Richtung zwischen Marne und Seine fort. Am südlichen Ende dieses Abschnitts sind Stoßtrupps über Troyes vorgestoßen, und andere Einheiten stehen in unmittelbarer Nähe von Rommilly-sur-Seine. Nogent-sur-Seine ist in unserer Hand.
Im Gebiet von Paris ist die Lage jetzt im allgemeinen ruhig. Immerhin ging am Sonntag der feindliche Widerstand in Champigny-sur-Seine weiter. Der Bois de Boulogne wurde von Deutschen gesäubert, doch kämpften noch kleine, isolierte feindliche Gruppen im Bois de Meudon am Südwestrand der Stadt.
Hunderte alliierter Flugzeuge haben in den letzten 24 Stunden feindliche Truppen, Fahrzeuge und Barken, die bei Rouen am Westufer der Seine konzentriert sind, ununterbrochen angegriffen.

28. August 1944
Das *Oberkommando der Wehrmacht* gibt bekannt:
Im Raum westlich Rouen griff der Feind auch gestern unsere Nachgruppen auf dem Südufer der Seine scharf an, blieb jedoch überall im zusammengefaßten Abwehrfeuer liegen.
Ein feindlicher Brückenkopf östlich Elbeuf wurde im Gegenangriff eingeengt. Erneute feindliche Angriffe scheiterten dort unter Abschuß von 20 Panzern und 6 Panzerspähwagen.
Nördlich Mantes versuchte der Feind seinen Brückenkopf zu erweitern, konnte jedoch trotz Einsatzes starker Infanterie- und Panzerkräfte nur geringen Geländegewinn erzielen.
In Paris leisten zahlreiche deutsche Stützpunkte weiter hartnäckigen Widerstand. Von Panzern unterstützte Angriffe des Gegners aus der Stadt heraus nach Nordosten wurden durch Gegenangriffe zum Stehen gebracht.
Im Raum südöstlich Paris drängte der Feind unsere Truppen in heftigen Kämpfen gegen die untere Marne zurück.
Eine Aufforderung zur Übergabe, die die Nordamerikaner an den Kommandanten der Festung Brest gerichtet hatten, wurde abgelehnt.
Der Feind trat daraufhin gestern mit starken Infanterie- und Panzerkräften zum Großangriff an. Die Kämpfe nahmen im Laufe des Tages immer mehr an Heftigkeit zu. Die Besatzung von Brest schlug jedoch, von Heeres-, Marine- und Flakartillerie wirksam unterstützt, alle Angriffe ab. Der Gegner hatte hohe blutige Verluste und verlor 7 Panzer. Einige örtliche Einbruchsstellen im Festungsvorfeld wurden abgeriegelt.
Unsere Bewegungen im Rhônetal verlaufen planmäßig. Mehrere Versuche des Feindes, sich von Osten her auf die Talstraße zu setzen, scheiterten . . .
Im französischen Raum wurden 174 Terroristen im Kampf niedergemacht.
Schweres V-1-Vergeltungsfeuer liegt auf London.

28. August 1944
Das *Hauptquartier von General Wilson* berichtet:
Streitkräfte der 7. US-Armee haben die Rhône in der Nähe von Montélimar erreicht und während mehrerer Tage in einer Reihe von Kampfhandlungen dem Feind schwere Verluste zugefügt, der versucht hatte, die ernsthafte Bedrohung seiner östlichen Flanke abzuwehren.
In den Gebieten von Marseille und Toulon wurden von französischen Truppen bei der Säuberung der restlichen feindlichen Widerstandsnester weitere Fortschritte erzielt.

Deutscher Luftangriff auf Paris

28. August 1944, Paris
Die *Agentur Reuter* meldet:
Wie Radio Paris bekanntgibt, hat die Stadt durch den deutschen Luftangriff am Sonntag morgen an vielen

Stellen beträchtlichen Schaden erlitten. Besonders schwer getroffen wurden das Quartier Latin, die Gebiete von Gare de l'Est, Arc de Triomphe und Bois de Boulogne sowie die Gegend in der Nähe der Porte d'Orléans.

Deutsche Widerstandsnester
28. August 1944, Paris
Die *Agentur Reuter* teilt mit:
In Paris hat sich die Lage fast gänzlich beruhigt. Der Bois de Boulogne ist vom Feind gesäubert, und die Aushebung feindlicher Widerstandsnester, die vereinzelt noch im Bois de Meudon, im südlichen Vorortgebiet, vorhanden sind, geht dem Ende entgegen.

Erster Besuch Eisenhowers in Paris
28. August 1944, Paris
United Press berichtet:
General Eisenhower stattete der französischen Hauptstadt in den frühen Morgenstunden des Sonntags einen Besuch ab. In seiner Begleitung befanden sich General Bradley, die Luftmarschälle Tedder und Coningham. Der alliierte Oberkommandierende machte eine Rundfahrt durch Paris, wobei ihm die französische Bevölkerung, soweit sie von seiner Ankunft Kenntnis hatte, begeistert zujubelte. Gegen Abend verließ Eisenhower Paris auf der Hauptstraße nach Orléans.

Auch Sacha Guitry kämpfte gegen Deutschland
28. August 1944, Paris
United Press meldet:
Der Pariser Schauspieler Sacha Guitry, der lange Zeit als »Kollaborateur« galt, habe in Wirklichkeit die Widerstandsbewegung heimlich unterstützt. Infolgedessen sei auch einstweilen sein Wohnhaus in Paris bei den Säuberungsaktionen der innerfranzösischen Streitkräfte verschont geblieben.

Dienstag, 29. August 1944 **D + 84**
Das *Hauptquartier von General Eisenhower* teilt mit:
Die alliierten Streitkräfte, die in Troyes über die Seine gingen, stehen etwa 24 km weiter im Nordosten. Alliierte Truppen, die nördlich und östlich der Marne vorstoßen, haben Montmirail erobert. Die im Norden des Flusses vorrückenden Streitkräfte sind noch 9 km von Château-Thierry entfernt.
In der Bretagne rücken die alliierten Truppen von drei Seiten näher an Brest heran.
Unsere Langstreckenjäger unternahmen Tiefangriffe auf die feindlichen Verbindungen.

29. August 1944
Das *Oberkommando der Wehrmacht* gibt bekannt:
An der unteren Seine wurde die Masse unserer Truppen auf das Nordufer des Flusses zurückgenommen. Nachdrängender Feind blieb im Abwehrfeuer liegen. Vorstöße des Gegners aus seinen Brückenköpfen nordwestlich Paris heraus wurden zum Stehen gebracht. Unsere Stützpunkte in der Stadt sind nach tagelangem schweren Kampfe der feindlichen Übermacht erlegen.
Östlich Paris hat der Gegner nunmehr auf breiter Front nach Norden eingedreht, um über die Linie Châlons–Château–Thierry in unsere Südflanke zu stoßen. An der Marne sind heftige Kämpfe mit den feindlichen Vorhuten entbrannt.
Die Besatzung von Marseille leistet im Hafen, auf engem Raum zusammengedrängt, dem Feind weiterhin tapfer Widerstand.

Links: 26. August 1944, Lyon: Soldaten der FFI mit einem Maschinengewehr auf der Brücke über die Rhône. Sie bekämpfen deutsche Scharfschützen, die im Gebäude des Städtischen Krankenhauses – obwohl fast die ganze Stadt befreit ist – hartnäckigen Widerstand leisten

Rechts: 25. August 1944, Vernon: Britische Truppen am Seine-Brückenkopf

Paris, Bahnhof Montparnasse: General de Gaulle, General Leclerc und General Juin

Im Rhônetal setzten sich unsere Truppen befehlsgemäß nach Norden ab. Ein Verband schwerer Kampfflugzeuge führte in der vergangenen Nacht einen zusammengefaßten Angriff gegen den feindlichen Stützpunkt Melun südöstlich Paris.
London und seine Außenbezirke liegen weiterhin unter dem Feuer der V1.

29. August 1944
Das *Hauptquartier von General Wilson* meldet:
Die letzten deutschen Truppen in Marseille haben sich den französischen Streitkräften bedingungslos ergeben. Auch im Gebiet von Toulon hat die Kapitulation der deutschen Besatzung auf der Halbinsel Saint-Mandrier den Kämpfen ein Ende bereitet.
Im Rhônetal schließen die Truppen der 7. US-Armee im Gebiet von Montélimar weiter auf. Es wurden große Mengen im Stich gelassener Fahrzeuge und Ausrüstungsgegenstände erbeutet. Weiter südlich haben französische Truppen an mehreren Stellen die Rhône überschritten.

Zusammenbruch des Widerstandes an der Marne

29. August 1944
United Press aus dem Hauptquartier von General Eisenhower:
Die Marneschlacht ist entschieden. Amerikanische Panzertruppen haben die deutschen Linien überrannt und sind im »Blitztempo« auf Soissons und den Wald von Compiègne vorgestoßen, während die deutschen Truppen auf die belgische Grenze und den Rhein zurückgehen. Längs der mehr als 300 km langen Front von der Seine-Mündung bis Troyes befinden sich die deutschen Truppen in vollem Rückzug; sie werden unablässig von den alliierten Luftstreitkräften angegriffen. Die Armee von General Patton begegnete bei dem Vorstoß zur Aisne fast keinem Widerstand.

Diamantenschmuggel nach Deutschland
29. August 1944, London
Das *Ministerium für Wirtschaftskriegführung* teilt mit:
Von verschiedener Seite erhielt das Ministerium für Wirtschaftskriegführung Berichte über Diamantenkäufe prominenter deutscher Persönlichkeiten, darunter auch vieler Parteimitglieder. Für die Diamanten wurden märchenhafte Summen bezahlt. Eine Untersuchung hat nun ergeben, daß in den letzten zwölf Monaten eine große Diamantenschmuggelorganisation südafrikanische Diamanten über Kairo nach Deutschland schmuggelte. Allein in der Kap-Provinz mußten 40 Personen verhaftet werden.

Oben: 29. August 1944: Der alliierte Vormarsch durch das Pas de Calais gleicht einem Volksfest

Oben rechts: Marlene Dietrich während einer Abendvorstellung für US-Truppen in Frankreich

Unten: Panzer der britischen 11. Panzerdivision überqueren die Seine

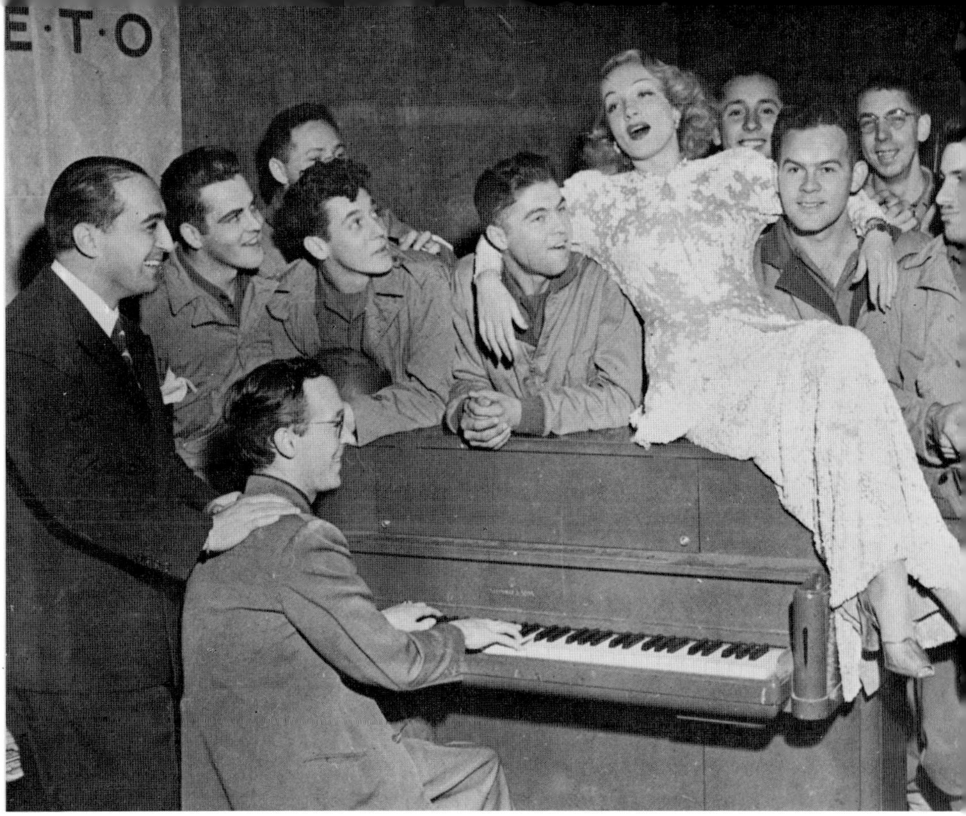

Berühmter Schauspieler – ein Kollaborateur
29. August 1944, Paris
United Press berichtet:
Der bekannte französische Schauspieler Sacha Guitry, der eng mit den Deutschen zusammengearbeitet hatte, ist verhaftet worden.

Mittwoch, 30. August 1944 **D + 85**
Das *Hauptquartier von General Eisenhower* teilt mit:
Die alliierten Streitkräfte, die über Paris hinaus vorgerückt sind, haben die Aisne und die Marne überquert. In Vitry-le-François wurde die Säuberungsaktion fortgesetzt. Unsere Truppen haben Marson und Lépine erreicht. Château-Thierry an der Marne wurde besetzt. Unsere Panzer haben bei Pont Arcy einen Brückenkopf über die Aisne errichtet. Andere Verbände stoßen im Gebiet zwischen Marne und Aisne nördlich von Meaux und Château-Thierry vor. In der Gegend von Paris wurde Gelände in den nördlichsten Vororten über le Bourget und Montmerency hinaus gewonnen. Der Wald von St. Germain wurde gesäubert. Unsere Truppen sind in nördlicher Richtung bis 3 km auf Pontoise vorgestoßen.
Der Brückenkopf über die Seine in der Nähe von Mantes-Gassicourt wurde über Meulan hinaus erweitert. Südöstlich von Rouen sind unsere Truppen trotz starkem feindlichem Widerstand vorgerückt und haben die Ortschaft Boos, etwa 8 km von Rouen entfernt, besetzt. Im Abschnitt von Caudebec-en-Caux fanden erbitterte Kämpfe statt; der Bretonne-Wald konnte gesäubert werden.
In der Bretagne dauerten die Kämpfe in Brest an; die alliierten Streitkräfte nähern sich dem Hafen.
Die Luftoperationen wurden am Dienstag durch das schlechte Wetter behindert.

30. August 1944
Das *Oberkommando der Wehrmacht* gibt bekannt:
Nachdem unsere Divisionen starke, bis zu siebenmal wiederholte Angriffe des Feindes aus seinen Seine-Brückenköpfen nordwestlich Paris in harten Kämpfen aufgefangen hatten, setzten sie sich befehlsgemäß auf neue Stellungen nach Nordosten ab. Die Stadt Rouen wurde nach Zerstörung der Hafenanlagen und sonstiger militärisch wichtiger Objekte aufgegeben.
Zwischen Paris und Reims wurden die nach Norden angreifenden starken nordamerikanischen Kräfte in erbitterten Kämpfen zum Stehen gebracht.
Im Südteil von Soissons sind heftige Straßenkämpfe entbrannt. Südlich der Marne erreichten motorisierte feindliche Verbände im Vorstoß nach Osten die Gegend von Chalons-sur-Marne, um das schwer gekämpft wird.
Im Rhônetal wiesen unsere Flankensicherungen zahlreiche feindliche Angriffe von Osten her ab. Eine größere Anzahl feindlicher Panzer wurde vernichtet.
Im Alpengebiet westlich der französisch-italienischen Grenze wurde die Stadt Briancon nach hartem Kampf mit französischen Terroristen und amerikanischen Aufklärungskräften wieder in Besitz genommen.
Das V-1-Vergeltungsfeuer auf London dauert an . . .

Über das Geheimnis des nahen Sieges

»Mit Zähnen und Klauen werden wir eine Spanne verteidigen, die wir bis zur Vollendung der neuen Waffe brauchen. Wenn wir im einzelnen wüßten, welche deutschen Trümpfe im Verborgenen heranwachsen, so würden wir die Mehrleistung, die der totale Kriegseinsatz von uns verlangt, immer noch als relativ leicht empfinden. Da das Geheimnis aber unerläßliche Voraussetzung des Erfolges ist, muß uns der Glaube beflügeln, der Glaube und die Gewißheit, daß die große Prüfung zugleich mit dieser höchsten Steigerung ihr letztes Stadium erreicht hat. Nie waren wir dem Siege näher als heute.«

Völkischer Beobachter, 30. 8. 1944

30. August 1944
Das *Hauptquartier von General Wilson* teilt mit:
Truppen der 7. US-Armee haben den feindlichen Streitkräften im Rhônetal nördlich von Montélimar schwere Verluste zugefügt. Die Kämpfe dauern an. Die Stadt Montélimar wurde besetzt, und der Vormarsch in nördlicher Richtung dauert an. Die sich zurückziehenden feindlichen Truppen haben versucht, die Drôme zu überqueren.
Westlich der Rhône haben Stoßtrupps der französischen Streitkräfte Bagnols erreicht. An der östlichen Flanke konsolidieren die amerikanischen Truppen ihre Stellungen am Westufer des Bar.
Die Schlacht im Rhônetal nähert sich dem Ende. Von der Küste bis Montélimar ist das Tal fest in alliierter Hand, und was sich an deutschen Truppen weiter nördlich noch auf Lyon zurückzieht, wird dort bereits von einer amerikanischen Kolonne bedroht, die über Grenoble ständig Verstärkungen erhält. Östlich der Rhône werden die französischen Alpen mit den Paßstraßen von der Schweizer Grenze bis zur Küste von den Alliierten beherrscht. 12 km nordöstlich von Montélimar, bei Marsanne, wurde eine größere deutsche Nachhutgruppe eingeschlossen.

Erklärung des Kriegsministeriums **D + 86**
Donnerstag, 31. August 1944, Washington
Die *Agentur Reuter* meldet:
Der Unterstaatssekretär im Kriegsministerium, Patterson, erklärte, der vollständige Sieg über die Deutschen sei nicht mehr fern. General Eisenhower werde sein Versprechen halten, den Krieg in Europa noch vor Ende 1944 zu beendigen.

Montgomery zum Feldmarschall ernannt **D + 87**
Freitag, 1. September 1944, London
Die *Agentur Reuter* berichtet:
König George hat General Montgomery in den Rang eines Field Marshal erhoben. Die Ernennung erfolgte an dem Tag, da Eisenhower über die neue Kommandoverteilung in Frankreich Bericht erstattete.

Befehl für die Sicherung der deutschen Weststellung und des Westwalls
1. September 1944
I. Mit dem Auftreten feindlicher Panzerspitzen vor der deutschen Weststellung und dem Einsatz feindlicher Luftlandetruppen in der Tiefe des Stellungsraumes muß in nächster Zeit gerechnet werden.
II. Den Kampf vorwärts der Weststellung führt der Ob. West.
Die Weststellung und der Westwall sind durch Chef H Rüst u BdE bis zu einer etwa erforderlichen Rücknahme des Westheeres in diese Stellungen zu sichern und zu verteidigen. Gleichzeitig sind in dieser Stellung alle aus dem Westen zurückgehenden Truppen, Dienststellen und Einrichtungen der Wehrmacht, der Waffen-SS und der Organisationen nach Sonderbefehlen aufzufangen und zu ordnen. Schwerpunkt aller Maßnahmen liegt im Raum zwischen der Maas und den mittleren Vogesen (einschließlich).
III. Die Aufgaben der Gauleiter und des Reichskommissars für die besetzten niederld. Gebiete sind durch die Befehle des Führers vom 20. 8. und 30. 8. geregelt. [. . .]

gez. Keitel

Sonnabend, 2. September 1944 **D + 88**
Das *Hauptquartier von General Eisenhower* teilt mit:
Die gesamte alliierte Front in Nordwestfrankreich rückt in immer schnellerem Tempo weiter nach Osten vor, und neue beträchtliche Fortschritte sind in der Richtung auf Belgien, Luxemburg und Deutschland gemacht worden. Einen geschlossenen deutschen Widerstand gibt es nicht mehr. Bei einem der Vorstöße in der Richtung auf Amiens wurde auch der Befehlshaber der deutschen 7. Armee, General der Panzertruppe Hans Heinrich Eberbach, gefangengenommen. Er wurde beim Frühstück überrascht.
Die Festung Verdun ist von Streitkräften General Pattons besetzt worden. Der Einmarsch der Amerikaner in Belgien in der Gegend von Sedan und Charleville wird stündlich erwartet.

2. September 1944
Das *Oberkommando der Wehrmacht* gibt bekannt:
In Nordfrankreich stehen unsere Truppen auf der gesamten Front von Arras bis in den Raum von Verdun weiterhin in schweren Abwehrkämpfen. Durch zähes Aushalten und erbitterte Gegenangriffe werden die feindlichen Panzerspitzen immer wieder zum Halten gebracht oder zerschlagen.
Nachdem der erste Großangriff gegen die Festung Brest gescheitert war, trat der Feind gestern mit starken Kräften, unterstützt durch zahlreiche Panzer und Luftstreitkräfte, erneut zum Angriff gegen die Westfront der Festung an. Trotz laufender Zuführung von Verstärkungen wurden die Nordamerikaner überall abgewiesen. Die feindlichen Verluste waren bei diesen Kämpfen besonders hoch.
Im Rhônetal scheiterten auch gestern alle feindlichen Versuche, sich im Raum von Valence unseren Marschbewegungen vorzulegen.
Schwere Fernkampfbatterien der Kriegsmarine beschossen in der vergangenen Nacht südenglische Hafenstädte mit gutem Erfolg. In Erwiderung englischen Fernkampffeuers wurde eine feindliche Batterie bei St

Rechts: 29. August 1944: Sherman-Panzer rollen über eine Seine-Behelfsbrücke

Folgende Seiten: 29. August 1944:
Marschpause der polnischen 1. Panzerdivision vor dem Vorstoß nach Belgien

Margret so schwer getroffen, daß nur noch ein Geschütz feuerte.
Das Vergeltungsfeuer auf London wurde fortgesetzt.

2. September 1944
Das *Hauptquartier von General Wilson* meldet:
Die Verfolgung der Überreste der deutschen 19. Armee, die jetzt noch etwa die Stärke einer Division haben soll, wird fortgesetzt. Nach der Besetzung von Valence haben die Amerikaner auch Bourg-de-Péage an der Isère genommen und Romans erreicht. Über die Lage zwischen Valence und Lyon darf nichts bekanntgegeben werden.
Westlich der Rhône haben die französischen Truppen Alès befreit und sich der spanischen Grenze bis auf 50 km genähert. Sie stehen bereits dicht vor Perpignan.

Die Deutschen räumen Brüssel

2. September 1944, London
Ein Sprecher des deutschen Senders Brüssel:
Es mag sein, daß ich heute abend zum letztenmal die Ehre habe, im Brüsseler Radio zu sprechen. Der Feind nähert sich der Hauptstadt in raschem Tempo. Ihr, die ihr hier bleibt, verhaltet euch ruhig. Wir Deutschen werden uns, wie immer, korrekt verhalten. Wir plündern nicht. Wir wissen sehr wohl, daß viele von euch das Eintreffen der britischen und amerikanischen Soldaten mit Ungeduld erwarten. Wir können uns auch vorstellen, wie ihr die Straßen füllen und ausrufen werdet: Endlich sind die Befreier da! Deshalb möchte ich euch heute schon warnend sagen: Vergeßt nicht, daß wir zurückkehren werden.

Belgische Truppen an der Grenze Belgiens
2. September 1944, beim belgischen Expeditionskorps
Die *Agentur Reuter* meldet:
Der Einmarsch belgischer Truppen in ihre Heimat steht unmittelbar bevor. Die Panzerspitze des belgischen Expeditionskorps steht um Mitternacht unmittelbar vor der Grenze und wartet auf den Befehl zum Einmarsch. Bei der Truppe befindet sich eine belgische Militärkommission unter der Führung von Generalleutnant Chevalier van Strydonk-de-Burkel. Mitglieder der Zivilverwaltung sowie eine Sektion der Militärpolizei und des Hochkommissariats für die Staatssicherheit, ferner Beamte der belgischen Staatsverwaltung und Sicherheitspolizei haben mehrere motorisierte Kolonnen zu ihrer Verfügung, um der kämpfenden Truppe unverzüglich nach Belgien folgen zu können.

»Der größte Sieg der Kriegsgeschichte!«
Sonntag, 3. September 1944 **D + 89**
Sowjetischer Frontberichterstatter *D. F. Kraminow:*
Wir erreichten die Vorhut der Panzerdivision vor Arras. Die Stadt, um die 1914 und 1940 lange und heftige Kämpfe getobt hatten, wurde diesmal durch eine Panzerkompanie ohne einen Schuß genommen. Am Stadtrand trafen wir den Oberbefehlshaber der britischen 2. Armee, General Dempsey. Sein Wagen hatte den Weg verfehlt und irrte in den Gassen hin und her. Wir folgten ihm. Als wir schließlich in eine Sackgasse gerieten, mußten wir halten. Dempsey freute sich, den Journalisten gerade jetzt, zum Zeitpunkt eines sichtbaren Erfolges seiner Armee, zu begegnen. Er breitete auf der Motorhaube seines Wagens die Karte aus und begann die Lage zu schildern. Er war so erregt, daß er sich nicht auf eine Sache konzentrieren konnte. Er mühte sich, möglichst viel zu erzählen, um uns das Ausmaß seines Erfolges spüren zu lassen, und sprang dabei von einem Thema zum anderen, wobei er die Rolle seiner Divisionen maßlos übertrieb. Das ist der größte Sieg dieses Krieges, rief er begeistert aus, vielleicht der größte Sieg der ganzen Kriegsgeschichte.

Und so war es

D + 83 Am Montag, dem 28. August 1944, herrscht nun wieder schönes sommerliches Wetter an der unteren Seine. Doch der klare Himmel ermöglicht es den alliierten Jabos, erneut massierte Einsätze zu fliegen. Sie stürzen sich auf ungetarnte Fahrzeugansammlungen am westlichen Seine-Ufer. Pausenlos werfen sie Bomben auf die zurückflutenden Truppen und beschießen sie mit ihren Bordwaffen und Raketen.
Um dem Gegner zu entkommen, versuchen viele Soldaten schwimmend oder mit Baumstammflößen, selbst auf leeren Fässern, das andere Ufer zu erreichen. SS-Oberstgruppenführer Dietrich: »Überquerung der Seine war, was die Materialverluste betraf, fast so verheerend wie der Kessel von Falaise.« Gegen Mittag muß der Übersetzverkehr eingestellt werden.

Oben rechts: 29. August 1944, Quillebeuf: Noch vor einigen Stunden gingen hier die letzten deutschen Truppen über die Seine

Unten: Pas de Calais, 30. August 1944: An einer von den Deutschen hart verteidigten Straßenkreuzung nahe der belgischen Grenze. Im Hintergrund Kampfwagen der polnischen 1. Panzerdivision

Die britischen und kanadischen Panzerspitzen stehen jetzt an Somme und Aisne, während die US-Panzer die Marne überqueren und Château-Thierry befreien. Der alliierte Vormarsch ist jetzt schneller als das deutsche Tempo im Frankreichfeldzug 1940.
An diesem Tag sieht sich Generalfeldmarschall Model gezwungen, sein Hauptquartier von Marvigal bei Soissons eiligst nach Schloß Havrincourt, westlich Cambrai, zu verlegen.
Die sich über die Seine rettenden Truppenteile werden nun zu Marsch- und Kampfgruppen zusammengefaßt, müssen jedoch unter dem Druck der britischen 2. Armee (Lt.Gen. Dempsey) und der kanadischen 1. Armee (Lt.Gen. Crerar) nach Nordosten über den Pas de Calais zurückweichen. Der Rückzug der deutschen 19. Armee (Gen. d. Inf. Wiese) wird durch Kräfte der FFI zunehmend erschwert. Das Gros des sich aus La Rochelle absetzenden LXIV. Armeekorps (Gen. d. Pion. Sachs) erreicht nun Poitiers. Da Orléans, der geplante Sammelpunkt seiner Verbände, vom XII. US-Korps (Maj.Gen. Eddy) bereits besetzt ist, bleibt nur die Möglichkeit, sich direkt nach Osten zurückzuziehen, um den Anschluß zur 19. Armee zu finden. Das französische II. Korps (Lt.Gen. de Goilard de Monsabert) befreit inzwischen Marseille.
Im Kriegshafen Toulon kapituliert Admiral H. Ruhfuß mit den letzten 1800 Verteidigern, nachdem sie die Schiffe und Anlagen zerstört haben.

D + 84 Am Dienstag, dem 29. August 1944, erreichen die Panzerdivisionen der britischen 2. Armee endlich das Seine-Ufer am Brückenkopf bei Vernon, der seit dem 25. August gehalten wird. Sie setzen über den Fluß und stoßen in Richtung Pas de Calais und Belgien vor. Südöstlich von Paris gehen am Brückenkopf der 3. US-Armee (Lt.Gen. Patton) bei Melun die Panzerverbände des VII. Korps (Maj.Gen. Collins) über die Seine und marschieren nach Norden auf Soissons zu, erobern diese Stadt und überschreiten die Aisne.
An diesem Tage hat die 3. US-Armee auch die Marne überquert, Châlons befreit und rückt nun auf Reims vor. Weder die britische 2. Armee noch die kanadische 1. Armee können mit dem Tempo des Vormarsches, das die 3. US-Armee seit dem Ausbruch aus dem Landekopf täglich bewältigt, Schritt halten. Eisenhower: »Die 3. US-Armee, die bei ihrem stürmischen Vorstoß durch Frankreich täglich bis zu 35 km zurücklegt, beansprucht unseren Transportdienst bis zur äußersten Grenze.« Bis zu diesem Tage bekommt General Patton über eine Luftbrücke, die von Cherbourg bis Orléans reicht, täglich 500 Tonnen Nachschub. Am Nachmittag des 29. August wird die Luftbrücke für Patton gestoppt, da man einen Teil der Transportflugzeuge für die Versorgung von Paris mit Lebensmitteln braucht und die restlichen Maschinen für eine von Montgomery geplante Luftlandeoperation im Pas de Calais dringend benötigt werden.
Bis zu 25 000 Tonnen Verpflegung und Munition täglich brauchen allein die US-Truppen: Weiterhin geht auch Ende August 1944 rund 95 Prozent aller Versorgung über die Calvados-Küste.
Am 29. August 1944 erreicht die Red-Ball-Linie ihren Höhepunkt: 132 Konvois mit insgesamt etwa 6000 Lkw schaffen 12 342 Tonnen Nachschub an die Front.
Von den 800 000 Gallonen Benzin, die die US-Armee

Oben: Mittlere US-Bomber vom Typ Mitchell beim Angriff auf zurückweichende deutsche Truppen

Rechts oben: Red-Ball-Linie: Tag und Nacht rollen die Versorgungs-Konvois auf der rund 700 km langen Strecke

Rechts: Trotz Red-Ball-Linie und Pipeline leiden die alliierten Truppen unter starkem Treibstoffmangel

täglich verbraucht, benötigen die Lastwagen der Red-Ball-Linie selbst über 300 000 Gallonen. Das »Hals-über-Kopf-Beladen« der nie endenden Lkw-Schlangen direkt aus den Schiffen ermöglicht kaum eine Kontrolle und bietet der Pariser Unterwelt und manchen Versorgungsdiensten die einmalige Chance, ganze Konvois auf dem Schwarzmarkt verschwinden zu lassen.
Der Pendelverkehr rollt sogar nachts bei Scheinwerferlicht weiter: Von Cherbourg aus geht die Einbahnroute in Frontrichtung über St. Lô – Argentan – Dreux – Versailles bis Soissons. Zurück fahren die Konvois über Fontainebleau – Chartres – Alençon und St. Lô. Die Versorgung der bei Mons oder Verdun liegenden US-Truppen läuft über einen Weg von etwa 700 km. Die Engländer müssen »nur« 550 km zurücklegen, um ihre Verbände vor der belgischen Grenze zu versorgen.
Die Pipeline, deren kompliziertes Rohrsystem Tag für Tag um etwa 25 km wächst, erweist sich als keine zufriedenstellende Lösung: ihre Pumpstationen sind wenig leistungsfähig. Andererseits verfallen immer mehr Franzosen der Versuchung – trotz starker Bewachung und Feuerbefehl – durch Anzapfen der Rohrleitungen schnell zu Geld zu kommen. Ungeachtet aller Anstrengungen bekommen die US-Verbände nördlich der Seine lediglich 7000 Tonnen Nachschub täglich, nicht ganz ein Drittel ihres Bedarfs.
General Bradley versucht nun, Pattons 3. US-Armee an der Marne stehen zu lassen, bis die 1. US-Armee (Lt.Gen. Hodges) ihren Vormarsch nach Norden voll entfalten kann. Lieutenant General Patton: »Es war zu jener Zeit sonnenklar, daß uns kein ernsthafter Gegner gegenüberstand . . . daher wies ich Major General Eddy an, sein XII. Korps gegen Commercy zu führen und Major General Walker sein XX. Korps gegen Verdun. Alles schien glänzend zu gehen, als mir plötzlich gemeldet wurde, daß die für diesen Tag vorgesehene Menge von 500 Tonnen Benzin nicht eingetroffen sei. Der 29. August ist meiner Ansicht nach einer der kritischsten Tage dieses Feldzuges.«
Die 3. Armee bekommt in den nächsten Tagen praktisch überhaupt kein Benzin mehr, da nach Eisenhowers Beschluß, in Richtung Brüssel und Antwerpen vorzustoßen, der ganze Nachschub an Benzin und Munition für die Verbände, die in dieser Richtung marschieren gebraucht wird. Patton: »Zu allem Überfluß beansprucht das Etappenkommando ausgerechnet in dieser

Tagen mehrere Lastwagenkompanien, um einen Teil von Eisenhowers Hauptquartier von Cotentin nach Paris zu verlegen.«

Die 15. Armee zieht sich in den Raum von Dieppe zurück, unterdessen schließt das britische I. Korps (Lt.Gen. Crocker) Le Havre ein. Während die 15. Armee die Verteidigung der Frontlinie zwischen der Küste und Amiens übernimmt, versuchen die Reste der deutschen 7. Armee zusammen mit der 275. Infanteriedivision eine Linie zwischen Somme und Oise zu bilden, die 5. Panzerarmee (SS-Oberstgruppenf. Dietrich) soll den Rückzug zwischen Seine und Somme decken. Das VI. US-Korps (Maj.Gen. Truscott) stößt inzwischen von Süden her auf Besançon und Bourg im französischen Jura vor, und das französische II. Korps (Lt.Gen. de Goilard de Monsabert) bewegt sich nahe der Schweizer Grenze auf Belfort zu. Die Spitze der sich zurückziehenden 19. Armee nähert sich Lyon, wo die FFI einen Aufstand entfacht hat.

In der Nacht vom 29./30. August 1944 werden erstmalig die Einmann-U-Boote »Biber« der K-Fl. 261 von ihrem Stützpunkt Fécamp aus eingesetzt. Trotz grober See greifen 18 »Biber« alliierte Schiffe an. Nur zwei von ihnen können dabei Torpedos abschießen. Nach deutschen Berichten versenken sie ein Frachtschiff und ein Landungsboot.

D + 85 Am Mittwoch, dem 30. August 1944, kurz vor Sonnenaufgang, setzt die letzte deutsche Einheit, die 3. und 4. Batterie der SS-Werferabteilung 102 etwa

20 km westlich von Rouen bei Duclair über die Seine. Kurz danach wird die Dampffähre gesprengt, bevor am linken Flußufer die ersten Panzer des kanadischen I. Korps (Lt.Gen. Foulkes) auftauchen. Einige Stunden später erobert das kanadische II. Korps (Lt.Gen. Simonds) Rouen, die Kanadier nehmen Beauvais und Gournay.
Am gleichen Tage befreit die 3. US-Armee Reims, und FFI bemächtigt sich der Stadt Clermont-Ferrand.

Im Süden der Ostfront besetzen sowjetische Truppen unter Armeegeneral Malinowski die rumänischen Ölfelder von Ploesti – einst die wichtigste Treibstoffquelle der deutschen Wehrmacht – noch ehe die Deutschen sie zerstören konnten.

Am 30. August sind die Treibstoffreserven der 3. US-Armee fast restlos verbraucht, und statt der täglichen 500 Tonnen bekommt Patton nur 40 Tonnen. General Bradley benachrichtigt ihn, daß seine Armee vor dem 3. September nicht mit Nachschub rechnen könne. Doch Patton läßt sich nicht so leicht zurückhalten: Als ihm nachmittags Major General Eddy aus St. Dizier meldet, daß, wenn er weitermarschiere, seine Panzer bald keinen Tropfen Benzin mehr hätten, befiehlt ihm Patton, dann eben auszusteigen und zu Fuß zu gehen.
Am gleichen Abend steht die britische 11. Panzerdivision (Maj.Gen. G. Roberts) 40 km vor Amiens und stößt kaum auf Widerstand. Major General Roberts befiehlt, während der Nacht weiter vorzustoßen.

D + 86 Am Donnerstag, dem 31. August 1944, übernimmt General Eisenhower, wie schon früher vereinbart, von Montgomery den direkten Befehl auch über die Landstreitkräfte in Nordfrankreich. General Montgomery wird dafür am gleichen Tage zum Field Marshal befördert. Nun soll Eisenhower nach einer neuen Kommandostruktur alle drei alliierten Heeresgruppen übernehmen: die bisher selbständige britische 21. Armeegruppe von Montgomery, die sich aus der britischen 2. Armee (Lt.Gen. Dempsey) und der kanadischen 1. Armee (Lt.Gen. Crerar) zusammensetzt, und die 12. US-Armeegruppe (Lt.Gen. Bradley), bestehend aus der 1. Armee (Lt.Gen. Hodges), der 3. Armee (Lt.Gen. Patton) und der 9. Armee (Lt.Gen. Simpson), sowie die 6. Armeegruppe (Lt.Gen. Devers) mit der französischen 1. Armee (Gen. de Lattre de Tassigny) und der 7. US-Armee (Lt.Gen. Patch). Montgomery behält weiterhin die polnische 1. Panzerdivision (Maj.Gen. Maczek), die belgische 1. Infanteriebrigade (Col. Piron) und die niederländische 1. Brigade »Prinses Irene« (Lt.Col. de Ruyter van Steveninck) und die tschechische unabhängige 1. Panzerbrigade (Maj.Gen. Liska). Unter Lieutenant General Bradley bleibt wie bisher die französische 2. Panzerdivision (Maj.Gen. Leclerc). Die amerikanisch-französischen Verbände der 7. US-Armee (Lt.Gen. Patch), die von Südfrankreich nach Norden vorrücken, werden bis zu ihrem Zusammentreffen mit der 12. Armeegruppe (Lt.Gen. Bradley) noch von General Wilson befehligt.
Nun hat Eisenhower auf dem Festland bereits zwei

Oben: 31. August 1944, Pas de Calais:
Die Soldaten der polnischen 1. Panzerdivision warten auf den Marschbefehl

Links: Nacht vom 30./31. August 1944:
Trotz Fliegergefahr rollen im Scheinwerferlicht britische Einheiten über eine Seine-Pontonbrücke

Millionen Mann unter seinem Kommando, für deren Versorgung mehr als drei Millionen Tonnen Material und 400 000 Fahrzeuge über den Kanal geschafft worden sind.
Zugleich wird ein neuer, Eisenhower unterstehender Armeeverband aufgestellt: Aus sämtlichen britischen und US-Luftlandedivisionen bildet man die alliierte 1. Luftlandearmee (US-Maj.Gen. Brereton).
Am 31. August 1944 wird der britische Einbruch in Richtung Albert erweitert. Die Panzer des XXX. Korps (Lt.Gen. Horrocks) rollen bis Amiens, nehmen die Stadt ein, erreichen dann die Somme, deren drei von vier Übergängen dank der FFI unversehrt sind, und errichten am gegenüberliegenden Ufer Brückenköpfe.
Das Tempo, mit dem die alliierten Panzerverbände nun vorstoßen, hat selbst den Befehlshaber der deutschen 7. Armee und seinen Stab überrascht: General der Pz.-Tr. Eberbach und seine Offiziere werden kurz nach 8.00 Uhr morgens von der britischen Garde-Panzerdivision (Maj.Gen. Adair) in Saleux gefangengenommen.
Der Oberbefehlshaber der 5. Panzerarmee, Dietrich, kann im letzten Augenblick durch eine abenteuerliche Flucht entkommen. In einem Wagen des Generalstabes der 7. Armee erbeuten die Engländer unter anderem eine Karte mit genauer Lage der Verteidigungsstellungen an der Somme.
Währenddessen schwenken das britische I. Korps (Lt.Gen. I. T. Crocker) und das II. kanadische Korps (Lt.Gen. G. G. Simonds) nach Nordwesten und rücken zur Küste vor.
Am Nachmittag befreit die 1. US-Armee Rethel.
Am späten Abend stößt die 7. Panzerdivision der 3. US-Armee über den Argonnerwald und besetzt Verdun, wo die Résistance die Sprengung der Maas-Brücken verhindert hat. Gleichzeitig wird die Maas bei Commercy vom XII. US-Korps erreicht.
Fast nirgendwo treffen die Alliierten mehr auf Widerstand. »Der Gegner floh und ergab sich, wo ihm der Rückzug abgeschnitten war« (Montgomery).
Nach Schätzungen des alliierten Generalstabes hat die deutsche Wehrmacht seit dem 6. Juni bis 31. August 1944 an der Westfront über eine halbe Million an Gefallenen, Verwundeten und Gefangenen verloren. Tatsächlich entfallen davon auf das Heer 371 400, auf die Marine 60 000, auf die Luftwaffe 29 500 und auf die Festungen 95 000 (insgesamt 550 900).

Am 31. August 1944 erobert die sowjetische 53. Armee (GenLt. Managorow) Bukarest. Durch den Abfall

Rumäniens verschlimmert sich in zunehmendem Maße die Lage der deutschen Ostfront.

Der stürmische Vormarsch der US-Panzerverbände Ende August 1944 gilt weniger der Zerschlagung der sich zurückziehenden deutschen Armee als der Eroberung deutscher Nachschub- und Treibstoffdepots, bevor Sprengkommandos sie in die Luft jagen. In vielen Städten können sich die Panzerspitzen der zum Teil überfüllten deutschen Nachschublager bemächtigen, deren Räumung oder Zerstörung die Résistance verhindert hat. Man wird nie die tatsächlichen Mengen in den eroberten Depots erfahren, da die Angaben – mit Rücksicht auf die Chancen der einzelnen Verbände, erst ihren Eigenbedarf zu decken – besonders niedrig sind. Haben die von ihrem eigenen Benzinnachschub abgeschnittenen US-Verbände kein Glück beim Feind, versuchen sie es beim Freund, sich schnell zu versorgen. General Patton: »Es ging damals ein Gerücht um, von dem ich offiziell hoffte, daß es nicht stimme. Demnach sollen sich einige unserer Nachschuboffiziere als Angehörige der 1. Armee ausgegeben und aus einem Lager dieses Verbandes erhebliche Mengen Benzin entführt haben.«

D + 87 Am Freitag, dem 1. September 1944, übernimmt General der Panzertruppen Brandenberger anstelle des in Gefangenschaft geratenen Generals der Panzertruppen Eberbach die 7. Armee.

Ebenfalls am 1. September wird Dieppe von der kanadischen 2. Infanteriedivision erobert, der gleichen, die am 19. August 1942 zu Einheiten des bekannten Dieppe-Raids gehörte.
Während britische Panzer des XXX. Korps etwa 20 km nordöstlich von Amiens die Stadt Albert einnehmen, befreit die Garde-Panzerdivision Arras, stößt dann nach Norden vor und besetzt Doullens, 35 km östlich von Abbeville.

An diesem Nachmittag erreicht England die letzte, vor französischem Boden gestartete V1: die 8564. fliegende Bombe, die auf London und Südengland abgeschossen worden ist. Nachdem sich nun die letzte der Abschußrampen in alliierten Händen befindet, setzt die Luftwaffe verstärkt Kampfflugzeuge Heinkel He111 als fliegende Startrampe für die V1 ein.
Unterdessen rücken Einheiten des XX. US-Korps bis Étain und des XII. US-Korps in die Gegend von Nancy vor. So drängen die Panzerspitzen der Armee von Lieutenant General Patton – wenn auch ohne Widerstand aber mit letzten Treibstoffreserven – die Maas entlang bis kurz vor Metz. Sie stehen nun – durch Benzinmangel gestoppt – kaum 50 km vor dem großen Industriegebiet der Saar und weniger als 150 km vom Rhein – in der Höhe von Karlsruhe – entfernt. Hätte Patton 5000 Tonnen Benzin zur Verfügung, die eine verfrühte Befreiung von Paris und dessen Versorgung in Anspruch genommen haben, könnte er noch in dieser Woche zum

Links: Soldaten der polnischen 1. Panzerdivision bringen einen verletzten Deutschen zum Verbandsplatz

Rechts: Das gleiche Bild wiederholt sich in jedem befreiten französischen Ort: Kollaborateure oder Frauen, die mit deutschen Soldaten befreundet waren, fallen der Selbstjustiz zum Opfer. Kahlscheren ist wohl das mindeste Strafmaß

Unten: Die alliierten Panzerverbände drängen unaufhaltsam in Richtung Osten der deutschen Grenze entgegen

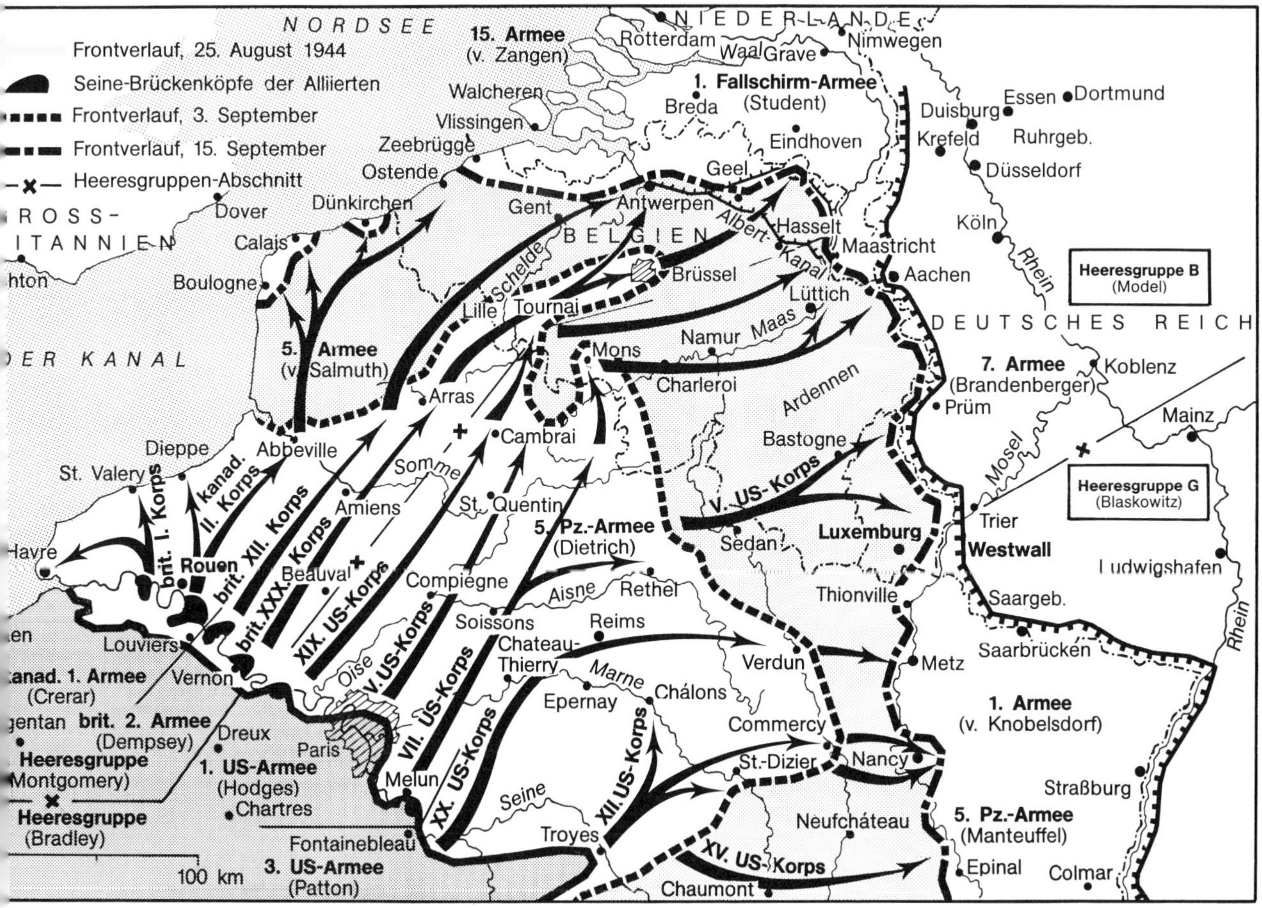

Rhein vorstoßen. Bis das Nachschubproblem jedoch gelöst ist, vergehen vier Wochen, in denen es die Deutschen wiederum schaffen, die verzweifelte Lage an der Westfront zu stabilisieren. Dadurch verzögert sich der Vormarsch um sieben Monate, und die Truppen Pattons können den Rhein erst am 22. März 1945 erreichen.

Auf dem Balkan ist der 3. Ukrainischen Front (Armeegen. Tolbuchin) am 1. September der Durchbruch bis zur Donau bei Giurgiu gelungen.

D+88 Am Sonnabend, dem 2. September 1944, rollen Teile der englischen 11. Panzerdivision südöstlich von Lille und das XIX. US-Korps (Maj.Gen. Corlett) südlich Tournai bis zur belgischen Grenze. Es gelingt ihnen dabei, einen deutschen Truppenverband, dessen Infanterie dem vorrückenden V. US-Korps starken Widerstand leistet, zwischen Tournai, Mons und dem Wald von Compiegne einzukesseln.
Die Panzerverbände der 3. Armee liegen seit zwei Tagen an der Maas fest, nachdem sie vom 6. August bis 2. September eine Strecke von 650 km zurückgelegt haben und ihre Panzerspähtrupps bereits bis Metz vorgedrungen sind. Patton: »Meine Männer können zwar ihre Lederkoppel essen, aber meine Panzer brauchen nun mal Benzin.«
An diesem Morgen trifft sich Eisenhower mit den Generalen Bradley und Patton in Chartres zu einem Lagegespräch. Auf dem Rückflug in sein Hauptquartier in Granville, der mit einer leichten Verbindungsmaschine L-5 erfolgt, werden Eisenhower und sein Pilot von stürmischem Wetter überrascht und können den kleinen Feldflugplatz nicht finden. Als der Treibstoff zu Ende geht, entschließt sich der Pilot gerade in dem Augenblick, als die Flut einsetzt, am Strand notzulanden. General Eisenhower hilft dem Piloten, die Maschine aus der Wasserlinie wegzuziehen, und rutscht dabei so unglücklich aus, daß er sich das rechte Knie verstaucht. Nachdem das Flugzeug abgesichert ist, müssen die beiden bei Sturm und Regen fast 5 km bis zur nächsten Landstraße laufen. Ein vorbeifahrender Jeep bringt sie endlich nach Granville. Kay Summersby: »Als ich ihm am nächsten Morgen einige Papiere zur Unterschrift brachte, lag er im Bett mit einem dick bandagierten Bein, ›the leg stiff as a rifle barrel‹.«
Am gleichen Tag, dem 2. September 1944, gibt das Oberkommando der Wehrmacht eine Weisung für die weitere Kampfführung im Westen, die endlich das Prinzip der Verteidigung um »jeden Fußbreit Boden« aufgibt; das OKW befiehlt nun, um die Kampfkraft zu erhalten, den Widerstand nicht mehr bis zum Eingeschlossenwerden fortzusetzen. Die Armeen sollen bei hinhaltenden Kämpfen die Linie vom Schelde-Brückenkopf bei Breskens im Norden bis zur Schweizer Grenze im Süden erreichen, diese Linie aber »unter allen Umständen« halten. Man will damit Zeit für die Armierung des Westwalles gewinnen.
Am 2. September 1944 kündigt Finnland den Abbruch der Beziehungen zu Deutschland an und verlangt den Abzug der deutschen Truppen aus seinem Gebiet.

3. September 1944:
Panzer der polnischen 1. Panzerdivision rollen über die französisch-belgische Grenze nördlich von Lille

An diesem Tag bricht die in Italien kämpfende britische 8. Armee (Lt.Gen. Sir Oliver Leese) im Adria-Abschnitt in die deutschen Stellungen der »grünen Linie« ein. Nun zieht sich die deutsche Heeresgruppe C (GFM Kesselring) auf eine Linie vom italienischen Flottenstützpunkt La Spezia im Westen durch die Apenninen bis in den Raum Rimini zurück.
Am Abend beginnt der Abtransport deutscher Kräfte von den griechischen Inseln Kos, Kreta und Rhodos. Der von Hitler erst nach langem Zögern erteilte Räumungsbefehl für die Ägäis, Griechenland und Süd-

jugoslawien bringt die dort stationierten Truppen in eine nun äußerst schwierige Lage.

Ebenfalls am 2. September 1944 legt in Washington D.C. der für das Deutschland-Problem eingesetzte Ausschuß, dem Finanzminister Morgenthau, Kriegsminister Stimson und Außenminister Hull angehören, Präsident Roosevelt den sogenannten Morgenthau-Plan vor: Das Nachkriegs-Deutschland soll in ein ausgesprochenes Agrarland umgewandelt und die deutsche Industrie zerstört werden.

D + 89 In der Morgendämmerung des 3. September 1944 setzen sich die beiden Panzerdivisionen des britischen XXX. Korps von den französischen Grenzorten aus nach Belgien in Marsch. Die Garde-Panzerdivision (Maj.Gen. Adair) stößt auf das 100 km entfernt liegende Brüssel, die 11. Panzerdivision auf Antwerpen zu. Bereits gegen Mittag überschreitet die Garde-Panzerdivision beiderseits Tournai die Schelde.

Die zu Festungen erklärten Le Havre, Boulogne, Calais und Dünkirchen werden von kanadischen Truppen und der tschechischen unabhängigen 1. Panzerbrigade belagert. Am Schelde-Brückenkopf bei Breskens ist die 15. Armee (Gen. d. Inf. v. Zangen) abgeschnitten.
Am gleichen Tage rollen weiter östlich zwei Panzerdivisionen der 1. US-Armee ebenfalls über die belgische Grenze und gelangen bis zur Straße Lille – Mons. Sie schneiden damit etwa 36 000 deutschen Soldaten den Rückzug vom Pas de Calais ab und befreien Béthune. Die polnische 1. Panzerdivision erobert Abbéville. Die 7. US-Armee nimmt die Stadt Lyon ein, in der Kämpfe zwischen deutschen Truppen und der FFI entbrannt sind. Bei Einbruch der Dunkelheit erreicht die britische Garde-Panzerdivision Brüssel. Ihre Vorausabteilungen werden von jubelnden Menschenmassen umringt, so daß sie stundenlang nicht mehr vorwärtskommen.
Ebenfalls am 3. September erteilt Hitler Generalfeldmarschall Model die Weisung, an der oberen Mosel, im Raum von Dijon, eine motorisierte Kampfgruppe

bereitzustellen, um gegen Pattons Armee einen Gegenangriff zu führen und in die amerikanische Flanke zu stoßen. Hitler hofft dadurch, im Norden den Vormarsch der Alliierten – die jetzt zur belgischen Grenze vorstoßen – aufzuhalten.
Die Lage entwickelt sich blitzartig, und neue Möglichkeiten verlangen sofortige Entscheidungen, die nur aufgrund genauester Kenntnisse der jüngsten Ereignisse getroffen werden können. Ausgerechnet jetzt hat Eisenhower in seinem Hauptquartier in Granville kaum Fühlung zur 750 km entfernten belgischen Front.
Montgomery: »Das war vielleicht der richtige Ort für ihn als Oberbefehlshaber, jedoch unbrauchbar für ihn als Truppenführer, der den Finger am Puls seiner Armee haben und bei einer Änderung der Lage rasche Entscheidungen treffen mußte.«
Und während Hitler mit dem Hauptquartier von Model per Fernschreiber in ständiger Verbindung steht, kann sich Eisenhower von Granville aus mit Montgomery und Bradley nur schriftlich oder bestenfalls durch Funktelegramme verständigen. Montgomery: »Telefonverbindungen zwischen Eisenhowers Hauptquartier, Bradley und mir gab es nicht, nicht einmal ein Funktelefon. Anfang September war er tatsächlich, soviel ich feststellen konnte, völlig ohne Fühlung mit der Front.«

3. September 1944: Der Weg nach Brüssel
»... ähnelte mehr einem fröhlichen und geräuschvollen Karnevalszug als einem kriegsmäßigen Vormarsch ...«

So vergehen in der Regel 24 Stunden, ehe die neuesten Lageberichte Eisenhowers Hauptquartier erreichen und weitere 12–24 Stunden, bis seine Weisungen bei beiden Befehlshabern eintreffen.

14. Woche — *4.–10. September 1944*

Vorstoß der Alliierten nach Holland und zur deutschen Grenze **D + 90**

Montag, 4. September 1944
Associated Press meldet aus dem Hauptquartier von General Eisenhower:
Bis zum späten Abend war gestern im Hauptquartier über die in den letzten 24 Stunden erzielten Fortschritte nur wenig in Erfahrung zu bringen.
Die feindliche Armee in Nordwesteuropa ist bereits seit ungefähr zwölf Tagen sozusagen führerlos. Ihr Oberbefehlshaber, Generalfeldmarschall v. Kluge, soll einem Herzschlag erlegen sein.
Nach letzten Berichten haben kanadische und polnische Verbände die untere Somme überschritten und sich in Abbéville festgesetzt, wo der deutsche Widerstand zum größten Teil zusammengebrochen ist.
In Calais und Dünkirchen hat die Räumung begonnen, und die Berichte, wonach diese beiden wichtigen Häfen von den Deutschen systematisch in Trümmer gelegt

. . . mit ungeheurem Jubel empfangen:
Britische Militärpolizisten (M.P.) werden von zwei belgischen Mädchen stürmisch begrüßt

werden, erhalten ihre Bestätigung durch Beobachtungen an der englischen Kanalküste, wo am Sonntag gewaltige Explosionen und Feuersbrünste wahrgenommen wurden.
In der Bretagne hat General Eisenhower den Befehl gegeben, die deutsche Garnison in Brest durch pausenloses Luftbombardement zur Kapitulation zu zwingen. Über der Maginot-Linie werden die Erkundungsflüge fortgesetzt. Die Piloten, die diese Stellung in 50 m Höhe überflogen, bestätigen, daß kein einziges der Festungswerke von deutschen Truppen bemannt ist. Alle Zufahrtsbahnen sind abgebrochen, und sämtliche Stahlteile sind aus dem Festungswall entfernt worden. Nicht ein einziges deutsches Flugzeug stellte sich den Aufklärungsfliegern entgegen, und nirgends trat die Luftabwehr in Aktion.

4. September 1944
Das *Oberkommando der Wehrmacht* gibt bekannt:
Nordwestlich Arras wichen unsere Truppen vor heftigen feindlichen Angriffen einige Kilometer nach Norden aus. Weitere Angriffe der Engländer und Kanadier brachen nördlich Arras vor unseren Sperriegeln zusammen. Im Raum nördlich Mons sind heftige Kämpfe mit feindlichen Panzerkräften im Gange. An den Westhängen der Ardennen und an der Maas südöstlich Sedan wiesen unsere Truppen zahlreiche feindliche Angriffe ab.

4. September 1944
Das *Hauptquartier von General Wilson* teilt mit:
Vorhuten der 7. US-Armee sind in Lyon eingezogen. Sie sind weit über diese wichtige Stadt hinaus nach Norden und Nordosten vorgerückt, so daß sie jetzt seit ihrer Landung in Südfrankreich 350 km zurückgelegt haben. Das Gros der feindlichen Truppen war aus Lyon zurückgezogen worden, um der Einschließung zu entrinnen. Die französischen Streitkräfte haben Villefranche-sur-Saône, 24 km nordöstlich von Lyon, erreicht. Die amerikanischen Truppen bedrohen die feindlichen Rückzugswege. Ein feindlicher Gegenangriff bei Montrevel, nördlich Bourg-en-Bresse, wurde abgewiesen.

Die Engländer in Brüssel

4. September 1944
Die *Agentur Reuter* meldet aus dem Feldhauptquartier von Field Marshal Montgomery:
Heute morgen wird mitgeteilt, daß britische Panzertruppen am gestrigen Nachmittag Brüssel befreit haben. Die Panzer, die erst morgens um 9.30 Uhr die belgische Grenze überschritten hatten, legten die 80 km zur Hauptstadt in wenigen Stunden zurück. Auf diesem beispiellosen Siegesmarsch begegneten die Engländer kaum nennenswertem Widerstand. Sie wurden von der belgischen Bevölkerung mit ungeheurem Jubel empfangen.
Aus den letzten Funksprüchen geht hervor, daß der Vormarsch durch Belgien in schnellstem Tempo anhält. Britische Vorhuten nähern sich im Blitztempo Holland. Nach der neuesten Meldung sind sie noch 55 km von der holländischen Grenze entfernt. Gleichzeitig melden die Amerikaner, daß sie bei Mons eine starke deutsche Kräftegruppe eingekesselt haben. Die Deutschen unternahmen mehrere Ausbruchsversuche, wurden aber unter sehr hohen Verlusten zurückgeworfen.

Durchbruch nach Brüssel

4. September 1944
Sowjetischer Frontberichterstatter *D. F. Kraminow:*
Der berühmte »Durchbruch« zur belgischen Hauptstadt ähnelte mehr einem fröhlichen und geräuschvollen Karnevalszug als einem kriegsmäßigen Vormarsch. Die Bevölkerung der unzähligen kleinen belgischen Städte stand Spalier längs der Straße. Kinder und Mädchen kletterten auf die Panzer, auf die Verdecke der Autos, auf die Lastwagen der motorisierten Infanterie und fuhren mit den vorgehenden Truppen von Ort zu Ort. Die Straßen waren mit den Flaggen der Alliierten geschmückt.

Übertritt deutscher Soldaten nach der Schweiz
4. September 1944, (Lausanne)
Feuille d'Avis de Lausanne meldet:
Am Sonntag abend sind 300 bis 400 Mann verschiedener Einheiten, SS, Soldaten und Zöllner, unter denen man

4. September 1944:
Amerikanische Panzer haben das Städtchen Bourg erreicht und rollen nun in Richtung Nancy

Rechts oben:
»Der nächste Aufenthalt ist Deutschland« kündigt zuversichtlich die britische Zeitung Daily Mail Anfang September 1944 an

Kombattanten von 17 Jahren und von über 50 Jahren bemerkte, an der Schweizer Grenze beim Posten Le Caroz erschienen und haben um ihre Internierung in der Schweiz nachgesucht.

Ganz Südfrankreich von Deutschen geräumt

4. September 1944
United Press berichtet:
Nach den letzten Meldungen streben die motorisierten Vorhuten der Amerikaner in Nord- und Südfrankreich einer schnellen Vereinigung zu. Ihre vordersten Einheiten dürften noch etwa 200 km auseinanderstehen. Wie im Hauptquartier bekanntgegeben wird, haben die Deutschen ganz Südfrankreich, von der Atlantikküste im Gebiet von Bordeaux bis in die Zone von Lyon, geräumt. Widerstandszonen befinden sich nur noch in den Gebieten der Städte Orléans und Limoges.

Spannung zwischen der FFI und der Regierung de Gaulle
4. September 1944, (Paris)
United Press berichtet:
Der erste Konflikt zwischen der Regierung de Gaulle und der Widerstandsbewegung ist jetzt durch den Beschluß der Regierung entstanden, sämtliche Befehlsorganisationen der FFI aufzulösen und die Offiziere und Mannschaften der FFI in die Feld- und Garnisonstruppen einzureihen.

Prinz Bernhard – Kommandant der Streitkräfte der »Inneren Front«
4. September 1944
Die *Agentur Reuter* meldet aus dem Hauptquartier der Alliierten:
Prinz Bernhard der Niederlande ist vom Alliierten Hauptquartier zum Kommandanten der niederländischen Streitkräfte der »Inneren Front« unter dem Oberbefehl von General Eisenhower ernannt worden.

Paris – ein alliiertes Problem

4. September 1944, Paris
Associated Press berichtet:
Durch eine Verordnung General Eisenhowers ist den alliierten Truppen untersagt worden, Mahlzeiten in Cafes und Restaurants einzunehmen.

Die allgemeine Ernährungslage macht es nötig, den Verbrauch an Lebensmitteln zu beschränken. Auch der Einkauf von Waren jeder Art ist für die alliierten Truppen verboten.
Allmählich nimmt das Straßenbild wieder einen friedlichen Charakter an. Einige tausend technische Arbeiter beheben die Schäden an der Métro, der Straßenbahn und den Bahnhöfen. Der Straßenverkehr beschränkt sich zur Zeit noch hauptsächlich auf Fahrräder und Pferdewagen.

Dienstag, 5. September 1944 **D + 91**
Das *Hauptquartier von General Eisenhower* teilt mit:
Antwerpen wurde befreit. Nach einem zweitägigen Vorstoß durch Belgien hindurch sind alliierte Panzer am Montag in die Stadt eingedrungen, und am Abend wurde das Dockgebiet gesäubert. Am frühen Morgen haben unsere Truppen Löwen und Mechelen genommen.
Andere Streitkräfte, die in der Nähe der französisch-belgischen Grenze operieren, haben Lille besetzt. Südlich Tournai, in der Gegend von Marchiennes und nordwestlich Valenciennes wurden örtliche feindliche Widerstandsnester ausgeräumt.

'The Next Stop is Germany'

1944 END: EISENHOWER

By Daily Mail Reporter

THE Germans can make no effective stand until they reach their Fatherland. That is the opinion of General Eisenhower, given in London yesterday. They are retreating too fast to turn and fight in France.

There will be no major battle, he indicated, until they get to—what was its name?—oh, yes: the Siegfried Line. Could the enemy stand there? The four-star general quoted: "No line is better than the men defending it."

Am Oberlauf der Maas rückten unsere Truppen nördlich St. Mihiel vor. Weiter südlich sind keine Veränderungen zu melden. Das ungünstige Wetter erlaubte keine ausgedehnten Luftoperationen.

5. September 1944
Das *Oberkommando der Wehrmacht* gibt bekannt:
In Nordfrankreich behaupten sich unsere Truppen hartnäckig gegen starke feindliche Angriffsgruppen, die gestern tiefe Einbrüche erzielen konnten. Die Kämpfe haben sich in den Raum von Antwerpen und Brüssel verlagert und nehmen ständig an Heftigkeit zu.
London lag in der vergangenen Nacht wieder unter dem Feuer der V1.

Folgende Seiten:
Ein in den französischen Alpen (Raum Chartrouse) von Maquis gesprengter deutscher Eisenbahntransport

Unten: 4. September 1944:
US-Schützenpanzer stoßen auf Ecaillon vor, einen französischen Ort nahe der belgischen Grenze

Schwere Fernkampfgeschütze der Kriegsmarine beschossen erneut südenglische Hafenstädte und Barackenlager sowie feindliche Batteriestellungen mit guter Wirkung.
In den Ardennen wurden Übersetzversuche des Gegners über die Maas zerschlagen. Nördlich Charleville über die Maas übergesetzte feindliche Kräfte wurden im Gegenangriff zurückgeworfen.
Im Saône-Tal verlaufen unsere Bewegungen trotz feindlichen Druckes weiter planmäßig.
Um Brest wurde auch gestern erbittert gekämpft. Unsere Besatzung zerschlug erneut alle von starker Artillerie, Panzern und Luftstreitkräften unterstützten Angriffe des Gegners.

5. September 1944
Das *Hauptquartier von General Wilson* gibt bekannt:
Die Streitkräfte der 7. US-Armee setzen ihren raschen Vorstoß im Saône-Tal fort und stoßen nur auf unwirksamen Widerstand. Französische Einheiten haben weiter westlich die Vororte von Mâcon und Bonnet erreicht. Östlich der Saône sind die amerikanischen Truppen über Montrevel (nördlich von Bourg) hinaus vorgestoßen.

Die Amerikaner am Rhein?

5. September 1944, New York
United Press berichtet:
Der Korrespondent des CBS meldet aus Paris, Einheiten der amerikanischen 3. Armee hätten die deutsche Grenze überschritten und könnten den Rhein erreicht haben.

Deutsche Riesendepots erobert

5. September 1944
Associated Press meldet:
Heute haben die Soldaten des amerikanischen XII. Korps von Major General Eddy bei Ligny-en-Barrois ein Benzinlager der deutschen Luftwaffe mit über 300 000 Gallonen Flugbenzin erobert. Zugleich wird gemeldet, daß in einer benachbarten Ortschaft ein Wehrmachtslager mit über einer halben Million Pfund Gefrierfleisch dem gleichen Korps in die Hände fiel. Andere US-Truppen haben in Namur dank der Mithilfe der belgischen Résistance militärische Lager mit enormen Beständen an Fleisch, Butter und Käse erobert, darunter transportfertige 175 000 Tagesrationen, dazu mehrere hunderttausend Flaschen Champagner. 2,5 Millionen deutsche Zigaretten sind eine willkommene Ergänzung für unsere Soldaten, die sich seit einigen Tagen beklagen, daß die eigenen immer knapper werden. Auch 200 000 Gallonen Benzin hat man in einem stadtnahen Depot vorgefunden.

Rechts: September 1944, Holland:
Nach dem Jabo-Angriff auf eine deutsche Rote-Kreuz-Kolonne

Deutsche Fernkampfgeschütze greifen in die Landkämpfe ein **D + 92**
Mittwoch, 6. September 1944, Berlin
Das *DNB* meldet:
Fernkampfgeschütze der deutschen Kriegsmarine griffen am Dienstag, kurz nach 8 Uhr, zum erstenmal im Raume des Pas de Calais in die Landkämpfe auf französischem Boden ein und beschossen etwa 15 km südöstlich von Boulogne mit schweren Granaten feindliche Panzerspitzen mit beobachteter Wirkung. Zwischen 15 und 16 Uhr eröffneten sie erneut das Feuer gegen Straßen- und Verkehrsknotenpunkte westlich St. Omer.

Lagebeurteilung des Oberbefehlshaber West **D + 93**
vom 7. 9. 44, 18 Uhr
. . .
Ich bitte, dem Führer nachstehende, am 7. 9. 44 nach persönlicher Aussprache mit Generalfeldmarschall Model und auf Grund der letzten Meldungen entstandene Beurteilung der Lage vorzutragen:
I. . . .
II. Die eigenen Kräfte sind sämtlich kampfgebunden, stark angeschlagen, zum Teil ausgebrannt. Ihnen fehlen Artillerie und Panzerabwehrwaffen. Nennenswerte Reserven sind nicht vorhanden. Das Übergewicht der Panzerzahlen des Feindes zu den eigenen ist zahlenmäßig eindeutig. Zur Zeit einsatzbereit bei H.Gru.B etwa 100 Panzer. Die feindliche Luftwaffe beherrscht den Kampfraum und die rückwärtigen Verbindungen bis tief in das rückwärtige Gebiet hinein. Der Feinddruck Richtung Lüttich (Maas-Tal) mit deutlicher Stoßrichtung über Aachen auf das rheinisch-westfälische Industriegebiet hat sich zu einer schweren Gefahr entwickelt. Die sofortige mehrfach beantragte Zuführung starker Kräfte – mindestens 5, besser 10 Divisionen mit Sturmgeschützabteilungen und ausreichenden panzerbrechenden Mitteln sowie außerdem eine Anzahl Panzerdivisionen – erscheint mir zwingende Notwendigkeit. Alle selbst verfügbaren Kräfte (schwache 9. Pz.-Div., 1 schwache Sturm-Pz.-Abt., 2 Sturmgeschütz-Brigaden mit unterwegs zuzuführenden Sturmgeschützen) sind vom Ob. West Richtung Raum Aachen in Marsch gesetzt. Die 12. Gren.-Div. ist noch nicht heran. In Übereinstimmung mit Generalfeldmarschall Model erblicke ich hier die akute, auch den südl. anschließenden Westwall im Rücken bedrohende Gefahr . . .

Der Oberbefehlshaber West
gez. von Rundstedt
Generalfeldmarschall
Ia Nr. 805/44 geh. Kdos. Ch

Alle packen beim Westwall mit an!
Donnerstag, 7. September 1944
Das *Reichspropaganda-Amt* teilt mit:
Alle Volksgenossen und -genossinnen sind durch den Aufruf des stellv. Gauleiters zum Arbeitskriegsdienst am Westwall verpflichtet. Die Volksgenossen werden betriebsweise aufgerufen und durch ihren Betriebsführer für den Einsatz verpflichtet. Darüber hinaus sind auch die Ortsgruppenleiter berechtigt, die Verpflichtungen auszusprechen.
Jugendliche vom vollendeten 15. bis zum vollendeten 18. Lebensjahre sind aufzufordern, sich sofort bei ihrer zuständigen Standortdienststelle zu melden, um dort die Anweisungen für ihren Einsatz entgegenzunehmen. Ausgenommen sind interne Einheiten, da diese geschlossen eingesetzt werden. Berufstätige erhalten weiterhin ihren Lohn bzw. ihre Gehälter von der bisherigen Arbeitsstelle. Jeder Dienstverpflichtete erhält darüber hinaus ein Entgelt von 2,– RM sowie freie Unterkunft und Verpflegung.

Tod, Vernichtung und Haß

Kein deutscher Halm soll den Feind nähren, kein deutscher Mund ihnen Auskunft geben, keine deutsche Hand ihnen Hilfe bieten. Jeden Steg soll er zerstört, jede Straße gesperrt vorfinden – nichts als Tod, Vernichtung und Haß wird ihm entgegentreten.

Völkischer Beobachter, 7. 9. 1944

Freitag, 8. September 1944 **D + 94**
Das *Hauptquartier von General Eisenhower* teilt mit:
Während über die Operationen von Field Marshal Montgomery auf holländischem Boden keine neuen Meldungen vorliegen, scheinen sich im Gebiet der Schelde-Mündung Säuberungsaktionen anzukündigen. Sie zielen auf die Besetzung der beiden Inseln Walcheren und Beveland ab, über die bei schlechtem Wetter immer noch kleine Gruppen der in Belgien und Nordfrankreich abgeschnittenen deutschen Verbände nach der holländischen Küste entkommen können.
Weiter im Südwesten erzielte die kanadische 1. Armee, verstärkt durch britische Panzerverbände General Dempseys, neue Erfolge gegen die auf immer engerem Raum zusammengedrängten Überreste der deutschen 7. und 15. Armee.
Aus den Gefechten östlich und nordöstlich von Löwen hat sich jetzt eine Schlacht entwickelt, die auf beiden Seiten mit größter Entschlossenheit geführt wird. Die Deutschen haben alle Brücken über den Albert-Kanal gesprengt und die Gegend teilweise unter Wasser gesetzt.
Südlich von Namur sind Truppen von General Patton nach der Befreiung von Sedan gleichfalls auf starken

Links: Die riesige Trommel an der Normandie-Küste, mit der die Pipeline PLUTO über den Kanal transportiert wurde, weist auf die enorme Dimension der Anlage hin

Rechts: 8. September 1944, Besancon: Mitglieder der FFI (Forces Francaises de l'Intérieur) mit einer eroberten deutschen Zugmaschine

deutschen Widerstand gestoßen, der sich auf gut ausgebaute Stellungen in den Ardennen stützt. Die Deutschen klammern sich an ihre Stützpunkte, in denen sie oft bereits von ihrer Hauptmacht abgeschnitten sind, wie östlich von Pont-a-Mousson, das bereits weit im Rücken der amerikanischen Panzerspitzen liegt.
Amtlich wird jetzt bestätigt, daß sich Metz, Nancy und Toul in der Hand der Alliierten befinden.

8. September 1944
Das *Oberkommando der Wehrmacht* gibt bekannt:
Im Raum von Ypern sicherten unsere Nachtruppen in schweren Kämpfen gegen feindliche Panzerkolonnen das Absetzen unserer Divisionen nach Norden. 34 feindliche Panzer wurden dabei vernichtet. Beiderseits Lüttich hält der starke feindliche Druck nach Osten an. Angriffe des Gegners im Raume Toul, bei Besançon und östlich davon wurden zerschlagen.

8. September 1944
Das *Hauptquartier von General Wilson* meldet:
Bei ihrem raschen Vorstoß in Südostfrankreich haben amerikanische Truppen der 7. US-Armee Besançon erreicht. Sie begegnen erbittertem feindlichen Widerstand. Der Feind versucht, seine Rückzugslinie zu schützen. Harte Kämpfe wurden auch südwestlich von Besancon ausgetragen. Französische Truppen haben weitere Fortschritte erzielt und Pontarlier nach Überwindung feindlichen Widerstandes eingenommen. Weitere Fortschritte wurden ferner nordöstlich Chalon-sur-Saône erzielt.

Heiliger Volkskrieg

8. September 1944, Reichssender Berlin:
Über Nacht ist der Krieg in unsere unmittelbare Nähe gekommen, und über Nacht stand auch unser Grenzvolk auf, nicht um vor ihm davonzulaufen, sondern ihm entgegenzutreten. Es geht um die ragenden Berge und fruchtbaren Täler an der Grenze, die für uns den Begriff Heimat bilden. Wir haben einen Schritt vollzogen, der nur noch mit dem Begriff des Heiligen Volkskrieges umrissen werden kann. Am Ende dieses Krieges kann nur der Sieg des nationalsozialistischen Reiches stehen!

Untersee-Pipelines von England zum Kontinent
8. September 1944, London
Die *Agentur Reuter* meldet:
Das komplizierte Röhren-Leitungssystem entstand in enger Zusammenarbeit zwischen dem Kriegsministerium, SHAEF, der Anglo-Iranian Oil Co. und der britischen Röhrenindustrie. Die Anlage heißt »PLUTO« (Pipe-line-under-the-Ocean).
Es werden zwei Typen von Röhren verwendet, Durchmesser 7,5 cm, die eine Kapazität von 250 Tonnen pro Tag haben. Die ersten Vorbereitungen begannen bereits im April 1942, man mußte dabei eine Reihe technischer Probleme lösen, die sich aus dem Wasserdruck und den Gezeiten ergaben. Die erste Leitung entstand zwischen der Insel Wight und Cherbourg auf eine Entfernung von 90 km. Die Verlegung dauerte nur 10 Stunden. Sie wurde von der Marine und Pioniertruppen der Armee verlegt.

Sender Beromünster (Schweiz)

8. September 1944:
Vor sechs Wochen begann die Durchbruchsschlacht der Amerikaner im Westteil der normannischen Halbinsel gegen Granville und Avranches. Vor fünf Wochen stießen die amerikanischen Panzer in die Bretagne vor und nahmen Rennes. Vor dreieinhalb Wochen – am 15. August – erfolgte dann die Invasion der französischen Mittelmeerküste durch die von mehreren französischen Divisionen unterstützte amerikanische 7. Armee. Heute vor 14 Tagen hielten die französischen und amerikanischen Panzer ihren Einzug in die befreite Hauptstadt Frankreichs. In den acht auf die Einnahme von Paris folgenden Tagen hatten die Amerikaner nicht nur den ganzen Bogen des Flußlaufes der Marne erreicht, sondern waren darüber hinaus nach Reims, Verdun und Sedan vorgestoßen.
Was die eigentliche russische Kriegsfront betrifft, so ist über den nördlichen und mittleren Abschnitt in letzter Zeit nicht sehr viel bekanntgegeben worden. Von neuem brachen russische Verbände in die mittlerweile verlorengegangene Vorstadt Warschaus, Praga, ein, während sich weiter nördlich eine Umfassung Warschaus ankündigt. Innerhalb der Stadt halten die Kämpfe zwischen Deutschen und Polen bereits seit 39 Tagen an. Inzwischen ist in der Slowakei der allgemeine Aufstand ausgebrochen, dem sich die slowakischen Truppen der bisherigen Regierung Tiso anschlossen.

Sonnabend, 9. September 1944 **D + 95**
Das *Hauptquartier von General Eisenhower* teilt mit:
Im Nordwesten Belgiens haben britische Truppen den Albert-Kanal bei Beeringen überschritten und sind darüber hinaus 10 km bis in die Gegend von Bourg-Leopold vorgerückt. Der Vormarsch hält gegen nur schwachen deutschen Widerstand an. Weiter südlich vollzieht sich die Einschließung von Lüttich. Die von Namur aus entlang der Maas heranmarschierenden Streitkräfte stehen westlich von der Festung. Von anderen amerikanischen Verbänden wird nach Überschreitung der Maas bei Huy eine Umfassungsoperation entwickelt. Sie nahmen Huy und stießen rasch in nordöstlicher Richtung vor. Im ganzen haben die Alliierten jetzt fünf Brückenköpfe jenseits der Maas errichtet.

Versteifter deutscher Widerstand ist im Gebiet des Mittellaufes der Maas gegen den Brückenkopf bei Sedan zu verzeichnen; dennoch machten die amerikanischen Kräfte, die durch das waldige Gelände der Ardennen auf der Ostseite der Maas vorstoßen, gute Fortschritte. Zwei Ortschaften am westlichen Ende der Maginot-Linie wurden befreit.
Am Kanal halten die deutschen Garnisonen Calais und Boulogne noch immer, doch wird die gesamte Küstenzone durch die anrückenden britischen, kanadischen und polnischen Verbände immer enger abgeriegelt. Schweres Artilleriefeuer liegt auf den beiden Kanalhäfen. Zwischen Calais und Boulogne befindet sich ein starker Gürtel deutscher Küstenbatterien, die von schweren Betonbunkern geschützt sind. Polnische Verbände, die auf Dünkirchen und Ostende anmarschieren, haben Roulers durchschritten.

9. September 1944
Das *Oberkommando der Wehrmacht* gibt bekannt:
In Nordfrankreich scheiterten feindliche Vorstöße gegen die Seefestungen Brest, Boulogne und Dünkirchen. Im Festungsbereich Le Havre wurden am vergangenen Tag 29 feindliche Panzer und 12 Panzerspähwagen abgeschossen.
In Flandern stehen unsere Nachtruppen weiter in harten Abwehrkämpfen gegen den nachstoßenden Feind. Angriffe des Gegners aus seinem Brückenkopf Antwerpen nach Norden wurden zerschlagen, feindliche Brückenköpfe nordwestlich Hasselt im Gegenangriff eingeengt. Der Feind hatte dort besonders schwere Verluste und verlor 21 Panzer. Um die Zitadelle in Lüttich und im Raum nordwestlich Metz wird heftig gekämpft. Gegen vorstoßende feindliche Truppen sind Gegenangriffe angesetzt. Bei Besançon und weiter östlich am Doubs stehen unsere aus Süd- und Südwestfrankreich zurückgeführten Verbände im Kampf mit dem von Süden her angreifenden Feind, der mit starken Kräften versucht, zur Burgundischen Pforte durchzustoßen.

Einschlag einer V1 in Paris

9. September 1944, Paris
Die *Agentur Reuter* meldet:
Am Freitag ging eine Flugbombe in Paris nieder. Mindestens vier Personen wurden getötet und zwölf verletzt.

Sonntag, 10. September 1944 **D + 96**
Das *Hauptquartier von General Eisenhower* teilt mit:
Die alliierten Truppen, die die Küstengegend des Kanals vom Feinde säubern, haben beträchtliche Fortschritte in der Umgebung von Bergues, südwestlich Dünkirchen erzielt.
Weiter östlich nähern sich unsere Einheiten Brügge. Nördlich von Antwerpen wurden Geländegewinne gemacht.
Die Erweiterung der Brückenköpfe am Albert-Kanal stößt weiter auf lebhaften Widerstand. Unsere Streitkräfte sind bis Kermpt, 6,5 km westlich von Hasselt, vorgedrungen und haben auch Roduwez, Marilles und Folz-les-Caves im Sektor Tirlemont-Huy erreicht.
Andere Kräfte stehen in der Provinz Limburg und südöstlich von Lüttich, nachdem sie um 22 km vorgerückt sind.
Nach einem Vorstoß durch die Ardennen bis zu 23 und 33 km östlich der Maas, sind unsere Truppen in die Umgebung von St. Hubert vorgerückt.
Weiter südlich sind alliierte Abteilungen in Ecouviez eingedrungen, das östlich Montmédy an der belgisch-französischen Grenze liegt.

10. September 1944
Das *Oberkommando der Wehrmacht* gibt bekannt:
Die Besatzung der Seefestung Brest wies auch am vergangenen Tag alle unter stärkstem Materialeinsatz geführten Angriffe des Feindes auf die Festung selbst nach erbitterten Kämpfen ab. Die Halbinsel Le Conquet ging verloren. Reste der Besatzung leisten noch erbitterten Widerstand.
Feindliche Brückenköpfe südlich Gent und nordwestlich Hasselt wurden im Gegenangriff eingeengt, in unsere Linien südlich Maastricht eingedrungener Feind wieder geworfen. Zwischen Verviers und Arlon stieß

TOO LATE FOR SUPPER? —by Illingworth.

Links: 9. September 1944: Die blutigen Kämpfe in dem zur Seefestung erklärten Brest dauern an

Rechts: »Findet sich für uns noch ein Platz am Tisch?« Die britische Zeitung Daily Mail spottet über den Frontwechsel von Hitlers Bundesgenossen Rumänien und Bulgarien

Unten: Britische schwere Artillerie in Aktion

Links: 10. September 1944: Die britische Guards-Division überquert in der Morgendämmerung den Meuse-Escaut-Kanal

Rechts: Der Weg in die Gefangenschaft. Ein britischer Krad-Melder bringt zwei deutsche Soldaten zur Gefangenen-Sammelstelle

der Gegner auf breiter Front gegen unsere Stellungen vor und konnte geringe örtliche Einbrüche erzielen. Gegenangriffe sind angesetzt.
Im Raum Dôle, das von unseren Truppen aufgegeben wurde, sowie nördlich und östlich Besançon sind heftige Kämpfe im Gange.

10 Kilometer vor der deutschen Grenze

10. September 1944
Associated Press meldet aus dem Hauptquartier von General Eisenhower:
Zwischen Kanal und Schelde-Mündung sind heftige Kämpfe gegen zurückgebliebene deutsche Einheiten im Gang, die systematisch aufgerieben werden.
Jenseits des Albert-Kanals hat die Schlacht an Erbitterung eher noch zugenommen. Die Deutschen lösten zwei schwere Gegenangriffe gegen die von der britischen 2. Armee bei Bourg-Leopold gehaltenen Stellungen aus. Westlich von Hasselt ist der Kanal an einer weiteren Stelle überschritten worden; aber auch hier gingen deutsche Kräfte mit Panzern unverzüglich zum Gegenangriff über.
Weiter im Südosten stehen amerikanische Truppen unter General Hodges nach neuesten Frontberichten nach der Besetzung von Verviers und Limburg im Frontalangriff gegen die Außenstellungen der »Siegfriedlinie« und erreichten den Stadtrand von Eupen, nur knapp 10 km von der deutschen Grenze entfernt.

Ein Befehl von Generalfeldmarschall Model
10. September 1944
Das *Hauptquartier von Field Marshal Montgomery* teilt mit:
Ein Tagesbefehl von Generalfeldmarschall Model, der in Belgien erbeutet wurde, lautet: »Wir haben eine Schlacht verloren, aber ich sage euch: Wir werden den Krieg dennoch gewinnen. Immerhin muß ich auf den Ernst der Stunde hinweisen. Jetzt scheidet sich der Schwächling vom rechten Mann.
Mit aller Schärfe wird gegen Panikmacher eingeschritten werden. Es wird verhindert werden, daß wichtige Positionen unnötig aufgegeben werden. Unter keinen Umständen dürfen Waffen und Ausrüstung übereilt zerstört werden, denn jede Granate, jedes Gewehr, jeder Liter Benzin werden benötigt, Waffe und Ausrüstung sind wichtiger als Koffer voll Plunder. Bedenkt, daß wir Zeit gewinnen müssen. Der Führer benötigt den Zeitgewinn, um neue Truppen und Waffen an die Front zu schaffen.«

Die Kämpfe im Vorfeld des Westwalls
Nachrichtensperre der Alliierten
10. September 1944, London
Die *Agentur Reuter* meldet:
Das Hauptquartier der Alliierten hat für alle Nachrichten von der Front für die nächsten Tage eine Sperre

angeordnet. Diese Anweisung hat, wie nicht anders zu erwarten war, die allgemeine Spannung beträchtlich erhöht, und man ist überzeugt, daß sich im Schutze dieser »publizistischen Verdunkelung« entscheidende Ereignisse vorbereiten, wenn sie nicht gar schon ihren Anfang genommen haben!
Den unmittelbaren Anstoß zu dieser Maßnahme, die schon in den Tagen vor der Invasion und später noch einmal während des amerikanischen Durchbruchs bei Falaise getroffen worden war, hat diesmal anscheinend der von den Alliierten gefangengenommene deutsche Generalleutnant Seyffert, Kommandant der 348. Division, gegeben, der einem englischen Offizier erklärt haben soll, das deutsche Verbindungs- und Nachrichtenwesen sei in einem chaotischen Zustand, und seine beste Informationsquelle seien die Kriegsberichte der BBC.

10. September 1944
Das *Oberkommando der Wehrmacht* gibt bekannt:
Das Oberkommando der Wehrmacht hat als Schlußtermin für die Verleihung der Ostmedaille den 15. Oktober 1944 festgesetzt. Ehemalige Wehrmachtangehörige, denen die ihnen zustehende Ostmedaille und Besitzurkunde noch nicht ausgehändigt worden ist, richten entsprechende Anträge bis zu diesem Zeitpunkt an das zuständige Wehrmeldeamt.

Völkischer Beobachter, 10. September 1944

Und so war es

D + 90 Montag, der 4. September 1944, ist ein besonders kritischer Tag für die deutsche Westfront: Die britische 11. Panzerdivision (Maj.Gen. Roberts) stößt am Westrand von Brüssel vorbei nach Antwerpen vor. Und am frühen Nachmittag haben die Panzerspitzen zusammen mit Kampfgruppen der belgischen Armee secrète, die die großen Schleusentore und Hafenanlagen sichert, Antwerpen erreicht. Die Docks fallen ihnen unversehrt in die Hände. Die 11. Panzerdivision versäumt es jedoch in der Eile, die am Nordrand der Stadt über den Albert-Kanal führenden Brücken zu besetzen. Und als sie kurz danach versucht, einen Brückenkopf zu bilden, wird sie von der deutschen Verteidigung abgedrängt. Nachdem die britische 11. Panzerdivision die nördlichen Vorstädte von Antwerpen erreicht hat, stoppt ihr Vormarsch. So bleibt weiterhin eine deutsche Verbindung zur Insel Walcheren bestehen. Nun halten sich die Deutschen hartnäckig an beiden Ufern der Schelde-Mündung, die Antwerpen mit der Nordsee verbindet. Damit ist die Schelde in den nächsten drei Monaten für die Alliierten unpassierbar.
Die Verbände von Field Marshal Montgomery sind in sechs Tagen 400 km vorangekommen. An der linken Flanke erkämpft sich die kanadische 1. Armee (Lt.Gen. Crerar) ihren Weg an der Kanalküste entlang und schließt Calais ein.

4. September 1944: Britische Infanterie
im Hafen von Antwerpen. In der Eile versäumt man,
die wichtigsten Brücken zu besetzen

Die 1. US-Armee (Lt.Gen. Hodges) dringt währenddessen in schnellem Tempo gegen Mittel- und Südbelgien sowie nach Luxemburg vor und erobert Mons. Die britische 2. Armee (Lt.Gen. Dempsey) nimmt an diesem Tag Lille ein.
Die aus Südfrankreich vorstoßende 45. Infanteriedivision der 7. US-Armee (Lt.Gen. Patch) befreit Bourg-en-Bresse, nördlich von Lyon und Besancon.
An diesem Tage finden die Verbände der Armeegruppe G (GenOberst Blaskowitz) nach einem beschwerlichen Rückzug quer durch Frankreich mit ihren 130 000 Mann den Anschluß an die Heeresgruppe B im Raum Dijon. Sie hat dabei fast 80 000 Mann verloren.
Am 4. September 1944 setzt Hitler Generalfeldmarschall v. Rundstedt wieder als OB West ein. Generalfeldmarschall Model bleibt nun Oberbefehlshaber der Heeresgruppe B.
An der Situation, die der betagte v. Rundstedt vorfindet, hat sich allerdings in diesen zwei Monaten seit dem 1. Juli einiges geändert: Damals verfügte er über 62 Divisionen, zum jetzigen Zeitpunkt gibt es im Westen nur noch Reste mit einer Kampfstärke von etwa 25 Divisionen.
Rundstedt soll nun den Westwall sichern. Die Befestigungsanlagen sind jedoch nicht zur Abwehr vorbereitet Bis zum 31. August 1944 war Hitler überzeugt davon die Alliierten an der Marne-Linie aufhalten zu könner und hat es unterlassen, den Westwall in Verteidigungszustand zu versetzen. Wie nun v. Rundstedt meldet brauche er für die Rearmierung mindestens sechs Wochen, da man mit den Drahtverhauen, Minen Meldeeinrichtungen und Waffen des Westwalls der Atlantikwall ausgestattet habe. Die 1937/38 gebauten Geschützstände sind außerdem zu klein für die jetz verwendeten Pak. In den leeren Bunkern lagert bestenfalls Rüstungsmaterial, ansonsten werden sie von ausgebombten Familien bewohnt oder von den Bauern de Umgebung zweckentfremdet. Ihre berüchtigten Höcker die »Drachenzähne«, sind für alliierte Pionierpanzer keir Hindernis mehr.
Die einzige dem Befehl des OB West am 4. Septembe 1944 unterstehende greifbare Kampftruppenreserve die kümmerlichen Reste der einst kampfstarken österreichischen 9. Panzerdivision (Oberst Sperling) mit dre Panzergrenadierkompanien, einer Panzerpionierkompanie und zwei Batterien mit je 3 leichten Feldhaubitzen (10,5 cm).
An diesem Tag gibt Reichsmarschall Göring dem Generalstab des Heeres überraschend bekannt, daß er übe sechs Fallschirmjägerregimenter verfüge und aus genesenden Fallschirmjägern zwei weitere Regimenter aufstellen könne, insgesamt etwa 20 000 Mann. Darübe

Rechts: Oberst Sperling, Kommandeur der einzigen Kampftruppen-Reserve, in diesen Tagen an der Westfront

Unten: Anfang September 1944: Ein Treff an der schweizerisch-französischen Grenze

hinaus kann Göring noch 10 000 Mann vom fliegenden und vom Bodenpersonal abgeben, deren Ausbildung und Einsatz wegen Benzinknappheit nicht mehr möglich ist. Auf diese Nachricht hin wird sofort per Telefon dem gerade in Berlin weilenden Generaloberst Student aus dem Führerhauptquartier der Befehl erteilt, die 1. Fallschirmjägerarmee aufzustellen. Sie soll, nachdem sie Stellung bezogen hat, die Linie des Albert-Kanals von Antwerpen bis Maastricht halten. Es ist, wenn auch noch auf dem Papier, die einzige wesentliche Verstärkung für v. Rundstedt. Nach seiner Einschätzung stoßen die Alliierten mit 2000 Panzern vor, während der Heeresgruppe B nur 100 Panzer zur Verfügung stehen.

Am 4. September 1944 stellt das finnische Heer an der gesamten Front das Feuer ein.

Am Abend des 4. September übermittelt Montgomery, nachdem er von der Einnahme Antwerpens erfährt, Eisenhower den Vorschlag, »mit aller Kraft einen machtvollen Stoß auf Berlin zu führen.« Er weist darauf hin, daß die an der Kanalküste stehende deutsche 15. Armee bereits abgeschnitten und die erschöpfte 7. Armee der Auflösung nahe ist. Auf eine vollständige Antwort Eisenhowers muß Montgomery bei dem Stand der Nachrichtenverbindung zum Hauptquartier in Granville fünf volle Tage bis zum 9. September warten.

D + 91 Am Dienstag, dem 5. September 1944, nimmt die kanadische 1. Armee Boulogne ein und nähert sich Calais, und die polnische 1. Panzerdivision befreit St. Omer. Das V. US-Korps setzt bei Sedan über die Maas, während das VII. US-Korps Namur und Charleroi erobert.

Die 3. US-Armee, die einen Teil ihres Treibstoffbedarfs erhalten hat, befreit den wichtigen Verkehrsknotenpunkt Nancy, etwa 45 km südlich von Metz.

An diesem Tage erreichen die Reste der deutschen 5. Panzerarmee (SS-Oberstgruppenf. Dietrich) und der 7. Armee (Gen. d. Pz.-Tr. Brandenberger) die Maas, es gelingt ihnen nur, etwa 100 Panzer und Sturmgeschütze über den Fluß zu retten.

Am Nachmittag des 5. September 1944 erklärt die Sowjetunion Bulgarien den Krieg, und die Verbände der 3. Ukrainischen Front (Armeegen. Tolbuchin) marschieren von der Dobrudscha aus über die Donau nach Bulgarien.

D + 92 Ende der ersten Septemberwoche 1944 ist nach unzähligen, fast zwei Jahre dauernden Versuchen die Fernrakete A-4 (V 2) mit 1000 kg Sprengstoff endlich einsatzbereit. In den Morgenstunden des 6. September 1944 hat die Versuchsbatterie 444 (Maj. Weber) südlich von Lüttich Stellung bezogen, um den Abschuß der ersten beiden A-4-Raketen, die Paris zugedacht sind, vorzubereiten. Um 10.30 Uhr ist die lange und recht komplizierte Startvorbereitung für die erste Rakete (Nr. 18583) beendet. Die A-4 hebt mit lautem Zischen ab, fällt jedoch unverständlicherweise nach einigen Metern plötzlich auf die Bodenplatte zurück.
Um 11.40 Uhr wird die nächste A-4 (Nr. 18593) abgefeuert, mit dem gleichen Resultat. Der Fehler liegt im vorzeitigen Abschalten der Brennstoffversorgung. So bleibt es Paris erspart, als erste durch V 2 beschossene Stadt in die Geschichte einzugehen.
Am gleichen Tage bildet die britische 11. Panzerdivision am Albert-Kanal einen schmalen Brückenkopf, der sich zur Zeit unter deutschem Druck kaum halten kann. Das Gebiet zwischen dem Albert- und Maas-Schelde-Kanal ist vorzüglich zur Verteidigung geeignet: Das sandige, mit unzähligen Wasserläufen durchzogene und Sümpfen durchsetzte Heideland schützt vor Panzervorstößen.
An diesem Mittwoch befreit die niederländische 1. Brigade »Prinses Irene« (Lt.Col. de Ruyster van Steveninck) Löwen und Diest, die polnische 1. Panzerdivision Ypern. Die britische 2. Armee (Lt.Gen. Dempsey) erreicht Gent und die 1. US-Armee (Lt.Gen Hodges) Lüttich. Das V. US-Korps (Maj.Gen. Gerow) nimmt in einem Überraschungsangriff Sedan ein. An der Maas entsteht ein Brückenkopf des VII. US-Korps.
Die obere Mosel kann nur noch durch Einsatz von geringen Panzerkräften gegen die 3. US-Armee gehalten werden, mit denen Hitler noch eine Woche zuvor einen Gegenangriff geplant hat.
Die Verbände der 7. US-Armee befreien an diesem Tage Poitiers, Châlons-sur-Saône und Cluny.
Am 6. September 1944 erreicht die Rote Armee am Südflügel der Ostfront das »Eiserne Tor« an der Donau und die rumänisch-ungarische Grenze.

D + 93 Am Donnerstag, dem 7. September 1944, setzt sich die deutsche 15. Armee (Gen.d.Inf. v. Zangen) auf die Linie Zeebrügge – Gent ab, und das LXXXI. Armeekorps (GenLt. Schack) bezieht die Linie Maastricht – Lüttich.
Ebenfalls am 7. September 1944 erklärt der von Churchill mit dem Problem der deutschen Geheimwaffen beauftragte D. Sandys vor der Presse auf die Frage, ob man jetzt, nachdem die V-1-Abschußrampen in Nordfrankreich von alliierten Truppen überrollt worden seien, mit Hitlers Vergeltungswaffen weiterhin rechnen müsse, »von wenigen letzten Schüssen vielleicht abgesehen, ist die Schlacht von London vorüber«.
Zur gleichen Stunde klopfen SS-Männer in Wassenaar, dem exklusiven, parkähnlichen Vorort von Den Haag, an die Türen der herrschaftlichen Villen. Die Einwohner der Straßen Koekoekslaan, Lijsterlaan und Konijnenlaan müssen ihre Häuser innerhalb von zwei Stunden räumen, die Türen und Fenster jedoch weit geöffnet lassen. Ein SS-Trupp legt ein Wirrwarr von Kabeln über die Rust, En Vreugdlaan und den Rijksstraatweg, dicht an den Häusern der geräumten Straßen entlang.
Am gleichen Tag erklärt Rumänien dem mit Deutschland verbündeten Ungarn den Krieg.

D + 94 Am Freitag, dem 8. September 1944, rollt kurz nach Sonnenaufgang eine lange Fahrzeugkolonne unter starkem SS-Begleitschutz nach Wassenaar: mehrere Lkw und Mannschaftstransportwagen, Sattelschlepper mit Tarnplanen bedeckten Meiller-Anhängern – eine sinnreiche Konstruktion, die sogleich Transportwagen und Startbasis für die A-4 (V-2) ist – sowie Feuerleitpanzer, Meßtrupp und Funkwagen. Es sind die aus Kleve kommenden Batterien 1 und 2 der Artillerieabteilung (mot.) 485 (Oberst Hohmann), der sogenannten »Gruppe Nord«.
Die Soldaten stellen Abschußrampen an die beiden Straßenkreuzungen der Koekoekslaan. Die Fernraketen werden auf den Meiller-Anhängern aufgerichtet, etwa 50 m voneinander entfernt, und gegen 18 Uhr sind die Vorbereitungen für den Start abgeschlossen. Der Zielpunkt der beiden A-4 ist die Londoner Feuerwehrstation in der Southwark Bridge Road.
Um 18.38 Uhr startet die erste der über 1000 A-4-Raketen, die auf England fallen sollen, zu ihrem rund 320 Kilometer langen Flug
Fünf Minuten später, um 18.43, werden die Bewohner der Staveley Road, im Londoner Vorort Chiswick, zehn Kilometer vom Ziel entfernt, von einer Explosion erschreckt, »die wie ein Donnerschlag klang, dem das Geräusch eines schweren Körpers, der unmittelbar durch die Luft rauschte, folgte«. Sechs Häuser sind völlig zerstört, eine ganze Reihe Gebäude schwer beschädigt, drei Menschen getötet und zehn ernsthaft verletzt. 16 Sekunden danach ereignet sich eine ähnliche mysteriöse Explosion im Parndon-Wald bei Epping (Essex), etwa 30 Kilometer von dem vorgesehenen Ziel entfernt. Einige Holzbaracken werden zerstört; weitere Schäden entstehen nicht. Die Bewohner können sich diese Detonation nicht erklären. Man hat weder deutsche Flugzeuge noch V-1-Geschosse gesehen oder gehört. Es gibt keine Presseerklärung über die Ereignisse in Chiswick und bei Epping. Die Gerüchte

Rechts: Für sie ist der Krieg zu Ende:
Deutsche Soldaten in amerikanischer Gefangenschaft

über eine Explosion der Gashauptleitung werden nicht dementiert. Nur ein paar Dutzend britische Spezialisten, Politiker und höhere Militärs wissen, daß der schon lang befürchtete deutsche Raketenbeschuß soeben begonnen hat.
Interessanterweise geben weder die englische noch die deutsche Regierung zwei Monate lang eine Erklärung über die Ursache dieser Explosionen ab, die seit dem 8. September 1944 Südostengland erschüttern.
An diesem Tage werden Lüttich, Beaune, Le Creusot und Besançon befreit. Die Maas-Linie existiert nicht mehr, und das V. US-Korps (Gen. Gerow) ist quer durch die Ardennen bis kurz vor Bastogne vorgedrungen.
Am 8. September meldet Model dem OB West: »Südlich Lüttich bis zur neu befohlenen Heeresgruppengrenze (Trier-Thionville) kann nur noch von einer dünnen, völlig unzureichenden Sicherungslinie gesprochen werden. Hier hat der Gegner praktisch bereits heute Bewegungsfreiheit bis an den Westwall, der hinter der 7. Armee in etwa 120 km Breite zur Zeit nur mit sieben bis acht Bataillonen besetzt ist.« Würde die 7. Armee nicht wesentlich verstärkt, so würde automatisch das vom Feind erstrebte operative Loch zwischen Maas und Mosel nunmehr an der deutschen Grenze entstehen . . .
Am 8. September 1944 erklärt Bulgarien dem Deutschen Reich den Krieg.

Bereits zwei Wochen nach der Befreiung von Paris bestätigen sich die Befürchtungen von SHAEF, daß sie den Vorgang der militärischen Operationen erheblich behindern wird. Eisenhower: »Für die Versorgung von Paris waren Tag für Tag 100 000 Gallonen Benzin erforderlich. Insgesamt mußten die Alliierten für diesen Zweck bis 8. September 1944, während ihre Armeen durch den Norden und Osten Frankreichs vorstießen, über 1,5 Millionen Gallonen aufwenden.«

D + 95 Am Sonnabend, dem 9. September 1944, nimmt das XIX. US-Korps (Maj.Gen. Corlett) ohne auf Widerstand zu stoßen das Fort Eben Emael ein, die 5. US-Panzerdivision überschreitet die Grenze nach Luxemburg.
Zur gleichen Zeit gewinnt die sich von der französischen Mittelmeerküste zurückziehende 19. Armee (Gen. d. Inf. Wiese) den Anschluß an die Heeresgruppe B. Sie hat von ihren 100 000 Mann auf dem Rückmarsch die Hälfte eingebüßt.
Am 9. September 1944 bekommt die 9. Panzerdivision, die die »operative« Reserve des OB West bildet und bis jetzt im Raum Kaiserslautern vergeblich auf die versprochene Auffrischung gewartet hat, den Befehl zum sofortigen Einsatz. Im Straßen-Eiltransport quer durch die Hügellandschaft der Eifel rollen die Reste der 9. Panzerdivision, geführt von Oberst Sperling: Die

10. September 1944:
Nahe der Reichsgrenze – an der Schwelle zur Heimat – trifft den Fahrer ein Jabo-Geschoß

drei Panzergrenadierkompanien zu je 90 Mann, eine Panzerpionierkompanie, zwei Batterien mit je drei 10,5-cm-Haubitzen und am Ende zwei 8,8-cm-Flak. Dazu wurde der ganze verfügbare Treibstoff zusammengekratzt. Dieser bewährte österreichische Panzerverband soll nun als »Kampfgruppe 9. Panzerdivision« mit dem ihr unterstellten anderen Schattenverband, der Panzerbrigade 105 (Maj. Volker), dem waffenstarrenden VII. US-Korps (Maj.Gen. Collins) an der deutschen Grenze bei Eupen bei seinem Vormarsch auf Aachen Einhalt gebieten.
Am 9. September 1944 wird in Paris eine provisorische Regierung unter General de Gaulle gebildet.

D + 96 Am Sonntag, dem 10. September 1944, erreichen die Vorhuten der zum V. US-Korps gehörenden 5. US-Panzerdivision (Maj.Gen. Oliver) die Stadt Luxemburg. An diesem Morgen ist das ganze Land in dichten Nebel gehüllt, der im Laufe des Vormittags der Sonne weicht. Gegen 9 Uhr nähern sich die Panzer der Gruppe A (Maj. Foote) der Brücke im Vorort Marle. Feuer aus einem deutschen MG-Nest, das Brücke und Straßenkreuzung mit einem Geschoßhagel bestreicht, versucht die Panzer zu stoppen. Nachdem es zum Schweigen gebracht wird und auf der Straße von Longwy die Minen geräumt sind, rollen die ersten fünf Sherman-Panzer über die Avenue Monterey in die Stadt.
Eine Stunde später zieht Prinz Felix in der Uniform eines englischen Brigadegenerals, neben ihm Major General Oliver, in das befreite Luxemburg ein. Die Autokolonne kann sich nur mit Mühe durch die jubelnde Menschenmenge vorwärtszwängen.
Währenddessen besetzen einige Panzer und ein Infanteriezug im nahen Junglinster den von Deutschen unversehrt gelassenen Sender Luxemburg, nach Radio Moskau der stärkste Sender des Kontinents. Eine US-Abteilung der psychologischen Kriegführung richtet sich im Funkgebäude ein und beginnt unverzüglich mit Propagandasendungen in deutscher Sprache.
Am 10. September 1944 landet Eisenhower auf einem Flugplatz bei Brüssel. Ohne wegen seiner Knieverletzung die Maschine zu verlassen, führt er eine sehr harte Diskussion mit Montgomery. Der Field Marshal wiederholt seinen Vorschlag, mit der 21. Heeresgruppe und der 1. US-Armee, unter Einstellung des Vormarsches an anderen Frontabschnitten, mit einem Durchstoß über den Rhein das Ruhrgebiet zu erreichen und über die norddeutsche Tiefebene bis Berlin zu marschieren. Eisenhower bleibt jedoch bei seinem Plan, in breiter Front an den Rhein vorzurücken. Schließlich billigt Eisenhower die Absicht Montgomerys, die Luftlandearmee zur Sicherung der Übergänge über die Maas, den Waal und am Niederrhein einzusetzen. Diese Operation, Codename »Market Garden«, soll bereits in einer Woche stattfinden. Eisenhower: ». . . Ich sah in dieser Offensive lediglich eine Ausdehnung unseres Vorstoßes nach Osten zu der Linie, die wir zur zeitweiligen Sicherheit brauchten.«
An diesem Tage fällt den Truppen der 3. US-Armee in Briey ein Wehrmachts-Verpflegungslager in die Hände. Sein Inhalt: 2,4 Millionen Pfund Rindfleisch.

Am Sonntag, dem 10. September 1944, beginnt sich die deutsche Verteidigung zu festigen: Die schwache deutsche Maas-Schelde-Linie, angelehnt an die künstlich überfluteten holländischen Niederungen, hält weiterhin, und die Truppen von Lieutenant General Patton, die an der Mosel südlich von Metz an diesem Tage zwei schmale Brückenköpfe gewinnen, stoßen nun auf heftigen Widerstand frischer Divisionen, die v. Rundstedt hierhin verlegt hat. Eisenhower: »Unsere Front kam auf einer Linie vom Abschnitt der 1. Armee im Raum von Aachen entlang der deutschen Grenze bis Metz, Nancy und Epinal zum Stehen.«
Die deutsche Verteidigungslinie wird von der Schelde-Mündung bis südlich Trier von der Heeresgruppe B unter Generalfeldmarschall Model gehalten, von dort bis zur Schweizer Grenze, westlich der Burgundischen Pforte, von der Armeegruppe G (GenOberst Blaskowitz).
Man schafft es nun, nach den schweren Niederlagen der letzten Wochen sowohl die Alliierten am Westwall als auch die Rote Armee an der Weichsel aufzuhalten.

Montag, 11. September 1944 **D + 97**

Das *Hauptquartier von General Eisenhower* teilt mit:
Von den Fronten wird gemeldet: Von ihrem Brückenkopf über den Albert-Kanal bei Beeringen aus haben motorisierte Verbände der britischen 2. Armee nach Überquerung des Maas-Schelde-Kanals und Besetzung von Degroote auf breiter Front holländischen Boden erreicht, und ihr nächstes Ziel scheint die wichtige Industriestadt Eindhoven. Dieser Vorstoß, der in 24 Stunden eine Tiefe von fast 30 km erreichte, wurde durch die Bindung starker deutscher Kräfte auf belgischem Boden ermöglicht. Im Schutze dieser Kämpfe konnte dieser Übergang über den Maas-Schelde-Kanal gesichert werden, ehe die Deutschen Zeit fanden, die Brücken zu sprengen. Wütende Gegenangriffe gegen den inzwischen nach Holland ausgeweiteten Brückenkopf wurden abgewiesen.
Nicht weniger hart ist der Widerstand am Ostende-Gent-Kanal, wo der Feind noch immer versucht, den Rückzug seiner Truppen über die Schelde-Mündung zu decken, obwohl alle Fluchtwege durch die Aktionen der alliierten Luftwaffe unbenützbar gemacht sind.
Die amerikanische 1. Armee des Generals Hodges ist »nördlich von Trier in verhältnismäßiger Stärke« über die deutsche Grenze gegangen.

11. September 1944
Das *Oberkommando der Wehrmacht* gibt bekannt:
Im Abschnitt Brügge bis in den Raum nordwestlich Hasselt zerschlugen unsere Kampfgruppen alle Versuche des Feindes, seine Brückenköpfe über den Albert-Kanal zu erweitern.
Im Einbruchsraum von Beeringen stießen Fallschirmjäger überraschend den Briten in die Flanke, vernichteten eine große vollbeladene Transportkolonne und sprengten Munitions- und Brennstofflager in die Luft. In diesem Raum wurden in den letzten Tagen 52 englische Panzer, zumeist mit Nahkampfmitteln, vernichtet. Schwere Kämpfe gegen den mit Panzern weiter nach Norden vorstoßenden Feind sind dort im Gange.
Gegen die Linie Verviers–Metz dringt der Feind auf breiter Front gegen unsere Nachtruppen vor. Zahlreiche Vorstöße wurden abgewiesen . . .
Starke feindliche Angriffe gegen die Landfront der Festung Le Havre hielten den ganzen Tag und die Nacht über an. Erst nach schweren Kämpfen konnte der Feind unter hohen Verlusten einen geringen Einbruch erzielen, der abgeriegelt wurde.

11. September 1944
Das *Hauptquartier von General Wilson* meldet:
Die Truppen der 7. US-Armee verengten den Korridor weiter, durch den der Feind nach Ostfrankreich entkommen könnte. Sie sind auf einer 160 km langen Front beträchtlich in nördlicher Richtung vorgerückt. Französische Vorhuten erreichten den Stadtrand von Dijon, nachdem sie einen sich jetzt abschwächenden Widerstand überwunden hatten. Sie erreichten auch das Gebiet bei Saulieu, 60 km westlich von Dijon. Die amerikanischen Truppen erzielten gute Fortschritte nach Norden, von Doubs bis zu einer fast parallel zum Ognon laufenden Linie, womit ein weiteres Gebiet befreit worden ist. Die französischen Truppen sind südlich von Belfort, zwischen dem Doubs und der Schweizer Grenze, auf erbitterten Widerstand gestoßen.

Prinz Bernhard greift BBC an

11. September 1944, London
Daily Mail berichtet:
Über die irreführende Meldung der Befreiung Hollands durch die britische 2. Armee, die gestern von BBC

11. September 1944, nahe Neerpelt/Holland: Eine britische motorisierte Kolonne stößt auf harten Widerstand

Überall, wo sich Prinz Bernhard zeigt, wird er von der holländischen Bevölkerung herzlich begrüßt

gesendet wurde, beklagt sich Prinz Bernhard der Niederlande. Durch diese voreilige Radiomeldung vom Einmarsch alliierter Truppen in Holland fanden mehrere Holländer den Tod. »Ich weiß, daß BBC auch heute diese Durchsage wiederholt hat«, sagte er. »Es ist wirklich bedauerlich, denn die Verbreitung dieser Meldung hat viel Schaden angerichtet. Wie ich aus zuverlässiger Quelle erfahren habe, sind Menschen in Holland erschossen worden, weil sie auf diese irreführende Nachricht hin nationale Fahnen aus den Fenstern hängten.«

Am deutschen Grenzgebiet
11. September 1944
Von H. Denny per Funk an *New York Times:*
Heute fuhr ich den Weg hinunter bis kurz vor Malmedy. Es war wieder eine Straße des Todes und der Zerstörung, wie sie unsere Truppen von der Normandie bis hier hinterlassen haben. Bei den deutschen Kolonnen, die unsere Panzer und Artillerie zusammengeschossen haben, während unsere Flugzeuge sich auf sie stürzten, war die Vernichtung unvorstellbar. Die Landstraße war bedeckt mit ausgebrannten deutschen Fahrzeugen, zerstörten Fuhrwerken und toten Pferden. Überall lagen Soldaten, die nach dem langen Rückzug an der Schwelle ihres Vaterlandes den Tod fanden.

Aus dem Kriegstagebuch der »Kampfgruppe 9. Panzerdivision«
11. September 1944

11. 9. 1944 Div. Gef. Std. Walhorn und Berlotte.

05.00 Uhr Div. Gef. Std. verlegt nach Walhorn.

06.00 Uhr Die Division übernimmt den Befehl im Abschnitt der Pz. Brig. 105 (Kdr. Mjr. Volker). Die Brig. wird von diesem Zeitpunkt an unterstellt.

07.00 Uhr Die Ablösung der am rechten Flügel eingesetzten Teile der 105. Pz. Brig. durch Btl. Schemm ist noch im Gange.

08.55 Uhr Das Heranziehen von 8 Panthern und 10 Sturmgeschützen der Pz. Brig. 105 aus dem Raum Malmedy (bisherige Unterstellung LXXXIV. A. K.) ist nicht möglich, da der zugeführte Betriebsstoff bei Mont (hart nördl. Malmedy) in Feindeshand gefallen ist.
Auf Grund dieser Meldung befiehlt die Div. der Kampfgruppe Bockhoff die Straßen im Waldgelände südl. und südwestl. Eupen mit der unterstellten 1./Pz. Pi. Batl. 86 zu sperren.

09.30 Uhr Batl. Schemm und II./Pz. Art. Regt. 102 in Stellung. Der Anschluß am rechten Flügel zur 116. Pz. Div. ist vorhanden.

09.55 Uhr Feind greift mit 5 Panzern Limburg an. 8 Feindpanzer auf Kapellenberg 1,5 km südwestl. Limburg.

10.10 Uhr Die Kampfgruppe Bockhoff meldet die Sperrung des Waldgeländes im Raum Eupen – Beltesrei – Jalhay – Bos. Waldwege sind für sämtliche Fahrzeuge unpassierbar.

10.43 Uhr 27 bis 30 gep. Fahrzeuge bei Kapellenberg. Anzahl der Feindpanzer kann nicht festgestellt werden.

11.20 Uhr Die Aufklärung der Kampfgruppe Bockhoff nach Süden hat mit linkem Nachbarn (89. I. D.) noch keine Verbindung herstellen können.

11.35 Uhr Nach Orientierung durch 116. Pz. Div. greifen 30 Feindpanzer seit 11.00 Uhr Hockelbach an.

11.45 Uhr 30 Feindpanzer im Vorgehen auf Schloß Limburg mit Infanterie. Pz. Brig. 105 setzt 2 Gruppen auf Schloßberg an, zur Verhinderung einer westl. Umgehung.

12.20 Uhr Gefechtslärm im Südteil Eupen.

13.00 Uhr Der Feind drängt mit 4 Sherman-Panzern, 7 SPW und SFL von Süden und Südosten kommend im Südteil Eupen ein. Weitere Feindpanzer im Angriff auf Gülzen.

13.05 Uhr Feindliche Panzer sind in Hockelbach eingedrungen.

13.12 Uhr 4 feindl. Panzer und eine Komp. Infanterie brechen bei Bildstein in die eigene Linie ein und gehen nach Osten vor. Motorisierte Feindkolonne dringt im Südteil Mombach ein und steht dann im Rücken der Pz. Brig. 105. Das II./Pz. Art. Rgt. 102 kann infolge rollender Jabo-Einsätze auf die Battr.-Stellung nicht feuern.

13.15 Uhr Straßenkämpfe mit feindl. Panzern im Südteil Eupen.
1./Pz. Pi. Btl. 86 wurde beim Sperrenbau von Feindpanzern überrascht und umgangen. Die Verbindung zu dieser Komp. ist abgerissen.

14.00 Uhr Der Feind greift in Eupen in nordostwärtiger Richtung durch die Stadt an.
Ständig feindl. Fliegertätigkeit mit 40 bis 60 Maschinen im Abschnitt der Division. Eigene Flugabwehr nicht vorhanden.

14.30 Uhr Pz. Brig. 105 setzt sich unter starkem Feinddruck nach Nordosten ab, um sich der Einschließung zu entziehen.

16.00 Uhr Gefechtsstandwechsel nach Berlotte.

16.20 Uhr Feind besetzt Kettenis.

16.25 Uhr Der Feind besetzt Herbesthal. Btl. Schemm geht nach Südosten, Osten und Norden zurück. II./Pz. Art. Rgt. 102 im Stellungswechsel nach Norden.

17.45 Uhr Div. Gef. Std. verlegt nach Oberforstbach. Die Division hat allgemeine Linie Eynatten – Raeren erreicht und gliedert sich in dieser Linie zur Abwehr.
Div. Gef. Std. in Linzenshäuschen (3 km südl. Aachen).

18.00 Uhr Pz. Brig. 105 trifft mit 2 Panthern und 30 Mann in Eynatten ein. Rest der Pz. Brig. durch Tieffliegerangriffe versprengt, zum Teil vernichtet. Pz. Brig. richtet sich in Eynatten zur Verteidigung ein.
Feindpanzer dringen aus südwestl. Richtung nach Nordosten auf Hauset vor.

19.00 Uhr Raeren und Roetgen feindfrei. Dort eigene Gef.-Vorposten der Westwallbesatzung vom Ausb. Rgt. 253.

22.00 Uhr II./Pz. Art. Rot. 102 hat Stellung im Raum nörd. Eynatten bezogen mit Schwerpunkt der Feuerwirkung südl. Eynatten.
14 Feindpanzer im Laufe des Tages vernichtet.

Dienstag, 12. September 1944 **D + 98**
Das *Hauptquartier von General Eisenhower* teilt mit:
Vom rechten Flügel der amerikanischen 1. Armee wird

Major Bockhoff,
Kommandeur der Kampfgruppe Bockhoff

gemeldet, daß die Überschreitung der deutschen Grenze im Gebiet von Trier nach einem Überraschungsvorstoß durch Luxemburg von starken Verbänden durchgeführt wurde. Der Einmarsch in Deutschland wurde durch heftiges Artillerietrommelfeuer vorbereitet, und in den späten Abendstunden des Montags standen die Truppen nördlich von Trier 10 bis 15 km tief auf deutschem Gebiet. Die Außenbefestigungen des »Westwalls« sind damit erreicht. Auch an den übrigen Abschnitten der amerikanischen 1. Armee werden die Operationen in Richtung auf die deutsche Grenze fortgesetzt.

12. September 1944
Das *Oberkommando der Wehrmacht* gibt bekannt:
Im Westen scheiterten feindliche Angriffe bei Brügge, Gent und nördlich Antwerpen. Ein feindlicher Brükkenkopf über den Albert-Kanal nordwestlich Hasselt wurde zerschlagen. Schwacher Feind hält sich noch auf dem Nordufer. Nördlich Hasselt konnte der Gegner mit starken Infanterie- und Panzerkräften in Richtung Eindhoven vordringen. Gegenangriffe sind angesetzt. Besonders heftig waren die Kämpfe östlich und südöstlich Lüttich und im Raum von Metz, wo unsere Truppen den vordringenden Angriffsgruppen des Feindes erbitterten Widerstand leisteten. Südlich Nancy wurden bei einem erfolgreichen Angriff mehrere hundert Gefangene eingebracht. Starker feindlicher Druck von Süden gegen Vesoul hält an.

12. September 1944
Das *Hauptquartier von General Wilson* meldet:
General Patch hat jetzt die Fühlung mit der 3. US-Armee von General Patton aufgenommen, nachdem bereits vor kurzem Aufklärungsabteilungen der beiden

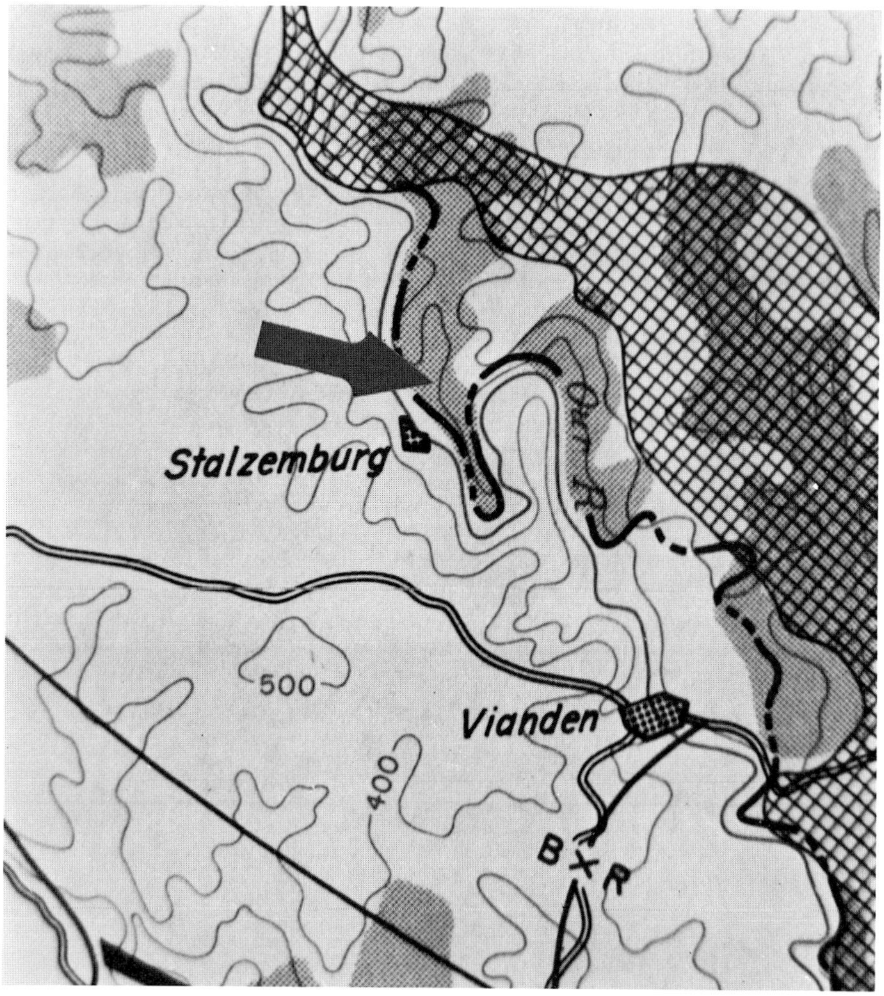

Östlich von Stolzenbourg überqueren am 11. September 1944 die ersten alliierten Soldaten die Reichsgrenze (Ausschnitt aus der orig. US-Army-Karte, Stalzemburg = Stolzenbourg)

Links: 12. September 1944:
Treff der Truppen von »Overlord«
mit den Truppen
der Operation »Anvil«

Seiten 292/293: 12. September 1944:
Der letzte Hügel vor Roetgen

Rechts: 12. September 1944:
US-Soldaten erreichen
auf ihrem Vormarsch
in Richtung Roetgen
die ersten Befestigungen
des Westwalls

Armeen versucht hatten, quer durch das noch von den Deutschen besetzte Gebiet den Kontakt herzustellen. Bei Sombernon, 30 km westlich von Dijon, vollzog sich nun der Zusammenschluß stärkerer Truppenteile der beiden Generäle, während gleichzeitig in der Umgebung von Besoul, weiter im Nordosten, Patrouillen der amerikanischen 3. und 7. Armee sich die Hände gereicht haben sollen.

Aus dem Kriegstagebuch der
»Kampfgruppe 9. Panzerdivision«

12. September 1944

12. 9. 1944 Div. Gef. Std. Linzenshäuschen, Krauthausen, Mausbach

01.00 Uhr Div. Begl. Kp. sichert durch Spähtrupps Gelände zwischen Eynatten und Raeren. Durch weitere Spähtrupps wird die Linie Raeren – Roetgen gesichert.

02.00 Uhr Pz. Jäg. Abtl. der 10. SS-Pz. Div. (Frundsberg) wird 9. Pz. Div. mit 2 Kpn. unterstellt. Auftrag: Eingliederung in die allgemeine Abwehrlinie der Division mit Schwerpunkt beiderseits Eynatten. Durch Vorstöße in Richtung auf Asteneth Verbindungsaufnahme mit 116. Pz. Div.

06.00 Uhr Pz. Jäg. Abt. der 10. SS-Pz. Div. hat befohlene Stellung bezogen.

07.20 Uhr Starkes feindl. Art. Feuer auf Eynatten und Westwallstellung südl. Oberforstbach.

09.00 Uhr Ständige Tätigkeit der feindl. Luftwaffe über dem Div. Abschnitt.

13.45 Uhr Der Feind nimmt Eynatten nach starkem Art. Feuerüberfall mit Bluffmunition (Art. Geschosse mit starkem Detonationsknall ohne Splitterwirkung). Pz. Brig. 105 geht auf Oberforstbach zurück.

14.30 Uhr Raeren und Berlotte vom Feind besetzt. Feindl. mot. Kolonnen werden im Vorgehen von Raeren und Roetgen beobachtet.

Spähtrupp der
1. US-Armee an der deutschen Grenze
12. September 1944
New York Times berichtet:
Mehrere Vorhuten der 1. US-Armee von General Hodges haben die deutsche Grenze erreicht. Trotz starken Widerstandes drangen sie in der vergangenen Nacht 15 km auf deutsches Gebiet ein. Nun stellt sich jeder die Frage, was unsere Truppen erwartet, wenn sie tief auf deutschen Boden vorstoßen.
Ob die Deutschen verzweifelt kämpfen oder zusammenbrechen werden? Gefangene, die heute wieder in großer Anzahl gebracht wurden, machen widersprüchliche Aussagen. Die überzeugten Nazis unter ihnen behaupten, daß die Deutschen bis zum äußersten kämpfen werden. Als wir sie fragten, warum sie es selbst nicht getan haben, zuckten sie mit den Schultern. Andere Gefangene wiederum prophezeiten, daß Deutschland – wenn wir erst einmal die Grenzen überschreiten – schnell kapitulieren wird und wir mehr Freunde als vermutet dort finden werden.
Die Antwort auf diese Frage, die über das Leben so vieler amerikanischer Soldaten entscheidet, hängt davon ab, ob Adolf Hitler und seine Gefolgschaft der Wehrmacht weiterhin ihren Willen aufzwingen können.

In der ersten eroberten deutschen Stadt **D + 99**

Mittwoch, 13. September 1944
New York Times berichtet:
Mit dem Vorstoß unserer Infanterie mit Panzerunter-

stützung ist Roetgen die erste deutsche Stadt, die von alliierten Truppen in diesem Krieg erobert wurde. Es war ein sehr interessantes Erlebnis.
Roetgen hat 2300 Einwohner. Als unsere Truppen sich gestern bis dorthin durchkämpften, fanden sie den Ort scheinbar verlassen vor. Die meisten Einwohner waren verängstigt in die umliegenden Wälder geflohen, andere versteckten sich in ihren Häusern. Viele hatten weiße Fahnen aus Bettlaken, Tischtüchern oder Handtüchern aus den Fenstern gehängt, um ihren Friedenswillen zu bekunden.
Nachdem unsere Panzer weiter vorgestoßen waren, zogen nachfolgende Truppen in die Stadt, um sie vor eventuellen deutschen Gegenangriffen zu verteidigen. Captain Gordon S. Thomas aus Brockton/Mass. wurde mit vier Soldaten, darunter Sergeant Gerard Schachne aus New York, 610 West, 150th Street, als Dolmetscher abkommandiert, um die Ordnung unter der Zivilbevölkerung aufrechtzuerhalten und für die Sicherheit unserer Truppen Sorge zu tragen. Diese Männer waren die ersten Vertreter alliierter Macht auf deutschem Boden.
Als Captain Thomas sich heute im Jeep mit Lautsprecher vor dem Postamt aufstellte, und eine Ansprache hielt, fungierte er zugleich als Militärgouverneur, Bürgermeister und Rechtsberater. Diese recht zufällige Aufgabe meisterte Captain Thomas mit Takt und Würde. Und er muß das so lange tun, bis die richtige alliierte Militärregierung seine Aufgabe übernimmt. Captain Thomas fand die örtliche Telefonzentrale noch intakt vor und sperrte sie sofort, um zu verhindern, daß militärische Informationen über unsere Frontlinie an den Gegner gelangen. Er befahl auch, daß sämtliche Waffen abzuliefern seien. Daraufhin brachten die Einwohner alle möglichen Waffen, auch die von deutschen Truppen hinterlassenen, und gaben sie im Postamt ab. Captain Thomas ordnete auch eine Sperrstunde an: kein Zivilist darf während der Dunkelheit auf der Straße angetroffen werden.
Im Laufe des Tages merkten die Einwohner, daß entgegen der Goebbels-Propaganda die Amerikaner keine geldgierigen Gangster sind, die zum Frühstück Babys verzehren. Allmählich kehrten die Einwohner aus den Wäldern zurück.
Als ich Roetgen heute am späten Nachmittag verließ, begann sich das Leben in der Stadt wieder zu normalisieren. Die Menschen standen vor ihren Häusern und betrachteten neugierig – und meiner Ansicht nach auch mit Respekt – unsere Truppen und die vorbeirollenden Panzer und Lkw. Einige lächelten, und ein paar winkten uns verstohlen zu, als wir vorbeifuhren. Die Atmosphäre war wirklich freundlicher als in Eupen, das eigentlich belgisch ist, wo trotzdem eine recht nationaldeutsche Stimmung herrschte. Dort wurden wir bestimmt nicht gern gesehen.

Roetgen, Bahnstation,
12. September 1944:
Die deutschen Truppen
haben sich gerade zurückgezogen

Roetgens Einwohner waren wütend auf ihren ehemaligen Bürgermeister, einen überzeugten Nazi aus Köln, der sich bereits am Samstag abgesetzt hat. Einer der Amtspersonen, die zurückblieben, ist Postmeister Wilhelm Kreitz, ein ruhiger Mann, der seit 30 Jahren seines Amtes waltet. Er gab offen zu, Mitglied der NS-Partei zu sein, wie es von allen im Staatsdienst verlangt wurde; aber er war gern bereit, mit uns zusammenzuarbeiten, um das Leben der Stadt wieder in Gang zu bringen. Er berichtete, daß die Lebensmittelversorgung schon lange unzureichend gewesen sei. Es gab zwar genügend Brot und Kartoffeln, aber nur wenig Fleisch und Fett. Er klagte, daß er in den letzten vier Jahren 30 Pfund abgenommen habe. »Die Menschen hier sind nicht haßerfüllt«, meint Postmeister Kreitz. »Wir sind an Fremde gewöhnt, wir wurden nach dem letzten Krieg bis 1926 von Franzosen und Belgiern besetzt. Ich bin bereit, mit den amerikanischen Behörden auf jede angemessene Weise zusammenzuarbeiten, um meiner Stadt zum normalen Leben zu verhelfen.«

Nachdem Captain Thomas begann, sich für die Stadt zu interessieren, die er so plötzlich verwalten sollte, erkundigte er sich zuerst nach der Polizei. Er stellte fest, daß Wilhelm Peters seit 31 Jahren das Amt des Polizeichefs von Roetgen bekleidete. Aber Herrn Peters Amt erforderte unter Hitlers Regime, daß er eine graugrüne Uniform mit Hakenkreuz trug, und er blieb taktvoll zu Hause. Captain Thomas schickte einen englischsprechenden Einwohner, um ihn zu holen. Herr Peters war recht nervös, als er in seiner ihn belastenden Uniform erschien.

Captain Thomas empfahl Herrn Peters daraufhin, seinen Dienst jetzt in Zivilkleidung auszuüben, die Captain Thomas mit einer Armbinde kennzeichnen würde, die seine Polizeigewalt dokumentiere. Dann schickte er Herrn Peters mit einem Panzerwagen als Begleitschutz nach Hause, um sicher zu sein, daß kein »schießfreudiger« Amerikaner ihn abknallte, bevor er sich seiner alten Uniform entledigen konnte.

Ein Einwohner Roetgens war besonders glücklich über

Oben: Postmeister Wilhelm Kreitz

Rechts: Polizeimeister Wilhelm Peters

Roetgen, Bahnstation,
12. September 1944:
Die beiden ersten US-Soldaten,
kurz danach an derselben
Stelle aufgenommen

das Erscheinen der Amerikaner: Resi, ein 12jähriges Mädchen, das Englisch gelernt hatte und gute Fortschritte beim Lesen in einem englischen Schulbuch machte. Diese Geschichten las sie jetzt jedem Amerikaner, den sie traf, laut vor, um sich über ihren Akzent und ihre Sprachkenntnisse zu erkundigen.
Für morgen wird eine Militärabteilung für Zivilangelegenheiten erwartet, die formell die alliierte Besatzungsmacht übernimmt in der Form, wie möglicherweise später eine alliierte Militärregierung. Dieses Amt für Zivilangelegenheiten soll auch Gesetze entwerfen, mit denen Deutschland während der Übergangszeit regiert wird. Der erste Schritt ist eine Proklamation von General Eisenhower, die eine strenge aber gerechte Verwaltung ankündigt.

Meine erste Begegnung mit den Amerikanern

Frau R. Schmeetz (»Resi«):
Die letzten Einwohner, die vor der herannahenden Front fliehen wollten, hatten den Ort bereits verlassen. Ganz dumpf nur hörte man in der Ferne den Donner der schweren Geschütze. Still saßen meine Eltern und ich im Keller eines Fachwerkhauses. Es wurde kaum gesprochen, denn keiner von uns wußte, was die nächsten Stunden bringen würden.
Da mein Vater, der eine sogenannte »Schlüsselstellung« innehatte – obwohl er nicht in der Partei war – mit uns wartete, bangte ich als Kind ganz besonders um ihn. Was würden die Amerikaner wohl mit ihm machen? Ich weiß nicht genau, wie viele Stunden wir so gesessen haben und in die Stille lauschten, als mein Vater den Vorschlag machte, doch einmal draußen nachzusehen.
Wir banden ein weißes Taschentuch an ein Stöckchen und gingen langsam in Richtung Reichsstraße, die durch den Ort führt. Kaum bogen wir um die Ecke der Jennepeterstraße, da sahen wir »die ersten Amerikaner« mit ihren Spähwagen und Panzern. Sie hatten am Straßen-

rand haltgemacht und legten gerade Kabel aus, um Verbindung zu ihrer Nachhut herzustellen. Mir schlug das Herz im Halse, aber die Soldaten lächelten freundlich, und ich sprach sie in meinem Schulenglisch an, so wie ich es mir vorher zurechtgelegt hatte. »Hallo soldiers, we are glad to see you and we hope, that you will finish the war!«
Jetzt wurden die Amerikaner munter. Sie fragten nach meinem Namen und meinem Alter und woher ich meine englischen Sprachkenntnisse hätte. Ich sagte ihnen, ich heiße »Resi«, sei zwölf Jahre alt, und mein Englisch hätte ich in der Schule gelernt. Da mußte ich das Schulbuch holen und ihnen daraus eine Geschichte vorlesen. Sie pfiffen und lachten; es war ihnen »eine ganz besondere Freude, ein deutsches Mädchen zu finden, das mit ihnen Englisch sprach«.
Ich bekam ein dickes Stück Schokolade, fand die Amerikaner reizend und ging ganz beruhigt mit meinem Vater nach Hause.

Die ersten Eindrücke aus Deutschland **D + 101**
Freitag, 15. September 1944, bei Roetgen
Ein Frontberichterstatter der *Associated Press* meldet: Zum erstenmal seit September 1939 haben wir wieder Kontakt mit der deutschen Bevölkerung. Er ist den Umständen entsprechend äußerst eigenartig und vielleicht auch keineswegs symptomatisch für das, was wir noch erleben werden; aber es scheint nichtsdestoweniger erwähnenswert. Unser Eindruck wurde in vier bisher besetzten deutschen Ortschaften gewonnen, von denen namentlich nur Roetgen und Echternach genannt werden dürfen. Zwar ist der größte Teil der Bevölkerung geflohen, aber es treffen doch zu den Verbliebenen immer mehr Frauen und Männer ein, die sich im Wald versteckgehalten hatten. Das erste Mißtrauen scheint geschwunden zu sein.

In Echternach zeigte sich die Bevölkerung sehr gastfreundlich und kam uns mit Obst und warmen Getränken entgegen. Ein Sprecher der Ortsbewohner – so bezeichnete er sich ausdrücklich – versicherte uns, man sei glücklich, von den Nazis befreit worden zu sein, die übrigens nicht einmal 25 Prozent der Einwohner ausgemacht hätten; gerade diese aber seien geflohen. Bald danach kam es zur ersten wirklichen Überraschung, als in einem Haus zwei russische Dienstmädchen angetroffen wurden. Ein Dolmetscher vermittelte die Unterhaltung: Die beiden Mädchen berichteten, sie seien nicht schlecht behandelt worden. Zwar hätten sie nie Lohn erhalten und waren gewissermaßen als Eigentum des Haushalts betrachtet worden, aber die Entlohnung in natura war ausreichend.
In Echternach ist die erste alliierte Ortsbehörde errichtet worden. Bei ihr merkte man am deutlichsten, wie sehr die Deutschen an »behördliche Regelung« gewohnt sind. Die merkwürdigsten Anliegen werden vorgetragen: Ob man zum Gottesdienst gehen dürfe, ob es gestattet sei, weiter die Ernte einzubringen, wieviel man essen dürfe, und dann vor allem immer wieder die Anfrage, ob nur »Zwangsarbeit unter der Aufsicht von alliierten Soldaten« zugelassen sei. Ein Bauer wollte wissen, ob er ein notgeschlachtetes Schwein abzuliefern habe. Die Furcht vor der Gestapo lebt weiter. Nur allmählich scheint man sich daran zu gewöhnen, daß alles, was man offen sagen möchte, auch laut und vernehmbar ausgesprochen werden kann. Ängstliche Seitenblicke sind dabei regelmäßig zu beobachten.

Maßnahmen bei Betreten deutschen Bodens
15. September 1944, Roetgen
In allen bisher von den alliierten Streitkräften besetzten deutschen Ortschaften ist eine von General Eisenhower unterzeichnete Proklamation angeschlagen worden:
». . . Wir kommen zwar als Sieger zu euch, aber nicht als Unterdrücker. Wir werden den Nationalsozialismus in allen seinen Erscheinungsformen auslöschen, alle Rassengesetze, alle Gesetze, die unter der Nazi-Ideologie erlassen wurden, werden mit sofortiger Wirkung außer Kraft gesetzt . . .«

Und so war es

D + 97 Am Montag, dem 11. September 1944 morgens, gibt Major General Oliver (5. US-Panzerdivision) seinen Aufklärungseinheiten, die in Luxemburg stehen, den Befehl, die deutsch-luxemburgische Grenze zu erkunden. Danach beauftragt der Kommandeur des Troop B, Captain K. M. Hayes, die 85. Cavalry Squadron, einen Spähtrupp zu entsenden. Die Wahl fällt auf Sergeant W. W. Holzinger mit seinen fünf Soldaten und Lieutenant L. A. Delille von der französischen Armee als Dolmetscher. Sergeant Holzinger: »Bevor wir zu unserem Einsatz starteten, nahm ich mir ein Walkie-Talkie, um mit unserem Gefechtsstand Kontakt zu halten. Wir arbeiteten uns durch ein dicht bewaldetes Hügelgelände bis zur Ortschaft Stolzenbourg. Von den

Einwohnern hatte ich erfahren, daß in der Nähe keine deutschen Truppen mehr seien. Ich war froh, daß ich nach so langer Zeit die deutsche Sprache noch beherrschte.« Wie der Zufall es will, ist der erste alliierte Soldat, der die deutsche Grenze überschritten hat, ein Deutsch-Amerikaner. Sergeant Holzingers Eltern stammen aus Fulda.
Um 16.30 Uhr überschreitet die Patrouille die Grenze: »Der Feind hatte die Brücke über die Our gesprengt, und uns blieb nichts anderes übrig, als den einige Meter breiten Fluß zu durchwaten. Auf deutscher Seite fanden wir bald eine Scheune, die sich beim Näherkommen als geschickt getarnter Bunker entpuppte. Wir brachen das

Links: Resi, ein 12jähriges Mädchen, ist die erste Deutsche, die die US-Truppen auf deutschem Boden begrüßt

Rechts: US-Sergeant W. W. Holzinger: Der erste alliierte Soldat, der die deutsche Grenze überschritten hat – ein Deutsch-Amerikaner

Unten: 11. September 1944, 18.33 Uhr: Meldung über die erste alliierte Patrouille auf deutschem Boden

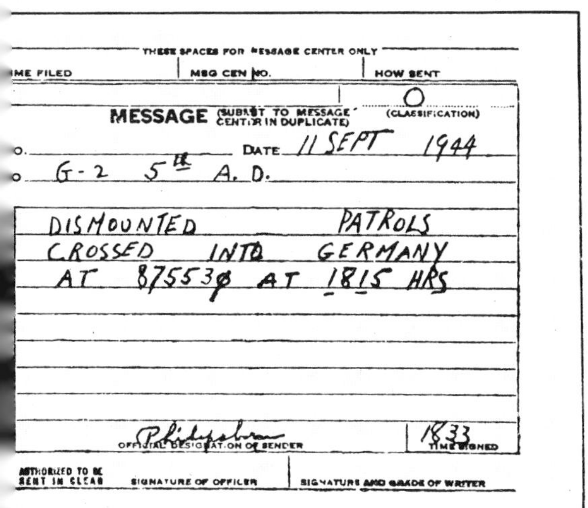
THESE SPACES FOR MESSAGE CENTER ONLY
TIME FILED | MSG CEN NO. | HOW SENT
MESSAGE (SUBMIT TO MESSAGE CENTER IN DUPLICATE) O (CLASSIFICATION)
NO. DATE 11 SEPT 1944
TO G-2 5th A. D.
DISMOUNTED PATROLS
CROSSED INTO GERMANY
AT 875530 AT 1815 HRS
OFFICIAL DESIGNATION OF SENDER | 1833 TIME SIGNED
AUTHORIZED TO BE SENT IN CLEAR | SIGNATURE OF OFFICER | SIGNATURE AND GRADE OF WRITER

verrostete Vorhängeschloß ab, das Innere war in gutem Zustand, aber leer.
Lieutenant Delille und ich sprachen einen auf dem Felde arbeitenden Bauern an, der, als er uns sah, ein recht erschrockenes Gesicht machte. Er erzählte uns, daß er die letzten deutschen Soldaten am Tage zuvor gesehen hatte, und gab uns den Hinweis, daß, wenn wir den schmalen Bergpfad hinter seinem Hof hinaufklettern würden, wir die erste Linie der Bunker sehen könnten. Und so gingen Lieutenant Delille, Soldat W. McColligan, der Bauer und ich über diesen Pfad etwa drei Kilometer ins Landesinnere und hatten tatsächlich einen fabelhaften Panoramablick.
Wir konnten mit unserem Feldstecher die Befestigungslinie genau studieren. Kein Mensch rührte sich da

drüben – die Siegfriedlinie war leer. Wir gaben dem Bauern unsere Zigaretten und hetzten nach Stolzenbourg zurück. Von dort aus gab ich sofort meinen Bericht an Lieutenant L. L. Vipond weiter.« (Vier Tage später, am 15. September 1944, fällt Sergeant Holzinger während eines Gefechtes auf deutschem Boden nahe Wallendorf.)
An diesem Tage steht die »Kampfgruppe 9. Panzerdivision« entlang der Straße Verviers–Eupen und versucht nach besten Kräften in der Gegend nordostwärts von Limburg, das Vordringen der US-Verbände nach Aachen zu verhindern. In dem hügeligen, von Wäldern durchzogenen Gelände ist die schwache Kampfgruppe der 9. Panzerdivision zwar kein Gegner für die weit überlegenen Kräfte der 1. US-Infanteriedivision und der 3. US-Panzerdivision, doch sind die Amerikaner von ihrem erbitterten Widerstand recht überrascht. Trotzdem muß nach dem verlustreichen Gefecht die Truppe am Nachmittag auf die an den Westwall anschließende Linie Oberforstbach–Roetgen zurückgenommen werden.
Zu gleicher Zeit überschreitet die britische 2. Armee (Lt.Gen. Dempsey) die belgisch-holländische Grenze.
Am 11. September 1944 wird die Armeegruppe G (GenOberst Blaskowitz) mit ihrer 1. und 19. Armee nun in Heeresgruppe G umbenannt.

D + 98 In der Nacht zum 12. September 1944, kurz nach 24.00 Uhr, sichern Teile der »Kampfgruppe 9. Panzerdivision« mit Spähtrupps die Linie Raeren – Roetgen, während letzte deutsche Truppen lautlos durch die Dunkelheit zur Verteidigung von Aachen ziehen.
In den Morgenstunden des 12. September rollt über die Route Nationale N. 71 zwischen Troyes und Dijon, etwa 250 km südlich von Paris, ein Sherman-Panzer, dahinter einige Jeeps, und am Ende der Kolonne zwei

Celebrate with WILLIAM YOUNGERS Scotch Ale

Daily Mail

LATE WAR NEWS

Treat with care for extra wear Bear Brand Utility Stockings

NO. 15,091 ONE PENNY * FOR KING AND EMPIRE THURSDAY, SEPTEMBER 14, 1944

FIRST GERMAN TOWN FALLS

Hodges' Men Crushing in the Siegfried Outposts: Holland Drive Going Well

Leads New Army

CANAL LINE OURS

TO-DAY, the 100th day of the Allied Western assault, brings news of sweeping successes by every one of the armies closing in on Germany. American First Army troops have captured their first German village—Rötgen; the British Second Army has forced the Germans to abandon the entire 45 miles of the Albert Canal line; the American Third Army is beginning to move on beyond the Moselle.

Rötgen, an outpost of the Siegfried Line south-east of Aachen, fell to an armoured task force commanded by Lieut.-Colonel Lovelady at 4.50 p.m. on Tuesday.

At first the Americans met only small arms fire: beyond the village they came up against the Siegfried defences proper.

These—great anti-tank blocks and massive pillboxes—were last night being assailed by the Americans, who are now fighting in the forest of Rötgen. One fort in the Line, presumably near Rötgen, has already been captured. North of Rötgen American troops, one and a half miles inside Germany, are entrenched on heights overlooking Aachen.

THE STORY OF **100 DAYS**

50 Days

50 DAYS.—Caen has been captured, a deep wedge driven south of Caumont, the Americans are beginning the great break-out.

The First Germans Were Glad

'Tired of War'

From ROBERT REUBEN

RÖTGEN, Germany, Wednesday Morning.

AMERICAN tanks which yesterday swept across the border into the almost deserted township of Rötgen are now tackling more formidable defences.

As the tanks rumbled into Germany they found only a few frightened but not unhappy citizens.

This is the first German village to be captured in the invasion and it was not hard.

Only a handful of people remained during the battle for the township. They stayed hidden in shelters, with white flags flying from the windows to indicate that whatever the Germany Army might do there was no resistance on their part.

I reached Rötgen yesterday 15 minutes after the first American

This Was the Epic of Mont Pincon

'Red Rose' Colonel and His Heroes

Mont Pincon, 1,200ft. highest point in Normandy, lay between Caen and the British advance on the Seine. It was in German hands, and from it enemy fire paralysed all movement over miles of country.

The 43rd Wessex Division, pinned down for seven hours on end, were given the order to attack.

A colonel, wearing a red rose on his battledress and swinging a cane, led his men forward, strolling casually over a bridge under heavy machine-gun fire.

His men, spurred on, took the bridge and the hill.

The full story of the action—one of the most crucial of the Normandy battle—is told to-day.

Throughout the whole advance in the west it has been the lot of our Allies to sweep across three countries, dragging the headlines with them. This story tells of the men who made those headlines possible.

THE assault on Mont Pincon was launched

Tricks Will Not Save Germans

QUEBEC PLANS THE END

From WILSON BROADBENT, Daily Mail Political Correspondent

QUEBEC, Wednesday.

FINAL plans for closing in on Germany and squeezing out the last ounce of resistance, as well as preparing for all kinds of eventualities which the Nazis at bay may have in mind, have occupied the largest part of Roosevelt's and Churchill's attention since they arrived here.

This much was admitted to me to-day by one closely connected with the deliberations. The two leaders and their Chiefs of Staff have obviously found it necessary in this penultimate stage of the European war to give it their exclusive attention.

This reflects the determination of those gathered here to speed up Germany's defeat in the field or collapse under pressure by every means at the disposal of the Allies.

These long deliberations may indicate additional military deve-

RUMANIA TO PAY RUSSIANS

In Reparations

RUMANIA is to hand to the Soviet Union 300,000,000 American dollars' worth

TITO RESCUES 692 BRITONS

»Erste deutsche Stadt gefallen«

Panzerspähwagen. Die Fahrzeuge tragen weiße Lothringer-Kreuze. Es ist eine Vorhut der französischen 2. Panzerdivision (Maj.Gen. Leclerc). Und Captaine Gaudet vom Kürassierregiment 12 hat den Auftrag, bis zum Dorf Charnesson vorzustoßen. Sie fahren schon gute 25 km über die von Pappeln beschattete N. 71 in Richtung Süden, ohne auf irgendwelchen Widerstand zu stoßen. Gegen 9.00 Uhr erreichen sie das in tiefem Frieden liegende burgundische Dorf Nod. In der Ortschaft machen sie Halt. Der Funker hat seine Meldung noch nicht ganz durchgegeben, als ihnen aus der Kurve von Süden her drei verstaubte Panzerspähwagen mit der Trikolore entgegenkommen. Captain Guérard von der 1. Division »Freies Frankreich« (Gen. Brosset) hat

Roetgen und Umgebung
(auf der Vorkriegskarte noch Rötgen geschrieben)

ebenfalls Nod erreicht. Die Soldaten der Invasionstruppen von den Normandiestränden und die von der Mittelmeerküste reichen sich die Hand.
Um 11.30 Uhr kapituliert Le Havre mit der Besatzung von 11 300 Mann, nachdem über 10 000 Tonnen Bomben abgeworfen wurden und die Stadt mehrere Tage lang unter dem Feuer schwerer Schiffsgeschütze lag.
Am 12. September 1944 wird in Moskau der Waffenstillstand Rumäniens mit der UdSSR, USA und Großbritannien unterzeichnet. Rumänien verpflichtet sich dabei, 12 Divisionen zum Kampf gegen deutsche und ungarische Streitkräfte aufzustellen.
Gegen Mittag wirkt Roetgen wie ausgestorben, nur von weit her sind einzelne Schüsse, ist Knattern von Maschinengewehren und das Donnern der Artillerie zu hören. Hoch unter wolkenlosem Himmel kreist ein silbriger Aufklärer. Die letzte deutsche Nachhut, die den Bahnhof schützen soll, zieht sich zurück.
Um 14.30 Uhr verzeichnet das Kriegstagebuch der »Kampfgruppe 9. Panzerdivision«: »Feindliche motorisierte Kolonnen werden vorgehend von Raeren auf Roetgen beobachtet.«
Und tatsächlich, um Punkt 14.30 Uhr rollt von Petergenzfeld auf die Schwerzfelder Straße in Roetgen ein einsamer Jeep mit drei amerikanischen Soldaten, einer wippenden Funkantenne und schußbereitem MG. Der Wagen bleibt am Straßenrand stehen, ein Soldat hantiert am Funkgerät und gibt eine Meldung durch.
Die erste deutsche Ortschaft ist soeben von alliierten Truppen erreicht worden.

Das Kriegstagebuch der 3. US-Panzerdivision (Maj.Gen. M. Rose) notiert:
»12. September 1944. Um 15.35 Uhr Ort Roetgen, an der Bahnlinie 10 Meilen südöstlich Aachen und 6 Meilen westlich des belgischen Eupen durch das Combat Command B, Task Force Lovelady (Lt.Col. William B. Lovelady) kampflos besetzt.«

Epilog

Fünf Tage nach dem Einmarsch in Roetgen, am Sonntag, dem 17. September 1944, startete Montgomery das bisher größte Luftlandeunternehmen, Codename »Market Garden«. Das Scheitern dieser Operation – nicht zuletzt durch harten deutschen Widerstand bei Arnheim – bedeutete für die Alliierten, die Hoffnung auf einen nahen Sieg aufgeben zu müssen. Etwas Unglaubliches geschah. Den Deutschen gelang es sowohl im Westen als auch im Osten noch einmal, zusammenhängende Fronten zu bilden. Eisenhower: »Bis Ende September 1944 betrugen die feindlichen Verluste an Toten, Verwundeten und Gefangenen annähernd eine Million Mann. Trotz dieser Verluste leisteten die deutschen Truppen weiterhin verbissenen Widerstand, sie kämpften nun auf ihrem eigenen ›heiligen Boden‹ mit noch größerer Hartnäckigkeit.«

Die Waffen drücken ihnen diesmal die Allierten selbst in die Hand: Neben der Forderung nach bedingungsloser Kapitulation gab der Morgenthau-Plan, der Deutschland ins Mittelalter zurückwerfen sollte, Goebbels die besten Argumente, dem deutschen Volk zu beweisen, daß die Alliierten nach der Vernichtung seiner Lebensgrundlagen trachteten: »Der schlimmste Krieg wäre immer noch besser als ein solcher Frieden.« So band die alliierte Politik die Bevölkerung noch enger an das NS-Regime und lieferte Tausenden von Deutschen einen vermeintlichen Grund, für Führer und Vaterland zu sterben. Übrigens hatte auch hier Stalin seine Hand im Spiel: Erst nach Jahren stellte sich heraus, daß ein am Morgenthau-Plan entscheidend mitwirkender Berater, Dexter White, Moskaus Agent war.

Ein nicht unwesentlicher Aspekt für die NS-Propaganda ist die Tatsache, daß Henry Morgenthau Jude war. Dies schien für Goebbels Grund genug zu sein, von der »jüdischen Weltverschwörung gegen das deutsche Volk« zu reden.

Hitler dachte nicht daran, den Kampf einzustellen. Fest davon überzeugt, daß sich der Ost-West-Gegensatz zuspitzen würde, hoffte er auf die von Reichsminister Speer und den NS-Gauleitern energisch vorangetriebene Rearmierung des Westwalls und die Aufstellung neuer Heeresverbände. Hitler äußerte bereits die

12. September 1944:
Während Roetgen genommen wird, dringen andere US-Truppen durch die Wälder in Richtung Aachen vor

Der Winter kommt: Vor dem ersten Frost erhalten die alliierten Soldaten warme Sachen, doch das versprochene Kriegsende ist noch nicht in Sicht

Absicht eines Gegenschlages im Westen »bei Nebel, Nacht und Schnee«.
Die Ardennen-Offensive vom 16. Dezember 1944, die mit einem taktischen Anfangserfolg begann und eine alliierte Großoffensive verschob, beraubte die Deutschen ihrer letzten strategischen Reserve. Ihr Fehlen ermöglichte der Roten Armee, die deutsche Front Mitte Januar 1945 an der Weichsel zu überrollen und bis an die Oder vorzustoßen.
Dieser Erfolg wiederum verschaffte Stalin eine starke Position auf der Jalta-Konferenz: Die Alliierten standen Ende Januar 1945 an der Westfront etwa noch dort, wo sie Ende September 1944 steckengeblieben waren. Und die Konzessionen, zu denen sich Roosevelt und Churchill in Jalta gezwungen sahen, entschieden die politische Entwicklung bis zum heutigen Tage.

Der ungewissen Zukunft entgegen: Deutsche Soldaten an der Westfront jener Tage

Anhang

Commando-Raids

vom 24. Juni 1940 – 18. Mai 1944

Operation »Neptune«

Die wichtigsten Marine-Einheiten (Allied Naval Forces):

FRANZÖSISCHE EXIL-MARINE

Kreuzer

Georges Leygues
Montcalm

Fregatten

La Decouverte
L'Aventure
La Surprise
L'Escaramouche

Zerstörer

La Combattante

Korvetten

Aconit
Renoncule

GRIECHISCHE EXIL-MARINE

Korvetten

Kriezis
Tompazis

GROSSBRITANNIEN

Schlachtschiffe

Ramillies
Rodney
Warspite

Kreuzer

Ajax
Arethusa
Argonaut
Belfast
Bellona
Black Prince
Danae
Diadem
Emerald
Enterprise
Frobisher
Glasgow
Hawkins
Mauritius
Orion
Scylla
Sirius

Monitore

Erebus
Roberts

Führungsschiffe

Bulolo
Hilary
Largs

Zerstörer

Algonquin
Ashanti
Beagle
Blankney
Bleasdale
Brissenden
Campbell
Cattistock
Cotswold
Cottesmore
Duff
Eglinton
Faulkner
Fury
Grenville
Haida
Hambledon
Hotham
Huron
Impulsive
Isis
Jervis
Kelvin
Kempenfelt
Melbreak
Middleton
Obedient
Offa
Onslaught
Onslow
Opportune
Oribi
Orwell
Pytchley
Saumarez
Savage
Scorpion
Scourge
Serapis
Sioux
Stevenstone
Swift
Talybont
Tanatside
Tartar
Ulster
Ulysses
Undaunted
Undine
Urania
Urchin

Ursa
Venus
Versatile
Verulam
Vesper
Vidette
Vigilant
Vimy
Virago
Vivacious
Volunteer
Wensleydale
Westcott
Wrestler

Fregatten

Chelmer
Halsted
Holmes
Retalick
Riou
Rowley
Stayner
Thornborough
Torrington
Trollope
Nith

Korvetten

Alberni
Armeria
Azalea
Campanula
Clarkia
Clematis
Clover
Godetia
Kitchener
Lavender
Mignonette
Mimico
Narcissus
Oxlip
Pennywort
Petunia
Pink

Kanonenboote

Hind
Magpie
Redpole
Stork

U-Boot-Jäger

Bombardier
Bressay
Coll
Damsay
Fiaray
Flint
Foulness
Fusillier
Gairsay
Gateshead
Grenadier
Hugh Walpole
Lancer
Lindisfarne
Lord Austin
Northern Foam
Northern Gem
Northern Gift
Northern Pride
Northernreward
Northern Sky
Northern Spray
Northern Sun
Northern Wave
Olvina
Sapper
Skye
Texada
Veleta
Victrix

Minensuchboote

Ardrossan
Bangor
Beaumaris
Blackpool
Blairmore
Bootle
Boston
Bridlington
Bridport
Britomart
Caraquet
Catherine
Cato
Cockatrice
Cowichan
Dornock
Dunbar
Eastbourne
Elgin
Fancy
Fort William
Fort York
Fraserburgh
Friendship
Gazelle
Georgian
Gleaner
Gorgon
Gozo
Grecian
Guysborough
Halcyon
Harrier
Hound
Hussar
Hydra
Ilfracombe
Jason
Kellet
Kenora
Larne
Lennox
Lightfoot
Llandudno
Loyalty
Lydd
Lyme Regis
Malpeque
Melita
Milltown
Minas
Onyx
Orestes
Pangbourne
Parrsboro
Pelorus
Persian
Pickle
Pincher
Pique
Plucky
Poole
Postillion
Qualicum
Rattlesnake
Ready
Recruit
Rifleman
Romney
Ross
Rye
Salamander
Saltash
Seagull
Seaham
Selkirk
Shippigan
Sidmouth
Speedwell
Steadfast
Sutton
Tadoussag
Tenby
Vestal
Wasaga
Wedgeport
Whitehaven
Worthing

HOLLÄNDISCHE EXIL-MARINE

Kanonenboote

Flores
Soemba

NORWEGISCHE EXIL-MARINE

Zerstörer

Glaisdale
Stord
Svenner

POLNISCHE EXIL-MARINE

Kreuzer

Dragon

Zerstörer

Blyskawica
Krakowiak
Piorun
Slazak

USA

Schlachtschiffe

Arkansas
Nevada
Texas

Kreuzer

Augusta
Quincy
Tuscaloosa

Zerstörer

Baldwin
Barton
Butler
Carnick
Cherardi
Corry
Doyle
Ellyson
Endicott
Fitch
Forrest
Frankford
Glennon
Hambleton
Harding
Herndon
Hobson
Jeffers
Laffey
McCook
Meredith
Murphy
Nelson
O'Brien
Plunkett
Rodman
Satterlee
Shubrick
Thompson
Walker

Führungsschiffe

Ancon
Bayfield

Fregatten

Borum
Maloy

Patrouillenboote

484	617	1233
552	618	1252
564	619	1261
565	1176	1262
567	1225	1263
568	1232	

Insgesamt am D-Day beteiligt:

138	Kriegsschiffe als Artillerieunterstützung
221	Zerstörer, Fregatten und Korvetten als Konvoisicherung
287	Minensuch- und Räumboote
936	Kleinkampfschiffe (Schnellboote, Kanonenboote, Motorbarkassen) für div. Aufgaben
58	U-Boot-Jäger
864	Handels- und Transportschiffe
4 126	Landungsschiffe, von denen die Mehrzahl selbst den Kanal überquert hat
über 300	div. Klein-Amphibien-Fahrzeuge

zusammen etwa 6 900 Einheiten, davon an Kriegsschiffen:

79 %	brit. und kanad.
16 ½ %	US-Navy
4 ½ %	Exil-Marine anderer Alliierter, davon meist von der franz. Freien Marine

Offizier- und Mannschaftsstärke der Kriegsschiffe, Landungsschiffe und Transporter:

Großbritannien/Kanada	112824
US-Navy	52889
Exil-Marine anderer All.	4988
insgesamt:	170701
Alliierte Handelsmarine	25000
insgesamt:	**195701**

Verluste:

Kriegsschiffe: 2 Zerstörer versenkt (davon der norwegische Zerstörer »Svenner« durch Torpedos)

Landungsfahrzeuge (versenkt oder verunglückt):

Panzerlandungsboote (LCT)	131
Unterstützungsfahrzeuge (LCA)	117
Inf. Landungsboote (LCI)	43
insgesamt:	**291**

Davon durch deutsche Marine- und Heeresküstenbatterien 6 Landungsboote versenkt.

LUFTSTREITKRÄFTE

Allied Expeditionary Force	*Air Chief Marshal* Leigh-Mallory
Royal Air Force, Air Defence of Great Britain	*Air Marshal* Hill
Royal Air Force, Airborne and Transport Force	*Air Vice Marshal* Hollinghurst
Royal Air Force Coastal Command	*Air Chief Marshal* Sholto-Douglas

Ninth Air Force	*Lt.Gen.* Brereton – USAAF (9. Luftflotte)
IX Bomber Command	*Brig.Gen.* Anderson – USAAF
IX Tactical Air Command	*Maj.Gen.* Quesada – USAAF
XIX Tactical Air Command	*Brig.Gen.* Weyland – USAAF
IX Troop Carrier Command	*Brig.Gen.* Williams – USAAF
Second Tactical Air Force	*Air Marshal* Coningham – RAF
2nd Bomber Group	*Air Vice Marshal* Embry – RAF
83rd Composite Group	*Air Vice Marshal* Broadhurst – RAF
84th Composite Group	*Air Vice Marshal* Brown – RAF
85th Base Group	*Air Vice Marshal* Cole – Hamilton – RAF

Während der Invasion operativ SHAEF unterstellt:

ALLIED STRATEGIC AIR FORCE:

Eight Air Force	*Lt.Gen.* Doolittle – USAAF (8. Luftflotte)
RAF-Bomber-Command	*Air Chief Marshal* Harris – RAF

Insgesamt beteiligt:	US-Maschinen	6080
	brit./kanad. und andere Alliierte	5510
	Lastensegler (US + GB)	3500
	insgesamt:	**11590**

mit rund 31000 Mann Besatzung (die transportierten Luftlandetruppen nicht gerechnet). Die alliierten Luftflotten haben am D-Day 10743 Einsätze geflogen und 11912 t Bomben abgeworfen.

Vom Einsatz der deutschen Luftwaffe liegen keine Angaben vor. Die Luftflotte 3 (GFM Sperrle) zählt 320 startklare Maschinen. So kommen auf 1 deutsches Flugzeug 28 alliierte.

Am D-Day werden für die Luftlandeoperation eingesetzt:

US – 1662 Flugzeuge und 512 Lastensegler

GB – 733 Flugzeuge und 355 Lastensegler

Verluste:

127 Flugzeuge und Lastensegler zerstört (überwiegend durch deutsche Flak, die Lastensegler meistens bei der Landung)

63 Flugzeuge und Lastensegler beschädigt

Rangbezeichnung

Commonwealth	USA	Deutschland Wehrmacht	Waffen-SS
Field Marshal	General of the Army	Generalfeldmarschall	– Reichsführer-SS
General	General	Generaloberst	– Oberstgruppenführer
Lieutenant General	Lieutenant General	General der – Artillerie – Fallschirmtruppen – Flakartillerie – Flieger – Gebirgstruppen – Infanterie – Kavallerie – Luftnachrichtentruppen – Luftwaffe – Nachrichtentruppen – Panzertruppen – Pioniere	– Obergruppenführer (General der Waffen-SS)
Major General	Major General	Generalleutnant	– Gruppenführer
Brigadier	Brigadier General	Generalmajor	– Brigadeführer
—	—	—	– Oberführer
Colonel	Colonel	Oberst	– Standartenführer
Lieutenant Colonel	Lieutenant Colonel	Oberstleutnant	– Obersturmbannführer
Major	Major	Major	– Sturmbannführer
Captain	Captain	Hauptmann	– Hauptsturmführer
First Lieutenant	First Lieutenant	Oberleutnant	– Obersturmführer
Second Lieutenant	Second Lieutenant	Leutnant	– Untersturmführer

Gliederung der deutschen Wehrmacht im Invasionsraum am 6. Juni 1944

Heer

Oberbefehlshaber West (OB West)	*Generalfeldmarschall* v. Rundstedt
Chef des Stabes	*GenLt.* Blumentritt
Heeresgruppe B (H.Gr.B)	*Generalfeldmarschall* Rommel
Chef des Stabes	*GenLt.* Dr. Speidel
7. Armee	*GenOberst* Dollmann
Chef des Stabes	*GenMaj.* Pemsel
LXXXIV. Armee-Korps	*Gen.d.Art.* Marcks
709. Inf.Div. (bodenständige, ohne eigene Transportmittel)	(11 Btl.) Ostküste Cotentin
243. Inf.Div.	(6 Btl., 3 Art.Abt.) Cotentin
91. Luftlande-Div.	(6 Btl., 3 Art.Abt.) Cotentin
6. Fallschirmj.Rgt.	(15 Komp.) südwestl. Carentan
352. Inf.Div.	(9 Btl., 3 Art.Abt.) Calvados-Küste
716. Inf.Div. (bodenständige, ohne eigene Transportmittel)	(6 Btl., 3 Art.Abt.) Calvados-Küste

Kriegsmarine

Marinegruppenkommando West	*Admiral* Krancke
Chef des Stabes	*K.Adm.* Karl Hoffmann
8. Zerstörer-Flottille	
5. Torpedoboot-Flottille	
Führer der Schnellboote (FdS)	*F.Kpt.* Petersen
4. und 5. S-Boot-Fl. im Raum Le Havre	
9. S-Boot-Fl. im Raum Cherbourg	
Befehlshaber der Sicherung West (BSW)	*K.Adm.* Breunig
Kdr. Admiral Kanalküste	*V.Adm.* Rieve
Kommandant der Seeverteidigung Normandie	*K.Adm.* Hennecke
Führer der U-Boote West (FdU West)	*Kpt.z.S.* Rösing

Luftwaffe

Luftflotte 3	*Generalfeldmarschall* Sperrle
II. Jagdkorps mit 4. u. 5. Jagddiv.	*GenMaj.* Junck
II. Fliegerkorps	*GenLt.* Bülowius
IX. Fliegerkorps	*GenMaj.* Peltz
X. Fliegerkorps	
2. Fliegerdivision	
17 Kampfgruppen der K.G. 2, 6, 26, 30, 40, 51, 54, 66, 77, 100	
6 Jagdgruppen der J.G. 2 und 26	
3 Nachtjagdgruppen der N.J.G. 4 und 5	
III. Flakkorps	*Gen.d.Flakart.* Pickert

Gliederung der alliierten Invasions-Streitkräfte

Supreme Headquarters, Allied Expeditionary Force (SHAEF):

Supreme Commander	*General* Eisenhower (USA)
Deputy Supreme Commander	*Air Chief Marshall* Tedder (RAF)
Chief of Staff	*Lt.Gen.* Bedell Smith (USA)
Deputy Chief of Staff	*Lt.Gen.* Morgan (GB)
Deputy Chief of Staff	*Lt.Gen.* Gale (GB)
Deputy Chief of Staff	*Air Vice Marshall* Robb (RAF)

Landstreitkräfte

Landstreitkräfte	**Twenty-First Army Group**		*General* Montgomery – GB (21. HGr.)
	First U.S. Army		*Lt.Gen.* Bradley (1. US-Armee)
	VII Corps	Utah	*Maj.Gen.* Collins – USA
	4th US Infantry Division		
	90th US Infantry Division		
	9th US Infantry Division		
	Airborne Troops (Luftlandetr.)	Halbinsel Cotentin	
	82nd US Airborne Division		
	101st US Airborne Division		
	V Corps	Omaha	*Maj.Gen.* Gerow – USA
	1st US Infantry Division		
	2nd US Infantry Division		
	2nd US Armored Division		
	Second British Army		*Lt.Gen.* Dempsey – GB (2. brit. Arm.)
	XXX Corps	Gold	*Lt.Gen.* Bucknall – GB
	50th British Infantry Division		
	7th British Armored Division		
	49th British Infantry Division		
	I Corps	Juno/Sword	*Lt.Gen.* Crocker – GB
	3rd Canadian Infantry Division		
	51st British Infantry Division		
	3rd British Infantry Division		
	Airborne Troops (Luftlandetr.)	Raum Caen	
	6th British Airborne Division		

Landstreitkräfte D-Day

US-Sector	Soldaten	
– Utah	23 250	4th US Infantry Division/VII Corps
– Omaha	34 250	1st US Infantry Division/V Corps
	57 500	
British/Canadian-Sector		
– Gold	24 970	50th British Infantry Division/XXX Corps
– Juno	21 400	3rd Canadian Infantry Division/I Corps
– Sword	28 845	3rd British Infantry Division/I Corps
	75 215	
insgesamt:	**132 715**	

Luftlandetruppen (Fallschirmjäger und mit Lastensegler):

US-Truppen	15 500	
brit./kan. Truppen	7 990	
	23 490	

Insgesamt landeten am D-Day 156 205 Mann mit etwa 50 000 Fahrzeugen, davon um 1 000 Panzer.

Verluste (Gefallene, Verwundete, Vermißte):

US-Truppen	6 000	
brit./kan. Truppen	4 300	
insgesamt etwa	**10 000**	(davon 1/3 Gefallene)

(Lediglich die kanadische Regierung hat die Verluste vom D-Day veröffentlicht. Amerikanische und britische Unterlagen geben nur ungefähre Zahlen an.)

Die deutschen Verluste (Gefallene, Verwundete, Vermißte) liegen zwischen 4 000–9 000 Mann.

Seestreitkräfte

Allied Naval Expeditionary Force (Alliierte Marine-Expedit.Streitkräfte)		*Admiral* Ramsay – GB
Western Task Force		*Rear Admiral* Kirk – US
Assault Force O	Utah	*Rear Admiral* Moon – US
Minesweeper Group		4. U.S. Div.
Assault Groups Red, Green		
Escort Group		
Bombardment Group		*Rear Admiral* Devo – US
Assault Force O	Omaha	*Rear Admiral* Hall – US
Minesweeper Group		1. U.S. Div.
Assault Groups O–1, O–2, O–3, O–4		
Escort Group		
Bombardment Group		*Rear Admiral* Bryant – US
Follow-Up Force B	Omaha	*Commodore* Edgar
Convoys B–1, B–2, B–3, B–4		29. U.S. Div.
Eastern Task Force		*Rear Admiral* Vian – GB
Assault Force G	Gold	*Commodore* Douglas-Pennant – GB
Minesweeper Group		50. brit. Div.
Assault Groups G–1 bis G–10		
Escort Group		
Bombardment Group		
Assault Force J	Juno	*Commodore* Oliver – GB
Minesweeper Group		3. canad. Div.
Assault Groups J–1 bis J–13		
Escort Group		
Bombardment Group		
Assault Force S	Sword	*Rear Admiral* Talbot – GB
Minesweeper Group		3. brit. Div.
Assault Groups S–1 bis S–8		
Escort Group		
Bombardment Group		
Follow-Up Force L – 7. brit. Armored Div.		*Rear Admiral* Parry – GB
Convoys L–1 bis L–4		

Bibliographie

ALLIED FORCES, *Supreme Headquarters, Report by the Supreme Commander to the Combined Chiefs of Staff on the Operations in Europe of the Allied Expeditionary Force* (6 June 1944 to 8 May 1945). Government Printing Office, Washington D.C. 1946

AMERICAN FORCES in Action Series: *Omaha Beachhead* (6 June – 13 June 1944). U.S. Department of the Army Historical Division, Washington D.C. 1945

AMERICAN FORCES in Action Series: *Utah Beach to Cherbourg* (6 June – 27 June 1944). U.S. Department of the Army, Historical Division, Washington D.C., o. J.

AMOUROUX, H.: *La Vie des Français sous l'Occupation,* Vol. 1., Paris 1961

BEKKER, C.: *Einzelkämpfer auf See,* Oldenburg 1968

BLASKOWITZ, J.: *German Reaction to the Invasion of Southern France,* FMS, MS. A-868, 1.

BLUMENSON, M.: *The Patton Papers 1940–1945,* Boston 1974

BLUMENTRITT, G.: *OB West and the Normandy Campaign,* 6 June – 24 July 1944, MS. B-284

BLUMENTRITT, G.: *A Study in Command,* Bd. I, II, III, MS. B-344

BLUMENTRITT, G.: *German Soldier Morale,* Washington D.C. OCMH, MS. B-338

BLUMENTRITT, G.: *Bemerkungen gegenüber einem britischen Armeeoffizier,* 7. Juni 1945, CSDIC-Report SRGG 129 C

BLUMENTRITT, G.: *Chain of Command in the West,* Washington D.C. OCMH, MS. C-069a

BLUMENTRITT, G.: *V. Corps (US) Operations Plan OB West,* Washington D.C. OCMH, MS. B-637

BRADLEY, O. N.: *A Soldier's Story,* New York 1951

BRITISH BROADCASTING CORPORATION, *War Report,* Oxford 1946

BUCKLEY, CH.: *The Second World War, 1939–1945:* Norway, The Commandos, Dieppe. London, HMSO 1951

BUTCHER, H. C., USNR: *My Three Years with Eisenhower,* New York 1946

BUTLER, J. R.M.: *Grand Strategy,* Vol. II September 1939 – June 1941 *(History of the Second World War:* United Kingdom Military Series). London, HMSO 1957

CHURCHILL, W. S.: *Der Zweite Weltkrieg, Stuttgart 1954*

CHOLTITZ, v. D.: *Soldat unter Soldaten,* Konstanz 1951

CRAVEN, W. F., and CATE, J. L. (eds). Europe: *Torch to Pointblank,* August 1942 to December 1943. *(The Army Air Force in World War II. Vol. II.)* Chicago 1949

CRAVEN, W. F., and CATE, J. L. (eds). Europe: *Argument to V-E Day, January 1944 to May 1945. (The Army Air Force in World War II.* Vol. III) Chicago 1951

DEMPSEY, M. C.: *Operations of the 2nd Army in Europe,* London, HMSO 1957

DIHM, F.: *Rommel and the Atlantic Wall* (Dez. 1943 – Juli 1944), MSS. B-259, B-352, B-353

DORSCH, X.: *Organization Todt-Operations in the West,* FMS, MS. B-671, 10

EDEN, R. A., EARL OF AVON: *The Eden Memoirs,* London 1960–1965

EHRMAN, J.: *Grand Strategy,* Vol. V. August 1943 – September 1944. *(History of the Second World War:* United Kingdom Military Series.) London, HMSO 1956

EISENHOWER, D. D.: *Report by the Supreme Commander of the Combined Chiefs of Staff on the Operations in Europe of the Allied Expeditionary Force 6 June 1944 to 8 May 1945,* London 1946

ELLIS, L. F.: *Victory in the West,* Vol. 1, *The Battle of Normandy,* London, HMSO 1962

ESPOSITO, V. J., USA (Ret.), chief ed., : *The West Point Atlas of American Wars,* Vol. II, 1900-1953. The Department of Military Art and Engineering, The United States Military Academy, New York 1959

FEUCHTINGER, E.: *21st Panzer Division in Combat Against American Troops in France and Germany,* MS. A-871

FIRST CANADIAN ARMY *Intelligence Summaries (Nachrichtendienst-Übersichten der 1. Kanadischen Armee),* 1944

FIRST U.S. ARMY *G-2 Reports (G-2-Berichte der 1. US-Armee),* 1944

GALE, SIR R.: *With the 6th Airborne Division in Normandy,* London 1948

DE GAULLE, CH.: *Memoires de guerre,* Paris 1954–1959

GAVIN, J. M.: *On to Berlin: Battles of an Airborne Commander 1943–1946,* New York 1978

GOEBBELS, J.: *The Goebbels Diaries,* London 1946

GREENFIELD, K. R., ed., *Command Decisions, Department of the Army,* Office of the Chief of Military History 1960
GWYER, J. M. A., and J. R. M. BUTLER: *Grand Strategy,* Vol. III. June 1941 – August 1942. (History of the Second World War: United Kingdom Military Series.) London, HMSO 1964

HAUSSER, P.: *Waffen-SS im Einsatz,* Göttingen 1953
HERMANN, C. H.: *Die 9. Panzer-Division,* Friedberg 1976
HEYDTE, F. FRHR. v. d.: *A German Parachute Regiment in Normandy,* MS. B-839
HAYN, F.: *Die Invasion,* Heidelberg 1954

JAMES, C.: *I Was Monty's Double,* London 1954
JOSLEN, H. F. (Hrsg.): *Orders of Battle: 1939–1945,* Bd. I, United Kingdom Military History series, London, HMSO 1960

KRAMINOW, O. F.: *Frontberichterstatter im Westen,* »Snamja«, Nr. 10, Moskau 1947

MACZEK, S.: *Od Podwody Do Czolgu,* London 1960
MAISKII, I.: *Memoirs of a Soviet Ambassador;* The War: 1939–1943, New York 1968
MARSHALL, G. C.: *Reports to the Secretary of War,* Washington D.C.: Government Printing Office, 1943, 1945
MASTERMAN, J. C.: *The Double-Cross-System in the War of 1939 to 1945,* London 1972
MEYER, H.: *12. SS-Panzerdivision Hitler-Jugend Juni bis September 1944,* Washington D.C., OCMH, MS. P-164
MONTGOMERY, V.: *Von der Normandie zur Ostsee,* Berlin 1948
MONTGOMERY, V.: *Memoiren,* München 1958
MORGAN, SIR F.: *Overture to Overlord,* London 1950
MORISON, S. E.: *History of United States Naval Operations in World War II,* Vol. 11, *The Invasion of France and Germany* 1944–1945, New York 1975

OTWAY, T.: *The Second World War 1939–1945 – Airborne Forces,* London, HMSO 1952

PATTON, G. S., JR.: *War As I Knew It.* Boston 1947, Deutsche Ausgabe: *Krieg, wie ich ihn erlebte,* Bern 1950
PEMSEL, M.: *Seventh Army (Juni 1942 – Juni 1944),* MS. B-234; *Seventh Army (6. Juni – 29. Juli 1944),* MS. B-763
PEMSEL, M.: *Preparations for Invasion,* Washington D.C., OCMH, MS. B-234
PEMSEL, M.: *U.S. Fifth Corps Operations Plan,* Washington D.C., OCMH, MS. B-656
PICKER, H. (ed.): *Hitlers Tischgespräche im Führerhauptquartier 1941–42,* Stuttgart 1963
PIEKALKIEWICZ, J.: *Spione, Agenten, Soldaten,* München 1969
PIEKALKIEWICZ, J.: *Luftkrieg 1939–1945,* München 1978
PLAYFAIR, I. S. O.: *The Mediterranean and the Middle East.* 4 Bde., London 1956–1966
POGUE, F. C.: *The Supreme Command. (United States Army in World War II. European Theater of Operations.)* Washington D.C., OCMH 1954
POWLEY, A. E.: *Broadcast from the Front (Canadian Radio Overseas in the Second World War),* Ottawa 1975

REILE, O.: *Geheime Westfront,* München 1962
RIDGWAY, M. B., USA (Ret.), *Soldier: The Memoirs of Matthew B. Ridgway,* New York 1956
ROMMEL, E.: *Krieg ohne Haß,* Hrsg. Frau Lucie-Maria Rommel und Generalleutnant Fritz Bayerlein, Heidenheim/Brenz 1950
ROMMEL, E.: *Rommel Papers,* Hrsg. v. B. H. Liddell Hart, New York 1953
ROSKILL, S. W.: *The War at Sea 1939–1945,* Vol. II, *The Period of Balance,* London, HMSO 1956
RUGE, F.: *Rommel und die Invasion,* Stuttgart 1959
RUGE, F.: *Rommel and the Atlantic Wall* (Dez. 1943 – Juli 1944), MSS. A-982, B-282
RYDER, R. E. D.: *The Attack on St. Nazaire, 28th March 1942,* London 1947

SAUNDERS, H. ST. G.: *Royal Air Force 1939–1945,* Vol. 3, *The Fight is Won,* London, HMSO 1975
SAUNDERS, H. ST. G.: *The Red Beret: The Story of the Parachute Regiment at War 1940–1945,* London 1950
SCHLIEBEN, K.W. V.: *The German 709th Infantry Division During the Fighting in Normandy,* MS. B-845
SCHWEPPENBURG, L. G. FRHR. V.: *Panzer Group West* (Mitte 43 bis 5. Juli 44), MS. B-258
SECOND BRITISH ARMY *Intelligence Summaries (Nachrichtendienst-Übersichten der 2. Britischen Armee),* 1944
SEVENTH U.S. ARMY *G-2-Reports (G-2-Berichte der 7. U.S. Armee),* 1944
SHAEF WEEKLY *Intelligence Summaries (SHAEF Wöchentliche Nachrichtendienst-Übersichten),* 1944
SOVIET COMMISSION on Foreign Diplomatic Documents, Correspondence between the Chairman of the Council of Ministers of the USSR and the Presidents of the USA and the Prime Minister of Great Britain during the Great Patriotic War of 1941–1945, Moskau 1957
SPEER, A.: *Erinnerungen,* Frankfurt/Main 1969
SPEIDEL, H.: *Invasion 1944,* Tübingen 1949
STACEY, C.P.: *Canada's Battle in Normandy: The Canadian Army's Share in the Operations 6 June – 1 September 1944,* Ottawa: The King's Printer, 1946
STACEY, C. P.: *Official History of the Canadian Army in World War II,* Ottawa: The Queen's Printer. Bd. 3, *The Victory Campaign Operations in North-West Europe, 1944–1945,* 1960
STAGG, J. M.: *Forecast for Overlord, June 6, 1944,* London 1971
ST. LÔ (7 July – 19 July 1944), *American Forces in Action Series.* U.S. Department of the Army Historical Division, Washington, D.C. 1946
STANFORD, A. B.: *Force Mulberry,* New York 1951
STAUBWASSER, A.: *Die Feindbeurteilung durch Heeresgruppe B vor der Invasion,* 1947, Washington D.C., OCMH, MS. B-675
STAUBWASSER, A.: *Die Alarm-Frage in der Invasions-Nacht* (5./6. Juni 1944), 1947, Washington D.C., OCMH

TASSIGNY, DE LATTRE DE: *The History of the French First Army,* London 1952
THIRD U.S. ARMY *G-2-Reports (G-2-Berichte der 3. U.S.-Armee),* 1944

TRUSCOTT, L. K., JR.: *Command Missions: A Personal Story,* New York 1954

TWELFTH ARMY GROUP *G-2-Reports (G-2-Berichte der 12. Armeegruppe),* 1944

TWENTY-FIRST ARMY *Group Intelligence Reviews (Nachrichtendienst-Rundschau der 21. Armeegruppe),* 1944

UNITED STATES ARMY *in World War II, The European Theater of Operations.* Office of the Chief of Military History, Department of the Army:
BLUMENSON, M.: *Breakout and Pursuit,* 1961
COLE, H. M.: *The Lorraine Campaign,* 1950
MACDONALD, CH. B.: *The Siegfried Line Campaign,* 1963
POGUE, F. C.: *The Supreme Command,* 1954
RUPPENTHAL, R. G.: *Logistical Support of the Armies,* 2 vols. 1959

UNITED STATES ARMY *in World War II, The European Theater of Operations.* Office of the Chief of Military History, United States Army:
HARRISON, G. A.: *Cross-Channel Attack,* 1951
POGUE, F. C.: *The Supreme Command,* 1954
RUPPENTHAL, R. G.: *Logistical Support of the Armies,* Vol. 1, May 1941 – September 1944, 1953

WARLIMONT, W.: *Im Hauptquartier der deutschen Wehrmacht, 1939–1945,* Frankfurt/Main 1962

WAR OFFICE *Intelligence Reviews (Nachrichtendienst-Rundschau des Kriegsministeriums),* London 1940–1944

WILMOT, CH.: *Der Kampf um Europa,* Frankfurt/Main 1954

WILSON, LORD: *Reports by the Supreme Allied Commander, Mediterranean, to the Combined Chiefs of Staff,* Washington D.C., London, HMSO 1946–48

ZIEGELMAN, F.: *Additional Orientation on the Operation Plan V. Corps (US) Captured by 352 Inf. Div. on 7 June 1944,* MS. B-636

Dokumente

The Guides to Records Microfilmed at Alexandria, Va. (68 vols. Washington: National Archives, 1955 ff.).

The Guides to German Records Microfilmed at Alexandria, Va., No. 40, Records of German Field Commands, Army Groups, Part I.

Oberbefehlshaber West, Ia Nr. 146/41 g. Kdos. Ch., »Einheitliche Befehlsführung bei Abwehrkampfhandlungen im Küstengebiet im Westen«, 3. 4. 1941, National Archives Microcopy T-78 (Records of Headquarters, German Army High Command), Roll 317, Frame 6270989.

Oberbefehlshaber West, Ia Nr. 1002/42 g. Kdos., »Küstenverteidigung«, 28. 4. 1942, T-312/502/8096973.

Oberbefehlshaber West, Ia Nr. 2550/42 g. Kdos., »Gefechtsbericht über Feindlandung bei und beiderseits Dieppe am 19. 8. 1942«, 3. 9. 1942, T-312/504/8099465.

(Oberkommando des Heeres), Op. Abt. IIa, »Führerrede zum Ausbau des Atlantik-Walls am 29. 9.«, 3. 10. 1942, T-312/23/7429710.

Der Oberbefehlshaber West, Ia Nr. 673/43 g. Kdos. Ch., »Vorbereitung für den Kampf«, 18. 11. 1943, T-78/317/6271440-6271444.

Oberbefehlshaber West, g. Kdos., »Notizen zur Besprechung der Befehlshaber West am 8. 5. 1944 in Paris«, T-311/24/7028385, T-311/24/7028776, T-311/24/7028952, T-=11/24/7029166.

O. T. Einsatzgruppe West, »Monatliche Betonleistungen seit Beginn der Bauarbeiten«, n. d., T-311/25/1030171.

Geheime Berichte des Sicherheitsdienstes der SS zur innenpolitischen Lage: Meldungen aus dem Reich, Berichte zur innenpolitischen Lage, SD-Berichte zu Inlandsfragen; Bundesarchiv, Koblenz: R 58 Reichssicherheitshauptamt (Nr. 160–178); Boberach, H.: Meldungen aus dem Reich, Neuwied, Berlin 1965.

Tagesparolen des Reichspressechefs (Reichspropagandaamt Hessen–Nassau, Frankfurt/M.). Sammlung Oberheitmann: Bundesarchiv, Koblenz; Krümmer, K.: Aufzeichnungen über Teilnahme an den Ministerkonferenzen, Bd. 1 und 2; Politisches Archiv des A. A. Bonn, Auswärtiges Amt; Boelcke, W. A.: Kriegspropaganda 1939–1941, Geheime Ministerkonferenzen im Reichspropagandaministerium, Stuttgart 1966; Boelcke, W. A.: Wollt Ihr den totalen Krieg? Stuttgart 1967.

Zeitungen und Zeitschriften

Colliers, New York – Daily Mail, London – New York Times – Das Reich, Berlin – Journal de Genève, Genf – Le Figaro, Paris – Prawda, Moskau – The Times, London – Völkischer Beobachter, Berlin

Archive

Britannic Majesty's Stationery Office, London – Bundesarchiv, Bern – Bundesarchiv, Koblenz – Institut für Zeitungsforschung, Dortmund – National Archives, Washington D.C. – Staatliches Zentralarchiv der Sowjetarmee, Moskau – Weltkriegsbücherei, Stuttgart – Zentralbibliothek der Bundeswehr, Düsseldorf – Service Historique de l'Armée, Château de Vincennes

Ein Wort des Dankes

Ich möchte für ihre freundliche Hilfe meinen herzlichen Dank sagen:

Herrn Dr. M. Haupt und seinen Mitarbeitern, Bundesarchiv Koblenz

Herrn Dr. Fricke, Herrn Dr. Wieseotte, Militärgeschichtliches Forschungsamt, Freiburg

Frau Dr. M. Lindemann, Frau Raikovik, Institut für Zeitungsforschung, Dortmund

Herrn Professor Dr. J. Rohwer, Herrn W. Haupt und ihren Mitarbeitern, Weltkriegsbücherei, Stuttgart

Herrn Dr. Sack und seinen Mitarbeitern, Zentralbibliothek der Bundeswehr, Düsseldorf

Frau Ohlmann, Institut Français, Köln

Oberst de Rill, Herrn C. Kesteloot, Belgische Botschaft, Bonn

Oberst i. G. P. L. Hoevers, Niederländische Botschaft, Bonn

Oberstleutnant i. G. L. Tvilde, Norwegische Botschaft, Bonn

Frau I. Köpf, Bibliothekarin der US-Botschaft, Bonn

Herrn Dr. F. G. Maier und seinen Mitarbeitern, Schweizerische Landesbibliothek, Bern

Mr. J. S. Lucas, Mr. P. H. Reed, Imperial War Museum, London

Allen Herren der Photographic Library, Imperial War Museum, London

Director Basil Greenhill und seinen Mitarbeitern, National Maritime Museum, Greenwich

Commander B. Wronski, Capt. W. Milewski, Capt. R. Dembinski, Capt. St. Zurakowski, Ing. K. Barbarski, Sikorski Institut, London

Lt.Col. P. Dousset, Mr. P. Roland, Mr. Basques, Établissement Cinématographique et Photographique des Armées, Fort D'Ivry

Archives Départementales de Caen, Calvados

Comitée d'Histoire de la 2e Guerre Mondiale, Paris

Service Historique de l'Armée, Paris

Musée du Débarquement, Arromanches, Caen

Musée du Débarquement, La Madeleine (Utah Beach), Calvados

Capt. C. L. Blische, Dep. of the Army, US-Army Audio-Visual Activity, Pentagon, Washington D.C.

Mrs. M. B. Livesay, Dep. of the Air Force, 1361st Audiovisual Squadron, Arlington/Virginia

W. H. Leary, National Archives, Washington D.C.

Col. B. J. Morden, Center of Military History, Dep. of the Army, Washington D.C.

B. Lindsay Command History, John F. Kennedy Center for Military Assistance, Fort Bragg/N.C.

Herrn E. Bockhoff, Major der ehem. 9. Panzerdivision, Bonn
Herrn F. Hahn, Marineschule, Mürwik
Herrn Dr. H.-A. Koch, Oberst a. D., Bad Godesberg
Herrn J. Nowak, Kameradschaft 9. Panzerdivision, Wien
Herrn M. Rommel, Oberbürgermeister von Stuttgart
Herrn H. Schnaars, Der Luftwaffenring e.V., Bremen
Herrn M. Sperling, Oberst a. D., Heidelberg
Herrn Dr. R. Ströbinger, Köln/Prag

Herrn J. Klubert, Gemeindeverwaltung, Roetgen
Herrn H. Wynands, Bürgermeister von Roetgen
Frau Resi Schmeetz, Roetgen/Bad Honnef
Frau H. Wolf, Roetgen

Korv.Kapt. N. Clougston-Willmott, London
Mr. J. B. Cynk, London
Brigadier Dudley Clarke, London
Wing-Cdr. R. Garby-Czerniawski, London
Col. W. D. Kasprowicz, London
Col. G. M. Lane, London

Mr. P. Boussel, Grandcamp
Mr. L. Cardon, Port-en-Bassin
Mr. R. Douin, Caen
Mr. A. Farina, St. Lô
Mr. M. Girard-Moreau, Caen
Mr. M. Nicolet, Houlgate
Mr. R. Thomas, Caen

Herrn Klaus Kirchner, Verlag für zeitgenössische Dokumente und Curiosa, Erlangen

Herrn U. Schefold, Frau L. Beiersdörfer, Herrn H.-P. Piehl, Herrn H. Limmer, Südwest Verlag, München

Mein besonderer Dank gilt den Herren:

Oberst (Bw) a. D. Dr. phil. C. H. Hermann, Rheinbach
Major R. L. Walton, O.B.E., London
Captain B. D. Samuelson, Washington D.C.

für die großzügige Bereitschaft, mir mit ihrem umfangreichen Wissen zur Seite zu stehen.

Bildquellen

Bundesarchiv Koblenz
Établissement Cinématographique et Photographique des Armées, Fort D'Ivry
Imperial War Museum, London
National Archives, Washington D.C.
Navy Department (National Archives), Washington D.C.
Official US Air Force, Arlington, Virginia
Official US Marine Corps, Washington D.C.
US Army, Washington D.C.
Foto-archief van de Sectie Krijgsgeschiedenis LAS/BLS, Den Haag
Sikorski Institut, London
Archiv M. R. de Launay, Paris
Archiv J. S. Middleton, London
Archiv A. Stilles, New York
Frau H. Wolf, Roetgen
Frau R. Schmeetz, Roetgen/Bad Honnef
Herrn M. Sperling, Oberst a. D., Heidelberg
Herrn E. Bockhoff, Bonn
Herrn K. Kirchner, Verlag für zeitgenössische Dokumente und Curiosa, Erlangen
Archiv J. Piekalkiewicz

Abkürzungen

CCS Combined Chiefs of Staff (interalliiertes Komitee der Stabschefs in Washington, D.C.)

COPP Combined Operations Assault Pilotage Party (Lotsengruppe für kombinierte Operationen)

COSSAC Chiefs of Staff to the Supreme Allied Commander (Chef des Stabes für den alliierten Obersten Befehlshaber)

CSM Committee of Special Means (Sonderabteilung bei SHAEF, zuständig für Täuschungsoperationen)

FFI Forces Françaises de l'Intérieur (französische Streitkräfte der Widerstandsbewegung, der Exilregierung General de Gaulle unterstellt)

FUSAG First United States Army Group (1. US-Armeegruppe)

JCS Joint Chiefs of Staff (US-Oberkommando in Washington, D. C.)

LCA Landing Craft Assault (Sturmboot für 33 voll ausgerüstete Soldaten)

LCM Landing Craft Mechanised (Landungsboot zum Transport von Panzern, Panzerwagen, Lkw oder 100 Soldaten)

LCOCU Landing Craft Obstruction Clearance Unit (Räumungseinheiten für Vorstrandhindernisse)

LSI Landing Ship Infantry (zu Truppentransportern umgebaute Handelsschiffe bzw. Kanalfähren)

LST Landing Ship Tank (Transportschiffe für 175 Mann und 35 Fahrzeuge bzw. 300 Mann und 60 Panzer)

MI-5 Military Intelligence (britischer Gegenspionage- und Sicherheitsdienst)

MI-6 Military Intelligence (britischer geheimer Nachrichtendienst)

MI-9 Military Intelligence (Abteilung des Kriegsministeriums, zuständig für die Fluchtwege in Europa)

MO 9 Military Operations, Section of the War Office (Abteilung des Kriegsministeriums, zuständig für Commando-Operationen)

RMBPD Royal Marine Boom Patrol Detachment (Sperr-Patrouillen-Einheit, Codename für britische Paddelboot-Commandos)

SAS Special Air Service (Codename für britische Commando-Einheit, auch Codename für einen Teil des US-Geheimdienstes)

SBS Special Boat Section (Codename für eine britische Commando-Einheit)

SHAEF Supreme Headquarters Allied Expeditionary Force (anglo-amerikanisches Oberkommando für die Invasion in Nordfrankreich, dem CCS unterstellt)

SIS Secret Intelligence Service (britischer Geheimdienst)

SOE Special Operations Executive (britische Geheimorganisation zur Unterstützung der Widerstandsbewegungen in den von Deutschen besetzten Gebieten)

SSRF Small Scale Raiding Force (Commando-Einheit für Zusammenarbeit mit der SOE)

USAAF USA Air Force (US-Luftstreitkräfte)

XX-Committee Double-Cross (Organisation zur Führung von Doppelagenten)

Register

Kursive Ziffern verweisen auf Abbildungen, *kursive* Wörter auf Gewässer

Abbildungen

Seite 5
6. Juni 1944:
Am Strand der Calvados-Küste. Union Jack als
Markierungszeichen für nachfolgende britische Verbände

Vorsatz hinten:
100 Tage nach der Landung in der Normandie:
»Gib acht, du befindest dich in Deutschland«,
warnt das Schild